清前期包衣牛录组织研究

Research on the organization of “Booi Niulu” in the early Qing Dynasty

李文益　著

方志出版社
Publishing House of Local Records

图书在版编目（CIP）数据

清前期包衣牛录组织研究 / 李文益著 .-- 北京：方志出版社，2019.12

ISBN 978-7-5144-3918-2

Ⅰ. ①清… Ⅱ . ① 李… Ⅲ . ①八旗制度—研究—中国—清前期 Ⅳ . ① D691.2

中国版本图书馆 CIP 数据核字（2019）第 293772 号

清前期包衣牛录组织研究

著　　者：李文益
责任编辑：徐　宏

出 版 者：方志出版社
地址　北京市朝阳区潘家园东里 9 号（国家方志馆 4 层）
邮编　100021
网址　http://www.fzph.org
发　　行：方志出版社图书经销中心
电话　（010）67110500
经　　销：各地新华书店
排　　版：北京纺印图文设计制作有限公司
印　　刷：廊坊市海涛印刷有限公司

开　　本：710 × 1000　　1/16
印　　张：33
字　　数：533 千字
版　　次：2019 年 12 月第 1 版　　2019 年 12 月第 1 次印刷

ISBN 978-7-5144-3918-2　　**定价**：148.00 元

第七批《中国社会科学博士后文库》编委会及编辑部成员名单

序　言

博士后制度在我国落地生根已逾30年，已经成为国家人才体系建设中的重要一环。30多年来，博士后制度对推动我国人事人才体制机制改革、促进科技创新和经济社会发展发挥了重要的作用，也培养了一批国家急需的高层次创新型人才。

自1986年1月开始招收第一名博士后研究人员起，截至目前，国家已累计招收14万余名博士后研究人员，已经出站的博士后大多成为各领域的科研骨干和学术带头人。这其中，已有50余位博士后当选两院院士；众多博士后入选各类人才计划，其中，国家百千万人才工程年入选率达34.36%，国家杰出青年科学基金入选率平均达21.04%，教育部“长江学者”入选率平均达10%左右。

2015年底，国务院办公厅出台《关于改革完善博士后制度的意见》，要求各地各部门各设站单位按照党中央、国务院决策部署，牢固树立并切实贯彻创新、协调、绿色、开放、共享的发展理念，深入实施创新驱动发展战略和人才优先发展战略，完善体制机制，健全服务体系，推动博士后事业科学发展。这为我国博士后事业的进一步发展指明了方向，也为哲学社会科学领域博士后工作提出了新的研究方向。

习近平总书记在2016年5月17日全国哲学社会科学工作座谈会上发表重要讲话指出：一个国家的发展水平，既取决于自然科学发展水平，也取决于哲学社会科学发展水平。一个没有发达的自然科学的国家不可能走在世界前列，一个没有繁荣的哲学社会科学的国家也不可能走在世界前列。坚持和发展中国特色社会主义，需要不断在实践和理论上进行探索、用发展着的理论指导发展着的实践。在这个过程中，哲学社会科学具有不可替代的重要地位，哲学社会科学工作者具有不可替代的重要作用。这是党和国家领导人对包括哲学社会科学博士后在内的所有哲学社会科学领域的研究者、工作者提出的殷切希望！

中国社会科学院是中央直属的国家哲学社会科学研究机构，在哲学社会科学博士后工作领域处于领军地位。为充分调动哲学社会科学博士后研究人员科研创新积极性，展示哲学社会科学领域博士后优秀成果，提高我国哲学社会科学发展整体水平，中国社会科学院和全国博士后管理委员会于2012年联合推出了《中国社会科学博士后文库》（以下简称《文库》），每年在全国范围内择优出版博士后成果。经过多年的发展，《文库》已经成为集中、系统、全面反映我国哲学社会科学博士后优秀成果的高端学术平台，学术影响力和社会影响力逐年提高。

下一步，做好哲学社会科学博士后工作，做好《文库》工作，要认真学习领会习近平总书记系列重要讲话精神，自觉肩负起新的时代使命，锐意创新、发奋进取。为此，需做到：

第一，始终坚持马克思主义的指导地位。哲学社会科学研究离不开正确的世界观、方法论的指导。习近平总书记深刻指出：坚持以马克思主义为指导，是当代中国哲学社会科学区别于其他哲学社会科学的根本标志，必须旗帜鲜明加以坚持。马克思主义揭示了事物的本质、内在联系及发展规律，是“伟大的认识工具”，是人们观察世界、分析问题的有力思想武器。马克思主义尽管诞生在一个半多世纪之前，但在当今时代，马克思主义与新的时代实践结合起来，愈来愈显示出更加强大的生命力。哲学社会科学博士后研究人员应该更加自觉坚持马克思主义在科研工作中的指导地位，继续推进马克思主义中国化、时代化、大众化，继续发展21世纪马克思主义、当代中国马克思主义。要继续把《文库》建设成为马克思主义中国化最新理论成果的宣传、展示、交流的平台，为中国特色社会主义建设提供强有力的理论支撑。

第二，逐步树立智库意识和品牌意识。哲学社会科学肩负着回答时代命题、规划未来道路的使命。当前中央对哲学社会科学愈发重视，尤其是提出要发挥哲学社会科学在治国理政、提高改革决策水平、推进国家治理体系和治理能力现代化中的作用。从2015年开始，中央已启动了国家高端智库的建设，这对哲学社会科学博士后工作提出了更高的针对性要求，也为哲学社会科学博士后研究提供了更为广阔的应用空间。《文库》依托中国社会科学院，面向全国哲学社会科学领域博士后科研流动站、工作站的博士后征集优秀成果，入选出版的著作也代表了哲学社会科学博士后最高的学术研究水平。因此，要善于把中国社会科学院服务党和国家决策的大智库功能与《文库》的小智库功能结合起来，进而以智库意识推动品牌意识建设，最终树立《文库》的智库意识和品牌意识。

第三，积极推动中国特色哲学社会科学学术体系和话语体系建设。改革开放30多年来，我国在经济建设、政治建设、文化建设、社会建设、生态文明建设和党的建设各个领域都取得了举世瞩目的成就，比历史上任何时期都更接近中华民族伟大复兴的目标。但正如习近平总书记所指出的那样：在解读中国实践、构建中国理论上，我们应该最有发言权，但实际上我国哲学社会科学在国际上的声音还比较小，还处于有理说不出、说了传不开的境地。这里问题的实质，就是中国特色、中国特质的哲学社会科学学术体系和话语体系的缺失和建设问题。具有中国特色、中国特质的学术体系和话语体系必然是由具有中国特色、中国特质的概念、范畴和学科等组成。这一切不是凭空想象得来的，而是在中国化的马克思主义指导下，在参考我们民族特质、历史智慧的基础上再创造出来的。在这一过程中，积极吸纳儒、释、道、墨、名、法、农、杂、兵等各家学说的精髓，无疑是保持中国特色、中国特质的重要保证。换言之，不能站在历史、文化虚无主义立场搞研究。要通过《文库》积极引导哲学社会科学博士后研究人员：一方面，要积极吸收古今中外各种学术资源，坚持古为今用、洋为中用。另一方面，要以中国自己的实践为研究定位，围绕中国自己的问题，坚持问题导向，努力探索具备中国特色、中国特质的概念、范畴与理论体系，在体现继承性和民族性，体现原创性和时代性，体现系统性和专业性方面，不断加强和深化中国特色学术体系和话语体系建设。

新形势下，我国哲学社会科学地位更加重要、任务更加繁重。衷心希望广大哲学社会科学博士后工作者和博士后们，以《文库》系列著作的出版为契机，以习近平总书记在全国哲学社会科学座谈会上的讲话为根本遵循，将自身的研究工作与时代的需求结合起来，将自身的研究工作与国家和人民的召唤结合起来，以深厚的学识修养赢得尊重，以高尚的人格魅力引领风气，在为祖国、为人民立德立功立言中，在实现中华民族伟大复兴中国梦征程中，成就自我、实现价值。

是为序。

中国社会科学院副院长

中国社会科学院博士后管理委员会主任

2016 年 12 月 1 日

摘要

本书以清前期包衣牛录组织为研究对象，所谓“清前期”，笔者定义为“雍正朝及其以前的清代（含后金）历史”。

包衣牛录制度是八旗制度的重要组成部分，包衣牛录下人最初由“booi niyalma”和“booi aha”融合而成的“booi、aha”群体组成。包衣牛录和户下奴仆是完全不同的两类群体，前者为旗属，后者为私属。在建元天命之前，就已有包衣牛录之设。在建元天命后，包衣牛录随着旗分牛录的增加，迅速发展起来。从组织管理和所担负的战争任务来看，入关前的包衣牛录与旗分牛录并无太大差异。

从《八旗满洲氏族通谱》的记载来看，各旗包衣牛录下的人数并不均衡。首先，就包衣满洲、蒙古人而言，正白旗、镶黄旗、镶蓝旗三旗包衣人数占据了绝对数量，而其他五旗人数相对较少，包衣满洲、蒙古人绝大多数被编入包衣佐领下，只有少部分人隶属于管领下；其次，就包衣高丽人而言，全部为佐领下人，而没有管领下人，且主要集中于正黄旗中；最后，就包衣汉人而言，以隶属于镶黄旗和正白旗者最多，包衣汉人大规模编入八旗始于天聪、崇德时期，三类尼堪地位差别悬殊，“台尼堪”地位最高，其次为“抚顺尼堪”，“尼堪”地位最低。

因世职的高低与俸禄的多少直接相关，且可传袭后代，因此较之官职更为清人重视。经统计，在八旗内，包衣牛录下人获世职者仅占少数，且所获世职普遍较低；在八旗包衣牛录内，包衣佐领下人获得世职者最多，管领下人则较少；满洲、蒙古姓氏的包衣人获得世职者较多，包衣汉人则较少。在获得世职的三种途径中，军功叙爵是获得世职的主要方式；包衣人的世职承袭方式多种多样，同时也有世职并袭与分袭的情况。

包衣牛录的基本组织是包衣佐领和管领，而庄头人既有隶属于包衣佐领下者，亦有隶属于管领下者，并非独立于包衣佐领和管领外的组织；在入关前，“牛录章京”与“半个牛录章京”既是世职单位，也是官职单位，因此需要辨析在不同语境下的具体含义；分管组织主要是皇子分府或册封世爵时所编立的包衣组织，因此主要集中于下五旗中；在顺治、康熙时期，辛者库人是管领下人中不能自食其力而需要完全依赖发给的口粮为生者，并非指所有的管领下人，后来随着八旗生计问题日益突出，“辛者库”的含义逐渐扩大化，到嘉庆时期已成为管领下人的代名词。

在长期征战过程中，以图鲁什、劳萨、英俄尔岱、乌讷格、刘之源、张良弼等人为代表的包衣牛录下满洲、蒙古、汉人群体，为八旗蒙古、八旗汉军与八旗满洲隶属关系的建立做出了重要贡献，并以此奠定了后金政权逐步走向强大、最终定鼎燕京的军事基础。

因内务府包衣人的特殊身份和服务于皇室的特殊职责，其犯罪、审判和处罚皆独具特色。从内务府满文档案所反映出来的犯罪行为来看，可分为经济类犯罪，如盗窃、不能按时完纳皇赋、偷食及霉烂窖粮等；刑事类犯罪，如斗殴、赌博、私逃等；职务类犯罪，如违背宫禁、冒名入宫、遗失官物、御前喧哗等。其案件的诉讼程序体现了内务府诸职能部门之间的联系，而审断依据则反映了清代“律例制”法律体系下独特的审判制度；统治者对于“赏、罚、恤”的灵活运用，映射了封建帝王的皇权思想和驭驾之术。

关键词： 八旗制度　包衣牛录　包衣佐领　管领　刑法

Abstract

This book takes the organization of "Booi Niulu"(包衣牛录)in the early Qing Dynasty as the research object. The early Qing Dynasty refers to the period since its foundation to Yongzheng period (including the Houjin regime).

Booi Niulu system was an important part of the Eight Banners system. Booi Niulu was originally composed of people from the "Booi and Aha"(包衣和阿哈) group, an integration of "Booi Niyalma"(包衣人) and "Booi Aha"(包衣阿哈). Booi Niulu and household slaves were two distinct groups, the former belonged to the Banners and the latter were private slaves. Booi Niulu was created before the Tianming Regime. Since then, with the increase of the number of "Qifen Niulu"(旗分牛录), Booi Niulu had developed rapidly. But before 1644, Booi Niulu was not distinguished from Qifen Niulu in regard to their functions in administrative management and military function.

The *Complete Lineage Record of the Manchu Eight Banners Clan*(八旗满洲氏族通谱) indicates that the population of Booi Niulu in each Banner was not balanced. Firstly, the vast majority of Booi Manchurians and Mongolians were in the white banner, bordered yellow banner and bordered blue banner, while only a small number were in the other five banners. The majority of Booi Manchurians and Mongolians was incorporated into the "Booi Zuoling"(包衣佐领), and only a small number were under the "Guanling"(管领). Secondly, all of the Booi Koryo people (朝鲜包衣人) were included in the Booi Zuoling, and mainly in the yellow banner. Thirdly, Nikan(尼堪) people mainly distributed in the yellow banner and white banner. From the beginning of Huangtaiji period(1627 – 1643), a large number of these Nikan people were incorporated into the Eight Banners. They were divided into three groups in a hierarchical way, with "Tai Nikan" enjoying the highest status,

"Fushun Nikan"(抚顺尼堪) in the middle, and "Nikan" the lowest.

Hereditary official ranks were directly related to one's salary, and ranks can be passed down to future generations. Therefore, in the Qing Dynasty, people valued hereditary official ranks more than official positions. Statistics have shown that, only a small number of Booi can get official ranks, which were generally lower ranks. Inside Booi Niulu, Booi Guanling people got the most official ranks, while very few Booi Zuoling people can get official ranks. In addition, more Booi Manchurians and Mongolians were conferred official ranks, while only a few Nikan people were conferred official ranks. There were mainly three ways to obtain a hereditary official rank, among which, military merit was the most important way. In addition, Booi people had a variety of ways to inherit hereditary ranks, including combination and separation in the hereditary official ranks.

The basic organizations of Booi Niulu were Booi Zuoling and Guanling. The men in emperor's manor(庄头人) belonged either to Booi Zuoling or Guanling, and were not independent of these two organizations. Before 1644, "Niulu Zhangjing" (牛录章京) and "Half Niulu Zhangjing" (半个牛录章京) were both hereditary ranks and official positions, therefore, we need to distinguish their specific meanings in different contexts. A "Fenguan Organization" (分管组织) would be established when a prince was going to live apart, or to be rewarded a title. It was mainly established on the basis of the five banners which were under the control of the prince. In the periods of Shunzhi and Kangxi(1644 – 1722), people in "Xin Zhe Ku" (辛者库) were the part of people in "Guanling" who could not be self – reliant and need to rely entirely on rations for living, rather than all the people under "Guanling". Later, with the increasingly poverty of the Eight Banners, the meaning of the expression "Xin Zhe Ku" had gradually expanded. By the Jiaqing period(1796 – 1820), "Xin Zhe Ku" became another way of saying "people in Guanling organization".

During a long war, Manchurian, Mongolian, and Han people in Booi Niulu, represented by Tu lu shi, Lao sa, Ying e er dai, Wu ne ge, Liu zhi yuan, Zhang liang bi and others had made important contributions to the establishment and improvement of the Eight Banners system. With the Eight Banners troops, the Houjin regime became stronger and ultimately unified the country.

The Booi of the Internal Affairs Department (内务府包衣) had special status and special duties of serving the royal family. Therefore, there was a special system of punishment for them. According to Manchu files, crimes were divided into economic crimes, criminal offences and duty crimes. Economic crimes and related offences, include mainly but are not limited to larceny, arrears, stealing and damaging the grain in cellar. Criminal offenses include fighting and killing, false accusation, gambling and absconding. Duty crimes include violating the palace system, errors in work, delaying important affairs, etc. The legal procedure of early Qing dynasty reflects the links between various functional departments of the Internal Affairs Department, while the legal basis reflects the characteristics of the "customary law" system in Qing Dynasty. The flexibly use of measures such as rewards, punishment and reliefs by emperors reflects their belief in imperial power and their ruling strategies.

Key words: Eight Banners system; Booi Niulu; Booi Zuoling; Guanling; Criminal law

目 录

Contents

绪　论

一、研究意义

清前期包衣牛录组织对于八旗制度史、清代政治史、满洲民族史和清代法制史的研究具有重要意义，主要体现在：

其一，就八旗制度研究而言，包衣是女真人在漫长的奴隶制生产方式过程中产生的，并在封建制进程中逐渐发展和壮大起来。在封建制国家建设中，他们被以八旗制度的建制模式组织起来，为后金的统一战争做出了重要贡献。通过对包衣牛录组织的重新审视，将为我们更全面地揭示清代八旗制度的演变和发展历程提供重要帮助。

其二，就满洲民族史研究而言，包衣组织既具有鲜明的满洲民族特色，又体现了满、蒙、汉、朝鲜四个民族的融合与统一。在这一清代所特有的奴仆组织中，对其组织和管理模式、各民族地位及相互关系的研究，将为探讨清代满蒙汉民族关系提供重要的素材。

其三，就清代政治史研究而言，包衣组织将为解读清代内务府机构的诸多问题提供新的角度和视野。内务府是清代特有的皇室服务机构，其主要职能是“掌上三旗包衣之政令，与宫禁之治，凡府属吏、户、礼、兵、刑、工之事，皆掌焉”①。在所有的职能部门中，内务府与皇帝的联系最为密切，其僚属也最为庞大。但综观学界相关文论发现，对于清代内务府的相关研究，以雍、乾、嘉、道四朝最盛，而处于恢复和发展完善时期的顺、康两朝还比较薄弱，因此，包衣组织作为内务府机构组建的基础和前提，对包衣组织的研究将对厘清内务府由初创走向完善的全

① 昆冈等修：光绪《清会典》，中华书局1991年版，第808页。

部历程，展现清代内务府机构发展的完整脉络具有重要意义。

其四，就清代法制史研究而言，清朝作为中国历史上最后一个封建王朝，其法制思想和律例制度在中华法系的发展史上具有总其成的特色。同时，清代由满洲统治，不仅赋予满洲人司法特权，而且还在一定程度上保留了女真人行之已久的习惯法则，这些特点在顺治、康熙两朝的内务府满文档案中都有所体现。对皇属包衣人司法审判档案的梳理，将为我们解析清前期内务府的立法思想、诉讼审判以及清代旗民分治下的法律制度起到重要的启迪作用。

二、相关研究回顾

因包衣牛录制度对清史研究具有重要的意义，因此，学界对其研究历来热度不减。为较为全面、系统地梳理包衣牛录制度的研究成果，体现包衣组织研究的最新进展，同时也为本书提供一个宏观的学术背景，在此笔者按照研究内容概述如下：

（一）关于“包衣”及其身份

“包衣”是清代特有的群体，也是构成内务府成员的主体。孟森在《八旗制度考实》一文中最早对“包衣”群体给予关注，他解释道：“包”者，满洲语“家”也，“衣”者，虚字，犹汉文“之”字，“包衣牛录额真”即“家之佐领”，“别设包衣参领佐领，则专为家之舆台奴仆，即有时亦随主驰驱，乃家丁分外之奋勇，家主例外之报效，立功后或由家主之赏拔，可以抬入本旗”[①]。此后，“包衣”问题渐成学术热点。如关于包衣人的地位，郑天挺指出在《会典事例》和《户部则例》中所说的“旗下家奴”或“八旗户下家奴”，实际上就是“私家的包衣”，在法律上包衣的“隶属、居住、生活、婚娶全无自由，而且他们的奴籍是子孙相续的，非得主人的特许不能脱离”，但同时包衣也可以拥有自己的官阶、财产，甚至自己的奴仆[②]；傅克东认为内务府包衣的地位低于“八旗世仆”，但却比旗人的户下奴仆高一等[③]；佟永功、关嘉禄则认为包衣

① 孟森：《八旗制度考实》，《清史讲义》，中华书局 2014 年版，第 54 页。

② 郑天挺：《清代包衣制度与宦官》，见《清史探微》，北京大学出版社 2011 年版，第 42 ~ 57 页。

③ 傅克东：《从内佐领和管领谈到清代辛者库人》，《清史研究通讯》1986 年第 3 期。

是满洲早期奴隶制社会的产物，其来源有两个，一是来源于战争中掳掠的辽东汉人；二是在满洲社会内部因家贫或犯罪而沦为包衣者[①]；祁美琴等人对包衣的身份作了辨析，指出“阿哈”称谓多有官奴性质，“多用于被赏赐的对象或笼统言之”，而包衣阿哈“主要是针对其原有主人而出现的称谓”[②]。

（二）关于内务府中的“汉人”

内务府中汉人的身份问题是学界比较关注的焦点问题。定宜庄、刘小萌指出，“台尼堪”包括满洲旗下的台尼堪和汉军旗下的台尼堪两种，前者指入关前即已入旗，为满洲人戍守边台的汉人；后者指平定三藩后，遣往东北戍守边台驿站的三藩余部。在入关前，台尼堪“基本被编入满洲旗下各包衣牛录，其身份即为满洲王公贵族的奴仆”，而入关后，从顺治到康熙中叶，绝大多数的台尼堪“陆续由内务府或王公府属佐领抬入满洲旗分佐领之内，仍然留在包衣籍内的，只是极少数”[③]。徐凯则进一步探析了尼堪、抚顺尼堪和台尼堪的所隶旗分，指出“三项尼堪在满洲包衣旗内分成包衣人、包衣旗鼓人、包衣管领下人三部分”，分别隶属于上三旗包衣和下五旗包衣。其中“尼堪和抚顺尼堪绝大多数编在满洲包衣旗内，尼堪户又多集中在上三旗包衣”，“他们遍于各包衣旗，明显具有为满洲贵族役使的性质”，因清前期大规模抬旗的可能性极小，所以他们后来隶属于满洲旗籍，并非如定宜庄、刘小萌所述“由内务府或王公府属佐领抬入满洲旗分佐领之内”，而更可能是因他们在统一战争中的特殊的军事职能和整体事功显著，因此在入关前后陆续被编入满洲旗籍。[④]赵冈将内务府人分成“旗鼓人”和“管领下人”两类，认为他们都是由入关前所俘获的汉人奴隶转变而来，其中“旗鼓人”要比“管领下人”高一级，并认为包衣可以补充为汉军，且汉军各旗佐领下有员额不足时可由“内务府包衣人隶焉”[⑤]；对赵文观点，陈国栋撰文作了反驳，他指出并非大部分内务府人都是汉人，从汉军的起源、内务府人的拨出改隶、

---

① 佟永功、关嘉禄：《盛京上三旗包衣佐领述略》，《历史档案》1992 年第 3 期。

② 祁美琴、崔灿：《包衣身份再辨》，《清史研究》2013 年第 1 期。

③ 定宜庄、刘小萌：《台尼堪考》，《清史研究通讯》1988 年第 3 期。

④ 徐凯：《尼堪姓氏与八旗满洲旗分佐领》，《中国史研究》2004 年第 1 期。

⑤ 赵冈：《清朝的汉军与包衣》，见《红楼梦新探》，文化艺术出版社 1991 年版，第 336 ~ 347 页。

内务府旗鼓所占缺分等方面来看，汉军与内务府属旗鼓人本属两套不相及系统之人[①]。张玉兴在分析了汉姓包衣和汉军的异同后指出，其彼此关系与界限随着八旗制度的盛衰而有所变化[②]。

此外，内务府汉人的社会地位问题学界也多有讨论。如赵凯认为，在包衣组织内部，作为佐领下人的旗鼓人，其身份、地位绝不亚于汉军旗人，而要高于管领下人，二者在职掌、仕路、披甲等待遇上“均有显著区别”[③]；徐法言指出，清初“内务府汉姓包衣不论考试、仕途均同于满洲八旗，但其社会地位反而较低；至清中后期，统治者有意以制度将内务府汉姓包衣与满洲八旗区分而同于汉军时，却正说明其社会地位的提升”[④]；杜家骥则认为，根据内务府包衣汉姓人归附时间的早晚和贡献大小，可分为尼堪、台尼堪、抚顺尼堪和北京尼堪、三藩尼堪、阿哈尼堪两大类，前者拥有满洲旗分和内务府旗籍双重身份，后者只有内务府旗籍，且汉姓包衣在地位、考试和经济待遇等方面也较满洲、蒙古包衣低，同时他进一步强调，包衣佐领下人的地位要高于管领下人，而两者的身份地位又大大高于旗人之“旗下家奴”[⑤]。

（三）关于“辛者库”

“辛者库”群体是包衣牛录组织的重要组成部分，但由于史载不详，20世纪80年代以来，围绕辛者库人的来源、性质和地位问题，学界展开了热烈的讨论，佳作纷呈。因本书第四章第五节有专文阐述，故不在此赘言。

（四）关于包衣牛录组织

参领、佐领、管领、包衣大、庄头与浑托和是研究八旗制度者经常遇到的名称，其中佐领与管领通常被认为是构成内务府庞大系统的两种基本组织，其相互关系、职属、地位等问题是学者必须要解释的重要问题。

早在1943年郑天挺就曾撰文指出，包衣之上只统以包衣大，包衣大

---

① 陈国栋：《清代内务府包衣三旗人员的分类及其旗下组织——兼论一些有关包衣的问题》，台北《食货》1982年12卷9期。

② 张玉兴：《包衣汉姓与汉军简论》，《辽宁大学学报》2003年第4期。

③ 赵凯：《清代旗鼓佐领考辨——兼论有关清代包衣的若干问题》，《故宫博物院院刊》1988年第1期。

④ 徐法言：《内务府汉姓包衣的社会地位及其族属认定》，《社会科学研究》2008年第3期。

⑤ 杜家骥：《清代内务府旗人复杂的旗籍及其多种身份》，《民族研究》2011年第3期。

即包衣之头目，汉字译为管领；而“包衣下人”即为“包衣佐领下人”。包衣大之上又有包衣佐领和包衣参领。① 郑天挺借助当时有限的研究资料而得出这一结论，以目前的研究成果来看，其解释并不准确，但却颇有开创意义。此后该问题再无人涉及，直到20世纪80年代才由傅克东重新作了解释，他指出“管领”满语为“珲托和”，是内务府的一种组织单位，“包衣大”是这个组织单位的头领。从两者的隶属关系来看，内佐领的铨选隶属兵部都虞司，管领的铨选隶属内务府，内管领与包衣参领只是起旗籍归属的作用，并无实际的隶属关系。而从其“管领下人抬入内佐领”之说，似乎傅氏认为佐领的地位总体上要高于管领。② 郭成康则明确指出“管领”是比“佐领”低一级的单位，满文为“浑托和”，但“管领”一词在入关前似未出现，当时王公贝勒下的“包衣大”与“管领”同义；入关后，包衣大也称为管领，是指管理者，而浑托和意义的管领，是指组织③。郭文将“管领”一词分作管理者和管领组织的解释无疑颇有启发性。李鹏年和陈国栋也认为管领即“包衣大”，陈国栋进一步指出在入关后最初的几十年中，内务府佐领、管领之上并未设置参领，参领直到康熙十六年（1677）始设。此外，他还首次将庄头人视为内务府的一类基本组织，认为内务府成员从编制上可分为佐领下人、管领下人和庄头人三大类。④

与上述观点不同，王钟翰、定宜庄分别从满文史料的语意和语境出发，提出不同的看法。其中王钟翰对“包衣大”作了新的解释，他将“包衣大”提高至与总管内务府大臣相等的地位，认为“总管内务府大臣，简称内务府大臣或总管大臣，满语称之为包衣按班（包衣昂邦，满音 boo i amban）或包衣大（包衣达，满音 boo i da），汉译作内务府大臣”⑤；定宜庄、邱源媛对清初“浑托和”与“管领”的关系作了考释，

① 郑天挺：《清代包衣制度与宦官》，见《清史探微》，北京大学出版社 2011 年版，第 42 ~ 57 页。

② 傅克东：《从内佐领和管领谈到清代辛者库人》，《清史研究通讯》1986 年第 3 期。

③ 郭成康：《清初牛录的类别》，《史学集刊》1985 年第 4 期。

④ 李鹏年：《清代中央国家机关概述》，第二章《掌管皇族和宫廷事务的机构》第二节《管理宫廷事务的内务府》；第五章《特设机构》第一节《盛京内务府》，紫禁城出版社 1989 年版，第 100 ~ 124、416 页。陈国栋：《清代内务府包衣三旗人员的分类及其旗下组织——兼论一些有关包衣的问题》，台北《食货》1982 年 12 卷 9 期。

⑤ 王钟翰：《清代内务府略考》，《社会科学辑刊》1999 年第 3 期。

指出从满文史料来看，“浑托和”并非因其人数相当于“整个牛录之半”而得名，半个牛录与管领“浑托和”无关。“浑托和”是随着顺治初制定职官品级而产生的。[①] 针对史籍中有关管领、佐领记载相互矛盾的问题，杜家骥指出，管领有时称为“分管佐领”，包衣佐领和管领在没有必要区别的情况下，可笼统地概称为包衣佐领[②]。

关于佐领下人与管领下人的地位，陈国栋认为佐领下人、管领下人和庄头人的地位应该是平等的[③]；对此，杜家骥、定宜庄则表达了不同看法，他们认为如果按八旗奴仆地位高低依次排序的话，应为内务府包衣满洲佐领下人、内务府包衣旗鼓佐领下人、内务府包衣管领下人、府属包衣满洲佐领下人、府属旗鼓佐领下人、府属管领下人、旗下家奴[④]。

（五）关于内务府属人

内务府职员庞杂，上至累世公卿的内务府世家，下至地位卑微的太监、侍女皆属其列，他们在内务府系统中，或于台前扮演着重要角色，或于幕后默默无闻、每日重复着枯燥的劳役。对于这些群体，特别是以往被忽略的包衣微贱群体，已渐渐引起学人的关注。

关于内务府世家。由于内务府世家与皇权关系密切，且在内务府运转中发挥着重要作用，因此学界对该群体予以更多的关注。内务府世家是指入内务府包衣旗籍时间较早、累世任职的高官。王钟翰旁征博引，对 22 家内务府世家的概况、源流作了梳理，为我们研究内务府世家提供了重要线索[⑤]；在此基础上，刘小萌利用谱牒、碑文资料，将内务府世家分为军功、保母、婚姻、科举四种类型，并进而考察了内务府世家之间、内务府世家与汉人之间的婚姻状况[⑥]；定宜庄、张雅晶分别以内务府完颜氏家族为中心，对内务府世家作了考察，其中定宜庄对其家族代表性人

---

① 定宜庄、邱源媛:《清初“浑托和”考释》,《燕京学报》新二十八期。

② 杜家骥:《八旗与清朝政治论稿》,人民出版社 2008 年版,第 437 页。

③ 陈国栋:《清代内务府包衣三旗人员的分类及其旗下组织——兼论一些有关包衣的问题》,台北《食货》1982 年 12 卷 9 期。

④ 杜家骥:《八旗与清朝政治论稿》,第 461 页;定宜庄、邱源媛:《旗民与满汉之间:清代“随旗人”初探》,《清史研究》2011 年第 1 期。

⑤ 王钟翰:《内务府世家考》,见《王钟翰清史论集》,中华书局 2004 年版,第 2031 ~ 2047 页。

⑥ 刘小萌:《关于清代内务府世家》,见《孙文良先生百年华诞纪念——明清史论文集》,辽宁大学出版社 2004 年版,第 138 ~ 158 页。

物、著名翻译家阿什坦及其子嗣的相关史实作了考释，指出内务府旗人因参加科举而产生了科举世家，内务府世家对皇权有较强的依赖性和寄生性[①]；张雅晶则对完颜氏家族中和素的事迹作了补充[②]。

关于内务府女性。在内务府系统中，女性是较为特殊的角色，她们人数众多，职责明确，为皇室提供了不可或缺的服务。其中清宫选秀女制度是学界讨论较多的问题。单士元最早撰文对秀女的应选标准、应选程序和宫女命运等作了研究，是清代选秀女制度研究的开山之作[③]；此后，王佩环对八旗选秀女制度的确立和完善作了研究[④]；赵令志则对内务府三旗选秀女制度的演变作了考述[⑤]；定宜庄指出内务府选秀女的范围包括内佐领、管领和庄头下女子，内务府旗人与外八旗人女子的阅选有所不同，如违反律令私自嫁女则要受到严厉惩处[⑥]。此外，在清宫女性中具有一定地位的皇室乳母、保母也引起学人关注，其中杨乃济撰文对清代乳母和保母的地位作了介绍[⑦]；刘小萌依据档案、碑传、家谱和实地考察，对清朝册封保母的缘起、内容、特点和终结进行了考察[⑧]。在此基础上，李婷对清代皇室乳母的选择、奖惩和地位作了研究[⑨]；杨永占对清宫的女仆阶层姥姥、嫫嫫、妈妈里的主要职责作了介绍[⑩]。

关于内务府匠役。韦庆远对内务府属匠役给予了较多的关注，他首先对内府匠役的身份作了界定，指出所谓“内府匠役”应符合两个条件，一是在北京内务府所辖各司、库、院，以及盛京内务府、三织造处从事

---

① 定宜庄:《满族士大夫群体的产生与发展:以清代内务府完颜世家为例》,《清史论丛 2007 年号》,中国广播电视出版社 2007 年版,第 292 ~ 335 页。

② 张雅晶:《清代完颜氏和素事迹考》,《满学论丛》第 1 辑,辽宁民族出版社 2011 年版,第 254 ~ 265 页。

③ 单士元:《关于清宫的秀女和宫女》,《故宫博物院院刊》1960 年第 2 期。

④ 王佩环:《八旗秀女与清宫后妃》,见王佩环:《一个登上龙廷的民族:满族社会与宫廷》,辽宁民族出版社 2006 年版,第 207 ~ 217 页。

⑤ 赵令志:《论清代之选秀女制度》,第一历史档案馆编:《明清档案与历史研究论文集》,新华出版社 2008 年版,第 584 ~ 597 页。

⑥ 定宜庄:《满族的妇女生活与婚姻制度》,第五章《八旗制度与旗人婚姻》,北京大学出版社 1999 年版,第 234 ~ 248 页。

⑦ 杨乃济:《清帝的乳母和保姆》,《紫禁城行走漫笔》,紫禁城出版社 2005 年版,第 286 ~ 288 页。

⑧ 刘小萌:《清朝皇帝与保母》,《北京社会科学》2004 年第 3 期。

⑨ 李婷:《清朝皇室保母研究》,黑龙江大学硕士学位论文,2013 年。

⑩ 杨永占:《清宫中的姥姥、嫫嫫、妈妈里》,《中国档案报》2002 年 6 月 14 日,第 001 版。

的匠人；二是具有某种技艺和专业知识，以“某种御用或军用物资生产和管理”作为自己终身职业的人，在此基础上，他对内务府工匠的来源、地位、待遇进行了研究[①]。吴兆清对造办处匠役的来源和待遇作了考察，指出从档案来看，造办处匠役主要来自三旗佐领下家内匠役、地方督抚及三织造选送的南匠、招募的民间匠人、借用内务府其他各司院匠人四类，总体来看，南匠的地位和待遇最高[②]；毕传龙对雍正朝清宫珐琅作工匠的组织管理进行了研究，认为清廷根据工匠手艺、籍贯以及民俗事宜，实现对工匠的管理[③]。

关于清宫太监。乾隆帝在总结明亡教训时指出“明亡，不亡于流贼，而亡于宦官”[④]，清代统治者基于对宦官专政之弊的深刻认识，从顺治帝开始便制定了严格的管理制度和处罚条例，“裁定内官衙门及员数、执掌，法制甚明”[⑤]，故终清一代，太监始终“执奴仆贱役”。王树卿最早对清宫太监予以关注，不仅对太监管理机构敬事房作了研究，还对太监的选用、俸禄、管理制度、处罚条例、宫中生活等多方面作了考述[⑥]。唐益年、梅显懋分别著有《清宫太监》《落日晚钟：清代太监制度》，是集中研究清代太监制度的专著，其中唐氏对太监宫中生活和心态的研究、梅著对太监财源和服饰的研究皆为创新之处[⑦]。王艳春对清入关前太监的选用作了考察，指出满洲特有的包衣制度堵塞了太监亲近努尔哈赤、皇太极的机会[⑧]；余林、李学成、滕德永等人则对清宫太监的惩罚方式、管

① 韦庆远：《清代的内务府及其匠役》，见南开大学历史系、北京大学历史系编：《郑天挺先生百年诞辰纪念文集》，中华书局2000年版，第228～236页。

② 吴兆清：《清代造办处的机构和匠役》，《历史档案》1991年第4期。

③ 毕传龙：《从清宫造办处档案看珐琅作工匠组织管理》，《中原文化研究》2014年第3期。

④ 鄂尔泰、张廷玉等编纂：《国朝宫史》序言之《圣谕》，北京古籍出版社1987年版，第1页。

⑤ 鄂尔泰、张廷玉等编纂：《国朝宫史》卷1《圣谕一》，第3页。

⑥ 王树卿：《敬事房》《清朝太监制度》《清朝太监制度（续）》，分别载于《故宫博物院院刊》1979年第2期、1984年第2期、1984年第3期。

⑦ 唐益年：《清宫太监》，辽宁大学出版社1993年版；梅显懋：《落日晚钟：清代太监制度》，辽海出版社1997年版。

⑧ 王艳春：《清入关前的宫女与太监》，提交给“清代档案与清宫文化——第九届清宫史研讨会”的论文，杭州，2008年10月10日，第30～41页。

理规定和净身制度等作了研究[①]。总之，正如郑天挺所述，内务府之制有效抑制了宦官专权，使清朝三百年并未发生宦官之祸[②]。

此外，祁美琴选取内务府包衣中的几位代表性人物阿什坦、和素等人，以此说明内务府包衣对清代文化发展做出了一定贡献[③]；定宜庄则对内务府庄头下"随旗人"作了研究，指出"随旗人"是除庄头和壮丁以外的第三类人，并对随旗人的分布、组织、风俗信仰、社会地位和赋役状况做了较为细致的论述[④]。

综上可见，在清代宫廷史研究中，学界的关注点开始从高高在上的达官显贵慢慢转移到了地位低下的旗下家奴、宫女、拜唐阿、太监等群体，下层执力役者正日益受到学人的重视。

三、研究特点及不足

综上可知，目前学界对包衣牛录下人的相关研究体现出了以下几个特点：

第一，雍、乾、嘉、道时期包衣人研究成果最多。

相比清代其他时期，雍、乾、嘉、道四朝包衣人群研究相对集中，究其原因，一方面是由于这一时期存留下来了大量的汉文档案史料，为研究包衣问题提供了翔实可靠的史料依据；另一方面包衣组织相关制度在雍、乾、嘉、道四朝更为成熟。顺治时期内务府几经裁撤，至康熙初始恢复，后经康熙帝的大力整顿，到雍正时已渐成熟，发展到嘉庆、道光时期，内务府制度更为完善，各组织机构运转有序。因此，研究这一时期包衣组织相对更易。

第二，史料运用多样化，满文档案在包衣制度研究中的重要性凸显。

在包衣群体诸问题的研究中，学者不再仅仅依据《八旗通志》《大清

---

① 余林:《清代太监惩罚制度述论》,《黔南民族师范学院学报》2006 年第 5 期;李学成:《清朝太监典制述论》,《满族研究》2012 年第 4 期;滕德永:《关于清宫太监净身》,《沈阳故宫博物院院刊》第 14 辑,2014 年。

② 郑天挺:《清代包衣制度与宦官》,《清史探微》,北京大学出版社 2011 年版,第 42 ~ 57 页。

③ 祁美琴:《清代内务府包衣对清代文化的贡献》,《内蒙古社会科学》1997 年第 3 期。

④ 定宜庄、郭松义、李中清、康文林:《辽东移民中的旗人社会》,上海社会科学院出版社 2004 年版;定宜庄、邱源媛:《旗民与满汉之间:清代"随旗人"初探》,《清史研究》2011 年第 1 期。

会典则例》、历代实录、起居注等传统官方典籍，大量的方志、契约、家谱、碑刻、口述史料等开始受到重视，满文档案的作用也日益凸显。如学者使用较多的辽宁省档案馆所藏清代内务府档案史料，主要有《顺治年间档》《盛京内务府档》和《黑图档》三个全宗，其中部分满文档案已相继翻译出版。从前述研究综述来看，之所以盛京内务府皇庄、人口问题研究得较为深入，与这批满文档案的翻译出版密不可分。

第三，研究视野下移，底层人员、微末机构开始受到关注。

学者在进行人物研究时，开始关注内务府下层、底层小人物的生活状态，研究视野既有宏观的知识背景，又有细致入微的考察。如前述学界对内务府妇女阶层、太监、工匠群体、内务府拜唐阿的研究，即是如此。

以上笔者总结了包衣群体研究现状的几大特点。同时，包衣群体研究也存在几点问题，总结如下：

一是相关问题仍未解释清楚。

虽然对于包衣牛录及其属员的研究论著颇丰，但有关问题仍待解释，如包衣牛录下人的形成、旗籍、姓氏特点与民族关系，辛者库含义的演变，包衣牛录下人的世职特点，包衣牛录与八旗制度的发展，皇属包衣人的犯罪及其处罚等问题，学界或浅谈辄止，或未曾涉及，而这些问题也正是本书所要解释的主要问题。

二是内务府档案作用突出，但对未译成汉文的内务府满文档案利用率极低。

杨珍指出，关于清前期宫廷内部事务的相关记载，汉文资料记载较为简略，满文档案则包含了丰富的史料信息，且其中许多内容多为汉文史料所未载，因此这部分满文档案对清前期宫廷史的研究尤为珍贵①。但遗憾的是，因满文学习和翻译需要一定的时间和精力，目前学界对满文档案的利用严重依赖已翻译出版的部分译著，而对未经翻译的满文原始档案则利用率极低。因此，对满文档案的解读与研究，仍是今后包衣群体及内务府研究的重点和难点，特别是对清前期内务府满文档案占比较高、但包衣群体及内务府研究较为薄弱的顺、康、雍三朝，内务府满文

① 杨珍:《关于满文档案与清史研究的几点认识》,《故宫学刊》2012 年第 1 期。

档案的重要意义更是不言而喻。

四、框架结构

基于上述对学术史的回顾和反思，并结合现有史料，除前言和结语外，本书共分八章，概括内容如下：

第一章，主要论述了包衣牛录下共同体的形成过程，包含两节内容：第一节，在学界现有成果基础上，对“booi niyalma”（包衣人）、“booi aha”（包衣阿哈）、“booi”（包衣）、“aha”（阿哈）群体的身份、区别与演变作了新的解释；第二节，在此基础上，对包衣牛录的形成、组织形式及诸王贝勒与包衣牛录的隶属关系作了梳理。

第二章，以《八旗满洲氏族通谱》为中心，结合八旗形成历程，对包衣牛录中的满洲、蒙古、高丽、尼堪四个民族的氏族、原居地、来归时间、旗分情况作了整理，并对各民族包衣牛录下人在包衣佐领、管领下的分布情况作了分析，以此管窥八旗内包衣牛录的姓氏特点及其地位。

第三章，在综述清前期世职制度的基础上，按不同旗分，对各旗内包衣牛录下人中所获世职者分别作了考证，并进而分析了四个民族获得世职的途径、时间，以及包衣牛录下人世职承袭特点。

第四章，对包衣牛录的管理组织和管理机构作了考察。在前人研究的基础上依次对包衣佐领、管领、分管组织作了介绍，并对学界尚有争议的庄头人及辛者库群体的身份和地位作了新的解释。关于包衣牛录下人的管理机构，因学界对内务府及其相关机构作了大量研究，因此本书并未多涉，只对学界甚少涉及的内府机构成立的背景作了专述，并依据档案资料对崇德年间（1636—1643）内府机构主要职能及其首任内府事务官宁塔海的史实略作钩沉。

第五章，以包衣牛录下满洲人图鲁什、劳萨等，包衣蒙古人乌讷格，包衣汉人刘之源、张良弼等人的主要事迹及其旗籍变迁为线索，论述了包衣牛录与八旗制度形成之间的微妙关系，从中探讨了包衣牛录对于八旗制度和清朝立国的重要作用。

第六章，论述了清前期的立法思想及内府包衣人审判机构的演变，对尚方司及慎刑司的审理范围、慎刑司与刑部的审案关系作了探讨。借助满文档案，对清前期皇属包衣人的主要犯罪行为及其处罚作了研究，从档案来看，其犯罪行为可分为经济类犯罪、刑事类犯罪和职务类犯罪三种，反映了皇属包衣人因长期役使于皇家而特有的犯罪行为和犯罪方式。

第七章，通过对三件康熙四年（1655）内务府包衣人家产分配案满文档案的翻译，探讨了内务府包衣人的家产继承思想，并对内府包衣人的犯奸罪及私自婚娶罪作了分析。

第八章，通过对部分满文档案的译读，探讨了内务府包衣人的诉讼与鞫审流程、定罪原则及定罪依据，并对内务府包衣人的“赏”“罚”“恤”作了解析。从中可见，以康熙帝为代表的清代统治者通过“仁法并用”的高超的统治策略，有效实现了维护封建皇权的根本目的。

第一章　家下奴仆与包衣牛录：包衣阶层的形成、演变及其分化

“包衣”“阿哈”群体是构成八旗奴仆阶层的主体，按隶属关系的不同，可分为八旗包衣牛录下人和八旗旗人之户下家奴两大部分。那么，“包衣”“阿哈”群体的身份经历了怎样的演变？又是如何分化为这两大包衣群体的？因其复杂难析，虽久经讨论，然迄无定论。对包衣群体的研究成果，祁美琴先生曾有过梳理，概言之有四种观点：第一，“阿哈”是“包衣阿哈”的简称；第二，“包衣”是“包衣阿哈”的简称；第三，“包衣”是“奴仆”之一种；第四，“包衣”是包衣牛录下人的专称，以区别于户下家奴。

在此基础上，祁美琴对包衣的身份进行了细致的分析，其观点如下：

第一，阿哈与包衣阿哈身份相同，多用于赏赐；第二，辛者库隶包衣组织下，有旗人户籍和俸饷待遇，远非普通户下奴相比；第三，阿哈具有广泛意义的“奴仆”的概念；第四，“包衣”多用于指称努尔哈赤家族成员之奴仆；“包衣人”多指称八旗将领、官员、甲兵之奴仆；第五，汉文文献中的“家人”主要指“户下人”，与阿哈、包衣阿哈一样，是一般意义上的奴仆阶层。①

上述观点为我们理解包衣、阿哈群体提供了新的思路。笔者发现，在《满文老档》和《满洲实录》等满文史料中，包衣奴仆有“booi”“aha”“booi niyalma”“booi aha”四个代名词，然而在汉译中却一概译为“包衣”或“家奴”，从而模糊了这四个满文词汇在特定语境下的具体含义，也掩盖了其含义背后的历史变迁。笔者不揣浅陋，拟查比满文原文，

---

① 祁美琴、崔灿：《包衣身份再辨》，《清史研究》2013 年第 1 期。

对不同时期这四个代名词的使用语境和具体所指加以辨析，以期对入关前包衣群体的身份及其演变再作探究。

第一节　“包衣”“阿哈”群体身份再释

一、努尔哈赤起兵之初的“booi aha”与“booi niyalma”

笔者认为“包衣人”与“包衣阿哈”本属两类不同的人群，其对应的满文是“booi niyalma”和“booi aha”，即“家人”和“家奴”。后来，“booi niyalma”逐渐以形容词“booi”来指代，并固定成为专属名词；而“booi aha”多简称“aha”。因此，我们经常见到的“包衣”与“阿哈”本是两类不同人群的简称。从满文词义来看，“包衣”本身是“人”，而“阿哈”本身是“奴仆”，是一种“物”，是一种特殊的“商品”。这便是两者最大的区别，也从根本上决定了两者地位有别、等级有差。

（一）关于“booi aha”

booi aha 即家奴，早在女真部落时代即有之。他们自为奴之日始便有着卑微的社会地位，从事着低贱的劳役。其民族成分在女真未统一之前多为掳掠而来的外部落人民，在女真统一后则以外族人为主。我们考察早期女真人史事时，经常可见各部落间“掳掠人畜”的记载①。如当时野人女真曾“掳掠辽东开原等处军民男妇为奴使唤，不胜艰苦”②，也曾从朝鲜庆源、镜城等地，“虏去人民为奴婢使唤”③，这种剽掠边民做奴使唤，一度被视为国俗④。

这些人一旦被抢掠为奴，便连同财物一起归属为“物”，而具有商品

① 栾凡:《一种文化边缘地带的特有经济类型剖析:明代女真族的多元经济研究》,东北师范大学出版社 1999 年版,第 30 ~ 34 页。

② 《朝鲜李朝实录》卷 113,世宗二十八年八月辛丑,《李朝实录》第 9 册,学习院东洋文化研究所刊,昭和二十九年(1954),第 524 页。

③ 《朝鲜李朝实录》卷 16,世祖五年六月丙寅,《李朝实录》第 13 册,第 288 页。

④ 《朝鲜李朝实录》卷 80,成宗八年五月丁卯,《李朝实录》第 16 册,第 54 页。

的属性，可以自由买卖。如有些人多给牛马财物便可买得[①]，甚至有人被多次转卖[②]。与牛马一样，他们作为一种特殊的“动物”被奴役驱使[③]，稍有反抗便有性命之忧[④]。

努尔哈赤时期，亦有不少汉人在被掳掠后遣散各处部落中，沦为奴仆。那么，这些奴仆在满文中如何称谓呢？

据《满洲实录》和《满文老档》载，万历二十九年（1601）哈达国发生大饥馑时竟“各以妻子、奴仆（booi aha）、牲畜易而食之”[⑤]；天命三年（1618），努尔哈赤征明还国，令将所得降民千户“奴仆（booi aha）失散者，查归本主”[⑥]；天命五年，代善曾表示要“不赐子以僚友、国人，不给与家奴（booi aha）、牛马牧群”[⑦]；十一年（1626），努尔哈赤历数饮酒之恶，指出“奴仆（booi aha）因之而逃亡”[⑧]。

可见，汉文为“奴仆”或“家奴”者，满文皆作“booi aha”。他们常并列于牲畜，同被视作家产“boigon”[⑨]，若家中“奴仆（booi aha）、牛只颇多”，则可称为“家富”[⑩]。此外，他们还如牛马般从事农耕和苦役，当时上自汗、下至普通旗兵“皆有奴婢、农庄，奴婢耕作，以事其主。军卒则但砺刀剑，无事于农亩者”[⑪]，时刻彰显着 booi aha 作为牲畜般的“物”的属性。

综上，booi aha 是女真人在长期的狩猎生活和原始的掠夺经济中产生的，是奴隶制生产方式的必然产物，他们主要以汉人、朝鲜人为主，从本质上说是一种特殊的“牲畜”，毫无社会地位、经济地位可言。

---

① 《朝鲜李朝实录》卷 16，世祖五年六月丙寅，《李朝实录》第 13 册，学习院东洋文化研究所刊，昭和二十九年（1954），第 288 页。

② 《朝鲜李朝实录》卷 19，成宗三年六月甲子，《李朝实录》第 15 册，第 233 页。

③ 《朝鲜李朝实录》卷 45，世祖十四年三月壬戌，《李朝实录》第 14 册，第 289 页。

④ 《朝鲜李朝实录》卷 255，成宗二十二年七月丁亥，《李朝实录》第 18 册，第 214 页。

⑤ 《满洲实录》卷 3，万历二十九年正月，《清实录》第 1 册，中华书局 1986 年影印本，第 117 页。

⑥ 《满洲实录》卷 4，天命三年四月二十六日，《清实录》第 1 册，第 212 页。

⑦ 中国第一历史档案馆整理译编：《内阁藏本满文老档 · 太祖朝》，汉文译文，第 56 页；满文，第 758 页，辽宁民族出版社 2009 年版。

⑧ 《满洲实录》卷 8，天命十年八月十七日，《清实录》第 1 册，第 389 页。

⑨ 《满洲实录》卷 3，天命三年四月十三日，《清实录》第 1 册，第 341 页。

⑩ 中国第一历史档案馆整理译编：《内阁藏本满文老档 · 太祖朝》，汉文译文，第 737 页。

⑪ 李民寏：《建州闻见录》，辽宁大学历史系 1978 年刊印，第 43 页。

（二）关于“booi niyalma”

相较于 booi aha，booi niyalma 出现的时间似乎较晚。从词义上来看，其本质属性是家里的“人”。因此他们在家庭中的地位相较于具有“物”和“牲畜”属性的 booi aha 而言要高，负担的劳役要轻。

学界早已注意到，在努尔哈赤起兵之初，booi niyalma 往往被视作“弟兄亲族”一般①，表明他们作为家庭之一员，与家主有着非同一般的关系。万历十一年（1583）“部落帕海睡于窗下，被贼刺死”一事，是学者论述时常举之例证。“部落帕海”满文为“boo i pahai gebungge niyalma”②，意为“有个叫帕海的包衣人”，《清太祖高皇帝实录》中译作“从人帕海”③。然而“包衣”为何以“部落”相称，学界鲜有论及。

“部落”满文为“gurun”，既可代称国家，又可指代国民。1601 年，努尔哈赤“将所聚之众每三百人内立一牛录额真”，建立八旗制度，这里的“人”即为“gurun”④；天命五年（1620），代善“不赐子以僚友、国人”，这里的“国人”亦为“gurun”⑤，可能该词最初即是“国人”的音译。可见，“部落”即“国人”。同时，“部落”也可指“诸申”⑥。如万历十二年（1584）努尔哈赤力排众议，不杀来犯之贼，他指出，杀之将导致其主掠我粮石，而若“粮石被掠，部属缺食，必至叛散。部落散，则孤立矣”。此处“部落”显然是指部属，而满文为“musei jušen”，即“咱们的诸申”⑦。由此可见，在特定的语境下，booi niyalma、部落、国人、诸申可相互换称，说明在努尔哈赤起兵之初，他们的地位相差无几。显然，在女真人“不相为奴”的固俗下，这些地位近似于诸申的 booi niyalma，尚不能视为真正的“奴仆”。

---

① 祁美琴亦据此指出“包衣中的确有‘亲族’存在。”见祁美琴：《清代内务府》，辽宁民族出版社 2009 年版，第 16 页。

② 《满洲实录》卷 1，万历十一年六月，《清实录》第 1 册，中华书局 1986 年影印本，第 39 页。

③ 《清太祖高皇帝实录》卷 1，癸未（万历十一年，1583）九月乙卯，《清实录》第 1 册，第 29 页。

④ 《满洲实录》卷 3，万历二十九年，《清实录》第 1 册，第 117 页。

⑤ 中国第一历史档案馆整理译编：《内阁藏本满文老档 · 太祖朝》，汉文译文，第 56 页；满文，第 759 页，辽宁民族出版社 2009 年版。

⑥ “诸申”的含义较为丰富，在天聪九年（1635）之前，作为人称代词时一般为女真人的泛称。见刘厚生：《从〈旧满洲档〉看满语“诸申”（jušen）一词的语义》，《史学集刊》1990 年第 2 期。

⑦ 《满洲实录》卷 1，万历十二年五月，《清实录》第 1 册，第 45 页。

总之，booi niyalma、booi aha 是完全不同的两类群体，虽然都从属于家主，但两者的属性迥异——前者为“家里的人”，其身份类似于“国人”或“诸申”；后者被视作“家里的物”，其身份多为异族俘虏。因此，决定了他们在家庭中截然不同的地位——前者深为主人信赖，与家主关系密切；后者只是牛马般的牲畜，长期从事繁重而低贱的劳役。

二、“booi”与“aha”的含义

除 booi niyalma 与 booi aha 两类不同的群体之外，我们在档案中更常见的却是单独出现的“booi”与“aha”。那么，他们与 booi niyalma、booi aha 又有什么关系？

笔者认为，从 booi 与 aha 群体的具体职责来看，他们也有着截然不同的社会地位，对照前述对 booi niyalma 和 booi aha 的分析来看，booi 应为 booi niyalma 的简称；而 aha 应是 booi aha 的简称。

（一）“booi”是“booi niyalma”的简称

前述，在努尔哈赤初期，booi niyalma 的地位与诸申、国人相近，且常被主人视作“朋友”“亲族”。他们在家庭中负责警卫，在战场上冲锋在前，用实际行动回报着主人的信任。

但是，在很多情况下，booi niyalma 可省称为 booi。如万历十二年（1584）太祖将夜闯之贼“以刀背击仆，喝令家人（booi niyalma）缚之。家人（booi）洛汉等言缚之何用，当杀之”[①]。显然“booi 洛汉”即指前面的“booi niyalma”。

那么，booi 所司之事是否与前述 booi niyalma 相符？

1. booi 随同家主出入战场，冲锋陷阵，并负责保护主人的安全。

努尔哈赤起兵初期，在其身边有一类由 booi 组成的近侍群体[②]。万历十三年（1585），努尔哈赤“率弟穆尔哈齐并二家人延布禄、武凌噶，四人奋勇步射，直入重围，混杀敌兵二十人”[③]。万历二十一年，努尔哈赤征伐蒙格布禄，其间，“蒙格布禄马仆地，其家人（booi）泰穆布禄将自

① 《满洲实录》卷 1，万历十二年四月，《清实录》第 1 册，中华书局 1986 年影印版，第 43 页。
② 祁美琴：《清代内务府》，辽宁民族出版社 2009 年版，第 20 页。
③ 《满洲实录》卷 2，万历十三年四月，《清实录》第 1 册，第 60 页。

马与主乘之，泰穆布禄步奔而回”[①]。延布禄、武凌噶、泰穆布禄的身份满文皆作“booi”，在这两场生死决斗中，他们舍生忘死，为保护主人奋不顾身。因此他们不会是掳掠而来地位低贱的booi aha，而一定是与主人感情深厚、深得信任的booi niyalma。

2. booi可参与决策，可代表主人执行特殊的使命。

万历二十九年（1601），努尔哈赤的中宫皇后病笃，思母甚切，太祖遣人至叶赫往请，然而鉴于当时双方剑拔弩张的形势，皇后之兄纳林布禄阻其母前来，“止令家人（booi）南太来”[②]。南太身为booi，能在一定程度上代表主人行事，故应指booi niyalma而非booi aha无疑。再如，蒙古博尔济吉特氏乌讷格曾长期居于叶赫，在“太祖高皇帝创业兴京，诸蒙古向化”时来归，属于高度女真化的蒙古人。他在来归之初，曾因“有勇略”且“通蒙古文及汉文”，深得努尔哈赤喜爱[③]，并作为包衣人侍卫左右[④]。万历四十一年（1613）“从太祖高皇帝征乌喇”时，“布占泰贝勒跪词求免，太祖犹有许其改过之义”，然“吴内格与五大臣等，并言布占泰反复难信，力主进战”，“遂灭乌喇”[⑤]。“吴内格”即乌讷格，他竟可与五大臣一起议事，参与决策，足见包衣人与家主努尔哈赤的亲近关系。此外，booi还具有一定的组织领导能力，如天命七年（1622），令“包衣（booi）纳彦率奉集堡所属空托模屯人八十八口、四十四丁前往费阿拉”[⑥]；崇德三年（1638），令包衣（booi）马山率十一人去割芦苇，并掌管工钱的发放[⑦]。他们的身份皆为booi，却承担着一定的组织和领导任务，从而更具官员的特征，其地位是广大aha无法比拟的。因此，这些booi亦应为booi niyalma。

---

① 《满洲实录》卷2，万历二十一年，《清实录》第1册，中华书局1986年影印版，第86页。

② 《满洲实录》卷3，万历二十九年，《清实录》第1册，第120页。

③ 李桓辑：《国朝耆献类征初编》卷262，（台北）明文书局1985年版，第165～277页。

④ 中国第一历史档案馆译编：《清初内国史院满文档案译编（上册）》，光明日报出版社1989年版，第142页。

⑤ 鄂尔泰等修，李洵等校：《八旗通志初集》卷171《吴内格巴克什》，东北师范大学出版社1985年版，第4171页。

⑥ 中国第一历史档案馆整理译编：《内阁藏本满文老档·太祖朝》，汉文译文，第109页；满文，第1454页，辽宁民族出版社2009年版。

⑦ 季永海、刘景宪：《崇德三年满文档案译编》，辽沈书社1988年版，第33页。

3. booi 多被派往渔猎和采蜜。

渔猎是女真人经济生活的重要组成部分，天命八年（1623）阿布泰曾派数名 booi niyalma 前往乌拉捕貉、放鹰[①]，可见渔猎是 booi niyalma 的职责之一。经查，当时汗有专属之“鱼户韩楚哈、顾纳钦、洛多里”[②] 等人，贝勒则有“贝勒家之捕鱼人”[③]，“大贝勒家渔人”亦由“包衣”充任[④]；此外，汗还有专事“出外采蜜”的包衣伊拉钦等[⑤]。他们皆以“booi”[⑥] 称谓，对比可知，这些 booi 即为 booi niyalma，渔猎、采蜜之事远非 booi aha 所能胜任。

4. booi 主管家主饮食。

饮食、起居直接关乎家主的生命安危，特别是在剑拔弩张的战争时代，所任之人更宜谨慎。正如天命八年二月，努尔哈赤所言：“近贝勒之人，唯有遇敌时战于前管于前者，方可于家宴及饮食起居之处行走于前，使其近贝勒而居之。至于遇敌时不能战于前行于前者，焉能于饮食起居之处行走于前耶”[⑦]。

早在万历四十三年（1615），努尔哈赤身边便有专门的“备膳”之人，时称“han de buda ulebure yakamu gebungge niyalma”[⑧]，即“名叫雅喀木供汗吃饭的人”，八贝勒家中亦有类似专管之人。这些人是何身份呢？天命八年，努尔哈赤召集八贝勒之家人，令将“陈放于宴桌之物，计麻花饼一种，麦饼二种，高丽饼一种……分送诸贝勒家各一份”。“家人”写作“booi niyalma”[⑨]。据此可知，家主的日常饮食由 booi

---

① 中国第一历史档案馆整理译编：《内阁藏本满文老档·太祖朝》，汉文译文，第 146 页；满文，第 1921 页，辽宁民族出版社 2009 年版。

② 同上，汉文译文，第 73 页；满文，第 995 页。

③ 同上，汉文译文，第 216 页；满文，第 2771 页。

④ 《盛京满文逃人档》，见中国第一历史档案馆编：《清代档案史料丛编》第 14 辑，中华书局 1990 年版，第 11 页。

⑤ 中国第一历史档案馆整理译编：《内阁藏本满文老档·太祖朝》，汉文译文，第 89 页；满文，第 1206 页。

⑥ 同上，满文，第 2771 页。

⑦ 同上，汉文译文，第 154 页。

⑧ 广禄、李学智译注：《清太祖老满文原档》第 1 册《荒字老满文档册》，台湾“商务印书馆”1970 年版，第 53 页。

⑨ 中国第一历史档案馆整理译编：《内阁藏本满文老档·太祖朝》，汉文译文，第 182 页；满文，第 2370 页。

niyalma 负责。

那么，booi 是否也有如此职责？天命六年（1621），向阳寺屯民献杏若干筐，努尔哈赤令包衣“德兴额往摘携归”[①]；崇德三年（1638），巴布赖、阿尔海之包衣为其守护果树[②]，他们的身份皆为 booi。在当时投毒兴盛的非常时期[③]，诸王、贝勒的饮食安全关系重大，而以 booi 即 booi niyalma 担负这样的重任，乃万全之策。

5. booi 是主人经商敛财的重要助手。

对于财产的贪欲是满洲人参与对外战争的直接目的和最终动力。在这一集聚家庭财富的过程中，包衣人发挥了重要作用。早在天命年间（1616—1626），就有 booi niyalma 在其主人泰吉的支持下，参与行商贸易的记载[④]。崇德年间（1636—1643），诸如此类的记载更加频繁，如崇德五年（1640），牛录章京张什八、阿球等人遣其家人九名“各携银两私出边外，往朝鲜国市烟”[⑤]；同年，希福等人率诸牛录下人之家人“往张家口交易”[⑥]；六年，多罗郡王阿达礼包衣人和托，往张家口贸易[⑦]；其母福金遣家人“携千金，至明境贸易”[⑧]；镶黄旗崔应泰、马光辉“以官商为其包衣人”[⑨] 私自赊买官库财物，等等。可见，这些满文为 booi niyalma 或汉译为“包衣”“家人”者，是主人经济生活的重要帮手。

综上，通过分析 booi 的具体职责，并与 booi niyalma 相比较，笔者认为 booi 就是 booi niyalma 的简称。因此，booi 有一定的人身自主权，当天命六年（1621）雅荪、阿胡图欲将汗之包衣（booi）宁善之女嫁于喀萨

---

① 中国第一历史档案馆整理译编：《内阁藏本满文老档 · 太祖朝》，汉文译文，第 73 页；满文，第 995 页，辽宁民族出版社 2009 年版。

② 季永海、刘景宪译编：《崇德三年满文档案译编》，辽沈书社 1988 年版，第 173 页。

③ 中国第一历史档案馆整理译编：《内阁藏本满文老档 · 太祖朝》，汉文译文，第 76 页。

④ 中国第一历史档案馆整理译编：《内阁藏本满文老档 · 太祖朝》，汉文译文，第 89 页；满文，第 1209 页。

⑤ 《清太宗实录》卷 53，崇德五年十二月丁卯，《清实录》第 2 册，中华书局 1985 年影印版，第 715 页。

⑥ 《清太宗实录》卷 52，崇德五年八月己未，《清实录》第 2 册，第 700 页。

⑦ 《清太宗实录》卷 58，崇德六年十二月丁卯，《清实录》第 2 册，第 794 页。

⑧ 《清太宗实录》卷 55，崇德六年三月戊寅，《清实录》第 2 册，第 732 页。

⑨ 中国人民大学清史研究所、中国第一历史档案馆译编：《盛京刑部原档》，群众出版社 1985 年版，第 92 页。

里之子时，努尔哈赤便要求“问女之父母”后再作决定[①]。这种作为“人”的权力是众多的 booi aha 不敢奢望的。

（二）“aha”可作为“booi aha”的简称

笔者认为，在文献中经常出现的“aha”有两种含义，一为“booi aha”的简称；一为由“booi、aha”组成的奴仆阶层的泛称。

前述，booi aha 是最为原始的奴仆阶层，他们多为掳掠而来的外族人口，具有两个鲜明的特征：被视作牲畜役使于田间、被当作财物赏赐与买卖。以此对照 aha，可得知“aha”有时指称“booi aha”。

1. aha 与 booi aha 一样，被视作牲畜役使于田间，从事农业生产。

天命六年（1621），努尔哈赤强调家主、奴仆和睦相处时，指出“奴才（aha）耕种之谷，与主子共食”[②]。这说明 aha 主要负责耕种之事，也因此往往被称作“耕田之奴（aha）”[③]。据质身于后金的朝鲜太子所见，当时诸王设庄“有大小，大不过数十家，小不满八九家，而多是汉人及吾东（朝鲜）被掳者也”[④]。明朝官员亦称辽东汉人被俘后，“皆令夷目押之，使居庄屯，农种为活”[⑤]。可见，这些 aha 与前述 booi aha 一样，有着相同的民族来源——以俘获异族为主，也有着同样悲惨的命运——如牛马般的农耕劳役，因此，“二者含义相同，指代同一群体”[⑥]。此外，崇德四年（1639），法司审理了镶黄旗牛录章京华英村役使本牛录下人为其耕耘一案，其时华英村辩称：“曾令我之包衣阿哈（booi aha）耘田”，而后法司审判时质问“尔用阿哈（aha）耕田”[⑦]？这也是 booi aha 可省称 aha 的直接证据。

---

① 中国第一历史档案馆整理译编：《内阁藏本满文老档·太祖朝》，汉文译文，第 61 页；满文，第 826 页，辽宁民族出版社 2009 年版。

② 同上，汉文译文，第 58 页；满文，第 793～795 页。

③ 同上，汉文译文，第 24 页；满文，第 319 页。

④ 佚名：《沈馆录》卷 3，见金毓绂主编：《辽海丛书》第 4 册，辽沈书社 1985 年版，第 2798 页。

⑤ 国立中央研究院历史语言研究所编：《明清史料乙编第二本》，上海商务印书馆 1936 年版，第 179 页。

⑥ 祁美琴、崔灿：《包衣身份再辨》，《清史研究》2013 年第 1 期。

⑦ 中国人民大学清史研究所、中国第一历史档案馆译编：《盛京刑部原档》，群众出版社 1985 年版，第 180 页。

2. aha 与 booi aha 一样，被当作物品赏赐与买卖。

努尔哈赤与弟舒尔哈齐“凡物件、国人、僚友、敕书、奴仆（aha）以及诸物，皆同享之”，后努尔哈赤斥其“所得家业及国人、僚友，非我等先父所遗之国人、僚友，乃兄我所赐也!”① 显系将 aha 与物件、敕书一同算入“家业”之内。可见 aha 与 booi aha 一样，具有物的属性，也因此可以被赏赐。如天命三年（1618），音达珲塔库喇喇三处路长率众来归，努尔哈赤令“俱给妻、奴（aha）、牛马、房田、衣物”；同年，呼尔哈部大臣纳喀达来归，“赐为首八大臣各奴仆（aha）十对，以供役使”②。这类因归附或战功而被赏赐的事例在天命时期还很多，但所赐之奴无一例外以“aha”代称③。而天命七年（1622），令赐给蒙古之 aha 与其原有之 booi aha 一同兼管④，亦说明两者本是同一类群体。

如上分析，booi niyalma 可简称 booi，booi aha 可简称 aha。两者因社会分工不同，其地位也有细微差别，这与两者不同的民族来源有关：booi niyalma 一般都是女真人或女真化了的外族人，他们“本事田猎”⑤，善于骑射和渔猎，在诸贝勒和诸申家庭中多承担家庭事务；booi aha 一般由掠夺而来，大多为汉人或朝鲜人，他们因长期从事农耕生活，而更擅长农业生产，在诸贝勒和诸申家庭中多承担农耕事务⑥。所以 booi 常侍于家，而 aha 多役于田。也正因如此，努尔哈赤担心“不阉小子而致诸贝勒院内之妇女与他人私通”，而令“诸贝勒之包衣（booi）小子幼时阉割”⑦；当被人告发收受财物时，额尔德尼与其兄弟将家人（booi niyalma）逐出

① 中国第一历史档案馆整理译编:《内阁藏本满文老档·太祖朝》,汉文译文,第 3 页;满文,第 30 页,辽宁民族出版社 2009 年版。

② 同上,汉文译文,第 24 页;满文,第 323 页。

③ 《满洲实录》卷 4,天命三年,《清实录》第 1 册,中华书局 1986 年影印版,第 194 页。中国第一历史档案馆整理译编:《内阁藏本满文老档·太祖朝》,汉文译文,第 153、161 页。

④ 中国第一历史档案馆整理译编:《内阁藏本满文老档·太祖朝》,汉文译文,第 143 页;满文,第 1893 页。

⑤ 王钟翰辑录:《朝鲜〈李朝实录〉中的女真史料选编》,辽宁大学历史系 1979 年刊印,第 157 页。

⑥ 姚念慈也指出,“满族社会的奴隶形式复杂,大致可分为庄园耕作奴隶和家内服役奴隶。前者多以被俘汉人充当,后者成分不一,也包括满族本族成员在内。”见姚念慈:《〈离主条例〉刍议》,《历史档案》1993 年第 2 期。

⑦ 中国第一历史档案馆整理译编:《内阁藏本满文老档·太祖朝》,汉文译文,第 78 页;满文,第 1054 页。

而闭门私议[1]。皆是针对经常涉及家庭事务的 booi 人所采取的措施。

三、"booi"与"aha"的合流及其新含义

（一）"booi"与"aha"的合流

由上可知，booi aha 或称 aha，booi niyalma 或称 booi，是等级有别、民族各异、职责不同的两类群体。然而，早在天命年间（1616—1626），就已开始打破了"booi 常侍于家，而 aha 多役于田"的传统，如天命三年（1618），努尔哈赤令"诸贝勒之庄丁（tokso）、家人（booi）八百人至距边二十里处打谷"[2]，"庄丁"即专事农耕之 aha，可见，booi 与 aha 开始联合执行任务。其后，随着社会的发展，两类不同群体之间的界限日益模糊，并最终组成一个新的奴仆阶层。这一新的阶层便是含义扩大化的"booi aha"——这时的 booi aha 并非是 aha 的全称，而是"booi、aha"的合称，即代指 booi niyalma 与 booi aha 两类人，也泛指整个奴仆阶层。

促使两者合流的原因，笔者认为主要有以下几点：

其一，社会阶层的剧烈变革。booi（booi niyalma）、aha（booi aha）都是女真社会的底层人员，在天命初年，后金社会阶层大致可分为汗、诸贝勒、诸申（国人）、booi niyalma、booi aha 五个等级。然而，经天命、天聪两朝的发展，其社会等级发生剧烈变革，其中汗与诸贝勒的权力日益集中，而诸申的地位受到严重削弱[3]，甚至"到了后来，随着本族内部的阶级分化而下降为贱民之称"[4]。与此同时，原本地位就低于诸申的 booi niyalma 群体更为低贱，日益与最底层的 booi aha 趋同。

其二，侍卫群体的崛起。保卫家主的安全本是 booi niyalma 群体的重要职责，然而随着八旗制度和封建化国家机器的不断完善，侍卫群体崛起并逐步承担 booi niyalma 群体的这一职责。早在万历四十三年（1615），便有"在汗附近跟随行走之布扬古侍卫"（han be hanci dahame yabure

---

① 中国第一历史档案馆整理译编：《内阁藏本满文老档·太祖朝》，汉文译文，第 175 页；满文，第 2295 页，辽宁民族出版社 2009 年版。

② 中国第一历史档案馆整理译编：《内阁藏本满文老档·太祖朝》，汉文译文，第 23 页；满文，第 308 页。

③ 周远廉：《从"诸申"身份的变化看入关前满族的社会性质》，《社会科学辑刊》1979 年第 1 期。

④ 王钟翰：《关于满族形成中的几个问题》，《王钟翰清史论集》第 1 册，中华书局 2004 年版，第127 页。

buyanggū hiya[①]）之说，建元天命后，侍卫群体日渐崛起，如天命六年（1621），努尔哈赤“派我之人看守”庭院之四[②]；八年（1623），定巴牙喇值宿汗宫之制[③]；十年，“准近身侍卫及为首之大臣等称‘父贝勒’”，原注曰：“准近身侍卫及诸大臣等之称父贝勒乃为辨别其奖恤也”[④]。可见，侍卫或由“牛录中才能者”选任，或由 booi niyalma 中优异者选任[⑤]，他们组成一个新的群体，承担了 booi niyalma 的主要职能，也造成该群体滑向 booi aha 的命运。

其三，经济基础的变迁和“计丁授田”制度的推动。在后金政权逐渐步入封建化的过程中，其经济基础和生产方式已由原始的渔猎经济逐步向农业经济过渡[⑥]，这不仅表现在随着后金政权的不断壮大，上至汗、诸王贝勒，下至普通旗兵都置有规模不等的庄园；还表现在天命六年（1621）努尔哈赤实行“计丁授田”，将辽东等地三十万垧“平均每丁给粮田五垧、棉田一垧”[⑦]。此次授田主要以“驻扎在这一带的满洲贵族和八旗官兵”为对象[⑧]。

但是，满洲人不善耕作，且每位诸申“一家衣食，凡百差徭，皆从此出”[⑨]，“肯定都要缴纳封建赋税，肯定有正额官赋”[⑩]，并且还要承担披甲、筑城等多项国家劳役。那么对于所分田地，只能令 booi aha 耕作。因此，我们在史料中见到赐“人十二名、牛二头，地六十垧”[⑪]，将土地及耕地之人、牛配套赏赐的记载。而若缺少 aha 则会导致旗人“本身虽

① 广禄、李学智译注：《清太祖老满文原档》第 1 册《荒字老满文档册》，台湾“商务印书馆”1970 年版，第 52 页。

② 中国第一历史档案馆整理译编：《内阁藏本满文老档·太祖朝》，汉文译文，辽宁民族出版社 2009 年版，第 86 页。

③ 同上，汉文译文，第 182 页。

④ 同上，汉文译文，第 234 页；满文，第 2984 页。

⑤ 《清太宗实录》卷 37，崇德二年七月辛未，《清实录》第 2 册，中华书局 1985 年影印版，第 483 页。

⑥ 赵令志进一步解释道：“女真人迁到辽沈地区，离开了采集和渔猎资源比较丰富的故地，必然导致渔猎畜牧经济比例下降，女真人对农业经济的依赖程度加深”。见赵令志：《清前期八旗土地制度研究》，民族出版社 2001 年版，第 59 页。

⑦ 中国第一历史档案馆整理译编：《内阁藏本满文老档·太祖朝》，汉文译文，第 79 页。

⑧ 王钟翰：《满文老档中计丁授田商榷》，《王钟翰清史论集》第 1 册，中华书局 2004 年版，第 597 页。

⑨ 《天聪朝臣工奏议》卷上，辽宁大学历史系 1980 年编印，第 6 页。

⑩ 周远廉：《从“诸申”身份的变化看入关前满族的社会性质》，《社会科学辑刊》1979 年第 1 期。

⑪ 《清太宗实录》卷 41，崇德三年五月甲戌，《清实录》第 2 册，第 547 页。

有田地，只身无人耕种，时刻不离，顾此失彼”① 的窘境，直接影响到为国效力。如天聪四年（1630）皇太极令每牛录挑选精壮之二十人留守时，特别强调“人虽精壮，若系无兄弟、奴仆之孤独贫穷者，不得留之。若留此等人，田野不得耕种，日后生计穷苦”；在更换驻遵化甲兵时，又指出“原驻每二甲兵中，若有无兄弟、奴仆之孤独贫穷者，务须更换之”②。天聪五年，萨木哈图、张古里等九人奏说“家中无奴仆”，皇太极为此谕令“自城工大役外，一应小差徭俱免之”③。

总之，后金社会经济基础的变更，使满洲人对善于农耕的 booi aha 群体的依赖性越来越大，正如王钟翰所言，在此过程中，“原来从事农业生产而又有较高的农业生产技术的广大汉族农民，在这方面起了相当大的推动作用”④。其中便包括广大的汉人 booi aha 群体；而与此同时，善于渔猎、畜牧和家务的 booi niyalma 群体数量本就不多⑤，又在农业化的进程中日渐边缘化，由此看来，两类群体的合流乃大势所趋，原本“不相为奴”的 booi niyalma 已渐成奴仆。

（二）“booi”与“aha”的新含义

随着 booi、aha 群体的日渐合流，在指代称谓上也不再严格区分，而是出现了一些新的含义。

1. aha 除了是 booi aha 的简称外，在为区分诸申的特定语境下，还可概称“booi、aha”整个奴仆阶层。

后金时期，当旗人犯罪时常见有籍没家奴者。天命四年（1619），“将赐与汪善之奴仆（aha）、诸申尽行籍没”⑥；天聪四年（1630），“尽夺其（大贝勒阿敏）所属诸申和家奴（booi aha）”⑦。对比可知，所籍汪善之奴仆（aha）在身份上同于所夺阿敏之家奴（booi aha）。那么此处便

---

① 《天聪朝臣工奏议》卷中，辽宁大学历史系 1980 年编印，第 47 页。

② 中国第一历史档案馆整理译编：《内阁藏本满文老档·太宗朝》，汉文译文，辽宁民族出版社 2009 年版，第 534 页。

③ 关孝廉译编：《天聪五年八旗值月档（二）》，《历史档案》2001 年第 1 期。

④ 王钟翰：《王钟翰清史论集》第 1 册，中华书局 2004 年版，第 228～229 页。

⑤ 汪茂和：《从阿哈和诸申看进入辽沈以前的满族社会形态》，《南开史学》1981 年第 2 期。

⑥ 中国第一历史档案馆整理译编：《内阁藏本满文老档·太祖朝》，汉文译文，第 30 页；满文，第 404 页。

⑦ 同上，汉文译文，第 550 页；满文，第5106 页。

有两种解释：其一，aha 是 booi aha 简称，所夺之人仅限于汪善和阿敏的家奴（aha），而不涉及其家人（booi niyalma）；其二，此处“booi aha”是指“booi、aha”两类人，而汪善案中所用“aha”是为区分诸申而泛指由 booi、aha 组成的奴仆阶层。这两种解释哪种为是？

天聪九年（1635），命将瓦克达之“包衣满洲、蒙、汉仆人，库中财物及牲畜，俱没入官”[①]。在该案中，将瓦克达所属之人分为“包衣（booi）满洲、蒙”（即 booi niyalma）与“汉仆”（即 booi aha）两部分，可推知汪善所籍没的“奴仆（aha）”以及阿敏所籍没的“家奴（booi aha）”，具体应包括“booi niyalma”和“booi aha”两类人，前者主要是满洲、蒙古人；后者主要是汉人。这也符合笔者此前关于两类人民族成分不同的推断。由此又不禁让人联想到奴仆阶层在户部档册中的记注方式，崇德年间（1636—1643）曾规定包衣奴仆丁册亦要上报户部，未报则要受罚[②]。当时户部档册的记注方式至少沿用到顺治、康熙时期，据顺治十四年（1657）户部所报镶黄旗编审男丁档册载，其中关于奴仆阶层的记注方式为“满洲蒙古包衣汉人”[③]，这与前述“家内满洲、蒙、汉仆人”是一致的，不管这里该如何理解[④]，将“满洲、蒙古”与“汉人”区分记载亦说明两者本有不同。

因此，诸如“籍没之牛录下诸申及家下奴仆（booi aha）”[⑤] 之类的财产刑；以及以“阿哈（aha）、诸申（jušen）”监督“汗及诸贝勒直至小民”[⑥] 等，皆是以“aha”或“booi aha”指称“booi、aha”整个奴仆阶

---

① 中国第一历史档案馆编：《清初内国史院满文档案译编》上册，光明日报出版社 1989 年版，第 201 页；关嘉录、佟永功、关照宏译编：《天聪九年档》，天津古籍出版社 1987 年版，第 123 页。

② 中国人民大学清史研究所、中国第一历史档案馆译编：《盛京刑部原档》，群众出版社 1985 年版，第 126、182 页。

③ 安双成选译：《顺治朝八旗男丁满文档案选译》，见《满学研究》第 1 辑，吉林文史出版社 1992 年版，第 419 页。

④ 细谷良夫曾据《八旗通志初集》满汉文本对照发现，旗分牛录下汉军满文为“ujen cooha”，包衣“汉军”满文为“nikan”，可见“nikan”本身就有奴仆的含义。转引自陈国栋：《清代内务府包衣三旗人员的分类及其旗下组织——兼论一些有关包衣的问题》，台北《食货》1982 年 12 卷 9 期。据此，在编审男丁时将奴仆阶层中的汉人称为“nikan”，也就包含了奴仆的意味。此处似应表述为“满洲蒙古包衣、汉人（奴仆）”。

⑤ 关嘉录、佟永功、关照宏译编：《天聪九年档》，第 133 页。

⑥ 中国第一历史档案馆整理译编：《内阁藏本满文老档 · 太宗朝》，汉文译文，第 475 页；满文，第 4094～4097 页，辽宁民族出版社 2009 年版。

层，以区分于“诸申”阶层。

2. booi 除了是 booi niyalma 的简称外，还多用于奴仆首告其主，以强调其作为“人”而非一般牲畜所拥有的控告权[①]。

保障奴仆的控告权，以其监视诸贝勒、大臣、将领，是后金统治者维护统治秩序稳定的重要举措。为此，天命年间（1616—1626）就曾颁布过《离主条例》[②]。笔者所见最早明确记载奴仆阶层首告其主是在天命八年（1623），是年三月“岫岩备御乔邦魁与毛文龙密谋，被乔邦魁家人首告”，此首告之人满文即为 booi niyalma[③]。此后家人首告其主屡见史端，如崇德元年（1636），镶黄旗下薛大湖因通奸被其家人杨周久、宗商举等首告于法司”[④]；“正白旗佟正被其家人徐廷举、朱国明等人首告”[⑤]；二年（1637），“智顺王尚可喜家人李小子首告其主”[⑥]；三年（1638），庄头豪巴尔为其包衣赫耀赛首告于法司[⑦]；四年（1639），梅勒章京、刑部参政李云“为其家人二十五人所首”[⑧]；包衣达汉将其主甲喇章京张良首告于法司，等等[⑨]。诸如此类者还有多例，但这些首告者皆被称为“包衣（booi）”或“家人（booi niyalma）”，意在强调该奴仆作为“人”所拥有的控告权。

3. booi、aha 的不同含义，对于我们理解史料的帮助。

booi、aha 的不同含义，对于我们理解史料有所帮助。在《满文老档》中有这样一例典型的事例：

---

① 首告之奴仆多被称之为“booi”或“booi niyalma”，笔者仅见一例首告奴仆为“booi aha”者，即天命八年六月二十七日，叶赫之锡林备御“因于南边戍守地，杀逃往之汉人，藏匿其衣服。经其家奴（booi aha）首告，法司审理，拟罪。准首告之奴离去。”（中国第一历史档案馆整理译编：《内阁藏本满文老档·太祖朝》，汉文译文，第 195 页；满文，第 2530 页，辽宁民族出版社 2009 年版。当然，这里的“booi aha”也可理解为“booi、aha”奴仆阶层。

② 姚念慈：《〈离主条例〉刍议》，《历史档案》1993 年第 2 期。

③ 中国第一历史档案馆整理译编：《内阁藏本满文老档·太祖朝》，汉文译文，第 164 页；满文，第 2157 页。

④ 同上，汉文译文，第 746 页；满文，第7662 页。

⑤ 同上，汉文译文，第 770 页；满文，第8005 页。

⑥ 《清太宗实录》卷 36，崇德二年六月乙丑，《清实录》第 2 册，中华书局 1985 年影印版，第 479 页。

⑦ 中国人民大学清史研究所、中国第一历史档案馆译编：《盛京刑部原档》，群众出版社 1985 年版，第 20 页。

⑧ 《清太宗实录》卷 45，崇德四年正月丁亥，《清实录》第 2 册，第 594 页。

⑨ 中国人民大学清史研究所、中国第一历史档案馆译编：《盛京刑部原档》，第 186 页。

天聪元年（1627），汗谕："嗣后，汗及诸贝勒直至小民，凡祭祀及筵宴、殡葬、售肉，严禁用牛马驴骡。若有违禁宰杀者，被 aha jušen 首告，则准首告者离主……以往，汗及诸贝勒向旗人购猪，自己开价强行购买。嗣后，永行禁止，准予售猪人随意越旗议价出售。诸贝勒 booi，有强行买猪者照例治罪。勿向汗及诸贝勒 booi aha 购猪，否则 udaha niyalma 及 uncaha aha 皆照例罚之。"①

在该谕令中，第一，"被阿哈（aha）诸申（jušen）首告"，为区别于诸申，所以此处以 aha 概称整个奴仆阶层；第二，"诸贝勒 booi，有强行买猪者"，这里的 booi，即指"booi niyalma"，也就是谕令中的"udaha niyalma"即"购买之人"，他们在诸贝勒家中主要担负包括采买饮食物品等家庭事务；第三，谕令强调这些外出买猪的 booi"勿向汗及诸贝勒 booi aha 购猪"，而这些"booi aha"即是谕令中的"uncaha aha"，也就是"出卖之奴"。所以"udaha niyalma"与"uncaha aha"分别对应着"booi niyalma"与"booi aha"。

综上所述，因 booi niyalma（booi）与 booi aha（aha）的地位日渐趋同，逐渐形成"booi、aha"或以"aha"指称的新的奴仆阶层，在这一过程中又赋予了 booi、aha 各自的新含义。

四、小结

本节以"booi""aha""booi aha""booi niyalma"四个满文词汇在特定语境中的指代为切入点，对入关前包衣奴仆的起源、发展及相关含义的演变作了辨析。笔者认为：

第一，aha 是 booi aha 的简称，他们源自奴隶制时代的家奴，以俘获之外族人为主，长期从事农业生产，是一类牲畜般的特殊家产；booi 是 booi niyalma 的简称，其出现的时间比 aha 要晚，在部落纷争时多充任家主的护卫，以女真及女真化的外族人为主，擅长渔猎、骑射和采集，与家主关系密切，多承担家庭事务。

第二，随着封建化的加深，booi 与 aha 群体的界限日益模糊，逐渐形成

① 中国第一历史档案馆整理译编：《内阁藏本满文老档・太宗朝》，汉文译文，第 475 页；满文，第 4094～4097 页，辽宁民族出版社 2009 年版。

一类由“booi niyalma、booi aha”即“booi、aha”组成的奴仆阶层，这个群体有别于作为aha全称的“booi aha”。此外，aha、booi的指代在此期间发生了变化，在区分诸申的特定语境下，一般用“aha”或“booi aha”；在强调作为“人”所拥有的基本权力时，一般用“booi”或“booi niyalma”。

“booi niyalma”与“booi aha”含义的演变，还可从“部落”一词的指代中看出端倪。笔者前述，在努尔哈赤起兵之初，“部落”可代指“booi niyalma”。但到天聪、崇德年间（1627—1643），“部落”则已概指整个“booi aha”群体。如天聪七年（1633）四月，启心郎罗绣锦等建议“如有粮不输，许家下孛落举首”，并称“孛落乃口居食粮之人，虽有举之者，是素怀主仇，方首其事，如同心居食之人而首之者必少”①；天聪八年，明怀隆兵备道张维世便奏称“狡奴谋犯，多广布奸细”，后来果“捉获奸细一名叶朝相”，经讯问，他本“系大同新平堡人，于崇祯二年（1629）被虏，在奴酋刀儿计宰生下做部落”，被派往“岔道等处打细探听某城兵马火器多寡虚实，好来犯抢”②；崇德三年（1638），都察院承政祖可法、张存仁亦称“近见礼部出示考试生童，清、汉、蒙古部落皆不准考试，此拘于倡优隶卒之禁耳”，而“今各家部落皆东西南北抢来之人”③。这三处史料中的“部落”或“孛落”，多为掳掠而来，且“素怀主仇”，身份近于“倡优隶卒”，可知即为“booi aha”。

马克思在《政治经济学批判》中指出，“社会的物质生产力发展到一定阶段，便同它们一直在其中运动的现存生产关系或财产关系发生矛盾。于是这些关系便由生产力的发展形式变成生产力的桎梏。那时社会革命的时代就到来了”④。从早期“booi niyalma”与“booi aha”群体的分立，到“booi、aha”群体的融合，再到新的“booi aha”奴仆阶层的形成，正是由于满洲步入封建社会后，农耕制生产方式逐步取代了渔猎制生产方式，由此引发生产力的巨大变革，进而促进了“社会革命”的到来——女真原有的社会阶层被打破，而新的社会秩序建立起来。

---

① 《天聪朝臣工奏议》卷上，辽宁大学历史系1980年编印，第52页。

② 方裕谨编：《崇祯七年后金对关内的人扰》，《历史档案》1982年第2期。

③ 中国第一历史档案馆编：《清崇德三年汉文档案选编》，《历史档案》1982年第2期。

④ 中共中央马克思恩格斯列宁斯大林著作编译局：《马克思恩格斯文集》第2卷，人民出版社2009年版，第591～592页。

第二节　包衣牛录组织的形成

笔者此前指出，阿哈、包衣本是身份不同、地位有别的两类奴仆群体，在社会发展过程中，其地位和身份日渐趋同，逐渐形成一类新的、多以“阿哈”或“包衣阿哈”指称的奴仆群体。

随着掠夺战争的不断升级，各旗及诸王贝勒、诸申家中的奴仆数量日益增多，其中各旗奴仆以八旗制度的建制模式组织起来，形成一种新的牛录组织，即包衣牛录组织；而诸王贝勒、诸申家中的奴仆则形成“家下奴仆”。因此，从隶属关系和服务对象上来看，包衣阶层可分为“家下奴仆”和“包衣牛录”两大部分，前者长官称为“包衣大”（booi da），后者长官称为“牛录额真”（nirui ejen），即佐领。他们都以不同的身份和管理模式存在于后金社会中，如下图所示：

本章第一节，我们对“家下奴仆”的身份属性及所司职责作了简单的梳理，本节将着重对“包衣牛录”的编建作一讨论。

一、努尔哈赤时期的包衣牛录

一般认为，包衣牛录组织在旗制创立前即已存在，而“八旗制度的最终确立才意味着真正意义上的包衣牛录的出现”[①]。努尔哈赤对于包衣

① 祁美琴:《清代内务府》,辽宁民族出版社 2009 年版,第 30 ~ 31 页。

牛录的初创过程可分为八旗建立前和八旗建立后两个阶段。

（一）八旗建立前的包衣牛录

在《八旗通志初集》中有多个包衣牛录明确标示为“国初”编立，那么“国初”是一个什么时间概念呢？实际上，“国初”一词在清代官私方典籍中并不鲜见，但是并未有一个统一、明确的时间范畴。如《满洲源流考》载“乌苏城，国初属叶赫国，太祖癸丑年（万历四十一年，1613）九月征叶赫，破乌苏等十九城”，此处“国初”则指太祖起兵之初①；在《八旗满洲氏族通谱》中根据归附时间的早晚，将各姓氏分为“国初”“天聪”“崇德”“顺治”和“康熙”五个时期，徐凯认为，所谓“国初”，“系指天命时期”②；《啸亭杂录》在追述官制时指出“国初甫定辽、沈，官职悉沿明制”“国初时，俘掠辽、沈之民，悉为满臣奴隶”，则笼统将“国初”界定为入关前的天命、天聪时期③；《吉林纪事诗》中有“国初设厂傍江沿，曾命章京代造船”之诗句，所指为顺治十五年（1658）在吉林临江门以西所设的船厂，可见这里的“国初”是指顺治年间（1644—1661）④。总之，史籍中“国初”的时间范围可涵盖自努尔哈赤起兵之初直至顺治年间天下甫定这一段时期。就《八旗通志初集》而言，徐凯指出，所谓“国初”应指努尔哈赤的天命时期（1616—1626）和皇太极的天聪时期（1627—1636）⑤。徐凯的这一推断是基于《八旗通志》中包括旗分佐领和包衣佐领所涉及的“国初”的一个总的时间界定，笔者认为，具体到包衣佐领而言，“国初”的概念甚至要追溯至建元天命之前。

《八旗通志初集》载，镶红旗包衣第三参领所属第七佐领“系国初编立，始令锡汉管理。锡汉故，以三等护卫达格色管理。达格色故，以三等护卫海蓝管理。海蓝故，以三等护卫噶尔拜管理。噶尔拜故，以三等

① 阿桂等撰，孙文良、陆玉华点校：《满洲源流考》卷13，辽宁民族出版社1988年版，第224页。
② 徐凯：《满洲认同“法典”与部族双重构建》，中国社会科学出版社2015年版，第77页。
③ 昭梿：《啸亭杂录》卷2《国初官制》《汉军初制》，中华书局1980年版，第39页。
④ 康意春选注：《清代吉林诗选》，吉林市史学会，1982年，第33页。
⑤ 徐凯：《朝鲜佐领考》，见北京大学韩国学研究中心：《韩国学论文集》第7辑，新华出版社1998年版，第313页。

护卫迈思哈管理。迈思哈故，以三等护卫穆祝祜管理”[①]。《钦定八旗通志》又补充解释该旗为“国初”时“随贝勒褚英分封时立”[②]。经查，“戊戌正月，上命征安楚拉库路，以功赐号洪巴图鲁，寻封多罗贝勒”[③]，这是褚英第一次也是唯一一次受封为贝勒[④]。戊戌年即万历二十六年(1598)，也就是说褚英被初封为贝勒前后，就已编立了属于自己的包衣牛录，而“锡汉”便是最早归附褚英的包衣佐领。

据《八旗满洲氏族通谱》可知，“镶红旗包衣西汉，讷殷地方人。原任佐领。其子穆成额、兆达、耀达、温察俱原任三等护卫；孙穆珠琥原任佐领”[⑤]。对比可知，《八旗通志初集》中镶红旗包衣佐领“锡汉”即是《八旗满洲氏族通谱》中的“西汉”；而“三等护卫穆祝祜”即是《八旗满洲氏族通谱》中的“穆珠琥”。万历二十一年（1593）闰十一月，努尔哈赤派额宜都、刚盖等人领兵一千前往征讨讷殷，历时三个月最终得以征服，因此灭讷殷是在万历二十二年（1594)，可知此后不久，在褚英初封贝勒时，努尔哈赤便将新征服的讷殷部编为包衣牛录，令褚英统管。

据考，在万历二十九年（1601）四旗建立前，经历了一个由一旗到两旗再到三旗的增编过程，其中三旗旗主分别为努尔哈赤、舒尔哈齐和褚英[⑥]。褚英被封为贝勒后作为一旗之主，除掌管一定数量的旗分牛录外，还领有少量的包衣牛录是完全有可能的。

综上可知，在建元天命前就已有包衣牛录之设。因此，福格在《听雨丛谈》中追溯包衣牛录时说“天命以前宗人内哄时，景从效顺者，旧部之臣也。其时内务府佐领、管领已有汉姓之人，即今之内旗鼓内汉军也”[⑦]。所言有一定的依据。

---

① 鄂尔泰等修，李洵等校：《八旗通志初集》卷8《旗分志八：八旗佐领（镶红旗满洲佐领）》，东北师范大学出版社1985年版，第146页。

② 福隆安等监修：《钦定八旗通志》卷13《旗分志十三·镶红旗满洲佐领下》，景印文渊阁四库全书本，台湾“商务印书馆”1983年版，总第664－496页。

③ 王钟翰点校：《清史列传》卷3《宗室王公传三·褚英传》，中华书局1987年版，第115页。

④ 祁美琴：《清代内务府》，辽宁民族出版社2009年版，第30页。

⑤ 弘昼等修：《八旗满洲氏族通谱》卷15《伊尔根觉罗氏四》，辽海出版社2002年版，第217页。

⑥ 白新良：《满洲政权早起前四旗考》，《清史考辨》，人民出版社2005年版，第1～19页。

⑦ 福格：《听雨丛谈》卷1《满洲原起》，中华书局1984年版，第3页。

（二）八旗建立后的包衣牛录

正式编建八旗满洲后，包衣牛录随着旗分牛录的增加，也获得较大发展。

再引《八旗通志初集》所载：正红旗包衣第三参领所属第一满洲佐领，初令阿鼐管理。阿鼐故，以其孙通肯管理。通肯故，以苏纳海管理。苏纳海告退，以其子存柱管理①。《钦定八旗通志》注曰“此佐领系国初随礼烈亲王编立，原系世管”②。经查，代善始封为和硕礼亲王是在天聪十年（1636）四月③，那么阿鼐任代善旗下包衣佐领的时间是否就是天聪十年呢？据《八旗杂档》所载，因“礼王门上办理包衣事务”的佐领出缺，太祖谕阿鼐曰：“礼王无管佐领之人，暂令汝为佐领前去”，“朕与汝银牌并印记，令汝执掌。若果尽忠辅佐于王，当令汝子孙累世尊荣之至”④。此谕乃后人追溯所记，努尔哈赤所称的“礼王”当时应为“大贝勒”，建元天命后，努尔哈赤封代善等四人为“大贝勒”名号⑤，据孟森考证，“有明文授此爵者”仅此四人而已⑥。所谓“国初随礼烈亲王编立”可能就是指天命元年（1616）他被封为“大贝勒”名号时编立的。而努尔哈赤所允诺的令其“子孙累世尊荣之至”主要体现在将该佐领编为“世管佐领”，从后世继任者通肯、苏纳海等人来看，也确实世代承袭了该牛录的佐领之职。

从中可知，天命年间（1616—1626），至少在八旗主旗贝勒之下都有一定数量的以牛录制度而编立起来的包衣组织，并由努尔哈赤亲自任命的佐领来统辖。这告诉我们，包衣牛录虽然附属于各主旗贝勒下，但却与旗分牛录一样具有“国有”的属性，而与家下奴仆有着本质上的差别。

---

① 鄂尔泰等修，李洵等校：《八旗通志初集》卷6《旗分志六：八旗佐领（正红旗满洲佐领）》，东北师范大学出版社1985年版，第105页。

② 福隆安等监修：《钦定八旗通志》卷9《旗分志九：正红旗满洲佐领下》，景印文渊阁四库全书本，台湾“商务印书馆”1983年版，总第664－430页。

③ 《清太宗实录》卷28，天聪十年四月丁酉，《清实录》第2册，中华书局1985年影印版，第372页。

④ 中国第一历史档案馆藏：《历朝八旗杂档》第8包。转引自傅克东：《从内佐领和管领谈到清代辛者库人》，《清史研究通讯》，1986年第3期。

⑤ 王钟翰点校：《清史列传》卷1《代善》，中华书局1987年版，第2页。

⑥ 孟森：《八旗制度考实》，中华书局2014年版，第22页。

二、皇太极时期的包衣牛录

战争俘获和对外掠夺是包衣牛录和家下奴仆的主要来源，此外，当诸贝勒大臣及旗人隐匿壮丁及犯罪事发时，将所属奴仆罚没入官，也是包衣牛录的重要来源。

诸王贝勒、将臣等多有隐匿壮丁为家下奴仆的行为，这无疑会导致国属人口的流失和诸王贝勒权力的壮大。为此，皇太极曾多次谕令，严禁隐匿壮丁，而一旦发现便依据“隐匿之罪”，“将所隐壮丁入官”，此类事例在入关前的史料中较为常见[①]。

缘罪罚没者一般有“没入某贝勒家为奴”和“罚没入官”两种去向。如天命六年（1621），崩阔里因诬告罪被“鞭一百，给大贝勒为奴”[②]；天聪四年（1630），松果图备御因避敌不战，被没入墨尔戴青家为奴[③]，等等。毫无疑问，这些被罚没者皆入诸贝勒家，成为家下奴仆。

然而，我们见到的更多的是“罚没入官”者。如宗室侍卫济马护因致使明哨卒逃逸而被“罚奴仆入官”[④]；驻守新城的牛录章京张什八等人因纵容奴仆出边贸易，所出边之奴仆被“没入官”[⑤]，等等。这些“入官”者即入本旗旗属奴仆，或拨入包衣牛录，或重新分配入户下奴仆[⑥]。当领有包衣牛录者犯罪时，有时将其家下奴仆及所属包衣牛录下人一并入官。如崇德五年（1640）议杜度之罪，拟“夺奴仆财物并所属人员入官”[⑦]。将其“奴仆”和“所属人员”均罚“入官”，前者显系户下奴仆；

---

① 《清太宗实录》卷7，天聪四年十月辛酉，《清实录》第2册，中华书局1985年影印版，第106页；《清太宗实录》卷22，天聪九年二月丁亥，《清实录》第2册，第287页；《清太宗实录》卷24，天聪九年七月壬戌，《清实录》第2册，第313页；中国人民大学清史研究所、中国第一历史档案馆译编：《盛京刑部原档》，群众出版社1985年版，第181页。

② 中国第一历史档案馆整理译编：《内阁藏本满文老档·太祖朝》，汉文译文，第111页，辽宁民族出版社2009年版。

③ 中国第一历史档案馆整理译编：《内阁藏本满文老档·太宗朝》，汉文译文，第552页。

④ 《清太宗实录》卷42，崇德三年七月丙寅，《清实录》第2册，第551页。巴彦获罪，籍其户下奴仆满都户、阿哈丹入官，后旗主武英郡王将此二人拨给卓和洛为奴。

⑤ 《清太宗实录》卷53，崇德五年十一月丁卯，《清实录》第2册，第715页。

⑥ 《清太宗实录》卷43，崇德三年八月己未，《清实录》第2册，第563页。

⑦ 《清太宗实录》卷53，崇德五年十二月乙酉，《清实录》第2册，第713页。

而“入官”是一种财产类处罚，不能因杜度犯罪便将其所管理的旗分牛录下人罚没为奴仆，因此此处“入官”的“所属人员”应该是依附于他的包衣牛录属员。由此亦可得知，其中有些原本为户下奴仆，缘罪入官后，其奴仆的属性没有改变，只是由家下奴仆转变为包衣牛录下人，即由私属人员变为旗属人员。在这一过程中，家下奴仆的地位实际上因所属关系的变化反而有所提升。

因包衣牛录下人的地位要高于家下奴仆，因此罚没入包衣牛录下与入贝勒家下实际上是两种程度不同的处罚。如此看来，顺治年间（1644—1661）在议出征战败之罪时，将“学士马尔都……入包衣牛录；侍读学士硕对……发入本王包衣下”[①]，区分了犯罪者的身份、地位及所担负的责任，量刑以治罪。

三、诸王贝勒与包衣牛录

既然包衣牛录的所有权在于各旗，户下奴仆的所有权在于各家，那么，诸王贝勒为何甘冒被处罚的风险，将旗分佐领下人隐入包衣牛录呢?

我们知道，中国古代社会有一种行之已久的“食邑之制”，它是封爵制度的重要组成部分，初萌于战国时期关东六国的“封君食邑制”，至汉代正式确立并日渐完备，以后的隋唐、魏晋等时期又有所继承和发展[②]。唐令，“诸应食实封者，皆以课户充，准户数，州县与国官、邑官执帐共收。其租调均为三分，一分入官，二分入国（原注：公主所食邑，即全给）”[③]。根据所食户数，以课户充封户，给予应食实封者，仍按国家课户标准交纳租调，由国家、食实封者共同派员收取。将征收之租、调分为三份，一份上缴官府，两份归封家所有。公主所属封户则全部归入公主家。金代沿袭唐制，定“封王者万户，实封一千户；郡王五千户，实封五百户；国公三千户，实封三百户；郡公二千户，实封二百户”[④]，其中，

① 《清世祖实录》卷86，顺治十一年十月乙丑，《清实录》第3册，中华书局1985年影印版，第680页。

② 杨光辉：《汉唐封爵制度》，学苑出版社2002年版，第1~3页。

③ 中国社会科学院历史研究所天圣令整理课题组：《天一阁藏明抄本天圣令校证》下册，中华书局2006年版，第392页。

④ 脱脱：《金史》卷55《百官志一》，中华书局1975年版，第1223页。

“万户”“五千户”是虚封，而“食实封者，乃得真户”[①]。熙宗时期若有职官之爵者，则可享有爵与职官的双重俸给，天德二年（1150）取消了亲王任官而兼得俸禄之制[②]。据此大胆推测，入关前诸王贝勒所领包衣牛录的性质与之相同，即包衣牛录的所有权归属国家，但国家可将这些人员分赐给各领主，让他们领有原本需要支纳给国家的赋税。

崇德元年（1636），正蓝旗下包衣牛录章京水色能未将其管下“杜明登、王德二男丁载入档册，隐匿赋税”[③]，而被人告发；四年，“硕托将已给外牛录丁仍记入包衣牛录档册，使其不纳官赋，应罚规定之罪银百两。包衣牛录章京苏巴泰已移往外牛录，而未移交档册，应鞭八十”[④]。以上史料清晰地告诉我们，地位稍高的外牛录（旗分牛录）需要纳“官赋”，而地位稍低的包衣牛录却不纳“官赋”而交“赋税”，这该如何解释呢？实际上所谓“赋税”“官赋”，满文都为“alban”，他们要将所纳之赋转交给其领主，因此，可“不纳官赋”，却不可“隐匿赋税”。正如天聪年间（1627—1636）“免诸功臣男丁徭役”[⑤]，令卓有战功者领“专管牛录”以“不承担国家徭役”[⑥]，以及令每一汉人备御下免其八丁应输官粮一样[⑦]，均是对功臣的一种经济优待。而崇德二年（1637），皇太极自称“朕侍卫四十员，乃太祖在时免役者，或叔伯兄弟之子，或蒙古贝子之子，或官员之子，或朕包衣之子，皆非应役之人，其应役者并未选及也”[⑧]。也说明包衣人是不再需要担负国家赋役的。

若按天命八年（1623）旗分牛录下每丁一年应纳之赋包括“官粮、官银、军马饲料，共计银三两”[⑨] 的标准，显然包衣牛录下人越多，自己

---

① 李林甫等撰，陈仲夫点校：《唐六典》卷2《尚书吏部·司封郎中》，中华书局1992年版，第37页。

② 孙红梅：《金代汉制封爵研究》，吉林大学博士学位论文，2014年，第143页。

③ 中国第一历史档案馆整理译编：《内阁藏本满文老档·太宗朝》，汉文译文，辽宁民族出版社2009年版，第684页。

④ 中国人民大学清史研究所、中国第一历史档案馆译编：《盛京刑部原档》，群众出版社1985年版，第181页。

⑤ 中国第一历史档案馆译编：《清初内国史院满文档案译编》上册，光明日报出版社1989年版，第142页。

⑥ 郭成康：《清初牛录的类别》，《史学集刊》1985年第4期。

⑦ 《清太宗实录》卷17，天聪八年正月癸卯，《清实录》第2册，中华书局1985年影印版，第222页。

⑧ 《清太宗实录》卷37，崇德二年七月己巳，《清实录》第2册，第483页。

⑨ 中国第一历史档案馆整理译编：《内阁藏本满文老档·太祖朝》，汉文译文，第153页。

所得赋税便越多，这便是诸王贝勒隐匿丁口的主要原因。然而，入王府下包衣越多，缴纳给八旗（国家）的贡赋则越少，故天聪四年（1630）编审时令："或有隐匿壮丁者，将壮丁入官，本主及牛录额真、拨什库等，俱坐以应得之罪。若牛录额真、拨什库知情隐匿者，每丁罚银五两，仍坐以应得之罪。其牛录额真之革职与否，应俟另议。凡诸贝勒包衣牛录，或系置买人口，及新成丁者，准与增入，毋得以在外牛录下人入之。如丙寅年九月初一日以后，有将在外牛录下人编入者，退还原牛录"[①]。

因此，对于诸贝勒而言，其家庭财富主要有三部分构成，即分享战争俘获物、家下奴仆耕种之庄园产出、所属包衣牛录所纳赋税。由此，笔者推测，包衣牛录下人与旗分牛录下人一样拥有自己的田产，正如包衣牛录下人有自己的奴仆一样[②]。从入关后下五旗包衣"鳏寡独无产业者，月给银一两，岁给米十石四斗"[③]、令下五旗包衣佐领将辖下绝户地亩报出[④]等相关规定来看，也说明他们是有产之人。

另外，与八旗旗分牛录、家下奴仆相比，包衣牛录下丁数最少。顺治元年（1644）左右，包衣牛录丁数八旗共计 1.3 万余人[⑤]，平均每旗 1600 余人，比照金代亲王 1000 户、郡王 500 户、国公 300 户、郡公 200 户的规定来看，包衣牛录作为诸王贝勒食封人口是完全有可能的。

综上，八旗有旗分牛录和包衣牛录之分，汗、贝勒及诸申家内有户下奴仆。包衣牛录和户下奴仆是完全不同的两类群体，前者为旗属，后者为私属。就整个八旗组织的丁口数而言，家下奴仆占比最多，其次为旗分牛录下人，包衣牛录丁数最少；就管理者而言，家下奴仆的首领为

---

① 《清太宗实录》卷 7，天聪四年十月辛酉，《清实录》第 2 册，中华书局 1985 年影印版，第 106 页。

② 如山西人牙住"于崇祯七年（1634 年，天聪八年）被把兔鲁王下人杨羔子抢去，带至关东，卖与镶黄旗包衣飞杨舞牛录下叶锹家"。中国第一历史档案馆藏：《清顺治朝题本》隐匿类 62 号，转引自孟昭信：《从档案资料看清代八旗奴仆》，《历史档案》1981 年第 2 期。

③ 昆冈等修：光绪《清会典》卷 21，《户部・八旗俸饷处》，中华书局 1991 年版，第 182 页。

④ 昆冈等修：光绪《钦定大清会典事例》卷 1118，《八旗都统・官兵庄田》，（台北）新文丰出版公司 1976 年版，第 18232 页。

⑤ 杜家骥：《八旗与清朝政治论稿》，人民出版社 2008 年版，第 94 页。据安双城所译《清初编审八旗男丁满文档案选译》所载，顺治五年比丁时，八旗旗分牛录下共计丁约 13 万人；包衣牛录、家下奴仆合计丁近 21.7 万人。再参考顺治元年左右包衣牛录丁数八旗共计 1.3 万余人的记载，可知家下奴仆应不少于 20 万人。因此，家下奴仆丁数最多，其次为八旗丁口，包衣牛录下丁数最少。安双城：《清初编审八旗男丁满文档案选译》，《历史档案》1988 年第 4 期。

包衣大；包衣牛录下人的首领为包衣佐领。因此，从诸贝勒、固山额真的切身利益来看，他们更关心的是包衣牛录和家下奴仆数量的多少，而对于旗分牛录下人则相对漠视。正因如此，当崇德二年（1637），有人“将各旗妄分彼此”时，皇太极对此深恶痛绝地指出：“八旗皆朝廷之人，但慑服奸宄，抚恤困穷，使之各安统辖，又何彼此之可分乎？嗣后，有将新分给之虎尔哈、瓦尔喀，使之逃亡饿死，致牛录中缺额者，朕即以不能养育之王、贝勒下食口粮家人补足其数”①。一语道破八旗旗分牛录下人和贝勒下食口粮家人的不同性质，更以此抓住了诸王贝勒的切身要害。

第三节　角色与定位：以入关前包衣牛录与户下家奴的不同战争职能为例

包衣牛录和户下奴仆，一为旗属，一为私属，性质完全不同。那么，在当时以战争生活为常态的后金政权中，是否如学界所认为的包衣牛录“只为该旗主服务，是旗主的私属”，“包衣牛录的所属关系决定了其职责就是为旗主服务，属于为国家服务的兵役、工役和各种劳役，都不属包衣牛录的工作范围”②？

一、包衣牛录与八旗军事

包衣牛录的“旗属”性质，决定了它具有与旗分牛录类似的军事职能。

（一）努尔哈赤时期的包衣牛录

天命年间（1616—1626）的一件案件透露出努尔哈赤时期包衣牛录所具有的军事职能。《满文老档》有载，天命六年（1621）四月，“攻辽

---

① 《清太宗实录》卷34，崇德二年四月丁酉，《清实录》第2册，中华书局1985年影印版，第445～446页。

② 祁美琴：《清代内务府》，辽宁民族出版社2009年版，第31页。

东城时，博尔晋侍卫未将云梯盾牌立于汗所指定之地，越之而去，且未送至河岸，中途弃之而去，以致众兵士皆落于后。汗闻之，命执法之诸贝勒大臣审讯，遂将博尔晋及旗下五牛录额真永顺、伊郎阿、博和里、布兰珠及赖荪、苏三等七人，悉行捆缚，拟以死罪。汗知此，悉免其死，尽没其在辽东之大臣名下赏赐之物。锡翰亦为此而获罪，唯因其弟之功免其罪”①。之后“革伊郎阿游击之职”，并尽没所赏之物②。

“五牛录额真”即甲喇额真。此案显示，甲喇额真永顺以及伊郎阿、博和里、布兰珠、赖荪、苏三、锡翰等人因受博尔晋之牵连而被处分。博尔晋世居完颜地方，国初率众来归，以其部族编立一满洲牛录，任首任佐领，隶镶红旗满洲③。天命四年（1619）五月，博尔晋任二等固山额真④，可知，其旗下之永顺、伊郎阿、锡翰等人也应该是镶红旗人。

我们在《八旗通志初集》中查到了他们的相关信息，其中永顺为兑齐巴颜之次子，曾任参领，令管五牛录⑤。其子米拉珲、明昌，孙米三，曾孙瑚成额，元孙托赖，四世孙托保，五世孙僧保皆继任为满洲都统下佐领⑥；布兰珠，亦称“布兰柱”，为镶红旗满洲第四参领所属第十四佐领的牛录额真⑦；苏三为镶红旗满洲第五参领所属第十三佐领的牛录额真⑧。由上可知，此三人的身份为旗分佐领下人，其所担任的佐领之职自然为镶红旗满洲都统下的佐领。

值得注意的是，与上述三人的身份不同，伊郎阿之祖父为镶红旗包衣胡什屯⑨；锡汉在《八旗满洲氏族通谱》记为“西汉”，为镶红旗包衣

---

① 中国第一历史档案馆整理译编:《内阁藏本满文老档·太祖朝》,汉文译文,辽宁民族出版社 2009 年版,第 69 页。

② 同上,汉文译文,第 70 页。

③ 鄂尔泰等修,李洵等校:《八旗通志初集》卷 8《旗分志八:八旗佐领(镶红旗满洲佐领)》,东北师范大学出版社 1985 年版,第 138 页。

④ 中国第一历史档案馆整理译编:《内阁藏本满文老档·太祖朝》,汉文译文,第 33 页。

⑤ 同上,汉文译文,第 88 ~ 89 页。

⑥ 鄂尔泰等修,李洵等校:《八旗通志初集》卷 8《旗分志八:八旗佐领(镶红旗满洲佐领)》,第 132 页;弘昼等修:《八旗满洲氏族通谱》卷 8《董鄂氏·兑齐巴颜传》,辽海出版社 2002 年版,第 140 页。

⑦ 鄂尔泰等修,李洵等校:《八旗通志初集》卷 8《旗分志八:八旗佐领(镶红旗满洲佐领)》,第 140 页。

⑧ 同上,第 144 页。

⑨ 弘昼等修:《八旗满洲氏族通谱》卷 26《富察氏二·胡什屯》,第 345 页。

人[1]，曾在对乌拉的战争中被刺伤一处，被砍伤一处[2]。再据《八旗通志初集》所载，镶红旗包衣第三参领所属第七佐领，系国初编立，始令锡汉管理[3]；镶红旗包衣第四参领所属第六佐领，亦系国初编立，始以侍卫伊郎阿管理[4]。可见，伊郎阿、锡汉二人本身为包衣身份，其所任佐领亦为包衣佐领。

据此可知，天命六年（1621）博尔晋作为参领，会同左翼四旗兵攻取辽东城，并“复分兵攻沙岭，击败明广宁援军”[5]。在这次战役中，镶红旗五个佐领都率兵参加了战斗，其中既有布兰珠、苏三等人担任佐领的旗分牛录，也有伊郎阿、锡汉担任佐领的包衣牛录。可见，从当时的组织管理和所担负的战争任务来看，包衣牛录与旗分牛录并无太大差异。

（二）皇太极时期的包衣牛录

据杜家骥统计，顺治初年“八旗共计包衣佐领、管领、分管下丁数为一万三千四百人”[6]，崇德末年包衣牛录的总人数应与之相近。与努尔哈赤时期相比，这一万余包衣牛录在皇太极时期被赋予了新的战争职能，这与该时期包衣牛录的发展完善以及内府事务机构的建立有着直接关联。

1. 包衣牛录下的满洲人

包衣牛录下的满洲人有监督所获财物和攻城作战两项军事职能。按清初定例，“凡征战所获金银，除八家外，不得分取”[7]。为保证所获金银不被私自盗取，监督和收缴所获财物便成为包衣牛录的重要职责。如崇德四年（1639）清军往掠山东时，皇太极派遣“管理内府事务官”[8]、正黄旗包衣牛录章京宁塔海率军随往，当时正红旗固山额真杜雷家人黑勒在济南德王府发现金珠，为防查禁，“即藏匿之，俟包衣宁塔海等出城，

① 弘昼等修：《八旗满洲氏族通谱》卷15《伊尔根觉罗氏四》，辽海出版社2002年版，第217页。

② 中国第一历史档案馆整理译编：《内阁藏本满文老档·太祖朝》，汉文译文，辽宁民族出版社2009年版，第226页。

③ 鄂尔泰等修，李洵等校：《八旗通志初集》卷8《旗分志八：八旗佐领（镶红旗满洲佐领）》，东北师范大学出版社1985年版，第146页。

④ 同上，第147页。

⑤ 赵尔巽等：《清史稿》卷227《博尔晋传》，中华书局1977年版，第9232页；《满汉名臣传》卷8《博尔晋列传》，黑龙江人民出版社1991年版，第195页。

⑥ 杜家骥：《八旗与清朝政治论稿》，人民出版社2008年版，第94页。

⑦ 中国第一历史档案馆译编：《清初内国史院满文档案译编》上册，光明日报出版社1989年版，第513页。

⑧ 《清太宗实录》卷29，崇德元年五月癸丑，《清实录》第2册，中华书局1985年影印版，第375页。

乃乘夜令人开窖，私取金银珠宝携归”[①]；崇德八年（1643），谭泰旗下甲喇章京囊古在蓟州纵家人与宁塔海牛录下人争夺金帛[②]，等等。在包衣牛录下人的努力下，“八家”积累了大量金银财物，正如皇太极所言“两旗及包衣人等所获”，内帑丰盈，“岂虑不敷所用耶”[③]？关于崇德年间（1636—1643）包衣牛录下人的具体职责，后文有述，不再冗言。

此外，包衣牛录下的满洲人还如努尔哈赤时期一样，被组织起来参与攻城拔寨，如天聪八年（1634）闰八月，命两白旗全军及两黄旗骑兵人等，与包衣牛录人“自宣府分兵进保安州，会兵东城”，又令“与包衣牛录人攻保安州”[④]；崇德七年（1642），皇太极“派包衣牛录章京胡敏、包衣牛录章京杜伦等，共章京二十二员，甲兵二百八十三名，前往蓟州城东围之”[⑤]；在攻打赵州、博野县时，又派胡敏率军参战[⑥]。可见包衣牛录确实在明金战争中做出了一定的贡献。在史料中也开始大量出现某某“原系内牛录，因善攻战，效力阵亡”而被赐号巴图鲁并领专管牛录的记载[⑦]。同时，为鼓励包衣牛录下人奋勇杀敌，规定有功者将获得一定的“世职”，且世职“阵亡准袭，病殁不准袭”[⑧]。如英格讷因勇立战功而授包衣牛录章京世职，后又“再加半个牛录章京，再袭二次”[⑨]；尔朱山亦因平定朝鲜、皮岛时阵亡，令其弟“袭牛录章京，准再袭二次”[⑩]，等等。

2. 包衣旗鼓牛录

旗鼓牛录是包衣牛录的一种，主要由汉人组成。这些人最初“以执

---

① 《清太宗实录》卷48，崇德四年九月乙丑，《清实录》第2册，中华书局1985年影印版，第644页。

② 《清太宗实录》卷65，崇德八年七月辛丑，《清实录》第2册，第898页。

③ 《清太宗实录》卷65，崇德八年六月乙卯，《清实录》第2册，第893页。

④ 《清太宗实录》卷20，天聪八年闰八月庚寅，《清实录》第2册，第261页。

⑤ 《崇德七年奏事档》，见中国第一历史档案馆编：《清代档案史料丛编》第11辑，中华书局1984年版，第13页。

⑥ 《盛京满文清军战报》，见中国第一历史档案馆编：《清代档案史料丛编》第14辑，中华书局1990年版，第50页。

⑦ 中国第一历史档案馆译编：《清初内国史院满文档案译编》上册，光明日报出版社1989年版，第142页。

⑧ 中国第一历史档案馆整理译编：《内阁藏本满文老档·太宗朝》，汉文译文，辽宁民族出版社2009年版，第684页。

⑨ 中国第一历史档案馆译编：《清初内国史院满文档案译编》上册，第163页。

⑩ 《清太宗实录》卷37，崇德二年七月癸未，《清实录》第2册，第498页。

掌金鼓、旗帜，守卫宫（府）及扈从汗、贝勒为专职”[①]，后来因他们曾长期生活于文明程度较高的汉人地区，多掌握一定的工匠技艺，故被用作各种匠役，如铁匠、炮匠、弓箭匠等，成为后金对外战争不可或缺的人才。

最早所见匠役被编入包衣牛录是在天命七年（1622），当时后金军队攻下辽东，将“所获养猪之汉人，及绣匠等有用之汉人，收入辛者库牛录新获之五百丁中”[②]。辛者库牛录是包衣牛录中食口粮者。可见，从这时起，后金政权已有意搜罗匠役人才，并将之纳入牛录中，为国效力。皇太极时期，这些包衣匠人或作为“随营听用之各项匠役”[③]，随军远征，随时负责修理战损的武器；或于后方，在牛录章京的监督下，制造武器，如规定各牛录“有造弓者，该管牛录章京亲验，给角筋制造，令鞍匠造鞍。有造弓鞍不如式及擅索工价、推诿不造者，送法司治罪”[④]，以强制力迫使匠役无偿、优质地制备武器。其中诸如“造炮铁匠，并造药匠役”[⑤] 等，及时制造了大量的盔甲、箭、炮等武备，成为后金军队摧城拔寨的一大利器。

旗鼓牛录下人由“备御”职衔的“旗鼓”统领，“八家旗鼓”自称，其所管“尽系诸贝勒家下各项匠役人等”[⑥]。这里的“贝勒家”是指主旗贝勒之“八家”，即八旗。皇太极将他们分于八旗，编入各旗包衣牛录中，令八旗贝勒恩养之。但是，他们的主要工作是为国家制造枪炮器械，并不能“替贝勒做些勾当”，因此诸贝勒“白白养着，业已难为贝勒矣！若（汗）以养活恩典责之，诚难为贝勒之甚者”。诸贝勒对这些国家所属的包衣旗鼓人只有恩养之义务，却不能获得任何个人利益，这是诸贝勒

① 徐凯:《清代旗鼓佐领考辨——兼论有关清代包衣的若干问题》,《故宫博物院院刊》1988 年第 1 期。

② 中国第一历史档案馆整理译编:《内阁藏本满文老档 · 太祖朝》,汉文译文,辽宁民族出版社 2009 年版,第 108 页。

③ 中国第一历史档案馆整理译编:《内阁藏本满文老档 · 太宗朝》,汉文译文,第 639 页。

④ 《清太宗实录》卷 55,崇德六年四月甲子,《清实录》第 2 册,中华书局 1985 年影印版,第 744 ~ 745 页。

⑤ 《天聪朝臣工奏议》卷中,辽宁大学历史系 1980 年编印,第 47 页。

⑥ 关孝廉译编:《〈旧满洲档〉谕删秘要全译》,《满学研究》第 1 辑,吉林文史出版社 1992 年版,第 393 页。

“不能体皇上之心，而不乐于养活”的主要原因[①]。当八家旗鼓向皇太极陈述无法为管下各匠役配以妻室时，皇太极便“拨八旗官库财帛，以给配妻室”[②]，这也突显了旗鼓牛录隶属于包衣牛录所具有的国有属性。

二、户下奴仆与八旗军事

那么，在八旗内数量庞大、具有私属性质的户下奴仆又扮演着什么角色呢?

众所周知，以旗分牛录为主体、包括部分包衣牛录组建的八旗甲兵是努尔哈赤、皇太极统一满洲和建立后金政权的主要军事力量。然而，在八旗甲兵锋芒的背后，还有一类由户下奴仆组成的兵卒，他们在满文文献中以“kutule”[③]（库图勒）相称。刘小萌对该群体的历史渊源、在八旗甲兵中的比例、入关前后身份和地位的变化等问题作了研究[④]。其后，杜家骥将之称作“八旗奴仆兵”，并对其入关后的军事职能作了探究[⑤]。在此，笔者拟在两位学者的研究基础上，对入关前户下奴仆群体的军事职能及后金政权相应的管制措施作一探讨。

（一）户下奴仆充任“厮卒”

前述，“户下奴仆”，或称“包衣阿哈”“包衣人”“家奴”“家人”，早在女真部落时代即已有之。究其来源，主要以“四方俘获之人”[⑥]为主，在女真人家中“为奴使唤，不胜艰苦”[⑦]。至天命年间（1616—1626），女真家庭中奴仆的数量已较为庞大，这与该时期后金

---

① 《天聪朝臣工奏议》卷上，辽宁大学历史系 1980 年编印，第 30 ~ 31 页。

② 关孝廉译编：《〈旧满洲档〉谕删秘要全译》，《满学研究》第 1 辑，吉林文史出版社 1992 年版，第 393 页。

③ “kutule”，在康熙朝《御制清文鉴》中释为“dahame yabure ahasi bekutule sembi”，即“把跟随的奴才称为库图勒”。转引自赵阿平：《满族语言与历史文化概论》，见赵阿平主编：《满—通古斯语言与文化研究》，民族出版社 2008 年版，第 39 页。

④ 刘小萌：《库图勒考》，《满语研究》1987 年第 2 期。

⑤ 杜家骥：《清入关后的八旗奴仆兵及军事职能》，《故宫博物院八十华诞暨国际清史学术研讨会论文集》，紫禁城出版社 2006 年版，第 47 ~ 55 页。

⑥ 《清太宗实录》卷 40，崇德三年正月己卯条，《清实录》第 2 册，中华书局 1985 年影印版，第 526 页。

⑦ 王钟翰辑录：《朝鲜〈李朝实录〉中的女真史料选编》，辽宁大学历史系 1979 年刊印，第 48 页。

铁骑的大规模征伐有关，如天命三年（1618）攻取抚顺后“将所得人畜三十万散给众军”①；五年（1620），“将所获八千人畜，论功赏赐军士”②，俘获之众可见一斑。

然而，建元天命后，我们在史籍中频繁见到一类被称作“厮养卒”或“厮卒”的群体，该称谓始见于天命元年（1616）四月，是时，努尔哈赤攻打抚顺城，在回军途中遭遇明兵，此役“我军止损厮卒二人”③。此后，随着对外战争的不断升级，“厮养卒”或“厮卒”群体开始广泛出现在后金时期的对外战争中。那么，这类“厮养卒”或“厮卒”是否就是前述八旗户下奴仆呢？

据《旧满洲档》载，天聪六年（1632）在一次出猎时发生了“正白旗希尔噶牛录阿乃家人（booi）绥德、阿苏家人（booi）硕博诺”，“正蓝旗迈塔里阿哥家人（booi）特墨齐、尹都里牛录虎郎阿家人（booi）塔木频”等盗窃韂、屉、龙头、绊等物的案件④。此事引起皇太极的重视，他随后谕诸贝勒曰：“再有跟役等盗窃马绊、龙头、马韂、马辔等物者，则将其主论罪不贷。务各向跟役妥加谕之”⑤。经查，档案中的“跟役”满文作“yabure niyalma”，意为“行走之人”⑥。但是，这一事件在《清实录》中却有着另类的记载，时皇太极谕令：“自后有不约束家奴，致为盗者，罪及其主”，并重申“傥再有厮卒人等盗取马绊、鞊、辔等物者，罪及其主，决不姑宥”⑦。对比可知，“家人（booi）”即“跟役”，在实录中又被称为“家奴”“厮卒”。

再如崇德二年（1637）征朝鲜及皮岛期间，巴颜“私令厮卒三人，随众兵往皮岛，又令厮卒三人，由临津江牧马处诣汉军营索其家人所获财物”，事发审讯时，因石廷柱“明知其家六人抢掠，诡言不知”而被治

---

① 《清太祖武皇帝实录》，见潘喆、孙方明、李鸿彬主编：《清入关前史料选辑》第1辑，中国人民大学出版社1984年版，第341页。

② 同上，第363页。

③ 《清太祖实录》卷5，天命元年四月癸卯条，《清实录》第1册，中华书局1986年影印版，第72页。

④ 关孝廉：《〈旧满洲档〉谕删秘要全译》，《满学研究》第1辑，吉林文史出版社1992年版，第397页。

⑤ 中国第一历史档案馆整理译编：《内阁藏本满文老档·太宗朝》，汉文译文，辽宁民族出版社2009年版，第661～662页。

⑥ 中国第一历史档案馆整理译编：《内阁藏本满文老档·太宗朝》，满文，第6505页。

⑦ 《清太宗实录》卷12，天聪六年十月庚寅条，《清实录》第2册，中华书局1985年影印版，第174页。

罪[①]。该案中“其家六人”即“家奴”，其身份亦为“厮卒”。

总之，旗人之户下奴仆的身份是“家人”或称“家奴”，在随军出征时又被称为“跟役”“厮卒”或“厮养卒”。其实刘小萌在追溯“库图勒”的渊源时早已指出，辽制“每正军一名”有负责“打草谷、守营铺家丁”各一人；金制在“甲军”外还有部分奴仆壮丁充任的“驱丁”，蒙元亦有类似的“阔脱臣”群体，因此后金军队中有户下奴仆充任的随军厮卒，实际上是对北方少数民族军事组织的一种继承[②]。

（二）户下奴仆的军事职能

户下奴仆或作为“耕田之奴”于田间劳作[③]，或于家内役使，本应为家主服役，他们被冠以“厮卒”之名随主远征，可视为其家庭角色的延伸。

天命年间（1616—1626），厮卒曾作为“后方役兵”[④]，在战争中负有后勤保障之责。此外还有为家主牵马者，如天命四年（1619）在击败蒙古宰赛后，时身为四王的皇太极宣称“吾军中之仆厮有十数人破头颅者”[⑤]。此处之“仆厮”满文为“kutule yafahan emu juwan juse”，意为“牵马的步行的十个小子”[⑥]。由此可知，“牵马”是户下奴仆的一项职责。

天命年间，户下奴仆随军征战既不成规模，也未成常例。而至天聪、崇德年间（1627—1643），厮卒人已广泛活跃于战场，其职责也更加灵活多样，刘小萌将其职能分为“身持杂役”“从事掳掠”和“协同作战”三个方面[⑦]，具体表现在：

第一，为随征家主服务。

在战争中，有厮卒被称作“书丁”者[⑧]，负责随军征战中记录和

---

① 《清太宗实录》卷36，崇德二年六月甲子条，《清实录》第2册，中华书局1985年影印版，第472页。

② 刘小萌：《库图勒考》，《满语研究》1987年第2期。

③ 中国第一历史档案馆整理译编：《内阁藏本满文老档·太祖朝》，汉文译文，辽宁民族出版社2009年版，第319页。

④ 中国第一历史档案馆整理译编：《内阁藏本满文老档·太祖朝》，汉文译文，第21页。

⑤ 《清太祖武皇帝实录》，见潘喆、孙方明、李鸿彬主编：《清入关前史料选辑》第1辑，中国人民大学出版社1984年版，第355页。

⑥ 中国第一历史档案馆整理译编：《内阁藏本满文老档·太祖朝》，满文，第36页。

⑦ 刘小萌：《库图勒考》，《满语研究》1987年第2期。

⑧ 中国第一历史档案馆整理译编：《内阁藏本满文老档·太宗朝》，汉文译文，第720页。

书写之事。如为防止武器遗失，曾令披甲者书名于上，而侍卫奈喀布箭上之名即由其斯卒博尔科所书[①]。此外，还有预备“出师行粮”和“差马”[②]，帮主人携带撒袋者[③]；有往来战场与诸贝勒家通信[④]、传谕捷音[⑤]、“赴家取军士衣物”[⑥] 者；亦有于行军驻跸中取木、取草、取水者[⑦]。从中可见，其所司之事皆为家庭事务在战场上的延伸，主要还是为家主服务，为家主出征前的准备、出征途中的休息提供多种便利。

抢夺战利品也是斯卒随征的重要任务，恩格斯指出，“卑劣的贪欲是文明时代从它存在的第一日起直至今日的动力”[⑧]，同样，对于财产的贪欲是满洲人参与对外战争的直接目的和最终动力。在这一积聚家庭财富的过程中，户下奴仆成为其得力的帮手。因此他们随主远征，更多的是充当抢掠和搬运财物的先锋，如阿布泰曾“私遣斯卒二人前行，希冀多获”[⑨]；每当出征时“如军卒家有奴四五人，皆争偕赴，专为抢掠财物故也”[⑩]；而我们也多次见到由官方组织的每牛录各派出斯卒若干“往略”的史例。[⑪] 在战争中，当俘获较少的大臣“仍欲进略，可准其进略”[⑫]，而若斯卒“始终牵马而未获一物”，则要鞭罚五十[⑬]。可见，当时“不攻

① 中国第一历史档案馆译编：《清初内国史院满文档案译编》上册，光明日报出版社 1989 年版，第 460 页。

② 《清太宗实录》卷 49，崇德四年十一月戊午，《清实录》第 2 册，第 653 页；卷 61，崇德七年七月辛未，《清实录》第 2 册，第 840 页。中华书局 1985 年影印版。

③ 中国第一历史档案馆整理译编：《内阁藏本满文老档 · 太宗朝》，汉文译文，辽宁民族出版社 2009 年版，第 686 页。

④ 关孝廉译编：《天聪五年八旗值月档（三）》，《历史档案》2001 年第 2 期。

⑤ 《清太宗实录》卷 51，崇德五年五月辛丑，《清实录》第 2 册，第 688 页。

⑥ 关孝廉译编：《天聪五年八旗值月档（三）》，《历史档案》2001 年第 2 期。

⑦ 中国人民大学清史研究所、中国第一历史档案馆译编：《盛京刑部原档》，群众出版社 1985 年版，第 108 页。

⑧ 恩格斯：《家庭、私有制与国家的起源》，人民出版社 1976 年版，第 174 页。

⑨ 《清太宗实录》卷 36，崇德二年六月甲子条，《清实录》第 2 册，第 471 页。

⑩ 李民寏：《建州闻见录》，辽宁大学历史系 1978 年刊印，第 44 页。

⑪ 《清太宗实录》卷 17，天聪八年二月戊辰，《清实录》第 2 册，第 230 页；《清太宗实录》卷 18，天聪八年三月辛卯，《清实录》第 2 册，第 234 页。

⑫ 《盛京满文清军战报》，见中国第一历史档案馆编：《清代档案史料丛编》第 14 辑，中华书局 1990 年版，第 73 页。

⑬ 中国人民大学清史研究所、中国第一历史档案馆译编：《盛京刑部原档》，第 116 页。

城池，只在各村堡抢掠”[①] 一度成为后金军队的作战意图，而抢掠财物成为厮卒的主要任务。厮卒在战场上掠夺财物，既体现了其家庭职能的军事化，又体现了其军事职能中的家庭色彩。

第二，参与军事任务。

户下奴仆以汉人居多，因此他们在侦察敌情方面有着天然的优势，而这也为当时的将帅所利用。如天聪八年（1634），明怀隆兵备道张维世便奏称“狡奴谋犯，多广布奸细”，后来果“捉获奸细一名叶朝相”，经讯问，他本“系大同新平堡人，于崇祯二年（1629）被虏，在奴酋刀儿计宰生下做部落”，被派往“岔道等处打细探听某城兵马火器多寡虚实，好来犯抢”[②]。这里的“部落”如前分析，乃“包衣”之意。与之类似者还有辽东汉人尚贵，在“被贼掳去”后写下契约，“每月与役工食银三两”，“每月给与插汉打报”消息[③]。而在后金史料也有旗人遣“心腹家丁往作奸细”[④]、派厮卒人等窥探敌情[⑤]，或“往明境捉生”[⑥] 等相关记载。当天聪八年皇太极分兵四路往略内地时，明军扼腕长叹：“奴酋攻陷城池，未有不由奸细内应者”，“凡我之边垣兵马强弱情形，何者不在虏目中哉？”[⑦] 可见，厮卒在侦察敌情方面的作用不容小觑。

此外，还有很多厮卒被派往追捕逃亡人口[⑧]、“携云梯、挨牌等物为后”[⑨] 等。天聪五年（1631），皇太极命“营内厮卒执旗帜，向锦州驰骋扬尘”，诱使锦州祖大寿出城迎战，从而大败明军[⑩]；而当大军凯旋时，也往往令厮卒携带口粮“往迎大军及所俘人口”[⑪]。天聪六年，臧国祚向

---

① 方裕谨编：《崇祯七年后金对关内的入扰》，《历史档案》1982 年第 2 期。

② 同上。

③ 同上。

④ 中国第一历史档案馆整理译编：《内阁藏本满文老档·太宗朝》，汉文译文，辽宁民族出版社 2009 年版，第 762 页。

⑤ 关孝廉译编：《天聪五年八旗值月档（五）》，《历史档案》2001 年第 4 期。

⑥ 关孝廉译编：《天聪五年八旗值月档（二）》，《历史档案》2001 年第 1 期；季永海、刘景宪译编：《崇德三年满文档案译编》，辽沈书社 1988 年版，第 70 页。

⑦ 方裕谨编：《崇祯七年后金对关内的入扰》，《历史档案》1982 年第 2 期。

⑧ 《盛京满文逃人档》，见中国第一历史档案馆编：《清代档案史料丛编》第 14 辑，中华书局 1990 年版，第 9 页。

⑨ 《清太宗实录》卷 3，天聪元年五月甲戌，《清实录》第 2 册，中华书局 1985 年影印版，第 48 页。

⑩ 《清太宗实录》卷 9，天聪五年九月庚寅，《清实录》第 2 册，第 134 页。

⑪ 《清太宗实录》卷 45，崇德四年三月丙子，《清实录》第 2 册，第 605 页。

皇太极建议效仿古之“通穴袭取之法”，在离城五六里处“于古道中，明为挑壕困城，暗挖地穴相通”，“半月之间，可抵城下，待夜半通穴，直至城内，斩拴夺门，举火为令，一拥而入”[①]，此法很可能为皇太极所采用，天聪八年（1634）我们便见到后金军队中有携带“锹掘”[②] 者，专门负责“开洞使镬”[③] 者，崇德四年（1639）还见有部分“挖洞人”“洞内运土人”[④] 等，他们很可能亦由厮卒充任。

综上，这些出入战场的厮卒人，承担了部分侦探敌情、诱敌深入的军事任务，这为后金将帅及时作出军事部署提供了可靠的情报、为八旗甲兵集中精力攻城拔寨解决了后顾之忧。但是也应该看到，对户下奴仆疏于管治，将对后金军队产生一定的负面影响。

（三）户下奴仆的负面作用

厮卒多源于俘获的外族人口，不仅管理不便、逃者甚众，而且无组织、无纪律的战场行为，日益成为后金军队的一大隐患。

其一，泄露机密、暗通敌国。

出其不意是古往今来的重要军事策略，自幼熟读兵书的努尔哈赤亦深谙此道。为达到出其不意的效果，他格外强调保密的重要性，指出“为国之道，心贵忠，谋贵密，法令贵严。至于泄密谋、慢法令者，无益于至道，乃国之祟也”[⑤]。故每次征伐，“酋聚诸子诸将，逐日谋议，而例甚秘之”[⑥]，而每有谕令，即令诸王贝勒大臣“密阅此谕，勿使他人闻之”[⑦]。然而，即便如此，天聪年间（1627—1636）仍有满洲大臣之奴仆

---

① 《整红旗固山备御臧国祚奏本》，国立中央研究院历史语言研究所编刊：《明清史料》丙编第一本，上海商务印书馆 1936 年版，第 22 页。

② 方裕谨编：《崇祯七年后金对关内的入扰》，《历史档案》1982 年第 2 期。

③ 《管窗铁炸牛录章京徐大祯奏本》，国立中央研究院历史语言研究所编刊：《明清史料》丙编第一本，第 39 页。

④ 中国第一历史档案馆译编：《清初内国史院满文档案译编》上册，光明日报出版社 1989 年版，第 423 页。

⑤ 《清太祖武皇帝实录》，见潘喆、孙方明、李鸿彬主编：《清入关前史料选辑》第 1 辑，中国人民大学出版社 1984 年版，第 330 页。

⑥ 李肯翊：《燃藜室记述》，见潘喆、孙方明、李鸿彬主编：《清入关前史料选辑》第 1 辑，中国人民大学出版社 1984 年版，第 428 页。

⑦ 中国第一历史档案馆整理译编：《内阁藏本满文老档·太祖朝》，汉文译文，辽宁民族出版社 2009 年版，第 183 页。

“潜通明国，书信往来”[①]；而崇德时，有楚布克家奴王义柱缮写书札企图通明[②]；更为严重的是，崇德三年（1638）皇太极商讨对朝用兵时，大贝勒代善曾力劝止兵，这一核心机密竟为“丁卯（天聪元年）被虏为贵永介（笔者注：代善）家丁者”所听闻，并随意泄露给朝鲜人郑泰齐[③]，这无疑将大大削弱出奇制胜的军事效果。

其二，偷盗频发。

前述，掠夺财物、分享战利品是旗人征战的重要动力。因披甲者“军器、军粮使之自备”[④]，很多旗人为准备出征而“卖牛典衣、买马制装、家私荡然”[⑤]。因此，在押上全部家财、将家庭生计完全寄托于战争俘获的八旗甲兵看来，出兵后若“见财不取”则被视为“军心怠矣”[⑥]。当家主“见利当前，竟忘国宪”[⑦]时，厮卒的盗窃便势不可止，如有厮卒在出猎时盗取马具[⑧]；在战场上“盗马鞊、马绊及箭套、弓衣等物”[⑨]；天聪五年（1631），甚至发生了厮卒在“败敌后，尽掠取我诸申衣服”[⑩]的事件。天聪年间（1627—1636）厮卒盗窃事件频见于史料，说明这已成为亟待治理的重要问题。

其三，代为披甲。

军役的劳累和战争的惨烈令不少旗人畏惧退缩，而常以家奴代往。如崇德二年（1637），阿哈尼堪于松山坐堆子时“托病，以跟役代往”[⑪]；三年，俄木博值夜要路而不往，遣其跟役披甲以往[⑫]。大量奴仆代为披

① 《清太宗实录》卷17，天聪八年正月癸卯，《清实录》第2册，中华书局1985年影印版，第223页。

② 季永海、刘景宪译编：《崇德三年满文档案译编》，辽沈书社1988年版，第162页。

③ 李肯翊：《燃藜室记述》，见潘喆、孙方明、李鸿彬主编：《清入关前史料选辑》第1辑，中国人民大学出版社1984年版，第484页。

④ 辽宁大学历史系编：《建州纪程图记校注》，辽宁大学历史系1979年编印，第17页。

⑤ 《天聪朝臣工奏议》卷上，辽宁大学历史系1980年编印，第14页。

⑥ 同上，第14页。

⑦ 《清太宗实录》卷36，崇德二年六月甲寅，《清实录》第2册，中华书局1985年影印版，第464页。

⑧ 方裕谨编：《崇祯七年后金对关内的入扰（一）》，《历史档案》1982年第2期。

⑨ 《清太宗实录》卷12，天聪六年十月癸未，《清实录》第2册，第174页。

⑩ 关孝廉译编：《天聪五年八旗值月档（三）》，《历史档案》2001年第2期。

⑪ 中国人民大学清史研究所、中国第一历史档案馆译编：《盛京刑部原档》，群众出版社1985年版，第116页。

⑫ 中国第一历史档案馆译编：《清初内国史院满文档案译编》上册，光明日报出版社1989年版，第394页。

甲，严重削弱了军队的战斗力，崇德五年（1640），都察院张存仁在总结攻取锦州失利的原因时就曾指出，汉军旗人“不尽系本身，或令家人代去者有之，或推病不去者有之，家人虽可充数，临阵必不用力，久住必逃”①，可见以“家人”代为披甲作战，是造成锦州战败的重要原因。

斯卒泄露机密、暗通敌国、抢掠偷盗和代家主披甲的诸多行为，已严重扰乱了后金军纪，影响了军队的战斗力。因此，加强对斯卒的治理，已成为后金统治者的当务之急。

（四）皇太极对户下奴仆的管治

为加强对户下奴仆的管治，皇太极在严格限定随征斯卒人数、严厉约束其战场行为的同时，还将部分斯卒整编入伍，并完善了相关的抚恤和赏赐制度。

1. 加强对斯卒的管控

从入关前的零星史料来看，皇太极采取的主要措施有：

第一，书姓名于武备，并以家主监督随征斯卒。天聪五年（1631）谕令“不论开往何处，若甲兵二十人去，则二十甲兵下斯卒亦随之去，甲兵十人去，十甲兵下斯卒亦随之去”②，并令所带武备“俱以白布号带，书满洲字缀之”③，若“不约束家奴，致为盗者，罪及其主”④。崇德三年（1638）又详细规定“盔甲后俱写该固山牛录及本人姓名，护脸外钉团明铁叶两块，无甲者衣帽后亦写姓名”，“马牌拴牢，马上烙印，马无印者，罚银二两，箭无姓名者，罚银二十两”，若“偷鞍韂者，挑脊背；偷辔头、笼头者，割嘴丫；偷马绊者，挑脚跟”⑤。

第二，要求慎选斯卒。规定“不可信之跟役，不得携往”⑥、不得“携无妻之汉人为跟役赴军中”⑦。选择深以信赖的家奴随征，是对斯卒

① 《清太宗实录》卷53，崇德五年十二月辛未，《清实录》第2册，中华书局1985年影印版，第716页。

② 关孝廉译编：《天聪五年八旗值月档（三）》，《历史档案》2001年第2期。

③ 《清太宗实录》卷15，天聪七年八月丁亥条，《清实录》第2册，第205页。

④ 《清太宗实录》卷12，天聪六年十月癸未条，《清实录》第2册，第174页。

⑤ 《崇德三年谕诸王贝勒贝子》，国立中央研究院历史语言研究所编刊：《明清史料》丙编第一本，上海商务印书馆1936年版，第60页。

⑥ 《盛京吏户礼兵四部文》，见中国第一历史档案馆编：《清代档案史料丛编》第14辑，中华书局1990年版，第137页。

⑦ 季永海、刘景宪译编：《崇德三年满文档案译编》，辽沈书社1988年版，第271页。

品德的要求；以有妻室者充任厮卒，是要以其家室为人质，实现厮卒的自我约束。

第三，削减随征厮卒人数。在出掠时，“从役颇众”“蓄马最强”的将领、富家所得必多，而“贫乏军士不过一身一骑”能“携带几何”[①]？因此对于旗兵而言，多带厮卒是最大化抢掠财物的重要保证，这也导致了随征厮卒人数的失控。为此，皇太极令“每牛录各减厮卒一名”[②]，若超出限额私带厮卒者罪之[③]。控制随军厮卒的人数，无疑减轻了管理负担。

第四，严惩以厮卒代为披甲者。崇德五年（1640）议定，若旗人“本身不去，（以）家人替代者，察出治罪”[④]。崇德七年，噶尔图牛录下南泰在出征途中，令其随征厮卒代为披甲，“而己擅自归还”，被“依临阵退缩”[⑤]之罪处死，可见对代为披甲者的处罚极为严厉。

2. 抽调部分奴仆，编为甲兵

将户下奴仆编为甲兵，主要有两种途径：

其一，抽调部分奴仆编入汉军。

天聪六年（1632），佟养性以“兵力似少，火器不能多拿”为由，建议扩编汉军[⑥]，次年七月，皇太极采纳了这一建议，“命满洲各户有汉人十丁者，授绵甲一，共一千五百八十户，命旧汉军额真马光远等统之，分补旧甲喇之缺额者”[⑦]。此处“各户”“当指满洲旗下分户各居、并占有奴仆的正身旗人”[⑧]，而其户下“汉人”则应为户下奴仆。将他们“分补旧甲喇之缺额者”，即编入汉军旗，成为正式的甲兵。

其二，将部分户下奴仆编入武卒，“给甲马为先锋”[⑨]。

---

① 《清太宗实录》卷62，崇德七年八月壬申，《清实录》第2册，中华书局1985年影印版，第853页。

② 关孝廉、郭美兰译编：《满文国史档选译》，《历史档案》1982年第4期。

③ 《清太宗实录》卷36，崇德二年六月甲子，《清实录》第2册，第470页。

④ 《清太宗实录》卷53，崇德五年十二月辛未，《清实录》第2册，第716页。

⑤ 中国第一历史档案馆译编：《清初内国史院满文档案译编》上册，光明日报出版社1989年版，第472页。

⑥ 《天聪朝臣工奏议》卷上，辽宁大学历史系1980年编印，第8页。

⑦ 《清太宗实录》卷14，天聪七年七月辛卯，《清实录》第2册，第199页。

⑧ 刘小萌：《满族的社会与生活》，北京图书馆出版社1998年版，第152页。

⑨ 李肯翊：《燃藜室记述》，见潘喆、孙方明、李鸿彬主编：《清入关前史料选辑》第1辑，中国人民大学出版社1984年版，第494页。

天聪年间（1627—1636），“在诸如侦察、捉生、骚扰一类小型军事活动中”，厮卒与兵丁的比例一般为一比二[①]。天聪七年（1633），皇太极谕令“八贝勒家人遇用兵处，皆令入伍，听调遣”[②]，随后越来越多的户下奴仆被组织起来参与军事战争，在正面战场上冲锋陷阵。至崇德八年（1643）往征黑龙江时，有左翼军士480名、厮卒473名，右翼军士479名、厮卒465名[③]，可见，此时出征作战的厮卒人数已与旗兵人数相当。为鼓励他们奋勇杀敌，允诺一旦获得战功便可“赏以人牛，准离其主”[④]，成为“军功跟役出户”[⑤] 者。这一规定给了他们摆脱奴仆命运的机会，因此，在攻打昌平时便涌现出诸如“满都虎牛录下布库家人满图呼先登城，武英郡王家人托推第二登城”[⑥] 等勇立战功的户下奴仆们，而这些建立殊功者确实也得以出户为民，甚至授为将官，如天聪七年九月，雍舜便以“善战被创，升奴为二等参将”[⑦]。

3. 规范对厮卒的经济性赏赐

对厮卒的经济性赏赐可分为死伤抚恤和俘获赏赐两类。

对死伤厮卒的抚恤，天聪六年（1632）之前，“凡临阵赴敌而死及距敌远而中炮死者，其赏皆同。赏赐跟役，与披甲人同”[⑧]，即不论距敌之远近，不论厮卒与披甲，凡战死者皆予以同等的赏赐，这说明当时的抚恤制度尚不完善。为此，天聪六年作了修改，对于因战死伤者，不仅根据距敌之远近分别赏赐，而且明确区分厮卒与披甲的不同身份“俱分别赏之”[⑨]。此后，厮卒失去了与披甲人同等的死后抚恤待遇，所以崇德二年（1637）才发生了硕托“以死于皮岛之厮卒六人，诡称甲士”，希图多

---

① 刘小萌:《库图勒考》,《满语研究》1987 年第 2 期。

② 《清太宗实录》卷 17,天聪八年正月癸卯,《清实录》第 2 册,中华书局 1985 年影印版,第 217 页。

③ 《清太宗实录》卷 65,崇德八年七月戊戌,《清实录》第 2 册,第 899 页。

④ 《清太宗实录》卷 45,崇德四年三月辛酉,《清实录》第 2 册,第 601 页。

⑤ 故宫博物院编:《钦定户部则例》卷 2《户口》,海南出版社 2000 年版,第 56 页。

⑥ 《盛京满文清军战报》,见中国第一历史档案馆编:《清代档案史料丛编》第 14 辑,中华书局 1990 年版,第 34 页。

⑦ 中国第一历史档案馆译编:《清初内国史院满文档案译编》上册,光明日报出版社 1989 年版,第 36 页。

⑧ 中国第一历史档案馆整理译编:《内阁藏本满文老档 · 太宗朝》,汉文译文,辽宁民族出版社 2009 年版,第 611 ~ 612 页。

⑨ 《清太宗实录》卷 11,天聪六年正月癸丑,《清实录》第 2 册,第 153 页。

领赏赐的案件[①]。

对战后俘获的赏赐，努尔哈赤时期，对俘获人口“各旗按甲分给，库图勒不给”[②]；对俘获的其他财物则“上至诸贝勒、大臣，下至小厮、步行者，俱持公心均分之，使之各有所得”[③]。皇太极对此亦有改革，对于出征时为家主服务的厮卒一般不予赏赐，如崇德二年（1637），尚可喜之户下奴仆首告其主，称“皮岛之役，我得金二十两、银八百八十两”等，“俱为王取去，一无所与”，皇太极令将所获诸物“散于众兵”，并称“彼新人不知，故来首告。此案不必审讯，将原告发还本主”[④]。但是，对于编入武卒为国征战的厮卒，则“视其出力多少，以次赏赉”[⑤]，如崇德三年在征萨哈尔察等获胜后，随从跟役便各赏银“四两”[⑥]；八年，往征黑龙江时，按“每军士各银三十，每厮卒各银十五”赏赐[⑦]；同年征瓦尔喀时，“每甲士给佛头青布六匹……每跟役给佛头青布两匹”[⑧]。

综上，通过对入关前八旗户下奴仆阶层军事职能的梳理可知，户下奴仆在随军出征时被称作“厮卒”或“厮养卒”，满文音译为“库图勒”。他们广泛活跃于战场，既担负着军队的后勤保障任务，又充当了抢掠财物的急先锋。随着明金战争的逐步升级，厮卒随征的人数和战场行为渐趋失控，对后金政权的负面影响也日益显现。在这样的背景下，统治者一方面加强了对随征厮卒的管治，另一方面又将部分户下奴仆组织起来实行军事化管理，从而一举两得地解除了这一隐忧。

通过分析，笔者认为，“booi niyalma”与“booi aha”原本为地位有别的两类人群，后来由于经济基础和政治环境的变化，两者逐渐合流而形成了“包衣阿哈”奴仆阶层。在八旗编立并发展完善的过程中，这一

---

① 《清太宗实录》卷36，崇德二年六月甲子，《清实录》第2册，中华书局1985年影印版，第470页。

② 刘小萌：《库图勒考》，《满语研究》1987年第2期。

③ 中国第一历史档案馆整理译编：《内阁藏本满文老档·太祖朝》，汉文译文，辽宁民族出版社2009年版，第33页。

④ 《清太宗实录》卷36，崇德二年六月乙丑，《清实录》第2册，第479页。

⑤ 《清太宗实录》卷45，崇德四年三月辛酉，《清实录》第2册，第601页。

⑥ 中国第一历史档案馆译编：《清初内国史院满文档案译编》上册，光明日报出版社1989年版，第315页。

⑦ 《清太宗实录》卷65，崇德八年七月戊戌，《清实录》第2册，第898页。

⑧ 《盛京吏户礼兵四部文》，见中国第一历史档案馆编：《清代档案史料丛编》第14辑，中华书局1990年版，第97页。

奴仆群体又分化为八旗内包衣牛录组织和八旗外户下奴仆两个阶层，前者为旗属，存在于八旗包衣牛录中，向诸王贝勒而非国家缴纳赋税、承担劳役，从身份上来讲，为国家自由民，因此不具有商品属性，严格禁止转让、买卖及隐匿；后者为私属，其本质是一类特殊“财产”，人身所有关系完全归家主所有，可以买卖和交换。虽然天聪六年（1632）以后部分家下奴仆也直接参与了军事战争，但在这看似与包衣牛录相似的军事职能背后，其实有着借此管束户下家奴的深层次原因，因此，与包衣牛录的职责有着本质上的不同。实际上，清代前期两种不同属性的奴仆，与同时期朝鲜国内仆役根据所属关系的不同分为“官奴”和“私奴”一样，具有相通之处[①]。

① （韩）黄普基:《历史记忆的集体构建:“高丽棒子”释意》,《南京大学学报》2012 年第 5 期。

第二章　包衣牛录下人的氏族与旗籍
——以《八旗满洲氏族通谱》为中心

包衣牛录属员的民族成分较为复杂，具体可分为包衣满洲、包衣蒙古、包衣高丽和包衣尼堪四个族群。因包衣牛录是按照八旗制度的组织模式编建起来的，因此，包衣牛录同样具有一定的制度化特征，并随着八旗旗帜的历次变迁相应作出过多次调整。《八旗满洲氏族通谱》是一部官方敕修的记录八旗满洲属员的谱系书，始修于雍正十三年（1735），乾隆九年（1744）正式修竣。该书详细记载了除爱新觉罗姓氏以外的八旗满洲旗分佐领、包衣佐领下各氏族的源流世系、原居地所、归附年月及其官阶勋业，为我们了解包衣牛录下属员的基本信息提供了翔实可靠的资料。通过梳理包衣牛录内满洲、蒙古、高丽和尼堪各姓氏的原居住所、来归时间和所隶旗籍，可借此窥探八旗旗帜变迁的某些印记，并以此说明包衣牛录与旗分牛录一样，同为八旗制度的重要组成部分。

为方便进一步分析，有必要首先对后金时期及清初八旗旗帜的几次重大改易作一梳理。

第一节　八旗旗帜的历次改易

一、再释“旗主”与“主旗贝勒”

首先，需要对“旗主”与“主旗贝勒”的关系作一解释。

有学者述曰“蒙、汉八旗皆只设固山额真，其上并未另置旗主”[①]，显然所言“旗主”是指地位高于“固山额真”的“主旗贝勒”，即认为“旗主”即是“主旗贝勒”。但是，也有学者指出“旗主”并非“主旗贝勒”[②]，前者满文为“gūsai ejen”，只是该旗的具体管理者；后者为“gūsa ejelehe beile”，真正掌握一旗[③]。

早在天命十一年（1626）皇太极便明确了固山额真的主要职责，即“总理一切事务，凡议政处，与诸贝勒偕坐，共议之；出猎行师，各领本旗兵行，凡事皆听稽察”[④]。因此，当“凡出兵所获，一切珍重之物，应归公者，即送该管固山额真”[⑤]，由固山额真总管一旗财务；当旗下有“穷困而衣食不足者，或有无故冤抑者”，有“有家贫不能娶妻及披甲不能买马者，有勇敢堪充行伍、因贫不能披甲者”时，要“先诉于本牛录章京，牛录章京率之告于固山额真。固山额真详问，即带本人及牛录章京启知本王、贝勒”，若“本王、贝勒、贝子力不能给，许奏明”，由皇太极亲自授予[⑥]。所谓“启知本王、贝勒”是指“管旗诸贝勒与不管旗议政诸贝勒”[⑦]，这就鲜明地勾勒出从旗兵到牛录章京（佐领），再到固山额真（旗主），再到不主旗议政贝勒、主旗贝勒（王），最后到一国之主的金字塔式的统管秩序。

“管旗诸贝勒”即“主旗贝勒”，也可称为“旗主贝勒”，在满文档案中还可写作“gūsai ejen beile”或“gūsai beile”，但为了区别作为固山额真的“gūsai ejen”，“beile”一词必不可少。如天命五年（1620），“贝德牛录下一人因弃甲败逃，没入旗主贝勒家为奴”[⑧]。此处“旗主贝勒”

---

① 姚念慈：《略论八旗蒙古和八旗汉军的建立》，《中央民族大学学报》1995 年第 6 期。

② 孟森早已指出，“在八贝勒尊贵时，都统乃本旗旗主之臣”；莫东寅在 1958 年亦指出，“八固山贝勒是八固山的王，八固山额真是八固山的管理者”。孟森：《八旗制度考实》，《清史讲义》，中华书局 2014 年版，第 54 页；莫东寅：《满族史论丛》，人民出版社 1958 年版，第 119 页。

③ 李鸿彬、郭成康：《清入关前八旗主旗贝勒的演变》，《社会科学战线》1982 年第 1 期；张晋藩、郭成康：《清入关前国家法律制度史》，辽宁人民出版社 1988 年版，第 176～187 页。

④ 《清太宗实录》卷 1，天命十一年九月丁丑，《清实录》第 2 册，中华书局 1985 年影印版，第 8 页。

⑤ 《清太宗实录》卷 31，崇德元年十月戊寅，《清实录》第 2 册，第 12 页。

⑥ 《清太宗实录》卷 42，崇德三年七月丁丑，《清实录》第 2 册，第 555 页。

⑦ 《清太宗实录》卷 11，天聪六年二月庚戌，《清实录》第 2 册，第 157 页。

⑧ 中国第一历史档案馆整理译编：《内阁藏本满文老档 · 太祖朝》，汉文译文，辽宁民族出版社 2009 年版，第 57 页。

即指“主旗贝勒”，满文为“gūsai ejen beile”[①]。再如天命年间（1616—1626），努尔哈赤曾制定严格的朝会之制，令“朝会仍循费阿拉之例，凡诸申、汉人、蒙古牛录之人，须于黎明前集于其牛录额真、备御之衙门，由牛录额真、备御查其在否。天亮后，总兵官、副将、参将、游击、备御皆集于固山贝勒之衙门。集毕，查各官来否。其后，由固山贝勒率领，于日出时集于八角殿”[②]。很显然，总兵官等人首先齐集于“固山贝勒”即本旗旗主贝勒的衙门，再在本旗旗主贝勒的率领下，代表本旗前往沈阳故宫之八角殿朝会。此处之“固山贝勒”满文即为“gūsai beile”[③]。

二、入关前的几次旗帜改易活动

入关前各旗旗主几经变动，孟森在《八旗制度考实》中曾有论述[④]，白新良、杜家骥等又有详述[⑤]。综述相关研究，从努尔哈赤起兵之初直至八旗制度发展完善，在满洲政权内部经历了一个由一旗，到两旗，到三旗，再到四旗的发展历程。这一过程大致如下：

努尔哈赤以遗甲十三副起兵之初，带领族人南征北战，始建一个固山；后来随着各部族的归附，人数渐众，在攻取哈达之前满洲政权内部存在着两旗，分别以努尔哈赤及其弟舒尔哈齐主之；万历三十八年（1610），努尔哈赤在攻取哈达后，将明朝赐予哈达的363道敕书分别赐予了三个“穆昆”，这些所谓的“穆昆”其实是当时已设的三个“固山”。从敕书的分配来看，第一穆昆（旗）中努尔哈赤所占敕书最多，因此努尔哈赤应该是第一穆昆（旗）之主；第二穆昆，始以哈达亡国之主、努尔哈赤之婿乌尔古岱为主，至晚在1607年以后则以努尔哈赤长子褚英为主；第三穆昆始以努尔哈赤之弟舒尔哈齐为主，1609年在舒尔哈齐被幽禁后，便以努尔哈赤次子代善为主。因此，1607—1610年，满洲政权

---

① 中国第一历史档案馆整理译编:《内阁藏本满文老档·太祖朝》,满文,辽宁民族出版社2009年版,第779页。

② 同上,满文,第267页。

③ 同上,满文,第3406页。

④ 孟森:《清史讲义》,中华书局2014年版,第39~53页。

⑤ 白新良:《论皇太极继位初的一次改旗》,《清史考辨》,人民出版社2005年版,第56~113页;杜家骥:《八旗与清朝政治论稿》,人民出版社2008年版,第12~28页。

内部存在着三个固山，即“三旗”，当时努尔哈赤主红旗，舒尔哈齐及代善主青旗，褚英主白旗。万历三十九年（1611），舒尔哈齐去世，努尔哈赤“增所属人员，自成一旗”，令舒尔哈齐之子阿敏统之，由此建立了以努尔哈赤、褚英、阿敏、代善各为主旗贝勒的四旗。就四旗的旗色而言，据白新良考证，努尔哈赤领黄旗，褚英领白旗，代善领红旗，阿敏为黑旗①。

万历四十三年（1615），创建八旗后，经历了天命年间（1616—1626）豪格取代杜度事件，至天命后期，形成努尔哈赤领两黄旗、代善主正红旗、阿敏主镶蓝旗、莽古尔泰主正蓝旗、皇太极主正白旗、岳托主镶红旗、豪格主镶白旗的局面。努尔哈赤晚年，将自己所领的两黄旗分配给三幼子，令阿济格领正黄旗、多铎领镶黄旗。

皇太极继位后，对八旗主旗贝勒又作出调整。其中，阿济格、多尔衮、多铎兄弟的两黄旗除一牛录改为正蓝旗，两牛录改为皇太极时期的两黄旗外，其余皆改为两白旗；而皇太极、豪格父子所领有的两白旗中除四牛录改为正蓝旗、四牛录改为镶白旗、一牛录改为正红旗、一牛录改为镶红旗、一牛录改为镶蓝旗外，其余牛录皆改为两黄旗②。天聪二年（1628），又以多尔衮取代阿济格为镶白旗主旗贝勒；天聪四年幽禁镶蓝旗大贝勒阿敏后，以济尔哈朗为主旗贝勒，六年，莽古尔泰去世，其同母弟德格类继任为主旗贝勒；这样，便在天聪九年（1635）十二月之前形成了皇太极领正黄旗，豪格领镶黄旗，代善领正红旗，岳托领镶红旗，德格类掌正蓝旗，济尔哈朗掌镶蓝旗，多铎领正白旗，多尔衮领镶白旗的局面。

天聪九年十二月，已故的正蓝旗主旗贝勒莽古尔泰、德格类被人揭发生前有谋叛行为，皇太极借此机会，将正蓝旗与自己所领有的正黄旗混编，然后又一分为二，分为新的正黄旗和新的镶黄旗两旗。子豪格所领有的镶黄旗被改为新的正蓝旗。这样，在崇德年间（1636—1643），八旗掌旗贝勒分别是皇太极领正黄旗、镶黄旗两旗，代善领正红旗，岳托领镶红旗，豪格掌正蓝旗，济尔哈朗掌镶蓝旗，多铎领正白旗，多尔衮

---

① 白新良:《满洲政权早期前四旗考》,《清史考辨》,人民出版社 2005 年版,第 1 ~ 19 页。

② 其中有三个牛录改为正白旗后,又改为蒙古正白旗。见白新良:《论皇太极继位初的一次改旗》,《清史考辨》,第 60 页。

领镶白旗。从此，皇太极亲自掌握两旗势力，且因与豪格的父子关系，实际上正蓝旗也与两黄旗存在着一定的附属关系，这无疑大大增强了皇太极在满洲贵族中的实力①。

崇德八年（1643）十月，皇太极逝世，镶白旗主旗贝勒多尔衮借多铎犯罪之机，将其十五个牛录罚入自己旗下，同时改镶白旗为正白旗；将与自己同旗的阿济格十五牛录调入多铎旗下，改为镶白旗。从此，多尔衮变为正白旗主旗贝勒、多铎变为镶白旗主旗贝勒②。

顺治八年（1651）二月，在多尔衮去世后，又被揭发生前有谋逆之举，顺治帝在济尔哈朗及两黄旗大臣的支持下，将正白旗收归已有，这样才正式有了“上三旗”和“下五旗”之分，终清一代的八旗旗帜也才最终稳定下来。

以上笔者爬梳相关研究成果，对八旗发展史上几次重要的旗帜改易事件作了梳理。实际上，八旗领属关系的每一次变动，都是后金统治集团内部权利斗争结果的具体体现，而在此过程中，包衣牛录作为八旗制度的重要组成部分，也历经了复杂的旗帜及领属关系的变动。以下，笔者便以包衣牛录中的不同民族及其旗籍信息为线索分别试析之。

第二节　包衣牛录中的满洲姓氏

“氏族姓氏是一个民族的特有标识，它反映该民族的别样属性，具有深厚的文化内涵”③，通过谱书我们可以窥探该家族的居地、分布、迁徙、世系、旗籍、世职、功绩等相关信息。为更加直观、明了的阐述八旗包衣牛录下属员在各旗中的分布情况，笔者以《八旗满洲氏族通谱》为依据，将其中所载之包衣满洲、蒙古、高丽、尼堪四类民族的姓氏、原居地、来归时间及所隶旗籍等信息列表，并附于本书之后。

---

① 杜家骥:《八旗与清朝政治论稿》,人民出版社 2008 年版,第 12 ~ 28 页。

② 杜家骥:《清初八旗的排列次序及相关问题考察》,见《第三届国际满学研讨会论文集》,民族出版社 2002 年版,第 19 页。

③ 徐凯:《满洲认同“法典”与部族双重构建》,中国社会科学出版社 2015 年版,第 35 页。

从所附表一:《八旗满洲氏族通谱·包衣·满洲姓氏》来看，八旗包衣牛录内之满洲人具有以下特点。

一、包衣牛录内满洲姓氏特点

女真人原本以渔猎为生，特殊的自然环境造就了其相对闭塞的社会发展状况。最初，他们以氏族为单元组织社会生产，这种早期氏族部落主要的血缘组织是“哈拉”与“穆昆”，“哈拉”（hala）是姓，“穆昆”（mukūn）是氏。在早期社会，哈拉与穆昆并行，维系着女真各部落内部的团结，并组织渔猎和采集活动，以保障部族赖以生存的物质基础。这类氏族制生产方式是当时人们对抗自然灾害和围捕猛兽的必然选择。

随着社会经济的发展、人口的不断繁衍以及地域活动的不断扩大，哈拉与穆昆逐渐分化，而单位更小、更具血亲关系的“乌克孙”与“包”逐渐产生并发展起来。乌克孙（uksun）是指家族，“包”（boo）是指家庭。摩尔根指出，“财产种类的增加，必然促进有关它的所有权和继承权的某些规则的发展。这些占有财产和继承财产的法则所依据的习惯，是由社会组织的状况和进步确定和限制的”[①]。乌克孙和包的出现，反映了作为上层建筑的社会组织为适应私有制的产生即经济基础的变迁所作出的调整和变化。在这一过程中，因生产工具和劳动方式的进步，人数更少、机动性更强的“家庭”逐渐开始成为社会生产的基本单元。与“氏族制生产方式”相比，“家庭制生产方式”的出现反映了女真人在长期与自然抗争的过程中所取得的初步成果，是社会进步的重要体现。

但是，这种生产方式造成了部族的分散，不利于对抗异部或异族的侵扰，特别是当女真人步入部落纷争时代，更需要人为地打破他们固守的“家庭”单元，重新将他们组织起来，凝聚成一支战斗力量——对内保护私有财产、对外掠夺其他部族。在这样的背景下，当努尔哈赤起兵并逐步建立八旗制度的过程中，这些“原系一族之人往往分隶于不同的旗或不同的甲喇、牛录。一旗、一甲喇、一牛录之内又有不同地方和民族的人丁，基本打破了女真各依族寨居住的旧习”[②]。因此，在战时环境

① （美）摩尔根著，杨东莼、马雍、马巨译：《古代社会》，中央译编出版社 2007 年版，第 385 页。
② 周远廉：《清朝兴起史》，吉林文史出版社 1986 年版，第 127 ~ 128 页。

下，这些满洲氏族或被编入满洲旗分，或被编入包衣旗分，重新被组织起来。

那么这些被编入包衣牛录的满洲氏族群体在姓氏上有哪些特点呢？

在表一中，笔者统计了《八旗满洲氏族通谱》中不涉及旗籍改易的包衣满洲姓氏，共计669户。其中瓜尔佳氏69户，钮钴禄氏11户，舒穆禄氏10户，马佳氏13户，董鄂氏1户，赫舍里氏16户，他塔喇氏13户，伊尔根觉罗氏79户，舒舒觉罗氏13户，西林觉罗氏4户，通颜觉罗氏48户，佟佳氏18户，那木都鲁氏1户，纳喇氏97户，富察氏36户，完颜氏17户，扣德氏1户，吴雅氏3户，戴佳氏2户，兆佳氏20户，郭络罗氏6户，颜扎氏1户，李佳氏7户，黄佳氏2户，库雅拉氏1户，萨克达氏10户，乌苏氏4户，巴雅拉氏1户，辉和氏1户，鲁布理氏1户，尼马察氏2户，章佳氏12户，宁古塔氏2户，嵩佳氏4户，喜塔腊氏6户，性佳氏1户，费莫氏4户，索佳氏5户，葛济勒氏1户，索绰络氏2户，鄂卓氏3户，钮赫勒氏1户，裕瑚鲁氏1户，伊拉理氏4户，苏佳氏1户，哲尔德氏2户，吴鲁氏1户，觉禅氏12户，托活洛氏2户，索尔多氏1户，乌色氏2户，佑祜鲁氏1户，梅勒氏2户，扎拉理氏1户，温都氏1户，阿礼哈氏1户，索齐勒氏1户，布赛氏1户，图克坦氏1户，洪鄂春氏2户，彰锦氏2户，扬佳氏2户，洪佳氏1户，萨哈尔济氏1户，韩扎氏1户，蒙鄂索氏1户，刘佳氏3户，郭佳氏1户，蒙古楚氏1户，朱佳氏1户，瑚雅拉氏1户，罗佳氏1户，孙佳氏1户，乌苏理氏1户，尼佳氏1户，舒玛理氏1户，培佳氏1户，徐吉氏1户，鄂索络氏2户，赫叶勒氏1户，穆克图氏1户，扎拉氏1户，傅佳氏1户，尼锡理氏1户，强恰理氏1户，钟吉氏1户，梅楞氏1户，都佳氏1户，钮赫氏1户，郭罗氏2户，鄂罗氏1户，嘉普塔喇氏1户，富森氏1户，瑚逊氏1户，温屯氏1户，格晋氏1户，希萨尔氏1户，鄂通氏1户，猷格理氏1户，哈尔吉氏1户，穆齐氏1户，恰喇氏1户，姜佳氏1户，陈佳氏1户，秋佳氏1户，屈佳氏1户，普佳氏1户，蒋佳氏1户，庞佳氏1户，福锡氏1户，莽果氏1户，索济雅喇氏1户，瓦尔喀氏1户，鄂卓络氏1户，额哲氏1户，苏尔佳氏1户，申佳氏1户，谟岳络氏1户，玉图墨氏1户，洪衮氏1户，拜嘉喇氏1户，纳哈塔氏1户，浑达奇氏1户，葛佳喇氏1户，苏绰尔氏1户，伊苏氏1户，那克塔氏1户，吴鲁理氏1户，穆佳氏 1 户，乌锡氏 1 户，边佳氏 1 户，恭佳氏 1 户，萨穆希尔氏 1 户，通果苏氏 1 户，卓显氏 1 户，那木图氏 1 户，尼珠氏 1 户。此外，吴扎库氏、扎库塔氏、伊尔库勒氏、萨哈尔察氏、宜特墨氏、扎思瑚理氏、瑚锡哈理氏、萨马尔吉氏等姓氏下并无包衣。

可见，包衣满洲姓氏分布较广，且以纳喇氏、伊尔根觉罗氏、瓜尔佳氏、通颜觉罗氏、富察氏等满洲大姓人数最多，他们“或从征关内，或居守辽中，服劳王家，为八旗世仆”[①]，不仅是构成八旗旗分牛录的主力，而且也是包衣牛录内满洲姓氏的主体。

需要指出的是，满洲姓氏有很多诸如“马佳氏”“李佳氏”“黄佳氏”“章佳氏”“郭佳氏”“朱佳氏”“孙佳氏”者，这些人的祖先多为汉人，但很早便加入满洲共同体中，为适应满洲姓氏多音节的习惯而在汉姓后加一“佳”字构成满姓[②]。如马佳氏“系出长白，为满洲望族。自始祖马穆敦公得姓受氏，簪缨世守，奕祀承庥。有清肇基王迹，佐命龙兴，爵公侯位、将相者，代有其人”[③]，他们的生活习惯、语言文字和民族意识多已发生转变，因此，该类姓氏在《八旗满洲氏族通谱》中也被视为“满洲一姓”。

二、包衣牛录内之满洲居地特点

族群的地域分布不仅可以反映该族的历史迁移，而且依据后金政权统一各满洲部落的历史进程，我们还可大致了解各族群来归时间的早晚及归附方式——是主动慕名来投，还是被动征服归降。

不同的来归方式决定着归附者的不同地位和待遇。如天聪五年（1631）定功臣袭职之例时，便严格区分了“太平时（自）愿来归者”（“倾心向化而来归者”）和“不得已来归者”（“身迫祸患不得已而来归者”）两种归附形式，分别授予世职并确定世职传袭的不同形式[④]；再如徐丹俍在考察后

---

① 《马佳氏族谱·重修族谱序》，见李林：《满族宗谱研究》，辽沈书社 1992 年版，第 274 页。

② 本溪市党史地方志办公室编：《本溪市志》第 4 卷《满族姓氏的命取》，辽海出版社 2004 年版，第 575 页。

③ 《马佳氏族谱·重修族谱序》，见李林：《满族宗谱研究》，第 260 页。

④ 关孝廉译：《天聪五年八旗值月档（二）》，《历史档案》2001 年第 1 期；《清太宗实录》卷 9，天聪五年六月癸亥，见《清实录》第 2 册，中华书局 1985 年影印版，第 123 页。

金政权对汉人的统治方式时注意到，“依据这些人员或主动来归、或被迫降附、或战败被俘等不同情况而有所区别：或擢为官吏任职录用、或编置为平民、或作为战利品分给女真（满洲）户下为奴”①。

从包衣满洲人的地域分布来看，列表显示：苏完17户，安褚拉库2户，尼马察1户，长白山85户，蜚悠城6户，辉发63户，哈达53户，叶赫80户，乌喇31户，苏苏乌喇1户，讷殷22户，松花江1户，费雅郎阿1户，新屯3户，辽河2户，拉发3户，安图5户，沈阳10户，五姓庄2户，法沙喇1户，五间房1户，凤凰城2户，吉阳4户，山答铺1户，佛阿拉17户，陵和罗1户，巴尔达1户，库尔喀1户，浑春2户，朱舍里2户，绥分8户，马佳4户，虎尔哈2户，穆丹1户，黄古屯1户，董鄂1户，雅尔瑚1户，德得合1户，尔敏街1户，象山1户，扎库木4户，纳殷江1户，伊兰木4户，海州1户，穆溪1户，撒尔湖1户，雅尔湖2户，额尔景1户，阳谷屯1户，俄漠和苏鲁6户，瓦湖木2户，滹尔苏1户，福齐希美佛赫1户，宁古塔5户，小西门2户，瓦色1户，和宁1户，库伦2户，冈子1户，板城2户，哈尔敏1户，马察3户，雷佳堡1户，萨克苏1户，额尔敏10户，福齐希和罗1户，杭佳6户，完颜4户，沙济3户，老寨子8户，三姓1户，达尔滹1户，喇发1户，呼讷赫河1户，萨哈尔察6户，大郎1户，福尔哈1户，瓦尔喀9户，浑托和河1户，连刀湾1户，叶赫勒1户，俄多里1户，香山1户，倭济1户，沾2户，佟佳5户，鄂尔顺1户，东安2户，把尔达1户，伊尔哈和罗1户，辽阳1户，易州1户，清河1户，舍里1户，德库1户，镰刀把1户，黑山3户，浑都和色2户，巴济1户，扎克丹1户，囊武1户，德里倭赫3户，汉尔敦1户，章当1户，瑚普察1户，札库木1户，蔡亭1户，山塔堡2户，锦州1户，杨古屯1户，十里河1户，小北门1户，八间房1户，道堪1户，李佳和罗4户，布勒德1户，郭络罗3户，赫图阿拉1户，贝浑山秦3户，萨克达2户，乌苏1户，德尔吉色钦1户，海兰瓦尔喀什1户，法尔图1户，马儿墩4户，艾家堡1户，铁岭1户，莲花村1户，和森木1户，萨鲁城1户，松江堡3户，盖吉2户，夸喇1户，尼雅满山1户，木城1户，布尔哈图2户，大凌河1户，托米屯2户，黑

① 徐丹俍:《八旗汉军制度始设诸说议》,《满学论丛》第1辑,辽宁民族出版社2011年版,第87页。

龙江2户，索绰络1户，阿库里1户，扎库塔1户，山秦阿林1户，胡鲁色1户，瓦尔喀锡1户，那木都鲁1户，巴颜和罗2户，杏山3户，万边屯1户，东古村1户，徐吉和罗1户，启尔撒1户，吉林1户，耀州1户，开原1户，鄂通1户，鄂漠和索罗2户，张当1户，盖州1户，清城子1户，福山1户，兰河山1户，舒穆禄1户，苏瓦颜沟1户，赫彻木1户，索伦1户，雅尔浑费颜1户。

至明代中后期，女真人大致分为建州、海西、野人三大部，其中建州女真分布在今辽宁浑河流域，西至抚顺、东至长白山东麓和北麓、南达鸭绿江边的地区，包括鸭绿江部、董鄂部、浑河部、哲陈部、朱舍里部、讷殷部、苏克苏护部、完颜部等部落；海西女真分布在辽宁开原以北、辉发河、松花江流域，包括哈达、乌拉、叶赫、辉发四部；野人女真又称为东海女真，主要分布于松花江下游至黑龙江流域、乌苏里江以东地区，其内部又包括瓦尔喀、虎尔哈、使犬、使鹿等部落[①]。而从《八旗满洲氏族通谱》所载包衣牛录下满洲人原居地的分布来看，这些满洲姓氏的包衣人主要来自长白山、叶赫、辉发、哈达、乌喇、讷殷等地区，而这些地区多为女真部落时代建州女真和海西女真的聚居地区。其中长白山是“肇基王迹，佐命龙兴”[②]之处，如第一章所述，在努尔哈赤起兵之初，有一类“booi niyalma”群体后来转化为包衣牛录属员。因此，包衣牛录内的满洲人来自长白山地区者最多，有着一定的历史渊源。

此外，来自叶赫、辉发、哈达、乌喇、讷殷等地区的满洲包衣人数也较多，爬梳史料我们发现，这些地方都是努尔哈赤通过战争降服的。在征讨过程中，后金政权获得大量俘虏，这些俘虏后来成为编立包衣满洲佐领的主要成员。如万历二十七年（1599）九月，努尔哈赤派兵攻取哈达，“其军士器械、民间财物、父母妻子，俱秋毫无犯，尽收其国而回”[③]，而在明朝看来这即是“破哈达，掳其人民”[④]之举，可见当时应该是在基本保持其原有家庭组织的前提下，将哈达国民划入建州治下；

① 张佳生主编：《中国满族通论》，辽宁民族出版社2005年版，第51页。

② 《马佳氏族谱·重修族谱序》，见李林：《满族宗谱研究》，辽沈书社1992年版，第273页。

③ 《清太祖武皇帝实录》卷2，见潘喆、孙方明、李鸿彬主编：《清入关前史料选辑》第1辑，中国人民大学出版社1984年版，第320页。

④ 同上，第321页。

万历三十二年（1604），努尔哈赤率兵攻打叶赫，“取其七寨，俘二千余人而还”[①]；万历三十五年，努尔哈赤发兵破扈尔奇山城，“杀摆银答里父子，屠其兵，招服其民”[②]；同年，令额亦都、费英东、扈尔汉等率兵一千往征东海窝集部，“取赫席赫、鄂谟和苏噜、佛讷赫三处，获人畜二千而回”[③]；万历三十六年，又令褚英、阿敏“领兵五千往兀喇部，围异憨山城，克之”，并“尽收人蓄而还”[④]，等等。像这些通过征服战争获得的俘虏，最后大多都沦为像武泰一样“世居叶赫地方，国初征服”[⑤]、后被编入了包衣牛录内或家下奴仆中[⑥]。

与此相对应的是，那些主动归附的地区，却很少有被拨入包衣牛录者。如叶克舒“国初，率尼马察村三百余人来归”，琥球从尼马察地方率三百户来投，[⑦] 因此，尼马察地方的包衣只有1户；万历十六年（1588）董鄂部何和礼因兵马精壮，努尔哈赤“加礼招致之”，便“以所部来附”，[⑧] 故董鄂地区的包衣也仅有1户；万历三十五年蜚悠城主策穆特黑主动拜见努尔哈赤，称不堪乌拉贝勒布占泰虐待，“望往接吾等眷属，以便来归”，努尔哈赤令舒尔哈齐、褚英、代善等人率三千人前往蜚悠城迎接[⑨]，因此，偌大的蜚悠城也仅有6户包衣；万历二十一年，在挫败九部联军后，努尔哈赤派兵招服了朱舍里部，朱舍里地区的包衣人仅有2户；而同年对同样参与九部联军的讷殷则派额亦都、噶盖领兵七千攻灭其部，并斩其部长收稳、色克什[⑩]，经统计发现，来自讷殷地区的包衣多达22户。不仅如此，主动来归者还享有一定的司法特权，如天聪六年（1632），明安、布颜代因“俘获独少，所获之羊私自妄费，托言无获，

---

① 《清太祖实录》卷3，甲辰（1604）正月壬戌，《清实录》第1册，中华书局1986年影印版，第47页。

② 《清太祖武皇帝实录》卷2，见潘喆、孙方明、李鸿彬主编：《清入关前史料选辑》第1辑，中国人民大学出版社1984年版，第325页。

③ 《满洲实录》卷3，《清实录》第1册，第133页。

④ 《清太祖武皇帝实录》卷2，见潘喆、孙方明、李鸿彬主编：《清入关前史料选辑》第1辑，第325页。

⑤ 弘昼等修：《八旗满洲氏族通谱》卷22《纳喇氏一》，辽海出版社2002年版，第289页。

⑥ 李治亭指出“来归者”被编入牛录，成为旗丁；“俘获者”和“投降者”编入牛录为奴仆，在主人田庄从事耕作。见李治亭：《清史》，上海人民出版社2002年版，第126页。

⑦ 《八旗都统衙门档》，转引自周远廉：《清朝兴起史》，吉林文史出版社1986年版，第119页。

⑧ 赵尔巽等：《清史稿》卷225《何和礼传》，中华书局1977年版，第9183页。

⑨ 《清太祖武皇帝实录》卷2，见潘喆、孙方明、李鸿彬主编：《清入关前史料选辑》第1辑，第323页。

⑩ 王钟翰点校：《清史列传》卷4《额亦都传》，中华书局1987年版，第175页。

不同众进献；又命以所俘编为五十户，竟不遵行”等罪，拟革职处罚，均因“当本国无事时来归”而特宥之[①]。

需要特别说明的是，在早期，归附者中有同族所隶不同旗分的情况，如镶黄旗包衣达古善与费英东同族（国初来归）[②]；镶蓝旗包衣同里博罗费扬古与正蓝旗人丹布同族（国初来归）[③]；镶蓝旗包衣同里那木占与正黄旗人海音布巴图鲁同族（国初来归）[④]；镶黄旗包衣同里陈特穆与正黄旗人鄂尔齐布同族（国初来归）[⑤]，等等，这类同族来归，但却分隶于旗分、包衣两种不同性质的牛录者还很多[⑥]，但绝大多数都是“国初来归”或“来归无考”者，很少有天聪年间（1627—1636）来归的。究其原因，笔者认为，如前述，在努尔哈赤编立四旗之前就已有了包衣牛录，那时的包衣牛录从管理人员和所司职守来看，与旗分牛录差异不大，祁美琴也指出早期的包衣牛录与天聪元年以后的包衣牛录有所不同，“它不是单纯意义上的‘家仆组织’，而具有与外牛录相同的作用”[⑦]。因此，当这些“国初”来归附的部落人众被编入八旗组织时，并没有统一的、严格的标准来区分旗分牛录和包衣牛录的界限，只是根据当时的实际需要分拨为两类，而当有战事时，他们都携带武备出征作战。后来，随着八旗甲兵的日益扩编，有了专门的战斗力量；同时所占土地日益广阔、田庄大量设立、俘获人口大量增加，才有了区分归附者和俘虏者以分别编入旗分牛录和包衣牛录的必要，而此时两者的分工已日益明确，地位也有了高低之别。

三、包衣牛录内之满洲姓氏的旗籍特点

《通谱》所载的663户包衣牛录下满洲人，按其归附的时间及所属旗籍，可列表如下（均以“户”计）：

---

① 《清太宗实录》卷12，天聪六年九月癸卯，《清实录》第2册，中华书局1985年影印版，第171页。

② 弘昼等修：《八旗满洲氏族通谱》卷1《瓜尔佳氏一》，辽海出版社2002年版，第37页。

③ 同上，第38～39页。

④ 同上，第39～40页。

⑤ 同上，第47页。

⑥ 弘昼等修：《八旗满洲氏族通谱》卷2《瓜尔佳氏二》，第54、65页；卷3《瓜尔佳氏三》，第75页；卷6《舒穆禄氏》，第118、121页。

⑦ 祁美琴：《清代内务府》，辽宁民族出版社2009年版，第30页。

旗籍	国初来归	天聪来归	来归无考	总计
镶黄旗包衣	27	22	67	116
正黄旗包衣	17	63	7	87
正白旗包衣	18	2	100	120
镶白旗包衣	40	0	24	64
正红旗包衣	30	0	6	36
镶红旗包衣	8	2	39	49
正蓝旗包衣	24	0	64	88
镶蓝旗包衣	37	30	36	103

需要说明的是，如前所述，直至顺治八年（1651），八旗领主及其所领旗分才基本固定下来。成书于乾隆年间（1736—1795）的《八旗通志初集》及《八旗满洲氏族通谱》中所记录的旗人旗籍，“其实都是顺治八年以后固定后的隶旗”①。

前述，由旗分牛录与包衣牛录构成了八旗属员，都属于国属自由民。但是在具体职能上又有区别：旗分牛录由各主旗贝勒统领，由各旗固山额真负责旗务的管理，旗分牛录下人要向国家缴纳一定的赋税，并充任对外征战的主要军事力量；包衣牛录由各主旗贝勒、非主旗贝勒等统领，其部分属员所纳赋税不再交给国家，而转交给其领主，在对外战争中为次要军事力量。因此，相较于旗分牛录下人，包衣牛录下人数量的多少直接关系着该领主的切身经济利益，也正因此，通过各个时期各旗所领有的包衣牛录的多寡，便可透视相应时期该领主势力的大小及其地位的高低。

由上表可见：

第一，因有人数众多的来归无考者，所以并不能确切获知国初、天聪时期各旗包衣牛录中的满洲人数；此外，因皇太极兼并正蓝旗的方式，不是将整个正蓝旗改易旗名，而是将正蓝旗与自己的镶黄旗属员全部混合，再重新编为两黄旗，因此我们已无法获悉天命年间（1616—1626）皇太极所统领的正白旗与莽古尔泰所统领的正蓝旗的属员情况。但从已

① 杜家骥:《清初旗人之旗籍及隶旗改变考》,《民族研究》2013 年第 4 期。

知数据来看，镶白旗、镶蓝旗、正红旗三旗满洲姓氏的包衣人在已知国初来归人数中最多。结合上一节对八旗旗帜改易的梳理，我们发现，镶白旗为崇德八年（1643）多铎所领属的正白旗改易而来，而多铎的正白旗是天命年间（1616—1626）努尔哈赤所统领的镶黄旗；镶蓝旗为济尔哈朗领属，而在天命年间是由阿敏统领；正红旗则由天命年间的代善统领。因此，我们据此大致可以看出，就天命年间各包衣牛录下满洲人的数量而言，以汗及四大贝勒所领属者最多，这也与他们当时的政治地位相吻合。

第二，各旗包衣牛录下满洲姓氏的人数并不均衡，其中上三旗满洲包衣共计323户，下五旗满洲包衣共有340户，可见近半数集中于上三旗中。在八旗中，正白旗满洲包衣人数最多，这与正白旗在历次改隶中的特殊地位有关，该旗原为努尔哈赤所统领的正黄旗，位居各旗之首，本身实力雄厚；崇德四年（1639），又将多铎三分之一的奴仆拨给了该旗掌旗贝勒多尔衮①，实力进增；崇德八年十月，皇太极逝世后，多尔衮又借机将多铎的十五牛录据为己有；② 顺治年间（1644—1661），多尔衮独揽大权，甚至“将皇上侍臣伊尔登、陈泰一族及所属牛录人丁、刚林，巴尔达齐二族，皆收入自己旗下”③；多尔衮事发，该旗又为顺治帝亲领，位列上三旗。因此，该旗包衣满洲人数最多，与该旗不论在努尔哈赤时期、皇太极时期、多尔衮摄政时期，还是顺治帝亲政时期，都在不断补充和发展有着密切关系。同时，该旗内来归无考者人数最多，也与该旗历经数次更易致使属员来源混乱有着一定的关系。

第三，镶蓝旗和正红旗中的包衣满洲人数在天命年间仅次于镶白旗，但是从包衣总数上来看，镶蓝旗明显多于正红旗，这与两旗在不同时期的地位相关。在努尔哈赤时期，正红旗为大贝勒代善所统领，镶蓝旗为二贝勒阿敏统领，二人在天命年间的地位仅次于努尔哈赤，而这种优越地位也体现在了包衣满洲人数的多寡上。然而，进入天聪年间（1627—1636），阿敏为济尔哈朗所取代，并被皇太极倚为心腹；而代善却与皇太极若即若离，一度被压制。因此，我们看到，在八旗中，镶蓝旗内天聪

① 《清太宗实录》卷46，崇德四年五月辛巳，《清实录》第2册，中华书局1985年影印版，第618页。

② 《清世祖实录》卷2，崇德八年九月戊子，《清实录》第3册，中华书局1985年影印版，第38页。

③ 《清世祖实录》卷53，顺治八年二月己亥，《清实录》第3册，第422页。

时期来归的包衣满洲人数仅次于皇太极所统领的正黄旗，而同时期两红旗包衣满洲的人数只有85户，远少于两黄旗的203户、两蓝旗的191户和两白旗的184户。这至少说明在包衣牛录层面上，皇太极主政下的济尔哈朗获得了比代善更多的利益，也隐含着三人间的微妙关系。

第四，在《八旗满洲氏族通谱》中，除阿尔布哈为“正白旗包衣管领下人”[①]、鼐庸伊为“正黄旗包衣管领下人”[②]外，其余人的身份皆为“包衣”。那么标注为“包衣”者是“包衣佐领人”还是“包衣管领人”呢？经查，《八旗满洲氏族通谱》内满洲姓氏的包衣人任职“内管领”“内副管领”者共计109户，而仅任职“佐领”者就有345户。因佐领下人的地位高于管领下人，因此佐领下人可任职于管领内，而管领下人很少有任职于佐领者。由此可知，所谓“包衣”者绝大多数应为“包衣佐领下人”，也即清前期包衣牛录内满洲姓氏者绝大多数皆在包衣佐领中，只有少数人位列包衣管领内。

第三节　包衣牛录中的蒙古姓氏

满蒙联盟是后金政权的基本国策，故八旗内有人数众多的蒙古人。我们知道，八旗分为八旗满洲、八旗蒙古和八旗汉军，共计24旗。其中绝大多数蒙古人都集中于八旗蒙古中，还有部分隶属于八旗满洲旗分佐领内，而只有少数人隶于八旗满洲包衣牛录内。

《八旗满洲氏族通谱》记载了部分隶于八旗满洲包衣牛录下蒙古人的相关信息，详见附录表二：《八旗满洲氏族通谱·包衣·蒙古姓氏》。

据该表统计，《八旗满洲氏族通谱》中包衣蒙古姓氏共计117户，关于其姓氏、居地等信息，可总结如下：

第一，包衣蒙古姓氏涉及较广。《八旗满洲氏族通谱》所载蒙古姓氏共计230多个[③]，其中包衣蒙古姓氏就占了80个，包括博尔济吉特氏10

---

① 弘昼等修：《八旗满洲氏族通谱》卷28《完颜氏》，辽海出版社2002年版，第371页。

② 弘昼等修：《八旗满洲氏族通谱》卷24《纳喇氏三》，第320页。

③ 乌兰：《〈八旗满洲氏族通谱〉蒙古姓氏考》，《民族研究》2011年第1期。

户，宝济氏 7 户，博硕氏、博尔济斯氏各 5 户，塞克图氏 4 户，叶何氏、纳赖氏各 3 户，墨尔吉济特氏、乌理津氏、唐古尔氏、黄古台氏、鄂尔济斯氏各 2 户，把岳忒氏、佟尼果特氏、刘佳氏、巴雅喇氏、耨勒特氏、李佳氏、玛佳氏、张佳氏、博尔济克氏、察哈尔氏、萨尔珠特氏、珠佳氏、王札普氏、瑚佳氏、马朗阿氏、札哈拉氏、克理特氏、章图理氏、禹尔氏、索诺图氏、伍尧氏、乌齐熙理氏、艾耀施氏、黄佳氏、冬果尔氏、玛喇拉氏、苏穆察氏、王吉氏、哈尔图特氏、赫尔氏、卓启斯氏、札穆雅氏、常佳氏、瑚尔汉氏、巴济理氏、马吉特氏、陶佳氏、科尔亲氏、曹佳氏、来默氏、墨尔启氏、鸿果络氏、瑚鲁克氏、汪札尔氏、白达尔氏、赫勒氏、谟锡勒氏、岳罗 A 亲氏、博罗特氏、孙尼耀特氏、曹丹氏、彻穆衮氏、崔珠克氏、李塔理氏、侯佳氏、索罗噶尔氏、叶古禄特氏、郑讷鲁特氏、土默特氏、白禅氏、旺舒特氏、王古尔亲氏、兆达尔干氏、扬蔼氏、步古鲁特氏、孙津氏、高达玛氏、佟尼耀特氏各 1 户。在这些姓氏中，很多如博尔济氏、叶何氏、纳赖氏、巴雅喇氏等，原为满洲姓氏、后改为蒙古姓氏；刘佳氏、李佳氏、珠佳氏、玛佳氏、张佳氏等，原为汉人姓氏，后改为蒙古姓氏。而这些满、汉姓氏在后来所编修的《皇朝通志·氏族略·蒙古八旗姓》中都被剔除出去①。由此可见，包衣蒙古人中有很大一部分是由姓氏蒙古化的满洲人和汉人组成的，其本身并非真正意义上的蒙古人。

第二，从所隶旗籍来看，列表如下：

旗籍	身份	国初来归	天聪来归	来归无考	总计
镶黄旗包衣	佐领下（7）	0	0	7	25
	管领下（18）	0	0	18	
正黄旗包衣	佐领下（5）	0	4	1	6
	管领下（1）	1	0	0	
正白旗包衣	佐领下（12）	0	2	10	34
	管领下（22）	2	0	20	

① 乌兰:《〈八旗满洲氏族通谱〉蒙古姓氏考》,《民族研究》2011 年第 1 期。

续表

旗籍	身份	国初来归	天聪来归	来归无考	总计
镶白旗包衣	佐领下（7）	4	1	2	8
	管领下（1）	0	1	0	
正红旗包衣	佐领下（1）	1	0	0	1
	管领下（0）	0	0	0	
镶红旗包衣	佐领下（9）	2	1	6	9
	管领下（0）	0	0	0	
正蓝旗包衣	佐领下（5）	0	1	4	5
	管领下（0）	0	0	0	
镶蓝旗包衣	佐领下（27）	3	22	2	27
	管领下（0）	0	0	0	

据上表可见，各旗间包衣蒙古人的数量差别较大。与包衣满洲在各旗中的分布类似，包衣蒙古人也主要分布于正白旗、镶黄旗、镶蓝旗三旗中，而其他五旗包衣人数较少，这仍与前述此三旗的历史及其领主地位有关。

第三，蒙古人被拨入包衣牛录中为个别现象，与战俘无关。线索有三：

其一，从姓氏来看，在包衣牛录中，蒙古姓氏较为分散，始终没有出现一个占绝对数量的姓氏；在这些包衣蒙古姓氏中，人数最多的竟然是与爱新觉罗家族长期保持通婚的蒙古黄金家族博尔济吉特氏[①]。这说明，蒙古人沦为八旗满洲包衣牛录下人，更多的是偶然现象和个人原因（如犯罪籍没），并未有一个官方组织和实施的以族群为单位大规模将蒙古人划入包衣牛录的事件。

其二，从地域来看，科尔沁地方有20户，绝大多数来归无考，其中正白旗明显偏多，有13户（3户为包衣佐领下人、10户为包衣管领下人）；其次为镶黄旗，有5户（1户为包衣佐领下人，4户为包衣管领下人）。此外，正黄旗还有包衣管领下1户，正蓝旗有包衣佐领下1户。总

① 杜家骥:《清朝满蒙联姻研究》,人民出版社2003年版,第585页。

体来看，科尔沁地方来归后被拨入包衣籍者有三分之二为包衣管领下人；察哈尔地方者38户，主要集中在镶蓝旗（14户）和正白旗中（11户），其中包衣佐领下人有28户，包衣管领下人有10户，总体来看，察哈尔地方来归后被拨入包衣籍者只有四分之一为包衣管领下人。而当时的满蒙关系是，在所有的蒙古部落中，科尔沁部与后金政权结盟的时间最早，早在万历二十二年（1594）双方便建立联盟，至万历四十年努尔哈赤娶科尔沁部明安之女，开启了满蒙政治性联姻的序幕①；而察哈尔部一直充任着明朝政权遏制后金势力的重要帮手，长期与后金政权有着尖锐的矛盾，直至天聪六年（1632）才被彻底征服。可见，各蒙古人拨入包衣牛录及其在包衣牛录中的地位，与当时后金与各蒙古部落的关系无关。

其三，从旗籍和身份来看，蒙古人入包衣者，很可能是以家族为单位零星来附者，因此我们看到同一姓氏从同一居地来归者，其所隶旗籍基本相同，所属身份也基本一致。如博尔济吉特氏蒙古包衣共计10户，其中世居把岳忒地方者5户（2户天聪来归，3户未考，正白旗包衣）、科尔沁地方3户（来归无考，正白旗包衣）、察哈尔地方1户（来归无考，正白旗包衣）、阿坝垓地方1户（国初来归，镶白旗包衣）。此10户中有9户为正白旗包衣，前述，来归无考的“包衣”，多为包衣佐领下人，可知同一姓氏不仅所隶旗籍相同，而且身份也大都相同。此外，宝济氏7户，其中来自科尔沁地方4户（2户国初来归、2户无考），察哈尔地方3户（来归均无考），此7户全部隶正白旗包衣管领；再如纳赖氏3户，原居地皆在吴喇忒地方，来归后皆被编入镶黄旗包衣中，且身份皆为管领下人；叶何氏3户，原居地皆在察哈尔地方，来归后皆被编入正白旗包衣中，身份亦皆为管领下人。而与此形成鲜明对比的是，博尔济斯氏共计5户，其中察哈尔地方3户（来归均无考，隶镶黄旗包衣），克西克腾地方2户（1户国初来归，隶镶白旗包衣；1户天聪来归，隶镶白旗包衣，为管领下人）。可见，居地的不同、来归时间的不同，其所隶的旗籍和身份也有不同。

在本书第五章第二节论述包衣蒙古与八旗蒙古的编建关系时发现，对于零星来归的蒙古人，后金统治者按“即来即编”的原则以家族为单

① 黑龙：《满蒙关系史论考》，民族出版社2013年版，第3页。

位分编入各旗中，这与上述分析是相符的。

第四节　包衣牛录中的高丽姓氏

一、朝鲜佐领与高丽佐领

在八旗满洲中，有一类由朝鲜人组成的佐领，他们或“系国初以朝鲜来归人丁编立”，或“以俘获高丽人户”编立，或因本佐领人口滋生而分编出佐领[①]。不同的归附方式直接影响到他们在八旗中的不同身份——自愿来归者多被编入满洲旗分佐领内，称为“朝鲜佐领”；战败被俘者多被编入满洲包衣佐领中，称为“高丽佐领”。

（一）朝鲜佐领

据《八旗通志初集》载，八旗满洲内共有八个以朝鲜人为主组成的佐领，其中旗分佐领六个，分属正黄旗两个，正红旗四个；包衣佐领两个，全部隶属于正黄旗[②]。

对于六个朝鲜旗分佐领而言，其中正黄旗满洲第四参领所属第九佐领“系国初以朝鲜来归人丁编立，始以纳林管理”，而第十佐领“系第九佐领内滋生人丁。康熙六年（1667），戴都管佐领时，分立一佐领”[③]。可见，正黄旗两个朝鲜佐领实系“国初”纳林所管的朝鲜来归人丁一脉发展而来。纳林，“正黄旗人，世居纳殷江地方。天聪时，同兄叶臣巴图鲁率满洲一百四十人来归，编佐领，使统之”[④]，由此可知，该佐领是“以归顺的朝鲜人为主体，编入部分由纳林所部的满洲他塔喇氏壮丁”编

---

① 徐凯:《朝鲜佐领考》,见北京大学韩国学研究中心:《韩国学论文集》第 7 辑,新华出版社 1998 年版,第 313 ~ 314 页。

② 柴妙甜认为,“编入满洲八旗的朝鲜 43 姓大多数被编在包衣佐领内”并不确切。见《试论满洲八旗中的朝鲜人——以〈八旗满洲氏族通谱〉为中心》,延边大学,2015 级硕士学位论文,第 16 页。

③ 鄂尔泰等修,李洵等校:《八旗通志初集》卷 4《旗分志四》,东北师范大学出版社 1985 年版,第 58 页。

④ 弘昼等修:《八旗满洲氏族通谱》卷 11《他塔喇氏 · 纳林传》,辽海出版社 2002 年版,第 177 页。

立而成的[①]，是一个由主动归附的朝鲜人和满洲人组建的混编佐领，因朝鲜人居多，因此以朝鲜佐领命名，但以满洲人来管理佐领事务。

此外，在正红旗中还有四个朝鲜旗分佐领，即正红旗满洲都统第一参领所属第十二佐领“系国初以朝鲜来归人丁编立，始以马富塔”，第十三佐领是由“第十二佐领内滋生人丁”另外编立的；第十四佐领“国初以朝鲜来归人丁，编为半个牛录，始以韩运管理”，而第十五佐领则是由十二佐领和十三佐领内滋生的多余人丁抽出后编立而成的[②]。可见，正红旗的两个朝鲜佐领由国初来归的两支朝鲜人丁衍生而来。而马富塔即《八旗满洲氏族通谱》中的玛富他，“世居瓦尔塔地方。后入朝鲜，遂为所属。于平定朝鲜之时，复率一百三十三人弃朝鲜来归，授骑都尉，以其所属人编为佐领”[③]。这说明玛富他生长于满洲，虽然曾有归入朝鲜的经历，但其自身和朝鲜方面，都将其视为满洲人，如崇德元年（1636）底，他在率部参与皇太极第二次征讨朝鲜的战役时，朝鲜方面记载道：“贼已过延曙驿，胡将马夫大率数百铁骑已到弘济院，而以一枝兵遮阳川江，以截江都之路”[④]。“马夫大”即马富塔，“胡将”显然是对满洲将领的蔑称。而韩运即韩云，本世居易州地方，后因与弟韩尼密谋兴兵攻朝鲜王京，事泄后率部族归降后金，努尔哈赤“悯其归来”，“编佐领使统焉”[⑤]。天聪五年（1631）有“正红旗下高丽人韩云”[⑥] 的记载，时隶正红旗。

总之，八旗满洲内六个朝鲜佐领，基本是由天命年间（1616—1626）主动来归的朝鲜人组成的，并由满洲人或深得满洲人信赖的朝鲜人担任佐领。

---

① 徐凯：《朝鲜佐领考》，见北京大学韩国学研究中心：《韩国学论文集》第 7 辑，新华出版社 1998 年版，第 314 页。

② 鄂尔泰等修，李洵等校：《八旗通志初集》卷 6《旗分志六》，东北师范大学出版社 1985 年版，第 93 页。

③ 弘昼等修：《八旗满洲氏族通谱》卷 11《他塔喇氏・玛富他传》，辽海出版社 2002 年版，第 177 页。

④ 李肯翊：《燃藜室记述》卷 27，见潘喆、孙方明、李鸿彬主编：《清入关前史料选辑》第 1 辑，中国人民大学出版社 1984 年版，第 486 页。

⑤ 弘昼等修：《八旗满洲氏族通谱》卷 72《附载满洲旗分内之高丽姓氏・韩云传》，第 792 页；徐凯：《朝鲜佐领考》，见北京大学韩国学研究中心：《韩国学论文集》第 7 辑，第 315 页。

⑥ 关孝廉译编：《天聪五年八旗值月档（五）》，《历史档案》2001 年第 4 期。

（二）高丽佐领

那么，正黄旗包衣牛录下两个高丽佐领及其属员的情况又是如何呢？

《八旗通志初集》显示，正黄旗包衣第四参领下第二高丽佐领，“系国初编立，始以辛达礼管理”[①]；而第一高丽佐领是康熙三十四年（1695）由第二佐领滋生人丁另外组建的[②]。

辛达理又作新达理，“正黄旗包衣人，世居易州地方，天聪元年（1627）率子弟来归，授为通事官”[③]，天聪三年，很可能被编为半个牛录（旗分牛录还是包衣牛录不明），至崇德二年（1637），“以俘获高丽人户分编佐领，特命新达理统之”[④]，增添了俘获的高丽人户才得以成为整个牛录，并被编入正黄旗包衣内[⑤]。

这说明该佐领的属员并非如六个旗分佐领下属员一样是主动归附的，而是由战争俘获强迫编入的，他们的俘虏身份本身就带有奴役性和惩罚性，因此只能被编入地位相近的包衣牛录中。作为包衣牛录的佐领，辛达理也获得了后金统治者的高度信任，他在天聪元年来归后便被授予通事官，负责后金与朝鲜之间的往来文书和翻译，时有“新归附高丽通事官登纳米密致书输我军虚实，导其王发兵，水陆并进，已为内应。新达理觇获其书奏之，置登纳米于法”；不久，睿亲王家下奴仆朝鲜人恩尼比“常往来高丽，致书其父，潜蓄异志，新达理复觇获其书，恩尼比亦伏诛”；崇德二年又随征朝鲜，“遇伏兵，以计败之”[⑥]，由此获得赞誉：“公在军首尾十余年，每于危急时独身奋死，推（摧）锋陷阵，为士卒先，数立奇功，著声疆场”[⑦]。辛达理在通事官任上两次摘发朝鲜奸弊，并献计败敌、数立奇功，才顺理成章地管理了高丽佐领。

---

① 鄂尔泰等修，李洵等校：《八旗通志初集》卷4《旗分志四》，东北师范大学出版社1985年版，第66页。

② 同上。

③ 弘昼等修：《八旗满洲氏族通谱》卷72《附载满洲旗分内之高丽姓氏》，辽海出版社2002年版，第790～791页。

④ 同上。

⑤ 徐凯：《朝鲜佐领考》，见北京大学韩国学研究中心：《韩国学论文集》第7辑，新华出版社1998年版，第317页。

⑥ 弘昼等修：《八旗满洲氏族通谱》卷72《附载满洲旗分内之高丽姓氏》，第790～791页。

⑦ 盛昱辑：《雪屐寻碑录》卷12《皇清诰赠光禄大夫佐领兼总理内务府三旗火器营事务金公神道碑》，见金毓绂主编：《辽海丛书》第5册，辽沈书社1985年版，第3013页。

（三）称谓的不同

有趣的是，《八旗通志》对于朝鲜旗分佐领和包衣佐领的称谓并不相同，对于旗分佐领下属员以“朝鲜来归人丁”称谓，佐领为“朝鲜佐领”；对于包衣佐领下属员以“高丽人”称谓，佐领为“高丽佐领”。那么，同为朝鲜国人，清代官方典志为何有不同的称谓呢？

称“朝鲜人”和“高丽人”，是以朝鲜半岛存在的王朝国号相区分的。自中世纪以来，901 年，弓裔自立为王，改国号为“高丽”。918 年，侍中王建发动政变，正式建立高丽王朝，到 936 年统一全国，从此朝鲜半岛进入了高丽王朝时期①。1392 年，大将李成桂驱逐高丽恭让王，自立为王，建立朝鲜王朝，直至清末②。因此，在明清时期，对于其宗主国而言，从 936 年统一全国到 1392 年朝鲜王朝建立，应称其国人为“高丽国人”；在 1392 年以后，应称其国人为“朝鲜国人”。称呼朝鲜王朝时期的国人为高丽人，除长期以来对其国人约定俗成的称谓外，还包含着一定的贬低之意，而朝鲜人显然已有察觉，当万历二年（1574）朝鲜使臣赵宪出使北京时，明朝士大夫问其“这是高丽人乎？”他立刻不满并反驳道：“怎么每道高丽？高丽是吾地前代之名，今则名唤朝鲜，这也是皇朝所定国名。”③ 再如康熙五十九年（1720），朝鲜使臣李宜显来华，称“我国人乘马，别使人牵之，燕中人大以为笑。每儿童辈乘马，使人牵之，作劝马声，称高丽、高丽而去。”④ 显然，北京时人称之为“高丽”也带有明显的侮蔑之意。

因此，在《八旗通志》中便利用了这种称谓上的差异，以区分主动归降的旗分佐领下朝鲜人和战后被俘的包衣佐领下朝鲜人。

二、包衣高丽姓氏及居地特点

《八旗满洲氏族通谱》所载朝鲜人共计 157 户，其中有 132 户为包衣

① 朴真奭、姜孟山等著：《朝鲜简史》，延边大学出版社 1998 年版，第 105～107 页。

② 同上，第 197 页。

③ 赵宪：《重峰集》卷 11《朝天日记（中）》八月十七日，《韩国文集丛刊》第 54 册，首尔景仁文化社 1996 年版，第 378 页。

④ 李宜显：《庚子燕行杂识（下）》，《燕行录选集》第 5 辑，首尔民族文化推进会 1985 年版，第 30 页。

人（详见附录表三：《八旗满洲氏族通谱·包衣·高丽姓氏》）。

因《八旗满洲氏族通谱》所收录的信息主要是乾隆九年（1744）以前八旗满洲内旗人本身或其后人有官职或世职者，而非全部八旗旗人信息，因此，所统计的数据并不能确切反映当时八旗满洲旗分内的具体情况。但是，对比后仍可得知，旗分朝鲜佐领下人所获世职和官职者要明显少于包衣高丽佐领下人，其原因可能是八旗旗分佐领下满洲人占统治地位，朝鲜佐领下人想要建立显著功绩并非易事。

据统计，在这 132 户包衣高丽人中，金氏 45 户，李氏 9 户，韩氏、朴氏各 7 户，张氏、洪氏、崔氏、黄氏各 5 户，刘氏、冈氏各 4 户，宋氏 3 户，陈氏、马氏、郑氏各 2 户，杨氏、吴氏、傅氏、柏氏、文氏、孙氏、丁氏、任氏、徐氏、车氏、万氏、江氏、边氏、何氏、闵氏、林氏、佟氏、瓦氏、耿氏、曹氏、郭氏、沈氏、方氏、秦氏、孟氏、田氏、辛氏各 1 户。金氏人数在高丽包衣佐领总人数中占三分之一，这与金氏为朝鲜“巨族大姓”的地位是相一致的。

就来归地而言，主要来自于易州（34 户）、得州（14 户）和开城府（10 户）三地。来自易州者最多，其中天聪年间（1627— 1636）自易州来归并被编入正黄旗包衣者有 20 户，包括金氏 9 户，韩氏 3 户，李氏、朴氏、张氏、柏氏、洪氏、冈氏、边氏和郭氏各一户。之所以出现这样的结果，与金氏辛达理是“朝鲜易州人”，并于天聪元年（1627）率部族来归[①]有着直接的关系，这 20 户很可能是辛达理最初带来的部分部众。

包衣高丽人所隶旗籍也呈现出一定的特点，笔者据《八旗满洲氏族通谱》所载，将相关信息列表如下：

旗籍	国初来归	天聪来归	来归无考	总计
镶黄旗包衣佐领下户	0	0	6	6
正黄旗包衣佐领下户	3	60	0	63
正白旗包衣佐领下户	1	0	7	8

① 盛昱辑:《雪屐寻碑录》卷 12《皇清诰赠光禄大夫佐领兼总理内务府三旗火器营事务金公神道碑》，见金毓绂主编:《辽海丛书》第 5 册，辽沈书社 1985 年版，第 3013 页。

续表

旗籍	国初来归	天聪来归	来归无考	总计
镶白旗包衣佐领下户	5	11	2	18
正红旗包衣佐领下户	3	1	1	5
镶红旗包衣佐领下户	1	0	1	2
正蓝旗包衣佐领下户	0	1	5	6
镶蓝旗包衣佐领下户	12	10	2	24
总计	25	83	24	132

据表可知：

第一，包衣朝鲜人没有管领下人，全部为佐领下人，这是高丽牛录与包衣满洲、蒙古及汉人牛录的不同之处。

第二，从各旗之间的横向比较会发现，包衣朝鲜人主要集中于正黄旗包衣牛录中，即始编于天聪三年（1629）、至崇德二年（1637）编为一整个包衣佐领的辛达理牛录，从表中统计的人数也可以看出，正黄旗高丽佐领下人主要来自于天聪时期。

天聪年间（1627—1636），皇太极所统领的正黄旗包衣牛录获得较大的发展，这与皇太极继位后不遗余力地扩充本旗实力有关。在改旗之初，两白旗牛录大于两黄旗的状况让身为国主的皇太极顾虑重重，但是他在继位初期曾向诸王贝勒誓言，不无故“削夺皇考所予户口”①。因此，即使面对牛录占优的两白旗，也只能表示“旧有人民，不便均分”，而主要依靠将新来归附或“新所俘获”者“拨补旗分中不足者”②。据白新良研究，此后正黄旗旗分牛录获得明显的发展③。而我们发现，在此过程中，正黄旗包衣牛录也得到一定的补充。

第三，需要注意的是，并非所有的朝鲜包衣都被编入高丽佐领。如世居朝鲜易州地方、国初来归的鼐庸伊便被编入正黄旗满洲包衣下，《八

① 《清太宗实录》卷1，天命十一年九月辛亥，《清实录》第2册，中华书局1985年影印版，第7页。

② 《清太宗实录》卷20，天聪八年九月甲戌，《清实录》第2册，第270页。

③ 白新良：《论皇太极继位初期的一次改旗》，见南开大学历史系学术委员会编：《南开史学》1981年第2期。

旗满洲氏族通谱》对其专门作了解释："鼐庸伊原系高丽那姓，因其曾孙广东巡抚准泰蒙恩赐姓满洲那拉氏，故入于那拉氏之末"①，可知鼐庸伊因其曾孙之功而追认改姓，并以此由朝鲜包衣改入满洲包衣，所属佐领也由包衣高丽佐领改入包衣满洲佐领。

第五节　包衣牛录中的尼堪姓氏

一、八旗满洲内的汉人

除汉军旗外，满洲旗中也有不少汉人，《八旗满洲氏族通谱》将这部分汉人称为尼堪（满文 nikan 的音译）。

从尼堪的类别上来看，尼堪可分为"尼堪、台尼堪、抚顺尼堪"和"北京尼堪、三藩尼堪、阿哈尼堪"六种。其中"满洲旗分"内有"尼堪、台尼堪、抚顺尼堪"而无"北京尼堪、三藩尼堪、阿哈尼堪"；包衣佐领及管领下人中都有这六种尼堪，但是《八旗满洲氏族通谱》在著入尼堪姓氏时只录入"尼堪、台尼堪、抚顺尼堪"，而裁去了"北京尼堪、三藩尼堪、阿哈尼堪"，可能是因为这三部分尼堪"归附时日短，或以地位低下，没有被融入满洲氏族体系"②。总之，他们虽同为尼堪，但名称各异，身份也不相同。

从尼堪的身份上来看，八旗满洲内的尼堪可分为旗分佐领下汉人、旗鼓佐领下汉人、包衣管领下汉人三类。

关于"旗鼓佐领"，赵凯曾作专文加以考辨。他认为，"旗鼓佐领产生之初，是以执掌金鼓、旗帜，守卫宫（府）及扈从汗、贝勒为专职的"，后来随着国家机构的日益完善，已另设专门机构负责旗、鼓之事，这样，旗鼓佐领便逐渐"失去了它昔日的专业性质，而变成包衣汉人佐

① 弘昼等修:《八旗满洲氏族通谱》卷24《纳喇氏三》,辽海出版社 2002 年版,第 320 页。

② 徐凯:《尼堪姓氏与八旗满洲旗分佐领》,《中国史研究》2004 年第 1 期。

领的专称了"[①]。从《八旗满洲氏族通谱》来看，八旗满洲共收入汉人883户，其中813户为八旗满洲包衣牛录下人，其余70户则是八旗满洲旗分牛录下人。这些非包衣身份的满洲旗分牛录下汉人可分为两类，一类是高官显宦者，如曾任甘肃巡抚的张文兴为镶黄旗人[②]；天聪时来归的王国祚旗隶正蓝旗[③]；一类是凭借外戚身份擢出者，如高名选、陈善道家族借贵妃以外戚的身份擢出包衣籍，改隶镶黄旗[④]。

旗鼓佐领下人和管领下人组成的包衣汉人，又可分为"尼堪""抚顺尼堪"和"台尼堪"三类。关于其姓氏特点、原居地域、来归时间和身份地位等问题，可试析如下。

二、满洲旗分内包衣牛录中的"尼堪"

在《八旗满洲氏族通谱》中，卷74至卷78为"尼堪"姓氏，共载729户，其中包衣籍者有720户，可见满洲旗分"尼堪"姓氏中有99%的人皆为包衣身份。具体可见附录表四：《八旗满洲氏族通谱·包衣·尼堪姓氏》。

在这720户中，沈阳地区者有506户，辽阳地区75户，铁岭地区25户，抚顺地区19户。从中可见，沈阳、辽阳、铁岭地区降服或被俘获的汉人大部分都被编入了八旗满洲包衣牛录中的"尼堪"。其具体信息如下：

旗籍	镶黄	正黄	正白	镶白	正红	镶红	正蓝	镶蓝	总计
佐领下人	89	34	67	0	0	0	1	0	191
管领下人	107	55	106	21	15	0	0	18	322
包衣人	18	59	31	6	7	4	33	49	207
总计	214	148	204	27	22	4	34	67	720

《八旗满洲氏族通谱》在记述各包衣尼堪的身份属性时，一般分为

① 赵凯：《清代旗鼓佐领考辨——兼论有关清代包衣的若干问题》，《故宫博物院院刊》1988年第1期。

② 弘昼等修：《八旗满洲氏族通谱》卷74《附载满洲旗分内之尼堪姓氏》，辽海出版社2002年版，第804页。

③ 同上，第808页。

④ 同上，第805、806页。

“包衣旗鼓人”“包衣管领下人”和“包衣人”三类。其中“包衣旗鼓人”是指“包衣旗鼓佐领下人”，也即“包衣佐领下人”；而“包衣人”是包衣佐领和管领下人的统称，除少部分曾担任过佐领、郎中、侍卫甚至内务府总管的“包衣人”属于佐领下人外①，大部分“包衣人”应该是管领下人。

从旗籍来看，镶黄旗、正白旗包衣尼堪人数最多，其次为正黄旗。而其余五旗包衣尼堪的人数相对较少，最少的镶红旗甚至只有四人，这显示了上三旗包衣汉人的巨大优势。

从身份上来看，三分之二以上者为包衣管领下人，再鉴于包衣牛录内汉人“尼堪”姓氏的庞大规模，可推知“尼堪”姓氏的包衣汉人是构成八旗包衣管领下人的主体。

三、满洲旗分内包衣牛录中的“抚顺尼堪”

《八旗满洲氏族通谱》卷80为抚顺尼堪，共载91户，其中隶包衣者有89户，与“尼堪”姓氏一样，几乎所有的抚顺尼堪都是包衣人。

从来归地点来看，抚顺地区有47户、沈阳29户、辽阳5户、铁岭2户、开原1户、三堡1户、塔山堡1户、榆树堡1户、三达堡1户、硕托1户，来自抚顺地区者占一半以上，这也突显了抚顺尼堪的特点，即以抚顺地区的汉人为主。

从来归时间来看，在这89户中，国初来归者有10户，天聪来归者11户，来归无考者有68户。其旗籍和身份信息如下：

旗籍	镶黄	正黄	正白	镶白	正红	镶红	正蓝	镶蓝	总计
佐领下人	0	0	0	0	7	0	28	0	35
管领下人	0	0	0	1	2	0	2	5	10
包衣人	1	0	1	0	3	9	16	13	43
总计	1	0	1	1	12	9	46	18	88

① 弘昼等修:《八旗满洲氏族通谱》卷74《附载满洲旗分内之尼堪姓氏》,辽海出版社2002年版,第805～808页。

从表中可见，抚顺尼堪在各旗中的分布极不平均，其中一半以上的抚顺尼堪旗隶正蓝旗包衣，其次为镶蓝旗包衣和正红旗包衣。

天命三年（1618）攻取抚顺后，对于“降民一千户”，努尔哈赤未分“其父子、兄弟，未离其夫妻”，反而给予食物、器皿、牛马牲畜，仍依明制，交李永芳管辖①。“降民千户”中包括其直系部属五百九十人②。这一部分人在天聪、崇德年间（1627—1643），连同公主陪送之人及家下人被编为六个佐领，后归隶正蓝旗汉军③。随后，努尔哈赤又派人掳掠了抚顺、东洲、玛根丹三城际附近村屯④，俘获了“人畜三十万”，在将部分人畜散给众军后，派兵六万将剩余人畜押解回国⑤。从上表包衣牛录下抚顺尼堪人数仅有数十户来看，绝大多数抚顺俘虏皆未编入包衣牛录内，而是作为户下家奴或农耕之奴用于赏赐⑥。

李永芳所统领的抚顺汉军被编入满洲正蓝旗中，而统计显示，包衣牛录下抚顺尼堪亦以正蓝旗最多。两者有何关联，尚待考。

四、满洲旗分内包衣牛录中的“台尼堪”

“台尼堪”实际上有两种，一种为满洲旗下的台尼堪，另一种是汉军旗下的台尼堪。前者为“入关前即已入旗，为满洲人戍守边台的汉人”；后者为康熙年间（1662—1722）平定三藩、用兵沙俄时，将“三藩余部遣往东北戍守边台”之人⑦。我们所探讨的自然是满洲旗分包衣牛录内台尼堪。

关于台尼堪在八旗满洲内的身份和地位，有如下历史信息：

其一，《八旗满洲氏族通谱》卷79为台尼堪，共载63户，但其中隶

① 中国第一历史档案馆整理译编：《内阁藏本满文老档·太祖朝》，满文，辽宁民族出版社2009年版，第22页。

② 《辽事述》，《北京图书馆古籍珍本丛刊11·史部·杂史类》，书目文献出版社1989年版，第660页。

③ 《正蓝旗汉军都统朱震等奏灵保等人所管六个勋旧佐领缘由》，见丁琼：《清代佐领的几件史料》，《历史档案》1989年第1期。

④ 中国第一历史档案馆整理译编：《内阁藏本满文老档·太祖朝》，汉文译文，第20页。

⑤ 《清太祖武皇帝实录》卷2，见潘喆、孙方明、李鸿彬主编：《清人关前史料选辑》第1辑，中国人民大学出版社1984年版，第341页。

⑥ 中国第一历史档案馆整理译编：《内阁藏本满文老档·太祖朝》，汉文译文，第108页。

⑦ 定宜庄、刘小萌：《台尼堪考》，《清史研究通讯》1988年第3期。

包衣籍者仅有4户，而隶旗分牛录者多达59户。

其二，在中国第一历史档案馆中保存了一份《正蓝旗满洲台尼堪三代宗谱档》，档中记载了23户台尼堪的旗籍信息，其中有6户始祖隶包衣牛录，其余17户均隶旗分牛录[①]。

其三，据康熙元年（1662）的一份满文档案显示，“台丁王善信、赵四……刘慧福这些共计三十七人，原看守拉木帕寿延等台，后来发遣至乌拉。据称：我等缘由希图库知晓。询问希图库，称：这些台丁不属于旗牛录内”（“tai niyalma wang šan sin joo si……lio ei fu ere uheri gūsin nadan niyalma，dade lampa šeo yan i jergi tai be tuwakiyambihe，amala ula de unggihe. meni turgun be situku sambi sembi. situku de fonjici，ere jergi tai i urse be gūsa niru de kamcibuha ba akū sembi”）。因此，康熙元年将“曾在台之王善信等三十七丁全部编庄，并皆入管领下”（“tai de bihe wang šan sin ijergi gūsin nadan haha，ere jergi tai niyalma be yooni tokso arahabi”“gemu hontohode obume”）。[②]

由上可知，顺治以前，台尼堪有入旗者、有未入旗者。就入旗者而言，从以上统计来看，台尼堪绝大多数都在旗分牛录内，只有个别人被编入包衣牛录中，而这几人因罪由旗分牛录降入包衣牛录的可能性较大；就未入旗者而言，在康熙年间（1662—1722）皆被编入包衣牛录管领下。

在顺治前，台尼堪大都隶属于旗分牛录而非包衣牛录，这折射出台尼堪在三类尼堪中的特殊地位，究其原因，与其重要的专业技能不无关系。

“台”即“烟台”“烽火台”，是古代战争中掌握对方军事动向的前沿哨所，历来为兵家重视有加。努尔哈赤亦不例外，早在万历四十三年（1615），努尔哈赤便在建州“各地安台设关，实行兵民分居”[③]；天命三年（1618），在率兵攻取抚顺附近的五百余个“小堡、台、屯”[④]后，尽

---

① 定宜庄、刘小萌：《台尼堪考》，《清史研究通讯》1988年第3期。

② 《内务府奏销档》，“为核查乌拉人丁事”，见大连图书馆编：《大连图书馆藏清代内务府档案》第1册，国家图书馆出版社2010年版，第6～7、10页。

③ 中国第一历史档案馆整理译编：《内阁藏本满文老档·太祖朝》，汉文译文，辽宁民族出版社2009年版，第12页。

④ 中国第一历史档案馆整理译编：《内阁藏本满文老档·太祖朝》，汉文译文，第20页。满文作“buya pu、tai、tokso”，见第266页。

收诸烽台为己有。这时辽东地区台的设置已相当密集和广泛，如天命四年（1619），朝鲜人李民寏所见“凡路旁瞭望处，皆设烽燧”[①]。

早期烽台的台丁主要以满洲人为主。时朝鲜人申中一“路逢一胡，载其家藏杂物于所乙外（鲜文略），并率家属而去。问之则叆阳烟台候望事前去云，颇有怨苦之状”[②]。或因台丁身处哨所，时刻有性命之忧，或因充任台丁便无法与其他旗兵一样分取战利品，总之满洲人是不情愿当台丁之差的，因此类似“达音珠牛录下驻台诸申，杀男丁三人，携首级而去”[③] 的情况时有发生。

随着对明战争的节节胜利，后金统治地域不断扩大，烽台的重要性也随之凸显，而烽台的大量设置致使原有的台丁日显不足，这便为“台尼堪”的出现提供了历史舞台：努尔哈赤鉴于明代完善的烽台制度和汉人熟练的专业技术，一方面，他吸收部分汉人作台丁，每一烽台“留一管台汉人”，“沿边之八台，每台加派当地之人六名”[④]，又令阿敦、李永芳及阿布图、沙金等往沿边各堡，置官教民，设台放哨[⑤]。天命六年（1621）十一月，又以“明人之例”制定了严格的放炮、燃烽和击牌制度[⑥]。在传播方式上，天命初期主要以敲梆、敲云板、悬挂芦席、燃烽烟为主，传递信息较为原始。由于炮声响亮、传播距离遥远，因此，炮开始使用在信息传递上，当时这种炮称为“号炮”，正是“得于唐阵，用之以相传报”[⑦]。天命六年以后，“在墩台报警中，炮的使用日益普及”[⑧]，如天命七年，便曾在诸申所设卡伦之间，每处设汉人四名，并置炮四门[⑨]。到天聪时期（1627—1636），“已不用木梆和云板，取而代之的便是

① 李民寏：《建州闻见录》，辽宁大学历史系 1978 年刊印，第 41 页。

② 申中一：《建州纪程图记》，辽宁大学历史系 1979 年刊印，第 25 页。

③ 中国第一历史档案馆整理译编：《内阁藏本满文老档・太宗朝》，汉文译文，辽宁民族出版社 2009 年版，第 605 页。

④ 中国第一历史档案馆整理译编：《内阁藏本满文老档・太祖朝》，汉文译文，第 101 页。

⑤ 中国第一历史档案馆整理译编：《内阁藏本满文老档・太祖朝》，汉文译文，第 70 页。

⑥ 中国第一历史档案馆整理译编：《内阁藏本满文老档・太祖朝》，汉文译文，第 96 页。

⑦ 李民寏：《建州闻见录》，第 42 页。

⑧ 赵志强：《清人关前的烽燧制度及其文化》，《第二届国际满学研讨会论文集》下册，民族出版社 1999 年版，第 324 页。

⑨ 中国第一历史档案馆整理译编：《内阁藏本满文老档・太祖朝》，汉文译文，第 116 页。

炮”①。然而，众所周知的是，汉人对于炮的制造和使用更为熟练，因此，戍台汉人的地位也愈发重要。

总之，满洲人的抵触与人数不足、烽台的大规模建设、后金烽台制度的不完善、信息传播方式的转变等，都促使熟悉烽台之制和信炮工作的汉人成为一类急缺的技术人群。汉人大量入台，不仅承担起警戒工作，而且还由官府拨给地亩令其自给，取代了之前按人头给粮的方式，这使得管台将领有了“敛克而取”的空间，也导致管台职缺由天命初年人人衔怨的畏途一举变为天聪九年（1635）的金国“第一美缺”②。而之所以将戍台汉人编入满洲旗分佐领下，意在突出其工作职责与八旗甲兵有着同等的重要性，他们在八旗中的地位也近于满洲人，因此才有将满洲佐领下人和台尼堪人拼合成一个佐领的可能，也才有了台尼堪后人任职员外郎、中书、参领者较多，且占满缺的现象③。而康熙年间（1662—1722），之所以将未编入八旗的台尼堪编入包衣管领下，可能与当时战事日少、台丁的作用下降有关。

五、三类尼堪的地位

三类尼堪的存在，意味着在包衣牛录中有三类地位不同的汉人群体。

首先，“台尼堪”主要是皇太极时期以旧汉人为主编立的，他们具有一定的专业技能，在戍台过程中为后金军队传示警情、缉捕逃人、接纳投诚人口等发挥了重要作用④。因此台尼堪主要隶于满洲旗分佐领下，只有少量被编入包衣籍。

其次，抚顺尼堪，主要来自抚顺及其附近地区，归附时间较早，也相对较为集中，这使得他们有着共同的人生经历和地域认同，因此形成相对稳固的汉人团体。从身份上来看，他们大多被编入“包衣旗鼓佐领下人”。

---

① 赵志强:《清入关前的烽燧制度及其文化》,《第二届国际满学研讨会论文集》下册,民族出版社1999年版,第324页。

② 《天聪朝臣工奏议》卷下,辽宁大学历史系1980年编印,第83页。

③ (满文)《镶白旗满洲清查添设佐领缘由档》,《八旗杂档》第192号。译文见定宜庄、刘小萌:《台尼堪考》,《清史研究通讯》1988年第3期。

④ 赵志强:《清入关前的烽燧制度及其文化》,《第二届国际满学研讨会论文集》下册,第311页。

最后，“尼堪”姓氏的人数最多，主要是各地俘虏的汉人，编隶时间和原居地皆不固定，大部分被编为“包衣管领下人”。

综上，就三类尼堪的地位而言，“台尼堪”地位最高，其次为“抚顺尼堪”，“尼堪”地位最低。

本章对八旗包衣牛录内满洲、蒙古、高丽、尼堪四类人群的身份及旗籍等信息作了梳理，并进一步分析了包衣汉人中三类尼堪的具体特点。纵观本章，体现出三个基本特点：第一，在八旗中，上三旗包衣人数优势明显，显示了作为皇属包衣人的强大实力；第二，在四类民族中，满洲包衣人的地位最高，其次为蒙古、高丽包衣人，汉人包衣的地位最低；第三，不同时期包衣牛录人数的多寡，在一定程度上反映了其所服务的领主在特定时期的势力大小；第四，从人数上来看，包衣满洲人 669 户，包衣蒙古人 117 户，包衣朝鲜人 132 户，包衣汉人 813 户，可见，包衣牛录主要是由汉人和满洲人组成的。笔者在第一章中曾指出，由满洲为主体的“booi niyalma”群体和以汉人为主体的“booi aha”群体，在剧烈的社会阶层变动中逐渐融合为新的奴仆群体，其中入八旗者便是包衣牛录属员。本章关于包衣牛录中满、汉人数的统计结果，也验证了这一结论。

需要强调的是，《八旗满洲氏族通谱》只是记载了部分包衣牛录属员的部分信息，并不能确切反映出清代八旗包衣牛录的全貌，但是它所折射出来的这些基本特点与清前期的政治大环境、八旗制度的发展与变迁、统治者的民族政策等一一对应，不失为我们透视八旗包衣牛录制度的一面镜子。

第三章　包衣牛录下人的世职制度

世职制度，是统治者将职位封赏给异姓功臣，并以此给予他们世袭性的政治、经济特权的制度。世职制度与宗法制密切相关，是统治者在实现社会统治的过程中不断探索的产物。

努尔哈赤深受汉文化影响，对汉族历朝所采取的统治策略自然洞悉。在统一建州、建立后金政权的过程中，他积极吸取了明朝汉人世爵制度的优点，并与满洲特色的八旗制度相结合，创制出一种带有地域特色和民族特色的世职制度。一般认为，获得世爵者都是达官显贵、封疆大吏，但是我们发现，地位较低的包衣牛录群体获得世职者亦不乏其人。那么，包衣人的特殊身份，满洲、蒙古、高丽、尼堪四类民族，上三旗包衣与下五旗包衣等因素，又会对其世职的获取与传袭造成何种影响呢?

第一节　包衣牛录下人的世职

在后金及清前期，“世职”是广大旗人立足于八旗的基础，直接关系到其财富的分赏、政治地位的高低、犯罪后的量刑处罚，更关系到这一政治、经济特权在本家族内的承袭世赏。总之，获得“世职”成为众多旗人不惜性命去追求的重要目标[①]。

旗人分为“旗分佐领下旗人”和“包衣佐领下旗人”。前者因人数众多、地位较高、在八旗中所任官职较为显赫，在战争中的作用也较为突出，因此是获得世职的主体。然而，地位、作用稍次的包衣人群亦有不少荣获世职者。笔者所见，最早赐予包衣人世职是在天命六年（1621），是年十月“汗之包衣伊拉钦曾因贤能擢为备御，今出外采蜜，因行猎而未勤加采蜜，一无所获，故革其备御之职”[②]。此后，包衣群体“因功得职”者越来越多，以下，笔者结合上一节提出的诸多问题，借助《八旗满洲氏族通谱》《八旗通志世职表》等官修典志，以包衣牛录属员的民族和旗籍为线索，对该群体的世职特征作一考察。

一、包衣牛录下满洲人世职

清前期满洲包衣初获世职者，共计 79 人，其获职缘由、时间及所获世职，可作如下考证：

（一）镶黄旗包衣

1. 图鲁什。图鲁什原为镶黄旗包衣，后因功擢出包衣籍。早在天命九年（1624），他就因功获取“备御”世职，令管牛录事；十年，“奉命往海边旅顺口石山站哨探，斩获甚多，并有俘获”，因此功升为“游击”世职；天聪三年（1629）随太宗征明，先克大安口城，后斩蓟州兵数十人，并在围攻北京、阵斩明将满桂、擒获明将黑云龙、麻登云的战役中

① 相关研究者有，张晋藩、郭成康：《清入关前国家法律制度史》，辽宁人民出版社 1988 年版，第 452～455 页；杜家骥：《清入关前的分封制综论》，《学习与探索》1998 年第 3 期；杜家骥：《清入关前皇族之尊称、爵名及相关诸问题考述》，见《王钟翰八十五、韦庆远七十华诞论文集》，黄山书社 1999 年版；晏子友：《清朝世爵世职制度》，《清史论丛 1996 年号》，辽宁古籍出版社 1996 年版；雷炳炎：《清代八旗世爵世职研究》，中南大学出版社 2006 年版；常虚怀：《皇太极时期的世职制度》，《湖南人文科技学院学报》2013 年第 5 期。

② 中国第一历史档案馆整理译编：《内阁藏本满文老档 · 太祖朝》，汉文译文，辽宁民族出版社 2009 年版，第 89 页。

建立殊功，升世职为“二等参将”[①]；天聪四年（1630）二月，图鲁什还以参将身份率部族前往瞻河劫掠马驴[②]，但是到天聪五年八月，图鲁什便以“备御”世职率众往锦州、松山一带哨探[③]；因此《八旗通志》谓图鲁什“缘事仍降为备御”[④] 应在此期间。五年九月，太宗征大凌河，图鲁什随军出征，在锦州“诱敌出战，大败之”，后又击败明将张春军，大败明兵，天聪八年五月，叙功，授世职为“三等梅勒章京”[⑤]。七月，“入略大同一带。……矢中其腹……病创卒于军”，十月，“赐图鲁什硕翁科洛巴图鲁号”，并优赠为“三等昂邦章京世职”[⑥]，似在此时图鲁什一家被擢出包衣，抬入本旗满洲旗分佐领下。

2. 雅尔占。在“定鼎燕京时”，雅尔占立有军功，被授“骑都尉”世职。卒后，其子遂哈袭职；遂哈卒，其子商古图承袭[⑦]。“顺治之初，睿王摄政，入关定鼎”[⑧]，因此所谓“定鼎燕京时”即多尔衮摄政时期。

3. 希福。希福以四品官从征福建，因“梯攻泉州府，克其城”而被授予“骑都尉”世职[⑨]。史载，康熙十三年（1674），为征讨逆藩，康熙帝派兵攻入福建，并“用云梯攻泉州”[⑩]，可见，希福获功应在此时。但

---

① 在天聪四年颁布的《满汉官员敕》中，详细记载了图鲁什由游击世职升为二等参将的缘由，主要有：“往旅顺口，败哨卒六次，获二人。第二次败哨卒三次，获一人。往席尔噶岛，杀百人，获千总一员。往十三山，败哨卒一次，获一人。再往，败哨卒二次，获马十二，俘一人。袭取大安口城，头被石击。与护军同攻袁都堂军，镶黄旗护军二人阵亡，携其尸归。自良乡三次来北京侦探，杀三十五人，生擒三人，获马二十。率先进击北京城南明军。于八旗卡伦遇敌兵，杀百人，获马七十八。独自生擒爱塔卡伦头目来献，继获爱塔杀之。往山海关杀十五人，生擒二人，获马十四来献。往塔山探察军情，杀十二人，获马十二，俘蒙古一人来献。袭击北京城门外驻兵，杀二十人，获马三十八来献。因其于哨所行走骁勇，是以擢升。”中国第一历史档案馆整理译编：《内阁藏本满文老档·太宗朝》，汉文译文，辽宁民族出版社2009年版，第559页。

② 中国第一历史档案馆整理译编：《内阁藏本满文老档·太宗朝》，汉文译文，第529页。

③ 同上，第579页。

④ 鄂尔泰等修，李洵等校：《八旗通志初集》卷111《名臣列传四·图鲁什传》，东北师范大学出版社1985年版，第3740页。

⑤ 同上，第3740页。

⑥ 同上，第3740页。

⑦ 弘昼等修：《八旗满洲氏族通谱》卷1《瓜尔佳氏一》，辽海出版社2002年版，第37～38页。

⑧ 赵尔巽等：《清史稿》卷5《本纪第五·世祖二》，中华书局1977年版，第164页。

⑨ 弘昼等修：《八旗满洲氏族通谱》卷1《瓜尔佳氏一》，第42页。

⑩ 《奉天通志》卷208《人物三十六·材武二·骚达色》，辽宁民族出版社2013年影印本，第13函之6，第27页；鄂尔泰等修，李洵等校：《八旗通志初集》卷209《勋臣传九·雅思哈传》，第4817页。

是据《世职表》载，直到康熙十九年（1680）才授予希福拜他喇布勒哈番（即骑都尉）世职。康熙四十年，希福去世后，其子希禅袭职，曾任二等侍卫[①]。

4. 图克善。因“奉侍圣祖仁皇帝敬谨小心”而被授“骑都尉”世职，卒后无嗣，由其族弟色克图及色克图之子富勒赫相继承袭[②]。图克善在《八旗满洲氏族通谱》中职务不详。据《大连图书馆藏清代内务府档案》载，康熙五十六年图克善曾任“旧衙门”副总管[③]。“旧衙门”乃指“旧衙门行宫”，即“旧宫”。可知“图克善”在康熙年间（1662—1722）曾任旧宫副总管，其被授“骑都尉”世职当在雍正时期（1723—1735）。

5. 胡敏。以委署章京身份在“定鼎燕京”时著有劳绩，初授“骑都尉”，在三遇恩诏后加至“二等轻车都尉”[④]。顺治九年（1652），胡敏去世，其子喇固（喇古）袭职；十一年，其兄察拉袭职；康熙十八年（1679），察拉子七十袭职；二十九年，七十叔父喇固之子保住承袭；雍正七年（1729），保住卒后，其子马进泰袭职时削去恩诏所加之职，袭拜他喇布勒哈番世职。[⑤]

6. 党恺。以二等侍卫在围锦州、击松山时两手被伤，又于“归化城地方追斩逃亡之蒙古毕里客，获其妻子牲畜以归”，然此功绩尚“不及叙功”，但念在太宗身边“累世效力”，故赐“云骑尉”。卒后，其子噶达浑袭职，传一代即止[⑥]。

7. 赫锡亨。赫锡亨“镶黄旗包衣人，世居讷殷地方，国初来归”。曾以委署骁骑校从征浙江，并在“衢州府击败贼伪将马九裕等兵”，在福建“击败海贼郑锦等兵三万余众”，后在太平山激战赵得胜时阵亡，被追授“云骑尉”，令其子桑格袭职。桑格缘事革退，以其弟九思海袭职[⑦]。

---

① 鄂尔泰等修，李洵等校：《八旗通志初集》卷84《世职表二》，东北师范大学出版社1985年版，第1774页。

② 弘昼等修：《八旗满洲氏族通谱》卷4《瓜尔佳氏四》，辽海出版社2002年版，第90页。

③ 辽宁社会科学院历史研究所、大连市图书馆文献研究室、辽宁省民族研究所历史研究室译编：《清代内阁大库散佚满文档案选编》，天津古籍出版社1991年版，第124页。

④ 弘昼等修：《八旗满洲氏族通谱》卷8《董鄂氏》，第143页。

⑤ 鄂尔泰等修，李洵等校：《八旗通志初集》卷83《世职表一》，第1716页。

⑥ 弘昼等修：《八旗满洲氏族通谱》卷22《纳喇氏一》，第289页。

⑦ 弘昼等修：《八旗满洲氏族通谱》卷26《富察氏二》，第343页。

马九裕亦作“马九玉”，康熙十四年（1675），清军“击败耿逆下伪将军马九玉等贼众于衢州”[①]。康熙十五年，郑锦等“率众三万至乌龙江南，营于石门枕峰诸山，谋犯福州”，康亲王杰书遣瑚图、总兵董大来夹击大败之[②]。赫锡亨正是在这两次战役中立功得职，不幸在次年进击盘踞太平山之赵得胜时阵亡[③]。赫锡亨“国初”来归，至康熙十六年（1677）阵亡，竟历四帝五朝。

8. 新柱、阿济根、牛钮兄弟。据《八旗满洲氏族通谱》载，“色克锡，镶黄旗包衣人，世居讷殷地方，天聪时来归。其孙萨兰原任茶房总领；曾孙巴尔密特原任城守尉，新柱原系二等轻车都尉，阿济根、牛钮俱原系云骑尉；元孙布颜图原系二等轻车都尉，阿齐图原系云骑尉……四世孙富明原系二等轻车都尉”[④]。色克锡之曾孙新柱、阿济根、牛钮一家三人都曾获世职，可见建有殊功，然因何功绩，《八旗满洲氏族通谱》并未记载。

据《盛京典制备考》载，“崇德四年（1639），固伦公主下嫁察哈力有里呢时，有陪送各户人丁，内有萨兰，授为长史”[⑤]。此固伦公主为清太宗次女，孝端文皇后所出，据杜家骥先生考证，她于天聪九年（1635）嫁给察哈尔蒙古林丹汗太子额哲，额哲死后继嫁额哲弟阿布奈，初封固伦公主，顺治十三年（1656）进固伦长公主，十六年封永宁长公主，复改温庄长公主，康熙二年（1681）去世[⑥]。因此，《盛京典制备考》所记载的崇德四年所嫁之“察哈力有里呢”应为“察哈尔阿布奈”之误。由此可知，辛柱之父“萨兰”是随固伦公主远嫁察哈尔的长史。阿布奈去世后，其子布尔尼继承王位。康熙八年（1669）九月，察哈尔亲王布尔尼又迎娶了安亲王岳乐之女，这时辛柱便在布尔尼身边任长史[⑦]。康熙十

---

① 《清圣祖实录》卷53，康熙十四年三月丁亥，《清实录》第4册，中华书局1985年影印版，第695页；昭梿：《啸亭杂录》卷9《先良王大溪滩之捷》，中华书局1980年版，第270页。

② 福隆安等监修：《钦定八旗通志》卷168《人物志四十八·瑚图传》，景印文渊阁四库全书本，台湾“商务印书馆”1983年版，总第667－39页。

③ 福隆安等监修：《钦定八旗通志》卷215《人物志九十五·怀色传》，总第668－263页。

④ 弘昼等修：《八旗满洲氏族通谱》卷26《富察氏二》，辽海出版社2002年版，第344页。

⑤ 特慎庵撰、崇厚增辑：《盛京典制备考》卷4，早稻田大学图书馆藏书，光绪二十五年（1899），第312页。

⑥ 杜家骥：《清朝满蒙联姻研究》上，故宫出版社2013年版，第220页。

⑦ 南炳文、白新良主编：《清史纪事本末》卷3《康熙朝》，上海大学出版社2006年版，第704页。

四年三月，布尔尼趁吴三桂之乱阴谋发动叛乱，“日与其党缮治甲兵，从嫁公主长史辛柱阴使其弟阿济根告其谋”[①]。康熙帝对告变之事“初未信”“犹疑之”[②]，布尔尼叛变后，“长史辛柱亲率伊弟巴勒米特赴京奏闻”[③]。康熙十四年（1675）闰五月，叙首告察哈尔布尔尼谋叛之功，“授长史辛柱二等阿达哈哈番，其弟阿济根拖沙喇哈番，巴勒米特拖沙喇哈番品级”[④]。由此可知，《八旗满洲氏族通谱》中的“新柱”即是“辛柱”，而“牛钮”应为“巴勒米特”之误。《义县志》也取“辛柱率其弟巴勒米特赴京奏闻”之说[⑤]。他们首告布尔尼之变，为当时兵力空虚的京城守卫赢得应对的时间和准备。

康熙三十九年（1700），辛柱去世，其子布彦图袭职；康熙四十二年，布彦图去世后，其子富明袭职[⑥]。

9. 鄂和图。亦作“俄和图”。在攻长子县时，以闲散身份首先登城克之，被授予“云骑尉”，后两遇恩诏，加至骑都尉兼一云骑尉[⑦]。据载，清军入关之初，明将姜瓖因有归附之功，被任命统摄宣化、大同诸镇兵马。顺治五年（1648），蒙古喀尔喀部集于山西边境，多尔衮派英亲王阿济格等统兵进驻大同，姜瓖疑大兵袭己，据大同叛乱[⑧]。顺治六年，巽亲王满达海征大同，进克大同及长子县[⑨]。因此鄂和图在长子县立功应在此时。康熙三年（1664）去世后，其子赫色袭职；十一年，赫色卒，其兄满丕袭职；二十一年，满丕卒，其子九格袭职；雍正九年（1731），其子齐克坦（即齐克腾）袭职，袭职时销去恩诏所得，袭拖沙喇哈番（即云骑尉世职）[⑩]。

---

① 《清圣祖实录》卷53，康熙十四年三月丁亥，《清实录》第4册，中华书局1985年影印版，第684页。

② 《清圣祖实录》卷54，康熙十四年四月癸巳，《清实录》第4册，第698页。

③ 《清圣祖实录》卷53，康熙十四年三月丁亥，《清实录》第4册，第695页。

④ 《清圣祖实录》卷55，康熙十四年闰五月己酉，《清实录》第4册，第719页。

⑤ 《中国地方志集成·辽宁府县志辑21·义县志》下卷（十九）《大事记》，凤凰出版社2006年版，第79页。

⑥ 鄂尔泰等修，李洵等校：《八旗通志初集》卷83《世袭表一》，东北师范大学出版社1985年版，第1719～1720页。

⑦ 弘昼等修：《八旗满洲氏族通谱》卷50《梅勒氏》，辽海出版社2002年版，第569页。

⑧ 蔡冠洛编：《清代七百名人传·第二编军事·姜瓖传》，（台湾）明文书局1985年版，第1246～1247页。

⑨ 吴忠匡总校订：《满汉名臣传》卷7《希尔根传》，黑龙江人民出版社1991年版，第167页。

⑩ 鄂尔泰等修，李洵等校：《八旗通志初集》卷84《世袭表二》，第1753页。

（二）正黄旗包衣

经查，正黄旗包衣牛录下满洲人获得世职者共计 12 人，其所授世职的相关信息如下：

1. 尼音塔哈。定鼎燕京时，尼音塔哈以包衣佐领身份入山海关击败流寇，以功授"骑都尉"世职，后"三遇恩诏，加为一等轻车都尉"。卒时无嗣，由其族孙舒书承袭。舒书卒后，其子杨柱袭职时，削去恩诏所加之职，袭骑都尉①。

2. 库拉海。自八岁起便随侍太宗皇帝，效力多年，顺治帝因此授其"骑都尉"世职。卒后，以其第三子奇图、奇图子奇兰泰、奇兰泰之弟新泰先后袭职②。

3. 博尔赫图。以郎中监修工程有功，授予骑都尉。卒后其亲弟吴努春袭职，吴努春卒，其亲兄之子阿拉密袭职③。据《江南通志》所载，"额尔赫图，工部员外，康熙十九年（1680）任"④。疑"博尔赫图"即"额尔赫图"，在康熙年间（1662—1722）曾任工部员外郎。

4. 昭格。曾以护军校从征浙江，先是在诸暨县击败王宗仁兵二千余众，于义乌县等处破伪龚都督等兵数万余众，后在太平山大败赵得胜战役中阵亡。卒后叙功，授骑都尉，以其子哈达哈袭职。后因哈达哈缘罪被革，其家族随之失去传袭的权利⑤。

5. 布尔赛。"系骑都尉，缘事未袭"⑥，史籍中关于其事迹甚少。

6. 吴赛。康熙时，由郎中从征察哈尔布尔尼，因败贼有功，授"云骑尉"，卒后其子沙浑袭职⑦。

7. 谟尔浑。以内管领从征云南有功，授"云骑尉"，卒后，其弟噶达浑袭职⑧。

8. 华善。据《八旗满洲氏族通谱》载，华善之祖满平阿，正黄旗包

---

① 弘昼等修:《八旗满洲氏族通谱》卷 9《赫舍里氏一》,辽海出版社 2002 年版,第 153 页。

② 弘昼等修:《八旗满洲氏族通谱》卷 16《舒舒觉罗氏》,第 225 页。

③ 弘昼等修:《八旗满洲氏族通谱》卷 23《纳喇氏二》,第 301 页。

④ 黄之隽等编纂:乾隆《江南通志》卷 105《职官志・文职》,广陵书社 2010 年版,第 1696 页。

⑤ 弘昼等修:《八旗满洲氏族通谱》卷 24《纳喇氏三》,第 319 页。

⑥ 弘昼等修:《八旗满洲氏族通谱》卷 27《富察氏三》,第 358 页。

⑦ 弘昼等修:《八旗满洲氏族通谱》卷 29《扣德氏》,第 376 页。

⑧ 弘昼等修:《八旗满洲氏族通谱》卷 29《戴佳氏》,第 382 页。

衣人，曾因国初来归有功授予备御一职，后在征战中多次重伤，太祖特恩赐姓觉罗。华善以护军校从征浙江舟山时，因击败“伪英毅伯阮思”有功，授予“云骑尉”世职，卒后，其子和尔浑袭职①。在《八旗通志》中有名“华尚”者，原姓兆佳氏，其祖满平阿来归有功，赐姓觉罗氏。顺治十一年（1654），他以“壮尼大”从大将军宜尔德征浙江舟山，败阮思等兵，授“拖沙喇哈番”。拖沙喇哈番即云骑尉，而“壮尼大，即护军校”②。因此“华善”与“华尚”实为一人。

9. 安达理。先因“从征锦州攻克其城”而建功，又因“太宗文皇帝升遐时，安达理捐躯以从”，授予“骑都尉”世职，以其子赖图库承袭。后在“定鼎燕京”时，因“入山海关击败流寇马步兵二十万众，叙功优授为一等男，三遇恩诏，加至一等子”。卒后，其孙锡喇袭职，年老告退。锡喇子三宝柱袭职时，削去恩诏所加之职，承袭一等男，后缘事革退，由其弟保鼐袭职。死后，保鼐子传琦袭职③。

10. 舒禄。以委署护军校从征浙江等处，因先后大败“伪总兵叶年”“耿逆及海寇郑锦”等兵，授“云骑尉”。卒后，其子兆成袭职④。查得，击败叶年是在康熙十四年（1675）⑤。

11. 喀赉。据《八旗满洲氏族通谱》载，喀赉以监修工程议叙，授为三等轻车都尉，卒后，其子谟络浑袭职⑥。但是据实录记载，顺治八年（1651）五月，因喀赉“修造工程，著有勤劳”，授予“拜他喇布勒哈番”世职⑦。“拜他喇布勒哈番”对应的是乾隆时期的“骑都尉”，与《八旗满洲氏族通谱》所载的“三等轻车都尉”相差一级，应以实录所载为准。

12. 费扬古。费扬古本是正黄旗旗分佐领下人，天聪年间（1627—1636）“奉太宗文皇帝谕旨，令入包衣佐领，在内庭养育”，后来在征朝鲜、大凌河、锦州等地时，俱立有军功，又曾击败土谢图汗及硕罗汗等兵，因

① 弘昼等修：《八旗满洲氏族通谱》卷31《兆佳氏》，辽海出版社2002年版，第399页。

② 中国第一历史档案馆编：《纂修四库全书档案》下册，上海古籍出版社1997年版，第1940页。

③ 弘昼等修：《八旗满洲氏族通谱》卷32《颜扎氏》，第410页。

④ 弘昼等修：《八旗满洲氏族通谱》卷33《黄佳氏》，第422～423页。

⑤ 鄂尔泰等修，李洵等校：《八旗通志初集》卷212《勋臣传十二・察尔奇传》，东北师范大学出版社1985年版，第4878页。

⑥ 弘昼等修：《八旗满洲氏族通谱》卷49《托活洛氏》，第560页。

⑦ 《清世祖实录》卷57，顺治八年五月戊戌，《清实录》第3册，中华书局1985年影印版，第451页。

以叙功，授“骑都尉”世职。康熙年间（1662—1722），归隶本旗，并“奉特恩再赐一云骑尉”世职。卒后，其第三子富存承袭骑都尉兼一云骑尉。因费扬古又系孝敬宪皇后之父，雍正十三年（1735）十月又被追赠为“一等公”，由其第四子五格承袭[1]。

（三）正白旗包衣

正白旗包衣牛录内获世职的满洲人主要有以下 13 位：

1. 颜拜。曾任委署护军校，从征浙江、福建时，因于“诸暨县击败贼首王宗仁等兵二千余众，后在泉州府祖头山击贼阵亡”，追赠为“骑都尉”，其子常绥、赖岱，孙德格，相继承袭[2]。

2. 穆成额。曾在四品官上因“任事勤劳”而授“云骑尉”，卒时子亡，由其孙武什袭职[3]。

3. 关保。曾以头等侍卫从征福建、浙江，屡立军功，又击败耿精忠、郑锦等兵，收复泉州府城。因以叙功，优授“骑都尉”。卒后，其子福鉴、亲弟之曾孙齐格相继承袭[4]。

4. 奇拉浑。以护军校从征浙江、福建时，因屡败郑锦等兵，授予“云骑尉”世职。卒后，其子吴理袭职[5]。

5. 吴巴什。吴巴什是正白旗包衣管领下人阿尔布哈之孙，曾以委署骁骑校从征浙江、福建等处，屡败耿精忠等兵，叙功授“云骑尉”世职。卒后无嗣，由其亲叔之孙五神保袭职[6]。

6. 赛弼汉。赛弼汉亦为正白旗包衣管领下人阿尔布哈之孙，由护军校征讨察哈尔布尔尼时，在大卤地方击贼有功，授“云骑尉”。卒后，其子广兴袭职[7]。

7. 帕帕。帕帕为正白旗包衣吴济海之孙，原任“郎中、护军参领、佐领兼云骑尉”，吴济海之曾孙吴云柱“原任膳房总领兼云骑尉”[8]。因

---

① 弘昼等修:《八旗满洲氏族通谱》卷 23《纳喇氏二》,辽海出版社 2002 年版,第 299 页。
② 弘昼等修:《八旗满洲氏族通谱》卷 2《瓜尔佳氏二》,第 55 页。
③ 弘昼等修:《八旗满洲氏族通谱》卷 7《马佳氏》,第 132 页。
④ 弘昼等修:《八旗满洲氏族通谱》卷 18《通颜觉罗氏》,第 241 页。
⑤ 弘昼等修:《八旗满洲氏族通谱》卷 27《富察氏三》,第 356 页。
⑥ 弘昼等修:《八旗满洲氏族通谱》卷 28《完颜氏》,第 371 页。
⑦ 同上,第 371 页。
⑧ 同上,第 373 页。

此，吴云柱为吴济海之子侄辈，云骑尉之职父子相袭。我们查到，帕帕曾任正白旗包衣第五参领所属第四旗鼓佐领的佐领①。

8. 色克塞赫。曾任护军校，后在浙江、福建、四川等地“勇破贼有功”，授予“骑都尉”世职②。世职传袭不详。

9. 科科。由闲散攻沙岭时，因“挖颓其城”而“优授骑都尉”。卒后，其子齐达袭职，后三遇恩诏，加至“二等轻车都尉”。齐达卒后，其子达尔汉分袭“三等轻车都尉”，帅达分袭“云骑尉”。其中，达尔汉卒，“其子希佛承袭，卒后，其子兴贵袭职时削去恩诏所加之职，承袭云骑尉”。帅达卒，“其孙佟禄、曾孙苏旒相继承袭，苏旒卒，无嗣，齐达之曾孙七十八现袭职”③。

10. 朱山。正白旗包衣人宁古齐之长子。“国初来归，太祖高皇帝特恩命入正白旗包衣以育养之，后编佐领，使统之”。其长子朱山继任佐领后，率部征皮岛阵亡，被追叙为骑都尉，以其四弟吴山承袭，后三遇恩诏，加至二等轻车都尉。卒，吴山之子舒尔图库、舒尔图库子噶尔巴先后袭职。噶尔巴卒后，其弟塔尔巴袭职时削去恩诏所加之职，承袭骑都尉。塔尔巴卒后，其亲兄之子德宁袭职④。

11. 苏山。乃宁古齐第三子，在《世职表》中记录为“苏叁”。顺治二年（1645），以佐领率部入关，在庆都县大败敌众，叙功，授拜他喇布勒哈番。顺治五年，去世时无子，以“嗣子”舒淑袭职，恩诏加一拖沙喇哈番。康熙二十三年（1684），舒淑去世，由其子常德袭职。雍正十年（1732），常德卒，其子永柱袭职时销去恩诏所得，袭拜他喇布勒哈番⑤。据《八旗满洲氏族通谱》所载，苏叁去世后，“以其亲弟之子舒书袭职”，可知作为其嗣子的舒淑实际上是其侄子⑥。

12. 舒书。据《八旗通志》载，正白旗包衣第二参领所属第二满洲佐领，国初编立，先后以阿那岱、滕特、马库礼任佐领，“马库礼故，以

---

① 鄂尔泰等修，李洵等校：《八旗通志初集》卷5《旗分志五：八旗佐领（正白旗满洲佐领）》，东北师范大学出版社1985年版，第90页。

② 弘昼等修：《八旗满洲氏族通谱》卷31《兆佳氏》，辽海出版社2002年版，第398页。

③ 弘昼等修：《八旗满洲氏族通谱》卷32《郭络罗氏》，第407页。

④ 弘昼等修：《八旗满洲氏族通谱》卷33《李佳氏》，第418～419页。

⑤ 鄂尔泰等修，李洵等校：《八旗通志初集》卷88《世职表六》，第1962页。

⑥ 弘昼等修：《八旗满洲氏族通谱》卷33《李佳氏》，第418～419页。

二等阿达哈哈番舒书管理”[①]。经查《世职表》，正白旗满洲中只有上述苏叁嗣子舒淑曾获世职，但其世职为“拜他喇布勒哈番，又一拖沙喇哈番”，低于“二等阿达哈哈番”，所以这应该是两人。此舒书获职及传袭情况不详。

13. 佟保贵。亦曾管理正白旗包衣第二参领所属第二满洲佐领，其世职也是“二等阿达哈哈番”，后来被“拨隶怡亲王属下”，可知是在雍正元年（1723）以后之事[②]。

（四）正红旗包衣

1. 常绶。曾以护军校从征浙江、福建等处，屡败敌众，因功授云骑尉世职，卒后其子皂保袭职[③]。常绶始祖为贝衮，天命十一年（1626），曾因“恪尽厥职，不违指令”而授予“备御”世职[④]。

2. 钮钮。顺治十一年（1654）左右，由委署护军校从征浙江舟山，击败陈六御、阮思等兵，又屡败海上之兵，因功授云骑尉。卒后其子乌尔吉袭职[⑤]。

3. 拜度。其经历与钮钮类似，以三等侍卫从征浙江、福建等处，卓有功勋，阵亡后叙功，赠云骑尉世职，以其子碧尔滕承袭。卒后，其子罗昌袭职[⑥]。

4. 萨尔进。据《八旗通志》载，正红旗包衣第四参领所属第一满洲佐领，“系顺治年间随恭惠郡王编立”[⑦]，初以喇古任佐领，喇古故，其族

---

① 鄂尔泰等修，李洵等校：《八旗通志初集》卷5《旗分志五：八旗佐领（正白旗满洲佐领）》，东北师范大学出版社1985年版，第87页。

② 鄂尔泰等修，李洵等校：《八旗通志初集》卷5《旗分志五：八旗佐领（正白旗满洲佐领）》，第87页。

③ 弘昼等修：《八旗满洲氏族通谱》卷6《舒穆禄氏》，辽海出版社2002年版，第120页。

④ 中国第一历史档案馆整理译编：《内阁藏本满文老档·太祖朝》，汉文译文，辽宁民族出版社2009年版，第251页。

⑤ 弘昼等修：《八旗满洲氏族通谱》卷33《李佳氏》，第421页。

⑥ 弘昼等修：《八旗满洲氏族通谱》卷35《萨克达氏》，第438页。

⑦ 福隆安等监修：《钦定八旗通志》卷9《旗分志九：正红旗满洲佐领下》，景印文渊阁四库全书，台湾“商务印书馆”1983年版，总第664－429页。据《清史列传》载，顺治五年九月，晋封代善之孙、萨哈璘之子勒克德浑为多罗顺承郡王，顺治九年去世。康熙十年追赠勒克德浑谥号“恭惠”。《清史列传》卷3《勒克德浑传》，中华书局1987年版，第108页。但是从《多罗恭惠碑文》来看，在顺治十二年十月就已称“多罗恭惠郡王稜德弘”，“稜德弘”即勒克德浑。可见“恭惠郡王”之称应在顺治年间勒克德浑去世后就有。北京石刻艺术博物馆编：《新日下访碑录·房山卷》，北京燕山出版社2013年版，第285页。

弟萨克兴阿任佐领。后萨克兴阿因“从征阵亡”，佐领之职由其子拖沙喇哈番萨尔进承袭。[①] 萨尔进之世职应承袭其父萨克兴阿阵亡之功而获。

5. 维姿。维姿曾管理正红旗包衣第五参领所属第一满洲佐领，时任拖沙喇哈番世职。该佐领“系顺治年间随贝勒度兰编立”[②]，在维姿之前已有阿哈占、产泰、瑚里巴、多尔占、扎哈力五人先后承袭[③]。因乾隆元年（1736）“拖沙喇哈番”为“云骑尉”，因此维姿获世职应该在康熙、雍正年间（1662—1735）。

综上，正红旗包衣牛录下满洲人获世职者共计五人，除一人获世职原因不明外，其余四人皆是在顺康时期以战功获职。

（五）镶白旗包衣

1. 费扬古。为镶白旗包衣岱都喀之元孙，曾以护军校从征浙江、福建等处，屡立战功，康熙十九年（1680），授拜他喇布勒哈番（骑都尉）。康熙二十九年，其子福盛（又作“傅生”）承袭。福盛卒，其子福勒赫袭职。[④]

2. 扎库达。为镶白旗包衣岱都喀的另一位元孙，随康熙帝亲征厄鲁特噶尔丹，因“败贼有功，授云骑尉”。卒后，其子巴海袭职。[⑤]

3. 福达理。由护军校从征福建时，在厦门击海寇阵亡，赠云骑尉。因无嗣，其亲兄之子雅图、孙雅哈相继承袭。[⑥]

4. 乌赫臣。据《八旗满洲氏族通谱》载，镶白旗包衣墨尔根之孙乌赫臣，原系云骑尉；墨尔根之曾孙达色原系云骑尉[⑦]。由此推知，达色继承了其父辈乌赫臣之世职，但获世职缘由、时间不详。

5. 雅思哈。“由委署骁骑校从征浙江、福建，击贼伪龚都督等兵，屡败之，又败海贼郑锦等兵”，因此叙功授“云骑尉”世职，后因病告退，

---

① 鄂尔泰等修，李洵等校：《八旗通志初集》卷6《旗分志六：八旗佐领（正红旗满洲佐领）》，东北师范大学出版社1985年版，第106页。

② 福隆安等监修：《钦定八旗通志》卷9《旗分志九：正红旗满洲佐领下》，景印文渊阁四库全书，台湾“商务印书馆”1983年版，总第664－429页。“度兰”即“杜兰”，为萨哈璘之子、勒克德浑之弟。

③ 鄂尔泰等修，李洵等校：《八旗通志初集》卷6《旗分志六：八旗佐领（正红旗满洲佐领）》，第106页。

④ 弘昼等修：《八旗满洲氏族通谱》卷6《舒穆禄氏》，辽海出版社2002年版，第118页；鄂尔泰等修，李洵等校：《八旗通志初集》卷92《世职表十》，第2112页。

⑤ 弘昼等修：《八旗满洲氏族通谱》卷6《舒穆禄氏》，第118页。

⑥ 弘昼等修：《八旗满洲氏族通谱》卷24《纳喇氏三》，第320页。

⑦ 弘昼等修：《八旗满洲氏族通谱》卷13《伊尔根觉罗氏二》，第193页。

由其子雅穆齐纳袭职[①]。

6. 岳多理。为镶白旗包衣图尔哈之子，原系云骑尉，图尔哈之孙长琉亦系云骑尉[②]。可知，长琉继承了父辈岳多理之世职，获世职缘由、时间不详。

7. 西喇巴。国初来归，太祖“设佐领使统之”，顺治九年（1652），因其“在太祖、太宗时效力多年”，被“特恩授拜他喇布勒哈番”（骑都尉）世职。顺治十三年，其子库禄袭职；康熙四十五年（1706），其子阿明阿承袭。[③]

8. 武兰布。由典仪从征察哈尔布尔尼有功，授云骑尉。卒后，其子禄尔袭职[④]。

9. 希佛讷。由护军校从征浙江、福建时，在诸暨县、建阳县先后击败王宗仁、王总兵等兵，叙功授云骑尉。卒后，其子存柱袭职[⑤]。

10. 鄂堪巴图鲁。镶白旗包衣，由护军参领取大凌河时，生擒蒙古一人；从征山东时，梯攻齐东、昌邑二县，俱克其城，授云骑尉；定鼎燕京时，在庆都县大败敌众，授为骑都尉；平定江南时，攻松江府，不设云梯克其城，优授为二等轻车都尉，遇恩诏授为一等轻车都尉。后因出征获罪，其世职未袭[⑥]。

11. 多贝。由佐领进击山东时，击败太监冯永盛兵；后于定鼎燕京时，入山海关，在庆都县大败敌众，顺治二年（1645），叙功授牛录章京，三遇恩诏加至二等阿达哈哈番。后因罪革职，又复还原职，又缘罪降为拜他喇布勒哈番又一拖沙喇哈番，“事白仍复原职”。康熙六年（1667）卒，其长子赫硕色（又作黑硕色）分袭三等阿达哈哈番；同年，其第三子广凯（又作观恺）分袭拖沙喇哈番。康熙二十三年，赫硕色之子阿赉袭职，雍正十年（1732）阿赉卒，其子扎普占（又作札布占）袭职时削去恩诏所加之职，承袭拖沙喇哈番；康熙四十三年，广凯卒，其

① 弘昼等修:《八旗满洲氏族通谱》卷15《伊尔根觉罗氏四》,辽海出版社2002年版,第214页。

② 弘昼等修:《八旗满洲氏族通谱》卷26《富察氏二》,第346页。

③ 弘昼等修:《八旗满洲氏族通谱》卷31《兆佳氏》,第398~399页;鄂尔泰等修,李洵等校:《八旗通志初集》卷92《世职表十》,东北师范大学出版社1985年版,第2109页。

④ 弘昼等修:《八旗满洲氏族通谱》卷31《兆佳氏》,第398~399页。

⑤ 同上,第399页。

⑥ 同上,第418页。

子观音保袭职[①]。据《八旗通志初集》所载，多贝之父为“博托博”，曾管理镶白旗包衣第三参领所属第一满洲佐领，该佐领为世袭佐领，在博托博去世后，其子多贝继任佐领，也就是在此期间，多贝因战功卓著而得世职。与其世职的承袭不同，在其去世后，该“佐领”之官职由其子费扬古继任，费扬古故，以其子广格管理，广格缘事革退，才以费扬古兄之子三等阿达哈哈番兼苏喇章京阿赖管理，后阿赖因病辞退，以李建勋管理。李建勋缘事革退，以一等护卫薄尔多管理[②]。

12. 辉宝。康熙十三年（1674）在征讨耿精忠时，先后击败王宗仁、“伪龚都督、伪王总兵”“伪总督兴明伯、赵得胜”等，又于泉州府夺桥解围有功。康熙十九年叙功，授拜他喇布喇哈番世职。[③]“辉宝”在《八旗满洲氏族通谱》中作“会保”。卒后，其子明治袭职，后缘事革退，“其亲叔之子索柱现袭职”。[④]

13. 格尔苏。在征浙江、福建时，“于衢州府击败贼伪都督周烈等兵，后攻泉州府克其城”，叙功授云骑尉，卒后，其子存保袭职[⑤]。经查，康熙十一年（1672）在征讨耿精忠时，曾于衢州之蕉源河岸大败“伪都督周烈”[⑥]，可见格尔苏建功授职当在此后。

14. 存保。存保曾管理镶白旗包衣第一参领所属第三满洲佐领，时任“拖沙喇哈番”世职，获世职应在顺康时期[⑦]，获职缘由不详。

15. 瑚弥塞。据《八旗满洲氏族通谱》载，瑚弥塞为镶白旗人，曾管理镶白旗包衣第五参领所属第一满洲佐领。但是从《八旗通志初集》来看，该佐领为世袭佐领，“瑚弥塞年老告退，以其弟慎刑司郎中塞必汉管理。塞必汉故，以其子和善管理。和善故，以其族孙三等阿达哈哈番潘贵管理。潘贵出包衣籍，以一等护卫马麟管理”[⑧]。可见，继任该佐领

① 弘昼等修：《八旗满洲氏族通谱》卷50《索尔多氏》，辽海出版社2002年版，第563页；鄂尔泰等修，李洵等校：《八旗通志初集》卷91《世职表九》，东北师范大学出版社1985年版，第2066页。

② 鄂尔泰等修，李洵等校：《八旗通志初集》卷7《旗分志七：八旗佐领（镶白旗满洲佐领）》，第122页。

③ 鄂尔泰等修，李洵等校：《八旗通志初集》卷209《勋臣传九》，第4816页。

④ 弘昼等修：《八旗满洲氏族通谱》卷53《乌尔汉氏》，第594页。

⑤ 弘昼等修：《八旗满洲氏族通谱》卷7《马佳氏》，第133页。

⑥ 鄂尔泰等修，李洵等校：《八旗通志初集》卷214《勋臣传十四》，第4899页。

⑦ 鄂尔泰等修，李洵等校：《八旗通志初集》卷7《旗分志七：八旗佐领（镶白旗满洲佐领）》，第121页。

⑧ 同上，第124页。

的“潘贵”为包衣出身，我们知道“包衣”身份也具有世袭性，由此推知曾担任“包衣昂邦”的瑚弥塞也应为镶白旗包衣人。再查《八旗满洲氏族通谱》发现，瑚弥塞为噶哈善哈思瑚亲兄纳木占巴颜之曾孙，由“由镶黄旗包衣改隶”为镶白旗包衣，改隶时间已无考，但瑚弥塞家族本身是包衣，其家族出包衣籍要迟至康熙年间（1622—1722）的潘贵。

早年，瑚弥塞在“定鼎燕京时，入山海关击败流贼马步兵”。顺治二年（1645），授“牛录章京”（骑都尉），恩诏加至二等阿达哈哈番（二等轻车都尉）。顺治十一年，世祖章皇帝念瑚弥塞“勤劳素著，效力多年”，特恩加至一等阿达哈哈番，康熙四年（1665），康熙帝复以瑚弥塞效力年久，又加一拖沙喇哈番（云骑尉）。卒后，康熙十五年，其子韩奇（又作“汉器”）承袭一等阿达哈哈番又一拖沙喇哈番；康熙三十年卒后，其子韩都（又作“韩杜”）袭职；康熙五十二年，韩都去世，其子攀贵（又作攀桂）袭职时削去恩诏所加之职，承袭三等阿达哈哈番；雍正二年（1724），攀贵因病告退，其子桑格袭职。[①] 此处之“攀贵”“攀桂”即前述之包衣“潘贵”。

（六）镶红旗包衣

1. 玛题喜。玛题喜为胡什屯之曾孙，曾获云骑尉世职。此外，胡什屯之元孙石柱亦原系云骑尉。从此可知，玛题喜、石柱为父子辈关系，但其获世职的缘由不详。[②]

2. 莽伊。莽伊曾管理镶红旗包衣第一参领所属第一佐领，该佐领系“国初”编立，始以一等护卫得德管理。得德故，以拜他喇布勒哈番莽伊管理。[③] 其获世职的缘由不详。

3. 钱保。镶红旗包衣第一参领所属第二佐领，亦系国初编立。其中，拖沙喇哈番钱保、拖沙喇哈番存柱先后继任佐领。[④] 其获世职的缘由及是否父子相袭不详。

4. 三雅图。在康熙二十一年（1682）后，曾管理镶红旗包衣第五参

① 鄂尔泰等修，李洵等校：《八旗通志初集》卷 91《世职表九》，第 2053 页；卷 7《旗分志七：八旗佐领（镶白旗满洲佐领）》，东北师范大学出版社 1985 年版，第 124 页；弘昼等修：《八旗满洲氏族通谱》卷 12《伊尔根觉罗氏一》，辽海出版社 2002 年版，第 186 页。

② 弘昼等修：《八旗满洲氏族通谱》卷 26《富察氏二》，第 345 页。

③ 鄂尔泰等修，李洵等校：《八旗通志初集》卷 8《旗分志八：八旗佐领（镶红旗满洲佐领）》，第 145 页。

④ 同上，第 145 页。

领所属第一佐领，当时任拖沙喇哈番[①]。获世职缘由不详。

以上即镶红旗包衣下满洲姓氏获世职者的基本情况，不仅人数较少、世职等级较低，而且在《世职表》中均无记录。

（七）正蓝旗包衣

1. 僧锡。曾以“领催往北京攻顺义县，首先登城克之，赐巴图鲁号，授骑都尉”，后随军远征朝鲜阵亡，追赠“一云骑尉”，由其子僧住袭职。后遇恩诏授为三等轻车都尉。卒后，其子色克袭职。色克卒后，“其子舒书袭职，后舒书亲叔之孙雅图袭职时，削去恩诏所加之职，承袭骑都尉兼一云骑尉”[②]。

2. 瑚柱。正蓝旗包衣蒙古尔岱之孙，曾获云骑尉，卒后，其子佛保袭职[③]。

3. 赛住。曾以四品典仪官从征浙江、福建，屡败王宗仁、耿精忠、郑锦等，后于海澄县激战刘国轩时阵亡。康熙十九年（1680），被优赠为骑都尉，以其子七格袭职。康熙三十五年，以七格兄之子佟柱袭职；康熙六十年，以佟柱子瞻常袭职。[④]

4. 阿哈硕色。曾任包衣佐领，顺治二年（1645），顺治帝“以其在太宗文皇帝时曾经效力”，授牛录章京（骑都尉），后遇恩诏加至二等阿达哈哈番。卒后无嗣，顺治十一年，其亲弟之子雅尔泰袭职；康熙三十五年（1696）其子吴尔敦、康熙三十六年孙同保贵（又作佟保贵）先后袭职。[⑤]

5. 苏穆岱。以副将镇守乐清县城时，与耿精忠兵力战阵亡，赠云骑尉，以其子海德承袭。卒，其子苏常宁袭职[⑥]。

6. 瑚珠。由六品典仪从征察哈尔布尔尼，在大卤地方屡败贼众，以

---

① 鄂尔泰等修，李洵等校：《八旗通志初集》卷8《旗分志八：八旗佐领（镶红旗满洲佐领）》，东北师范大学出版社1985年版，第145页。

② 弘昼等修：《八旗满洲氏族通谱》卷4《瓜尔佳氏四》，辽海出版社2002年版，第89页。

③ 弘昼等修：《八旗满洲氏族通谱》卷5《钮祜禄氏》，第112页。

④ 弘昼等修：《八旗满洲氏族通谱》卷15《伊尔根觉罗氏四》，第213～214页；鄂尔泰等修，李洵等校：《八旗通志初集》卷96《世职表十四》，第2236页。

⑤ 弘昼等修：《八旗满洲氏族通谱》卷23《纳喇氏二》，第300页；鄂尔泰等修，李洵等校：《八旗通志初集》卷95《世职表十三》，第2206页。

⑥ 弘昼等修：《八旗满洲氏族通谱》卷35《萨克达氏》，第438页。

功授云骑尉。卒，其子佛宝承袭。[①]

7. 平安。正蓝旗包衣第一参领所属第五管辖、第五参领所属第二管辖，皆曾以拖沙喇哈番平安管理[②]。

8. 和思和礼。亦作何思和理。顺治四年（1647），特恩授半个前程，恩诏加为拜他喇布勒哈番世职，后缘事革职，事白，复职。顺治九年，其子费雅纳袭职，恩诏加为一拖沙喇哈番。顺治十二年，费雅纳弟华善袭职。顺治十五年，华善子禅班住（又作“常保住”）袭职。康熙四十三年（1704），禅班住子关柱袭职时，销去恩诏所得，袭拖沙喇哈番。康熙五十三年，其子六格袭职。[③]

9. 佛保。正蓝旗包衣第五参领所属第一佐领、第三管辖皆曾以拖沙喇哈番佛保管理[④]。

（八）镶蓝旗包衣

1. 哈尔吉霸。镶蓝旗包衣，来归年份无考，只因“督牧御马勤劳”，授骑都尉。卒后，其子勒克、塞克先后承袭。[⑤]

2. 翁果岱。由佐领从征浙江时在太平山等处屡败赵得胜兵，叙功，授云骑尉，卒后其子马拉袭职[⑥]。

3. 苏尔玛。镶蓝旗包衣伯格之长子，由护军校从征浙江、福建等处，屡败耿精忠兵，叙功授云骑尉。卒后，其子六格袭职。[⑦]

4. 苏拜。伯格之次子，苏尔玛之弟。由委署护军校从征浙江、福建等处有功，授云骑尉，任佐领。卒后，其子索柱袭职。[⑧]

5. 颜布禄，又作鄢布鲁，在“定鼎燕京时”，以包衣佐领身份入山

---

① 弘昼等修：《八旗满洲氏族通谱》卷46《钮赫勒氏》，辽海出版社2002年版，第528页。

② 鄂尔泰等修，李洵等校：《八旗通志初集》卷9《旗分志九：八旗佐领（正蓝旗满洲佐领）》，东北师范大学出版社1985年版，第165、168页。

③ 鄂尔泰等修，李洵等校：《八旗通志初集》卷96《世职表十四》，第2233页。

④ 鄂尔泰等修，李洵等校：《八旗通志初集》卷9《旗分志九：八旗佐领（正蓝旗满洲佐领）》，第168～169页。

⑤ 弘昼等修：《八旗满洲氏族通谱》卷2《瓜尔佳氏二》，第67页。

⑥ 弘昼等修：《八旗满洲氏族通谱》卷7《马佳氏》，第133页。

⑦ 弘昼等修：《八旗满洲氏族通谱》卷10《赫舍里氏二》，第161页；鄂尔泰等修，李洵等校：《八旗通志初集》卷10《旗分志十：八旗佐领（镶蓝旗满洲佐领）》，第188页。

⑧ 弘昼等修：《八旗满洲氏族通谱》卷10《赫舍里氏二》，第161页；鄂尔泰等修，李洵等校：《八旗通志初集》卷10《旗分志十：八旗佐领（镶蓝旗满洲佐领）》，第188页。

海关击贼有功，顺治六年（1649）授拖沙喇哈番（云骑尉），后遇恩诏加至三等阿达哈哈番。顺治十年以其弟之子二格袭职，康熙三十一年（1692），其子浩善（和善）袭职。①

6. 博尔对。又作“博尔兑”或“包尔兑”②。在“定鼎燕京时”，以包衣佐领身份入山海关击贼有功，授半个前程（云骑尉），后恩诏加至三等阿达哈哈番（三等轻车都尉）。《八旗满洲氏族通谱》载，博尔对卒后，由其子鄂隆武袭职。查《世职表》可知，鄂隆武又作鄂隆乌，实乃博尔对弟之子，康熙十年（1671）袭职。康熙十八年，其子穆灵阿（穆郎阿）袭职；三十五年，其子算祝（苏完住）袭职；康熙四十七年，其子阿克敦袭职时削去恩诏所加之职，承袭拖沙喇哈番。五十七年，其亲弟阿临（阿林）袭职。③

7. 博尔赫。以“闲散”获“特恩”，授骑都尉，并“三遇恩诏加至二等轻车都尉”。卒后无嗣，其亲兄之孙柏启袭职，卒后其子穆克登额袭职时，削去恩诏所加之职，承袭骑都尉。④

8. 韩楚汉。又作韩初翰，初任参领。康熙十一年（1672），从征耿精忠，破周烈等；十五年，先后击败马九玉、李廷贵；十七年，连败赵得胜、王进功、吴淑等；二十九年，从征厄鲁特噶尔丹，在乌兰布通击败贼兵。三十年，授拖沙喇哈番世职。三十五年，再征噶尔丹，在昭莫多地方破敌，加世职为拜他喇布勒哈番。⑤ 康熙四十四年，其子德楞额（德楞格）袭职⑥。

9. 台弼图。由花马池副将⑦率兵征剿王辅臣时阵亡，赠云骑尉，因

① 弘昼等修：《八旗满洲氏族通谱》卷17《西林觉罗氏》，辽海出版社2002年版，第235页；鄂尔泰等修，李洵等校：《八旗通志初集》卷97《世职表十五》，东北师范大学出版社1985年版，第2272页。

② 盛昱辑：《雪屐寻碑录》卷2《包尔兑诰封碑碑文》，见金毓绂主编：《辽海丛书》第5册，辽沈书社1985年版，第2880页。

③ 弘昼等修：《八旗满洲氏族通谱》卷20《佟佳氏二》，第264页；鄂尔泰等修，李洵等校：《八旗通志初集》卷97《世职表十五》，第2270页。

④ 弘昼等修：《八旗满洲氏族通谱》卷23《纳喇氏二》，第306～307页。

⑤ 鄂尔泰等修，李洵等校：《八旗通志初集》卷214《勋臣传十四》，第4899页。

⑥ 弘昼等修：《八旗满洲氏族通谱》卷42《嵩佳氏》，第493页；鄂尔泰等修，李洵等校：《八旗通志初集》卷98《世职表十六》，第2294页。

⑦ “花马池”地名，在宁夏回族自治区盐池县东北部，为历史上著名的盐池，历来为朝廷所重视。见《辞海·地理分册·中国地理》，上海辞书出版社1981年版，第355页。段木干主编：《中外地名大辞典》，（台湾）人文出版社1981年版，第1册，第2090页。

无嗣，其亲弟巴什、硕色相继承袭[①]。

10. 夸色。曾管理镶蓝旗包衣第一参领所属第一佐领。该佐领系顺治年间（1644—1661）随郑亲王分封时编立，在夸色之前，先后有博尔对、高力、索伦、额克亲四人管理。由此推断，夸色任佐领应该在康雍时期，时世职为三等阿达哈哈番[②]。

以上，笔者检索了八旗包衣牛录内满洲人获世职的基本情况，以初获世职者计算，镶黄旗 11 人（辛柱兄弟 3 人），正黄旗 12 人，正白旗 13 人，正红旗 5 人，镶白旗 15 人，镶红旗 4 人，正蓝旗 9 人，镶蓝旗 10 人，共计 79 人。

二、包衣牛录下蒙古人世职

除包衣牛录下满洲人外，包衣牛录下还有部分蒙古人也同样凭借一定的功绩荣获世职，只是从笔者所掌握的材料来看，包衣蒙古人获世职者相对较少，主要有以下几位：

1. 拜思瑚朗。蒙古正白旗包衣阿尔萨之长子，由二等侍卫从征浙江、福建等处，后在乌龙江激战郑锦等兵时阵亡，优赠骑都尉，无嗣，以其弟之子多尔济袭职[③]。

2. 萨图。蒙古正白旗包衣阿尔萨之次子、拜思瑚朗之弟。由护军参领从征湖广，在南漳县击吴国贵等兵时被创身亡，赠云骑尉，以其子僧格袭职。卒后，其亲兄之子夸色袭职[④]。

3. 索柱。镶黄旗包衣管领下人，曾任内管领，因“奉侍圣躬，敬谨小心”，特恩赐骑都尉。卒后，其子八达色袭职。[⑤] 因八达色在乾隆初年任三等侍卫，因此“索柱”受封世职应该是在康熙、雍正年间（1662—1735）。

4. 谟谭。正黄旗包衣人，天聪时来归。因监修工程有功，被授予云骑尉世职，后遇恩诏加至骑都尉兼云骑尉，卒后，其子阿穆瑚朗、孙三

---

① 弘昼等修：《八旗满洲氏族通谱》卷 56《韩扎氏》，辽海出版社 2002 年版，第 631 页。

② 鄂尔泰等修，李洵等校：《八旗通志初集》卷 10《旗分志十：八旗佐领（镶蓝旗满洲佐领）》，东北师范大学出版社 1985 年版，第 187 页。

③ 弘昼等修：《八旗满洲氏族通谱》卷 66《博尔济吉特氏》，第 726 页。

④ 弘昼等修：《八旗满洲氏族通谱》卷 66《博尔济吉特氏》，第 726 页。

⑤ 弘昼等修：《八旗满洲氏族通谱》卷 68《刘佳氏》，第 748 页。

官保先后袭职。三官保卒后，子五十一袭职时销去恩诏所加之职，承袭云骑尉。①

5. 鄂尔济图。又作“俄尔济图”，蒙古镶蓝旗包衣。顺治五年（1648），由闲散往招苏尼特滕吉思，乘夜前往宣谕，苏尼特滕吉思来降，叙功授拜他喇布勒哈番，恩诏加至二等阿达哈哈番，缘事降为拜他喇布勒哈番又一拖沙喇哈番。康熙二十四年（1685），其孙朱尔哈代（珠伦岱）袭职。康熙五十七年，其子噶海袭职时削去恩诏所加之职，承袭拜他喇布勒哈番。雍正十三年（1735），噶海叔父之子五达色袭职。②

6. 图尔噶图。又作“图尔哈图”，蒙古镶蓝旗包衣，天聪时来归，崇德八年（1643），由闲散征山东，梯攻定州时首先登城阵亡，赠牛录章京，其子巴达穆苏（巴达慕素）袭职，恩诏加一拖沙喇哈番。康熙十八年，其子图苏（图素）袭职。雍正六年，其子乌灵阿袭职时削去恩诏所加之职，袭拜他喇布勒哈番。③

以上是清前期包衣牛录内蒙古姓氏中首获世职者的基本信息，分布于镶黄旗 1 人、正白旗 2 人、正黄旗 1 人、镶蓝旗 2 人，共计 6 人。

三、包衣牛录下朝鲜人世职

包衣朝鲜人获得世职者，主要有以下几位：

1. 常明。为正黄旗包衣辛达理之孙，乾隆元年（1736）十月，弘历护送其父梓宫奉移山陵时，“亲行周视，见规模宏整，工程完固”，令将监修之人“从优议叙”④。次年，常明便因“监修陵寝，规模宏整，工程完固”，赐云骑尉世职⑤。乾隆四年，又因“恭修太庙工程，坚固整齐”，

① 弘昼等修：《八旗满洲氏族通谱》卷 69《黄古台氏》，辽海出版社 2002 年版，第 763 页。

② 弘昼等修：《八旗满洲氏族通谱》卷 67《彰札尔氏》，第 738 页；鄂尔泰等修，李洵等校：《八旗通志初集》卷 98《世职表十六》，东北师范大学出版社 1985 年版，第 2276 页。

③ 弘昼等修：《八旗满洲氏族通谱》卷 68《佟尼果特氏》，第 746 页；鄂尔泰等修，李洵等校：《八旗通志初集》卷 98《世职表十六》，第 2286 页。

④ 《清高宗实录》卷 29，乾隆元年十月丙子，《清实录》第 9 册，中华书局 1985 年影印版，第 605 页。

⑤ 盛昱辑：《雪屐寻碑录》卷 12《金公（花住）神道碑》，见金毓绂主编：《辽海丛书》第 5 册，辽沈书社 1985 年版，第 3024 页。

议叙加二级[①]。乾隆七年（1742）去世后，其弟石瑞承袭[②]。

2. 季达理。为正黄旗包衣辛达理四弟，由护军校从征福建时阵亡，优赠云骑尉世职，其长子公保常、次子常绶相继承袭[③]。

3. 浩善。镶黄旗包衣，由委署护军校从征浙江、福建，屡立战功，授云骑尉。卒，其子常德袭职。[④]

4. 几蚌伊。镶蓝旗包衣，由司库从征察哈尔布尔尼，在大卤地方击贼阵亡，赠云骑尉。无嗣，以其兄之子华色袭职。[⑤]

5. 硕石提。正黄旗包衣，由委署骁骑校从征浙江、福建，累著战功，授云骑尉。卒后，其子斯格袭职。[⑥]

6. 满达。镶蓝旗包衣，由护军校从征准噶尔，在和通呼尔哈脑尔地方击贼阵亡，赠云骑尉，以其子达崇阿袭职[⑦]。

7. 海锡尼。正黄旗包衣，由委署护军校从征浙江、福建，击败耿精忠兵，后解泉州围，在夺洛阳桥时被创身亡，优赠骑都尉[⑧]。

以上即包衣牛录下高丽姓氏中首获世职者，共计七人，其中常明、季达理虽属于同一家族，但两人均由战功获得世职，世职也在本支系内传袭，因此可视作两个家族。从旗籍来看，正黄旗4人、镶黄旗1人、镶蓝旗2人，共计7人。

四、包衣牛录下尼堪世职

目前所见，包衣尼堪人获得世职者有：

1. 张泰。正黄旗包衣旗鼓，顺治四年（1647）特恩授“三等甲喇章

---

① 《清高宗实录》卷106，乾隆四年十二月丙戌，《清实录》第10册，中华书局1985年影印版，第598页。

② 徐凯、陈昱良：《清代金氏常明史事考述》，《韩国学论文集》2007年第1期。

③ 弘昼等修：《八旗满洲氏族通谱》卷72《附载满洲旗分内之高丽姓氏》，辽海出版社2002年版，第790～791页。

④ 同上，第791页。

⑤ 同上，第791页。

⑥ 同上，第793页。

⑦ 同上，第793页。

⑧ 同上，第795页。

京”[1]，后三遇恩诏，加至一等甲喇章京加拖沙喇哈番。顺治十二年（1655）张泰卒，其子张蟒袭职；康熙十九年（1680），其子张彻克袭职；雍正三年（1725），张彻克因病乞休，其子常英袭职削去恩诏所加之职，承袭三等阿达哈哈番。[2]

2. 偏图。正白旗包衣旗鼓，由都司从征山西，屡著军功，授骑都尉。卒后，其子李楝袭职[3]。

3. 地藏保。镶蓝旗包衣，由游击从征浙江、福建等处，在永宁卫阵亡，赠云骑尉。其子七十四、孙三达色相继承袭。[4]

4. 浩善。镶白旗包衣，又作“和善”，由副将平定陕西时屡败贼兵，恢复丰县等五城有功，康熙十九年授拖沙喇哈番（云骑尉）。康熙二十二年（1683），在四川泸州击贼阵亡，加赠为拜他喇布勒哈番（骑都尉），以其子雷世杰袭职。[5]

5. 陈达。正黄旗包衣，曾任陕西永固副将，当阿喇柰等犯边毁隘时，奋勇迎击阵亡，赠云骑尉[6]。

6. 索柱。镶黄旗包衣旗鼓人，原任内副管领，因“奉侍圣躬，敬谨小心”，授其子周六十为骑都尉，在乾隆初年任蓝翎侍卫[7]。旗鼓人索柱与前述蒙古姓氏包衣索柱为同名不同旗者，从时间上判断，“奉侍圣躬”也应该是指雍正帝，可能当时索柱已去世，故将骑都尉世职授予其子。

7. 胡海。镶黄旗包衣旗鼓人，原系明山东兖州府总兵，因“国初来归”，授为三等男。卒后，其子胡万明、孙胡光裕相继袭职。胡光裕死后，其亲弟胡光前承袭，后缘事革退未袭[8]。

---

① 《清世祖实录》卷35，顺治四年十二月癸未，《清实录》第3册，中华书局1985年影印版，第286页。

② 鄂尔泰等修，李洵等校：《八旗通志初集》卷85《世职表三》，东北师范大学出版社1985年版，第1803页；弘昼等修：《八旗满洲氏族通谱》卷74《附载满洲旗分内之尼堪姓氏》，载：张蟒卒后，其子张绳祖承袭。“张绳祖因病乞休，其子常英袭职”，可见，世职表中的“张彻克”即“张绳祖”，辽海出版社2002年版，第804页。

③ 弘昼等修：《八旗满洲氏族通谱》卷74《附载满洲旗分内之尼堪姓氏》，第805页。

④ 同上，第805页。

⑤ 弘昼等修：《八旗满洲氏族通谱》卷74《附载满洲旗分内之尼堪姓氏》，第805页；鄂尔泰等修，李洵等校：《八旗通志初集》卷92《世职表十》，第2113页。

⑥ 弘昼等修：《八旗满洲氏族通谱》卷74《附载满洲旗分内之尼堪姓氏》，第806页。

⑦ 同上，第806页。

⑧ 同上，第806页。

8. 董德贵。正黄旗包衣，又作“董得贵”，曾任包衣佐领。顺治二年（1645），在“定鼎燕京”时，因“入山海关击败流贼马步兵二十万众”，授“牛录章京”世职，后遇恩诏加至“二等阿达哈哈番”世职。顺治九年，因年老身病，其子董殿邦袭职。董殿邦之后，其亲兄之孙穆克登布（又称“穆克德布”）袭职，袭职时销去恩诏所加之职，袭拜他喇布勒哈番世职。①

9. 黄世仁。正白旗包衣，原系前明松山守备，天聪时来归，授骑都尉，三遇恩诏加至二等轻车都尉。卒，其孙黄正卫袭职时削去恩诏所加之职，承袭骑都尉，缘事革退未袭。②

10. 钮成宪。镶白旗包衣管领下人，由佐领从征大同阵亡，优赠骑都尉兼云骑尉，其子钮维世、钮维邦先后承袭③。钮成宪曾管理镶白旗包衣第五参领所属第一分管，该分管原系旗鼓佐领④。

11. 巴达。镶白旗包衣人，曾以“二等阿达哈哈番”身份管理镶白旗满洲第五参领所属第二分管，该分管亦原系旗鼓佐领⑤。

12. 吴兴祚。正红旗包衣，于福建巡抚任内平定海寇有功，授骑都尉兼云骑尉，任两广总督。卒，其孙吴义增袭职。⑥

13. 尚志立。正白旗包衣，由副将从征洞庭湖，击贼阵亡，赠云骑尉。其子尚锐承袭，缘事革退，其亲叔之子五格袭职。⑦

14. 韩大任。镶黄旗包衣旗鼓，由员外郎从征厄鲁特噶尔丹，在乌兰布通地方奋勇击贼阵亡，赠云骑尉，其子韩秀现承袭⑧。

15. 雷明德。镶黄旗包衣旗鼓人，来归年份无考。初因通晓医道，授骑都尉，后又以随侍勤劳，优授一等轻车都尉。其子雷贶元、雷乾元俱

---

① 杨海山:《清代京郊墓碑(续三)》,见《北京档案史料》,新华出版社 2006 年版,第 327 页;鄂尔泰等修,李洵等校:《八旗通志初集》卷 85《世职表三》,东北师范大学出版社 1985 年版,第 1815 页;弘昼等修:《八旗满洲氏族通谱》卷 74《附载满洲旗分内之尼堪姓氏》,辽海出版社 2002 年版,第 806 ~ 807 页。

② 弘昼等修:《八旗满洲氏族通谱》卷 74《附载满洲旗分内之尼堪姓氏》,第 807 页。

③ 同上,第 807 页。

④ 鄂尔泰等修,李洵等校:《八旗通志初集》卷 7《旗分志七:八旗佐领(镶白旗满洲佐领)》,第 124 页。

⑤ 同上,第 124 页。

⑥ 弘昼等修:《八旗满洲氏族通谱》卷 74《附载满洲旗分内之尼堪姓氏》,第 807 页。

⑦ 同上,第 807 ~ 808 页。

⑧ 同上,第 808 页。

承袭一等轻车都尉。[①]

16. 李世昌。正白旗包衣第四参领所属第一旗鼓佐领，该佐领系国初时编立，始以三等阿达哈哈番李世昌管理[②]。但是从《八旗满洲氏族通谱》记载来看，李世昌子女中无人再袭此世职[③]，《世职表》中亦无此人获世职及世职传袭的记载。

17. 富明。正白旗包衣第四参领所属第二旗鼓佐领，系康熙三十四年（1695）编立，二等阿达哈哈番兼云麾使富明曾任佐领，《世职表》中亦无此人获世职及世职传袭的记载，可能与富明缘事革退有关[④]。

18. 曹振彦。天聪八年（1634），“多尔衮属下旗鼓牛录章京曹振彦因有功，加半个前程”[⑤]。黄一农认为，曹振彦有此世职，可能因其在“孔有德、耿仲明及尚可喜先后率众投降”事件中立有殊功[⑥]。时多尔衮主镶白旗，崇德八年（1643）改为正白旗，曹振彦也随之历经了这两次改旗事件。

19. 刘之源。原为镶黄旗包衣旗鼓人，后改入汉军镶黄旗中。曾于天聪十年被授为“三等甲喇章京世职”[⑦]。关于其生平、事迹，后文有述。

20. 张良弼：正白旗包衣人，“初以白身，因克辽东功，授为包衣牛录章京”[⑧]。天聪八年，又因出征攻城著有勋绩，授三等甲喇章京世职[⑨]。崇德七年，率领本甲喇汉军“围锦州，攻蔡家楼”，用“红衣炮克之”，“再围锦州，屡破明军门洪承畴三营兵于松、杏”，叙功授为二等甲喇章京[⑩]。关于其生平、事迹，后文有述。

---

① 弘昼等修:《八旗满洲氏族通谱》卷78《附载满洲旗分内之尼堪姓氏》,辽海出版社2002年版,第853页。

② 鄂尔泰等修,李洵等校:《八旗通志初集》卷5《旗分志五:八旗佐领(正白旗满洲佐领)》,东北师范大学出版社1985年版,第89页。

③ 弘昼等修:《八旗满洲氏族通谱》卷74《附载满洲旗分内之尼堪姓氏》,第805页。

④ 鄂尔泰等修,李洵等校:《八旗通志初集》卷5《旗分志五:八旗佐领(正白旗满洲佐领)》,第89页。

⑤ 《清太宗实录》卷18,天聪八年四月辛酉,《清实录》第2册,中华书局1985年影印版,第237页。

⑥ 黄一农:《e-考据时代的新曹学研究——以曹振彦生平为例》,《中国社会科学》2011年第2期。

⑦ 中国第一历史档案馆整理译编:《内阁藏本满文老档·太宗朝》,汉文译文,辽宁民族出版社2009年版,第683页。

⑧ 鄂尔泰等修,李洵等校:《八旗通志初集》卷205《勋臣传五·张良弼传》,第4764页。

⑨ 弘昼等修:《八旗满洲氏族通谱》卷74《附载满洲旗分内之尼堪姓氏》,第804页。

⑩ 鄂尔泰等修,李洵等校:《八旗通志初集》卷205《勋臣传五·张良弼传》,第4764页;卷228《忠烈传九·恩克伊传》,第5207页。

21. 李世馨。镶白旗包衣人，天命七年（1622）正月，后金军队攻取广宁时归降[①]，授予“备御”世职。卒后，其子李维藩袭父职，并恩诏加至一等阿达哈哈番，又一拖沙喇哈番。顺治十年（1653）其子李春祉、康熙九年（1670）李春祉子李弘勋，先后袭职。雍正九年（1731），李弘勋之子色克图袭职时，销去恩诏所加之职，袭三等阿达哈哈番。[②] 关于其生平、事迹，后文有述。

以上是笔者搜检史料，所见包衣牛录内尼堪姓氏者首获世职者，其中镶黄旗5人、正黄旗3人、正白旗6人、镶白旗5人、正红旗1人、镶蓝旗1人，共计21人。

需要说明的是，上述关于包衣牛录下人世职传袭的记载，主要来自于《八旗通志初集》（包括《旗分志》《人物传》和《世职表》）以及《八旗满洲氏族通谱》两部官修典籍，其中，以《八旗通志初集·世职表》中的记载更为原始，也更为准确。这从所载世职名称便能看出。

我们知道，顺治四年（1647）更定世职名称时，将“三等甲喇章京”改为“三等阿达哈哈番”，将“牛录章京”改为“拜他喇布勒哈番”，将“半个前程”改为“拖沙喇哈番”。据《世职表》记载，镶蓝旗包衣博尔兑，在顺治二年时，以军功授“半个前程”世职，而顺治四年以后，当博尔兑恩诏升授世职时，则加为“三等阿达哈哈番”[③]；鄢布鲁在顺治六年，以军功授“拖沙喇哈番”世职[④]；希尔岱在顺治七年，则授为“拜他喇布勒哈番”世职[⑤]。总之，从这些世职称谓上可知，《世职表》的信息是根据当时的原始档案如实记录下来的，并未根据乾隆年间修撰《八旗通志初集》时世职更改的名称来修改。然而，在同为乾隆年间（1736—1795）修撰的《八旗满洲氏族通谱》中，则将这些当时的世职称谓一律改成乾隆时变更的“轻车都尉”“骑都尉”“云骑尉”等世职名称[⑥]，显然是对这些原始的世职信息作了统一修改。因此，当相关记载不一致时，应以《八旗通志初集》中的《世职表》为准。

---

① 李治亭：《清史》，上海人民出版社2002年版，第195～198页。

② 鄂尔泰等修，李洵等校：《八旗通志初集》卷91《世职表九》，东北师范大学出版社1985年版，第2073页。

③ 鄂尔泰等修，李洵等校：《八旗通志初集》卷97《世职表十五》，第2270页。

④ 同上，第2272页。

⑤ 同上，第2273页。

⑥ 弘昼等修：《八旗满洲氏族通谱》卷20《佟佳氏二》，辽海出版社2002年版，第264页。

第二节　包衣牛录下人世职制度的几个问题

以上，笔者按四类民族，对各旗包衣牛录内首获世职者及其世职的传袭情况作了统计。据此，我们可以管窥包衣牛录下人世职制度的以下几个特点。

一、包衣牛录下人世职制度的总体特点

（一）包衣牛录下人获世职者比例不高

八旗包衣牛录内首获世职者有 113 人，而经笔者统计，仅《八旗通志初集》之《世职表》中便载八旗满洲首获世职者 981 人，可见，在八旗制度内 90% 的得职者为旗分牛录下人，只有 10% 的得职者为包衣牛录下人。在包衣牛录内，有世职者仅占 6.5%，得职率较低。究其原因，主要有三点：一是二者总人数不同。旗分牛录内的总人数远超包衣牛录下人，即使按同样的比例授予世职，旗分牛录下得职者亦较多；二是二者在八旗满洲内的地位不同。旗分牛录下人的政治和社会地位要高于包衣牛录下人，因此，在同等条件下，旗分牛录下人更易获得世职；三是二者任务不同。旗分牛录下人是八旗甲兵的主力，冲锋陷阵、攻城拔寨是其主要任务；包衣牛录下人作为八旗甲兵的附属，获得军功、授予世职的机会较少。

（二）包衣群体所获世职普遍较低

以乾隆元年（1736）划一的世职名称来看，在这 113 个获得世职的家族中，世职最高者为赖图库，他在其父安达理三等男世职的基础上因累获战功，又三遇恩诏，最终世职加至一等子；其次为获三等子世职的图鲁什；再次为三等男世职的原兖州府总兵胡海。此外，还有一等轻车都尉加云骑尉 2 户，一等轻车都尉 3 户，二等轻车都尉 13 户，骑都尉兼云骑尉 5 户，骑都尉 23 户，云骑尉 50 户。总体来看，对包衣牛录下人世职的授赏，完全符合金字塔式的世职赏赐体系，绝大部分所得世职都是

骑都尉、云骑尉等地位最低的世职。

（三）首获世职者的民族与身份

在这113位首获世职者中，满洲包衣有79人，占70%；蒙古包衣有6人，朝鲜包衣有7人，汉人包衣有21人。其所隶旗分如下表所示：

旗分／族属	镶黄旗	正黄旗	正白旗	正红旗	镶白旗	镶红旗	正蓝旗	镶蓝旗	总计
满洲人	11	12	13	5	15	4	9	10	79
蒙古人	1	1	2					2	6
朝鲜人	1	4						2	7
汉人	5	3	6	1	5			1	21
总计	18	20	21	6	20	4	9	15	113

从中可见：

其一，在包衣牛录下人中，满洲包衣的总人数并不占优，但获得世职者却最多，这充分体现了满洲人在包衣牛录中具有较高地位的民族特色。

其二，在包衣牛录内，人数最多的汉人群体却并未体现出相应的优势。从获得世职者来看，可分为两类，一类是入关前即已归附，并担任旗鼓佐领、管领者，如李世昌、张泰、董德贵、富明、巴达、钮成宪、索柱等人；一类是前明将领率众降服者，如“国初来归”的原明山东兖州府总兵胡海、天聪来归的明松山守备黄世仁等。

其三，在包衣牛录内，蒙古包衣人获得世职者较少。一方面，与其包衣牛录下人数量较少有关；另一方面，也与本书前述蒙古人入包衣牛录的方式有关，即或零星以家族为单位来归时被编入，或旗分牛录下蒙古人犯罪后被罚入。特别是一旦缘罪罚为包衣人，便很难再有立功得职的机会。

其四，从首获世职者的身份来看，绝大多数得职者都是包衣佐领下人，仅有正白旗包衣满洲人吴巴什、赛弼汉，镶黄旗包衣蒙古人索柱，镶白旗包衣钮成宪等几人的身份为包衣管领下人，同时“索柱”还是因“奉侍圣躬，敬谨小心”才被授予世职的。这既与包衣佐领下人与管领下人不同的社会地位有关，也与包衣佐领下人拥有更多的披甲权有关。而对于广大管领下人而言，或于宫内糊纸洒扫，或于皇庄内耕垦纳赋，若非遇到重大变故另有他用，很难在此"岗位"上做出足以荣获世职的贡献。

其五，从首获世职的包衣人在各旗中的分布来看，上三旗中，镶黄旗18人、正黄旗20人、正白旗21人，共计59人；下五旗中，镶白旗20人、正红旗6人、镶红旗4人、正蓝旗9人、镶蓝旗15人，共计54人。可见，有一半以上的获世职者为皇属包衣人，这显示出相较下五旗，上三旗包衣人更易得职，突显了皇属包衣人在八旗包衣牛录中的重要地位。

二、包衣牛录下人获得世职的途径

清代世职的授赏无外乎"军功获职""归降封赠"和"考绩升授"三种，包衣牛录下人虽然主要服务于皇室和王府内务，但在军情紧迫、八旗兵丁势不能支的特殊时期，包衣牛录下人也会被组织起来，投入到军事战争中，这无疑给了包衣牛录下人建立功勋的机会。

（一）获得世职的主要途径是"军功获职"

经统计，在113位首获世职的包衣人中，除去获职原因不明的23人外，其余90人中因军功获得世职者达66人，可见"军功获职"是包衣牛录下人获得世职的最主要途径。

早在入关前，清代统治者便确立了"论功封赏"之制，规定"有冲锋破敌、奋勇登先者，必破格优赏，仍录其功以奏"①，一般而言，需要累积多次军功才能获得一定的世职②。具体做法是，每次立功后均给功牌并记录在案，功牌分越众前驱功牌、本旗前进功牌、水战登舟功牌三类，当记功后"复有越众前驱之功"，再给功牌，累积折算，赐予世职③。这些按功授职的规定也同样适用于包衣牛录下人，如镶白旗包衣鄂堪在大

---

① 季永海、刘景宪译编：《崇德三年满文档案译编》，辽沈书社1988年版，第212页。

② 雷炳炎：《清代八旗世爵世职研究》，中南大学出版社2006年版，第71、73页。

③ 昆冈等修：光绪《钦定大清会典事例》卷600《兵部·议叙通例·军功议叙》，（台湾）新文丰出版公司1976年版，第12959～12960页；晏子友：《清朝世爵世职制度》，《清史论丛1996年号》，辽宁古籍出版社1996年版，第152～153页。

凌河生擒蒙古一人，记功一次；从征山东时，攻克齐东、昌邑二县，记功一次。合计两次战功，授云骑尉世职[①]。

因顺治时期“世祖统一寰区，诸臣功烈益伟，得世职者益众”[②]，康熙时期，又因“削除三逆，北清沙漠，南定台湾”，在这些战争中建有功绩者“咸得荣分世职”[③]。而对照上节笔者所统计、分析的数据来看，也的确以顺康时期军功得职者最多，所凭借的军功主要是在顺治年间“定鼎燕京”的统一战争、康熙早期平定三藩及布尔尼叛乱、康熙中期平定噶尔丹叛乱这三次战争中获得的。

其实，顺康时期包衣牛录属员得职较多，还与顺治十四年（1657）的一道谕旨密切相关。是年谕曰：“分得拨什库、壮大，均系武职，若署章京事，方准叙功；不署章京事，则不与议叙，殊属不合。今后分得拨什库、壮大俱著一体叙功。至摆牙喇及披甲人役有功，除登城外，虽有首先陷阵、临敌斩级、效力居多，止加赏赉，无授官[④]之例。今天下一家，非比昔时，攻城之役甚少，若仍照旧议叙，数十载无攻城之役，何以鼓舞兵士？”[⑤] 分得拨什库即骁骑校，状大即护军校。据此可知，在此谕之前，是否任牛录章京以上的官职是决定世职议叙与否的必要条件，而骁骑校、护军校、护军、披甲人则只加赏赐，并不赐世职。此谕后才开始规定骁骑校、护军校有功时，即便无官职也可授予世职；而护军、披甲人有登城、首先陷阵、临敌斩级、效力居多者，也会授予世职，其目的无非如顺治帝所言“鼓舞兵士”，为国效力，也在客观上放宽了对普通包衣牛录甲兵获得世职的限制。

（二）获得世职的其他途径

除凭借战功获得世职外，包衣牛录下人获得世职的途径还有“考绩

---

① 弘昼等修：《八旗满洲氏族通谱》卷33《李佳氏》，辽海出版社2002年版，第418页。

② 鄂尔泰等修，李洵等校：《八旗通志初集》卷83《世职表一》，东北师范大学出版社1985年版，第1699页。

③ 同上。

④ “授官”是指“授予世职”。常虚怀：《皇太极时期的世职制度》，《湖南人文科技学院学报》，2013年第5期。

⑤ 鄂尔泰等修，李洵等校：《八旗通志初集》卷1《旗分志一》，第10页。按，《八旗通志初集》将此谕记为“康熙十四年”，经查《清世祖实录》，此谕实为顺治十四年十月甲子所发，故改之。《清世祖实录》卷106，顺治十四年十月甲子，《清实录》第3册，中华书局1985年影印版，第831～832页。

升授”“归降封赠”和“殊功得职”三种方式。

“考绩升授”主要是对“任内考察称职”[①] 者，即对任内勤勉效力、敬谨小心、著有劳绩者的世职赏赐。如正黄旗包衣人博尔赫图、喀赉、谟谭、常明等人，因监督工程并无舛错，被授世职；再如镶黄旗包衣人图克善、索柱、雷明德，正黄旗包衣人库拉海，正白旗包衣穆成额，镶白旗包衣西喇巴，正蓝旗包衣阿哈硕色，镶蓝旗包衣人哈尔吉霸等 9 人，皆因“勤勉效力”“敬谨小心”而被授予世职。

“归降封赠”是后金政权为争取满洲、蒙古部落以及汉官、汉民投诚归附而特设的世职赏赐方式[②]。在包衣牛录中，也有部分明将因归降之功获得世职，如前述原明山东兖州府总兵胡海在归降后虽被编入包衣旗鼓下，却优授为三等男，即三等副将世职[③]；原明松山守备黄世仁，在天聪来归后亦被编入旗鼓佐领下，并授骑都尉世职，即当时的牛录章京世职[④]。

“殊功得职”是指凭借所建立的特殊功勋而获得世职。顺治五年（1648）定，凡“招抚兵一千名以上，船五十只以上，及官民未徙之完城者，统兵大臣、将领及将领下遣去招抚之人，均予议叙”[⑤]。正是在这一年，镶蓝旗包衣牛录下人鄂尔济图由闲散往蒙古宣谕，并成功招降苏尼特滕吉思来降，因此被授拜他喇布勒哈番之世职[⑥]。而前述，康熙年间（1662—1722），镶黄旗包衣牛录下人辛柱、阿济根兄弟也因密报布尔尼叛变之功获授世职。

（三）“功”的累积

世职的授予需要“功”的积累。而“功”有多种，如“军功”“归降之功”“勤勉效力之功”等。其中以“军功”为主，可分为“攻城之

① 弘昼等修：《八旗满洲氏族通谱》卷 7《马佳氏》，辽海出版社 2002 年版，第 130 页。

② 雷炳炎：《清代八旗世职世爵研究》，中南大学出版社 2006 年版，第 93 页。

③ 弘昼等修：《八旗满洲氏族通谱》卷 74《附载满洲旗分内之尼堪姓氏》，第 806 页。

④ 同上，第 807 页。

⑤ 昆冈等修：光绪《钦定大清会典事例》卷 600《兵部・议叙通例・军功议叙》，（台湾）新文丰出版公司 1976 年版，第 12958 页。

⑥ 弘昼等修：《八旗满洲氏族通谱》卷 67《彰札尔氏》，第 738 页；鄂尔泰等修，李洵等校：《八旗通志初集》卷 98《世职表十六》，东北师范大学出版社 1985 年版，第 2276 页。

功，夺舟之功”两种[①]，在当时“率先登城”和“率先登舟”是衡量八旗兵士军功高低的主要标准[②]。入关后，还曾按攻克城池的大小及难易程度，分别记功并授予不同的世职，因前人已有研究，笔者不再冗言[③]。

有时，仅靠一类“功”还不足以获得世职，因此需要多种“功”的累积，综合考量后授予世职。如镶黄旗包衣牛录下人党恺虽在锦州、松山及归化城等地方立有“军功”，但仍不足以授予世职。后顺治帝鉴于其在太宗身边服务多年，有“勤勉效力之功”，因而赐以“云骑尉”世职[④]；再如正黄旗包衣人安达理因征锦州有功，再加之主动请求殉葬太宗，而被赐予“骑都尉”世职[⑤]；镶白旗包衣人瑚弥塞在清军入关时击敌有功，获“二等阿达哈哈番”，后顺治、康熙二帝因其效力多年，先后加赠世职至一等阿达哈哈番又一拖沙喇哈番[⑥]。

三、“两遇”及“三遇”恩诏考

除了凭“功”获得世职外，在清前期我们还经常见到“三遇恩诏”或“两遇恩诏”时加赠世职者。根据学界研究，所谓“三遇恩诏”分别是顺治时期的“太祖高皇帝功德配祀上帝”恩诏；“上皇太后尊号礼成”

---

① 昆冈等修：光绪《清会典》卷12《吏部·验封清吏司》，中华书局1991年版，第101页。

② 雷炳炎：《清代八旗世爵世职研究》，中南大学出版社2006年版，第67页。

③ 晏子友：《清朝世爵世职制度》，《清史论丛1996年号》，第152～153页；雷炳炎：《清代八旗世爵世职研究》，第67～71页。据允禄等修：雍正《大清会典》卷19《吏部·验封清吏司·军功授官》载，顺治十三年，议定攻城议叙的标准：“一等城池，叙六人，第一登城者授一等轻车都尉，第二人至第六人以次递减。都统及领云梯攻战官弁授骑都尉，指路及射箭官弁授云骑尉；二等城池，叙四人，第一登城者授三等轻车都尉，第二人至第四人以次递减；三等城池叙三人，第一登城者授骑都尉兼一云骑尉，第二、第三人以次递减，领云梯攻战官弁授云骑尉，指路官弁克两城者授云骑尉，克一城者注册；四等城池，叙二人，第一登城者授骑都尉，第二授云骑尉；五等城池，第一无云梯登城者授云骑尉，率领攻战官弁克两城者授云骑尉，克一城者注册”。“又题准：凡登城死者，不论城池大小，均授骑都尉。”《近代中国史料丛刊三编》第77辑，第763册，（台湾）文海出版社1994年版，第910～912页。

④ 弘昼等修：《八旗满洲氏族通谱》卷22《纳喇氏一》，辽海出版社2002年版，第289页。

⑤ 弘昼等修：《八旗满洲氏族通谱》卷32《颜扎氏》，第410页。

⑥ 鄂尔泰等修，李洵等校：《八旗通志初集》卷91《世职表九》，东北师范大学出版社1985年版，第2053页。

恩诏；“大婚”及“上皇太后尊号”恩诏[1]。三次恩授世职的对象主要是“满洲官员开国以来屡世从征，劳绩久著”者和入关以来“各地方归顺有功文武官员”[2]。

据《清世祖实录》载，“太祖高皇帝功德配祀上帝”是在顺治五年(1648)十一月初八日[3]，而恩加世职的过程至少持续到顺治九年六月；后两次恩诏发布的时间分别在顺治八年二月十一日和顺治八年八月二十一日[4]。但是，后两次恩诏是在吏部尚书谭泰的主持下进行的，其间因其“刚愎成性、狂悖妄行”[5]，致使世职滥予严重。为此，顺治九年正月，顺治帝又命郑亲王济尔哈朗等人对谭泰所予世职重新加以审视，其中部分徇私舞弊所得之世职被削夺。

有学者认为，史籍中大量出现的“顺治七年、九年三遇恩诏”“顺治七年、九年两遇恩诏”[6]中，顺治七年所遇恩诏实际上是顺治五年“太祖高皇帝功德配祀上帝”诏书的后续落实[7]。笔者认为，这一结论恐难成立。

据《俄奇逊诰封碑碑文》载：“顺治元年十一月初五日，天下统一，仿古圣王之制，尊太祖武皇帝功德，配祀上帝。礼成，念诸旧臣世效劳绩，故由三等阿达哈哈番升为二等阿达哈哈番，世袭罔替。顺治七年三月初六日，天下大定，仿古圣王之制，上圣母昭圣慈寿皇太后尊号。礼成，由二等阿达哈哈番升为一等阿达哈哈番。大婚，礼成，亦仿古制，加上圣母昭圣慈寿皇太后为昭圣慈寿恭简皇太后尊号。礼成，由一等阿达哈哈番加一拖沙喇哈番，世袭罔替。顺治九年正月二十六日，秉心谨饬，临事敏勤，简居侍从之班，克称仪衙之制。朝夕匪懈，指使无违。

---

① 房德邻：《清顺治朝“三遇恩诏”考》，《明清论丛》第12辑，故宫出版社2012年版，第421～425页；雷炳炎：《顺治朝的恩诏加爵及其承袭考述》，《东南大学学报》2008年第4期。

② 《清世祖实录》卷41，顺治五年十一月辛未，《清实录》第3册，中华书局1985年影印版，第329页。

③ 同上，第329页。

④ 房德邻：《清顺治朝“三遇恩诏”考》，《明清论丛》第12辑，第423页。

⑤ 《清世祖实录》卷62，顺治九年正月壬午，《清实录》第3册，第485页。

⑥ 鄂尔泰等修，李洵等校：《八旗通志初集》卷213《勋臣传十三·额尔特传》，东北师范大学出版社1985年版，第4885页、《宜喇哈传》第4886页；吴忠匡总校订：《满汉名臣传》第1册，《岱松阿列传·子阿纳海》，黑龙江人民出版社1991年版，第292页。

⑦ 房德邻：《清顺治朝“三遇恩诏”考》，《明清论丛》第12辑，第421～425页。

既以旧□晋膺上秩，屡逢盛典，宜被新荣。兹以覃恩，特授尔阶通议大夫。”①

据《罗铎浑诰封碑碑文》载：“崇德八年十月初四日，太祖武皇帝功德，配祀上帝。礼成，念诸旧臣世效劳绩，故由三等阿达哈哈番升为二等阿达哈哈番，世袭罔替。顺治七年三月初六日，天下大定，仿古圣王之制，上圣母昭圣慈寿皇太后尊号。礼成，由二等阿达哈哈番升为一等阿达哈哈番。大婚，礼成，亦仿古制，加上圣母昭圣慈寿皇太后为昭圣慈寿恭简皇太后尊号。礼成，由一等阿达哈哈番加一拖沙喇哈番，世袭罔替。顺治九年正月二十六日，奉天承运，皇帝制曰：褒衷表义，昭代之良规，崇德报功，圣王之令典，特颁恩命，以奖勤劳……”②

再据《包衣佐领董得贵诰封碑碑文》载：“顺治二年二月二十八日，天下统一，仿古圣王之制，尊崇太祖武皇帝功德，配祀上帝。礼成，念诸旧臣世效劳绩，故由拜他喇布勒哈番升为三等阿达哈哈番。顺治七年十月二十三日，天下大定，仿古圣王之制，上圣母昭圣慈寿皇太后为昭圣慈寿恭简皇太后尊号。礼成，由三等阿达哈哈番升为二等阿达哈哈番，世袭罔替。顺治九年正月二十六日，因年老身病，将职替给亲男董殿邦，仍承袭二等阿达哈哈番，世袭罔替如前。康熙十五年十月二十五日。”③

将皇帝之诰命刻石记录，所载内容不会有误。从中可见，《清世祖实录》所载的顺治五年（1648）十一月、顺治八年二月、顺治八年八月，三次昭告天下之前就已经开始了相关准备工作，并以昭告的名义提前对部分官员完成加官晋爵。这可能与“恩诏”所涉及的恩施世职者人数众多、工作量繁重有关，不仅要“后续落实”，而且还要“提前实施”。

因此，所谓“顺治七年、九年三遇恩诏”中“顺治七年恩诏”应为“太祖高皇帝功德配祀上帝”恩诏的后续落实；“顺治九年恩诏”则是对顺治八年的两次恩诏的落实。如古尔布什“（顺治）七年、九年，两遇恩

① 盛昱辑：《雪屐寻碑录》卷1《俄奇逊诰封碑碑文》，见金毓绂主编：《辽海丛书》第5册，辽沈书社1985年版，第2867页。

② 同上，第2876～2877页。

③ 杨海山：《清代京郊墓碑（续三）》，见《北京档案史料》，新华出版社2006年版，第327页。

诏”[①]，莽依图在顺治七年冬袭父拖沙喇哈番世职后，又“两遇恩诏”[②]；图喇在顺治七年擢兵部主事后，“两遇恩诏”[③]；哈世屯在顺治八年世祖亲政后，“两遇恩诏”[④]，等等，则应指对顺治八年两次恩诏的落实。这一结论还有佐证，据《满汉名臣传》记载，鄂罗塞臣曾“两遇恩诏，晋二等子”[⑤]。《八旗都统衙门档》记载了这“两遇恩诏”的具体内容：“天下大定，仿古圣王之制，上圣母昭圣慈寿皇太后尊号，礼成，由三等阿思哈哈番超升为三等京奇尼哈番。”“大婚，礼成，亦仿古制，加上圣母昭圣慈寿皇太后为昭圣慈寿恭简皇太后尊号，礼成，由三等京奇尼哈番升为二等京奇尼哈番，世袭罔替。”[⑥] 显然是指顺治八年（1651）的两次恩诏。

综上，顺治七年、九年是“两遇恩诏”还是“三遇恩诏”，对应的恩诏内容并不相同。

值得注意的是，“顺治九年正月二十六日”是一个很特殊的日期。房德邻指出，在《八旗世袭谱档》《八旗都统衙门档》等文献中有多处“两遇恩诏”的记载，时间皆署为“顺治九年正月二十六日”，认为这是顺治九年正月“重新审核顺治八年二月和八月的两次恩诏”[⑦]，是“对前两次恩诏滥给滥升的一次大规模的处理”[⑧]。而董德贵正是借此次重新审定恩诏所加之职的机会，以“年老身病”为由将世职传袭给其子董殿邦的。

经统计，包衣群体得职者中“三遇恩诏”或“两遇恩诏”者共计23户、24人（其中和思和礼与其子费雅纳分别于顺治四年、九年恩诏加职）。对于“恩诏所加之职”的传袭，“顺治七年以前恩诏所加，概与承

---

① 福隆安监修：《钦定八旗通志》卷136《古尔布什》，景印文渊阁四库全书本，台湾“商务印书馆”1983年版，总第666－192页。

② 李元度：《国朝先正事略·莽襄壮公事略》，岳麓书社，2008年，第248页。

③ 李桓辑：《国朝耆献类征初编》卷270《将帅十》，（台湾）明文书局1985年版，第166－35页。

④ 李桓辑：《国朝耆献类征初编》卷42《卿贰二·补录》，第140－638页。

⑤ 吴忠匡总校订：《满汉名臣传》第1册，《鄂罗塞臣列传》，黑龙江人民出版社1991年版，第154页。

⑥ 《八旗都统衙门档·世职阵亡官员清汉册》191号“正蓝旗满洲都统一等阿达哈哈番又一拖沙喇哈番开散大臣佐领鄂岱之祖俄罗色臣”，转引自房德邻《清顺治朝“三遇恩诏”考》，《明清论丛》第12辑，故宫出版社2012年版，第424页。

⑦ 房德邻：《清顺治朝“三遇恩诏”考》，《明清论丛》第12辑，第425页。

⑧ 雷炳炎：《顺治朝的恩诏加爵及其承袭考述》，《东南大学学报》2008年第4期，第93页。

袭，七年以后，止及本身"[①]；康熙四十年（1701）又定，"三次恩诏所加拖沙喇哈番，遇承袭时销去"[②]。从笔者的统计来看，恩诏所加之职一般传袭两代、三代即停袭。

四、包衣牛录下人的世职传袭

在本家族中传袭，是世职制度的重要特征。包衣牛录下人的世职传袭方式和传袭人选，体现出他们身为旗人、隶于包衣的两种身份特征。

（一）世职传袭原则

清代世职的承袭可分为"世袭罔替"和"按次承袭"两种。

天命八年（1623）三月努尔哈赤致书恩格德尔，令"sini anggala neneme jihe gūwa de，gemu juse omosi jalan halame buhe hergen be lashalarakū"[③]，即"除你先前已来人口外，把爵位给子孙万世不断"。这是后金关于"世袭罔替"的最早记录。天命年间（1616—1626），世袭罔替与爵位高低无关；但到天聪年间（1627—1636），已与"军功大小、爵位高下"密切相关。一般来说，恩准世袭罔替者皆为建立殊功勋业之人，如天聪五年（1631）定"他国诸贝勒……在当本国无事，倾心向化而来归者""我将士每临阵率先功多，及一二次率先攻克城池功大者"[④] 准予世袭罔替。顺康雍时期，又曾定袭次越十次或十五次者，准世袭罔替之说[⑤]。

"按次承袭"则有一定的承袭次数，相较世袭罔替者更为普遍。在天聪早期，袭次多寡与世职高低不甚相关，如天聪五年六月，皇太极定"功臣袭职例"，特别规定："至于无职之人，有值我兵危急时，或当先战死，或首先登城死者，量授官职，准袭二次。有擒获奸细授职者，阵亡

① 雷炳炎：《顺治朝的恩诏加爵及其承袭考述》，《东南大学学报》2008 年第 4 期，第 94 页。

② 鄂尔泰等修，李洵等校：《八旗通志初集》卷 37《职官志四 · 八旗世职承袭》，东北师范大学出版社 1985 年版，第 693 页。

③ 中国第一历史档案馆整理译编：《内阁藏本满文老档 · 太祖朝》，满文，辽宁民族出版社 2009 年版，第 2016 页。

④ 《清太宗实录》卷 9，天聪五年六月癸亥，《清实录》第 2 册，中华书局 1985 年影印版，第 123 ~ 124 页；中国第一历史档案馆整理译编：《内阁藏本满文老档 · 太宗朝》，汉文译文，第 677 页。

⑤ 雷炳炎：《清代世爵世职承袭制度的几个问题》，见《北方论坛》2005 年第 5 期。

准袭一次，病故，不准袭”[①]。可见，当时根据获得世职的途径而非具体所获世职的高低来决定承袭次数。到崇德年间（1636—1643），随着世职制度的逐渐完善，世职高低才与承袭次数多寡有了直接的对应关系。

从包衣牛录下人首获世职者来看，很少有获世袭罔替的殊恩，大都为“按次世袭”者。其获职时大都有官职，其中武官，如胡敏时任委署章京，关保为头等侍卫，党恺身为二等侍卫，拜度为三等侍卫，赫锡亨、吴巴什、雅思哈为委署骁骑校，尼音塔哈、朱山、苏山、佟保贵为包衣佐领，昭格、华善、奇拉浑、赛弼汉、色克塞赫、常绶、费扬古、福达理、希佛讷等为护军校，舒禄、颜拜、钮钮为委署护军校；文官，如希福、穆成额得职时为“四品官”，吴赛为郎中，莫尔浑为内管领，武兰布为典仪等。此外，也有闲散披甲人得职者，如前述鄂和图在攻长子县时，以闲散身份首先登城克之，因此被授予云骑尉；科科以闲散攻沙岭时“挖颓其城”，而授骑都尉。总体而言，包衣群体中以武职授世职者占绝大多数，而其中又以八旗军营中的下级官员护军校、委署护军校居多。

（二）世职传袭人选

世职传袭人选的确定，主要有两种情况：

1. 无亲生之子时的世职传袭

世职原则上应在其子内承袭。这一原则在天命六年（1621）即已出现，是年努尔哈赤指出“我所擢用之大臣，凡尽忠者，或阵亡或病故，即令其子承袭其父所升之职”[②]。而若家中无子，则会停袭。顺治八年（1651），清政府开始允许亲兄弟承袭世职，并明确了承袭次序：“凡得诰敕世职官员亡故，与其子承袭，若无子，方与亲兄弟承袭；承袭官亡故，仍与承袭官之子，若承袭官无子，始与其亲兄弟承袭”[③]。这是清政府将世职传袭从家庭承袭外延到家族承袭的初步尝试。顺治十七年（1660），鉴于“世袭官职，得之不易”，而“不幸无子孙者，即行停袭，殊为可悯”，故特准许“凡系无亲生子孙，本生祖父，及亲伯叔、兄弟、侄男侄

---

① 《清太宗实录》卷9，天聪五年六月癸亥，《清实录》第2册，中华书局1985年影印版，第123～124页。

② 中国第一历史档案馆整理译编：《内阁藏本满文老档·太祖朝》，汉文译文，辽宁民族出版社2009年版，第102页。

③ 鄂尔泰等修，李洵等校：《八旗通志初集》卷37《职官志四·八旗世职承袭》，东北师范大学出版社1985年版，第694～695页。

孙，概许袭替，永著为例”[①]。由上可知，在此之前，对于得职者，其兄弟及侄男侄孙并无权袭职，而若无子嗣，世职便无人可传，只能停袭。

但实际上，当时因无子嗣而被停袭世职者很少，这主要是因为：第一，对亲子亡故者，允许世职传孙。如正白旗包衣人穆成额曾获云骑尉，卒时其亲生子已亡，但孙武什尚在，因此由孙袭职[②]。第二，在顺治十七年前，若无亲生之子，可选择过继兄、弟之子为“嗣子”，以承袭世职。如顺治五年（1648），正白旗包衣苏叁卒后无子，他为避免来之不易的世职被停袭，便过继侄子舒淑为嗣子，去世后将拜他喇布勒哈番世职传给了舒淑[③]。顺治十一年，正蓝旗包衣人阿哈硕色卒后无子，便以其亲弟之子雅尔泰袭职[④]，可能也经历了将雅尔泰过继为嗣子的法律程序。

顺治十七年，明确规定得职人之“亲伯叔、兄弟、侄男侄孙”也拥有承袭世职的权利，这才彻底解除了得职人无子嗣之忧，同时也意味着世职的传袭正式从“家庭继承”外延到“家族继承”，无疑最大化地保障了得职人的世袭权利。因此，我们看到康熙年间（1662—1722），世职在兄弟间、子侄间、孙及侄孙间传袭的情况，如镶黄旗包衣图克善卒后无子，以其族弟色克图袭拜他喇布勒哈番世职[⑤]；正白旗包衣拜思瑚朗以其侄多尔济袭职[⑥]；博尔赫卒后，以其侄孙栢启袭职，等等[⑦]。世职由“亲弟之子”[⑧]“亲兄之孙”[⑨]“亲弟之曾孙”[⑩]“亲叔之孙”[⑪]等承袭，体

① 鄂尔泰等修，李洵等校：《八旗通志初集》卷83《世职表一》，东北师范大学出版社1985年版，第1699页。

② 弘昼等修：《八旗满洲氏族通谱》卷7《马佳氏》，辽海出版社2002年版，第132页。

③ 鄂尔泰等修，李洵等校：《八旗通志初集》卷88《世职表六》，第1962页。

④ 弘昼等修：《八旗满洲氏族通谱》卷23《纳喇氏二》，第300页；鄂尔泰等修，李洵等校：《八旗通志初集》卷95《世职表十三》，第2206页。

⑤ 弘昼等修：《八旗满洲氏族通谱》卷4《瓜尔佳氏四》，第90页。

⑥ 弘昼等修：《八旗满洲氏族通谱》卷66《博尔济吉特氏》，第726页。

⑦ 弘昼等修：《八旗满洲氏族通谱》卷23《纳喇氏二》，第306～307页。

⑧ 弘昼等修：《八旗满洲氏族通谱》卷23《纳喇氏二》，第300页；鄂尔泰等修，李洵等校：《八旗通志初集》卷95《世职表十三》，第2206页。

⑨ 杨海山：《清代京郊墓碑（续三）》，见《北京档案史料》，新华出版社2006年版，第327页；鄂尔泰等修，李洵等校：《八旗通志初集》卷85《世职表三》，第1815页；弘昼等修：《八旗满洲氏族通谱》卷74《附载满洲旗分内之尼堪姓氏》，第806～807页。

⑩ 弘昼等修：《八旗满洲氏族通谱》卷18《通颜觉罗氏》，第241页。

⑪ 弘昼等修：《八旗满洲氏族通谱》卷28《完颜氏》，第371页。

现了康熙时期世职传袭的多样性。

2. 多名亲生之子时的世职传袭

对于首获世职者而言，若育有众多亲生之子时，为避免因罪夺职，一般会选其中贤能稳重者承袭。而当此承袭人卒后，不管有无子嗣，其父其他亲子都有承袭世职的权利。如胡敏因有战功被授予二等阿达哈哈番世职，顺治九年（1652）去世时，他育有察拉、喇固等子，经皇帝审定，先由弟喇固袭职；顺治十一年，喇固去世时虽有子保住，但保住并未袭职，而是由喇固之兄察拉袭职；康熙十八年（1679），察拉去世，察拉子七十袭职；康熙二十九年七十卒后，其叔父喇固之子保住才承袭世职①。无论谁来承袭，其所获世职皆未越出首获世职者胡敏之家，这与前述无亲子时，由家庭之外的家族承袭是不同的。

引人注意的是，入关前，还曾允许“父袭子职”。

据《八旗满洲氏族通谱》载：正白旗包衣人罗科“其子科科由闲散攻沙岭，挖颓其城，优授骑都尉。卒，其子齐达袭职。三遇恩诏，加至二等轻车都尉。卒，其子达尔汉分袭三等轻车都尉，帅达分袭云骑尉。达尔汉卒，其子希佛承袭。卒，其子兴贵袭职时削去恩诏所加之职，承袭云骑尉，现任员外郎。帅达卒，其孙佟禄、曾孙苏旒相继承袭。苏旒卒，无嗣，齐达之曾孙七十八现袭职”②。

而在正白旗《世职表》中有关于“科果”一家世袭的记载：始授骑都尉者科果，“以军功授备御”；天聪八年（1634）阵亡后其父罗果袭职；崇德六年（1641），罗果孙介达袭职，并恩诏加至二等阿达哈哈番世职；康熙五年（1666），介达子达尔汉分袭三等阿达哈哈番世职；康熙十三年，达尔汉子希福袭职；康熙五十七年，其子兴贵袭职时削去恩诏所加之职，袭拖沙喇哈番世职③。

对比可知，“罗科”即“罗果”，“科科”即“科果”，“齐达”即“介达”，“希佛”即“希福”。《世职表》中并未记载科科之子、齐达之弟帅达分袭世职的情况，但却透露出在科科去世后其子并未直接袭职，

① 鄂尔泰等修，李洵等校：《八旗通志初集》卷83《世职表一》，东北师范大学出版社1985年版，第1716页。

② 弘昼等修：《八旗满洲氏族通谱》卷32《郭络罗氏》，辽海出版社2002年版，第407页。

③ 鄂尔泰等修，李洵等校：《八旗通志初集》卷88《世职表六》，第1953页。

而是由其父罗科承袭，在罗科之后再由科科之子承袭。虽然这样的传袭方式在天聪八年（1634）时尚不为奇[①]，但入关后，经过多年的儒家伦理教化，世职由“父传子、兄传弟”自上而下式的传袭方式已根深蒂固。笔者妄测，乾隆时修撰《八旗满洲氏族通谱》时故意将此继承环节隐去，可能与此有关。

五、包衣牛录下人世职的累袭与分袭

（一）世职的累袭

所谓“累袭”，是指后世叙功时，可累加前世之功。如正黄旗包衣人赖图库之所以能获一等男这样的高爵，除了自己立有战功外，还继承了其父安达里三等男之世职[②]。

（二）世职的分袭

世职的分袭较为复杂。

首先，世职具有传袭性，但世管佐领等特殊官职亦可传袭。因此，当一人以世管佐领的身份因功又获世职时，那么其所任官职和所得世职都可在子嗣中传袭。在子嗣较多的情况下，其官职和世职可由不同的子嗣分别承袭。如正蓝旗包衣和思和礼，恩诏加为拜他喇布勒哈番世职，后其子费雅纳、华善相继袭职；顺治十五年（1658），华善子禅班住（又作“常保住”）袭职；康熙四十三年（1704），禅班住子关柱袭职；康熙五十三年，其子六格袭职[③]。这是和思和礼所得世职在其子嗣中传袭的情况。但同时他还领世管佐领，据《八旗通志》载，正蓝旗包衣第三参领所属第三管辖、第四管辖，皆系国初编立，曾以和思和礼管理。“和思和礼故，以其子萨齐库管理。萨齐库故，以海保管理。后复令萨齐库兄之子拜他喇布勒哈番兼一拖沙喇哈番常保住管理。常保住故，以其弟监生

---

① 类似者还有天聪三年十一月攻遵化城时，“蒙古兀鲁特部落明安贝勒下阿邦子阿海先登，因后兵不继阵亡”，以其功授其父阿邦为备御。见《清太宗实录》卷5，天聪三年十一月己丑，中华书局1985年影印版，第78页。

② 弘昼等修：《八旗满洲氏族通谱》卷32《颜扎氏》，辽海出版社2002年版，第410页。

③ 鄂尔泰等修，李洵等校：《八旗通志初集》卷96《世职表十四》，东北师范大学出版社1985年版，第2233页。

端礼管理。端礼故，以其孙掩沙喇哈番六格管理。”[①]这是其所管官职在子嗣中传袭的情况。再如镶白旗包衣西喇巴，据《世职表》载，顺治九年（1652）被“特恩授拜他喇布勒哈番”世职，顺治十三年其子库禄袭职；康熙四十五年（1706），其子阿明阿承袭[②]。但同时，西喇巴还领有世管佐领，据《八旗通志》载，其佐领被编为镶白旗包衣第一参领所属第一满洲佐领，在西喇巴之后，其子达士显继任佐领，达士显年老辞退后，以其子僧保继任，僧保因疾辞退后，其兄之子六格任佐领[③]。仔细比对可以看出，世职的传袭与官职的传袭并不一致，也即世职和官职由众多子嗣分别袭任。

其次，一家之内兄弟数人都立有军功，皆因功授职，从而造成了世职在该家庭内的分袭。如萨兰之子辛柱、阿济根、巴勒米特三人，因告变之功分别授予世职[④]；宁古齐长子朱山攻皮岛有功被授骑都尉，第三子苏山亦因功授拜他喇布勒哈番[⑤]；镶蓝旗包衣人伯格之长子苏尔玛“败贼有功，授云骑尉”，次子苏拜也因功授云骑尉[⑥]。诸如此类还很多，皆因一家庭内兄弟各立军功而获世职，所获世职又在各自支系内分别传袭，从而使得世职在同一家庭内的分袭。

此外，分袭还有一种情况，即得职者卒后将世职拆分，令诸子分别承袭。如齐达由骑都尉三遇恩诏加至“二等轻车都尉”，卒后，将其所获“二等轻车都尉”分为“三等轻车都尉”和“云骑尉”，以其子达尔汉、帅达分别承袭[⑦]；镶白旗包衣多贝因三遇恩诏加为“二等阿达哈哈番”，康熙六年（1667）卒后，将其“二等阿达哈哈番”世职分为“三等阿达哈哈番”和“掩沙喇哈番”两个世职，分别以其长子赫硕色、三子广凯

① 鄂尔泰等修，李洵等校：《八旗通志初集》卷9《旗分志九：八旗佐领（正蓝旗满洲佐领）》，东北师范大学出版社1985年版，第167页。

② 弘昼等修：《八旗满洲氏族通谱》卷31《兆佳氏》，辽海出版社2002年版，第398~399页；鄂尔泰等修，李洵等校：《八旗通志初集》卷92《世职表十》，第2109页。

③ 鄂尔泰等修，李洵等校：《八旗通志初集》卷7《旗分志七：八旗佐领（镶白旗满洲佐领）》，第121页。

④ 弘昼等修：《八旗满洲氏族通谱》卷26《富察氏二》，第344页。

⑤ 鄂尔泰等修，李洵等校：《八旗通志初集》卷88《世职表六》，第1962页。

⑥ 弘昼等修：《八旗满洲氏族通谱》卷10《赫舍里氏二》，第161页；鄂尔泰等修，李洵等校：《八旗通志初集》卷10《旗分志十：八旗佐领（镶蓝旗满洲佐领）》，第188页。

⑦ 弘昼等修：《八旗满洲氏族通谱》卷10《赫舍里氏二》，第161页；鄂尔泰等修，李洵等校：《八旗通志初集》卷10《旗分志十：八旗佐领（镶蓝旗满洲佐领）》，第188页。

承袭[①]。实际上，达尔汉所分袭之“三等轻车都尉”、赫硕色所分袭之“三等阿达哈哈番”都包含有“恩诏所加之职”在内，在传袭两代后，其中的“恩诏所加之职”皆予以削夺，因此达尔汉之孙兴贵袭职时“削去恩诏所加之职”，赫硕色之孙扎普占袭职时亦被“削去恩诏所加之职”。而帅达所分袭的“云骑尉”和广凯分袭的“拖沙喇哈番”本身并未包含“恩诏所加之职”，因此其后世子孙传袭时也未有为此而削职的情况。这告诉我们，“两遇恩诏”或“三遇恩诏”后“所加之职”是不能分袭的。

六、包衣牛录下人世职的降职与革职

世职不仅关系着得职者本人的政治、经济地位，而且还可在本家族内数代传袭，因此通过九死一生得来的世职对其家庭的意义不言而喻。正如清初汉臣马光远所言：“其世职或应十世，或应五六世，或应二一世，恩典何等深远，得之何等艰难。”[②] 也正因此，后金统治者牢牢掌握着各级世职的封赏予夺之权：赏予世职，可激励他们勇往杀敌、建立勋功；褫夺世职，则可起到与刑罚同等的威慑作用。当天命八年（1623），努尔哈赤令牛录下人限期征收完粮食并运送到指定的粮仓时，特意嘱咐“如违此谕，治以重罪，并革其职”[③]，以革世职相威胁来确保任务的按时完成。

努尔哈赤与皇太极在“因罪夺爵”的把控上并不相同。总体而言，天命时期对于褫夺世职较为谨慎，主要表现在：

其一，若世职较低、所犯稍重者，有可能被革除世职，如天命六年（1621），夸泰吉纵容家人与汉人交易且拒不纳税，被革游击之职[④]。而若世职较高，所犯罪轻，固此很少有被直接“夺职”者，如康古里出兵戍守时以新附之人为将，因此由总兵官降为副将[⑤]。

---

① 弘昼等修：《八旗满洲氏族通谱》卷50《索尔多氏》，辽海出版社2002年版，第563页；鄂尔泰等修，李洵等校：《八旗通志初集》卷91《世职表九》，东北师范大学出版社1985年版，第2066页。

② 鄂尔泰等修，李洵等校：《八旗通志初集》卷172《马光远传》，第4196页。

③ 中国第一历史档案馆整理译编：《内阁藏本满文老档·太祖朝》，汉文译文，辽宁民族出版社2009年版，第154页。

④ 同上，汉文译文，第89页。

⑤ 同上，汉文译文，第84页。

其二，即便被夺职，数日后也会重新授予世职。如天命六年九月初一日，达尔汗侍卫之弟章佳私自回家被“革其副将之职”[①]，但十月二十日便又“擢为参将”[②]；同月初七日，守汗院之侍卫巴达因有蒙古人闯进汗院时未察觉，被革参将之职[③]，但仅过九天后便又授予“备御”之职[④]。皆为夺职不久又降等授职之例。

相较于努尔哈赤的谨慎夺职，皇太极的处罚则较为严厉，对于阵战不力者，“皆革职夺赏”[⑤]；对于犯事之官，“将职尽夺，敕书追夺”[⑥]，甚至“不分贤愚，无论功过，概行革职”[⑦]。而被革去世职者，又多被“发堡为民”，从而致使众臣“无任惊惧”[⑧]。

皇太极对于“微犯夺职”的处罚方式强化了汗权的威严，但也造成恶劣影响，如镶白旗包衣鄂堪在大凌河生擒蒙古一人，记功一次；从征山东时，攻克齐东、昌邑二县，记功一次。合计两次战功，授云骑尉世职。后在庆都县击败敌众，授为骑都尉；又在松江府，不设云梯克其城，优授为二等轻车都尉，遇恩诏授为一等轻车都尉。一等轻车都尉在包衣群体中属于比较高的世职爵位，在众包衣牛录中能获此世职者仅三人。然而历尽艰险所获得的这一高爵，却因其出征获罪，被尽夺停袭。[⑨] 严重触动了得职人的切身利益，也影响了旗兵作战的积极性。他们纷纷祈求“圣主大施格外之恩，止从重议罚，免革世职，仍令各官戴罪办事”[⑩]。

康熙年间（1662—1722），对于世职的降革较为慎重。若所犯尚轻，或降职继续令其承袭，或改易他人袭原职，但不得由其子承袭。如康熙三十四年（1695），吏部遵旨议定“凡获罪革职者，不准其子孙承袭。应

---

① 中国第一历史档案馆整理译编:《内阁藏本满文老档·太祖朝》,汉文译文,辽宁民族出版社 2009 年版,第 84 页。

② 同上,汉文译文,第 90 页。

③ 同上,汉文译文,第 86 页。

④ 同上,汉文译文,第 87 页。

⑤ 中国第一历史档案馆整理译编:《内阁藏本满文老档·太宗朝》,汉文译文,第 528 页。

⑥ 《天聪朝臣工奏议》卷上,辽宁大学历史系 1980 年编印,第 1 页。

⑦ 《清太宗实录》卷 24,天聪九年七月甲戌,《清实录》第 2 册,中华书局 1985 年影印版,第 316 页。

⑧ 同上。

⑨ 弘昼等修:《八旗满洲氏族通谱》卷 33《李佳氏》,辽海出版社 2002 年版,第 418 页。

⑩ 鄂尔泰等修,李洵等校:《八旗通志初集》卷 172《马光远传》,东北师范大学出版社 1985 年版,第 4196 页。

与其亲兄弟，及亲兄弟之子孙承袭。如无亲兄弟，及亲兄弟之子孙，将其职销去"[①]。在此谕令后，镶黄旗包衣人桑格承袭其父"云骑尉"世职，后"缘事革退，以其弟九思海袭职"[②]；镶白旗包衣人明治袭父职，后缘事革退，以其亲叔之子索柱袭职[③]；正白旗包衣人尚锐袭父职，后缘事革退，令其亲叔之子五格承袭[④]，等等，都是自身犯罪后，念其父祖战功，"不忍绝其禋祀，使世世子孙永沾恩泽"[⑤]，故罪止及其本身，在世职不变的情况下，改由其兄弟或侄承袭。

总之，世职对于旗人、特别是包衣旗人所具有的重要意义，使得世职的赏罚成为统治者控制包衣旗人的特殊手段。而是否触怒皇威成为所获世职合法性的主要依据，如镶白旗包衣人多贝便曾经历了因罪革职，后复原职，后又缘罪降职，事白又复原职的曲折经历[⑥]。

七、小结

以上，笔者分析了包衣牛录群体获得世职及世职传袭的某些特点。应该看到，包衣牛录下人的世职制度作为清代世职制度的重要组成部分，同样体现出鲜明的封建性特点，主要体现在：

第一，世职的授予、传袭、传袭人选的最终决定权都掌握在皇帝手中，如天聪八年（1634），胡什屯过继其弟之子为嗣，过世后将世职传于嗣子浑代，皇太极以为不妥，改令其弟努山袭职[⑦]。在康熙年间（1662—1722），世职的承袭人选亦要经过皇帝的亲自核定，康熙四十九年（1710）就曾谕大学士等曰："世袭之员，较佐领尤为紧要。袭职之人，庸劣者甚多。嗣后，令该旗大臣引见。如其人善，则准令承袭，否则，

① 《清圣祖实录》卷167，康熙三十四年六月庚申，《清实录》第5册，中华书局1985年影印版，第816页。

② 弘昼等修：《八旗满洲氏族通谱》卷26《富察氏二》，辽海出版社2002年版，第343页。

③ 弘昼等修：《八旗满洲氏族通谱》卷53《乌尔汉氏》，第594页。

④ 弘昼等修：《八旗满洲氏族通谱》卷74《附载满洲旗分内之尼堪姓氏》，第807页。

⑤ 《清世宗实录》卷78，雍正七年二月己亥，《清实录》第8册，中华书局1985年影印版，第27页。

⑥ 弘昼等修：《八旗满洲氏族通谱》卷50《索尔多氏》，第563页；鄂尔泰等修，李洵等校：《八旗通志初集》卷91《世职表九》，东北师范大学出版社1985年版，第2066页。

⑦ 中国第一历史档案馆译编：《清初内国史院满文档案译编》上册，光明日报出版社1989年版，第81页。

不拘其幼子族人，择可用者，令其承袭”[1]。康熙五十五年（1716）纳汉太告病解退，其世职拟以其子马哈达承袭，便需要上奏皇帝予以批准[2]。

第二，在清前期，统治者虽按照城池大小、攻取难度、登城先后等作出记功叙职的种种规定，试图建立一套公平公正的世职授予制度。但是，从清代包衣牛录群体的世职制度来看，仍难称完备，同功不同赏、多功不加赏的现象依然存在。如镶白旗包衣人辉宝、格尔苏的征战经历几乎相同，但是前者获“拜他喇布勒哈番”，后者仅获“拖沙喇哈番”世职；再如同为征战阵亡者，但所追赠的世职亦不相同，如朱山以佐领、昭格以护军校、颜拜以委署护军校身份阵亡，皆被追授“拜他喇布勒哈番”世职；而赫锡亨以委署骁骑校、拜度以三等侍卫、福达理由护军校身份从征阵亡，均授“拖沙喇哈番”世职。这说明，完善的制度建设不仅需要自上而下的政令作为后盾，更需要历经一个漫长的实践过程去反复调整。

需要指出的是，建立功勋，获得世职，其后世子孙可以承袭。但是，世职给予他们更多的是经济待遇上的改善，所附带的政治地位上的提高也仅限于本阶层内部。因此，即便包衣牛录下人荣获世职，也很难改变其包衣人的身份；甚至有些旗分佐领下的后代在承袭世职时被改隶为包衣旗籍，如正蓝旗人尼雅哈因立战功获云骑尉，其子塔尔满又立战功，再授云骑尉，然而，其后裔却在乾隆初年改隶本旗包衣[3]。再如镶黄旗人福绥在从征准噶尔时阵亡，追赠云骑尉，由其子穆兰袭职，但在乾隆初年却“隶本旗包衣”[4]。因此，从一定意义上讲，对于包衣牛录下人而言，世职更像是一种世袭性的经济恩赐，对其政治地位的提升微乎其微，对其包衣身份的改隶更是毫无意义；对于统治者而言，世职制度的实质是他们对内激励八旗官兵奋勇争战、勤勉效力，对外吸引、瓦解敌对势力的重要工具。

---

① 长善等纂:《驻粤八旗志》,辽宁大学出版社 1992 年版,第 3 页。

② 中国第一历史档案馆整理:《康熙起居注》第 3 册,康熙五十五年十二月丙申,中华书局 1984 年版,第 2341 页。

③ 弘昼等修:《八旗满洲氏族通谱》卷 52《索齐勒氏》,辽海出版社 2002 年版,第 586 页。

④ 弘昼等修:《八旗满洲氏族通谱》卷 19《佟佳氏一》,第 257 页。

第四章　包衣牛录管理机构与管理组织

我们知道，在中国古代社会中，统治阶层主要依靠两条主线维系着对国民的统治和国家的治理，一是运用法律和伦理对人们的行为进行约束；一是建立爵制和官制，以爵制划分士人等级，以官制实现社会治理。因此，爵制和官制相辅相成、并行不悖，对维系封建制国家机器的有序运转，对国家制度建设和社会治理，都起到不可或缺的作用。

在第三章中，笔者对包衣牛录下人的世职制度作了分析。如果说世职制度与宗法制密切相关的话，那么，与世职制度相辅相成的官制则与分封制密不可分。笔者所定义的“官制”，是指在政权稳固后，统治者为实现长治久安而设置的从中央到地方、从庙堂到乡吏的各级政府的管理机构，以及为保障这些机构最大化地发挥效用所制定的行政制度和人事制度。而笔者所要讨论的是清代包衣牛录中的官制及其管理，即八旗制度下包衣牛录的管理机构与管领组织。

第一节　内府事务机构的成立

内务府是清代特有的皇室服务机构，其主要职能是“掌上三旗包衣之政令，与宫禁之治，凡府属吏、户、礼、兵、刑、工之事，皆掌焉”①。在所有的职能部门中，内务府与皇帝的联系最为密切，其僚属也最为庞大。长期以来，学界对内务府相关问题进行了深入研究，产生大量的研

① 昆冈等修：光绪《清会典》卷89《内务府》，中华书局1991年版，第808页。

究成果，但对入关前内务府的研究较为薄弱，其中关于内务府设立的具体时间仍是悬而待解的重要问题，或认为至迟在崇德元年（1636）就已存在，或认为设于崇德二年①。总之，学界一般认为崇德初年已设立类似于内务府的皇室管理机构，只是当时尚称之为“内府”，其长官称为“内府事务官”。

实际上，内务府的本质是区分公与私、国与家的机构。学界多集中于对内务府设立时间的讨论，而对其产生的历史背景关注不够。目前据笔者所见，只有祁美琴在《清代内务府》一书中有所论述，她指出，满洲早期社会经济结构、包衣阶层的形成、牛录固山制度的发展以及满洲文化的开放性和包容性，都是促成内务府制度设立的主要背景。祁著主要从宏观视角对内务府设立的时代背景进行了分析。在此，笔者爬梳史料，拟从微观视角，通过考察天聪朝汗室财产和包衣的不断发展、内廷功能的扩大、两黄旗包衣牛录组织的形成，来探讨崇德初年内府机构设置的历史条件和现实需要，并借此对崇德年间（1636—1643）内府机构设立后的具体职能作一分析。

一、汗室发展的需要：内府机构设置的必然性

天聪时期是后金汗权走向崇德皇权的过渡时期。在此期间，汗权呈现出不断强化的趋势。伴随于此的是，汗室财物得到极大发展，“汗库”与“国库”的财产归属日益分明；包衣人数日渐庞大，对其有效的组织和管理迫在眉睫；内廷的功能逐渐外延，承担了越来越多的行政职能。这些都反映了“汗”之家向“国”之家的嬗变，也突显了内府管理机构设置的客观需要。

（一）区分国库、管理汗库的需要

“国库”与“汗库”的产生，与社会经济发展以及对外掠夺战争的不断扩大息息相关。当剩余财产达到一定规模，需要设置专门的机构负责管理存储和出纳时，“库”便应运而生了。

---

① 钟安西:《清朝内务府考略》,《文史》第34辑,1992年;祁美琴:《清代内务府》,辽宁民族出版社2009年版,第39页;杜家骥:《清初内务府设立的时间问题》,《古今论衡》2011年第23期。

1. “国库”财产的来源、管理及其使用

“国库”在史籍中常被称作“公库”或“官库”，其满文为“siden i ku”[①]，意为“公共的库”。实际上，早在八旗设立之前[②]就有公库存在，万历三十九年（1611）“太祖查本国寒苦旷夫千余，皆给配，中有未得者，发库财与之，令其自娶”[③]。可见，“库”在设立伊始便具有国有的属性，发挥着公用性的职能。在天聪朝，库始见于天聪六年（1632），是年，为配给新官以妻室，汗特谕“拨八旗官库财帛，以给配妻室”[④]，即为国家官库。而天聪年间胡贡明曾上本说：“养新人一节，不该八家分养，总出东西贮之库，听汗查贤愚可否，而厚薄养之。”[⑤] 因八家不愿恩养新人，故他建议将八家财物总出后贮之于库，再由汗根据其贤愚来决定是否予以厚养。

关于国库财产的来源。除了官庄收入、抢掠以及朝鲜、蒙古等的贡赋外，还包括贸易及税收银两。天聪五年（1631），穆成格率人出使朝鲜贸易，“以官库银易取绸四百七十五匹、蟒缎二匹、青素缎七匹，存于官库”[⑥]，便是贸易所得。此外，税收收入亦是官库财物的重要来源，太宗继汗位之初就强调“通商为市，国家经费所出，应任其交易，漏税者罪之”[⑦]；天聪六年，“红旗桥上贩肉之税及蓝旗桥上购猪羊之税，共十二两五钱均未入官”，被镶蓝旗法笃与笔帖式侵吞，故被革职[⑧]；而天聪时期在盛京八门设立了“八门税务”，所得银两亦入官库[⑨]。可见，八旗皆有税银收入，且可资国用。

对于国库财产的管理，在天命年间曾依据财务属性，分为银库、缎

---

① 中国第一历史档案馆整理译编：《内阁藏本满文老档·太祖朝》，满文，辽宁民族出版社2009年版，第1986页。关孝廉译编：《〈旧满洲档〉谕删秘要全译》，见《满学研究》第1辑，吉林文史出版社1992年版，第392页。

② 八旗建立于1615年，而1611年时可能已建立四旗。见杜家骥：《八旗与清朝政治论稿》，人民出版社2008年版，第12页。

③ 《清太祖武皇帝实录》卷2，见潘喆、孙方明、李鸿彬主编：《清入关前史料选辑》第1辑，中国人民大学出版社1984年版，第326页。

④ 关孝廉译编：《〈旧满洲档〉谕删秘要全译》，《满学研究》第1辑，第393页。

⑤ 《天聪朝臣工奏议》卷中，辽宁大学历史系1980年编印，第43页。

⑥ 关孝廉译：《天聪五年八旗值月档（三）》，《历史档案》2001年第2期。

⑦ 《清太宗实录》卷1，天命十一年八月丙子，《清实录》第2册，中华书局1985年影印版，第26页。

⑧ 中国第一历史档案馆整理译编：《内阁藏本满文老档·太宗朝》，汉文译文，第621页。

⑨ 《天聪朝臣工奏议》卷上，第19页；《天聪朝臣工奏议》卷下，第83页。

库等库，并有诸如“ku i da”[①] 之类的“库长”来具体负责管理；天聪三年（1629）攻取固安县后“每旗遣库使一人，往收固安县城金银财帛”[②]，当时每旗公库都有专门的“库使”（ulin i niyalma）[③] 来负责接收战争俘获物品。而天聪五年，又有“管库大臣”负责出纳事务[④]，这些“管库大臣”是否就是“库长”“库使”还有待考究。

国库的职能在于管理国家共有财产的出纳和使用。具体来看，主要包括：其一，用作贫困诸申娶妻之资。如天聪二年（1628）太宗令“国中有贫苦无妻室者，可给资令其婚娶。遂拨库帑，散给无妻室之人”[⑤]。其二，赈济灾民。如天聪元年因“今岁国中粮食失收，民将饿死”，故“动用库银，散赈贫民”[⑥]。其三，为国家贸易提供本金。如天聪五年令“取官库财物”与高丽贸易[⑦]；天聪九年又以库银一千两往明国贸易[⑧]。其四，为大臣女作嫁妆。如天聪六年，岳托建议“诸贝勒之女，由诸贝勒出财帛给之；诸大臣之女，出公帑给之”[⑨]。“疏入，上嘉纳之”[⑩]。其五，赏赐、宴请来归部落。如天聪五年令“从官库领取阔卓赏赐新汉官”[⑪]，天聪九年（1635）“赐给云敦、特凌衮色棱二人公库之灰鼠皮里貂镶皮袄、貂皮短皮端罩……各一”[⑫]。此外，还有诸如天聪六年“以参将魏赫德、游击达海巴克什病故，各赐官库纸八百、羊一、烧酒二大瓶”[⑬] 等之类的抚恤补贴。总之，国库财物主要为国家和各旗诸申服务，其中为加强与蒙古的关系，频繁赏赐与宴请是国库的重要开支。

---

① 中国第一历史档案馆整理译编：《内阁藏本满文老档 · 太祖朝》，满文，辽宁民族出版社 2009 年版，第 1241 页。

② 中国第一历史档案馆整理译编：《内阁藏本满文老档 · 太宗朝》，汉文译文，第 513 页。

③ 同上，满文，第 4618 页。

④ 关孝廉译：《天聪五年八旗值月档（二）》，《历史档案》2001 年第 1 期。

⑤ 中国第一历史档案馆整理译编：《内阁藏本满文老档 · 太宗朝》，汉文译文，第 482 页。

⑥ 同上，汉文译文，第 472 页。

⑦ 关孝廉译：《天聪五年八旗值月档（一）》，《历史档案》2000 年第 4 期。

⑧ 关嘉录、佟永功、关照宏译编：《天聪九年档》，天津古籍出版社 1987 年版，第 116 页。

⑨ 中国第一历史档案馆整理译编：《内阁藏本满文老档 · 太宗朝》，汉文译文，第 604 页。

⑩ 《清太宗实录》卷 11，天聪六年正月癸丑，《清实录》第 2 册，中华书局 1985 年影印版，第 152 页。

⑪ 关孝廉译：《天聪五年八旗值月档（一）》，《历史档案》2000 年第 4 期。“阔卓”原注“不知何物，遍查无考”。

⑫ 关嘉录、佟永功、关照宏译编：《天聪九年档》，第 4 页。

⑬ 中国第一历史档案馆整理译编：《内阁藏本满文老档 · 太宗朝》，汉文译文，第 654 页。

2. “汗库”财产的来源及其使用

除“国库”外，汗也有自己的“私库”。

天命六年（1621）始见“汗仓”“汗库”“内库”“内帑”之称，满文对应的是“han i dzang”“han i ku”①。汗之内库的财产来源也较为广泛，除汗拥有大量的庄园、果园外，战争俘获时诸贝勒献银也是内库财产的重要来源。如天聪九年（1635）往掠大同等地后，“大贝勒、和硕贝勒萨哈廉献银一千三百两、银碟钟六个、足杯三个……汗纳大贝勒、和硕贝勒萨哈廉所献之物：蓝蟒缎一匹，通山蟒缎一匹……余皆却之”②。可见每次俘获都有数额不菲的金银锦缎献给汗室。此外，对外贸易所得也是丰储汗库的重要途径。如天聪五年，穆成格率八旗八人自沈阳赍朝鲜书至，奏曰：“以八家银易取者，每家毛青各一千三百五十匹，绸各三十匹；又以官库银易取绸四百七十五匹、蟒缎二匹、青素缎七匹，存于官库”③。从前后的对比关系来看，以“八家银易取”和以“官库银易取”显然属于一私一公，所易得的财物也分别入“私库”与“国库”，其中八家便包括皇太极作为旗主的正黄旗，所得财物理应入“汗库”。

与国库相比，汗库的特殊地位决定了它既有私库的属性，同时又兼具国库的部分职能，主要表现在其财物除保证汗室日常所需外，还多用作赏赐。如天聪八年（1634），“命出内库缎帛，多制各色衣服、帽靴、甲胄、弓矢、撒袋、鞍辔等物，以备赏赉”④；天聪九年，“汗赐给土谢图济农貂皮皮端罩一……烟四十刀、海参四包。另赐以公库财帛：蟒衣一、缎九、毛青布五十”⑤。从“另赐公库财帛”来看，前面所赐之物皆出自汗之私库。

天聪九年六月，因蒙古、虎尔哈等处部众多来归附，“库仓之粮储不

---

① 中国第一历史档案馆整理译编:《内阁藏本满文老档·太祖朝》,汉文译文,第96、99页;满文,第1285、1336页,辽宁民族出版社2009年版。

② 中国第一历史档案馆译编:《清初内国史院满文档案译编》上册,光明日报出版社1989年版,第99页。

③ 关孝廉译:《天聪五年八旗值月档(三)》,《历史档案》2001年第2期。

④ 《清太宗实录》卷18,天聪八年五月丙申,《清实录》第2册,中华书局1985年影印版,第242页。

⑤ 关嘉录、佟永功、关照宏译编:《天聪九年档》,天津古籍出版社1987年版,第5页。

敷”，诸贝勒大臣等“俱捐粮谷”[1]，后又“令八家各出粮百石于市中发卖”[2]。“捐”“卖”二字隐含着贝勒大臣对粮谷的所有权，体现出明显的私有制特征。引人注意的是，即便如此饥馑之年，同年十二月，张存仁条奏时竟称“大内府库所储财帛已足上用”[3]，可见国库不敷，并不等于汗库不丰。

综上，国库与汗库财富都是在国家对外战争和贸易中逐渐积累起来的，两者财产的归属有着清晰的区分。随着汗库储物的日益丰盈，财物的用途日渐多元，负责接收、管理和出纳汗库财物的专门机构呼之欲出。

（二）管理“汗室”包衣的需要

1. 汗室奴仆数量庞大

前述，天聪年间（1627—1636），随着对外掠夺战争的不断升级，后金政权中俘获的奴仆数量日益增多。其中部分奴仆被以八旗制度的建制模式组织起来，形成一种新的牛录组织，即“包衣牛录”；而数量更多的奴仆则被拨隶于汗及诸王贝勒、诸申家中，形成“家下奴仆”。

天聪八年（1634），据汉臣自称“上等之家不下千丁，下等之家不下二十余丁”[4]；次年，代善之子瓦克达“家下额定满洲阿哈一百五十八名、汉人阿哈一百八十六名、蒙古二十名”[5]，共计 364 人。可见，当时的大臣、贝勒等私家役使之员拥有数千之众是完全有可能的。

虽然天聪时期家下奴仆的人数无从查考，但是我们可以从顺治初年比丁时的人数对比推知一二。在顺治五年（1648）比丁时，八旗旗分牛录下共计丁约 13 万人；包衣牛录、家下奴仆合计丁近 21.7 万人[6]。再参考顺治元年左右包衣牛录丁数八旗共计 1.3 万余人的记载[7]，可知顺治初年家下奴仆应不少于 20 万人。由此可知，在清军入关初期，家下奴仆的人数远超八旗旗分牛录和包衣牛录丁口的总和，而这种对比悬殊的人口

---

① 关嘉录、佟永功、关照宏译编：《天聪九年档》，天津古籍出版社 1987 年版，第 83 页。

② 中国第一历史档案馆整理译编：《内阁藏本满文老档·太宗朝》，汉文译文，辽宁民族出版社 2009 年版，第 772 页。

③ 《清太宗实录》卷 26，天聪九年十二月丁酉，《清实录》第 2 册，中华书局 1985 年影印版，第 340 页。

④ 《清太宗实录》卷 17，天聪八年正月癸卯，《清实录》第 2 册，第 225 页。

⑤ 关嘉录、佟永功、关照宏译编：《天聪九年档》，第 123 页；中国第一历史档案馆译编：《清初内国史院满文档案译编》上册，光明日报出版社 1989 年版，第 202 页。

⑥ 安双城：《清初编审八旗男丁满文档案选译》，《历史档案》1988 年第 4 期。

⑦ 杜家骥：《八旗与清朝政治论稿》，人民出版社 2008 年版，第 94 页。

结构至少反映了天聪、崇德两朝家下奴仆人数急剧增加的状况。作为一国之主，皇太极所属的包衣数量在此期间亦获得较大发展。

2. 对“家下奴仆”管理的迫切性

前述，家下奴仆人数众多，他们组织起来将成为一支不可忽视的后备军事力量。我们发现，家下奴仆多以“跟役”“断卒”的身份随主远征，他们或被派去窥探敌情[①]，或被派“往明境捉生”[②]、追捕逃亡人口[③]、“携云梯、挨牌等物为后”[④] 等。天聪五年（1631），皇太极命“营内断卒执旗帜，向锦州驰骋扬尘”，诱使锦州祖大寿出城迎战，从而大败明军[⑤]。

但是，对家下奴仆管理不善将对后金军队产生一定的反作用。因断卒多为战争俘虏，因此最易发生“通敌叛国”的行为。天聪年间（1627—1636）便曾查出有满洲大臣家奴“潜通明国，书信往来”[⑥]。此外，在战场上断卒偷盗事件频发，甚至发生“在败敌后，尽掠我诸申衣服”[⑦] 的事件，皇太极虽谕令“不论开往何处，若甲兵二十人去，则二十甲兵下断卒亦随之去，甲兵十人去，十甲兵下断卒亦随之去”[⑧]，又令所带武备“俱以白布号带，书满洲字缀之”[⑨]，但战马、盔甲依然时有被窃。

因此，对汗家奴仆而言，一方面其数量越来越多，组织起来将是一支重要的后备军事力量；另一方面这些奴仆无纪律的肆意抢掠愈演愈烈，对后金军队又产生了一定的负面影响。而此时原有的包衣牛录组织已不能有效地对其进行约束，因此，加强对家下奴仆的管理对于汗室和整个后金统治阶层而言都势在必行。

（三）内廷功用扩大化的需要

内廷或称汗室，本是汗起居之所。随着后金政权的发展，天聪年间

---

① 关孝廉译编:《天聪五年八旗值月档(五)》,《历史档案》2001 年第 4 期。

② 关孝廉译编:《天聪五年八旗值月档(二)》,《历史档案》2001 年第 1 期;季永海、刘景宪译编:《崇德三年满文档案译编》,辽海出版社 1988 年版,第 70 页。

③ 《盛京满文逃人档》,见中国第一历史档案馆编:《清代档案史料丛编》第 14 辑,中华书局 1990 年版,第 9 页。

④ 《清太宗实录》卷 3,天聪元年五月甲戌,《清实录》第 2 册,中华书局 1985 年影印版,第 48 页。

⑤ 《清太宗实录》卷 9,天聪五年九月庚寅,《清实录》第 2 册,第 134 页。

⑥ 《清太宗实录》卷 17,天聪八年正月癸卯,《清实录》第 2 册,第 225 页。

⑦ 关孝廉译编:《天聪五年八旗值月档(三)》,《历史档案》2001 年第 2 期。

⑧ 同上。

⑨ 《清太宗实录》卷 15,天聪七年八月丁亥,《清实录》第 2 册,第 205 页。

内廷逐渐具备了一定的政治功能。

1. 宫阙建筑基本竣工，宫内则例日益完善

盛京故宫始建于何时，学界尚有争论。据铁玉钦、王佩环等人研究，努尔哈赤在天命十年（1625）三月迁都沈阳后，便开始着手修建十王亭和大政殿；到天聪七年（1633），已逐渐修建了包括大清门、崇政殿、凤凰楼和台上五宫在内的大内宫阙建筑。其中崇政殿是皇太极临朝听政之所，在其附近有便殿、内殿，为“随意处理事务和休息的地方”。天聪六年正月皇太极赐代善、莽古尔泰衣帽，以及后来召见朝鲜礼部侍郎朴鲁皆在此便殿。① 而北辰殿、凤凰楼、翔凤楼等，甚至寝宫清宁宫等处也都曾处理过国家政务②。

同时，随着宫廷建制的逐步完善，宫内则例相继颁布实施。如天聪十年四月定侍卫值班之制，令“其内门、两翼门及大清门，设守门人役，命严加看守。稽察出入人等。内门止许守门人役当值，勿容闲人。值日官稽察之”③。同时又规定，“各官及侍卫、护军，晨夕入朝，皆集于大清门，门内外或坐或立，不许对阙背阙，不许坐立御道中，唯于御道左右，相向坐立”④。等级愈发森严。

2. 内廷成为国家筵宴的重要场所

从天聪五年（1631）开始，史料中频繁记载汗召蒙古诸王、明朝归降将领、满洲诸王贝勒等于内廷筵宴之事，如天聪五年“汗召扎赉特部三斋、拉玛斯喜及阿鲁部达赖楚虎尔之孙海色入内廷，治席二十桌，煮五狍、一鹿之肉，宴之”⑤。同年，“汗召集大凌河城归降十二副将于内廷，先赐馔，再宰羊一只，设六桌赐宴”⑥；天聪六年“汗集诸贝勒大臣于内廷筵宴，以戴青贝勒之女册为东宫福晋”⑦，等等。筵宴之频繁、人

---

① 铁玉钦、王佩环:《关于沈阳清故宫早期建筑的考察》，载沈阳故宫博物馆编:《沈阳故宫博物馆论文集》，1984 年，第 1 ~ 30 页。

② 武斌主编:《清沈阳故宫研究》，辽宁大学出版社 2006 年版，第 174 ~ 193 页。

③ 《清太宗实录》卷 28，天聪十年四月丁亥，《清实录》第 2 册，中华书局 1985 年影印版，第 369 页。

④ 《清太宗实录》卷 28，天聪十年四月丁亥，《清实录》第 2 册，第 369 页。

⑤ 中国第一历史档案馆整理译编:《内阁藏本满文老档 · 太宗朝》，汉文译文，辽宁民族出版社 2009 年版，第 600 页。

⑥ 关孝廉译编:《天聪五年八旗值月档（五）》，《历史档案》2001 年第 4 期，第 13 页。

⑦ 中国第一历史档案馆整理译编:《内阁藏本满文老档 · 太宗朝》，汉文译文，第 618 页。

数之众多，都已经突破内廷作为汗室起居场所的原始功能，而逐渐成为对外笼络蒙古、对内凝聚诸王贝勒的重要场合。

总之，随着宫阙建筑和宫内则例的日渐完善，天聪朝内廷已逐步突破原有的家庭职能而承担了部分国家职能。不管是在宫内议政、举行大典，还是接受降服、宴请王公，都使得宫廷事务日益繁重、宫廷警卫日趋重要，这些都是内府机构设立的背景之一。

二、两黄旗包衣牛录组织的形成：内府机构设置的可能性

内务府是在两黄旗包衣牛录组织的基础上设立的。两黄旗包衣牛录组织的形成，反映了天聪汗所掌握的包衣牛录力量的增强，这为内务府机构的设立提供了重要的前提和基础。

笔者在第二章曾根据学界已有研究成果，概述了皇太极继位后的两次改易旗帜活动。概言之，努尔哈赤在晚年已对八旗领属作出安排，其中正黄旗分给阿济格、多尔衮两人统领；镶黄旗分给多铎；皇太极领正白旗；豪格领镶白旗。而皇太极继汗位后不久，便在只改变旗帜而未动牛录下人的方式，与多尔衮兄弟的两白旗交换了旗帜，由此变为皇太极领正黄旗、豪格领镶黄旗的格局。因此，从天聪元年（1627）至天聪九年十二月期间，皇太极仅担任正黄旗旗主，正黄旗在八旗中的地位也最高。

天聪九年十二月，因已故正蓝旗旗主莽古尔泰、德格类被人告发生前有“谋逆”行为，皇太极借机将正蓝旗籍没后，“将此旗与自己原领的正黄旗混编，然后一分为二，组成新的正黄旗、镶黄旗两旗，从此领新的两黄旗”。而豪格所统领的镶黄旗被更名为正蓝旗，仍任旗主。[①] 因此，从天聪九年十二月开始，皇太极才正式成为两黄旗旗主。同时，因其子豪格作为正蓝旗旗主，与皇太极有着一定程度的隶属关系，这样八旗中便有三旗为皇太极所控制。通过这次兼并，皇太极的实力大增，其国主地位亦随之巩固。

那么，在兼并正蓝旗、改易两黄旗的事件中，包衣牛录作为旗分牛录的重要附属，是否也有过相应的变动？

---

① 杜家骥：《八旗与清朝政治论稿》，人民出版社 2008 年版，第 151 ~ 164 页。

为便于分析，我们按照《八旗通志初集》的记载，将两黄旗入关前所编立的包衣牛录列表如下：

入关前正黄旗包衣牛录概况一览表

包衣参领	包衣佐领	包衣牛录章京
第一参领	第一满洲佐领	“系国初编立，始以额尔肯管理。额尔肯故，以宁他哈管理”①
第二参领	第二满洲佐领	“初系安达礼管理。安达礼故，以瑚敏管理。瑚敏调隶镶黄旗，以安达礼之子赖达库管理”②
第三参领	第四满洲佐领	“亦系国初编立，始以明柱管理。明柱出包衣籍，以图巴管理。图巴出包衣籍，以武赛管理”③
	第五满洲佐领	“亦系国初编立，始以宁塔哈管理。宁塔哈故，以阿明阿管理。阿明阿故，以多毕管理。多毕故，以满毗管理”④
	第二高丽佐领	“系国初编立，始以辛达礼管理。辛达礼故，以其弟尹达礼管理。尹达礼故，以辛达礼之子胡住管理”⑤
	第一旗鼓佐领	“系国初编立，始令金秉世管理。金秉世故，以巴喀管理。巴喀出包衣籍，以多赖管理”⑥
第五参领	第三旗鼓佐领	“亦系国初编立，始以张泰管理。张泰故，以汪三管理”⑦
	第四旗鼓佐领	“亦系国初编立，始以董得贵管理”⑧
	第五旗鼓佐领	“亦系国初编立，始以额尼叶图管理。额尼叶图故，以秦宗周管理。秦宗周故，以姚知义管理”⑨

---

① 鄂尔泰等修，李洵等校：《八旗通志初集》卷4《旗分志四：八旗佐领（正黄旗满洲佐领）》，东北师范大学出版社1985年版，第63页。

② 同上，第63页。

③ 同上，第65页。

④ 同上，第65页。

⑤ 同上，第66页。

⑥ 同上，第66~67页。

⑦ 同上，第67页。

⑧ 同上，第67页。

⑨ 同上，第68页。

入关前镶黄旗包衣牛录概况一览表

包衣参领	包衣佐领	包衣牛录章京
第一参领	第一满洲佐领	“初系胡密孜管理。胡密孜故，以石图管理”①
第二参领	第二满洲佐领	“初系投德管理。投德故，以杜尔海管理”②
第三参领	第四满洲佐领	“初系阿哈硕色管理。阿哈硕色故，以费扬古管理”③
第四参领	第一旗鼓佐领	“初系杨名升管理。杨名升出包衣籍，以张嘉谟管理”④
第五参领	第三旗鼓佐领	“初系马图朗管理。马图朗故，以三齐哈管理”⑤
	第四旗鼓佐领	“初系刘自远管理。刘自远故，以刘自成管理”⑥

包衣牛录及其佐领的地位要逊于旗分牛录及其佐领，因此，关于包衣牛录佐领的记载要相对少得多。这为我们调查两黄旗包衣牛录佐领在天聪九年（1635）十二月之前和之后的旗籍情况造成很多困难。即便如此，我们仍可探知天聪九年十二月兼并正蓝旗包衣的蛛丝马迹。

第一，正黄旗包衣佐领大多编立于“国初”，而镶黄旗包衣没有一例明确标示为“国初”编立。关于“国初”的时间限定，笔者在第一章中曾有过讨论，认为史籍中“国初”的时间范围可涵盖自努尔哈赤起兵之初直至顺治年间（1644—1661）天下甫定这一段时期。据表中所示，高丽佐领“系国初编立，始以辛达礼管理”，而辛达礼是在“天聪元年率子弟来归”⑦ 后，“越二年，朝鲜归附人户益众”⑧，而编置佐领的，也即编立于天聪三年。由此推知，正黄旗包衣牛录中其余标识“国初编立”者，很可能也是在此前后。

正黄旗包衣牛录大多编立于天聪初年，而皇太极所掌的镶黄旗包衣

---

① 鄂尔泰等修，李洵等校：《八旗通志初集》卷3《旗分志三：八旗佐领（镶黄旗满洲佐领）》，东北师范大学出版社1985年版，第41页

② 同上，第42页。

③ 同上，第43页。

④ 同上，第43~44页。

⑤ 同上，第44页。

⑥ 同上，第44页。

⑦ 弘昼等修：《八旗满洲氏族通谱》卷72《附载满洲旗分内之高丽姓氏·金氏》，辽海出版社2002年版，第790页。

⑧ 盛昱辑：《雪屐寻碑录》卷12《皇清诰赠光禄大夫佐领兼总理内务府三旗火器营事务金公神道碑》，见金毓绂主编：《辽海丛书》第5册，辽沈书社1985年版，第3013页。

牛录是在天聪九年十二月兼并正蓝旗后分立的，因此，镶黄旗包衣牛录成立的时间要晚于正黄旗包衣牛录，所以在《八旗通志初集》记录镶黄旗各包衣佐领的编立时间时，便不能再标记为“国初”所建了。

第二，阿哈硕色与瑚敏的旗籍调动。

镶黄旗第四满洲佐领为阿哈硕色。天聪八年（1634）八月，“上都城有废庙，为御前庖人及众虾下厮卒所毁。上见之，大怒”，因此将“宁他海牛录下庄奈，阿哈硕塞牛录下白尔泰、巴兔、俄库约各鞭一百，贯耳”[①]。笔者认为，此案中的阿哈硕塞即是我们要讲到的镶黄旗满洲包衣佐领阿哈硕色。原因有三：（1）宁他海即宁塔海，或被译作宁塔哈，是正黄旗包衣佐领，此人后文有述。而阿哈硕塞牛录下人同样受罚，说明阿哈硕塞与宁塔海身份很有可能一样，同属包衣佐领。（2）从该案可以看出阿哈硕塞牛录下人中有任职“御前庖人”及“侍卫”者，符合包衣牛录下人的身份和职责。（3）查《八旗通志初集》及《八旗满洲氏族通谱》可知，入关前并无“阿哈硕塞（色）”者任八旗旗分牛录章京。综上分析，“阿哈硕塞”与“阿哈硕色”实为一人，即镶黄旗包衣佐领。

值得注意的是，天聪八年八月，皇太极只统领正黄旗一旗，所以这时属下有“御前庖人”并与宁塔海一起服务汗室、担任包衣佐领的阿哈硕塞只能是正黄旗包衣牛录章京。而次年十二月组建了新的镶黄旗包衣牛录后，阿哈硕塞才被调任镶黄旗并任首位包衣牛录章京。

此外，正黄旗第二满洲佐领曾以瑚敏管理，后“瑚敏调隶镶黄旗”。“瑚敏”即“胡敏”，据《八旗满洲氏族通谱》记载，胡敏为“镶黄旗包衣人”，由“由正黄旗包衣改隶”[②]。这一记载与《八旗通志初集》中所载一致。崇德年间（1636—1643）胡敏确实以佐领的身份统领包衣牛录，如崇德时守护福陵者便有“包衣胡敏牛录下扎亲”[③]，而当崇德八年（1643）八月皇太极去世后，两黄旗大臣曾举行一场盟誓效忠皇室的仪式，其中排名最后的便是“宁塔哈、尼雅汉、阿哈硕色、胡敏”[④] 等人，

① 齐木德道尔吉编：《清朝太祖太宗世祖朝实录蒙古史史料抄·乾隆本康熙本比较》，内蒙古大学出版社2001年版，第300页。

② 弘昼等修：《八旗满洲氏族通谱》卷8《董鄂氏》，辽海出版社2002年版，第143页。

③ 《盛京吏户礼兵四部文》，见《清代档案史料丛编》第14辑，中华书局1990年版，第107页。

④ 《清世祖实录》卷1，崇德八年八月癸未，《清实录》第3册，中华书局1985年影印版，第31页。

他们都是以两黄旗包衣佐领的身份参与的，排名位列两黄旗旗分佐领之后。而镶黄旗包衣第一满洲佐领的"胡密孜"是否就是"胡敏"，还有待再考。

总之，天聪九年（1635）十二月兼并正蓝旗、编立两黄旗的旗帜改易事件，也影响到包衣牛录的分配。同时，将正黄旗下阿哈硕塞、胡敏等人调入镶黄旗继续充任包衣佐领，与皇太极安排谭泰和拜尹图担任新两黄旗的固山额真一样，也是出于对旧属旗人的警惕心理而做出的有意安排。①

天聪末年两黄旗包衣牛录的编立及相关的人事安排，意味着崇德初年内府事务机构设立的条件已经成熟。

三、内府事务机构的设立及其职能

学界一般认为内务府成立于崇德初年。目前史料所见最早与内务府相关的衙署为"内府"。在崇德元年（1636）五月有"管理内府事务官宁塔海"，满文为"dorgi baita icihiyara amban nintahai"②；而同年又出现有"内府值班人"，"内府"满文为"dorgi yamun"③ 意为"内衙门"。虽然从满文名称来看，这时的"内府"与后来内务府满文"dorgi baita be uheri kadalara yamun"还稍有不同，但却表明已有实体机构在负责皇室内务的管理。

（一）宁塔海其人

由上，我们知道宁塔海曾担任"内府事务官"。以此为线索，我们发现了更多关于宁塔海的事迹。

据上表可知，在"国初"，正黄旗下既已编立了四满洲、一高丽、四旗鼓，共计9个包衣牛录。

其中，正黄旗第一满洲佐领"始以额尔肯管理。额尔肯故，以宁他

① 杜家骥:《八旗与清朝政治论稿》,人民出版社2008年版,第158页。

② 中国第一历史档案馆整理译编:《内阁藏本满文老档・太宗朝》,满文,辽宁民族出版社2009年版,第7057页。

③ 中国第一历史档案馆整理译编:《内阁藏本满文老档・太宗朝》,满文,第7117页。

哈管理"[1]。据《八旗满洲氏族通谱》载，满平阿为正黄旗包衣人，其兄额尔肯原任佐领[2]。可见，额尔肯为正黄旗包衣人。正黄旗第二满洲佐领的牛录章京为安达礼，"安达理，正黄旗包衣人"[3]。第四满洲佐领的首任包衣牛录章京为明柱，虽然没有关于他的详细资料，但据"明柱出包衣籍，以图巴管理，图巴出包衣籍，以武赛管理"[4] 可知，明柱及其继任者图巴都为包衣出身。第五满洲佐领"始以宁塔哈管理"[5]。据《八旗通志初集》："宁塔哈，满洲正黄旗人。顺治元年，以包衣牛录章京，随睿亲王多尔衮入山海关击流寇"[6]。实际上，崇德三年（1638）宁塔海便任"凡担章京"[7]，凡担章京满文为"faidani janggin"，崇德元年时，由皇帝架下旗鼓改称之[8]。由此可知，宁塔海本人是正黄旗人，但他却曾任旗鼓佐领，后又担任正黄旗包衣牛录章京之职。这一错位的身份及其牛录领属关系，导致了档案中关于"正黄旗宁塔海牛录"[9]"皇上包衣宁塔海"[10]的不同记载。而高丽佐领新达理、旗鼓佐领巴喀、张泰、汪三、董得贵、朱国善等人皆为包衣出身[11]。

综上分析，我们可以得出以下两点认识：

第一，在入关前的九个正黄旗包衣牛录章京（佐领）中，只有宁塔

---

① 鄂尔泰等修，李洵等校：《八旗通志初集》卷4《旗分志四：八旗佐领（正黄旗满洲佐领）》，东北师范大学出版社1985年版，第63页。

② 弘昼等修：《八旗满洲氏族通谱》卷31《兆佳氏》，辽海出版社2002年版，第399页。

③ 弘昼等修：《八旗满洲氏族通谱》卷32《颜扎氏》，第410页。

④ 鄂尔泰等修，李洵等校：《八旗通志初集》卷4《旗分志四：八旗佐领（正黄旗满洲佐领）》，第65页。

⑤ 同上。

⑥ 鄂尔泰等修，李洵等校：《八旗通志初集》卷203《勋臣传三》，第4716页。

⑦ 中国人民大学清史研究所、中国第一历史档案馆译编：《盛京刑部原档》，群众出版社1985年版，第48页。

⑧ 《清太宗实录稿本》卷14，崇德元年五月初三日，辽宁大学历史系1978年编印，第8页。

⑨ 中国人民大学清史研究所、中国第一历史档案馆译编：《盛京刑部原档》，第33页。

⑩ 同上，第160页。

⑪ 弘昼等修：《八旗满洲氏族通谱》卷72《附载满洲旗分内之高丽姓氏·金氏》，第790～791页；鄂尔泰等修，李洵等校：《八旗通志初集》卷4《旗分志四：八旗佐领（正黄旗满洲佐领）》，第66～67页；《八旗满洲氏族通谱》卷74《附载满洲旗分内之尼堪姓氏》，第804页；《八旗满洲氏族通谱》卷77《附载满洲旗分内之尼堪姓氏》，第842～843页；《八旗满洲氏族通谱》卷74《附载满洲旗分内之尼堪姓氏》，第806～807页；杨海山：《清代京郊墓碑（续三）》，见《北京档案史料》，新华出版社2006年版，第327页；中国人民政治协商会议河北省丰宁县委员会文史资料研究委员会编：《丰宁文史资料》第1辑，《丰宁满族史料》，1986年，第100页。

海的身份是正黄旗人，其余皆为正黄旗下包衣人。

第二，宁塔海不仅以正黄旗人的身份兼管包衣牛录，而且在额尔肯故去后，宁塔海兼任了两个满洲包衣牛录的佐领（之前还曾任旗鼓佐领）。因此，宁塔海的地位在正黄旗包衣牛录中便显得格外突出，这也是选任宁塔海担任首任“内府事务官”的主要原因。

（二）崇德年间“内府”的主要职责

改元崇德后，皇太极在两黄旗包衣牛录的基础上设置了一个统一协调和管理各包衣牛录、专门服务于皇室的“内府”机构，这便是顺康时期内务府的雏形，而担任首任“内府事务官”的宁塔海便充任后世内务府总管大臣的角色。

关于后世总管内务府的职责，李鹏年曾总结为“办理宫内祭祀、朝贺礼仪、扈从后妃出入，总理皇子、公主家务，宫内筵宴设席，监视内阁用宝，宫内及圆明园值班，考察、任免、引见本府官员等”[①]。那么，崇德时期的“内府”有哪些职责呢?

第一，“办理宫内祭祀”事务。

崇德元年（1636）五月，有人将新樱桃献上，皇太极命范文程、罗硕等人与“管理内府事务官宁塔哈、礼部启心郎祁充格荐于太庙，仍命嗣后凡新进果品、五谷，先荐太庙，然后进御。著为令”[②]。由此可知，“办理宫内祭祀”事务是内府人员的主要职责之一，而这一职责也正是后来总管内务府的主要职责。也正因此，当崇德三年行军途中，正黄旗宁塔海牛录下满都虎从正白旗军营门寨出去，被守门人查问时，他谎称“我去取祭祀用猪”，而得以通行[③]。

第二，管理皇家私产。

崇德三年（1638）六月，刑部审理了这样一件案件：“皇上家牧群一牛死于牧场，镶蓝旗托克托洛言称来年给一两岁牛，遂将死牛之肉取走食之。然取牛时，托克托洛竟不还牛。三年过后，宁塔海牛录下额尔吉图、科西图二人去时，托克托洛适不在家，遂将包衣阿玛里之牛抓来。

---

① 李鹏年等编著:《清代中央国家机关概述》,黑龙江人民出版社 1989 年版,第 102 页。

② 《清太宗实录》卷 29,崇德元年五月癸丑,《清实录》第 2 册,中华书局 1985 年影印版,第 375 页。

③ 中国人民大学清史研究所编、中国第一历史档案馆译:《盛京刑部原档》,群众出版社 1985 年版,第 33 页。

本牛录下吴达海即将其一头三岁牛送去，欲了其事。吴达海反要了托克托洛包衣之两岁牛。托克托洛来涅罕处告称：‘我的包衣中没有阿玛里其人，皇上包衣来后，携走我牛，又把牛私自换给吴达海后，留下了’”[①]。在此案件中，皇上家牧群中的牛自然是皇帝私属财产，牛死后，皮肉理应归皇家所有，在被人食用后，作为皇室财产的管理者宁塔海便派牛录下人前去索取。这说明管理皇室财产也是其职责之一。

第三，监督、接受战争俘获金银等财物。

俘获金银由八家分取，是后金财物分配的既定之例。如天命四年（1619）攻取开原后，“大获金银、缎绸、蟒缎等物甚多，余物众兵士平分之，金银则未分与外人，皆由八家诸贝勒得之”，对于“未获金银之诸大臣”，再按世职等级，赐一等总额真大臣各银二百两、金五两；二等固山额真大臣各银百两、金二两；三等大臣各银三十两；四等大臣各银十五两……”[②]。

天聪年间（1627—1636）曾规定，出征往掠时，“凡珍珠、东珠、金银、花蟒缎、良缎等各色精美之物，应进献者，即送各固山额真，隐匿不送者罪之”[③]。后来，皇太极又再次强调：“我国定例，凡征战所获金银，除八家外，不得分取”[④]。然而，出征将士难以抵抗金银珠宝的巨大诱惑，偷匿私隐时有发生。如崇德四年（1639），清军南下往掠山东等地时，“有一汉人，知济南府德王埋藏金珠处所，其人为觉罗喀蒙阿所获”，后被送于正红旗固山额真杜雷，杜雷“即藏匿之，及皇上包衣宁塔海等出城，乃乘夜发窖”。事发，皇太极命“追开窖所获金银珠宝入内库”[⑤]。崇德八年七月，谭泰旗下甲喇章京囊古，在蓟州时，因“纵家人与宁塔海牛录下人争夺金帛”而被处罚[⑥]。可见，宁塔海牛录下人在战争中还负

① 中国人民大学清史研究所编、中国第一历史档案馆译：《盛京刑部原档》，群众出版社 1985 年版，第 28 页。

② 中国第一历史档案馆整理译编：《内阁藏本满文老档·太祖朝》，汉文译文，辽宁民族出版社 2009 年版，第 34 页。

③ 中国第一历史档案馆整理译编：《内阁藏本满文老档·太宗朝》，汉文译文，第 761 页。

④ 中国第一历史档案馆译编：《清初内国史院满文档案译编》上册，光明日报出版社 1989 年版，第 513 页。

⑤ 《清太宗实录》卷 48，崇德四年九月乙丑，《清实录》第 2 册，中华书局 1985 年影印版，第 644 页；中国人民大学清史研究所编、中国第一历史档案馆译：《盛京刑部原档》，第 160 页。

⑥ 《清太宗实录》卷 65，崇德八年七月辛丑，《清实录》第 2 册，第 898 页。

有为皇室监督俘获金银珠宝等财物免受抢掠的重任，且所追财物皆“入内库”，源源不断地充盈着内帑，难怪皇太极自称因“两旗及包衣人等所获”，“岂虑不敷所用耶”①？

第四，代皇室经商贸易。

经商贸易是除战争俘获和抢掠之外的又一增添财富的途径。前文提到，在天聪年间（1627—1636）便有为汗室经商贸易之人，只是这些人是否为包衣尚不清楚。至崇德年间（1636—1643），已有包衣以“皇商”的身份取内帑之财用作本金对外贸易，如崇德五年（1640），甲喇章京希福率众前往归化城贸易时，发生了“乘便欲代皇上包衣交易之人，顺携货物”“搜皇上包衣之人所置货物”的案件②，在这次贸易中，这些包衣身份虽然低微，但却代表皇上对外贸易，所携银两及所置货物都是皇家财产。

第五，作为两黄旗甲兵的后备力量。

随着明金战争的逐步升级，八旗甲兵兵力日渐不足，其中两黄旗包衣牛录便曾作为一支准军事力量广泛参与后金时期的对外战争。他们不同于前述家下奴仆所充任的断卒，而是在正面战场上冲锋陷阵。如崇德七年（1642），皇太极“派包衣牛录章京胡敏、包衣牛录章京杜伦等，共章京二十二员，甲兵二百八十三名，前往蓟州城东围之”③；在攻打赵州、博野县时，又派胡敏率军参战④。胡敏也因“由委署章京定鼎燕京时著有劳绩，授为骑都尉。三遇恩诏，加至二等轻车都尉”⑤。而尼音塔哈（即宁塔海）也由“包衣佐领定鼎燕京，入山海关击败流寇”，而得以叙功⑥。可见包衣牛录在明金战争中做出了一定的贡献。

综上，在“管理内府事务官”宁塔海等人的管领下，内府机构依靠

---

① 《清太宗实录》卷65，崇德八年六月乙卯，《清实录》第2册，中华书局1985年影印版，第893页。

② 《清太宗实录》卷53，崇德五年十二月乙亥，《清实录》第2册，第717～718页。

③ 《崇德七年奏事档》，见中国第一历史档案馆编：《清代档案史料丛编》第11辑，中华书局1984年版，第13页。

④ 《盛京满文清军战报》，见中国第一历史档案馆编：《清代档案史料丛编》第14辑，中华书局1990年版，第50页。

⑤ 弘昼等修：《八旗满洲氏族通谱》卷8《董鄂氏》，辽海出版社2002年版，第143页。

⑥ 弘昼等修：《八旗满洲氏族通谱》卷9《赫舍里氏一》，第153页；鄂尔泰等修，李洵等校：《八旗通志初集》卷203《勋臣传三》，东北师范大学出版社1985年版，第4716页。

两黄旗包衣人，或办理宫内祭祀事务，或以“御前庖人”掌管皇室饮食，或任“皇商”经营皇家私产，或代内库监督、收纳战争俘获金银，所司之事无一不体现着作为皇属包衣牛录组织的本职职责。同时，对照李鹏年所总结的后世内务府的主要职责也可以看出后世内务府与内府机构的继承关系。

四、小结

历经天聪一朝，随着满洲社会经济的发展、掠夺战争的不断升级和对外贸易的持续进行，“汗库”与“国库”日益丰盈，其不同的归属决定了所储之物的使用和管理亦有分别。因此，设立专门区分和管理汗库财物的机构势在必行。在这一过程中，汗室奴仆数量日渐庞大，事实证明，他们组织起来将是一支不可忽视的战斗力量，而失于管理所造成的负面作用也已显现。可见，加强对包衣的统领已迫在眉睫。同时，随着宫内建筑的完善和宫廷制度的发展，内廷的功用逐渐突破了饮食起居的原始功能，而成为处理朝政、举行大典、集会筵宴、接受降服的重要场所，宫廷事务陡然增多，宫廷警卫日益严峻，都在呼吁着汗室服务机构的设立。

综上，内府机构的设立是天聪朝政治、经济发展的必然结果。而天聪九年（1635）十二月皇太极兼并正蓝旗编立两黄旗后，内府机构设立的条件已然成熟。当皇太极改元崇德后，根据现实需要，再参酌中原历代的皇室服务机制，内府机构便由此诞生。而从崇德年间（1636—1643）内府机构的具体职掌来看，与后世内务府机构具有一定的传承性。

第二节　包衣佐领组织

包衣群体是清代特有的社会阶层，其下人数众多、民族成分复杂、人口素质相对低下，如何有效约束和管理八旗制度下庞大的包衣人口，就成为自努尔哈赤起后金统治者面临的一道难题。经不断探索，以八旗式的组织模式建立起来的各级包衣牛录组织，便成为解决这一问题的主要途径。

关于包衣佐领、管领组织及其属员的职责和地位等问题，已有学者作了翔实细致的分析①，故笔者不再冗言，略述如下。

一、八旗制度与包衣八旗

（一）八旗制度与包衣八旗

1. 八旗旗分牛录

八旗制度是清代统治者的立国之本。在崇德末年，八旗之制已基本完备，从民族成分来划分，可分为满洲八旗、蒙古八旗和汉军八旗；从旗帜上来划分，可分为正黄旗、镶黄旗、正白旗、镶白旗、正红旗、镶红旗、正蓝旗、镶蓝旗，每旗各包括满洲、蒙古和汉军旗。若按照第一种划分，可称满洲正黄旗、蒙古正黄旗、汉军正黄旗；按第二种划分，可称为正黄旗满洲、正黄旗蒙古、正黄旗汉军。因此，我们发现，在《八旗通志初集》中对同一旗有着不同的称谓，如《忠烈传》称为“正黄旗满洲”②，而《名臣列传》又称“满洲正黄旗”③，其实两种所指相同，并不矛盾。

在“八旗满洲”（或称为“满洲八旗”）内部，根据旗人的不同属性，又可分为“八旗满洲旗分牛录下人”和“八旗满洲包衣牛录下人”。前者是一般意义上的旗人，拥有较高的政治地位；后者在八旗满洲内地位较低，若非凭借皇亲国戚身份，很难摆脱包衣籍升入旗分牛录内。

“我朝立制，满洲、蒙古、汉军俱隶八旗。每旗自都统、副都统、参领、佐领，下逮领催、闲散之人，体统则尊卑相承，形势则臂指相使。”④这是乾隆帝对八旗管理体系的概述，即旗分佐领下人由领催管理，领催之上有佐领，佐领之上有参领，参领之上为副都统、都统（即固山额

① 杜家骥：《八旗与清朝政治论稿》，人民出版社 2008 年版，第 435 ~ 511 页。

② 鄂尔泰等修，李洵等校：《八旗通志初集》卷 221《忠烈传二》，东北师范大学出版社 1985 年版，第 5051 页。

③ 鄂尔泰等修，李洵等校：《八旗通志初集》卷 148《名臣列传八》，第 3797 页。

④ 鄂尔泰等修，李洵等校：《八旗通志初集》卷首，《奉敕纂修八旗通志谕旨》。

真)，每旗各设一都统，掌“八旗之政令，稽其户口，经其教养，序其官爵，简其军赋”[①]，由此构成严密有序的管理结构。

2. 八旗包衣牛录

为区别旗分牛录，包衣牛录又可称为“内牛录”[②]。在此，需要指摘《清太宗实录》一误。据载，崇德元年（1636）硕托阿哥罪后被“夺三牛录人及在外牛录人”[③]。对照《满文老档》可知，这一处罚应为“把三牛录满洲人、德尔赫图牛录满洲人收回”（“ilan nirui manju delhetu nirui manju be gaifi”[④]），“德尔赫图牛录”即王府包衣牛录，可见实录所载“在外牛录人”应为府属包衣牛录，也即“内牛录”。

在八旗内，“每佐领下各设族长，管束同族之人，其独户小族，即令兼管”[⑤]，当时对旗人具体事务的管理，是通过最基本的单元“族”来实现的。包衣牛录属员也多“聚族而居”，如上述硕托之罚还被记述为“夺其王府牛录下二族人（juwan mukūn）及三牛录人”[⑥]。而崇德二年（1637）拟将代善多选之护卫拨出，令其中“系专管牛录所属者，并牛录拨出；系内牛录所属者，止将本族拨出”[⑦]，亦是以“族”为单位相调配的。

就管理组织而言，包衣牛录与旗分牛录稍有差异。按身份不同，包衣牛录下人可分为包衣佐领下人和包衣管领下人，其上有领催负责管理，领催之上有内副管领、管领或内佐领，之上为包衣参领，参领之上并无都统（固山额真），因此参领即为包衣组织中“最高旗人组织”[⑧]。

就隶属关系而言，上三旗包衣牛录为皇室服务，称为“内府佐领”，即“内务府所属佐领”之意；下五旗包衣牛录为宗室王公服务，称为“府属佐领”，即“王府所属佐领”之意。值得注意的是，“内府佐领”

---

① 昆冈等修：光绪《清会典》卷84《八旗都统》，中华书局1991年版，第754页。

② 郭成康：《清初牛录的类别》，《史学集刊》1985年第4期。

③ 《清太宗实录》卷30，崇德元年八月乙亥，《清实录》第2册，中华书局1985年影印版，第387页。

④ 中国第一历史档案馆整理译编：《内阁藏本满文老档·太宗朝》，满文，辽宁民族出版社2009年版，第7598页。

⑤ 昆冈等修：光绪《清会典》卷84《八旗都统·都统、副都统职掌》，第758页。

⑥ 中国第一历史档案馆整理译编：《内阁藏本满文老档·太宗朝》，汉文译文，第742页；满文，第7609页。

⑦ 《清太宗实录》卷36，崇德二年六月癸亥，《清实录》第2册，第468页。

⑧ 杜家骥：《清代内务府旗人复杂的旗籍及其多种身份》，《民族研究》2011年第3期。

与“府属佐领”都包含着“管领”之意，也就是说“内府佐领”并不仅指上三旗包衣佐领下人，还包括上三旗管领下人。

包衣牛录组织非常复杂，学界也多有讨论，如陈国栋将包衣成员分为佐领下人、管领下人和庄头人三种①；杜家骥将包衣旗人组织分为包衣满洲佐领、旗鼓佐领、内管领及朝鲜佐领和回子佐领②。在此，笔者结合学界已有成果，对包衣牛录的相关组织作如下梳理。

二、包衣佐领的类别

（一）“佐领”的含义

在入关前，八旗制度下旗员管理的基本单位为牛录，其管理者称为“牛录章京”。后来对相关名称作了改变，“牛录”及其管理者“牛录章京”都被称作“佐领”，因此“佐领”既是八旗制度下的旗员管理组织，又是该组织的管理人员，具有双重含义。如雍正帝所言“佐领者，统辖一佐领之人者也。俾一佐领之人，不失生理，不渐恶俗，养之教之，使趋于善，莫要于佐领”③。即指明了作为管理者的“佐领”所负有的管理责任。而“一佐领下，满洲多不及二百人，少或七八十人，计户不过四五十家耳”④，则指作为牛录组织的“佐领”所统属的人口数量。

佐领不仅存在于满洲八旗，还存在于蒙古八旗和汉军八旗中；不仅存在于满洲“外八旗”中，还存在于满洲“内八旗”即包衣八旗中。因此，在需要区分内外佐领时，包衣组织中的佐领称为“包衣佐领”或“内佐领”，而所指较为明确时，也可一概统称为“佐领”。

根据不同的民族成分，上三旗包衣佐领又可分为包衣满洲佐领、旗鼓佐领、高丽佐领和回子佐领。其中，包衣满洲佐领由满洲人和蒙古人组成，以满洲人为主；旗鼓佐领由“尼堪”、“抚顺尼堪”和少量“台尼堪”组成，以“尼堪”姓氏的包衣汉人为主；高丽佐领由朝鲜人和满洲

---

① 陈国栋:《清代内务府包衣三旗人员的分类及其旗下组织——兼论一些有关包衣的问题》,台北《食货》,1982 年 12 卷 9 期。

② 杜家骥:《清代内务府旗人复杂的旗籍及其多种身份》,《民族研究》2011 年第 3 期。

③ 鄂尔泰等修,李洵等校:《八旗通志初集》卷 36《职官志三》,东北师范大学出版社 1985 年版,第 667 页。

④ 同上,第 668 页。

人组成，以朝鲜人为主；回子佐领主要由乾隆二十五年（1760）从新疆迁至京师的回人组成。

（二）包衣世管佐领

根据佐领是否世代承袭，外八旗中的佐领又可分为“世袭佐领”和“公中佐领”两大类。对于包衣佐领而言，也有“世袭包衣佐领”和“公中包衣佐领”之分。所谓“世袭佐领”，又称为“世管佐领”或“永管佐领”，所统辖牛录称为永管牛录，即“牛录原主的宗亲有权世代承管的牛录”①；所谓“公中佐领”，其所辖牛录称为公中牛录，即管理牛录的佐领按会典所规定的选举条例选补，并不局限在某一特殊的家庭或家族内世代承袭。

包衣牛录内的世管佐领，如正黄旗包衣第四参领所属第二高丽佐领，“始以辛达礼管理。辛达礼故，以其弟尹达礼管理。尹达礼故，以辛达礼之子胡住管理。胡住缘事革退，以其弟花柱管理。花柱故，仍以胡住管理。胡住故，以胡住之子他穆保管理。他穆保因疾辞退，以其子花色管理。花色故，以其族人三保管理。三保调管公中佐领，以常明之弟蓝翎侍卫双保管理”②。再如镶白旗包衣第三参领所属第一满洲佐领，“初系博托博管理。博托博故，以其子多贝管理。多贝故，以其子费扬古管理。费扬古故，以其子广格管理。广格缘事革退，以费扬古兄之子三等阿达哈哈番兼苏喇章京阿赖管理”③，等等，类似的包衣世管佐领还有多个④。这些世管佐领或以国初时率众归附的部属为主体编立；或因战阵有功，以俘获、赏赐人口编建⑤，皆有世代统管的特权。

各世管佐领之职皆于其家族内部选任，但并非一定遵循嫡长子承袭的法则，而更看重继任者的能力。上一章在述及世职降革时，笔者曾提到皇太极处罚之严厉，一旦有罪便“将职尽夺”。对于世管佐领的承袭权亦是如此，如在“补放各旗牛录章京缺”中提到，正黄旗人巴布海“原

---

① 郭成康：《清初牛录的类别》，《史学集刊》1985 年第 4 期。

② 鄂尔泰等修，李洵等校：《八旗通志初集》卷 4《旗分志四：八旗佐领（正黄旗满洲佐领）》，东北师范大学出版社 1985 年版，第 66 页。

③ 鄂尔泰等修，李洵等校：《八旗通志初集》卷 7《旗分志七：八旗佐领（镶白旗满洲佐领）》，第 122 页。

④ 鄂尔泰等修，李洵等校：《八旗通志初集》卷 6《旗分志六：八旗佐领（正红旗满洲佐领）》，第 105 页；卷 7《旗分志七：八旗佐领（镶白旗满洲佐领）》，第 124 页。

⑤ 郭成康：《清初牛录的类别》，《史学集刊》1985 年第 4 期。

在专管牛录管半个牛录事，以获罪，其专管牛录为公中牛录”①。由“专管牛录”改为“公中牛录”便意味着丧失了该牛录的世袭权。康熙时期对此作了改变，康熙二十三年（1684）定，“佐领因军务革职，虽系世承佐领，亦不令伊子孙管理，仍令伊兄弟及兄弟之子孙管理。如无其人，方令伊子孙管理”②，这说明这种世袭特权已不会因承袭者或其子孙犯罪而被剥夺，即便承袭者本人缘罪被革，其“佐领”之职也会在其家族内择人继承。当然，世袭佐领并非永远世袭，如世管佐领“兄弟内无堪管之人，乃于本旗内别选人员补授”③，则会取消该佐领的世袭特权，改为公中佐领。如正红旗包衣第三参领所属第一满洲佐领即是如此，该佐领“系国初随礼烈亲王编立，原系世管”，但是到乾隆七年（1742），却“因本族无五品以上现任应袭之员，经本旗奏，改公中佐领”④。需要注意的是，由世管佐领改为公中佐领，只是改变了该佐领的承袭方式，其包衣佐领的属性并未改变。

（三）专管佐领

郭成康早已注意到，在八旗制度下，“永管牛录中还有部分‘专管牛录’”⑤，即世管佐领中有一部分是以“专管”的形式实现对该牛录“世管”的，如“劳萨原系内牛录，因战功赐号硕翁科罗巴图鲁，另给壮丁百名，使之专管”，“孟坦原系内牛录，因阵亡，赐其子艾音塔木壮丁五十名，使之专管”⑥，等等。那么，这些由“内牛录”改为“专管牛录”者，是在包衣牛录内的专管，还是抬旗入外牛录，再于外牛录下专管？

据《清太宗实录》载，天聪九年（1635）正月“免功臣徭役，并命专管各牛录”，其中，除图鲁什、劳萨、孟坦、英俄尔岱、巴都礼、乌讷格六人“原系内牛录，因战功，给一牛录，使之专管”外，“星鼐、察木

---

① 《盛京吏户礼兵四部文书》，中国第一历史档案馆编：《清代档案史料丛编》第14辑，中华书局1990年版，第92页。

② 鄂尔泰等修，李洵等校：《八旗通志初集》卷36《职官志三》，东北师范大学出版社1985年版，第666页。

③ 同上。

④ 福隆安等监修：《钦定八旗通志》卷9《旗分志九：正红旗满洲佐领下》，景印文渊阁四库全书本，台湾“商务印书馆”1983年版，总第664－430页。

⑤ 郭成康：《清初牛录的类别》，《史学集刊》1985年第4期。

⑥ 《清太宗实录》卷22，天聪九年正月丁卯，《清实录》第2册，中华书局1985年影印版，第288页。

布、喇玛、扈什布、阿什达尔汉、准塔、阿喇密，此七牛录未定，或令专管，或为内牛录，命仍旧暂留之”①。从中可知，所未定的七牛录“或令专管，或为内牛录”，说明这 7 个牛录只能在“专管牛录”和“内牛录”中择一编定，可见两种牛录互不包含，既然专管牛录不属于内牛录，则一定属于外牛录。由此可知，图鲁什等人及其子孙不仅获得了世代承袭佐领的专管之权，而且一旦定性为“专管牛录”就意味着摆脱了包衣身份而抬升为旗分牛录属员。

这一推断并非孤证。据《满文老档》载，崇德元年（1636），“克希讷下二牛录，昂阿喇下一牛录，此三牛录原系专管牛录，至是废止，编入内牛录”②。对此，郭成康曾一针见血地指出：“分定专管牛录的目的，是要在八旗公有牛录，即外牛录中划出一部分享有优免壮丁特权的牛录”③。

综上，包衣佐领（牛录）在不同划分原则下，有着对应的佐领名称。其中既有内外佐领之别，也有“内府佐领”与“王府佐领”之分；既有世管佐领和公中佐领之异，又有满洲、蒙古、旗鼓、朝鲜和回子佐领之属。

第三节 包衣管领组织

除包衣佐领外，管领也是包衣牛录的基本组织。但是，“管领”与“浑托和”“包衣大”和“半个牛录章京”之间的关系，始终是八旗制度史研究中的一个难点问题，虽几经探讨，然迄今仍未彻底理清。④

---

① 《清太宗实录》卷 22，天聪九年正月丁卯，《清实录》第 2 册，中华书局 1985 年影印版，第 288 页。

② 中国第一历史档案馆整理译编：《内阁藏本满文老档·太宗朝》，汉文译文，辽宁民族出版社 2009 年版，第 683 页。

③ 郭成康：《清初牛录的类别》，《史学集刊》1985 年第 4 期。

④ 相关研究有：陈国栋：《清代内务府包衣三旗人员的分类及其旗下组织——兼论一些有关包衣的问题》，台北《食货》1982 年 12 卷 9 期；郭成康：《清初牛录的类别》，《史学集刊》1985 年第 4 期；傅克东：《从内佐领和管领谈到清代辛者库人》，《清史研究通讯》1986 年第 3 期；李鹏年等编著：《清代中央国家机关概述》，黑龙江人民出版社 1989 年版，第 100 ~ 124、416 页；王钟翰：《清代内务府略考》，《社会科学辑刊》1999 年第 3 期；祁美琴：《清代内务府》，辽宁民族出版社 2009 年版，第 219 页；郑天挺：《清史探微》，北京大学出版社 2011 年版，第 42 ~ 57、98 ~ 99 页；定宜庄、邱源媛：《清初“浑托和”考释》，《燕京学报》新二十八期，第 74 页。

笔者认为，在研究这一问题时，需要注意以下几点。

一、“半个牛录章京”的性质

（一）“半个牛录章京”的世职与官职

世职与官职是相辅相成的两套系统，同为统治者驾驭臣下和统兵理政的重要工具。清代世职制度历经多次调整，爵位几增几减，名称也数次改易。特别是在早期，又有世职与官职在名称上混同共用的现象，如“牛录章京”“半个牛录章京”即是官职单位，又是世职单位，因此很容易造成混淆。为避免误用，张玉兴曾专门制作了清世职、官职名称演变简表，笔者稍加改易和补充，将乾隆元年（1736）以前异姓世职、官职名称的演变过程列表如下：

清代世职名称演变表

天命五年(1620)①	天聪八年(1634)②	顺治四年(1647)③	乾隆元年(1736)④
	超品公		
	一等公		
一等总兵官	一等昂邦章京	一等精奇尼哈番	一等子
二等总兵官	二等昂邦章京	二等精奇尼哈番	二等子
三等总兵官	三等昂邦章京	三等精奇尼哈番	三等子
一等副将	一等梅勒章京	一等阿思哈尼哈番	一等男
二等副将	二等梅勒章京	二等阿思哈尼哈番	二等男
三等副将	三等梅勒章京	三等阿思哈尼哈番	三等男
一等参将	一等甲喇章京	一等阿达哈哈番	一等轻车都尉

① 《清太祖武皇帝实录》卷3，见潘喆、孙方明、李鸿彬主编：《清入关前史料选辑》第1辑，中国人民大学出版社1984年版，第362页。

② 《清太宗实录》卷18，天聪八年四月辛酉，《清实录》第2册，中华书局1985年影印版，第237页。

③ 《清世祖实录》卷35，顺治四年十二月甲申，《清实录》第3册，中华书局1985年影印版，第287页。

④ 《清高宗实录》卷23，乾隆元年七月戊申，《清实录》第9册，中华书局1985年影印版，第533页。

续表

天命五年(1620)	天聪八年(1634)	顺治四年(1647)	乾隆元年(1736)
二等参将	二等甲喇章京	二等阿达哈哈番	二等轻车都尉
三等参将	三等甲喇章京	三等阿达哈哈番	三等轻车都尉
一等游击			
二等游击			
三等游击			
备御	牛录章京	拜他喇布勒哈番	骑都尉
半个备御①	半个前程	拖沙喇哈番	云骑尉

清代官职名称演变表②

万历四十三年(1615)	天命五年(1620)	天聪八年(1634)	顺治十七年(1660)
	六备御总兵官	超品公	
	五备御总兵官	一等公	
固山额真	一等总兵官	一等昂邦章京(一等固山额真)	都统(总管)
	二等总兵官	二等昂邦章京(二等固山额真)	
	三等总兵官	三等昂邦章京(三等固山额真)	
梅勒额真	一等副将	一等梅勒章京	副都统
	二等副将	二等梅勒章京	
	三等副将	三等梅勒章京	

① 常虚怀:《皇太极时期的世职制度》,《湖南人文科技学院学报》2013 年第 5 期。
② 张玉兴:《关于清代八旗等某些表述问题的辩证》,《中国史研究》2002 年第 2 期。

续表

万历四十三年（1615）	天命五年（1620）	天聪八年（1634）	顺治十七年（1660）
甲喇额真	一等参将	一等甲喇章京	参领
	二等参将	二等甲喇章京	
	游击	三等甲喇章京	
牛录额真	备御	牛录章京	佐领

通过对比可知，在入关前很多世职名称是与官职名称重合的。那么，“半个备御”“半个牛录章京”，是否也同样既指世职、又指官职呢？

第一，“半个备御”“半个牛录章京”之世职。

“半个牛录章京”即“本分备御”“半个前程”，在入关前是最低一级的世职。这样的例子较为常见，如天命六年（1621），“筑木虎觉罗城时，雅布禅布库未遣所定官役往筑，遂治其罪，裁其半个备御之十五两之功”①。天命八年，“革锡林、乌巴海游击之职，降为备御。鄂伯惠备御降为半分备御”②。天聪九年（1635），“半个牛录章京卦尔察益讷克病故，以其子坤袭职，仍准再袭一次”③，“半个牛录章京白希病故，以其子锡翰袭职”④。崇德三年（1638）工部参政星讷以“三年考满，勤劳称职，于原浑托和牛录章京上面再增浑托和牛录章京，升为三等甲喇章京，承袭如前”⑤。所谓“承袭如前”是指对所赐之世职遵循“阵亡准袭，病故不准袭”的承袭原则。再如正黄旗之刘光先为浑托和牛录章京，以其建崇政殿有功，“加浑托和牛录章京，为牛录章京”⑥，等等。这些“浑托和牛录章京”也即“半个牛录章京”皆体现出了较为明显的“世职”特征——凭“功”获取、有一定的传袭原则，且与财产密切相关。

世职的大小直接关系着政治地位的高低和财产分配的多寡。后金统

① 中国第一历史档案馆整理译编：《内阁藏本满文老档·太祖朝》，汉文译文，辽宁民族出版社2009年版，第61页。

② 同上，汉文译文，第163页。

③ 《清太宗实录》卷23，天聪九年三月庚申，《清实录》第2册，中华书局1985年影印版，第299页。

④ 《清太宗实录》卷30，崇德元年六月丁未，《清实录》第2册，第387页。

⑤ 季永海、刘景宪译编：《崇德三年满文档案译编》，辽沈书社1988年版，第25页。

⑥ 同上，第205页。

治者按不同的世职等级制定了相应的仪制和服饰，以彰显其政治地位的高低[①]。如崇德五年（1640）皇太极在赏赐朝服、袍褂时规定："一等者，视甲喇章京。二等者，视牛录章京。三等者，视半个牛录章京"[②]，意思是赏赐朝服、袍褂，按世职等级赏赐，对于那些无世职但有官职者，则需要先分等，再对照世职，按"一等者，视甲喇章京。二等者，视牛录章京。三等者，视半个牛录章京"的标准来赏赐。入关前，战争俘获及出猎所得的分配、优免壮丁、外藩贡献、编设田庄等一切经济性赏赐[③]，皆以世职高下为依据，"按职位之大小，大功者多赏，小功者少赏"[④]、"依品次赏出征官兵有差"[⑤]。

在入关前，"功"是换算世职升迁贬降的基本单位，当"功"积累到一定"量"时，便可"论功升擢"；而一旦犯罪受刑，也可"论功减刑"或"以功抵刑"。如天命汗对"作战勇敢者，赐之以功"[⑥]；若一旦有罪，则可按"一次功免十鞭，二次功免二十鞭，无功鞭八十"的标准"论功减鞭"[⑦]。因"功"是获得"世职"的依据，而"世职"又是获取封赏的依据，因此"功""赏""职"之间存在着紧密的连带关系，如天命五年（1620），额亦都在随扈莽古尔泰追击明军时半路而退，被"夺其赏，销其功，贬其爵"[⑧]，可见"赏""功""爵"是一起处罚的。自天命六年始，"功"可以"银两"直接换算，如有官员犯罪后被"裁其半个备御之十五两之功"[⑨]，即是此意。

第二，"半个备御""半个牛录章京"之官职。

在八旗发展史上还存在"半个牛录"这一级组织。努尔哈赤起兵之

① 张晋藩、郭成康：《清入关前国家法律制度史》，辽宁人民出版社 1988 年版，第 455 页。

② 《清太宗实录》卷 53，崇德五年十月壬辰，《清实录》第 2 册，中华书局 1985 年影印版，第 711 页。

③ 《清太宗实录》卷 1，天命十一年九月丁丑，《清实录》第 2 册，第 10～11 页；中国第一历史档案馆整理译编：《内阁藏本满文老档·太祖朝》，汉文译文，辽宁民族出版社 2009 年版，第 82～83、85、151、239 页。

④ 中国第一历史档案馆整理译编：《内阁藏本满文老档·太祖朝》，汉文译文，第 54 页。

⑤ 《清太宗实录稿本》卷 14，崇德元年四月二十七日，辽宁大学历史系 1978 年编印，第 27 页。

⑥ 中国第一历史档案馆整理译编：《内阁藏本满文老档·太祖朝》，汉文译文，第 13 页。

⑦ 同上，汉文译文，第 45 页。

⑧ 同上，汉文译文，第 54 页。

⑨ 同上，汉文译文，第 61 页。

初，对于率部族前来归附者，多“以其人于军前编为牛录”[①]，而当来归之众不足以编为一牛录时，则多以其族属“编设半个牛录”，如尼玛禅“从其兄赫东额率五十余户来归”，将其所携五十五人编为半个牛录[②]；汪几努“带领弟兄、族人及属下人等投归太祖皇帝后，将我族中人等及领来壮丁编为半个牛录”[③]，等等。当时各牛录“壮丁不足额者居多，足额者较少”[④]，只能暂时编为“半个牛录”，或待以后有新归附、新俘获后再补充为一整牛录，或将两个“半牛录”合为一“整牛录”[⑤]。既然有“半个牛录”组织，就应有相应的管理者，而“半分备御”或“半佐领”正是这些“半个牛录”的长官，如努尔哈赤赐安费扬古六十户时，便曾安排“佐领一员、半佐领一员”管理之[⑥]。

总之，“备御”“半个备御”“牛录章京”“半个牛录章京”等名称，既有可能是官职单位，也有可能是世职单位。因此有学者曾特别提醒道：“官书中凡见牛录章京，要区分不同场合，决定是管牛录者，抑或世职”[⑦]；而在《清太宗实录》中也使用不同的语词组合方法，尽量加以区别，“若是官名，多称为‘管（署）某某章京事’，相应的罚除称‘解任’”；“若是世职，则多称为‘授为某某章京’，相应的罚除称‘革职’。”[⑧] 我们在分析“半个牛录章京”与“浑托和”的关系时，应注意区分世职与官职的不同指代。

（二）“半个牛录章京”的承袭

有学者引用《满文老档》所载：“巴彦泰，尔原系白身，着授为包衣

---

① 中国第一历史档案藏：《历朝八旗杂档》第8包，第276号。转引自陈佳华、傅克东：《八旗建立前满洲牛录和人口初探》，《中央民族大学学报》1981年第1期。

② 中国第一历史档案藏：《历朝八旗杂档》第2包，第48号。转引自陈佳华、傅克东：《八旗建立前满洲牛录和人口初探》，《中央民族大学学报》1981年第1期。

③ 中国第一历史档案藏：《历朝八旗杂档》第1包，第47号。转引自陈佳华、傅克东：《八旗建立前满洲牛录和人口初探》，《中央民族大学学报》1981年第1期。

④ 陈佳华、傅克东：《八旗建立前满洲牛录和人口初探》，《中央民族大学学报》1981年第1期。

⑤ 中国第一历史档案馆整理译编：《内阁藏本满文老档·太宗朝》，汉文译文，辽宁民族出版社2009年版，第609页；

⑥ 中国第一历史档案藏：《历朝八旗杂档》，第8包，第276号。转引自陈佳华、傅克东：《八旗建立前满清牛录和人口初探》，《中央民族大学学报》1981年第1期。

⑦ 张晋藩、郭成康：《清人关前国家法律制度史》，辽宁人民出版社1988年版，第213页。

⑧ 常虚怀：《皇太极时期的世职制度》，《湖南人文科技学院学报》2013年第5期。

牛录章京，阵亡准袭，病殁不准袭”[①]，认为“巴彦泰原系白身，后被授与包衣牛录章京一例”，证明“包衣牛录的首领，并非是从哪个部族归附而来的酋长，而是来自‘白身’，所以归属于他的牛录，是非要他阵亡才可以由子孙承袭的”[②]。

我们知道，作为世职的“牛录章京”具有世袭性；但作为“世管佐领”中官职的“牛录章京”也具有世袭性。因此，上述材料中的“牛录章京”虽体现出了传袭性，但到底是指官职还是世职，还需要对“白身”加以解析。

笔者认为此处“白身”是指“无世职”而非“无官职”。并非所有担任官职者皆有世职，如崇德元年（1636）“免大小功臣等丁”时，“各照次序，凡一应杂差，俱行蠲免”，规定“一等上公免四十八人，三等公免四十名，昂邦章京免三十二名，梅勒章京免二十四名，甲喇章京免十六名，牛录章京免八名。有官者照此优免，无官管固山及承政，未得罪者免九名，有罪者免六名；无官管梅勒，未得罪者免六名，有罪者免四名；无官管参政、甲喇章京者，牛录章京，未得罪者免四名，有罪者免二名”[③]。该史料中所谓“一等公、三等公、昂邦章京、梅勒章京、甲喇章京、牛录章京”是指各级“世职”；而所谓“无官管固山及承政，无官管梅勒，无官管参政、甲喇章京、牛录章京”中“无官”是指不带世职担任上述官职。其中“无官牛录章京”又称为“虚衔牛录章京”，即“温图浑牛录章京”（untuhun nirui janggin）；“无官衔固山额真”满文即“hafan akū untuhun kadalara gūsai ejen”[④]，也即“温图浑固山额真”，是不带世职的固山额真[⑤]。正如“满都户，原以白身管牛录事。因取抚顺时，攻连刀湾寨先登，攻铁岭城又先登，今随吴巴海、荆古尔代征阿库里尼满部落有功，授半个牛录章京，准再袭二次”[⑥]；“达汉佐领下季赛，原系

① 中国第一历史档案馆整理译编:《内阁藏本满文老档·太宗朝》,汉文译文,辽宁民族出版社 2009 年版,第 684 页。

② 定宜庄、邱源媛:《清初“浑托和”考释》,《燕京学报》新二十八期。

③ 《清太宗实录稿本》卷 14,崇德元年五月十四日,辽宁大学历史 1978 年编印,第 34 ~ 35 页。

④ 中国第一历史档案馆整理译编:《内阁藏本满文老档·太宗朝》,满文,第 7109 ~ 7110 页。

⑤ 季永海、刘景宪译编:《崇德三年满文档案译编》,辽沈书社 1988 年版,第 17 页。

⑥ 《清太宗实录》卷 23,天聪九年六月丁未,《清实录》第 2 册,中华书局 1985 年影印版,第 312 页。

白身管牛录”[1]。《包衣佐领董得贵诰封碑碑文》亦载：“董得贵，尔原系白身包衣牛录章京。定鼎燕京入山海关之日，击流贼马步兵二十万，尔同固山额真谭泰兵战对阵败之，嘉尔，故授为拜他喇布勒哈番”[2]。所谓“白身管牛录”或“白身包衣牛录章京”皆指他在没有世职的情况下管理牛录事务，也即前述“空闲牛录章京”。他们以“白身”的身份征战疆场，在建立战功后被授予“半个牛录章京”或“拜他喇布勒哈番”之世职，从而摆脱了“白身”的尴尬身份。据此可知，史料中由“白身”授为“牛录章京”或“半个牛录章京”者应指世职，与“管领”无关。

综上所述，所谓“半个牛录章京”“牛录章京”可能为世职，也可能为官职，需要具体辨析。如崇德三年（1638）“正白旗雅卜喀牛录下半个牛录章京多索里与其一跟役之妻通奸，本牛录托尔毕执之告于法司审实，男女论死，奏闻，上命免死，男女各鞭一百，贯耳鼻，多索里革职”[3]。我们并不能据此认为多索里任“半个牛录章京”就具体管理着半个牛录的属员，相反从他隶属于“正白旗雅卜喀牛录下”来看，其“半个牛录章京”应为世职，因此犯罪后可以以“革职”来替代罪责。

在分析作为牛录单位的“半个牛录”与“浑托和”及“管领”的关系时，若将作为世职单位的“牛录章京”和“半个牛录章京”当作掌管牛录事务的行政长官来分析，并将世职的传袭误认为世管佐领的传袭，由此所得出的结论恐难成立。

（三）对“浑托和”观点的质疑

有观点认为，“管领唯设于内三旗而外八旗不设”，并指出“浑托和”一词的产生与顺治二年（1645）定“包衣大”的品级有关，是年，定皇属包衣大为正五品，皇叔父摄政王属下包衣大、和硕亲王属下包衣大等为六品。因皇家之包衣大的品级“与半个牛录章京同”，因此，“半个牛录章京”即“浑托和牛录章京”便与“包衣大”产生了联系。在史料中，将皇属包衣大称为“五品包衣大”或“浑托和哈番”，将王府包

---

① 中国第一历史档案藏：《镶白旗满洲世袭职官原由档》，《八旗历朝杂档》第5包，第188号。

② 杨海山：《清代京郊墓碑（续三）》，见《北京档案史料》，新华出版社2006年版，第327页。

③ 中国第一历史档案馆译编：《清初内国史院满文档案译编》上册，光明日报出版社1989年版，第337页；季永海、刘景宪译为“正白旗之雅布喀牛录下浑托和牛录章京多索里”，见季永海、刘景宪译编：《崇德三年满文档案译编》，辽沈书社1988年版，第149页。

衣大称为“六品包衣大”，以示两者的不同所属关系。后来“浑托和哈番”慢慢演化为“浑托和”，最后发展为“管领”。[①]

事实上，“管领唯设于内三旗”的认识并不准确，后来王府中的包衣大也改称“管领”，如顺治初年定，“内务府及诸王贝勒贝子公府、内管领……内务府、王府内管领照骁骑校议处，贝勒贝子公府内管领、屯领催照领催议处”[②]。康熙十二年（1673）又题准，“内府管领并各王、贝勒、贝子、公等府管领……该管人役有犯，将内府管领、各王府管领照骁骑校例议处；贝勒、贝子、公等府管领……俱照领催例治罪”[③]；雍正五年（1727），谕令中有“诸王之管领下人等……”[④]；乾隆年间（1736—1795）亦有正蓝旗包衣内管领“系乾隆二年，和亲王分府时设立，以六品包衣大（汉文称管领）八十儿管理”[⑤]，等等。

由上引史料可知，在顺、康、雍时期，王公府属内不仅有“管领”包衣组织，而且“管领”组织的管理者亦被称为“管领”。这说明，不管是皇属的“五品包衣大”还是王公府属的“六品包衣大”，在后来皆被称为“管领”，并未“将皇属下包衣大称为管领，而将王公府属下称为包衣大，以区分两种不同品级的包衣管理者”。

囿于有限的史料，我们已很难厘清“浑托和”与“管领”间经历了怎样的转变，为何“浑托和”又被称作管领？笔者更倾向于杜家骥等先生的推断，“可能是最初分编这种包衣组织时，是以其下包衣在主人家庭内服务，因为规模较小”的缘故[⑥]。

---

① 定宜庄、邱源媛：《清初“浑托和”考释》，《燕京学报》新二十八期。

② 允禄等修：雍正《大清会典》卷112《兵部·兵部二·武选清吏司·八旗通例》，《近代中国史料丛刊三编》第78辑，第775册，（台湾）文海出版社1994年版，第7403页。

③ 允禄等修：雍正《大清会典》卷171《刑部·刑部二十二·律例二十二（刑律二）·贼盗二》，《近代中国史科丛刊三编》，第79辑，第782册，（台湾）文海出版社1995年版，第11201～11204页。

④ 鄂尔泰等修，李洵等校：《八旗通志初集》卷23《营建志一》，东北师范大学出版社1985年版，第440页。

⑤ 福隆安等监修：《钦定八旗通志》卷15《旗分志十五：正蓝旗满洲佐领下》，景印文渊阁四库全书本，台湾“商务印书馆”1983年版，总第664－524页。

⑥ 杜家骥：《八旗与清朝政治论稿》，人民出版社2008年版，第437页。

二、“包衣大”与“管领”关系考

笔者在第一章分析包衣牛录下人和家下奴仆的身份、地位及其演变时，曾指出，对于汗、诸王贝勒以及一般旗民来说，皆有一定数量的家下奴仆；但是对于汗及诸王贝勒来说，他们还领有数量不等的八旗满洲内包衣牛录下人。其中旗分牛录和包衣牛录皆属于旗属，只有家下奴仆才真正属于私属。基于这样的认识，我们再来看“包衣大”与“管领”的区别。

（一）“包衣大”

郑天挺对“包衣大”的解释是：“大，汉语为长，包衣大就是包衣长，意为仆役头。内务府设官有包衣大，汉文名管领，秩正五品”[①]。并推测“入关以前一般宗室勋旧，无论是否主管旗务全有包衣，有包衣就有包衣大”[②]。笔者完全赞同此观点，亦认为，由于家下奴仆（在入关后多称为“户下家奴”）在后金旗人家庭中普遍存在，他们多以汉人为主，擅长农耕，因此多被置于各庄园内劳作。同时，为有效管领这类群体，各家主从中挑选若干名才力堪任者作为首领（即满文中的“da”），他们最开始被称为“管家”，后多以“booi da”称之，汉文为“包衣大”，即“包衣首领”。

上述认识，是笔者基于包衣大在家庭事务中所负有的管理责任而总结出的。崇德三年（1638），岳托贝勒新福金诉其大福金，称大福金摘其一发以施魇魅之术。诉后，大福金“遣其管家朱木布禄、萨玛哈图”，恐吓新福金“若声张此事，于尔不利”[③]。这一“管家”在实录中记为“包衣大”[④]。崇德八年，“公杜尔祜之母福金，有包衣大宜汉、俄黑、塞克滕，于滕县城中御前包衣尼雅汉所占房内，盗取银两、金杯、金镯、缎、裘、豹皮等物”[⑤]。同年，“有遗匿名帖，谋陷固山额真谭泰者，为公塔瞻

① 郑天挺:《探微集》,中华书局 2009 年版,第 199 页。

② 同上,第 200 页。

③ 中国第一历史档案馆译编:《清初内国史院满文档案译编》上册,光明日报出版社 1989 年版,第 304 页。

④ 《清太宗实录》卷 41,崇德三年四月乙卯,《清实录》第 2 册,中华书局 1985 年影印版,第 545 页。

⑤ 《清太宗实录》卷 65,崇德八年八月丙寅,《清实录》第 2 册,第 906 页。

母家高丽妇人所得，言于包衣大达哈纳”[①]。可见，在入关前，“包衣大”多以管家的角色管理家中事务。所以，“包衣大”很可能就是户下奴仆的首领。

此外，顺治二年（1645）曾对皇帝、诸王贝勒家的奴仆成员依照八旗等级确立官品。其中定皇上“包衣大十员、牧牛羊官四员，品级与半个牛录章京同；内三库司库六员，副尚膳官一员，尚茶官一员，及摄政王下包衣大六员、阿敦大二员、饭房头目一员”[②]。很显然，这些人员都属于皇室、王贝勒府中家庭服务人员，“包衣大”便是这一群体的主要管理官员[③]。

总之，“包衣大”是家下奴仆的首领，不仅存在于后金汗宫及诸王贝勒府内，也存在于普通的旗人之家。后来，随着封建制度在皇室、王府中的不断完善，前者“包衣大”被授予官阶，成为有品级的“包衣大”；后者“包衣大”则始终处于奴仆阶层，为一般意义上的“包衣奴仆的长官”。

（二）“管领”

除“包衣大”管理下的家下奴仆外，汗及诸王贝勒还领有部分包衣牛录属员。包衣牛录下人为旗属人员，但按照工作性质的不同可分为两类：一类侧重于披甲当兵，向领主缴纳赋税，后来演化为“包衣佐领下人”，由“包衣佐领”管理；一类侧重于在贝勒等家内劳役，同样向领主缴纳赋税，后来演化为“包衣管领下人”，由“管领”管理。

“管领”作为包衣的官职名称在崇德年间（1636—1643）已有记载[④]。如崇德七年（1642）正月吏部“补放病故解任官员缺”时，便奉上命“授纳尔赛为副管领，以代硕翁科罗巴图鲁劳萨。其后，纛章京图赖奏闻于上，奉上命解纳尔赛任，授和托为署理管领，塔尔布为署理王

---

① 《清世祖实录》卷1，崇德八年八月癸未，《清实录》第3册，中华书局1985年影印版，第31页。

② 《清世祖实录》卷22，顺治二年十一月壬子，《清实录》第3册，第187页。

③ 定宜庄、邱源媛亦指出“包衣大所辖人丁，更多的是在家内服役”，见《清初“浑托和”考释》，载《燕京学报》新二十八期。

④ “管领”一般称为“hontoho”，即“浑托和”。天聪五年（1631）六月，“祝威宁之唐珠、景僧额”等人“往海滨蹑踪，遇船两艘，十二人跳水溺死，其余四人、我二逃人解来，报汗，杀四汉人，令欢托和取二逃人。”此处“欢托和”满文为“hontoho”，但不能确定为人名还是官名。见关孝廉译：《天聪五年八旗值月档（二）》，《历史档案》2001年第1期。

府长史，以代和托”[①]。纳尔赛同劳萨皆为镶红旗人[②]，因此可以代他担任“副管领”。可见，“副管领”“管领”一词在崇德年间已出现，且当时王属包衣牛录中亦有此称。同时还可得知，“管领”“副管领”之职是由吏部任命的，属于国家（八旗）公职人员。

据《内国史院档》载，崇德三年（1638）十二月，“正黄旗宁塔海牛录下苏拜以其妻祭神三次，耗尽家产，请腾奇奏闻。上命管领伊赖往谕曰：‘此类事情，恐管束者获罪矣，著送法司，严加质审’”[③]。此处“管领伊赖”在《崇德三年满文档案》中作“booi da”，即“包衣大”[④]，显然《内国史院档》的译者将“booi da”误译为“管领”。该事件关系着“家庭”与“家产”，因此交给作为“管家”的“包衣大”处置，而非“管领”。

可以想见，在入关前“包衣大”与“管领”的角色和身份并不相同。但是，在崇德初年内府机构设立后，情况开始发生了转变：一方面，皇属家下奴仆和皇属包衣牛录下人共同组成了“皇属包衣人”，成为内府事务机构的基础；另一方面，“包衣大”管下侧重于皇庄耕作的家下奴仆和“管领”管下侧重于皇宫服务的包衣牛录下人的地位日益接近，特别是在“包衣大”也按照“半个牛录章京”给予一定的品级后，“包衣大”便取得与“管领”相同的品级。这两方面都致使两类皇属包衣人趋同，也使得其管理的首领“包衣大”和“管领”逐渐合一，作为管理者可通用。后来在编修《八旗通志初集》时，为了规范和统一，便以“管领”称谓包衣管领组织，而将该组织的首领称为“包衣大”。

其演变历程，如下图所示（以正黄旗为例）：

---

① 《盛京吏户礼兵四部文》，中国第一历史档案馆编：《清代档案史料丛编》第14辑，中华书局1990年版，第75页。

② 中国第一历史档案馆整理译编：《内阁藏本满文老档·太宗朝》，汉文译文，辽宁民族出版社2009年版，第712页。

③ 中国第一历史档案馆译编：《清初内国史院满文档案译编》上册，光明日报出版社1989年版，第396页。

④ 季永海、刘景宪译编：《崇德三年满文档案译编》，辽沈书社1988年版，第259页。

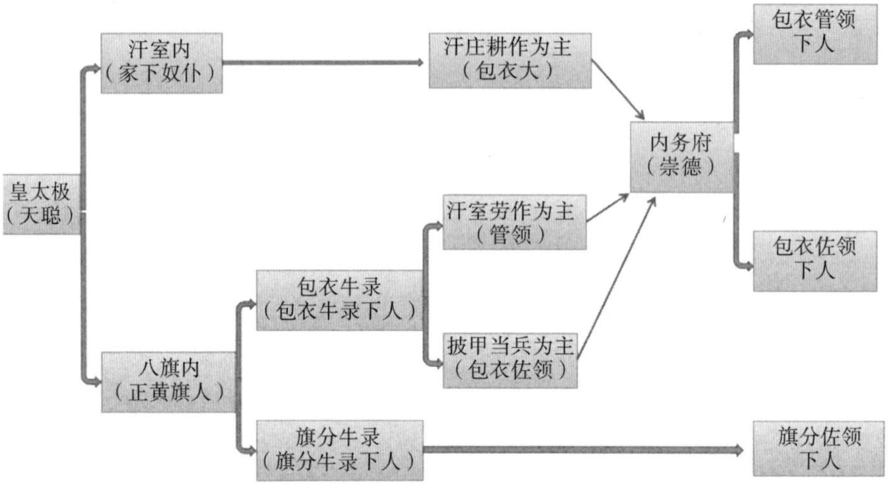

总之，从汗与诸申的包衣管理者皆称为“包衣大”，到“包衣大”分化为入职官系统和不入职官系统两种，再到入职官系统的“包衣大”与包衣牛录下供役于宫廷者混同组成“包衣管领下人”，并改称为“管领”，是汗与诸王贝勒家下奴仆不断壮大、八旗制度不断发展、内府事务管理机构不断完善的必然结果，是满洲从“部落家长制”发展到“后金汗制”，再发展到“皇权制”的一个缩影。

第四节　包衣牛录内的“分管组织”

包衣佐领和包衣管领是构成八旗下包衣组织的基本单位，此外，在旗下包衣组织内还有一类“分管”组织。杜家骥和定宜庄都曾对此作过论述，其中杜家骥指出，“分管”又称为“分管理”，“绝大部分为包衣佐领下的分管组织，少部分为管领之分管。其成员亦属包衣佐领或管领下人”①。后来他改变了这一看法，认为“有的管领实即包衣佐领一分为二而成，所以又有‘分管’之称，或称‘分辖’‘管辖’，其实

① 杜家骥:《清代八旗奴仆制考析》,《南开史学》1991 年第 1 期。

都可以称之为管领"[①]。定宜庄则根据满汉文本《八旗满洲氏族通谱》的记载，对"分管"组织作出新的解释，她发现，汉文本所载的375名包衣管领下人其实在满文本中有所区分，其中上三旗者全部称为"booi hontohoi niyalma"，即"包衣浑托和下人"；下五旗者绝大部分称为"booi fiyentehei niyalma"，而"fiyentehe"即"分管"，意思是"按照身份分别编置"，因此汉文本中的下五旗包衣管领实际是"包衣分管下人"。她认为，"分管"一词出现的时间不会早于康熙朝，而雍正朝是分管建立比较集中的时期，"很可能是八旗中的一个独立的机构"。[②]

结合两位学者的研究，笔者也谈一下自己的认识。

一、"分管组织"的编立时间及其性质

（一）"分管组织"的编立时间

《八旗通志初集》记载，下五旗中有四种包衣组织，即包衣佐领、包衣管领、包衣分管和包衣管辖，同时显示"分管"组织在入关前即已编立。如正红旗包衣第三参领所属第一旗鼓分管，"初以五品典仪官钩勒管理。钩勒因年老解任，以巴颜管理"[③]。《钦定八旗通志》注释曰："此分管系国初随礼烈亲王编立。"[④] 再如镶红旗包衣第三参领第七佐领下五个分管，"随贝勒褚英设立"[⑤]；正蓝旗包衣第三参领第二分管、第三分管皆系"国初编立"[⑥]。

虽然我们尚不清楚《八旗通志初集》及《钦定八旗通志》中所谓的"分管"（fiyentehe）是否在入关前就已使用此名，但至少可得知，天命初年已设有类似于"分管"的组织。

---

① 杜家骥：《八旗与清朝政治论稿》，人民出版社2008年版，第437页。

② 定宜庄、邱源媛：《清初"浑托和"考释》，《燕京学报》新二十八期。

③ 鄂尔泰等修，李洵等校：《八旗通志初集》卷6《旗分志六：八旗佐领（正红旗满洲佐领）》，东北师范大学出版社1985年版，第105页。

④ 福隆安等监修：《钦定八旗通志》卷9《旗分志九：正红旗满洲佐领下》，景印文渊阁四库全书本，台湾"商务印书馆"1983年版，总第664-430页。

⑤ 福隆安等监修：《钦定八旗通志》卷13《旗分志十三：镶红旗满洲佐领下》，总第664-497页。

⑥ 福隆安等监修：《钦定八旗通志》卷15《旗分志十五：正蓝旗满洲佐领下》，总第664-529页。

（二）“分管组织”的性质与编立原因

我们知道，相较于旗分牛录下人，包衣牛录下人对于皇室和诸王贝勒的人身依附关系更明显。每当贝勒等分府或册封世爵时，除了会赐予相应的府邸、庄园、财物外，还会拨与部分八旗佐领及包衣佐领、管领、护军等人[①]。康熙六年（1667），在分封福全为和硕裕亲王时，始定：“凡分封皇子，各按爵秩，奏简领侍卫内大臣、内务府总管会同该旗办理，应给旗下满洲、蒙古、汉军佐领并内务府三旗佐领、内管领，应给府第，候旨指给”。同时又定：“给亲王旗下满洲佐领十、蒙古佐领六、汉军佐领四，内务府满洲佐领一、旗鼓佐领一、内管领一。”[②]康熙十四年（1675），对赏赐亲王旗下人丁又作了改动，谕令：“给亲王旗下满洲佐领六，蒙古、汉军佐领各三，内务府满洲佐领一、旗鼓佐领一、内管领一”[③]。而在《八旗通志》中恰有三个包衣组织是在康熙十四年分封常宁为恭亲王时所设立的，即正蓝旗包衣第三参领所属第一（满洲）佐领、第二（旗鼓）佐领、第一管领[④]。对比可知，这两个佐领、一个管领即是按照上谕要求拨给常宁的。笔者认为，这些因分府或赏赐爵位时，特意拨给的包衣牛录组织便被称为“分管”，也即“分拨令其管辖”之意。

我们从《八旗通志》也可以看到，与包衣佐领、管领不同的是，分管组织全部在下五旗中，这便是下五旗王公分府及封赏世爵的直接结果。以正红旗、正蓝旗为例，这样的分管有：

---

① 杜家骥：《从内务府掌仪司等档案看清代皇子的分封制度》，见中国第一历史档案馆编：《明清档案与历史研究论文集（上册）》，新华出版社 2008 年版，第 527 页；万秀锋：《试论清代的皇子分府》，《满族研究》2013 年第 2 期，第 41 ~ 45 页。

② 昆冈等修：光绪《钦定大清会典事例》卷 1198，《内务府 · 庄屯 · 亲王一 · 分给户丁庄园分例》，（台湾）新文丰出版公司 1976 年版，第 19044 页。

③ 同上。

④ 鄂尔泰等修，李洵等校：《八旗通志初集》卷 9《旗分志九：八旗佐领（正蓝旗满洲佐领）》，东北师范大学出版社 1985 年版，第 166 ~ 167 页；福隆安等监修：《钦定八旗通志》卷 15《旗分志十五：正蓝旗满洲佐领下》，景印文渊阁四库全书本，台湾“商务印书馆”1983 年版，总第 664 – 528、664 – 529 页。

旗分	分管（《八旗通志初集》所记参领、佐领编号）	册封贝勒	时间	出处（卷，页）（《钦定八旗通志》）注释
正红旗包衣	第一参领第一满洲分管	谦襄郡王	顺治年间	卷9,664－429
	第一参领第二满洲分管	谦襄郡王	顺治年间	卷9,664－429
	第三参领第一旗鼓分管	礼烈亲王	国初	卷9,664－430
	第三参领第一旗鼓分管	康修亲王之子永恩	雍正年间	卷9,664－430
	第四参领第一旗鼓分管	恭惠郡王	顺治年间	卷9,664－431
	第四参领第二旗鼓分管	恭惠郡王	顺治年间	卷9,664－431
	第五参领第一旗鼓分管	贝勒度兰	顺治年间	卷9,664－431
	第五参领第二满洲分管	贝勒度兰	顺治年间	卷9,664－432
	第五参领第三旗鼓分管	贝勒度兰	顺治年间	卷9,664－432
正蓝旗包衣	第一参领新增第四分管	弘昨封贝子时设立	乾隆三十九年	卷15,664－527
	第二参领第五旗鼓管辖	分封公庆怡改拨	乾隆年间	卷15,664－530
	第五参领第三管辖	复封睿亲王时改拨	乾隆四十三年	卷15,664－530
	第三参领第八分管	复封睿亲王增立	乾隆四十三年	卷15,664－530
	第三参领第九分管	复封睿亲王增立	乾隆四十三年	卷15,664－530

上表显示了正红旗、正蓝旗中在分封世爵时所赐予的部分“分管”信息。从中可见，分封赏赐是分管形成的主要原因，或于分封时新编立，或从本旗其他参领下改拨而来。

二、“分管”的分类、编立途径及管理

（一）“分管”的分类

“分管”组织，按民族成分的不同，可分为“旗鼓分管”和“满洲分管”。前者由包衣汉人组成，后者主要由包衣满洲人组成。

按统领方式不同，分管可分为“公中分管”和“永管分管”两类，如正红旗包衣第一参领下辖两个分管，分别为“第一满洲分管，系达永

阿管理”“第二满洲分管，系永德管理”[1]，这两个分管皆为“公中分管”，均“系国初随谦襄郡王编立”[2]。谦襄郡王即代善第四子瓦克达，他是在顺治五年（1648）十一月晋封为多罗晋王的[3]，说明这两个分管至迟编立于此时。“公中分管”与“公中佐领”一样不能世袭，而只能“由国家另外拣选才德堪管牛录者加以任命”[4]。

（二）“分管”的编立途径

“分管”组织编立的途径主要有三种：

1. 由包衣佐领、管领转化为“分管”

由旗鼓佐领转化为“分管”。如镶白旗包衣第五参领所属第一分管，“原系旗鼓佐领……后改为分管”；镶白旗包衣第五参领所属第二分管，“原亦系旗鼓佐领……后改为分管”[5]。

由管领转化为“分管”。如镶红旗包衣第三参领内第一分管，“初为管领……康熙五十年改为分管”[6]。

2. 由佐领分立为“分管”

即将一个佐领分开，编为两个或多个分管。如镶红旗包衣第五参领第一分管，便是在康熙十七年由佐领分立形成的[7]。

3. 新增立“分管”

由本旗本参领人员新增为“分管”。即因本参领内包衣滋生，以滋生人丁新编为分管组织，如镶红旗包衣第二参领下两个分管、第三参领下六个分管，皆为雍正七年（1729）增立[8]；镶白旗包衣第二参领第一分管，系雍正九年编立[9]。

---

① 鄂尔泰等修，李洵等校：《八旗通志初集》卷6《旗分志六：八旗佐领（正红旗满洲佐领）》，东北师范大学出版社1985年版，第105页。

② 福隆安等监修：《钦定八旗通志》卷9《旗分志九：正红旗满洲佐领下》，景印文渊阁四库全书本，台湾“商务印书馆”1983年版，总第644－429页。

③ 王钟翰点校：《清史列传》卷3《宗室王公传三·多罗谦郡王瓦克达》，中华书局2005年版，第105页；赵尔巽等：《清史稿》卷216《列传三·瓦克达传》，中华书局1977年版，第8994页。

④ 郭成康：《清初牛录的类别》，《史学集刊》1985年第4期。

⑤ 鄂尔泰等修，李洵等校：《八旗通志初集》卷7《旗分志七：八旗佐领（镶白旗满洲佐领）》，第124页。

⑥ 鄂尔泰等修，李洵等校：《八旗通志初集》卷8《旗分志八：八旗佐领（镶红旗满洲佐领）》，第146页。

⑦ 同上，第148页。

⑧ 福隆安等监修：《钦定八旗通志》卷13《旗分志十三：镶红旗满洲佐领下》，总第664－495页；鄂尔泰等修，李洵等校：《八旗通志初集》卷8《旗分志八：八旗佐领（镶红旗满洲佐领）》，第146～147页。

⑨ 福隆安等监修：《钦定八旗通志》卷11《旗分志十一：镶白旗满洲佐领下》，总第664－460页。

由本旗其他参领人员新增为“分管”。即将本旗其他参领内的包衣或分管组织，拨入本参领内编为分管组织。如镶红旗包衣第五参领所属的五个分管，皆系“雍正七年，由三参领拨隶本参领下”而编立[①]。

需要注意的是，将包衣佐领、管领改为“分管”是在包衣牛录组织内部的调动，其包衣属性并未改变，只是所隶属的领主有所更改。

（三）“分管”的选任

“分管”作为一种类似于“管领”的包衣组织，一般而言，其管理者要由本旗下包衣充任，如镶白旗包衣第五参领第二分管，曾以格巴库、王正经、蓝国柱先后管理，但格巴库、王正经出包衣籍，蓝国柱拨隶别旗，因此皆罢分管任[②]。同时，“分管”的管理者与“佐领”和“管领”一样，也可兼任，如正红旗包衣第五参领第二满洲分管，以参领额特赫管理[③]；镶红旗包衣第三参领第一分管，以三等护卫瑶哈管理[④]；此外，任“分管”者并无民族限定，如正红旗第五参领第三旗鼓分管，初系“蒙古护军校达兰泰管理”[⑤]，即以蒙古人充任由包衣汉人组成的“分管”。

三、“分管佐领”

总之，笔者认为，“分管”即分拨给受封赏的王公宗室，令其管理的包衣组织。除分管外，在《八旗通志初集》中还有一类“管辖”的包衣组织，如：

正蓝旗包衣第一参领所属有二佐领、一管领、五管辖，包括：第一佐领、第二旗鼓佐领、第一管辖、第二管辖、第三管领、第四管辖、第五管辖、第六管辖。

正蓝旗包衣第二参领所属有二佐领、一管领、四管辖，包括：第一佐领、第二旗鼓佐领、第一管领、第二管辖、第三管辖、第四管辖、第

---

① 鄂尔泰等修，李洵等校：《八旗通志初集》卷8《旗分志八：八旗佐领（镶红旗满洲佐领）》，东北师范大学出版社1985年版，第148页。

② 鄂尔泰等修，李洵等校：《八旗通志初集》卷7《旗分志七：八旗佐领（镶白旗满洲佐领）》，第125页。

③ 福隆安等监修：《钦定八旗通志》卷9《旗分志九：正红旗满洲佐领下》，景印文渊阁四库全书本，台湾“商务印书馆”1983年版，总第664－431页。

④ 鄂尔泰等修，李洵等校：《八旗通志初集》卷8《旗分志八：八旗佐领（镶红旗满洲佐领）》，第146页。

⑤ 福隆安等监修：《钦定八旗通志》卷9《旗分志九：正红旗满洲佐领下》，总第664－432页。

五旗鼓管辖。

正蓝旗包衣第三参领所属有二佐领、一管领、一分管、二管辖，包括：第一佐领、第二佐领、第一管领、第二分管、第三管辖、第四旗鼓管辖。[①]

在《钦定八旗通志》中，将上述“管辖”“管领”皆作“分管”[②]。从上述各包衣组织的排列次序，以及《八旗通志初集》和《钦定八旗通志》中的不同记述来看，这三类包衣组织的地位、属性非常相似，但又不完全相同。

此外，我们还经常见到包衣牛录内有一类“分管佐领”（dendeme kadalara nirui janggin），那么“分管”“管辖”“管领”与“分管佐领”是何关系呢？

笔者认为，“分管佐领”是指包衣参领内除包衣佐领以外的其余包衣牛录组织，即“管领”以及与之类似的“分管”和“管辖”，皆统称为“分管佐领”。因此，“包衣佐领”和“分管佐领”可代表整个包衣牛录群体。如《大清会典》载，“凡南苑羊草，定例，南苑内草令佐领、分管佐领下壮丁割取，交送厩馆”[③]；康熙五十一年（1712）题准，“八旗内佐领及分管佐领下满洲与另户人等，互相殴死，该管佐领、骁骑校、内管领，俱各罚俸一年”[④]。其中，“佐领”是指“包衣佐领”，而“分管佐领”则统指包衣参领内除内佐领以外的管领、分管和管辖。

根据这一观点，我们再来看《大清会典》中有关“分管佐领”的规定：

其一，据《内务府·营造司》载，“凡杂项修理，按佐领及分管佐领下地亩均派壮丁，佐领下一分，分管佐领下二分。凡分管佐领厩馆、房

① 鄂尔泰等修，李洵等校：《八旗通志初集》卷9《旗分志九：八旗佐领（正蓝旗满洲佐领）》，东北师范大学出版社1985年版，第164～167页。

② 同上，第164～165页；福隆安等监修：《钦定八旗通志》卷15《旗分志十五：正蓝旗满洲佐领下》，景印文渊阁四库全书本，台湾“商务印书馆”1983年版，总第664－524、664－525页。

③ 允禄等修：雍正《大清会典》卷233《内务府·奉宸院·南苑》，《近代中国史料丛刊三编》第79辑，第789册，（台湾）文海出版社1995年版，第15008页。

④ 允禄等修：雍正《大清会典》卷112《兵部·兵部二·武选清吏司·八旗通例》，《近代中国史料丛刊三编》第78辑，第775册，（台湾）文海出版社1994年版，第7388页。

屋等处应修理者，令各分管佐领下闲丁支应”[①]。“凡紫禁城内宫殿房屋、城外厩馆、瀛台内房屋宾馆、南苑内房屋厩馆，有倒坏处，交该管内管领修理。如内管领等工役不敷，分与众分管佐领。宾、馆、院、各衙门房院，内管领等照旧修理。其内外马牛羊厩馆应修理者，本衙门给发佐领、分管佐领下工役，仍令内管领修理。”[②] 从中可见，“佐领及分管佐领”涵盖了包衣牛录组织的全部；“内管领等工役不敷，分与众分管佐领”即在内务府“管领”下人不敷用时，令下五旗“分管佐领”下人协助。

其二，顺治年间（1644—1661）曾定，“凡有品级首领及擎伞、备箭披甲人、亲随弓匠，该班首领等由本衙门启奏补用，其余各役酌量取用……内府三旗佐领、分管佐领所属各项匠役等，俱照会计司定例给用”[③]。虽然“分管”和“管辖”组织仅存在于下五旗中，但是“分管佐领”还包括“内管领”，因此内府所属的“分管佐领”即指内务府三旗包衣管领。

其三，雍正二年（1724）议准，“各处治罪抄家入辛者库人口内有满、汉、蒙古、高丽官员、匠役人等，留分管佐领下不应留在分管佐领下之汉人家奴，拨给官庄”[④]。即对于留在上三旗“分管佐领”下的辛者库人，入“管领”中；对于留在下五旗“分管佐领”下的辛者库人，则入“管领”“管辖”和“分管”三类组织中，而对于犯罪旗人之家奴，其地位远低于作为辛者库人的管领下人，因此被拨入皇庄，继续为奴。

总之，因上三旗没有“分管”和“管辖”组织，因此，所谓上三旗“分管佐领”即指“内管领”；而下五旗“分管佐领”则指“管领”“管辖”和“分管”三类组织。入关后随着皇权的加强和爵制的递减，下五旗诸王贝勒在分府和封爵时完全继承父祖包衣牛录的现象越来越少，更多的是仰赖皇权以“分管”的形式调拨为其包衣牛录，这导致的结果是，

---

① 允禄等修：雍正《大清会典》卷231《内务府·营造司》，《近代中国史料丛刊三编》第79辑，第788册，（台湾）文海出版社1995年版，第14882页。

② 同上，第14883页。

③ 允禄等修：雍正《大清会典》卷233《内务府·武备院》，《近代中国史料丛刊三编》第79辑，第789册，第14958页。

④ 允禄等修：雍正《大清会典》卷193《刑部·旗人犯罪》，《近代中国史料丛刊三编》第79辑，第786册，第13073页。

皇权掌握了越来越多的包衣牛录调配权，削弱了包衣牛录对王府世家的依附关系，同时也致使下五旗中的“管领”越来越少，“分管”越来越多，因此，《八旗满洲氏族通谱》满文本中将上三旗管领下人全部称为“booi hontohoi niyalma”（即包衣管领下人）；而下五旗者绝大部分称为“booi fiyentehei niyalma”（即包衣分管人）。

不可否认的是，“分管”“管辖”与“管领”组织在性质和所属人员地位等方面本就相差无几，在不需要特定区分时，一般也会统称为“管领”；经过几十年的发展后，其原本细微的差异更荡然无存；再加之“内务府三旗分佐领、管领”[①]，并无“分管”和“管辖”。因此在《八旗满洲氏族通谱》汉文本及《钦定八旗通志》中，便将《八旗满洲氏族通谱》满文本及《八旗通志初集》中的“分管”和“管辖”统称为“管领”了。

值得注意的是，清制“下五旗包衣参领所属佐领、管领、分管等，例随各王公封爵增减”[②]，即当该王公贝勒等爵位有变时，其原领佐领、管领及分府或封爵时拨给的“分管”都要作相应的调整。如正红旗第三参领所属第一旗鼓分管，系“乾隆十八年，本参领第二分管缴回时，所有人丁并入本分管”编立的[③]；正红旗包衣第三参领所属第二旗鼓分管，系“雍正年间康修亲王之子永恩赐封贝勒时编立。乾隆十八年，贝勒袭封王爵，将此分管缴回，分并在王分各佐领分管下”[④]。可见，每当贝勒升为王爵时，其初封“贝勒”时赏赐的“分管”会先收回皇家，再以皇室的名义赐予。有学者注意到，根据清代官方典志的记述习惯，当包衣佐领和管领在没有必要区分时，有时可统称为包衣佐领[⑤]，同样，此处可理解为“包衣佐领和分管佐领在没有必要区分时，可统称为包衣佐领”。因此，此处重新分配的分管被编入“各佐领分管下”，这里的佐领不是包衣佐领，而是分管佐领。事实上，此处更有可能为“各分管佐领下”之误。

---

① 福格：《听雨丛谈》卷1《八旗原起》，中华书局1984年版，第4～5页。

② 福隆安等监修：《钦定八旗通志》卷13《旗分志十三：镶红旗满洲佐领下》，景印文渊阁四库全书本，台湾“商务印书馆”1983年版，总第664－499页。

③ 福隆安等监修：《钦定八旗通志》卷9《旗分志九：正红旗满洲佐领下》，总第664－430页。

④ 同上。

⑤ 杜家骥：《八旗与清朝政治论稿》，人民出版社2008年版，第437～438页。

四、镶红旗包衣牛录组织释疑

以上，笔者对“分管”的编立原因、方式，与分管佐领的关系作了初步考察。但是，仍有一些问题悬而待解，如《八旗通志初集》和《钦定八旗通志》中对于镶红旗包衣组织的记述方式明显不同于其他七旗。

以镶红旗包衣第一参领所属的“五管领”为例，其隶属关系在《八旗通志初集》载为：“第一佐领下第一管领”“第一佐领下第二管领”“第一佐领下第三管领”“第一佐领下第四管领”“第三佐领下第一管领”，这五个管领皆为雍正七年（1729）增立[①]。在《钦定八旗通志》中，也是这样的记载，如镶红旗“第一参领第一佐领下第一管领，系雍正七年增立”；“第三参领原第三佐领下第一管领，亦系雍正七年增立”[②]。

再以镶红旗包衣第二参领所属的包衣组织为例，据《八旗通志初集》载：所属“二分管”为“第四佐领下第一分管”和“第四佐领下第二分管”；所属“三管领”为“第五佐领下第一管领”“第五佐领下第二管领”和“第五佐领下第三管领”[③]。在《钦定八旗通志》中亦有同样的记载[④]。

在《八旗通志初集》和《钦定八旗通志》中，关于其他七旗包衣牛录组织的记载方式都是：“第一参领下第一佐领”“第一参领下第一管领”，或“第一参领下第一分管”；而唯独对镶红旗包衣组织的记载为“第一参领第一佐领下第一管领”或“第一参领第一佐领下第一分管”。给人的印象是，在镶红旗包衣组织中，参领下只有包衣佐领，而包衣管领和分管皆隶属于包衣佐领中。

笔者认为，这是《八旗通志初集》将“参领”误记为“佐领”之故，实际上也应该是“参领下佐领”“参领下管领”和“参领下分管”，

---

① 鄂尔泰等修，李洵等校：《八旗通志初集》卷8《旗分志八：八旗佐领（镶红旗满洲佐领）》，东北师范大学出版社1985年版，第145页。

② 福隆安等监修：《钦定八旗通志》卷13《旗分志十三：镶红旗满洲佐领下》，景印文渊阁四库全书本，台湾“商务印书馆”1983年版，总第664－495页。

③ 鄂尔泰等修，李洵等校：《八旗通志初集》卷8《旗分志八：八旗佐领（镶红旗满洲佐领）》，第146页。

④ 福隆安等监修：《钦定八旗通志》卷13《旗分志十三：镶红旗满洲佐领下》，总第664－496页。

“佐领”“管领”“分管”和“管辖”都是相对独立的四类包衣组织。而《钦定八旗通志》在修撰时也一并将此误抄。

其实，《八旗通志初集》中舛误处并不鲜见，除前述“各佐领分管下”似应为“各分管佐领下”之误外，再如所记康熙十四年（1675）谕曰：“分得拨什库、壮大，均系武职，若署章京事，方准叙功；不署章京事，则不与议叙，殊属不合。今后分得拨什库、壮大俱著一体叙功。至摆牙喇及披甲人役有功，除登城外，虽有首先陷阵、临敌斩级、效力居多，止加赏赉，无授官之例。今天下一家，非比昔时，攻城之役甚少，若仍照旧议叙，数十载无攻城之役，何以鼓舞兵士？”[①] 同年正月谕吏礼兵三部曰：“我国家之兴，全赖治兵有法。今见八旗人民，崇尚文学，怠于武事，以披甲为畏途，遂致军旅较前边别。详究其源，皆由限年定额，考取生童，乡会两试，即得升用……”[②] 然而，对照《清实录》可知，以上两谕实为顺治十四年（1657）正月甲子事[③]，并非康熙十四年所谕。

第五节　八旗“辛者库”新考

“辛者库”群体是清代内务府成员的重要组成部分，自20世纪80年代以来，学界从八旗制度史、清代政治史和法律史等方面对辛者库人的身份和地位问题展开热烈讨论，在此过程中，辛者库人的神秘面纱也逐渐被揭开。如辛者库人分为“内在”和“外入”两种，皆存在于包衣管

① 鄂尔泰等修，李洵等校：《八旗通志初集》卷1《旗分志一》，东北师范大学出版社1985年版，第10页。按，《八旗通志初集》将此谕记为“康熙十四年”，经查《清世祖实录》，此谕实为顺治十四年十月甲子所发，故改之。《清世祖实录》卷106，顺治十四年十月甲子，《清实录》第3册，中华书局1985年影印版，第831～832页。

② 鄂尔泰等修，李洵等校：《八旗通志初集》卷1《旗分志一：八旗规制》，第7～10页。

③ 《清世祖实录》卷106，顺治十四年十月甲子，《清实录》第3册，第831～832页。

领下，身份为管领下人，已成为多数学人的共识①。但是，辛者库人是指管领下人的哪部分人，仍莫衷一是，而对其具体身份的不同认识也进一步影响到对该群体地位的不同判定。因此，本文所要解释的问题是，“辛者库”一词的含义有哪些？辛者库人具体是指管领下的哪些人？其身份和地位有何不同？其属员又历经了怎样的变化？

一、管领下人的组成

既然辛者库人隶于管领下，因此我们有必要梳理一下管领下人的组成。

一般意义上的“管领下人”是指在宫内、陵寝或王府内料理杂务者，其中上三旗管领下人或于“内廷洒扫糊饰”②，或于盛京及陵寝等处“芟刈外园荒草，烧造砖瓦，备办灰斤，以供岁修”③。

除此之外，内务府属员中还有人数庞杂的庄头人，他们与管领下人是何关系呢？陈国栋将八旗包衣组织分为“佐领下人”“管领下人”和

---

① 关于“辛者库”的研究成果有：Preston M. Torbert, *The Ch' ing Imperial Household Department: A Study of its Organization and Principal Function*, 1662 - 1796, Cambridge, Mass: Harvard University Press, 1977.；孟昭信：《论清初顺治年间八旗奴仆的逃亡斗争》，见《吉林大学社会科学论丛2：历史专集》，吉林大学社会科学委员会，1980年；陈国栋：《清代内务府包衣三旗人员的分类及其旗下组织——兼论一些有关包衣的问题》，台北《食货》1982年12卷9期；王道瑞：《清代辛者库》，《历史档案》1983年第4期；叶志如：《康、雍、乾时期辛者库人的成分及人身关系》，《民族研究》1984年第1期；魏鉴勋、关嘉录：《康熙朝盛京内务府皇庄的管理》，《故宫博物院院刊》1984年第2期；郭成康：《清初牛录的类别》，《史学集刊》1985年第4期；傅克东：《从内佐领和管领谈到清代辛者库人》，《清史研究通讯》1986年第3期；杜家骥：《清代“辛者库”问题考释》，《南开史学》1992年第1期；任玉雪：《试析盛京内务府户口（1644—1796）》，《清史研究》2003年第2期；杜家骥：《八旗与清朝政治论稿》，人民出版社2008年版，第444～455页；赖惠敏：《清代的皇权与世家》，北京大学出版社2010年版。

② 允禄等修：雍正《大清会典》卷232《内务府七·内管领》，《近代中国史料丛刊三编》第79辑，第788册，（台湾）文海出版社1995年版，第14927页。

③ 崇厚：《盛京典制备考》卷1《山陵》，见姜维公、刘立强主编：《奉天边务辑要 盛京典制备考 盛京奏议》，黑龙江教育出版社2014年版，第118页。

“庄头人”三类[①]。赖惠敏亦持此说[②]。显然他们认为庄头人与管领下人是并列存在的。而祁美琴、杜家骥则指出，佐领和管领是内务府三旗旗下基本组织，从包衣成员的来源和管理上可分为佐领下人、管领下人和庄头人三大类[③]。

笔者比较认同祁美琴之说。清代皇粮庄“有在盛京者，有在畿辅者”[④]。其中盛京粮庄由盛京三佐领具体管理、由会计司总领；其余粮庄由会计司直属管理。现以盛京庄头为例试作说明。

一是从庄头的隶属关系上来看。

盛京庄头分属两个系统。一为管理盛京皇室内务及果园、庄田事务的上三旗包衣三佐领下庄头[⑤]，康熙九年（1670）时每佐领下各有“棉庄十五个，蓝庄四个，盐庄一个”[⑥]。一为包衣三旗管领下派驻盛京地区的粮庄庄头，如据《内务府奏销档》载，康熙十九年（1680）会计司令盛京佐领将粮庄内现有额丁查明，经查，盛京23个粮庄庄头分别隶属于Nacin、Guwamboo、Alin、Cambu、Gondai、Jaldu、Engkei、Wanggiyan、Ingturi、Solbi、Margan、Tomai、Usiba、Liyandzun、Walda、Haijan、Songgoto，共计17个管领下[⑦]。通过查比《八旗通志》可知，其所对应的管领分别为那秦、官保、阿林、查木布、衮岱、扎勒杜、鞥克依、旺建、英图里、索勒毕、玛尔干、托麦、五十八、连存、瓦勒达、海章、松奥托，

---

① 陈国栋：《清代内务府包衣三旗人员的分类及其旗下组织——兼论一些有关包衣的问题》，台北《食货》1982年12卷9期。

② 赖惠敏：《清代内务府官庄的户口》，黄宽重等编：《中国近世家族与社会学术研讨会论文集》，台湾“中央研究院”历史语言研究所出版品编辑委员会，1998年，第330页。

③ 祁美琴：《清代内务府》，辽宁民族出版社2009年版，第52页；杜家骥：《清代内务府旗人复杂的旗籍及其多种身份》，《民族研究》2011年第3期。

④ 允禄等修：雍正《大清会典》卷28《户部·户部六·田土三·各旗庄屯》，《近代中国史料丛刊三编》第77辑，第764册，（台湾）文海出版社1994年版，第1361～1362页。

⑤ 佟永功、关嘉录：《盛京上三旗包衣佐领述略》，《历史档案》1992年第3期。

⑥ 《康熙九年京行档》，转引自关嘉录、魏鉴勋《从〈黑图档〉看康熙朝盛京皇庄的赋役制度》，《中国史研究》1984年第2期。

⑦ 辽宁社会科学院历史研究所、大连市图书馆文献研究室、辽宁省民族研究所历史研究室译编：《清代内阁大库散佚档案选编·皇庄（上）》，辽宁民族出版社1988年版，第17～37页。

这些管领皆为上三旗包衣管领[①]。

据此可知，庄头根据粮庄的不同性质，分属包衣佐领和管领下。就盛京地区的粮庄庄头而言，他们并非一类包衣组织，而是管领下的一类低级官职，正如其自述“身等虽系庄头，亦皆在管领之中”[②]。

二是从壮丁的身份和地位来看。

杜家骥在考察包衣与旗下家奴截然不同的社会地位时，分别从法律身份、婚姻良贱和政治资格权利三方面作了阐述[③]。壮丁作为管领下人，同样具有正身旗人的某些特点，如就其管理而言，每庄内都有十二三名左右的壮丁，而庄头亦被计入壮丁之内[④]，这些壮丁在编庄时由内务府拨隶，每当编丁时需要将其本身及滋生人丁计入户口，而每庄生产“全赖丁、妇之力，若庄内缺丁少妇”时可申诉，由内务府拨充壮丁[⑤]；就政治资格权利而言，壮丁可补庄头之缺[⑥]；从法律身份上来看，壮丁、甚至养子计入档册者皆属“正身额丁”[⑦]，庄头不得私自打骂，而壮丁则拥有首告庄头不法的权利[⑧]；从婚姻良贱上来看，每当选秀女之年要“派出各属司官员前往查看”，而庄头及额丁之女十六岁以下者，皆属验看对象[⑨]。

---

① 鄂尔泰等修，李洵等校：《八旗通志初集》卷3《旗分志三：八旗佐领（镶黄旗满洲佐领）》，第41～44页；卷4《旗分志四：八旗佐领（正黄旗满洲佐领）》，第63～66页；卷5《旗分志五：八旗佐领（正白旗满洲佐领）》，第87～89页。东北师范大学出版社1985年版。

② 《黑图档》第92册，第57～58页，译文见辽宁省档案馆编译：《盛京内务府粮庄档案汇编（上）》，辽沈书社1993年版，第260页。

③ 杜家骥：《八旗与清朝政治论稿》，人民出版社2008年版，第444～455页。

④ 《黑图档》第104册，第19～22页，译文见辽宁省档案馆编译：《盛京内务府粮庄档案汇编（上）》，第9～10页。

⑤ 《黑图档》第62册，第40～41页，译文见辽宁省档案馆编译：《盛京内务府粮庄档案汇编（上）》，第58页。

⑥ 《黑图档》第56册，第24～25页，译文见辽宁省档案馆编译：《盛京内务府粮庄档案汇编（上）》，第39页。

⑦ 《黑图档》第98册，第34～38页，译文见辽宁省档案馆编译：《盛京内务府粮庄档案汇编（上）》，第285页。

⑧ 《黑图档》第90册，第16～28页，译文见辽宁省档案馆编译：《盛京内务府粮庄档案汇编（上）》，第244～252页；辽宁社会科学院历史研究所、大连市图书馆文献研究室、辽宁省民族研究所历史研究室译编：《清代内阁大库散佚档案选编·皇庄（上）》，辽宁民族出版社1988年版，第156页。

⑨ 《黑图档》第61册，第105～106页，译文见辽宁省档案馆编译：《盛京内务府粮庄档案汇编（上）》，第55页。

同时，“内管领下女子，不准与内府佐领下人结亲”[①] 的法令同样适于壮丁，如正黄旗诺穆齐管领下壮丁李吉江之子与同为管领下壮丁高钱之女定亲，但高钱后被拨入盛京佐领下庄头充任额丁，因此需要将管领下人与佐领下人结亲之缘由说明，并由内务府派人查问明白[②]；而当盛京庄头王朝左将其弟之女私嫁给棉庄庄头时，内务府又派人讯问：“你系粮庄之人，将你弟之女私嫁棉庄庄头，是何缘故?”他辩称：“愚以为，粮庄、棉庄均是庄，诸女可互相嫁娶”[③]，殊不知棉庄、粮庄分属佐领、管领两个不同的组织，按律不可相互嫁娶。

庄头人的隶属关系还表现在，当有新庄编立时，皆要考虑将新庄“编入何管领”[④]，而有新壮丁补入各庄时，亦要将“某人拨给某管领下住某处之庄头情形缮单呈报”[⑤]。同时，也因这种隶属关系，正黄旗包衣管领硕礼[⑥]可将属下驻盛京庄头张达之孙酬色带至京城归入本管领下[⑦]；而管领下人“虽系京城粮庄额丁”，如情愿往盛京当差亦可[⑧]；从京城发往盛京粮庄之人也可再撤回[⑨]。

总之，盛京地区“棉、靛、盐庄皆系佐领之人”，而盛京粮庄则皆为管领下人。需要说明的是，虽然盛京粮庄庄头的旗籍与身份隶于各管领下，但是这些粮庄是由盛京三佐领具体负责监督和管理的，因此盛京所

① 昆冈等修：光绪《钦定大清会典事例》卷1218《内务府·杂例·选宫女》，（台北）新文丰出版公司1976年版，辽沈书社1988年版，第19228页。

② 《黑图档》第71册，第59～60页，译文见辽宁省档案馆编译：《盛京内务府粮庄档案汇编（上）》，辽沈书社1993年版，第97页。

③ 《黑图档》第77册，第12～17页；第78册，第103～105页，译文见辽宁省档案馆编译：《盛京内务府粮庄档案汇编（上）》，第128～129、166页。

④ 《黑图档》第52册，第37～40页；第72册，第106页，译文见辽宁省档案馆编译：《盛京内务府粮庄档案汇编（上）》，第24、104页。

⑤ 《黑图档》第57册，第25～26页，译文见辽宁省档案馆编译：《盛京内务府粮庄档案汇编（上）》，第42页。

⑥ 鄂尔泰等修，李洵等校：《八旗通志初集》卷4《旗分志四：八旗佐领（正黄旗满洲佐领）》，东北师范大学出版社1983年版，第66页。

⑦ 《黑图档》第54册，第94～97页，译文见辽宁省档案馆编译：《盛京内务府粮庄档案汇编（上）》，第35页。

⑧ 《黑图档》第69册，第130～132页，译文见辽宁省档案馆编译：《盛京内务府粮庄档案汇编（上）》，第92页。

⑨ 《黑图档》第66册，第109～110页，译文见辽宁省档案馆编译：《盛京内务府粮庄档案汇编（上）》，第78页。

有庄头皆可称作“mukden i nirui janggisai harangga toksoi dasa”即“盛京牛录章京（佐领）所属的庄头们”[①]。这是基于管理上的称谓，而非指身份隶属关系。

由上可知，上三旗管领下人按不同的居地和工作性质，可分为驻京师及盛京城内管领下人、驻陵寝管领下人和皇属粮庄庄头人三类。

二、管领下“非食口粮”人

康熙时有庄头请求稽查各管领下人，“何项之人给食辛者库，何项之人不给食辛者库”[②]，这提示我们辛者库仅为管领下人中的部分群体。

《五体清文鉴》《御制增订清文鉴》将辛者库人解释为“sin jeku jetere aha”，即“管领下食口粮人”[③]；《养吉斋丛录》则称辛者库人为“内管领下食月米之人”[④]；乾隆时盛京将军琳宁亦称“食辛者库人等系男妇当差，每月并无应得之饷，惟赖口粮以资养赡”[⑤]。也就是说，管领下人中“无应得之饷”、只能依赖“月米”为生之人才被称为辛者库人，除此之外的管领下人皆不能算作辛者库人，那么管领下人中哪些人有“应得之饷”而不依赖“月米”为生呢？

（一）管领下披甲人等

清代统治者历来视八旗为国家根本，对旗人恩养有加，如康熙帝曾“于各旗设立官库，资济匮绌，所以为众甲兵筹划者甚切”[⑥]。因“旗人不善谋生”[⑦]，故“将闲散满洲令其披甲，则满洲壮丁各得食粮，庶可稍

---

① 何荣伟、张虹、冯璐译:《清代盛京内务府满文档案选译(一)·皇庄》,《满族研究》2016 年第 1 期。

② 《黑图档》第 99 册,第 9~10 页,译文见辽宁省档案馆编译:《盛京内务府粮庄档案汇编(上)》,辽沈书社 1993 年版,第 296 页。

③ 《五体清文鉴》上册,民族出版社 1957 年版,第 303 页;江桥:《康熙〈御制清文鉴〉研究》,北京燕山出版社 2001 年版,第 112 页。

④ 吴振棫:《养吉斋丛录》,中华书局 2005 年版,第 3 页。

⑤ 《朱批奏折》,乾隆六十年二月二十八日,档案号:04-01-35-1385-039,中国第一历史档案馆藏。

⑥ 中国第一历史档案馆编:《康熙起居注》康熙四十五年十一月十九日,中华书局 1984 年版,第 3 册,第 2046 页。

⑦ 王庆云:《石渠余纪》卷 4《纪旗人生计》,北京古籍出版社 1985 年版,第 197 页。

资生理”[①]。可见，披甲所得钱粮是旗人家小赖以生存的保障。

包衣管领下人拥有与旗分下人和包衣佐领下人同样的披甲权。顺治初规定，“内管领下之满洲、蒙古等，每二丁设马甲一名”，后改为“二内管领下合设十五名”；康熙二十一年（1682）奏准，二十个内管领下每“三丁设马甲二名”[②]。由此推知，当时三旗下全部二十个管领中，已有三分之二的管领下人可获得披甲的机会。此后，管领下人披甲的人数又有变动。康熙四十二年，“裁各佐领、内管领下领催二名、马甲一名”；雍正三年（1725）奏准，每“内管领下，各额定马甲五十名”；雍正九年，又将每管领下“各定为马甲八十九名”[③]。总体来讲，康雍时期管领下人披甲人数在逐步增加，这与三旗内管领下人口不断滋生以及社会经济的发展有关，这无疑也使得国家恩养旗人的负担日重。

管领下披甲人中也包含了部分庄头人。康熙十四年（1675），内务府奏准增加披甲，其中盛京粮庄庄头“于子弟及额丁中择选善马步箭者充披甲之人十八名”，直到康熙五十年，“此等十八名披甲或死或退，其缺仍由其滋生之子弟中选马步箭好者补放之”，成为世袭披甲人。这引起其他壮丁的不满，他们奏请嗣后如有缺额，其披甲人无子弟堪任者，祈请自“庄内十五名额丁中挑选优秀并善马步箭者取作披甲”[④]。该案显示，康熙朝盛京粮庄内的披甲名额被限制在十八名，其中多以庄头子弟充任，而庄头缺出一般由“该庄头子弟内拣选”[⑤]，这种父死子继的承袭方式，也使得披甲渐成世袭。

清制，内务府三旗“支领俸饷，悉照八旗之例行”[⑥]，即包衣佐领、管领下披甲人将按八旗甲兵的标准发放饷银、饷米。顺治元年（1644）定：八旗前锋、护军、领催、马甲每名月给饷银二两；六年定：步兵月

---

① 《清圣祖实录》卷44，康熙十二年十二月辛丑，《清实录》第4册，中华书局1985年影印版，第583页。

② 昆冈等修：光绪《钦定大清会典事例》卷1201《内务府·营制·内务府三旗官兵》，（台湾）新文丰出版公司1976年版，第19062～19063页。

③ 同上，第19063～19064页。

④ 《黑图档》第91册，第57页；译文见辽宁省档案馆编译：《盛京内务府粮庄档案汇编（上）》，辽沈书社1993年版，第255页。

⑤ 《总管内务府现行则例·会计司》卷2《补放庄头》，民国26年（1937）影印本，第25页。

⑥ 昆冈等修：光绪《钦定大清会典事例》卷1201《内务府·营制·内务府三旗官兵》，第19063页。

给饷银一两。此后多有增减，如顺治十二年，步兵每月饷银增至一两五钱；康熙九年（1670）题准，“前锋、护军、领催，月给饷银四两，甲兵月给饷银三两”；康熙十四年，“每月各减给银一两”；二十二年，又“饷银俱照旧给发”等[①]。除饷银之外还发放饷米，如康熙二十四年定，“前锋、护军、领催、马兵每岁给饷米四十六斛，步兵给二十二斛，俱按春秋两季支给”[②]。三旗管领下披甲人的饷银和饷米标准也大致如此，只是领取的方式略有不同，其每月饷银“据户部咨文到日，直月参领率佐领等赴部监领”，“四季应领饷米，据都虞司呈堂，每旗派参领一人，协同骁骑校、副内管领各一人赴仓监放，由参领取具各佐领、管领下领催并无克扣，保结汇总呈报”[③]。在时人看来，“每月按时发给他们的饷银”是可观的[④]。周远廉亦考证，以当时物价计，一名护军的饷银、饷米可供应80人一年的食用，可见当时旗兵的待遇是很高的[⑤]。

正因为披甲人本身食有很高的钱粮，因此特别规定：“各管领下人丁，除官员、兵丁等已有俸饷者，不给口粮”[⑥]。“有俸饷者，不给口粮”是判定辛者库身份的重要依据，这些披甲人“日用所需，惟赖饷银资给”[⑦]，而无须以“月米”为生。

（二）有自耕田之庄头人等

除管领下披甲人可食钱粮外，部分庄头人因有田产，也可借此供给所需衣食。

康熙时期，皇庄内除有内务府编庄时分拨的田亩外，还有部分庄头人有自耕田，如住通州的庄头朱费扬古有自耕田一百六十一垧，其中

---

① 鄂尔泰等修，李洵等校：《八旗通志初集》卷29《兵志四·八旗兵饷·在京兵饷》，东北师范大学出版社1985年版，第549～551页。

② 鄂尔泰等修，李洵等校：《八旗通志初集》卷29《兵志四·八旗兵饷·在京兵饷》，第551页。

③ 托津等修：嘉庆《大清会典》卷77《内务府·会计司》，《近代中国史料丛刊三编》第64辑，第640册，（台湾）文海出版社1991年版，第3427页。

④ 白晋：《康熙帝传》，见中国社会科学院历史研究所清史研究室编：《清史资料》第1辑，中华书局1980年版，第213页。

⑤ 周远廉：《八旗制度和“八旗生计”》，见《第三届国际满学研讨会论文集》，民族出版社2002年版，第37～38页。

⑥ 昆冈等修：光绪《钦定大清会典事例》卷1219《内务府·杂例·口粮》，（台湾）新文丰出版公司1976年版，第19232页。

⑦ 《清仁宗实录》卷100，嘉庆七年七月癸未，《清实录》第29册，中华书局影印本1986年版，第345页。

"供额丁穿衣、领粮而令其耕种之田五十四垧"[1]；盛京粮庄除每庄一百三十日"原有地"外，亦有地亩不等的"余地"[2]，此类"余地"即"盛京地方公中或私人之存地或野甸"，可供调配、出租等多种用途[3]。这些"自耕地"或庄内"公中地"中有部分类似于稻田庄头、壮丁的"养赡家口地"[4]，可供庄内额丁穿衣、领粮之用。此外，有些壮丁还有私产，如康熙时有额丁声称其祖父"在盛京任庄头时，在盖州开垦熟地六十日，又在此地附近满得子屯有荒地二百四十日"，因此，他有实力"不要官发口粮、种子、牛条"等，而以自家之人力编庄[5]。

综上，上三旗包衣管领下诸披甲人、有自耕田之皇庄庄头人等，或通过发放饷银、饷米，或依靠田产，皆可不依赖"按月食斗粮"为生。

三、管领下"食口粮"人

除上述可自食其力者外，康熙时期，将无力为生、需依赖内务府按月给口粮的管领下人，称作"食辛者库人"。康熙时有庄头称"匠人及孤独者给食辛者库"[6]，具体来看主要分属以下几类人群：

（一）鳏寡孤独、无田或无力耕种者

清初曾定"各管领下无田地人，年十岁以上为一口，五岁以上为半

① 辽宁社会科学院历史研究所、大连市图书馆文献研究室、辽宁省民族研究所历史研究室译编：《清代内阁大库散佚档案选编·皇庄（上）》，辽宁民族出版社1988年版，第15页。

② 《黑图档》第80册，第55～56页，译文见辽宁省档案馆编译：《盛京内务府粮庄档案汇编（上）》，辽沈书社1993年版，第189～195页。

③ 《黑图档》第85册，第80～84页，译文见辽宁省档案馆编译：《盛京内务府粮庄档案汇编（上）》，第216页。刁书仁认为"旗人余地"是旗人私自开垦的土地；乌廷玉等亦认为这些"余地"自家耕种，按时纳税。刁书仁：《东北旗地研究》，吉林文史出版社1993年版，第186页；乌廷玉、张云樵、张占斌：《东北土地关系史研究》，吉林文史出版社1990年版，第45页。

④ 允禄等修：雍正《大清会典》卷28《户部·户部六·田土三·各旗庄屯》，《近代中国史料丛刊三编》第77辑，第764册，（台湾）文海出版社1994年版，第1392页。

⑤ 《黑图档》第86册，第74～76页，译文见辽宁省档案馆编译：《盛京内务府粮庄档案汇编（上）》，第228页。

⑥ 《黑图档》第99册，第9～10页，译文见辽宁省档案馆编译：《盛京内务府粮庄档案汇编（上）》，第296页。

口，每月每口给粮一斛斗，每半口给粮半斛斗[①]，于庄头等所报粮内派给”[②]。可见，无田之管领下人将按人口和年龄拨发口粮。康熙元年(1662)，对此作了更细致的规定，谕令“各内管领属下无力耕种田地者，将田地收回，交各内管领，本身给与口粮，奴仆不准给粮”，但是因“旗人不习耕作”[③]，这造成了即使管领下人有田产、有能力耕种也故意上交地亩以从内务府领粮，因此随后又规定“将撤回田地人之丁口详查，有丁一二名而不能耕种田地者，准给口粮；有愿领田地者，给发耕种。若三丁以上者，令其耕种，不准给粮”[④]。

与谕令相对应，据档案载，康熙四年，盛京佐领就京城管领下人挑选辛者库人的方法而询问宣徽院时，经查档：“本院诸内管领所佣食辛者库人退回之田，食辛者库人有一丁役且情愿耕田者，将此田给之，裁去平常发给之衣食”，“凡管领下食辛者库之人虽有寡妇、除名之丁等孤独者，若此辈有一阿哈可以为生，则该内管领及领催严查之，不给衣（食）。若实在不能为生，则由内管领及领催具结，由本院发给衣（食）”[⑤]。

据此可知，对于有田产且有能力耕种的管领下人则不入辛者库之列；无力耕种者，可将田产交给内务府，本人及家口入辛者库。因此，我们看到，康熙四年有山海关内庄头“出租辛者库人归还之田，获粮一千八百五十九石”[⑥] 的记载。而盛京管领下人“虽有能耕田者”，但却并无肥沃之地、收米之田[⑦]，故直到康熙三十年（1691）的盛京粮庄收粮账目

---

① 会计司则例载：“盛京三旗各管领下人丁及福陵、昭陵管领下人丁，十岁以上者为一口，五岁以上者为半口，每口每月给粮一觔斗，每半口每月给粮半觔斗，于庄头所报额粮内支给”。据程大鲲先生研究，1 斛折为 5 斗，而 1 觔（金）斗折合 3 斗 6 升，可见“斛斗”并不等于“觔斗”，故疑此处“斛斗”为“觔斗”之误。故宫博物院编：《总管内务府会计司现行则例》卷 2《人丁口粮》，海南出版社 2000 年版，第 104 页；程大鲲：《清代盛京地区容积单位述略》，《满族研究》1999 年第 1 期。

② 故宫博物院编：《总管内务府会计司现行则例》卷 2《派给管领下无田地人口粮》，第 65 页。

③ 王庆云：《石渠余纪》卷 4《纪圈地》，北京古籍出版社 1985 年版，第 195 页。

④ 伊桑阿等修：康熙《大清会典》卷 150《内务府・会计司》，《近代中国史料丛刊三编》第 73 辑，第 729 册，（台湾）文海出版社 1993 年版，第 7265 页。

⑤ 关嘉录、王佩环译，佟永功校：《〈黑图档〉中有关庄园问题的满文档案文件汇编》，见中国社会科学院历史研究所清史研究室编：《清史资料》第 5 辑，中华书局 1984 年版，第 4 页。

⑥ 辽宁社会科学院历史研究所、大连市图书馆文献研究室、辽宁省民族研究所历史研究室编译：《清代内阁大库散佚档案选编・皇庄（上）》，辽宁民族出版社 1988 年版，第 6 页。

⑦ 关嘉录、王佩环译，佟永功校：《〈黑图档〉中有关庄园问题的满文档案文件汇编》，见中国社会科学院历史研究所清史研究室编：《清史资料》第 5 辑，第 4 页。

中，才始见“三旗管领下之人交过八十五日地租粮十仓石二金斗半”[1]的记载，相比山海关内粮庄，所获之粮甚微。这些地亩在交还后，“或租给民人，或租给旗人”[2]，应征之粮归内务府所有，再由内务府派给各辛者库人。

（二）内管领下匠役人等

天命七年（1622），后金军队攻下辽东后，将“所获养猪之汉人，及绣匠等有用之汉人，收入辛者库牛录新获之五百丁中”[3]，可见此时辛者库中即有部分汉人匠役。入关后，管领下诸匠役成为辛者库的重要组成部分。

康熙二年（1663），在“发给食辛者库人衣服”时，总计“二十个内管领及浩山所管之食辛者库人，共二千一百三十五对”，各发放毛青布、蓝布、白布、棉花、老羊皮袄不等[4]。由此可知，“成对”（或指按夫妻）发给衣物是当时辛者库人的一大特点。

顺治四年（1647），盛京内务府档案亦有类似“成对”发给管领下人衣物的史例，兹录于下：

尹达呼齐家之留于盛京之人应赏给夹衣者：……刘喜夫妇，李麻子夫妇，贺泥水匠夫妇，周木匠夫妇……小王厨子……高席匠……合计十二对一单。

布达里家之应赏给夹衣之人：罗通事夫妇，瘦王木匠夫妇……瓦匠夫妇……合计十三对一单。

依赖家之应赏给夹衣之人：吴裱匠夫妇，新李木匠夫妇……旧李木匠夫妇……合计十二对。

罗多里家之应赏给夹衣之人：阎木匠夫妇……合计十六对。

丘霍托家之应赏给夹衣之人：硕包子夫妇……合计十对。

---

① 《黑图档》第 73 册，第 87 页，译文见辽宁省档案馆编译：《盛京内务府粮庄档案汇编（上）》，辽沈书社 1993 年版，第 112 页。

② 辽宁社会科学院历史研究所、大连市图书馆文献研究室、辽宁省民族研究所历史研究室译编：《清代内阁大库散佚档案选编 · 皇庄（上）》，辽宁民族出版社 1988 年版，第 196 页。

③ 中国第一历史档案馆整理译编：《内阁藏本满文老档 · 太祖朝》，汉文译文，辽宁民族出版社 2009 年版，第 108 页。

④ 辽宁社会科学院历史研究所、大连市图书馆文献研究室、辽宁省民族研究所历史研究室译编：《清代内阁大库散佚档案选编 · 皇庄（上）》，第 1 页。

卡赖家之应赏给夹衣之人：张石匠夫妇……合计十四对。

都尔伯家之应赏给夹衣之人：关保夫妇……合计十一对。

杭舒家之应赏给夹衣之人：刘通事夫妇……合计十八对一单。

坎泰家之应赏给夹衣之人：哈木皮夫妇……合计十二对一单。

姜纳库家之应赏给夹衣之人：刘黄龙夫妇……合计十四对。

布三泰家之应赏给夹衣之人：赖三夫妇……合计三对。

卡斯泰家之应赏给夹衣之人：沙海夫妇……合计三对。[①]

经查，上述12“家”中，尹达呼齐、布达里、卡斯泰（即“喀思泰”）、杭舒、罗多里、姜纳库（即“江那库”）六人皆为镶黄旗包衣管领[②]；都尔伯（即“都尔柏”）、卡赖（即“喀赉”），皆为正黄旗包衣管领[③]。虽然依赖、丘霍托、坎泰、布三泰四人因满文翻译及史料缺载信息不详，但从上述八人皆为两黄旗下内管领来看，这四人很有可能亦为两黄旗下内管领。

从名字上来看，这些管领下人在其匠种前冠以姓氏称之，如贺泥水匠、周木匠、吴裱匠、王席匠等，表明他们多为匠役出身，担负着盛京宫殿、陵寝的修缮与筑造工作。其余没有冠以匠名者，可能为低级皂隶，如顺治年间（1644—1661）曾命“将尹达呼齐家之伞郭外郎带至北京”，同时“派另一人为伞上人”[④]。

对比前述发给辛者库人衣服的记载可知，这些匠人即是康熙时期的“二十个管领下辛者库家口”，也即在盛京两陵及城内供职之“匠役、柏唐阿”[⑤]、“饭上、茶上之闲散及执事人”，他们作为“食金斗粮者”，“每月初一、十五贡献时，丁有丁之差务，妇有妇之差事”，“丁、妇皆各司

① 季永海、何溥滢译：《盛京内务府顺治年间档》，见中国社会科学院历史研究所清史研究室编：《清史资料》第2辑，中华书局1981年版，第201～203页。

② 鄂尔泰等修，李洵等校：《八旗通志初集》卷3《旗分志三：八旗佐领（镶黄旗满洲佐领）》，东北师范大学出版社1985年版，第41、43、44页。弘昼等修：《八旗满洲氏族通谱》卷15《伊尔根觉罗氏四》，第218页；卷18《通颜觉罗氏》，第244页；卷44《索佳氏》，第511页。辽海出版社2002年版。

③ 弘昼等修：《八旗满洲氏族通谱》卷49《觉禅氏》，第554页；同卷《托活洛氏》，第560页。

④ 季永海、何溥滢译：《盛京内务府顺治年间档》，见中国社会科学院历史研究所清史研究室编：《清史资料》第2辑，第198页。

⑤ 关嘉录、王佩环译，佟永功校：《〈黑图档〉中有关庄园问题的满文档案文件汇编》，见中国社会科学院历史研究所清史研究室编：《清史资料》第5辑，中华书局1984年版，第73页。

其差"[①]。

(三) 无自耕田之庄头人等

前述，并非所有的皇庄都有供养庄头人衣食之用的自耕田，对于无供养田者则完全仰赖按月食口粮为生。上举康熙二年（1663）发给辛者库人衣服的记载中，有一部分为"浩山所管之食辛者库人"。浩山时任宣徽院郎中[②]，康熙十六年改宣徽院为会计司[③]，而会计司"掌征三旗庄赋、园赋，而稽其出纳"[④]，可见所谓"浩山所管之食辛者库人"实际上是指庄园内符合"食辛者库"条件的庄头人，他们作为辛者库人可以获得按季发衣的恩惠。

雍正五年（1727），曾谕令"汉军入辛者库人口发给庄屯"[⑤]；十三年，又令汉人犯罪"入辛者库安插庄屯"[⑥]；乾隆年间（1736—1795）宗室永玮亦曾提及，盛京内务府所属的头、二、三等庄头下皆有辛者库人[⑦]。这也印证了有部分庄头人属于辛者库人。

(四) 因罪被籍没家产的旗人

我们知道，辛者库人分"内在"和"外入"两种，其外入者大多为缘罪罚没者，即会典所谓"凡旗下应入官之人，令入各旗辛者库。其内府佐领人送入官者，亦照此例入辛者库"[⑧]。"入官"者既包括罪者及其妻妾、子女、家奴等人身入官为奴，还包括籍没其家产归入官府，因此

① 《黑图档》第61册，第25～27页，译文见辽宁省档案馆编译：《盛京内务府粮庄档案汇编（上）》，辽沈书社1993年版，第47～48页。

② 辽宁社会科学院历史研究所、大连市图书馆文献研究室、辽宁省民族研究所历史研究室译编：《清代内阁大库散佚档案选编·皇庄（上）》，辽宁民族出版社1988年版，第1页。

③ 昆冈等修：光绪《钦定大清会典事例》卷1170《内务府·官制·会计司》，（台湾）新文丰出版公司1976年版，第18769页。

④ 昆冈等修：光绪《清会典》卷94《内务府·会计司》，中华书局1991年版，第847页。

⑤ 允祹等修：乾隆《钦定大清会典则例》卷160《内务府·会计司》，文渊阁《四库全书》第625册，上海古籍出版社1987年版，第203页。

⑥ 允祹等修：乾隆《钦定大清会典则例》卷125《刑部·钦恤》，文渊阁《四库全书》第623册，第739页。

⑦ 《内务府题本档》，转引自叶志如《康、雍、乾时期辛者库人的成分及人身关系》，《民族研究》1984年第1期。

⑧ 允禄等修：雍正《大清会典》卷151《刑部·刑部三·律例二·名例中》，《近代中国史料丛刊三编》第78辑，第780册，（台湾）文海出版社1994年版，第9583～9584页。

有“抄家入辛者库”之说，并强调“家产已完”[①]。

康熙时期，有罪之人及其妻、子多被编入城内辛者库中，作各类贱役；而其家内奴仆“均拨给各庄，以充壮丁”[②]。在档案中亦有不少相关记载，如康熙二十年（1681），因“副都统蒙安受伪职”被免死籍家、入内府辛者库为奴[③]，而在编庄档案中却仅见其奴仆被拨入管领下各缺丁之庄的记载[④]，这表明蒙安“入内府辛者库”实际上被编入城内辛者库中，并未同其家奴一起编入粮庄。再如，祖泽清原任广东高州总兵官，三藩之乱期间两次反叛，康熙十九年令“将祖泽清及子祖良楩俱凌迟处死，诸子家口籍没入官”[⑤]，而在档案中亦有将“dzu je cing”（即祖泽清）奴仆编庄并归入管领下的记载，据此推断其“诸子”应编入城内辛者库中[⑥]。

将犯罪家主与其奴仆分别安置于城内和皇庄内辛者库中，颇具警惕意味。但无论何种辛者库人，其共同之处是“悉无奴仆，唯其穷苦只身”[⑦]，被籍没家产后的旗人也有着同样的处境，因此被视作辛者库人，一起“赖皇恩支给仓粮库衣”[⑧]为生。

以上，笔者分析了内务府辛者库人的几类群体，他们有着相近的地位和处境，即具有管领下正身旗人的身份却只能仰赖皇粮为生。当然，辛者库人作为管领下人，也拥有披甲和为官的基本权利[⑨]，即便缘罪罚入

① 《军机处满文议复档》，雍正十年闰五月初五日，档案号：778－0003，中国第一历史档案馆藏。

② 昆冈等修：光绪《钦定大清会典事例》卷1219《内务府・杂例・籍没家产》，（台湾）新文丰出版公司1976年版，第19239页。

③ 中国第一历史档案馆编：《康熙起居注》康熙二十年二月十五日己亥，第1册，中华书局1984年版，第667页。

④ 《黑图档》第61册，第60页，译文见辽宁省档案馆编译：《盛京内务府粮庄档案汇编（上）》，辽沈书社1993年版，第49页。

⑤ 《清圣祖实录》卷88，康熙十九年二月辛酉，《清实录》第4册，中华书局1985年影印版，第1114页。

⑥ 《黑图档》第65册，第47页；第74册，第86～88页，译文见辽宁省档案馆编译：《盛京内务府粮庄档案汇编（上）》，第71、118～119页。

⑦ 《黑图档》第61册，第25～27页，译文见辽宁省档案馆编译：《盛京内务府粮庄档案汇编（上）》，第47～49页。

⑧ 同上。

⑨ 关于“辛者库”人入仕、披甲等权力的变更，详见杜家骥《清代八旗管领与“辛者库”问题》，见赵阿平主编：《满—通古斯语言与历史研究》，民族出版社2006年版，第351～352页。

辛者库的旗人子嗣，若“有愿当护军、马甲者，验看骑射，准其挑补”①，一旦获得披甲便可领取钱粮，而不再按月给食“金斗粮”，从而可擢出“辛者库”之列。

四、辛者库的民族成分及其地位

综上，笔者认为辛者库是管领下人中的部分群体，其社会地位和经济待遇与其所属民族、所属旗分和所居地点均有关联。

（一）从披甲权看辛者库人的民族成分

前述，披甲是旗人生计的重要保障，部分管领下人可凭借披甲的机会领取丰厚的钱粮。那么，管领下获得披甲权者是些什么人呢？

我们知道，上三旗管领下人主要由满洲、蒙古、朝鲜和汉人四民族组成。康熙二十一年（1682），在规定三分之二的管领下人可披甲的同时，又定“满洲佐领下家生子，每佐领下各令披甲十二副；每管领下各令披甲十副。满洲佐领下寡妇孤子无可披甲者，将家生子充满洲数，令其披甲”。康熙四十年，又将“每管领下家生子披甲，额定十五副”②。当包衣佐领和管领没有必要区分时，可统称为包衣佐领③，从中可知，对于管领下孤儿寡妇无可充披甲的满洲人，统治者特别允许以家奴代之，奴仆只代表家主披甲，所得钱米仍归家主所有，这充分显示清代统治者优恤满洲人的基本思想。

值得注意的是，经笔者统计，《八旗满洲氏族通谱》中共载满洲人5185户④，其隶包衣者有669户（不含改隶、改出包衣者，下同）；蒙古人有460户，其隶包衣者有117户；朝鲜人共计157户，其隶包衣者有132户；汉人共有883户，其隶包衣者有812户。可见84%的朝鲜人和92%的汉人为包衣人，而只有13%的满洲人和25%的蒙古人为包衣。具

---

① 《钦定八旗则例》卷8《廉部兵制·革退官兵准挑护军马甲》，见《四库未收书辑刊》，第1辑第25册，北京出版社1997年版，第230页。

② 允禄等修：雍正《大清会典》卷231《内务府六·都虞司》，《近代中国史料丛刊三编》第79辑，第788册，（台湾）文海出版社1995年版，第14861～14862页。

③ 杜家骥：《八旗与清朝政治论稿》，人民出版社2008年版，第437～438页。

④ 徐凯、张婷：《满洲本部族构成与八旗佐领分布》，《清史论丛2007年号》，中国广播电视出版社2006年版，第342页。

体到管领下人，则满洲人更少，且基本都会获得披甲的机会；蒙古人隶包衣者本就不多，在管领下人中的占比亦较少；朝鲜包衣人集中于正黄旗两个高丽佐领中，因此从通谱来看，132户朝鲜包衣人全部隶于包衣佐领下。据此不难推知，八旗管领以汉人居多，而管领中地位最低的辛者库人更是以汉人为主。

（二）上三旗辛者库人与下五旗辛者库人

按所属旗分不同，管领下人可分为上三旗管领下人和下五旗管领下人两类，前者为皇属包衣人，地位稍高；后者为王公府属包衣人，地位较低。辛者库人因隶于管领下，因此上三旗辛者库人的地位要高于下五旗辛者库人。

上三旗管领下人有披甲养育兵缺[①]，有时还会拨给养家地亩，因此“食辛者库”者只是上三旗管领下人中的部分群体，在乾隆朝会典中会以“内管领下食月米人”相称谓。而下五旗王公包衣披甲无几[②]，且“向无养育兵缺”[③]。雍正元年（1723），“命发内库银九十万两交与诸王大臣，分派八旗及包衣三旗，令属下官员营运生息，以备各旗护军校、骁骑校、前锋、护军、领催、马甲、步兵等有喜丧之事”[④]，可见，所赏喜丧银两亦与下五旗包衣管领下人无关。总之，府属包衣人完全仰赖家主王公为生，对本管领下孤寡贫困者亦无额外的抚恤养赡银米[⑤]。因此，下五旗管领下人绝大多数为“按月食口粮之人”也即辛者库人，在乾隆朝会典中也径直将“王公等之辛者库”解释为“府属管领”[⑥]，或“五旗王公府属管领”，即“辛者库”[⑦]。

（三）京师辛者库人与盛京辛者库人

按居地不同，管领下人可分为驻京师和驻盛京两部分，前者的待遇

---

① 昆冈等修：光绪《钦定大清会典事例》卷1121《八旗都统十一・兵制・挑补养育兵》，（台湾）新文丰出版公司1976年版，第18268～18269页。

② 昆冈等修：光绪《钦定大清会典事例》卷1201《内务府・营制・内务府三旗官兵》，第19063页。

③ 昆冈等修：光绪《钦定大清会典事例》卷1121《八旗都统十一・兵制・挑补养育兵》，第18273页。

④ 《清世宗实录》卷6，雍正元年四月戊寅，《清实录》第7册，中华书局1985年影印版，第138页。

⑤ 杜家骥：《八旗与清朝政治论稿》，人民出版社2008年版，第458～459页。

⑥ 允祹等修：乾隆《钦定大清会典则例》卷27《吏部・考功清吏司・逃人》，文渊阁《四库全书》，第620册，上海古籍出版社1987年版，第533页。

⑦ 允祹等修：乾隆《钦定大清会典则例》卷32《户部・户口上》，文渊阁《四库全书》，第621册，第3页。

要优于后者。以皇庄内管领下人为例：康熙时期，盛京皇庄归盛京三佐领管理，而畿辅皇庄“皆系世代旧属”[①]，直属会计司管理。在同缺丁时，会计司属皇庄皆先补足，而盛京皇庄却“俟有人时再予补给”[②]；同被灾时，会计司属皇庄有“给粮养活之例”，盛京皇庄则需“泣请鸿恩”才能获得赈济[③]；同缺牛时，“山海关内各庄给八牛，盛京地方各庄仅给六牛，不尽相同”[④]。京师管领下人和盛京管领下人的不同待遇，也表现在了两地辛者库人身上：

其一，京师辛者库人初由畿辅皇庄供粮，康熙二十三年（1684），令京师“各内管领属下无田地人等口粮，停其于庄头报粮内派给，俱向户部支取”[⑤]。而盛京辛者库人完全依赖皇庄产出，康熙初年，其口粮由佐领或庄头自粮庄解送入城内粮仓后，“由仓每月计口办给”[⑥]。康熙九年又改令城内辛者库人自己去粮庄领粮，但是前去领粮之辛者库人“无奴仆，孑然一身，路远而无牛车，无力前往领取拨给之粮”。此后仍照前由庄头运粮，庄头人为“解送（城内）辛者库口粮入仓，不分日夜，往返六七百里”，甚为辛苦[⑦]。显然，京师辛者库人改由户部领粮，获取月米更有保障。

其二，康熙二十年（1681），盛京佐领抱怨道：“京城管领下食金斗粮之人皆给口米且给钱粮米，而本处管领下之人仅支给口粮”[⑧]。不仅如

① 《黑图档》第86册，第183～184页，译文见辽宁省档案馆编译：《盛京内务府粮庄档案汇编（上）》，辽沈书社1993年版，第230页。

② 《黑图档》第62册，第40～41页；第67册，第44页。译文见辽宁省档案馆编译：《盛京内务府粮庄档案汇编（上）》，第58、79页。

③ 《黑图档》第72册，第15页，译文见辽宁省档案馆编译：《盛京内务府粮庄档案汇编（上）》第101页。

④ 关嘉录、王佩环译，佟永功校：《〈黑图档〉中有关庄园问题的满文档案文件汇编》，见中国社会科学院历史研究所清史研究室编：《清史资料》第5辑，中华书局1984年版，第62页。

⑤ 允禄等修：雍正《大清会典》卷228《内务府三·会计司》，《近代中国史料丛刊三编》第79辑，第788册，（台湾）文海出版社1995年版，第14721～14722页。

⑥ 《黑图档》第102册，第74～77页，译文见辽宁省档案馆编译：《盛京内务府粮庄档案汇编（上）》，第327页。

⑦ 《黑图档》第77册，第91～103页；第52册，第204～205页；第80册，第67～68页。译文分别见辽宁省档案馆编译：《盛京内务府粮庄档案汇编（上）》，第142～143、27、195～196页。

⑧ 《黑图档》第61册，第25～27页，译文见辽宁省档案馆编译：《盛京内务府粮庄档案汇编（上）》，第47～49页。

此，康熙时，京城辛者库人每月每口领米“二石二斗五升”，而盛京辛者库人每月每口“给粮一斤斗”[①]，“每斤斗合仓斗三仓斗六升”[②]。可见，京城辛者库人不仅额外赏给“钱粮米”，而且每月“口米”亦较盛京辛者库人多。

（四）城内及两陵辛者库人与皇庄辛者库人

按工作性质不同，辛者库人可分为城内及两陵辛者库人和皇庄辛者库人。前述，康熙时期旗人犯罪入辛者库者，家主一般入城内辛者库，而其家仆则入皇庄内辛者库中。满洲、汉军旗人皆是如此，如在处置“拖欠钱粮并犯罪入辛者库”的案件时，无论是汉军身份的范洪毅等，还是满洲身份的古那嘎等，皆按此原则“随派管领下”[③]。

雍正帝即位后，改变了这一分置辛者库人的方法。如雍正二年（1724），令汉军张俊、赵云锦、张信等人“随安插庄屯”；却令满洲胡什巴、胡里、严达礼、扎克等人“随派管领下”[④]。到雍正五年时，又明确谕令：“嗣后，汉军入辛者库人口，发给庄屯”[⑤]。可见，此时已按民族分别处置——满洲入于城内辛者库，汉军入于皇庄辛者库。但是，无论是康熙时区分主奴，还是雍正时分别满汉，皆显示出城内辛者库人的地位要高于皇庄内辛者库人的事实。

总之，在包衣管领组织内，辛者库人的地位低于管领下非辛者库人；下五旗辛者库人的地位低于上三旗辛者库人；盛京辛者库人的地位低于京师辛者库人；皇庄辛者库人的地位低于城内辛者库人。在辛者库人中，汉人辛者库的数量最大、地位最低。

---

① 昆冈等修：光绪《钦定大清会典事例》卷1219《内务府·杂例·口粮》，（台湾）新文丰出版公司1976年版，第19232页。

② 昆冈等修：光绪《钦定大清会典事例》卷1196《内务府·屯粮·粮庄赋额》，第19023页。

③ 《八十七起拖欠钱粮数目》，见《中研院近史所藏内务府奏销档案全文》，乾隆元年五月二十四日，缩微胶卷，第193册，第207～269页。

④ 同上。

⑤ 允祹等修：乾隆《钦定大清会典则例》卷160《内务府·会计司》，文渊阁《四库全书》第625册，上海古籍出版社1987年版，第203页。

五、“辛者库”的双重含义及其演变

以上，笔者对辛者库群体的身份重新作了解读。在《清太宗实录》中将“辛者库”释为“八贝勒等包衣牛录下食口粮之人”[①]，因当时包衣牛录尚未有包衣佐领、管领之分，因此该定义是对当时辛者库人的最准确诠释；而《会计司则例》将“辛者库”称为“管领下无地亩、奴仆食官粮人”[②]，则确切点明了顺康雍时期“辛者库人”的具体身份。

然而，自康熙朝开始，“辛者库”一词的含义便有着扩大化的倾向，致有狭义和广义之分。所谓狭义辛者库，即上文所述“管领下无地亩、奴仆”，需仰赖按月食口粮为生之人；所谓广义之辛者库，即在区分包衣佐领下人时，以管领下特有的辛者库人代指所有的管领下人。

（一）“辛者库”的双重含义

1. 广义之“辛者库”概念

在包衣组织内，因“辛者库”只存在于管领下，有时便以“辛者库”来代称“管领下人”。如康熙三年（1664）题准，“凡内务府佐领下并辛者库，有殴死奴仆者，其追赔之人交该管之主拨给”[③]；康熙十四年谕：“嗣后，如有投贴匿名揭帖事犯者，将投贴之人及知而不首者，俱着即行处死……即通行晓谕在京官员，并八旗内佐领、辛者库、军民人等知悉”[④]；雍正四年（1726）议准，旗人“有犯军流罪者……若系汉军暨辛者库、内府佐领……照律定发各省州县地方安置”[⑤]，等等。很明显，这几处都意在区分佐领、管领，因此可以管领下特有的“辛者库”来指代“管领”，而乾隆朝会典在追述雍正四年的这一处罚规定时，亦明确注

① 《清太宗实录》卷5，天聪三年八月庚午，《清实录》第2册，中华书局影印本1985年版，第73页。

② 故宫博物院编：《总管内务府会计司现行则例》卷2《派给管领下无田地人口粮》，海南出版社2000年版，第66页。

③ 允禄等修：雍正《大清会典》卷176《刑部·律例二十七（刑律七）·斗殴一》，《近代中国史料丛刊三编》第79辑，第783册，（台湾）文海出版社1995年版，第11689～11690页。

④ 允禄等修：雍正《大清会典》卷179《刑部·律例二十九（刑律九）·诉讼一》，《近代中国史料丛刊三编》第79辑，第784册，第11831～11832页。

⑤ 允禄等修：雍正《大清会典》卷193《刑部·旗人犯罪》，《近代中国史料丛刊三编》第79辑，第786册，第13074页。

释此处“辛者库”指代的是“内管领”①。

此外，允禩之母卫氏之父阿布奈身为管领，显然不是辛者库人，而康熙帝却怒斥允禩为“辛者库贱妇所生”②，除以“辛者库”代指管领下人外，还有盛怒之下有意贬低的意味。

2. 狭义之“辛者库”概念

本文所要重点讨论的是狭义之“辛者库”概念。

会典是记载国家典章制度的法典，康熙、雍正、乾隆、嘉庆、光绪五朝都曾撰修过《大清会典》，会典馆的官员在撰修过程中，常以现行的制度注释会典中概念模糊或可能存有歧义的内容③，据此，我们可管窥其中某些制度的演变。通过五朝会典对辛者库的不同解释，我们可感受到管领下食口粮之人的渐增之势。

在康、雍两朝会典中，从未将“辛者库”注释为“管领下人”，说明两者在具体身份上并不相同。

在乾隆朝会典中，有时将辛者库人释为“内管领下食月米人”。如乾隆四年（1739）定，“其有曾经发遣及入辛者库（即内管领下食月米人）赦回者，本身均不准考试”④；“凡缘罪发入辛者库人等（即内管领下食月米之人）……”⑤。将辛者库人解释为“内管领下食月米人”是“辛者库”之本意。但是，乾隆朝会典还有“将亏空之员入辛者库（即内管

① 允祹等修：乾隆《钦定大清会典则例》卷124《刑部·刑制》，文渊阁《四库全书》第623册，上海古籍出版社1987年版，第686页。

② 《清圣祖实录》卷261，康熙五十三年十一月甲子，《清实录》第6册，中华书局1985年影印版，第572页。

③ 如撰修乾隆朝会典时，因撰修官“多沿袭旧文，未加更定”而遭到乾隆帝的斥责，此后便确定编纂体例“一应旧章新制”皆“斟酌详备”。中国第一历史档案馆编：《乾隆帝起居注》乾隆十八年十一月初一日，广西师范大学出版社2002年版，第12册，第328页；《清高宗实录》卷315，乾隆十三年五月辛亥，《清实录》第13册，中华书局1986年影印版，第183页。

④ 允祹等修：乾隆《钦定大清会典则例》卷176《八旗都统·教养》，文渊阁《四库全书》第625册，第572页。

⑤ 允祹等修：乾隆《钦定大清会典则例》卷160《内务府·会计司》，文渊阁《四库全书》第625册，第203页。

领)"[1]、"发遣并入辛者库（即内管领)"[2] 的记载，此处"辛者库"应为"内管领下食月米人"，但被注解为"内管领"，这说明乾隆时期"辛者库"与"内管领"的界限正日益模糊。

在嘉庆朝会典中，首次明确注释"凡管领下俱为辛者库人"[3]，光绪朝会典亦承此说[4]。

由五朝会典来看，狭义之"辛者库"即"管领下食月米人"在不断扩大，发展到嘉庆时期已基本等同于"管领下人"，因此才有"管领下俱为辛者库人"之说。这种转变实际上是清朝中期八旗生计维艰的一个缩影，与该时期八旗由盛转衰的时代背景息息相关。

（二）狭义"辛者库"向广义"辛者库"的转变

1. 康熙朝——转变的肇始

八旗生计问题贯穿清代始终，早在顺治年间（1644—1661）便出现了八旗兵丁"有饷而穷"[5] 的境况。至康熙九年（1670），又因旗人"除月饷外，别无生理"，而"不足养赡妻子家口"[6]。此后八旗生计问题日益严峻，这既与旗人生齿日繁、不善经营有关[7]，还与旗兵好奢靡、赌博等不良生活习惯有关，如当时"都下以靡丽相竞，四方以奢侈为尚。一鞍一骑，不惜百金之费；一衣一帽，可破中人之产"[8]，"凡嫁娶丧祭，过于糜费"[9]，甚至"闲散宗室中有极贫者，一有吉凶之事，则称贷而为之，

---

① 允祹等修：乾隆《钦定大清会典则例》卷37《户部·田赋四》，文渊阁《四库全书》第621册，上海古籍出版社1987年版，第152页。

② 允祹等修：乾隆《钦定大清会典则例》卷70《礼部·仪制清吏司·学校三》，文渊阁《四库全书》第622册，第337页。

③ 托津等修：嘉庆《大清会典》卷76《内务府·会计司》，《近代中国史料丛刊三编》第64辑，第640册，（台湾）文海出版社1991年版，第3382页。

④ 昆冈等修：光绪《清会典》卷94《内务府·会计司》，中华书局1991年影印版，第849页。

⑤ 林起龙：《更定八旗兵制疏》，见仁和琴川居士编：《皇清奏议》卷8，《近代中国史料丛刊三编》第99辑，第982册，（台湾）文海出版社2006年版，第828页。

⑥ 《清圣祖实录》卷32，康熙九年三月丁丑，《清实录》第4册，中华书局1985年影印版，第439页。

⑦ 如康熙时"八旗官兵将所给之米，未及抵家，止贪得一时小利，辄行变卖，在所得之利甚微，而银两耗去，米价又增，于是众皆怨悔无及"。见鄂尔泰等修，李洵等校：《八旗通志初集》卷66《艺文志二·敕谕二》，东北师范大学出版社1985年版，第1274页。

⑧ 《清圣祖实录》卷6，康熙元年六月丁未，《清实录》第4册，第114页。

⑨ 《清圣祖实录》卷44，康熙十二年十二月辛丑，《清实录》第4册，第583页。

致有窘迫者”[①]，因此熊赐履指出，“禁奢靡，崇节俭，人人皆以为当今第一要务”[②]。

为缓解旗人生计，康熙帝采取了增加披甲月饷和岁米、归并余兵、代偿旧债等多项措施[③]。与此同时，旗人在“欲食无粮，欲服无衣，冻馁交迫”[④] 的窘境下也开始上下钻营，如康熙时便有部分佐领“听徇情面，令家人披甲者甚多”[⑤]。

内务府包衣人同样为生计所苦，据康熙朝法国传教士白晋所见，时有部分“服务于鞑靼人的骑兵”本“可以从自己的饷银中获得他们家庭的部分生活费用”，却身负重债无力偿还，因此“这些奴仆”聚集在皇宫里请求皇帝发放津贴[⑥]。显然，这些生活困顿、被白晋视为“奴隶”之人即内务府包衣披甲人。

在这样的背景下，因辛者库人可定期发放粮、衣，自然使得管领下非辛者库人渐生觊觎之心。康熙初年，上三旗管领下挑选辛者库人尚较为严格，如发现“有一阿哈可以为生”，便不给衣食。但到康熙后期不仅辛者库人数剧增，而且挑选“食口粮人”的条件也形同虚设，到康熙五十八年（1719）时，盛京众庄头已无力承受辛者库人之口粮，因此盛京佐领噶达浑请求核查“两陵及城内各管领下，何项之人给食辛者库，何项之人不给食辛者库”，并建议将其中“不应给食之人请停止给食”，同时请定“官员之另户子弟有地无奴仆或有奴仆无地，以及父祖有地之子

① 鄂尔泰等修，李洵等校：《八旗通志初集》卷66《艺文志二·敕谕二》，东北师范大学出版社1985年版，第1270页。

② 中国第一历史档案馆编：《康熙起居注》康熙十一年十月十六日，第1册，中华书局1984年版，第60页。

③ 李乔：《八旗生计问题述略》，《历史档案》1985年第1期；赵秉忠、白新良：《关于乾隆时期八旗政策的考察》，《史学月刊》1991年第2期；周远廉：《八旗制度和“八旗生计”》，《第三届国际满学研讨会论文集》，民族出版社2002年版，第40～58页。

④ 托津等修：嘉庆《钦定大清会典事例》卷867《八旗都统》，《近代中国史料丛刊三编》第70辑，第696册，（台湾）文海出版社1992年版，第5785页。

⑤ 《清圣祖实录》卷44，康熙十二年十二月辛丑，《清实录》第4册，中华书局1985年影印版，第583页。

⑥ ［法］白晋：《康熙帝传》，见中国社会科学院历史研究所清史研究室编：《清史资料》第1辑，中华书局1980年版，第214页。

孙者，是否给食辛者库”[①]。可见，管领下披甲“额缺有定，惟一人钱粮供赡多口，终恐拮据”[②] 的局面在康熙晚期就已存在，原本由管领下无力为生者所组成的辛者库群体中掺杂了不少投机之人，这无疑扩大了辛者库人在管领下人中的比例。

2. 雍正朝——转变的抑制

康熙时，这些生活拮据的管领下人既上冒披甲领俸，又下入辛者库食口粮，上下其手，多方渔利。雍正帝即位之初，不无痛心地表示，长此以往，“恐府库金钱，中饱于胥吏之侵蚀”[③]，因此特令八旗大臣“限于三年内将一切废弛陋习悉行整饬”[④]。

其一，鉴于“冒名披甲”者屡禁不止，雍正三年（1725），他指出既然“家人披甲者甚多”，而“内管领人等，即幼稚亦有钱粮，其披甲钱粮乃分外多得之项，将此裁去，未尝不可”[⑤]。雍正帝的本意是内管领下人即便幼稚孤身者亦可作为“辛者库”发给钱粮，而获得披甲则属格外优渥。既然很多家下奴仆蒙混披甲以食饷米，还不如裁撤披甲，令管领下披甲人皆如辛者库人食钱粮。同年，他又将康熙时所定“每管领下家生子披甲额定十五副”“俱令全裁”[⑥]。但是，此举一出便遭到了内务府包衣人的抵制，竟有数百名披甲人前往廉亲王府嚷闹[⑦]。从雍正三年每管领下“额定马甲五十名”，到雍正九年（1731）时却增为每管领下“马甲八十九名”来看[⑧]，雍正帝裁撤披甲之策无疑失败了。

其二，对于“冒入辛者库”者，雍正六年（1728）奏准：内务府三旗“有俸饷、米石之官员、柏唐阿、苏拉、匠役人等，既食俸饷，又给

① 《黑图档》第99册，第9～10页，译文见辽宁省档案馆编译：《盛京内务府粮庄档案汇编（上）》，辽沈书社1993年版，第296页。

② 《清高宗实录》卷504，乾隆二十一年春正月甲戌，《清实录》第15册，中华书局1986年影印版，第360页。

③ 《清世宗实录》卷2，康熙六十一年十二月甲子，《清实录》第7册，中华书局1985年影印版，第58页。

④ 《清世宗实录》卷12，雍正元年十月辛未，《清实录》第7册，第227页。

⑤ 《清世宗实录》卷38，雍正三年十一月丙申，《清实录》第7册，第556页。

⑥ 允禄等修：雍正《大清会典》卷231《内务府六・都虞司》，《近代中国史料丛刊三编》第79辑，第788册，（台湾）文海出版社1995年版，第14862～14863页。

⑦ 《清世宗实录》卷38，雍正三年十一月丙申，《清实录》第7册，第557页。

⑧ 昆冈等修：光绪《钦定大清会典事例》卷1201《内务府・营制・内务府三旗官兵》，（台湾）新文丰出版公司1976年版，第19063～19064页。

口粮，未免重复，应将伊等口粮裁退”①。所谓“既食俸饷，又给口粮”者，即指身为包衣披甲人却又冒名入辛者库食口粮者。在裁撤披甲无望的情况下，清查管领下食辛者库者便成为整饬冗费的唯一举措。

雍正帝严厉禁止旗人“纵肆奢靡歌场戏馆、饮酒赌博等事”，并将各项禁约“详加剖析，明白书写，每旗每佐领各颁一张，严示众人”，务使旗人“遵守俭朴之道，力改奢靡”②。他意图通过严厉禁奢以缓解旗人之窘境，并以此配合整顿旗人包括管领下人侵蚀钱粮的行为。然而，奢侈之风日盛，旗人生计愈蹙，其整顿措施注定是徒劳的。

3. 乾嘉朝——转变的默许

乾嘉时期，旗人生计问题愈发突出，而统治者对此却“殊无良法伟略”③。乾隆二年（1737），拟照例将叛乱者家属罚入辛者库时，无奈庄内“旧有壮丁尚不能养赡，复给此等叛犯，实属无益”，而不得不将因罪入辛者库者转而赏给八旗功臣④。可见，乾隆初年已连辛者库人维持生计的基本口粮都难以保证。

到嘉庆十二年（1807）年，据上谕：“朕以八旗户口生齿日繁，本身钱粮不敷赡养，廑念殷切，连年筹拨款项，命添养育兵额，所以鞠谋而保聚之者，无所不至。原以惠养旗人正身，恐其失所。乃旗人内竟有本无子嗣而抱养民人之子为子，亦有子嗣本少复增抱养之子为子，混行载入册档，冒领钱粮，此等恶习，朕所素知，八旗皆有，而内务府三旗为尤甚”⑤。嘉庆帝一针见血地指出，内务府包衣人混入档册冒领钱粮者尤为严重。但是披甲人数终有定额，而辛者库人数却无上限，在统治者的默许下，经乾嘉时期的发展，辛者库人在管领下人中的占比越来越高，两者渐趋重合。虽然从此后的丁口册来看，每一管领尚分为“食口粮、不食口粮”两类；在统计发放米粮时亦区分“管领下拜唐阿”和“管领

① 故宫博物院编:《总管内务府会计司现行则例》卷2《派给管领下无田地人口粮》,海南出版社2000年版,第66页。

② 《清世宗实录》卷18,雍正二年四月戊申,《清实录》第7册,中华书局1985年影印版,第297页。

③ 《清高宗实录》卷175,乾隆七年九月癸酉,《清实录》第11册,中华书局1985年影印版,第244页。

④ 故宫博物院编:《总管内务府会计司现行则例》卷2《入官人口》,海南出版社2000年版,第61页。

⑤ 《清仁宗实录》卷185,嘉庆十二年九月乙丑,《清实录》第30册,中华书局1986年影印版,第444~445页。

下辛者库”分别发放[①]，但是不可否认的是，管领下辛者库人与管领下非辛者库人的界限已日益模糊，至嘉庆十七年（1812）修会典时，便以国家政典的形式正式确认管领下人俱为辛者库人了。这样，原本以“辛者库人”代称“管领下人”就演变为“辛者库人即管领下人”，广义之辛者库与狭义之辛者库实现了统一。

终清一代，不同时期对“辛者库”的定义并不相同。从天聪年间(1627—1636)“八贝勒等包衣牛录下食口粮之人”，到顺康雍时期“管领下无地亩、奴仆食官粮人”，再到乾嘉以后“辛者库即管领下人”，透过这三次不同诠释，可窥探到八旗制度从发展完善到衰亡的部分历程。

① 赖惠敏:《清代的皇权与世家》,北京大学出版社 2010 年版,第 258、279 页。

第五章　包衣牛录与八旗制度

八旗制度是集“满洲之有军、国、民制度”为一体的国家根本制度，是“太祖所定之国体也”[①]。对八旗制度的研究是我们正确理解清代政治史和满洲民族史的一把钥匙，自孟森首开先河以来，迄今方兴未艾。

纵观学界研究成果可知，在八旗研究诸问题中，八旗满洲、蒙古和汉军的形成及其发展问题是学界研究的重点，如郭成康、白新良、杜家骥等学者，对八旗满洲的编建，旗帜改易等问题进行了讨论[②]，陈佳华、傅克东、滕绍箴、徐丹俍等人对八旗汉军的编立过程作了研究[③]，姚念慈、王景泽两位学者则探讨了八旗蒙古的编立过程[④]。但是，很少有学者关注到包衣牛录对八旗编建的重要作用。

据前述，在努尔哈赤建元天命后，八旗制度逐渐发展完善，一方面在八旗满洲内部包衣牛录发展起来，并最终分化出包衣满洲牛录、旗鼓牛录和高丽牛录；另一方面，在八旗满洲不断发展壮大的同时，独立于满洲八旗之外的蒙古旗和汉军旗也逐渐建立起来。在此过程中，八旗满洲下包衣牛录的部分属员或以改隶旗籍的形式，或不改隶旗籍以兼理的形式分别在满洲旗分牛录、蒙古旗和汉军旗下任职，他们对八旗满洲，

---

① 孟森：《八旗制度考实》，《清史讲义》，中华书局2014年版，第19页；杜家骥：《八旗与清朝政治论稿》，人民出版社2008年版，第7页。

② 张晋藩、郭成康：《清入关前国家法律制度史》，辽宁人民出版社1988年版，白新良：《清史考辨》，人民出版社2005年版；杜家骥：《八旗与清朝政治论稿》，人民出版社2008年版。

③ 陈佳华、傅克东：《八旗汉军考略》，《民族研究》1981年第5期；滕绍箴：《清初汉军及其牛录探源》，《满族研究》2007年第1期；徐丹俍：《八旗汉军制度始设诸说议》，《满学论丛》第1辑，辽宁民族出版社2011年版，第84～101页。

④ 姚念慈：《略论八旗蒙古和八旗汉军的建立》，《中央民族大学学报》1995年第6期；宫健泽、王景泽：《早期蒙古旗制再探》，《黑龙江民族丛刊》2007年第6期。

特别是八旗蒙古和八旗汉军的编立、发展，以及与各主旗贝勒隶属关系的确立起到了非常重要的作用。以下笔者便以几位重要人物的旗籍变动及其主要事迹为线索，试作分析。

第一节　从包衣牛录看满洲旗的形成——以图鲁什等人为中心

虽然包衣人很难通过建立勋功、获得世职的方式改变包衣牛录属员的身份，但这并不意味着他们彻底失去抬入旗分牛录的机会。顺治九年（1652）定，包衣牛录下人有“军功劳绩”，或在王府勤勉效力，经特旨开恩或王公恩准，可开出包衣牛录。内务府属包衣人“各归上三旗旗下佐领”，而下五旗包衣人一般抬入府属佐领。[①] 将包衣牛录下人抬入满洲旗分牛录下，一般而言，主要有两种方式：

其一，将包衣牛录下人口较多的大家族拨出，组建为新的旗分牛录。如康熙六十一年（1722），奉旨将“包衣佐领哈达合族人等，由包衣拨出，编一佐领”，所编佐领即镶黄旗满洲都统第五参领所属第十四佐领；雍正十二年（1734），将“陈镤合族人等由包衣拨出，编一佐领”，即镶黄旗满洲都统第四参领所属第十六佐领[②]。这两个佐领都是由包衣牛录下整个家族直接拨入旗分佐领后编立的。

其二，将多个包衣牛录下家族拨出，合编为一个旗分牛录。如康熙十九年（1680），将包衣人飘色与索柱拨出包衣，并“合各姓满洲，编一佐领”，该佐领主要由飘色、索柱两个家族成员组成，也分别以二人承管佐领[③]。

其实，在八旗满洲编立初期，也曾将部分包衣牛录属员抬入旗分牛录，以充实八旗满洲牛录的力量，并借此保障源源不断的八旗兵力。

---

① 杜家骥:《清代八旗制度中的“抬旗”》,《史学集刊》1991 年第 4 期。

② 鄂尔泰等修,李洵等校:《八旗通志初集》卷 3《旗分志三:八旗佐领(镶黄旗满洲佐领)》,东北师范大学出版社 1985 年版,第 38、40 页。

③ 同上,第 41 页。

据《清实录》载，天聪九年（1635）正月皇太极发布谕令，对部分功臣优免徭役并赐以专管牛录，其中包括："图鲁什，原系内牛录，因善攻战，效力阵亡，追赠为硕翁科罗巴图鲁，另给其子巴世泰壮丁百名，使之管辖"。"劳萨原系内牛录，因战功赐号硕翁科罗巴图鲁，另给壮丁百名，使之专管。""孟坦原系内牛录，因阵亡，赐其子艾音塔木壮丁五十名，使之专管。""英俄尔岱原系内牛录，因勤于职事，著有成劳，另给壮丁五十名使之专管。""巴都礼原系内牛录，因阵亡，赐其子卓罗一牛录，使之专管。"[①] 由此可知，图鲁什、劳萨、孟坦、英俄尔岱、巴都礼五人都曾为内牛录，即包衣牛录下人，他们或因战功、或因劳绩，皆获得专管牛录的特权。据第四章分析，一旦获得专管牛录，则意味着摆脱了包衣身份而擢至外牛录下，而"原系内牛录"也说明其身份的前后变化。

实际上《清实录》所载并不全面，在《内国史院档》和《天聪九年档》中还清晰记载了当时他们所隶旗籍信息，其中"图鲁希"即图鲁什，为正黄旗人；劳萨为镶红旗人；孟坦为镶蓝旗人；"英古尔岱"即英俄尔岱，为镶白旗人；巴都礼为正白旗人[②]。他们虽身在包衣牛录中，但皆身居要职，同样为八旗满洲的编建和发展、为后金统一战争的胜利做出重要贡献。

一、图鲁什、劳萨

（一）图鲁什

图鲁什世居叶赫地方，关于其姓氏有两种说法：在《八旗通志初集》和《吉林通志》中记载其姓伊尔根觉罗氏；而《八旗满洲氏族通谱》则记为姓"舒舒觉罗氏"[③]。他于"国初来归"，后被编入正黄旗包衣下，

---

① 《清太宗实录》卷22，天聪九年正月丁卯，《清实录》第2册，中华书局1985年影印版，第288页。

② 中国第一历史档案馆译编：《清初内国史院满文档案译编》上册，光明日报出版社1989年版，第142页；关嘉录、佟永功、关照宏译编：《天聪九年档》，天津古籍出版社1987年版，第20～21页。

③ 鄂尔泰等修，李洵等校：《八旗通志初集》卷144《名臣列传四》，东北师范大学出版社1985年版，第3740页；《吉林通志》卷93《人物志二十二·国朝七·图鲁什》，吉林文史出版社1986年版，第1378～1379页；弘昼等修：《八旗满洲氏族通谱》卷16《叶赫地方舒舒觉罗氏》，辽海出版社2002年版，第223页。

天命七年（1622）“太祖高皇帝包衣下牧牛蒙古逃遁”时，图鲁什追而斩之[①]；天聪元年（1627）“有包衣牧屯四十人相率逃去”时，张屯会同图鲁什追而歼之[②]。可见，当时图鲁什在包衣牛录内应担任一定的官职，管理和追逃属下包衣人正是其职责所在。经查，镶黄旗满洲都统第五参领所属第七佐领，“原系国初编设半个牛录，令叶赫地方人图鲁式管理”[③]，此牛录因初编为“半个牛录”，即“浑托和牛录”，在当时可能就属于内牛录。

纵观图鲁什的一生，其在包衣牛录下的职任和后金任政权中的角色，可以天命、天聪为界分为两个阶段。

其一，在天命年间（1616—1626），充任出使蒙古科尔沁部落的使者。

天命六年（1621），努尔哈赤遣“图鲁什巴克什与科尔沁部使者古木布、明安老人之使者及扎尔固齐老人之使者同往蒙古”[④]，这是笔者所见最早关于图鲁什的记载，可能因其通晓文字，故赐号“巴克什”，并作为后金政权联络蒙古的外交使节。此后，图鲁什频繁出使蒙古，如同年十一月“遣图鲁什巴克什携毛青布十匹、银十两、蟒缎一匹，往赐桑噶尔寨台吉之妻”[⑤]；天命七年三月，蒙古科尔沁之囊苏喇嘛病逝，努尔哈赤将其“所属科尔沁之诸申六十三户，遣名图鲁什者接至”[⑥]，以为其守墓；同年四月、次年九月，图鲁什又两次出使科尔沁部[⑦]，为加强后金与蒙古科尔沁部落的关系做出重要贡献。天命九年（1624），他“因恪尽厥职，不违指令”[⑧]，令“以备御世职管牛录事”[⑨]。

其二，天命九年以后，成为后金侦察敌情的主要将领。

---

① 鄂尔泰等修，李洵等校：《八旗通志初集》卷218《勋臣传十八 · 何智机理传》，东北师范大学出版社1985年版，第4995页。

② 鄂尔泰等修，李洵等校：《八旗通志初集》卷221《忠烈传二 · 张屯传》，第5056页。

③ 鄂尔泰等修，李洵等校：《八旗通志初集》卷3《旗分志三》，第39页。

④ 中国第一历史档案馆整理译编：《内阁藏本满文老档 · 太祖朝》，汉文译文，辽宁民族出版社2009年版，第83页。

⑤ 同上，汉文译文，第93页。

⑥ 同上，汉文译文，第135页。

⑦ 同上，汉文译文，第138、208页。

⑧ 同上，汉文译文，第252页。

⑨ 鄂尔泰等修，李洵等校：《八旗通志初集》卷144《名臣列传四》，第3740页。

天命九年以后，图鲁什在后金政权中的职任发生改变，由此前出使科尔沁部落的使者变为率包衣牛录下人对外哨探并负责捉生的将领。这一新的角色发挥了其“性勇敢、善战”[①] 的特长，如天命十年（1625）便奉命“往海边旅顺口石山站哨探”，因“斩获甚多，并有俘获”而被授游击世职[②]。

笔者在第一章中曾指出，包衣奴仆在侦察敌情方面有着天然的优势，特别是在天聪年间（1627—1636），有大量的户下奴仆充任“厮卒”，跟随家主前往窥探敌情，或“往明境捉生”。与“厮卒”零星哨探不同，在图鲁什的率领下，包衣牛录下人逐渐成为侦察敌情的主力，并俨然成为后金政权的重要情报部门。如天聪四年（1630）二月短短一个月内，就执行了四次哨探及捉生任务：初一日令“图鲁什、席尔纳等哨地，每旗遣官一员，率每小旗护军一人往探马兰峪情形”[③]；初六日，“遣图鲁什、劳萨率每甲喇护军三人，前往大路一带捉生”[④]；几天后又令图鲁什、劳萨等人“至明边境捉生”[⑤]；二十九日，“参将图鲁什率三旗三名官员邦素、西久、爱通阿及甲兵六十人、两贝勒之护军二十人，共计八十人，前往瞻河”[⑥]。

图鲁什等人率部哨探、捉生，为后金将帅及时作出军事部署提供了可靠情报，如天聪三年（1629）十二月，皇太极率兵自良乡直趋北京城时，图鲁什回告：“我等执人讯之，供称北京永定门南二里外，有满桂、黑云龙及麻登云、孙祖寿四总兵官领马步四万，结木栅，四面排列枪炮十重等语”[⑦]。图鲁什的情报使后金军队掌握了明军在北京城郊外的军事部署，为此后大败明军并生擒黑云龙等将领起到重要作用。不仅如此，图鲁什的侦察结果甚至会改变后金的军事战略。如天聪五年（1631），图

---

① 《吉林通志》卷93《人物志二十二·国朝七·图鲁什》，吉林文史出版社1986年版，第1378～1379页。

② 鄂尔泰等修，李洵等校：《八旗通志初集》卷144《名臣列传四》，东北师范大学出版社1985年版，第3740页。

③ 中国第一历史档案馆整理译编：《内阁藏本满文老档·太宗朝》，汉文译文，辽宁民族出版社2009年版，第522页。

④ 同上，汉文译文，第525页。

⑤ 《清太宗实录》卷5，天聪四年二月己未，《清实录》第2册，中华书局1985年影印版，第73页。

⑥ 中国第一历史档案馆整理译编：《内阁藏本满文老档·太宗朝》，汉文译文，第529页。

⑦ 同上，汉文译文，第515页。

鲁什等人“率精兵百人，往觇察哈尔兵踪迹”①，然“未见踪迹，察哈尔已遁去”，于是皇太极召集八旗蒙古、汉诸大臣集议，最终“定议征明”②；天聪六年（1632）四月，当图鲁什、劳萨通过捉生得知“察哈尔国左界，与喀喇莽奈之境相接”，据此皇太极“定议罢征明之师，进征察哈尔”③。

图鲁什身膺重任且正义直言，被皇太极立为楷模，令“众人当如图鲁什明陈己见”④。天聪八年（1634）二月，皇太极重修致锦州祖大寿等官兵书，令劳萨等人赍书前往，临行前太宗特谕：“凡各兵该管贝勒，孰助马孰不助马，图鲁什还时勿徇情面，籍名来奏”⑤，赋予图鲁什监督各贝勒之权。而这一史实却被沈阳崇谟阁所藏“大红绫本”《清太宗实录》委饰为“凡各兵该管贝勒，勿徇情面，籍名来奏”⑥。从而有意模糊了图鲁什的重要地位、突显了各贝勒的权威。天聪八年（1634）闰八月，图鲁什在往宣府侦探途中，遇明哨卒十五人，他单骑冲击，腹部中矢，最终“病创，卒于军”⑦。

图鲁什去世后，由其子巴世泰袭任三等昂邦章京世职⑧，巴世泰或云为其长子，或云为其次子⑨，是时仍隶属于满洲正黄旗。但是在《八旗通志初集》《八旗满洲氏族通谱》《满汉名臣传》《清史稿》等关于图鲁什、巴世泰的传记中，都明确标示其隶“满洲镶黄旗”。那么，袭任三等昂邦章京世职的巴世泰是在何时由正黄旗改隶为镶黄旗的呢？

崇德元年（1636）五月二十五日，管吏部事之和硕睿亲王多尔衮颁

① 《清太宗实录》卷10，天聪五年十一月庚寅，《清实录》第2册，中华书局1985年影印版，第146页。

② 中国第一历史档案馆整理译编：《内阁藏本满文老档·太宗朝》，汉文译文，辽宁民族出版社2009年版，第637页。

③ 《清太宗实录》卷11，天聪六年四月乙未，《清实录》第2册，第160页。

④ 中国第一历史档案馆整理译编：《内阁藏本满文老档·太宗朝》，汉文译文，第657页。

⑤ 《清太宗实录》卷18，天聪八年二月乙亥，《清实录》第2册，第232页；中国第一历史档案馆译编：《清初内国史院满文档案译编》上册，光明日报出版社1989年版，第66页。

⑥ 李澍田主编：《清实录东北史料全辑》，吉林文史出版社1988年版，第383页。

⑦ 《清太宗实录》卷20，天聪八年闰八月乙酉，《清实录》第2册，第260页。

⑧ 《清太宗实录》卷20，天聪八年十月壬辰，《清实录》第2册，第270页。

⑨ 鄂尔泰等修，李洵等校：《八旗通志初集》卷144《名臣列传四·图鲁什传》，第3740页；《八旗通志初集》卷144《名臣列传四·巴世泰传》，东北师范大学出版社1985年版，第3741页；弘昼等修：《八旗满洲氏族通谱》卷16《叶赫地方舒舒觉罗氏》，辽海出版社2002年版，第223页；吴忠匡总校订：《满汉名臣传》卷3《图鲁什传》，黑龙江人民出版社1991年版，第50页。

布了各任事官员的品级，我们发现，此时正黄旗世职官员中并无关于巴世泰的记载，反而在镶黄旗世职官员中有“巴西塔（basita）系三等昂邦章京”之载[①]。因满语音译的差异，“巴西塔”与“巴世泰”应为一人，即图鲁什之子。

由此可知，巴世泰由正黄旗改隶镶黄旗是在天聪九年（1635）正月至崇德元年（1636）五月之间。正是在此期间发生了皇太极兼并正蓝旗、重建两黄旗的事件。前述，天聪九年十二月，因已故正蓝旗旗主莽古尔泰、德格类被人告发生前有“谋逆”行为，皇太极借机将正蓝旗籍没后，“将此旗与自己原领的正黄旗混编，然后一分为二，组成新的正黄旗、镶黄旗两旗，从此领新的两黄旗”，而豪格所统领的镶黄旗被更名为正蓝旗，仍任旗主[②]。因此，从天聪九年十二月开始，皇太极正式成为新的两黄旗旗主。但是，皇太极对于新组建的两黄旗内旧属正蓝旗人有着较高的警惕心理，因此，他特意安排了自己原旗下的谭泰和拜尹图分别担任新两黄旗的固山额真[③]，同时将原正黄旗下包衣佐领阿哈硕塞、胡敏等人调入新的镶黄旗中继续充任包衣佐领[④]。而巴世泰也是在此次改易旗帜的事件中由正黄旗拨入了镶黄旗中，后世典籍在追叙图鲁什旗籍时，便将其子孙现隶旗籍作为其原隶旗籍了。

（二）劳萨

劳萨的经历与图鲁什类似。他姓瓜尔佳氏，世居安褚拉库地方，国初来归后在天命五年（1620）曾任侍卫[⑤]，天命六年克辽东时立有战功，被授予游击世职[⑥]。我们在天命十一年的世职封赏档案中，看到了正红旗劳萨被授予“三等游击”[⑦] 的记载，可见他初隶正红旗包衣，至天聪六年

---

① 中国第一历史档案馆整理译编:《内阁藏本满文老档 · 太宗朝》,汉文译文,第 710 页;满文,第 7152 页,辽宁民族出版社 2009 年版。

② 杜家骥:《八旗与清朝政治论稿》,人民出版社 2008 年版,第 151 ~ 164 页。

③ 杜家骥:《八旗与清朝政治论稿》,第 158 页。

④ 见本书第四章第一节。

⑤ 中国第一历史档案馆整理译编:《内阁藏本满文老档 · 太祖朝》,汉文译文,辽宁民族出版社 2009 年版,第 45 页。

⑥ 鄂尔泰等修,李洵等校:《八旗通志初集》卷 163《名臣列传二十三 · 劳萨传》,东北师范大学出版社 1985 年版,第 4050 页。

⑦ 中国第一历史档案馆整理译编:《内阁藏本满文老档 · 太祖朝》,汉文译文,第 245 页。

（1632）时已改隶镶红旗[①]。

劳萨在天聪年间（1627—1636）充任着与图鲁什相似的角色，频繁出外捉生、哨探，并反击明兵的侦察，如天聪三年，劳萨“击溃明哨卒近二百，杀九人，生擒四人”[②]。此外，更多的是联合图鲁什一起作情报侦察，一般以图鲁什为主将、以劳萨为副将[③]。如前举天聪四年与图鲁什等人前往明境捉生、往追明哨卒[④]、前往大路一带捉生[⑤]；天聪五年率部与图鲁什“往锦州、松山一带哨探”[⑥] 等，皆是如此。

包衣下人虽然不是后金军事力量的主力，但可于侧面有效配合八旗甲兵完成军事任务，如天聪六年（1632）攻打锦州时，皇太极便“命图鲁什、劳萨诱敌”，再令“谭泰、锡翰、满珠习礼迎射之”，从而合兵击败明军[⑦]。崇德元年（1636）底攻打朝鲜时，又令劳萨等“率兵三百，伪作商人”往围朝鲜王京[⑧]。

此外，每遇战事，图鲁什、劳萨所率领的包衣牛录下人还可作为“大军前哨”先行，如初略北京时，劳萨所部就曾作为“大军前哨”[⑨]；天聪六年四月，后金攻取博罗额尔吉地方时，命“图鲁什、劳萨率精兵五百人前行”[⑩]；五月，劳萨等人“率每旗护军十人、每贝勒下骑马护军二人、两翼蒙古甲士各五人，先于大军三十里前进”[⑪]；天聪八年，又谕令“图鲁什同八大臣率兵百人为前队”[⑫]。而当大军先退时，包衣牛录下

---

① 中国第一历史档案馆整理译编：《内阁藏本满文老档 · 太宗朝》，汉文译文，辽宁民族出版社 2009 年版，第 636 页。

② 同上，汉文译文，第 513 页。

③ 中国第一历史档案馆译编：《清初内国史院满文档案译编》上册，光明日报出版社 1989 年版，第 54 页。

④ 中国第一历史档案馆整理译编：《内阁藏本满文老档 · 太宗朝》，汉文译文，第 523 页。

⑤ 同上，汉文译文，第 525 页。

⑥ 同上，汉文译文，第 579 页。

⑦ 同上，汉文译文，第 607 页。

⑧ 中国第一历史档案馆整理译编：《内阁藏本满文老档 · 太宗朝》，汉文译文，第 800 页；《清太宗实录》卷 32，崇德元年十二月癸酉，《清实录》第 2 册，中华书局 1985 年影印版，第 410 页。

⑨ 弘昼等修：《八旗满洲氏族通谱》卷 2《瓜尔佳氏二 · 硕翁科洛巴图鲁劳萨》，辽海出版社 2002 年版，第 54 页。

⑩ 《清太宗实录》卷 11，天聪六年四月辛巳，《清实录》第 2 册，第 158 页。

⑪ 中国第一历史档案馆整理译编：《内阁藏本满文老档 · 太宗朝》，汉文译文，第 636 页。

⑫ 《清太宗实录》卷 17，天聪八年二月戊辰，《清实录》第 2 册，第 230 页。

人却被作为“殿后之军”，如天聪七年（1633）九月往略山海关时，便“止留图鲁什、劳萨等哨兵殿后”[1]。

综上，劳萨作为前哨将领率部四处侦探，并参与一些重要的军事行动，为后金军事战争的胜利做出重要贡献，因此，他至迟于天聪九年（1635）被擢出包衣籍，并给予牛录令之专管。但是，据前引崇德七年（1642）正月的吏部“补放病故解任官员缺”书中载，“奉上命，授纳尔赛为副管领，以代硕翁科罗巴图鲁劳萨”[2]。为何天聪九年就摆脱了包衣籍的劳萨在崇德七年之前还担任“副管领”官职呢？通过查找史料，我们发现，“管领”“副管领”并非包衣牛录下人的专属，有些旗分牛录下人如正黄旗人喀尔图、正白旗人衮拜、镶白旗人姜纳库等皆曾以旗分牛录的身份任内管领[3]，因此，劳萨在抬入旗分佐领后仍兼理管领事务，不足为奇。

二、孟坦、巴都礼、英俄尔岱

（一）孟坦

又作“穆克谭”，姓戴佳氏，世居哈达，努尔哈赤灭哈达时，随父率众来归，以其部众编牛录，令其管辖[4]。史载，万历二十九年（1601），“时哈达饥，国人乏食”，努尔哈赤借此“收哈达国人豢养之”，并将“诸国来服人众，复编三百人为一牛录”[5]。孟坦正是在此时被编入包衣牛录下并任佐领的。当1615年“旗制定”后，隶满洲镶蓝旗包衣[6]，后

① 中国第一历史档案馆译编：《清初内国史院满文档案译编》上册，光明日报出版社1989年版，第35页；《清太宗实录》卷15，天聪七年九月辛丑，《清实录》第2册，中华书局1985年影印版，第206～207页。

② 《盛京吏户礼兵四部文》，中国第一历史档案馆编：《清代档案史料丛编》第14辑，中华书局1990年版，第75页。

③ 弘昼等修：《八旗满洲氏族通谱》卷11《他塔喇氏》，第173页；卷16《舒舒觉罗氏》，第229页；卷44《索佳氏》，第511页，辽海出版社2002年版。

④ 鄂尔泰等修，李洵等校：《八旗通志初集》卷167《名臣列传二十七·穆克谭巴图鲁传》，东北师范大学出版社1985年版，第4122页；关于其来归的详情，可参见《梅勒章京三等阿思哈哈番谥忠勇孟谭碑文》，见盛昱辑：《雪屐寻碑录》卷1，见金毓绂主编：《辽海丛书》第5册，辽沈书社1985年版，第2874页。

⑤ 《清太祖实录》卷3，万历二十九年（辛丑年），《清实录》第1册，中华书局1986年影印版，第6～7页。

⑥ 赵尔巽等：《清史稿》卷226《穆克谭传》，中华书局1977年版，第9215页。

来改入旗分佐领下，即镶蓝旗满洲都统第一参领所属第五佐领[①]。孟坦属于正式确立八旗制度前夕的308个满蒙混合牛录之一员，因此皇太极称其为“我旧臣”[②]。

孟坦英勇善战，“每从征伐，所至前驱，屡建奇绩”[③]，后因“勤修政治，善于统兵”，授予三等副将世职[④]。天命六年（1621）从征明耀州城时，又因首登城克之，并奋勇追击叛逃之人，升任二等副将[⑤]。天聪元年（1627），随贝勒阿敏征讨朝鲜，直捣王京[⑥]。天聪五年，在征明大凌河时，孟坦“身先众兵，力战阵亡”[⑦]。次年正月，念其“值国乱来归”，并“每战冲锋，著有功绩”，追赠一等副将，以其子爱音塔木袭职[⑧]。

孟坦不仅骁勇善战，而且在镶蓝旗中被委以重任，天命八年（1623）二月，努尔哈赤在八旗各设都堂八员、每旗设审事官二员，以监督各旗旗主并辅助管理审断之事，其中孟坦即被任命为镶蓝旗的四审事官之一[⑨]。同年五月，吴善备御属人逃去时，便是由孟坦等人审断的[⑩]。天命十一年八月，皇太极继位之初设立了主管“出兵驻防、以时调遣，所属词讼，仍令审理”的十六大臣，孟坦作为镶蓝旗的代表，位列其中[⑪]。

值得注意的是，孟坦出身于镶蓝旗包衣牛录下，甚至在掌管镶蓝旗词讼事务时仍未擢出包衣，因此他与镶蓝旗旗主阿敏存在着较强的主奴关系。当天聪元年（1627）阿敏率军攻取朝鲜后意欲久居朝鲜时，“七旗

---

① 鄂尔泰等修，李洵等校：《八旗通志初集》卷10《旗分志十·八旗佐领·镶蓝旗满洲佐领》，东北师范大学出版社1985年版，第172页。

② 鄂尔泰等修，李洵等校：《八旗通志初集》卷167《名臣列传二十七·穆克谭巴图鲁传》，第4122页。

③ 同上。

④ 中国第一历史档案馆整理译编：《内阁藏本满文老档·太祖朝》，汉文译文，辽宁民族出版社2009年版，第248页。

⑤ 鄂尔泰等修，李洵等校：《八旗通志初集》卷167《名臣列传二十七·穆克谭巴图鲁传》，第4123页。

⑥ 《清太宗实录》卷2，天聪元年三月辛巳，《清实录》第2册，中华书局1985年影印版，第35～38页。

⑦ 弘昼等修：《八旗满洲氏族通谱》卷29《戴佳氏》，辽海出版社2002年版，第380页。《清太宗实录》卷9，天聪五年六月癸丑，《清实录》第2册，第129页。

⑧ 《清太宗实录》卷11，天聪六年正月乙巳，《清实录》第2册，第152页；中国第一历史档案馆整理译编：《内阁藏本满文老档·太宗朝》，汉文译文，第605页。

⑨ 中国第一历史档案馆整理译编：《内阁藏本满文老档·太祖朝》，汉文译文，第152页。

⑩ 同上，汉文译文，第181页。

⑪ 《清太宗实录》卷1，天命十一年九月丁丑，《清实录》第2册，第27页。

大臣所议皆同，独阿敏本旗大臣顾三台、孟坦、舒赛从阿敏议”①；当天聪二年代善旗下阿山兄弟逃亡明境时，孟坦跟随阿敏乘夜追之②；当天聪四年，追论阿敏弃滦州、永平等四城之罪时，孟坦也因“不力谏贝勒”而被处以“应得之罪”③。可见，与旗分牛录下人相比，身为包衣牛录的孟坦对主旗贝勒阿敏的附庸关系更为明显。

（二）巴都里

巴都里又作“巴笃理”或“巴都礼”，佟佳氏，天命初年与其弟蒙阿图来归。太祖将其部众编为二牛录，入镶黄旗满洲包衣牛录下，使兄弟分领之④。时努尔哈赤亲掌两黄旗，因此巴都里便获得了更多与汗室接触的机会，如天命五年（1620）查出努尔哈赤大福晋“曾给总兵官巴都里之二妻一整匹精织青倭缎，用做朝衣”⑤；次年“朝鲜王所遣使者厅判事官至”时，努尔哈赤派出“汗之三婿乌尔古岱额驸、抚顺额驸、西乌里额驸及总兵官巴都里、额尔德尼巴克什等五大臣出迎”⑥，皆因他任职于镶黄旗的缘故。

巴都里在太祖时极为得宠，这可能源自太祖察觉“巴笃里有才能”⑦之故，因此选他入“十扎尔固齐之列”⑧。扎尔固齐设于万历四十三年（1615），时努尔哈赤“置理政听讼大臣五人，扎尔固齐十人，佐理国事”，每有审断之事，要“先经扎尔固齐十人审问”，然后再由五听讼大臣审问，最后“言于诸贝勒”议定⑨。而“天命初年”来归的巴都里应该是后来补入十扎尔固齐之列的。天命七年（1622）正月，因“诸贝勒大臣以下、庶人以上，皆称巴都里言语公道，所管诸事，无论御前御后

---

① 《清太宗实录》卷2，天聪元年三月丁丑，《清实录》第2册，中华书局1985年影印版，第38页。

② 《清太宗实录》卷4，天聪二年六月庚寅，《清实录》第2册，第60页。

③ 中国第一历史档案馆整理译编：《内阁藏本满文老档·太宗朝》，汉文译文，辽宁民族出版社2009年版，第553页。

④ 赵尔巽等：《清史稿》卷226《列传十三·巴笃理传》，中华书局1977年版，第9213～9214页；吴忠匡总校订：《满汉名臣传》卷2《巴笃理列传》，黑龙江人民出版社1991年版，第33页；

⑤ 中国第一历史档案馆整理译编：《内阁藏本满文老档·太祖朝》，汉文译文，第48页。

⑥ 同上，汉文译文，第89页。

⑦ 鄂尔泰等修，李洵等校：《八旗通志初集》卷155《名臣列传十五·巴笃里传》，东北师范大学出版社1985年版，第3912页；赵尔巽等：《清史稿》卷226《列传十三·巴笃理传》，第9213页。

⑧ 鄂尔泰等修，李洵等校：《八旗通志初集》卷155《名臣列传十五·巴笃里传》，第3912页。

⑨ 蒋良骥：《东华录》卷1，中华书局1980年版，第6页。

始终如一，赏罚分明，不徇情面，勤勉从政”[①]，而获得努尔哈赤的奖赏，并令“总兵官巴都里等十六人，审理国中各项案事”[②]。然而，同年六月，却被人告发“不进谠言，以非为是”，而“革其总兵官之职，降为参将”[③]。虽然不久又重新恢复其总兵官世职[④]，但是这一事件促使努尔哈赤对八旗监管制度作了反思，次年他加强了各旗贝勒与旗下大臣的相互监督，于八旗各设都堂八员，每旗设满、蒙、汉审事官和“为贝勒挂文启示者”四人，并继续以立誓的形式约束各官员的行为。在这次任命中，巴都里成为镶黄旗审事官[⑤]，随后他立誓道“管审断之事，审理之事，不独自入告诸贝勒，不出诬谤、伪诈、谄媚之言”[⑥]。

巴都里不仅以审事官的身份管理本旗事务，而且还做出了以下贡献：

其一，领兵作战。如天命六年（1621）率军往援耀州、海州地方[⑦]，天命十年领军六千攻克旅顺口[⑧]。其二，招抚人口。如天命六年奉命安置管台汉人及其妻孥，天命七年“往收义州一带户口”，天命十年“携卦尔之户口前来”[⑨]。其三，掘壕筑城。如天命六年“多积石块，修整器械”，天命八年“往北界外沿辽河渡口处掘壕”[⑩]。其四，耕田屯粮。如天命八年因“所种庄稼矮小，需留人耘耨”，派巴都里率部前往耕田[⑪]，等等。总之，巴都里率部招抚人口、掘壕筑城、耕田屯粮等，皆体现了他作为包衣牛录下人的身份特点。

天命年间（1616—1626），巴都里虽间有贬降，但其总兵官世职一直维持到了天命末年[⑫]。努尔哈赤去世后，皇太极对两黄旗、两白旗作了对换，

---

① 中国第一历史档案馆整理译编：《内阁藏本满文老档·太祖朝》，汉文译文，辽宁民族出版社2009年版，第112页。

② 同上，汉文译文，第141页。

③ 同上，汉文译文，第142页。

④ 同上，汉文译文，第162页。

⑤ 同上，汉文译文，第152页。

⑥ 同上，汉文译文，第268页。

⑦ 同上，汉文译文，第97页。

⑧ 同上，汉文译文，第231页。

⑨ 同上，汉文译文，第101、118、236页。

⑩ 同上，汉文译文，第92、173、175页。

⑪ 同上，汉文译文，第185页。

⑫ 同上，汉文译文，第192页。

调整的结果是“努尔哈赤时期的镶黄旗改为皇太极时期的正白旗”[①]，因此在皇太极继位之初，原为镶黄旗的巴都里随旗帜变迁而改隶正白旗[②]。

正白旗下的巴都里在失去努尔哈赤的庇佑后，地位大不如前。皇太极继位不久，便将其贬至三等游击[③]。相反，原先地位低于自己的哈克笃礼[④]却被任命为正白旗满洲固山额真[⑤]，被革退后又由阿山继任固山额真[⑥]。由此来看，若传记中关于其“历任至固山额真”[⑦]的记载无误的话，应该是在天命年间担任镶黄旗的固山额真，而天聪年间的巴都里仅职任礼部承政[⑧]。

（三）英俄尔岱

英俄尔岱，姓他塔喇氏，国初来归。他主要活跃于天聪、崇德时期，曾长期担任户部承政，对稳定国家税收和扩大中朝贸易做出了重要贡献。因学界已有研究，故不再赘言[⑨]。

---

① 白新良:《论皇太极继位初的一次改旗》,见《清史考辨》,人民出版社 2005 年版,第 64 页。

② 在后金时期有两位巴都里,其一为笔者所要讨论的、天命时期隶镶黄旗的“巴都里”;另一位是隶镶蓝旗的“巴都里”,其事迹见于弘昼等修:《八旗满洲氏族通谱》卷43《性佳氏·巴都理传》,第503 页。中国第一历史档案馆整理译编:《内阁藏本满文老档·太宗朝》所载天聪六年四月,皇太极遣每旗大臣一员往援前行之图鲁什、劳萨之军时,所遣之“镶蓝旗巴都里”(汉文译文,辽宁民族出版社 2009 年版,第 634 页),以及同年五月,“镶蓝旗巴都里命大凌河新降蒙古人巡夜守马”(汉文译文,第 637 页)皆为该人,与本文所讨论者无关。

③ 中国第一历史档案馆整理译编:《内阁藏本满文老档·太宗朝》,汉文译文,第 510 页,辽宁民族出版社 2009 年版。

④ 天命七年,努尔哈赤“按级赐给小旗、伞”等物件、不久“众官员自上至下,按次赏赐”,我们清晰地看到巴都里皆排在喀克都里(哈克笃礼)之前,且两人并不同级。见中国第一历史档案馆整理译编:《内阁藏本满文老档·太祖朝》,汉文译文,第 110、115 页。

⑤ 蒋良骥:《东华录》卷 1,中华书局 1980 年版,第 17 页。

⑥ 中国第一历史档案馆整理译编:《清初内国史院满文档案译编》上册,光明日报出版社 1989 年版,第 49 页。

⑦ 弘昼等修:《八旗满洲氏族通谱》卷 19《佟佳氏·巴笃礼扎尔固齐》,辽海出版社 2002 年版,第 247 页;鄂尔泰等修,李洵等校:《八旗通志初集》卷 155《名臣列传十五·巴笃里传》,东北师范大学出版社 1985 年版,第 3912 页。

⑧ 弘昼等修:《八旗满洲氏族通谱》卷 19《佟佳氏·巴笃礼扎尔固齐》,第 247 页;吴忠匡总校订:《满汉名臣传》卷 2《巴笃理列传》,黑龙江人民出版社 1991 年版,第 33 ~ 34 页。

⑨ 宋慧娟、玄花:《论英俄尔岱在清初对朝鲜关系中的作用》,姜维东主编:《东北亚研究论丛(五)》,东北师范大学出版社 2012 年版,第 31 页;王臻:《女真将领英俄尔岱与后金朝鲜关系述论》,《满族研究》2015 年第 3 期,第 82 ~ 89 页;王臻:《论后金与朝鲜关系中的英俄尔岱》,《朝鲜·韩国历史研究》2015 年,第 137 ~ 153 页。

英俄尔岱的旗籍同样历经变迁，他于国初来归后被授予佐领[①]，时隶满洲正黄旗[②]。从他“原系内牛录”[③]来看，所初任的佐领应为正黄旗包衣佐领。皇太极继位后，将太祖时期的正黄旗与镶白旗互换，因此我们在天聪九年（1635）、崇德三年（1638）的史料中，发现他已隶属镶白旗[④]。

综上，笔者以五位满洲包衣人的事迹为中心，对其身份、旗籍、职任和历史贡献作了梳理，从中可见：

第一，与旗分牛录下人相比，包衣牛录下人与主旗贝勒间的关系不同寻常，隶属关系更为显著。

第二，部分满洲人虽身隶包衣牛录下，但却被皇太极视为“旧臣”，如称呼孟坦曰“我旧臣也”[⑤]；崇德三年又对孟阿图所言，“尔等旧臣，朕见之，辄为心喜”[⑥]；劳萨亦被视为“我太祖、太宗时旧臣”[⑦]；而当巴都里噩耗传来时，“汗闻毕罢饮，恻然泣下，良久方入帐”[⑧]。这说明早期包衣牛录下人因归附时间较早，其地位虽低于旗分牛录下人，但差距不像后世之大，而且在当时的统治者看来，此类“旧臣”可“推诚宣力，矢志服勤，贞心亮节，屹然不磨”[⑨]，因此更易倚为心腹。

第三，包衣牛录下人有机会担任统军将领、各部承政，为后金的统一战争和国家治理同样做出了重要贡献，但从其所担负的部分任务来看，如捉生、侦察情报、筑城、往迎人口及屯田种粮等，仍带有明显的包衣特色。

---

① 鄂尔泰等修，李洵等校：《八旗通志初集》卷154《名臣列传十四·英俄尔岱传》，东北师范大学出版社1985年版，第3900页。

② 中国第一历史档案馆整理译编：《内阁藏本满文老档·太祖朝》，汉文译文，辽宁民族出版社2009年版，第243页。

③ 中国第一历史档案馆译编：《清初内国史院满文档案译编》上册，光明日报出版社1989年版，第142页。

④ 中国第一历史档案馆译编：《清初内国史院满文档案译编》上册，第142、340页；中国人民大学清史研究所、中国第一历史档案馆编译：《盛京刑部原档》，群众出版社1985年版，第47、93页。

⑤ 《清太宗实录》卷9，天聪五年六月癸丑，《清实录》第2册，中华书局1985年影印版，第129页。

⑥ 季永海、刘景宪译编：《崇德三年满文档案译编》，辽沈书社1988年版，第140页。

⑦ 盛昱辑：《雪屐寻碑录》卷1《梅勒章京三等精奇尼哈番谥忠毅劳沙邵科罗把图鲁碑文》，见金毓绂主编：《辽海丛书》第5册，辽沈书社1985年版，第2873页。

⑧ 中国第一历史档案馆译编：《清初内国史院满文档案译编》上册，第100页。

⑨ 盛昱辑：《雪屐寻碑录》卷1《梅勒章京三等精奇尼哈番谥忠毅劳沙邵科罗把图鲁碑文》，见金毓绂主编：《辽海丛书》第5册，第2873页。

第四，包衣牛录下人凭借军功殊绩，在得到统治者的恩准后，可抬入旗分佐领下，甚至可获得专管牛录的特权。其身份的改隶，使他们成为统治者控制和监督旗分牛录的重要工具，其子孙在旗分牛录下征战南北，也为八旗满洲的壮大和完善做出了一定贡献。

第二节　从包衣牛录看蒙古旗的形成——以乌讷格为中心

长期以来，学界对八旗蒙古的编建过程进行了深入研究①，其中天聪时期出现的蒙古“左右营”“左右翼”与“蒙古二旗”是学界讨论的热点问题，所论者或将“左右营”视作“左右翼”，或将“左右翼”视作“蒙古二旗”，等等，迄无定论②。在此，笔者拟以蒙古旗编立过程中的关键人物乌讷格为线索，对后金蒙古旗的发展演变加以梳理，以期对上述三者的关系再作分析。

一、后金政权中两类蒙古人

（一）八旗满洲内之蒙古人

天命年间（1616—1626），后金政权中存在两种不同隶属的蒙古人，这与其归附时间的早晚和来归方式有关。

八旗满洲内的蒙古人有两类：

其一，天命前来归，满洲化程度较高的蒙古人。

---

① 刘金德、王苗苗：《三十年来大陆学者对八旗蒙古研究综述》，《赤峰学院学报》2010年第2期。

② 如郭成康将蒙古“左右两营”视作蒙古“左右两翼”，在此基础上作了分析，并指出蒙古左右两翼由满洲旗下零星来归的蒙古人组成，分别以乌讷格、鄂本兑为首；傅克东则指出“蒙二旗”即乌鲁特旗和喀尔喀旗，分别由乌讷格和布颜代（后改为鄂本兑）统领；陈生玺认为，天聪初年分蒙古为左右两营，从此“蒙古军队便正式成为独立单位，自成一旗”；赵琦认为蒙古左右两翼即满洲旗下的蒙古二旗。郭成康：《清初蒙古八旗考释》，《民族研究》1986年第3期；傅克东：《后金设立蒙古二旗及漠南牧区旗新探》，《民族研究》1988年第2期；陈生玺：《蒙古八旗与汉军八旗建立的过程》，《史学月刊》1988年第6期；赵琦：《试论后金时期蒙古八旗的形成》，《内蒙古大学学报》1997年第3期。

在八旗满洲初建时，计有“满洲蒙古牛录三百有八、蒙古牛录七十六、汉军牛录十六”[1]，其中“满洲蒙古牛录，当是满、蒙混合之牛录。七十六蒙古牛录，则为纯粹之收编蒙古牛录”[2]。这些蒙古牛录下人多长期居住于女真聚集区，如蒙古人绰拜“世居叶赫”[3]，甘笃则“世居长白山东北隅，其高祖迁叶赫，遂为叶赫人”[4]。他们历年久远，逐渐融入满洲共同体中，在努尔哈赤起兵之初，便随同众满洲人“景从效顺”。虽号称“纯粹之收编蒙古牛录”有七十六个，其实当时每牛录的人数远不足额[5]。

其二，天命后来归，满洲化程度较低的蒙古人。

建元天命后，随着后金政权的影响力日渐扩大，来归的蒙古人络绎不绝，且“举族来归”“率部归附”成为常态，如天命四年（1619）博尔济吉特氏巴特玛“同伯父寨桑古英和硕齐率族属来归”[6]，纳拉氏的胡什布“国初率族属来归”[7]；天命五年“蒙古扎鲁特部钟嫩贝勒属下蒙古二十六户八十人，携其妻、子、牲畜来归”[8]，等等。这类归附者所携人口不会很多，来归后一般按“即来即编”和“八旗均分”的原则，在保持其原有“族”属不变的前提下编入满洲各旗中，因此我们在《八旗满洲氏族通谱》中看到，同一姓氏从同一居地来归者，其所隶旗籍基本相同，如从把岳忒地方来归的博尔济吉特氏 5 户、科尔沁地方来归的宝济氏 7 户皆隶属于正白旗；吴喇忒地方来归的纳赖氏 3 户皆隶属于镶黄旗，等等。

需要解释的是，有学者认为“古尔布什等台吉归附”后，努尔哈赤将其部属拨入乌鲁特明安旗[9]。之所以有这样的结论，可能受到《满洲实录》记载其来归时携带众多人口的影响。据载，天命六年（1621）“蒙古

---

① 福隆安等监修：《钦定八旗通志》卷 32《兵制志一》，景印文渊阁四库全书本，台湾“商务印书馆”1983 年版，总第 664－787 页。

② 孟森：《八旗制度考实》，《清史讲义》，中华书局 2014 年版，第 21 页。

③ 鄂尔泰等修，李洵等校：《八旗通志初集》卷 171《绰拜》，东北师范大学出版社 1985 年版，第4177 页。

④ 鄂尔泰等修，李洵等校：《八旗通志初集》卷 171《甘笃》，第 4183 页。

⑤ 周远廉：《清朝开国史研究》，故宫出版社 2012 年版，第 97 页。

⑥ 鄂尔泰等修，李洵等校：《八旗通志初集》卷 169《巴特玛》，第 4143～4144 页。

⑦ 鄂尔泰等修，李洵等校：《八旗通志初集》卷 169《胡什布》，第 4145 页。

⑧ 中国第一历史档案馆整理译编：《内阁藏本满文老档·太祖朝》，汉文译文，辽宁民族出版社 2009 年版，第 57、58 页。

⑨ 哈斯巴根：《清初蒙古的左右翼问题》，《清代政治制度与民族文化学术研讨会论文集》，北京市社会科学院满学研究所、北京大学明清研究中心 2010 年编印，第 41 页。

喀尔喀部内古尔布什台吉、莽果尔台吉率民六百四十五户，并牲畜来归……以聪古图公主妻古尔布什，赐名青卓礼克图，给满洲一牛录三百人，并蒙古一牛录，共二牛录，授为总兵”①。六百余户将有上千壮丁，与前述零星来归者相比，的确为一支颇具规模的队伍。因此，有学者认为他们应该被编入独立于满洲八旗之外的乌鲁特旗中。

但是，据《满文老档》载，天命六年十二月，“巴岳特地方额色依贝勒之子古尔布什台吉率八十户一百一十五名男丁……叛逃而来”②。显然，所携人口数量与实录记载相差较大③。查各时期来归的蒙古人，我们发现，古尔布什前来归附并非一次性率部来投，在此之前他已安排部属陆续来归。如天命六年五月十七日，“古尔布什贝勒属下二十户率子女携牧群来投”④，二十一日“有三十户携牧群自古尔布什贝勒处来投”⑤；六月，古尔布什等三台吉“所属蒙古一百六十户来投”⑥；在十二月古尔布什亲率八十户一百一十五名男丁来归后，直到天命七年（1622）还有不少“自蒙古古尔布什台吉处来归之人户”⑦。而实录中所载正是这些陆续来归的总人口。但因这支颇具规模的部属分为数支小部族来归，实际上其六百余户部属早已被分编于满洲各旗下，并未全部归入乌鲁特旗中。

此外，前引《清实录》载，在古尔布什尚聪古图公主后，努尔哈赤赐以“蒙古一牛录”，很多学者据此认为“天命六年才出现蒙古牛录的记

---

① 《满洲实录》卷7，天命六年十一月十八日，《清实录》第1册，中华书局1986年影印版，第337～338页。《清太祖高皇帝实录》中作“率民六百户，并驱畜产来归”。见《清太祖实录》卷8，天命六年十一月乙卯，《清实录》第1册，第114页。

② 中国第一历史档案馆整理译编：《内阁藏本满文老档·太祖朝》，汉文译文，辽宁民族出版社2009年版，第104页。

③ 张永江、关康在解读《古尔布什家传》时已有所注意，他们认为，虽然在《家传》中亦载当时带去人口六百户，但“怀疑《家传》等史料所说的600户既包括古尔布什带来人口，也包括之前巴约特部叛逃投顺后金国之人口”，因此推断“《满文原档》的80户、115丁较为可信”。见《古尔布什家系与事迹补正》，《纪念王钟翰先生百年诞辰学术文集》，中央民族大学出版社2013年版，第391页。

④ 中国第一历史档案馆整理译编：《内阁藏本满文老档·太祖朝》，汉文译文，第72页。

⑤ 同上，汉文译文，第73页。

⑥ 同上，汉文译文，第77页。

⑦ 中国第一历史档案馆整理译编：《内阁藏本满文老档·太祖朝》，汉文译文，第120、140、158、162页。丛佩远主编：《中国东北史（修订版）》第3卷，吉林文史出版社2006年版，第691～692页。

载”[1]。但是在《满文老档》中仅载，以族弟之女嫁给同来之台吉莽果尔，并未记载古尔布什尚聪古图公主及赐满洲、蒙古牛录之事[2]。经查，天命七年（1622）四月曾以斋桑古阿哥之女妻以古尔布什[3]，此后便有“古尔布什额驸”[4] 之称；天命十年正月，“汗将其女松古图格格嫁与由蒙古来归之古尔布什台吉”[5]，“松古图”即聪古图，也是《古尔布什家传》所记太祖之“亲生女”。古尔布什尚聪古图格格时，作为陪嫁，太祖除赐予其大量的壮丁、府属员役外，还将“八旗三百满洲丁编一佐领，以喀尔松阿任佐领。再将带来蒙古人丁编一佐领”[6]，可见，其所领的蒙古一牛录，是在天命十年才赐予的，且主要由其来归时所带领的“八十户一百一十五名男丁”组成，而其余零星来归的五百余户部属则被分编于满洲各旗中。

综上，在天命年间（1616—1626），八旗满洲内蒙古人主要由两部分构成：其一，在天命之前即已来归、长期生活于女真聚居区而高度满洲化的蒙古人；其二，建元天命后小规模零散来归的蒙古人[7]。他们来归后都被编入八旗满洲下，与各满洲旗主旗贝勒确立了一定的领属关系。

（二）八旗满洲外之蒙古人

与上述小规模零散来归者不同，天命七年（1622）二月，乌鲁特部明安等十贝勒“率妇孺及一千男丁来投”[8]，喀尔喀部石尔呼纳克等贝勒

① 郭成康：《清初蒙古八旗考释》，《民族研究》1986 年第 3 期；姚念慈：《清初政治史探微》，辽宁民族出版社 2008 年版，第 158 页；宫健泽、王景泽：《早期蒙古制再探》，《黑龙江民族丛刊》2007 年第 6 期。

② 中国第一历史档案馆整理译编：《内阁藏本满文老档 · 太祖朝》，汉文译文，辽宁民族出版社 2009 年版，第 104 页。

③ 同上，汉文译文，第 137 页。

④ 同上，汉文译文，第 165、212 页。

⑤ 同上，汉文译文，第 231 页。

⑥ 张永江、关康：《古尔布什家系与事迹补正》，见《纪念王钟翰先生百年诞辰学术文集》，中央民族大学出版社 2013 年版，第 401 页。

⑦ 赵琦将天命年间来归的蒙古人分为“蒙古部落的零散逃人”、“战争俘虏”及“女真别部叶赫内的蒙古人”，见《试论后金时期蒙古八旗的形成》，《内蒙古大学学报》1997 年第 3 期。

⑧ 中国第一历史档案馆整理译编：《内阁藏本满文老档 · 太祖朝》，汉文译文，第 123 页。

亦率“所属三千余户归附”①。这些从同一部族一次性大量来归者，与其蒙古贝勒之间仍然保持着很强的人身隶属关系，因此努尔哈赤更希望打破其原有领属关系，仍照前将其部属散编入各满洲旗下。但这无疑会遭到蒙古贝勒的抵触，同时完整保持其原有的统领关系，也将对尚处于观望中的外藩蒙古贝勒产生积极影响。在反复考量下，努尔哈赤以“喀尔喀前来之诸贝勒同为一旗”，以“察哈尔前来之诸贝勒同为一旗”②，并以乌鲁特部的明安与喀尔喀蒙古巴约特部恩格德尔为两旗蒙古额真③。与此同时，他采取了两项措施以最大化地约束这两旗蒙古：其一，警告“尔等须循我国贝勒之例，我国之法度比尔蒙古国之法度更为严明”④。并“令蒙古兵各主将之妻及新来食官粮者之妻等皆居广宁。妇孺等至彼，即严加看守”⑤。实际上是将其妻儿家小迁至广宁为质。其二，天命七年（1622）四月，“召集察哈尔、喀尔喀前来之诸贝勒”⑥，令与满洲诸贝勒通婚，希冀以联姻的方式增进彼此的关系。

从此，在后金政权中出现了独立于八旗满洲之外的蒙古两旗，在后金政权中也很明显地出现了两类蒙古人，如此后不久，努尔哈赤允许由乌鲁特来归之蒙古诸贝勒大臣中愿游牧者，可“率众游牧蒙古人于彼处与我蒙古一同牧养牲畜”⑦；天命七年三月，对“我所属之蒙古人及自兀鲁特部而来之诸贝勒所属之蒙古人”皆一体赐其族长、男丁布⑧。又令自义州至清河等边界地方之粮，“派我旧蒙古人及新来之蒙古人驻守”⑨。其中，“我蒙古”“我所属之蒙古人”及“我旧蒙古人”是指编立于八旗

---

① 蒋良骥:《东华录》卷1,中华书局1980年版,第14页。《清太祖实录》中作“时蒙古喀尔喀五部落民一千二百户并来归”,若以每户两丁计,则有两千四百余人。卷8,天命七年二月壬申,《清实录》第1册,中华书局1986年影印版,第116页。

② 中国第一历史档案馆整理译编:《内阁藏本满文老档·太祖朝》,汉文译文,辽宁民族出版社2009年版,第136页。

③ 张晋藩、郭成康:《清入关前国家法律制度史》,辽宁人民出版社1988年版,第264~265页。

④ 中国第一历史档案馆整理译编:《内阁藏本满文老档·太祖朝》,汉文译文,第136页。

⑤ 同上,汉文译文,第130页。

⑥ 同上,汉文译文,第137页。

⑦ 同上,汉文译文,第126页。

⑧ 同上,汉文译文,第129页。

⑨ 同上,汉文译文,第130页。

满洲下的蒙古人[1]；而与之对应的则指新编的两旗蒙古人。

以上，笔者分析了天命年间（1616—1626）后金政权中存在的两种不同领属关系的蒙古人，其一为八旗满洲内的蒙古人，他们由建元天命之前即已来归者和建元天命后零散来归者为主，被散编于八旗满洲下，与各主旗贝勒之间有直接的领属关系；其二为天命七年所编立的蒙古两旗人，他们仍然保持着旧有的领属关系，独立于满洲旗分外，与各满洲主旗贝勒之间没有明确的隶属关系。那么，这两类蒙古人又将产生怎样的联系？两旗蒙古又有何演变？这还要从蒙古将领乌讷格说起。

二、乌讷格与蒙古旗编建

（一）天命年间的乌讷格：由旗下包衣走向蒙军统帅

乌讷格又作“吴（武）纳格”、“吴（武）讷格”，博尔济吉特氏。他长期居于叶赫，“太祖高皇帝创业兴京，诸蒙古向化，武纳格率七十二人来归”[2]，“癸丑年，从太祖高皇帝征乌喇”[3]。癸丑年即万历四十一年（1613），可见他在八旗满洲编立前即已归附，属于笔者前述八旗满洲内高度满洲化的蒙古人。他曾在努尔哈赤身边任职，甚至一度与五大臣一起议政决策，如当“布占泰贝勒跪词求免，太祖犹有许其改过之意”时，乌讷格便“与五大臣等，并言布占泰反复难信，力主进战”，从而灭乌喇，并以功授三等副将世职[4]。

乌讷格不仅“有勇略”，而且“通蒙古文及汉文”，在天命前即已赐巴克什号[5]。据天聪九年（1635）的档案载，乌讷格为正白旗人，“原系

---

① 天聪六年，有“镶黄旗固山额真、额驸达尔哈家旧蒙古二人，盗良马六匹，潜奔蒙古察哈尔国”，所谓“旧蒙古”亦指此类蒙古人。《清太宗实录》卷11，天聪六年四月乙酉，《清实录》第2册，中华书局1985年影印版，第159页。

② 李恒辑：《国朝耆献类征初编》卷262《将帅二·武纳格》，（台湾）明文书局1985年版，第165－277页。

③ 鄂尔泰等修，李洵等校：《八旗通志初集》卷171《吴内格巴克什》，东北师范大学出版社1985年版，第4171页。

④ 同上。

⑤ 李恒辑：《国朝耆献类征初编》卷262《将帅二·武纳格》，第165－277页。

内牛录”[①]。天聪年间的正白旗由天命年间的镶黄旗改隶而来，而在天命年间的大臣官员敕书中，亦有镶黄旗下乌讷格因“勤修政治，善于统兵”，被授予三等总兵官世职的记载[②]。由此可知，乌讷格来归之初被编入满洲镶黄旗下包衣牛录中。而当时镶黄旗为努尔哈赤亲掌，镶黄旗下内牛录则为努尔哈赤的包衣人。天命七年（1622），额尔德尼巴克什为其牛录人塔布兴阿首告，他怀疑雅荪、乌讷格二人调唆使然，因此宣扬“不可不令雅荪、乌讷格离开汗”[③]，可见乌讷格乃努尔哈赤“家臣”，为近身之人。

天命年间（1616—1626），乌讷格除管理满洲旗下部分蒙古牛录事务外[④]，最主要的任务是统领满洲旗下蒙古人出征作战。在八旗满洲下的两类蒙古人中，归来较早、满洲化程度较高的蒙古人因长期接受八旗式的军事训练，具有与满洲人同等的军事素养，因此，在天命初期他们多在各旗固山额真的统领下出征作战。但是，天命六年（1621）以后，从蒙古和明朝地区来归的蒙古人陆续增多，大量蒙古人被编入八旗满洲下。这些后附的蒙古人满洲化程度不高，在行军中的组织性和纪律性也较差，若仍以满洲将帅统管恐难以节制。而乌讷格身为高度满洲化的蒙古人，且长期在努尔哈赤身边任职，又精通蒙古、汉文字，因此，他成为统领八旗内诸蒙古人的最佳人选。正如天命八年六月代善率部出征前，努尔哈赤特谕道：“恐复州地方庄稼为我兵士喂马并胡乱践踏，须将蒙古兵交付乌讷格”[⑤]，乌讷格对旗下蒙古人的管束作用可见一斑。

需要注意的是，因来归的蒙古人大都按“八旗均分”的原则被散编入满洲旗下，因此每当出征作战时，便需要将散布于各旗中的蒙古人重新集结起来，组成一支蒙古军，再交由乌讷格统帅。而当战事结束后，则“兵散于旗”中。如天命十一年（1626）正月，努尔哈赤攻宁远城受

---

① 中国第一历史档案馆整理译编：《清初内国史院满文档案译编》上册，光明日报出版社1989年版，第142页；关嘉录、佟永功、关照宏译编：《天聪九年档》，天津古籍出版社1987年版，第20～21页。

② 中国第一历史档案馆整理译编：《内阁藏本满文老档·太祖朝》，汉文译文，辽宁民族出版社2009年版，第241页。

③ 同上，汉文译文，第110～111页。

④ 同上，汉文译文，第91、151、186、187页。

⑤ 同上，汉文译文，第189页。

挫，“闻明国关外之兵所需粮草俱屯于觉华岛，遂命武讷格率八固山蒙古，又益兵八百，往取之”[①]。此处乌讷格所率领的“八固山蒙古”或称“八旗蒙古”[②]，便指从八旗满洲中抽调组编成的蒙古军，类似的还有天聪五年（1631）出现的“两红旗蒙古”“镶蓝旗蒙古”等[③]。

天命末，努尔哈赤已有意让乌讷格统领后金蒙古全军，如天命八年四月，因后金“所遣之使臣屡被昂阿贝勒拦杀于途，并执遣往伊处之使臣给有仇之叶赫部杀之”，努尔哈赤“命阿巴泰阿哥、德格类、斋桑古、岳托四贝勒，率诸申兵一千、蒙古兵一千、操炮汉兵八百”[④]，前往叶赫征讨，而在详细的出征将领名单中，有乌讷格等人“率兵一千前往叶赫”[⑤]。由此可知，随征的一千蒙古兵即是由乌讷格所统帅的，其中不仅包括满洲内蒙古军，还包括蒙古二旗军[⑥]。此番出征大获全胜[⑦]，凯旋后“以俘获之牲畜赏赐有职之诸大臣”时，首先得赏的便是“出征之三等总兵官乌讷格”[⑧]，可见乌讷格统帅的蒙古军在此役中立功最大。

乌讷格的出色战绩为他赢得了较高的政治地位。天命七年（1622）正月，努尔哈赤按世职等级制定仪仗之制，其中副将乌讷格与汤古岱阿哥、达尔汉侍卫、杨古利等十六人被列为第一等[⑨]；天命九年元旦之礼时，乌讷格位列八旗主旗贝勒和佟养性之后，“率八旗众蒙古叩头”[⑩]。所谓“八旗众蒙古”亦指散布于八旗满洲中的蒙古。

总之，天命年间（1616—1626）陆续来归的蒙古人被分编入八旗满

---

① 《满洲实录》卷8，天命十一年正月二十六日，《清实录》第1册，中华书局1986年影印版，第398页。

② 《清太祖实录》卷10，天命十一年正月戊辰，《清实录》第1册，第134页。

③ 关孝廉译：《天聪五年八旗值月档（二）》，《历史档案》2001年第1期。

④ 中国第一历史档案馆整理译编：《内阁藏本满文老档·太祖朝》，汉文译文，辽宁民族出版社2009年版，第172页。

⑤ 同上，汉文译文，第169页。

⑥ 宫健泽、王景泽认为，获赏名单中有蒙古贝勒莽古勒、都喇勒达尔汗、古尔布什、布当等人，便认为“此蒙古兵一千”“由内喀尔喀蒙古贵族统帅”。实际上，其一，古尔布什、莽古勒早于蒙古二部落来归前即已来附，当时被编入了满洲旗下蒙古牛录中；其二，据《满文老档》可知，这些喀尔喀蒙古贵族只是随征，蒙古全军实由乌讷格统帅。宫健泽、王景泽：《早期蒙古制再探》，《黑龙江民族丛刊》2007年第6期。

⑦ 中国第一历史档案馆整理译编：《内阁藏本满文老档·太祖朝》，汉文译文，第175、178页。

⑧ 同上，汉文译文，第179页。

⑨ 同上，汉文译文，第110页。

⑩ 同上，汉文译文，第211页。

洲中，改变了满洲旗内蒙古人的原有成分，而此时乌讷格的及时出现为有效管束这些随征蒙古人发挥了巨大作用。至天命末年，乌讷格统领的蒙古军已俨然成为一支重要的军事力量，因而在太宗即位后，乌讷格顺理成章地获得了“总管蒙古军”的权力和“位亚扬古利、李永芳，在八大臣上”[①] 的地位。

（二）天聪前期的乌讷格：由“蒙古二营”走向“蒙古二旗”

我们知道，天命七年（1622）二月，努尔哈赤以乌鲁特和喀尔喀来归之众各编立一旗，从此在后金政权中出现了独立于满洲八旗之外的“蒙古二旗”；太宗继位之初，“以蒙古军益众，分左、右二营”[②]，并以乌纳格统领左营蒙古军，以苏纳、鄂本兑、阿代相继统领右营蒙古军，从而出现了“左右两营蒙古军”；而我们在史料中还经常见到“左右两翼蒙古军”。那么，“蒙古二旗”“左右两营蒙古军”和“左右两翼蒙古军”是何关系？

1. “左右两营蒙古军”

前述，在天命后期，为更有效地统率满洲旗下诸蒙古人，每当行军作战时，努尔哈赤便将八旗内部分蒙古人抽出编为一支蒙古军，交乌讷格统管。天聪二年（1628）[③]，八旗满洲内蒙古人益众，皇太极便将这些蒙古人分为左、右两支，即“左右两营蒙古军”。

两营蒙古军的划分与八旗左右两翼有关。努尔哈赤曾将八旗满洲按旗分划分为左右两翼，皇太极继位后又对左右两翼旗作了调整，其中左翼包括镶黄旗、正白旗、镶白旗、正蓝旗；右翼包括正黄旗、正红旗、镶红旗、镶蓝旗[④]。蒙古左右两营中的“左营蒙古兵”是将满洲左翼四旗内的蒙古人抽编出来组成的，由乌讷格统领；“右营蒙古兵”是将满洲右翼四旗内的蒙古人抽编出来组成的，由苏纳统领。因此，“左右两营蒙古军”是战时在八旗满洲内组编的蒙古军，类似于从各旗中抽调部分满洲人组建“阿礼哈超哈”“噶布什贤超哈”等。

---

① 赵尔巽等:《清史稿》卷230《列传十七·武纳格传》,中华书局1977年版,第9304页。

② 同上。

③ 孟昭信:《皇太极改革综述》,《中国古代史论丛》1981年第2辑,福建人民出版社1981年版,第310页;丛佩远主编:《中国东北史(修订版)》第3卷,吉林文史出版社2006年版,第930页。

④ 白新良:《努尔哈赤时期八旗左右翼小考》,《历史档案》1981年第4期。

2. “左右两翼蒙古军”

“左右两翼蒙古军”是为了配合出征作战时八旗满洲左右翼甲兵而设置的，它统括了满洲旗内的“左右两营蒙古兵”和满洲旗外的“蒙古二旗兵”，也即当时后金全部蒙古军。如《清太宗实录》载，天聪三年（1629）二月，皇太极“遣总兵吴讷格、副将苏纳、贝勒明安、额驸恩格德尔率满洲兵八十人及蒙古全军，往征察哈尔国，降其边境二千户”①，而在《国朝耆献类征》等却载乌讷格同额驸苏纳等“率左右翼蒙古及满洲兵八十人”②，可见在这次战役中，出征的“蒙古全军”除了“左右两营兵”外，还包括明安、恩格德尔统帅的蒙古二旗兵，而这些蒙古兵又都被编入“左右翼蒙古”中。

当时划分左右翼的方法是：在满洲旗内，“左营蒙古兵”入“左翼蒙古军”，“右营蒙古兵”入“右翼蒙古军”；在满洲旗外，乌鲁特贝子布颜代曾于天聪五年（1631）任“右翼蒙古梅勒额真”③，可见乌鲁特部蒙古应入“右翼蒙古军”，而喀尔喀旗则应入“左翼蒙古军”。从此后的作战部署看，也确为乌鲁特明安部入右翼，喀尔喀恩格德尔部在左翼④。

因此，在无外藩蒙古前来助兵时，蒙古“左右两翼”实际上包含了四部蒙军，即满洲旗内乌讷格左营蒙古兵、苏纳右营蒙古兵，满洲旗外喀尔喀蒙古一旗军、乌鲁特蒙古一旗军。而从史料来看，我们经常见到“遣总兵吴讷格、副将苏纳、贝勒明安、额驸恩格德尔”⑤、“总兵官吴讷格、副将苏纳率兵”⑥、“巴克什乌讷格、额驸苏纳率蒙古兵”⑦ 等记载。

---

① 《清太宗实录》卷6，天聪三年二月庚子，《清实录》第2册，中华书局1985年影印版，第69页；鄂尔泰等修，李洵等校：《八旗通志初集》卷171《吴内格传》，东北师范大学出版社1985年版，第4171页。

② 李恒辑：《国朝耆献类征初编》卷262《将帅二·武纳格》，（台湾）明文书局1985年版，第165－278页；吴忠匡总校订：《满汉名臣传》卷2《武纳格列传》，黑龙江人民出版社1991年版，第20页。

③ 赵尔巽等：《清史稿》卷229《布颜代传》，中华书局1977年版，第9275页；福隆安等监修：《钦定八旗通志》卷171《布颜代传》，景印文渊阁四库全书本，台湾“商务印书馆”1983年版，总第667－102页。

④ 哈斯巴根：《清初蒙古的左右翼问题》，《清代政治制度与民族文化学术研讨会论文集》，北京市社会科学院满学研究所、北京大学明清研究中心2010年编印，第42页。

⑤ 《清太宗实录》卷6，天聪三年二月庚子，《清实录》第2册，中华书局1985年影印版，第69页。

⑥ 《清太宗实录》卷5，天聪三年十月壬戌，《清实录》第2册，第74页。

⑦ 中国第一历史档案馆整理译编：《内阁藏本满文老档·太宗朝》，汉文译文，辽宁民族出版社2009年版，第512页。

据此来看，在行军作战中满洲旗内两营蒙古兵主帅乌讷格、苏纳的地位应该高于蒙古二旗明安、恩格德尔的地位。因此，很有可能在左营蒙古兵和喀尔喀蒙古旗组成的左翼蒙古军中，以乌讷格为左翼蒙古的主帅；而由右营蒙古兵和乌鲁特蒙古旗所组成的右翼蒙古军中，以苏纳为右翼蒙古的主帅。这种统领方式与战争中蒙古二旗兵的拙劣表现有关，天聪初年，就有人向皇太极奏称蒙古二旗兵“未必受我节制，既属外附，未必与我协心”，每“攻下一城，我兵秋毫无犯，客兵任意掳掠”，出兵时“素无纪律，胜则乌积，败则影散，得则共其利，失不分其忧”[①]。在这种情况下，以乌讷格、苏纳分别统领蒙古二旗兵，能起到监督和约束作用。而天聪初年皇太极以“武纳格总管蒙古军”[②]，可见由四部蒙古军所组成的左右两翼蒙古军又总归乌讷格统帅。如表所示：

<table>
<tr><td rowspan="2">后金军
左翼</td><td rowspan="2">镶黄旗
满洲</td><td rowspan="2">正白旗
满洲</td><td rowspan="2">镶白旗
满洲</td><td rowspan="2">正蓝旗
满洲</td><td rowspan="2">左翼蒙古军
（乌讷格）</td><td>左营蒙古军
（乌讷格）</td></tr>
<tr><td>喀尔喀蒙古旗
（恩格德尔）</td></tr>
<tr><td rowspan="2">后金军
右翼</td><td rowspan="2">正黄旗
满洲</td><td rowspan="2">正红旗
满洲</td><td rowspan="2">镶红旗
满洲</td><td rowspan="2">镶蓝旗
满洲</td><td rowspan="2">右翼蒙古军
（苏纳、鄂本兑、阿代）</td><td>右营蒙古军
（苏纳、鄂本兑、阿代）</td></tr>
<tr><td>乌鲁特蒙古旗
（明安）</td></tr>
</table>

八旗兵以左右翼行军作战，同进同退，相互配合，收到良好的作战效果。据《清太宗实录》载，天聪四年（1630）二月“有明骑卒三千忽自玉田县冲出，逼我前哨孟格，我哨兵诱之至巴克什吴讷格营前，吴讷格整兵欲进，明兵觉，遂遁”[③]。而在《满文老档》记为“有明骑兵三千人自玉田城出，追我前哨孟格依至。我军诱至镶黄旗、正蓝旗驻地，列纛欲进，明

① 国立中央研究院历史语言研究所编：《明清史料》甲编，第一本，1930 年刊行，第 48 ~ 49 页。
② 赵尔巽等：《清史稿》卷 230《列传十七 · 武纳格传》，中华书局 1977 年版，第 9305 页。
③ 《清太宗实录》卷 6，天聪四年二月己未，《清实录》第 2 册，中华书局 1985 年影印版，第 92 页。

兵见我纛，随即遁去”[①]。通过比较可知，《满文老档》中的“镶黄旗、正蓝旗驻地”被《清实录》记为“吴讷格营”，而镶黄旗、正蓝旗属于左翼，乌讷格又恰好统率“蒙古左营”，因此，两者所记实为同一营。

3. “二旗蒙古军”

自天命七年（1622）二月努尔哈赤编立乌鲁特、喀尔喀二旗后，文献中便称之为“蒙古二旗”。至天聪年间（1627—1636），因设“左右两营蒙古军”和“左右翼蒙古军”，从而使“蒙古二旗”的问题复杂化。笔者认为，“蒙古二旗”的指代在天聪五年（1631）前后发生了改变。

（1）天聪五年前“蒙古二旗”

前述，天聪初年，两营蒙古军是从八旗满洲下抽调出来后编建的，乌讷格、苏纳只负责行军统帅，营下蒙古兵仍隶原满洲旗籍。天聪五年（1631）之前，很少有将蒙古二营称“旗”者。因此，天聪五年之前所出现的“蒙古二旗”皆应指喀尔喀蒙古旗和乌鲁特蒙古旗，如天聪三年十一月，皇太极“遣台吉阿巴泰、台吉岳托率二旗兵及蒙古二旗兵往”[②]顺义县城；十二月，“遣蒙古两旗兵往截明兵来路”[③]，皆指乌讷格统帅下的喀尔喀、乌鲁特蒙古二旗兵。而蒙古二旗兵显然不同于满洲旗内蒙古两营兵，因此有学者认为“蒙古二旗”即左右两营蒙古兵并不确切[④]。还有学者认为，天聪五年（1631）八月攻大凌河时，“营于城南之镶白旗、乌讷格巴克什、正蓝旗、镶蓝旗、鄂本堆及镶红旗、敖汉、奈曼、明安贝勒、正红旗等九旗兵士击溃之”[⑤]，表明当时“从鄂本兑所部中拨出，又‘别立’起明安一旗营”[⑥]也可商榷。其一，此时明安所率领的本身即为蒙古一旗，无须别立；其二，经前分析，在行军时鄂本兑即是满洲旗内右营蒙古统帅。又是后金蒙古右翼统帅。因此，此处鄂本兑率领的满洲

① 中国第一历史档案馆整理译编：《内阁藏本满文老档·太宗朝》，汉文译文，辽宁民族出版社 2009 年版，第 526 页。

② 同上，第 511 页。

③ 《清太宗实录》卷 5，天聪三年十二月壬子，《清实录》第 2 册，中华书局 1985 年影印版，第 82 页。

④ 郭成康：《清初蒙古八旗考释》，《民族研究》1986 年第 3 期。

⑤ 中国第一历史档案馆整理译编：《内阁藏本满文老档·太宗朝》，汉文译文，第 585 页；关孝廉译编：《天聪五年八旗值月档（三）》，《历史档案》2001 年第 2 期。

⑥ 傅克东：《后金设立蒙古二旗及漠南牧区旗新探》，《民族研究》1988 年第 2 期。

旗内右营蒙古军与明安所率领的乌鲁特蒙古部并列出现，并无问题。

（2）天聪五年后“蒙古二旗”

至迟天聪五年八月，蒙古“左右两营”的名称发生改动，也由此对“蒙古二旗”的指代产生影响。

天聪五年八月按旗派人“刈城周围草”时，所派人员除八旗满洲、汉军一旗、外藩蒙古一旗外，还包括“鄂本兑旗”“巴克什吴讷格旗”“额驸恩格德礼旗、贝勒明安旗”[①] 四旗，可见乌讷格、鄂本兑所统领的“左右两营蒙古军”也被称为“旗”，而当时的旗名为“某大臣之旗”，旗下兵“止以该管大臣姓名，称为某大臣之兵”[②]。此后，更有多处将“左右两营兵”称为“某大臣之旗”的记载，如同年九月令“镶红旗、镶蓝旗、蒙古鄂本兑三旗击败”[③] 出城之明兵；大凌河之役中有“乌讷格旗下旧蒙古喀尔喀”下临阵退缩者数人[④]；天聪六年（1632）又有“八旗、俄本堆旗、汉军旗”[⑤]，等等。

既然乌讷格、鄂本兑所领之左右营可称为“旗”，那么这两营也可合称为“蒙古二旗”。在史料中确有发现，如天聪五年十月，令“八旗、蒙古两旗、额驸恩格德里（尔）、贝勒明安部下蒙古等”分左右两翼捉生[⑥]。很显然，此处的“蒙古两旗”是指乌讷格、鄂本兑所统领的蒙古“左右两营”。

不仅如此，我们知道，“左翼蒙古军”包括“左营蒙古军”和“恩格德尔的喀尔喀蒙古军”；“右翼蒙古军”包括“右营蒙古军”和“明安的乌鲁特蒙古军”。在四部蒙古皆可称“旗”的情况下，“左右两翼蒙古军”实际上各包含了两旗蒙古，因此“左右两翼蒙古军”皆可称作“蒙古二旗”，共计四旗。事实也确实如此，天聪六年（1632）五月，皇太极

---

① 关孝廉译编:《天聪五年八旗值月档(三)》,《历史档案》2001 年第 2 期。

② 中国第一历史档案馆译编:《清初内国史院满文档案译编》上册,光明日报出版社 1989 年版,第 79 页。

③ 关孝廉译编:《天聪五年八旗值月档(三)》,《历史档案》2001 年第 2 期。

④ 中国第一历史档案馆整理译编:《内阁藏本满文老档·太宗朝》,汉文译文,辽宁民族出版社 2009 年版,第 612 页。

⑤ 关孝廉译编:《〈旧满洲档〉谕删秘要全译》,《满学研究》第 1 辑,吉林文史出版社 1992 年版,第 379 页。

⑥ 关孝廉译编:《天聪五年八旗值月档(三)》,《历史档案》2001 年第 2 期。

命“右翼镶蓝、镶红、明安贝勒及鄂本堆等四旗各遣差役二人传谕曰：‘调往黄河一带之兵少，诸申二旗、蒙古二旗，四旗可选精骑，调赴彼处，以助其力’”①。此处“蒙古二旗”是指明安之旗与鄂本堆之旗，而这两旗恰好组成“右翼蒙古军”。

在入关前的文献中，“旗”一词的使用并不十分严格。称“旗”者未必有完善的旗下牛录组织，未必如八旗满洲是真正意义上的“旗”。如在大凌河之役中，当时参战的有外蒙古敖汉、奈曼等数部，而他们也组成“旗”，连同后金满洲八旗、后金蒙古左右翼“四旗”，全军共有 17 个“旗”。日本学者楠木贤道便将这些“旗”视作“部”或“军团”②。现在的问题是，既然乌讷格左营蒙古兵和鄂本兑右营蒙古兵皆称为“蒙古旗”，那么，是否表明此时“左右营蒙古兵”已彻底从八旗满洲中抽调出来，成为独立的、真正意义上的“蒙古二旗”？还是其“蒙古二旗”实为“蒙古二部”？

众所周知，后金统治者极其重视围猎，将此视作提高甲兵战术素养、强化行军纪律的重要途径。天聪五年档完整记载了当时围猎的安排，其中天聪五年（1631）十一月二十八日、二十九日，八旗满洲先后分两路出猎；十二月十一日，“总兵官吴纳格、副将鄂本兑率八旗蒙古，往黄泥洼行猎……十二月二十日，率蒙古二旗出猎之吴纳格、鄂本兑还”③。这一围猎安排完全模拟了战时部署，从中可知，第一，八旗下满洲甲兵与蒙古甲兵分别统帅；第二，乌讷格、鄂本兑回营时所率“蒙古二旗”即出发时所领之“八旗蒙古”，而“八旗蒙古”是指从满洲八旗抽编出来的蒙古，也即蒙古“左右营”。由此便知，虽然自天聪五年八月始，蒙古左右营时常被称为“蒙古旗”，但实际上只是“蒙古二部”，并未有实质性的建旗。

（三）天聪后期的乌讷格：由“蒙古二旗”走向“蒙古八旗”

1.“新蒙古二旗”的成立

后金统治者将蒙古左右“营”称作“旗”，意在提高“两营”的政治地位。同时，这一称谓上的改变也无形中提高了作为统帅的乌讷格的

---

① 中国第一历史档案馆整理译编：《内阁藏本满文老档·太宗朝》，汉文译文，辽宁民族出版社 2009 年版，第 638 页。

② 楠木贤道之文参见哈斯巴根：《清初蒙古的左右翼问题》，《清代政治制度与民族文化学术研讨会论文集》，北京市社会科学院满学研究所、北京大学明清研究中心 2010 年编印，第 42 页。

③ 关孝廉：《天聪五年八旗值月档（五）》，《历史档案》2001 年第 4 期。

政治地位。

在天聪五年元旦叩拜礼上，我们发现排在八旗贝勒之后的为“额驸恩格德尔率察哈尔、喀尔喀诸贝勒，次总兵官额驸佟养性率汉官、生员，次总兵官吴讷格率八旗蒙古官”[①]。可见，在结束战时编制、回归正常的政治生活后，由恩格德尔所代表的察哈尔乌鲁特部、喀尔喀蒙古二旗与乌讷格所代表的“八旗蒙古”（即蒙古左右两营）之间的界限依然明晰，甚至皇太极给予蒙古二旗贝勒仅次于八旗主旗贝勒颇具象征意义的政治地位。但是，到天聪六年（1632）元旦叩拜礼时却发生了微妙变化：在满洲八固山额真后，由总兵官乌讷格率“蒙古诸臣叩拜”[②]。由天聪五年的“率八旗蒙古”到天聪六年的“率蒙古诸臣”表明，乌讷格不仅在战备状态时统领蒙古全军，而且在回归正常的政治生活后，也从政治方面全面代表了后金政权内的蒙古全军——在一些政治场合，喀尔喀、乌鲁特二部诸贝勒仅代表其个人，而不再代表其下蒙古诸臣，相反，作为全军统帅的乌讷格则开始领衔蒙古诸臣。

后金统治者从天聪五年（1631）八月开始逐步提高“蒙古左右营”和乌讷格的政治地位，其真正目的在于为此后兼并喀尔喀、乌鲁特两旗提前做出准备。天聪六年九月，皇太极以蒙古二旗贝勒“所行违背”为借口“不令别立一旗”，将“所属人员拨与吴纳格、鄂本兑旗下管理”[③]，这样便形成“新蒙古二旗”，即“新蒙古二营”，当时称为“蒙古左右旗”[④]。天聪七年（1633）元旦叩拜礼上，乌讷格所率“蒙古两旗诸大臣行礼”[⑤]，即是整合后所形成的蒙古左右两旗。此时，我们发现，原先行军时划分的“左右翼蒙古”已与现在的“蒙古左右旗”即“新蒙古二营”在人员数量上完全相同，因此才有了天聪八年皇太极“改蒙古军左、右营为左、右翼”[⑥] 的谕令，同年又改蒙古右旗下兵称为右翼兵，左旗下

① 《清太宗实录》卷 8，天聪五年正月乙亥，《清实录》第 2 册，中华书局 1985 年影印版，第 108 页；关孝廉译编：《天聪五年八旗值月档（一）》，《历史档案》2000 年第 4 期。

② 中国第一历史档案馆整理译编：《内阁藏本满文老档 · 太宗朝》，汉文译文，辽宁民族出版社 2009 年版，第 601 页。

③ 《清太宗实录》卷 12，天聪六年九月癸卯，《清实录》第 2 册，中华书局 1985 年影印版，第 172 页。

④ 中国第一历史档案馆译编：《清初内国史院满文档案译编》上册，光明日报出版社 1989 年版，第 80 页。

⑤ 中国第一历史档案馆译编：《清初内国史院满文档案译编》上册，第 1 页。

⑥ 赵尔巽等：《清史稿》卷 230《列传十七 · 武纳格传》，中华书局 1977 年版，第 9305 页。

兵称为左翼兵[①]，以乌讷格为左翼固山额真，阿代为右翼固山额真[②]，仍分左右翼配合八旗满洲攻城略地。其相互关系，可列表如下：

<table>
<tr><td colspan="2">天聪六年九月前
全军统帅:乌讷格</td><td colspan="2">天聪六年九月后
全军统帅:乌讷格</td></tr>
<tr><td rowspan="2">左翼蒙古军
（乌讷格）</td><td>左营蒙古军
（乌讷格）</td><td rowspan="2">左翼蒙古军
（乌讷格）</td><td rowspan="2">左营蒙古军
（蒙古左旗、左翼兵）</td></tr>
<tr><td>喀尔喀蒙古旗
（恩格德尔）</td></tr>
<tr><td rowspan="2">右翼蒙古军
（苏纳、鄂本兑）</td><td>右营蒙古军
（苏纳、鄂本兑、阿代）</td><td rowspan="2">右翼蒙古军
（鄂本兑、阿代）</td><td rowspan="2">右营蒙古军
（蒙古右旗、右翼兵）</td></tr>
<tr><td>乌鲁特蒙古旗
（明安）</td></tr>
</table>

综上，天聪六年（1632）九月以后的“蒙古二旗”已是满洲化、扩大化的蒙古两旗，天聪八年二月“蒙古二旗大臣”[③] 率部往略锦州，三月“兵部贝勒岳托率满洲八旗、蒙古二旗、汉兵一旗”[④] 集于沈阳北郊，皆指时称“吴讷格旗”和“阿代旗”的“蒙古二旗”[⑤]，其指代已与之前大不相同。

2. “新旧蒙古”与八旗蒙古的最终编立

天聪九年十二月，皇太极兼并正蓝旗时，将“该旗与自己原领的正黄旗混编，然后一分为二，组成新的正黄旗、镶黄旗两旗”[⑥]。笔者认为，皇太极将乌鲁特、喀尔喀二旗“所属人员拨与吴纳格、鄂本兑旗下管理”[⑦] 的方法与之类似，即将二旗属员先散编入八旗满洲中，战时又从各满洲旗下将蒙古人抽出后，编成乌讷格、鄂本兑两“旗”。

首先要解释“新旧蒙古”之分。天聪六年九月所编“蒙古左右二

---

① 中国第一历史档案馆译编:《清初内国史院满文档案译编》上册，光明日报出版社 1989 年版，第 80 页。

② 《清太宗实录》卷 18，天聪八年五月乙巳，《清实录》第 2 册，中华书局 1985 年影印版，第 244 页。

③ 中国第一历史档案馆译编:《清初内国史院满文档案译编》上册，第 64 页。

④ 同上，第 69 页。

⑤ 同上，第 103 页。

⑥ 杜家骥:《八旗与清朝政治论稿》，人民出版社 2008 年版，第 151 ~ 164 页。

⑦ 《清太宗实录》卷 12，天聪六年九月癸卯，《清实录》第 2 册，第 172 页。

旗”中的蒙古人被称为“旧蒙古”。此后，依然有新俘获或来归的蒙古人被陆续编入满洲各旗下，如天聪八年（1634）六月，将“所获察哈尔逋逃千户分给八旗”[①]；闰八月，又将“蒙古男丁四百七十人，携之以归，分给八旗”[②]；天聪八年九月在安置瓦尔喀俘获人口时，又谕令“此俘获之人不必如前八分均分，当补壮丁不足之旗”[③]。相较于“旧蒙古”，这些新编的蒙古人即为“新蒙古”。

天聪八年（1634）年底，蒙古扎鲁特、喀尔喀五部落及察哈尔国等俱已降顺[④]，特别是次年正月，将察哈尔三千二百余人编入八旗[⑤]，满洲旗下“新蒙古”数量剧增，八旗蒙古的编立条件已然成熟。天聪九年二月初六日，皇太极在编审内外喀喇沁蒙古壮丁的同时，编立了八旗蒙古。以正黄旗蒙古为例，将“正黄旗津扎、多尔济、布崖……等人之丁及内喀喇沁之丁，共计一千二百五十六丁，并入旧蒙古，命阿代为固山额真”[⑥]。可见，正黄旗蒙古实际上由三部分组成，即正黄旗满洲中的“新蒙古”津扎等人丁、此次编审的“内喀喇沁之丁”及乌讷格所统领的“旧蒙古”中原从正黄旗满洲下抽出者[⑦]。

三、小结

以上，笔者分析了天命、天聪两朝后金政权中蒙古人的身份及其隶属关系，并以其中的代表人物乌讷格为线索，梳理了“左右营蒙古兵”到“左右翼蒙古旗”再到八旗蒙古的发展历程。现将主要观点总结如下：

第一，后金政权中存在两类蒙古人。一为天命前即已来附、高度满洲化的蒙古人，他们是八旗满洲的重要组成部分；一为建元天命后，因

---

① 中国第一历史档案馆译编：《清初内国史院满文档案译编》上册，光明日报出版社 1989 年版，第 88 页。

② 同上，第 103 页。

③ 《清太宗实录》卷 20，天聪八年九月甲戌，《清实录》第 2 册，中华书局 1985 年影印版，第 269 页。

④ 《清太宗实录》卷 20，天聪八年十月戊申，《清实录》第 2 册，第 272 页。

⑤ 关嘉录、佟永功、关照宏译编：《天聪九年档》，天津古籍出版社 1987 年版，第 7 ~ 8 页。

⑥ 同上，第 27 页。

⑦ 郭成康认为，首先将内外科尔沁人丁编为外藩蒙古三旗，将其余人丁均分入八旗；将“旧蒙古”与上述分入八旗者组成“新科尔沁牛录”，编立为八旗蒙古。郭成康：《清初蒙古八旗考释》，《民族研究》1986 年第 3 期，第 56 页。

"至公养人，是以来归"[①] 及被俘获者，其满洲化程度较低，尚有较强的族群意识。后者又根据来归时的不同规模确定相应的安置措施，对所携人口较少者，按照"即来即编"和"八旗均分"的原则，在保持其原有家族不变的基础上分编入八旗满洲下；对于率大量部属来归的乌鲁特和喀尔喀二部，则在满洲旗外编设蒙古二旗，令其统领。

第二，后金统治者对来归的大凌河汉官"严加防范，朝夕详察"[②]，而对于乌鲁特、喀尔喀蒙古二旗同样保持着较高的警戒心理。对此，后金统治者不仅加强了对二旗属员的纪律管束、将相关将领妻儿留为人质，并安排满蒙诸贝勒联姻以增进满蒙共同体的形成，而且还安排乌讷格为"两翼主帅"[③]，借以管控和监督蒙古军。

第三，天命朝行军时，曾将满洲旗内之蒙古人抽出编为蒙古军，令有蒙古血统且与后金政权关系密切的乌讷格作为统帅；天聪初年，因满洲旗下蒙古人增多，便将八旗满洲按左右翼分别抽出部分蒙古人组成两支蒙古军，称为"左右营蒙古"兵，以乌讷格统领左营蒙古兵，以苏纳等相继统领右营蒙古兵。至迟天聪五年（1631）八月始，蒙古左右两营开始被称为"两旗"，"改营为旗"及提高乌讷格的政治地位都是在为次年九月兼并乌鲁特、喀尔喀蒙古二旗作准备。

第四，"左右翼蒙古"是为配合八旗左右翼兵而设置的。包括满洲旗内两营蒙古兵和满洲旗外二旗蒙古军皆被划入"左右翼蒙古军"中，全军由乌讷格总管。天聪六年九月兼并乌鲁特、喀尔喀蒙古二旗后，原"左右营蒙古兵"实际上跟"左右翼蒙古军"在人数上完全相同，因此皇太极才"改蒙古军左、右营为左、右翼"。

第五，后金时期"蒙古二旗"的含义曾有更易，自天命七年（1622）二月至天聪五年左右是指乌鲁特、喀尔喀蒙古二旗；至迟天聪五年八月，蒙古左右两营也可以"旗"称谓。这里的"旗"乃"部"之意，并未有真正的旗下组织。

---

① 中国第一历史档案馆译编：《清初内国史院满文档案译编》上册，光明日报出版社1989年版，第10页。

② 同上，第81页。

③ 《清太宗实录》卷20，天聪八年八月丙申，《清实录》第2册，中华书局1985年影印版，第264页。

乌讷格虽出身低微，但他“骁勇善战，所至有功”①，被皇太极立为臣子楷模，称赞“人臣为国，义当如是”②。。更重要的是，后金统治者利用其蒙古人的身份，将他树立为后金招抚、管理和统率蒙古人的一面旗帜。在他的带领下，满洲贵族以八旗满洲内蒙古左右营牵制着乌鲁特、喀尔喀二旗，为最终取得对归顺蒙古人的绝对控制权和八旗蒙古的最终编立奠定了基础。

第三节 从包衣牛录看汉军旗的形成——以刘之源等人为中心

在八旗制度研究中，八旗汉军编立的时间、过程及其性质，是学界研究的热点、难点问题，陈佳华、傅克东、姚念慈、滕绍箴等人都曾相继作文论述③。此前，笔者分别论述了图鲁什、劳萨等包衣满洲人，乌讷格等包衣蒙古人，在八旗满洲和八旗蒙古编建过程中的重要作用。这一线索提示我们，要重视包衣群体对八旗制度建立和完善过程中的特殊作用。那么，在八旗汉军编立的过程中是否也有部分满洲旗下包衣牛录人拨入汉军旗中，并在汉军旗担任重要官职？他们又以怎样的方式管理汉军？还是如有些学者指出的八旗满洲内汉人“与后来之汉军八旗基本没什么关联”④？鉴于学界鲜有专论，笔者拟围绕上述问题试加分析。

---

① 鄂尔泰等修，李洵等校：《八旗通志初集》卷171《吴内格传》，东北师范大学出版社1985年版，第4172页。

② 吴忠匡总校订：《满汉名臣传》卷2《武纳格列传》，黑龙江人民出版社1991年版，第21页。

③ 陈佳华、傅克东：《八旗汉军考略》，《民族研究》1981年第5期；姚念慈：《略论八旗蒙古和八旗汉军的建立》，《中央民族大学》1995年第6期；滕绍箴：《清初汉军及其牛录探源》，《满族研究》2007年第1期；杜家骥：《清初汉军八旗都统考》，《历史档案》2000年第4期；黄一农：《红夷大炮与皇太极创立的八旗汉军》，《历史研究》2004年第4期；佟永功：《皇太极与汉军八旗的设立》，《历史档案》2009年第4期；徐丹俍：《八旗汉军制度始设诸说议》，《满学论丛》第1辑，辽宁民族出版社2011年版，第84～101页。

④ 丛佩远主编：《中国东北史（修订版）》第3卷，吉林文史出版社2006年版，第921页。

一、后金政权中包衣汉人

在前文中，笔者曾依据《八旗满洲氏族通谱》，对八旗满洲包衣牛录下三类汉人（尼堪、抚顺尼堪、台尼堪）的姓氏、居地、地位和旗籍等方面的信息作了探讨。从属员构成上来看，大体有以下三类：

1. 八旗满洲内原有汉人

关于八旗满洲正式编立的时间，史载不一，或载“甲寅年（1614），始定八旗之制”，或载“乙卯年”（1615）肇建八旗①。八旗满洲初建时，计有“满洲蒙古牛录三百有八、蒙古牛录七十六、汉军牛录十六”②，此即乾隆帝所谓“太祖高皇帝龙兴东土，创造鸿基，肇建八旗，以统满洲、蒙古、汉军之众”③。可知八旗满洲编建之初即包含了部分汉人群体④，如早在万历十二年（1584）便充任努尔哈赤家中侍卫的中原刘姓汉人洛汉⑤，再如太祖创业之初，有“雅什他从马叉地方领满洲、蛮子四百三十三人来归，当太祖始创佐领时，令其初管佐领”⑥。所谓“蛮子”即指汉人，如乾隆帝便曾指出“满洲俗称汉人曰‘蛮子’”⑦。在努尔哈赤起兵之初，曾“招徕贤才”，“归附者云集”⑧，这些来归的汉人因长期生活于女真聚集区，女真化程度较高，在被编为佐领的过程中，摇身一变成为满洲八旗中的一员，也即“从前入于满洲旗分内，历年久远者”⑨。

---

① 鄂尔泰等修，李洵等校：《八旗通志初集》卷1《旗分志一》，东北师范大学出版社1985年版，第2页；《清太祖实录》卷4，万历四十三年十一月癸酉，《清实录》第1册，中华书局1986年影印版，第62页。

② 福隆安等监修：《钦定八旗通志》卷32《兵制志一》，景印文渊阁四库全书本，台湾“商务印书馆”1983年版，第664－787页。

③ 鄂尔泰等修，李洵等校：《八旗通志初集》之《御制八旗通志序》，第1页。

④ 徐丹俍：《八旗汉军制度始设诸说议》，《满学论丛》第1辑，辽宁民族出版社2011年版，第84页。

⑤ 《满洲实录》卷1，万历十二年，《清实录》第1册，第43页；昭梿：《啸亭杂录》卷3《洛翰》，中华书局1980年版，第465页。

⑥ 中国第一历史档案馆藏：《历朝八旗杂档》第5包，第164号。转引自陈佳华、傅克东：《八旗汉军考略》，《民族研究》1981年第5期。

⑦ 《清高宗实录》卷484，乾隆二十年三月丙戌，《清实录》第15册，中华书局1986年影印版，第63～64页。

⑧ 鄂尔泰等修，李洵等校：《八旗通志初集》卷171《甘笃传》，第4183页。

⑨ 弘昼等修：《八旗满洲氏族通谱·凡例》，辽海出版社2002年版，第4页。

那么，这部分归入满洲八旗中的汉人，在八旗中是如何编制的呢？滕绍箴认为："初建八旗的所谓16牛录，可能是内牛录"，由他们构成"国初"的十六个旗鼓佐领①。这一推断有一定的道理。除极少数如万历三十三年（1605）"弃其父母妻孥及土地来投"② 的刘兴祚被编入满洲正红旗下者外③，大多数汉人都被编入内牛录即包衣牛录中，而前述从《八旗满洲氏族通谱》的统计来看，包衣牛录中也的确以汉人最多、最为集中。

道、咸时人福格所言"天命以前宗人内哄时，景从效顺者，旧部之臣也。其时内务府佐领、管领已有汉姓之人，即今之内旗鼓内汉军也"④。当时内务府尚未建立，所言"内务府佐领、管领"应指"包衣牛录"；"旗鼓人"是对满洲旗分内包衣汉人的专称，由他们组成的佐领称为"旗鼓佐领"⑤。可见，编立八旗之初"满洲蒙古牛录三百有八、蒙古牛录七十六、汉军牛录十六"其实是由外牛录和内牛录共同组成的，而其中的"汉军十六牛录"大多被编入内牛录中，如前述刘姓汉人洛汉后裔便隶于内务府包衣中⑥。

2. 部分户下家奴

此外，还有部分被俘获汉人也被收录八家包衣牛录中。如天命六年（1621）十二月，曾令"将各园庄所有汉人皆送往清点男丁处集结，按应得之份领取"⑦，其中有相当一部分汉人被分入八家为户下家奴，次年正月，令"于辽东所获养猪之汉人及绣匠等有用之汉人，收入辛者库牛录新获之五百丁中。属八贝勒庄户之汉人给与牛录之人，并计入其牛录人数之内"⑧。可知，部分户下家奴又被分编入八家包衣牛录中。

3. 部分投降的汉民、汉兵及明朝低级官吏

在明金战争中，有部分汉民、汉兵及低级别的明朝官吏在投降后被

---

① 滕绍箴：《清初汉军及其牛录探源》，《满族研究》2007年第1期。

② 中国第一历史档案馆整理译编：《内阁藏本满文老档·太祖朝》，汉文译文，辽宁民族出版社2009年版，第77页。

③ 郭成康、成崇德：《刘兴祚论》，《清史研究》1994年第2期。

④ 福格：《听雨丛谈》卷1《满洲原起》，中华书局1984年版，第3页。

⑤ 赵凯：《清代旗鼓佐领考辨——兼论有关清代包衣的若干问题》，《故宫博物院院刊》1988年第1期。

⑥ 昭梿：《啸亭杂录》卷3《洛翰》，中华书局1980年版，第465页。

⑦ 中国第一历史档案馆整理译编：《内阁藏本满文老档·太祖朝》，汉文译文，第100页。

⑧ 同上，汉文译文，第108页。

收为旗鼓人，也即满洲旗分内包衣牛录下人，如明朝白身人杨铭石、生员赵士兴、明总兵官下旗鼓马远功、商人马远龙、明原都堂下旗鼓刘远清、在明军中担任指挥的王世平以及后文将要述及的李士新、郭汝极等人皆在投降后，被“擢为备御充旗鼓”[①]。这部分入包衣牛录者，主要集中在太宗时期。

包衣牛录汉人既然属于满洲旗分，从统属关系上来看，他们与其他包衣牛录下人及满洲旗分佐领下人一样，俱应由该旗主旗贝勒统辖。因此，天聪五年（1631）九月，皇太极派索尼率八旗八人赍书前往令“八家抚顺之汉人，无论其有用与无用，由每家酌抽一百兵备一櫜遣来，每一主下若有旗鼓，可由旗鼓率之而来，以掌所获之炮”[②]，其主下之“旗鼓”则为“明确属女真（满洲）旗分内的汉姓人口”，由八家之主所掌管，而非“佟养性可轻易总理之人”[③]。

二、旗鼓佐领与八旗汉军

关于汉军编立的过程，学界论者较多，笔者不再赘述，简而言之，其大体过程为：佟养性在世时“汉兵不分旗，惟养性一人统之”[④]；天聪七年（1633）七月佟养性去世后[⑤]分为二部，以石廷柱、马光远分辖[⑥]；崇德二年（1637）七月，又将汉军分设左右两翼，正式形成汉军两旗，并任命石、马二人分别担任固山额真[⑦]；崇德四年六月，“分乌真超哈二固山官属兵丁为四固山”，分别以马光远、石廷柱、王世选、巴颜四人为

---

① 中国第一历史档案馆整理译编：《内阁藏本满文老档·太宗朝》，汉文译文，辽宁民族出版社 2009 年版，第 477～479 页。

② 同上，汉文译文，第 589～590 页。

③ 徐丹俍：《八旗汉军制度始设诸说议》，《满学论丛》第 1 辑，辽宁民族出版社 2011 年版，第 95 页。

④ 鄂尔泰等修，李洵等校：《八旗通志初集》卷 182《名臣列传四十二·佟养性传》，东北师范大学出版社 1985 年版，第 4349 页。

⑤ 关于佟养性去世的时间，见王平鲁：《佟养性卒年考》，傅波等主编：《满族经济与文化》，辽宁民族出版社 2002 年版，第 180～181 页。

⑥ 鄂尔泰等修，李洵等校：《八旗通志初集》卷 182《名臣列传四十二·佟养性传》，第 4349 页。

⑦ 《清太宗实录》卷 37，崇德二年七月乙未，《清实录》第 2 册，中华书局 1985 年影印版，第 494 页。

固山额真[①]；崇德七年六月，又分汉军四旗为八旗，正式建立了八旗汉军[②]。

在八旗汉军形成的过程中，为适应急剧扩大的汉军管理上的需要，更为有效掌握汉军的领导权，后金统治者将与自己有隶属关系的部分满洲旗内汉人调拨入汉军旗中担任一定的官职。

首先需要对汉军编建过程中的旗色演变作一说明。天聪八年（1634）三月，马光远尚被称作“兰旗总兵官”[③]，可见此时汉军尚未独立编旗，而只能暂时附于蓝旗下。天聪八年五月，始见将石廷柱、马光远所统领的汉军称为“黑旗兀真超哈”[④]，说明从此汉军始以黑色旗作为自己的标志。崇德四年（1639）六月编立汉军四旗时，“改马光远纛以元青镶黄，石廷柱纛以元青镶白，王世选纛以元青镶红，巴颜纛纯用元青”[⑤]，开始在黑色（元青）的基础上添加相应的满洲旗色，以突显汉军四旗与“满洲八旗相应旗分的隶属关系”[⑥]。据此看来，崇德三年八月镶红旗下的祝世昌[⑦]，曾在佟养性统领的汉军中任“步兵额真”[⑧]；正蓝旗人张朝林、镶白旗人邓尚功等人曾在石廷柱汉军旗中任职[⑨]，镶黄旗人崔英泰在马光远汉军旗中任职[⑩]，镶红旗人华英春曾在刘之源旗下“代管牛录事”[⑪]，等等，这些在汉军尚只有“两黑旗”时却旗隶镶红旗、正蓝旗、镶白旗者，应该是指满洲旗分。也就是说，有部分汉人虽然旗籍隶属于八旗满洲中，但却在八旗汉军组建的特殊时期在汉军中任职并兼理汉军事务。

不仅如此，我们发现甚至有部分满洲包衣佐领下汉人（旗鼓人）亦

---

① 《清太宗实录》卷47，崇德四年六月丙申，《清实录》第2册，中华书局1985年影印版，第626页。

② 鄂尔泰等修，李洵等校：《八旗通志初集》卷1《旗分志一》，东北师范大学出版社1985年版，第8页。

③ 《天聪朝臣工奏议》卷下，辽宁大学历史系1980年编印，第84页。

④ 中国第一历史档案馆译编：《清初内国史院满文档案译编》上册，光明日报出版社1989年版，第83、94页。

⑤ 《清太宗实录》卷47，崇德七年六月甲辰，《清实录》第2册，第626页。

⑥ 丛佩远主编：《中国东北史（修订版）》第3卷，吉林文史出版社2006年版，第927页。

⑦ 中国人民大学清史研究所、中国第一历史档案馆译编：《盛京刑部原档》，群众出版社1985年版，第55页。

⑧ 《清太宗实录》卷11，天聪六年二月癸亥，《清实录》第2册，第154页。

⑨ 中国人民大学清史研究所、中国第一历史档案馆译编：《盛京刑部原档》，第14、81、23、44页。

⑩ 同上，第37、93页。

⑪ 《盛京吏户礼兵四部文书》，中国第一历史档案馆编：《清代档案史料丛编》第14辑，中华书局1990年版，第76页；中国人民大学清史研究所、中国第一历史档案馆译编：《盛京刑部原档》，第97页。

有任职于汉军甚至兼理部务者，以下笔者就以刘之源、张良弼、李世馨、郭汝极四人的身份和旗籍为线索，对此作一说明。

（一）刘之源的身份及旗籍

崇德七年（1642）六月正式编立八旗汉军时，刘之源任镶黄旗汉军固山额真。然而，关于其所隶旗分却有不同的记载，其中《国朝耆献类征初编》等史籍皆载刘之源为“镶黄旗汉军”或“汉军镶黄旗人”①；而《八旗通志初集》却载为“镶黄旗满洲包衣人”②。史籍中的不同记载对今人运用相关史料造成了干扰③，因此有必要对其身份作一考辨。

据《八旗通志初集》，天聪十年（1636）三月刘之源被授为“三等甲喇章京世职”④。查《满文老档》可知，崇德元年（1636）三月初八日，“yang ming sing cigu nirui ubui janggin be nakabufi lio ts’i yuwan be cigu ubui ilaci jergi jalan i janggin obuha”⑤，汉译为“革杨明星旗鼓牛录章京职，授刘慈源为旗鼓三等甲喇章京”。从授予世职的时间、所受世职并结合满文语音翻译的特点来看，“刘慈源”（lio ts’i yuwan）即是“刘之源”。

经查，镶黄旗包衣第四参领所属第一旗鼓佐领“初系杨名升管理。杨名升出包衣籍，以张嘉谟管理”⑥，此处“杨名升”即“杨明兴”，也译作“杨铭石”，他“原系白身”，在后金攻取辽东时来归，被“举为备御充旗鼓”⑦。天聪六年（1632）正月，将“大凌河城新降各官分与各旗”时，其

---

① 王钟翰点校：《清史列传》卷5《刘之源》，中华书局2005年版，第278页；吴忠匡总校订：《满汉名臣传》卷21《刘之源传》，黑龙江人民出版社1991年版，第591页；赵尔巽等：《清史稿》卷243《刘之源传》，中华书局1977年版，第9587页；蔡冠洛编：《清代七百名人传》，《清代传记丛刊》第二编《军事·陆军·刘之源》，（台湾）明文书局1986年版，第774页；李恒辑：《国朝耆献类征初编》卷269《将帅九》，（台湾）明文书局1986年版，第165－845页。

② 鄂尔泰等修，李洵等校：《八旗通志初集》卷144《名臣列传四·刘之源传》，东北师范大学出版社1985年版，第3748页；

③ 姚念慈采用刘之源为“镶黄旗满洲包衣人”之说，而李新达采用“汉军镶黄旗人”之说。姚念慈：《略论八旗蒙古和八旗汉军的建立》，《中央民族大学学报》1995年第6期；李新达：《刘之源》，《清代人物传稿》上编第4卷，中华书局1987年版，第122页。

④ 在《清史列传》《满汉名臣传》等史籍中记载，该年刘之源被授“参领”官职，有误。

⑤ 中国第一历史档案馆整理译编：《内阁藏本满文老档·太宗朝》，满文，辽宁民族出版社2009年版，第6794～6795页。

⑥ 鄂尔泰等修，李洵等校：《八旗通志初集》卷3《旗分志三》，第43～44页。

⑦ 中国第一历史档案馆整理译编：《内阁藏本满文老档·太宗朝》，汉文译文，第497页。

中分隶镶黄旗下的有"游击杨铭石名下男丁十人"[①]，说明"杨铭石"是镶黄旗旗鼓备御。崇德元年（1636）他被革旗鼓牛录章京职，可能与其出包衣籍并同时解除旗鼓佐领有关。而刘之源任旗鼓下三等甲喇章京职，说明他当时的身份应与杨铭石同，为镶黄旗满洲下包衣汉人。

崇德四年（1639）十月，汉军固山额真马光远"因疾解任"[②]，皇太极以"銮仪章京刘志远为固山额真代之"[③]。由此可知，自崇德元年被授予世职后，刘之源担任的官职被今人译作"銮仪章京"。因崇德年间（1636—1643）并未有"銮仪章京"之官职，此处应为"凡担章京"。崇德元年，皇太极谕令"皇帝旗鼓，合硕亲王、多罗郡王、多罗贝勒旗鼓，俱更定其名，今后俱不许呼旗鼓。驾下旗鼓，满洲叫凡担章京，汉人叫旗手卫指挥"[④]。"凡担"是满文"faidan"的音译，有"行列、仪仗"之意[⑤]。可知，刘之源作为镶黄旗包衣旗鼓人是符合任职于皇帝"驾下旗鼓"的，并在皇太极出行时掌管"仪仗鼓吹"[⑥]之事。

刘之源以皇太极"驾下旗鼓"的身份接替马光远任汉军固山额真，背后有着深层次的含义。马光远原为明建昌城参将，天聪六年（1632）"率城军民归顺"[⑦]，此后，他深为皇太极倚重，命与石廷柱分掌两旗汉军。崇德四年（1639）六月建立汉军四旗后，又以马光远为两黄旗汉军的固山额真[⑧]。但是，此时他已渐失信任，是年二月他擅自"离本旗之地，往石廷柱章京处居住"，致敌人从汛地遁去，又因宣扬"敌人如狼，我兵如羊，安能抵敌"而被讼"轻蔑我兵，称扬敌人"之罪[⑨]；七月，皇太极命"固山额真马光远酌留攻台炮子，其余俱用尽"，而马光远却

---

① 中国第一历史档案馆整理译编：《内阁藏本满文老档·太宗朝》，汉文译文，辽宁民族出版社2009年版，第613页。

② 李恒辑：《国朝耆献类征初编》卷269《将帅九》，（台湾）明文书局1986年版，第165－845页。

③ 中国第一历史档案馆译编：《清初内国史院满文档案译编》上册，光明日报出版社1989年版，第439页。

④ 《清太宗实录稿本》卷14，崇德元年五月初三日，辽宁大学历史系1978年编印，第8页。

⑤ 赵凯：《清代旗鼓佐领考辨——兼论有关清代包衣的若干问题》，《故宫博物院院刊》1988年第1期，第4页；邱源媛：《清前期宫廷礼乐研究》，社会科学文献出版社2012年版，第212页。

⑥ 《清太宗实录稿本》卷14，崇德元年五月三十日，第40页。

⑦ 中国第一历史档案馆译编：《清初内国史院满文档案译编》上册，第42页。

⑧ 《清太宗实录》卷47，崇德四年六月丙申，《清实录》第2册，中华书局1985年影印版，第626页。

⑨ 中国人民大学清史研究所、中国第一历史档案馆译编：《盛京刑部原档》，群众出版社1985年版，第91页。

“违旨谎称已尽，诳言欺上”，当查处季世昌所造炮子“不堪用，出炮口即碎”时，又百般巧饰，包庇属下[①]。马光远原系明将的特殊身份及其消极怠慢的态度，皆与天聪初年从后金出逃的汉官刘兴祚极其相似[②]，这不能不引起皇太极的猜忌，终以“因疾”为借口解除了其固山额真任，事实上，“令在家闲住”的马光远直至康熙二年（1663）才去世[③]。

天聪九年（1635）十二月在兼并正蓝旗、编立新两黄旗的事件中，皇太极有意安排旧属谭泰、拜尹图担任新两黄旗的固山额真[④]，与此次调旧属包衣汉人刘之源任本旗之汉军固山额真一样，皆出于防范和警惕心理而做出的有意安排。

在乾隆初年所编著的《八旗满洲氏族通谱》中并未将刘之源收入其中，再结合传记大多记载其隶镶黄旗汉军的事实，可知他借担任镶黄旗汉军固山额真的机会摆脱了包衣身份，同时也意味着脱离了满洲旗籍，此后他也被冠以“乌真超哈固山额真”[⑤]、“汉军管旗大臣”[⑥] 等与“八旗汉军”相关的名号了。

（二）张良弼的身份及旗籍

张良弼在汉军和六部中都曾担任重要职务。他世居沈阳，于“国初”来归后被编入满洲旗分内牛录下，后在本旗固山额真的率领下“初以白身，因克辽东功，授为包衣牛录章京”[⑦]，天聪六年（1632）按世职高低分配张家口所获财物时，张良弼就曾以“游击”身份分取了相应财物[⑧]。天聪八年，又因出征攻城著有勋绩，授为三等甲喇章京[⑨]。

---

① 中国人民大学清史研究所、中国第一历史档案馆译编：《盛京刑部原档》，群众出版社 1985 年版，第 132 页。

② 郭成康、成崇德：《刘兴祚论》，《清史研究》1994 年第 2 期。

③ 王钟翰点校：《清史列传》卷 79《贰臣传乙 · 马光远》，中华书局 2005 年版，第 6525 页。

④ 杜家骥：《八旗与清朝政治论稿》，人民出版社 2008 年版，第 158 页。

⑤ 民国《锦西县志》卷 1《地理、兵事》，辽宁作新印刷局印，第 72 页。

⑥ 《皇清开国方略》卷 29，景印文渊阁四库全书本，台湾“商务印书馆”1985 年影印本，总第 341 – 423 页。

⑦ 鄂尔泰等修，李洵等校：《八旗通志初集》卷 205《勋臣传五 · 张良弼传》，东北师范大学出版社 1985 年版，第 4764 页。

⑧ 中国第一历史档案馆整理译编：《内阁藏本满文老档 · 太宗朝》，汉文译文，辽宁民族出版社 2009 年版，第 646 页。

⑨ 弘昼等修：《八旗满洲氏族通谱》卷 74《附载满洲旗分内之尼堪姓氏》，辽海出版社 2002 年版，第 804 页。

崇德四年（1639）六月编汉军四旗时，张良弼以“满洲旗内包衣牛录汉人”的身份在两蓝旗汉军巴颜旗下任该旗甲喇章京职[①]。崇德七年六月增编汉军为八旗时，张良弼又在镶白旗汉军固山额真石廷柱旗下任甲喇章京[②]。随后，他率领本甲喇汉军“围锦州，攻蔡家楼”，用“红衣炮克之”，“再围锦州，屡破明军门洪承畴三营兵于松、杏”，叙功，授为二等甲喇章京[③]。

除在汉军先后任职外，从崇德四年六月[④]直到崇德七年十二月[⑤]，他还一直担任礼部参政，并多次主持了斋戒、上香礼仪[⑥]及接待、宴饮朝鲜使臣等事[⑦]。与刘之源不同的是，虽然张良弼在汉军和礼部中都曾担任重要官职，也曾率部为后金军事战争的胜利做出了重要贡献，但是从《八旗通志初集》中“张良弼，正白旗包衣人”[⑧]和《八旗满洲氏族通谱》中“张良弼，正白旗包衣旗鼓人”[⑨]的记载来看，他始终以包衣人的身份任职于礼部和汉军中，终未被擢出包衣籍。

（三）李士新的身份及旗籍

李士新亦作“李世新”“李世馨”，其事迹主要见于天聪朝。

据天聪朝《颁汉大臣官员敕》记载，“李士新，尔原系经略下旗鼓，我取广宁后，擢为备御充旗鼓。当念养育之恩，益加尽忠效力”[⑩]。该敕书透露出李世馨原系辽东经略下旗鼓，当时的辽东经略为熊廷弼，李世馨应在其属下任职。天命七年（1622）正月，后金军队攻取广宁时归

---

① 《清太宗实录》卷47，崇德四年六月丙申，《清实录》第2册，中华书局1985年影印版，第626页。

② 《盛京吏户礼兵四部文书》，中国第一历史档案馆编：《清代档案史料丛编》第14辑，中华书局1990年版，第80页。

③ 鄂尔泰等修，李洵等校：《八旗通志初集》卷205《勋臣传五·张良弼传》，第4764页；卷228《忠烈传九·恩克伊传》，东北师范大学出版社1985年版，第5207页。

④ 《清太宗实录》卷47，崇德四年六月壬子，《清实录》第2册，第631页。

⑤ 《清太宗实录》卷63，崇德七年十二月乙亥，《清实录》第2册，第876页。

⑥ 《盛京吏户礼兵四部文书》，中国第一历史档案馆编：《清代档案史料丛编》第14辑，第133页。

⑦ 《清太宗实录》卷51，崇德五年二月丙寅，《清实录》第2册，第674页。

⑧ 鄂尔泰等修，李洵等校：《八旗通志初集》卷205《勋臣传五·张良弼传》，第4764页。

⑨ 弘昼等修：《八旗满洲氏族通谱》卷74《附载满洲旗分内之尼堪姓氏》，辽海出版社2002年版，第804页。

⑩ 中国第一历史档案馆整理译编：《内阁藏本满文老档·太宗朝》，汉文译文，辽宁民族出版社2009年版，第499页。

降[①]，被授予“备御”世职。可能因其前明旗鼓的身份，熟悉仪仗、銮仪等事[②]，故在归降后仍被编入后金旗鼓下。天聪八年（1634），又追其投诚之功，升授为三等甲喇章京[③]。

在《大金喇嘛法师宝记》碑阳文末有“钦差督理工程驸马总镇佟养性”字样，碑阴则有“总镇副参游备等官”名单，其中有“马登云、黑云龙、石国柱、石廷柱、高鸿中、金励、佟延、鲍承先、祝世昌……张士彦、李世新”[④]，其中“李世新”即李士新。这些人大都为归降汉官，天聪五年（1631）皇太极令“汉人军民一切事务”皆付佟养性总理[⑤]。此后，不管是作为六甲喇额真的“石国柱、金玉和、高鸿中、金砺”等人，还是精兵额真石廷柱、步兵额真祝世昌等汉官，皆属额驸佟养性“所统汉兵”[⑥]。由此推知，李士新当时也应在佟养性的旧汉兵中任职，并曾管理汉人壮丁七百余名[⑦]。

据《世职表》载：在李世馨之后，其子李维藩袭父职，并恩诏加至一等阿达哈哈番，又一拖沙喇哈番。顺治十年（1653）其子李春祉、康熙九年（1670）李春祉子李弘勋，先后袭职。雍正九年（1731），李弘勋之子色克图袭职时，销去恩诏所加之职，袭三等阿达哈哈番[⑧]。根据这一线索，再查《旗分志》可知，镶白旗包衣第四参领所属第一满洲佐领，“系康熙三十九年分立，初以布颜管理。布颜裁退，以一等阿达哈哈番兼一拖沙喇哈番李洪勋管理。李洪勋故，以三等阿达哈哈番色克图管理”[⑨]。对比名字读音和时任世职可知，《旗分志》中的“李洪勋”“色克图”父子其实是李士新的三世孙和四世孙。直至康雍时期，他们仍任包衣牛录的佐领，可推断其家族的包衣身份始终未变。此外，在“雍正四年丙

① 李治亭：《清史》，上海人民出版社2002年版，第195～198页。

② 赵凯：《清代旗鼓佐领考辨——兼论有关清代包衣的若干问题》，《故宫博物院院刊》1988年第1期。

③ 鄂尔泰等修，李洵等校：《八旗通志初集》卷91《世职表九》，东北师范大学出版社1985年版，第2073页。

④ 冯其庸：《〈大金喇嘛法师宝记〉碑题名考》，《沧桑集》，青岛出版社2014年版，第32页。

⑤ 《清太宗实录》卷8，天聪五年正月乙未，《清实录》第2册，中华书局1985年影印版，第109页。

⑥ 《清太宗实录》卷11，天聪六年正月癸亥，《清实录》第2册，第154页。

⑦ 《清太宗实录》卷24，天聪九年七月癸酉，《清实录》第2册，第315页。

⑧ 鄂尔泰等修，李洵等校：《八旗通志初集》卷91《世职表九》，第2073页。

⑨ 鄂尔泰等修，李洵等校：《八旗通志初集》卷7《旗分志七》，第123页。

午科”中，有镶白旗满洲六格者隶属于“包衣李宏勋佐领”[1] 下，结合《世职表》和《旗分志》来看，雍正四年（1726）李洪勋确实担任镶白旗满洲的包衣佐领，也可证其包衣人之身份。

综上，尽管关于李士新的记载寥寥无几，但是他曾以满洲旗分下汉人包衣的身份在佟养性所管领的“汉军”中任职却是事实。

（四）郭汝极的身份及旗籍

郭汝极，又作“郭如吉”，还译作“郭绍吉”。崇德三年（1638）七月更定八衙门官制时，曾以郭汝极为礼部理事官[2]。崇德七年编立八旗汉军时，又以郭汝极为镶红旗汉军甲喇章京[3]。

据天聪年间（1627—1636）的《颁汉大臣官员敕》中记载，“郭绍吉，尔原系白身。我取辽东后，举而授以备御职充旗鼓”[4]，从中可知，他在来归后被编入旗鼓下。崇德元年（1636），又有“厢红旗牛录章京柯汝极”系“礼部参政”[5] 之说，可知当时郭汝极隶满洲镶红旗下，且很可能任旗鼓牛录章京职。

崇德三年十二月十日的一件案件涉及郭汝极的部分信息，该案件在《崇德三年档》和《内国史院档》中均有记载，但其内容却截然不同。

前者译为：礼部副理事官郭汝极曾云，本固山额真石廷柱原系我之旗鼓。为此奏闻，上命解职。为代郭汝极职，镇国章京、承政阿拜，参政满珠习礼，鲍承先奏闻。上命：著本旗之杨兴选接替[6]。

后者满文为：“dorolon jurgan i aisilakū hafan g’ošoo ji be ini gūsai ejen sitingju dade mini cigu bihe seme. wesimbufi，dergi hesei nakabuha，erei funde sindara jalin，gurun be dalire janggin aliha amban abai，ashai amban mancusiri，boo ceng siyan，dele wesimbuhe. dergi hesei ini gūsai yang sing

---

① 福隆安等监修:《钦定八旗通志》卷 107《选举志六》,景印文渊阁四库全书本,台湾“商务印书馆”1983 年版,总第 665 - 874 页。

② 《清太宗实录》卷 42,崇德三年七月丙戌,《清实录》第 2 册,中华书局 1985 年影印版,第 560 页。

③ 《盛京吏户礼兵四部文书》,见中国第一历史档案馆编:《清代档案史料丛编》第 14 辑,中华书局 1990 年版,第 80 页。

④ 中国第一历史档案馆整理译编:《内阁藏本满文老档 · 太宗朝》,汉文译文,辽宁民族出版社 2009 年版,第 498 页。

⑤ 《清太宗实录稿本》卷 14,崇德元年六月二十四日,辽宁大学历史系 1978 年编印,第 54 页。

⑥ 季永海、刘景宪译编:《崇德三年满文档案译编》,辽沈书社 1988 年版,第 260 页。

siowan be sindaha."[①] 可直译为："其固山额真石廷柱把礼部副理事官郭绍济说，曾是我的旗鼓。奏入，奉旨停职。为补其职，镇国将军承政阿拜、参政满珠习礼、鲍承奏上，奉旨，将他旗的杨兴选补放"[②]。

据《盛京礼部文》载，崇德四年（1639）元旦，皇太极遣"理事官郭汝玠往太庙上香点灯"[③]，同时又令"理事官郭汝极等监视"赏赉宫内演戏之人[④]。其中"郭汝玠"即郭汝极，此事仅据上述事件二十日，说明郭汝极在被免职几日后即复职，而且还由副理事官升为理事官。在崇德六年的《新建弥陀寺碑记》碑阴题名中亦有"礼部侍郎柯汝极"[⑤] 之字样，"柯汝极"即"郭汝极"。可见直至崇德六年，郭汝极依然任职于礼部。

从上述满文语音音译来看，暂代郭汝极之职者为同旗之杨兴选，我们发现石廷柱旗下有名"杨星垣"[⑥]，即"杨兴选"。不管何种译文，其身份为旗鼓人、曾在石廷柱旗下任职无疑，到崇德七年六月时，已由满洲镶红旗牛录章京改任汉军镶红旗甲喇章京[⑦]。

三、小结

以上，笔者梳理了八旗满洲包衣牛录下汉人任职六部及兼理汉军事务的部分信息。我们发现：

第一，在后金政权内存在着三类包衣牛录下汉人，即满洲化程度较高的国初汉军十六牛录中大部分属员，部分由八旗庄户汉人奴仆转化为包衣牛录者，部分归降的汉民、明兵及低级官吏被编入包衣牛录者。他

---

① 中国第一历史档案馆藏：《满文内国史院档》，崇德三年戊寅岁十二月档，初十日，胶卷 3，编号 60553。

② 中国第一历史档案馆译编：《清初内国史院满文档案译编》上册，光明日报出版社 1989 年版，第 397 页。

③ 《盛京吏户礼兵四部文》，见中国第一历史档案馆编：《清代档案史料丛编》第 14 辑，中华书局 1990 年版，第 113 页。

④ 同上，第 122 页。

⑤ 碑文内容见冯其庸：《曹雪芹家世新考》，上海古籍出版社 1980 年版，第 59 页。

⑥ 中国人民大学清史研究所、中国第一历史档案馆译编：《盛京刑部原档》，群众出版社 1985 年版，第 81 页。

⑦ 同上，第 170 页。

们隶属于八旗满洲下，绝大多数被编入旗鼓牛录中，为该旗主旗贝勒所统管。

第二，在汉军编立的过程中，为有效管理日益庞大的汉军，后金统治者从满洲旗分内调拨了部分汉人甚至包衣汉人任职于汉军旗中。其中既有如刘之源者，在被拨入汉军旗后，其身份也最终擢出包衣而改隶汉军旗籍；也有如张良弼、李士新者，虽在汉军旗中任职，却始终籍隶满洲旗下汉人包衣。

第三，入关前满洲旗内汉人或包衣汉人的旗籍改易，反映了汉军旗编立过程中与相应满洲旗主旗贝勒间微妙的领属关系。杜家骥指出，在八旗汉军建立后，每旗汉军都与同旗色满洲旗的主旗贝勒有一定的领属关系①，然而在八旗汉军建立之前的一旗、二旗、四旗阶段，汉军旗的数量及使用的旗色并不能与满洲八旗完全匹配，因此这一时期各汉军旗与各主旗贝勒的领属关系并不明显。但是，通过对比满洲旗内汉人或包衣汉人在汉军旗中的任职信息，如在崇德三年（1638）正月，隶属满洲正红旗下的吴守进在崇德六年编四旗汉军时改隶王世选统领的两红旗汉军下②，崇德七年编八旗汉军时，又任正红旗汉军固山额真③；崇德四年，镶黄旗下包衣汉人刘之源替代马光远任两黄旗汉军固山额真，崇德七年编八旗汉军时，又任镶黄旗汉军固山额真；镶红旗满洲包衣汉人郭汝极在崇德七年任镶红旗汉军甲喇章京等，其原满洲旗籍与后来所任汉军旗色基本一致，由此得知，满洲旗各主旗贝勒通过旗下汉人属员的旗籍调动和职官兼理，开始与汉军旗发生了关系，这其实是在为八旗汉军正式建立后与各满洲主旗贝勒隶属关系的确立提前作出准备。

---

① 杜家骥:《八旗与清朝政治论稿》,人民出版社 2008 年版,第 31 ~ 32 页。

② 中国人民大学清史研究所、中国第一历史档案馆译编:《盛京刑部原档》,群众出版社 1985 年版,第 4 页。

③ 《清太宗实录》卷 47,崇德七年六月甲辰,《清实录》第 2 册,中华书局 1985 年影印版,第 626 页。

第六章　清前期包衣牛录下人的犯罪与处罚

包衣牛录下人是清代八旗旗人的重要组成部分。对于上三旗包衣牛录下人而言，他们不仅有专属的包衣组织和管理机构，而且还有区别于刑部和宗人府的司法系统。对于这样一支社会地位较低但长期服务于皇室的包衣人群而言，他们既有一般旗人的犯罪行为，又有颇具皇室特色的犯罪缘由，因此，职员庞杂的内府人员犯罪问题便深值得研究。但是，关注于内务府研究者多集中于对内务府组织机构演变和经济职能等问题的研究；关注于清代法律研究者，又多集中于对清代律令体系、中央和地方司法审判制度的研究[①]。总之，学界甚少涉及内务府属员的犯罪问题，尤其是对内务府题本皆为满文的康熙朝而言，更限制了学界对该问题的关注，笔者不揣浅陋，拟对此加以阐释。

第一节　清前期内务府司法机构的演变

司法审判机构是律令制社会的重要内容，审判制度是否完善、审断机构是否健全、判案人员执法水平的高低，都是古代国家文明程度的重要体现。从努尔哈赤在建州女真时期以“人治”为主的草莽阶段，到天

① 关于清代法制史的研究，见张晋藩、郭成康：《清人关前国家法律制度史》，辽宁人民出版社 1988 年版；郑秦：《清代司法审判制度研究》，湖南教育出版社 1988 年版；张晋藩：《清朝法制史》，中华书局 1998 年版；刘小萌：《满族从部落到国家的发展》，中国社会科学出版社 2013 年版。

命年间审断程序初建，再经天聪、崇德、顺治时期的不断发展完善，满洲人逐渐步入以“礼制”和“法制”为主的国家治理阶段，反映了后金政权由“部落”制向“国家”制形态的演变历程。

皇属包衣牛录下人的司法审判机构是在“家国分治”的背景下，随着内务府的建立和内务府包衣人在管理上的需要而产生的。内务府司法审判机构经历了一个从“家国一体”到“家国分治”的演变历程。

一、崇德之前的司法审判机构

（一）天命前的司法审判

在努尔哈赤起兵之初，他既是政治上和军事上的最高领袖，也是司法上的最终裁判，很多案件皆由努尔哈赤亲自裁决。随着归附人口的逐渐增多，满洲八旗也渐次设立，国事日繁，诉讼案件时有发生，努尔哈赤的个人精力已日渐不支。为此，万历四十三年（1615），他对司法审判制度作出重大改革：“置理政听讼大臣五人，扎尔固齐十人，佐理国事，上五日一视朝，焚香告天，宣读嘉言懿行，及古来成败之书，以诫谕国人。凡有听断之事，先经扎尔固齐十人审问，然后言于五臣，五臣再加审问，然后言于诸贝勒。众议既定，奏明三复审之事。犹恐尚有冤抑，令讼者跪上前，更详问之，明核是非，故臣下不敢欺隐，民情皆得上闻”①。这说明在建元天命之前，努尔哈赤政权内部已设有专司刑狱之人，并确定了“扎尔固齐—五大臣—贝勒—众议”的审判程序。

此后不久，努尔哈赤又“遴选审理国政之公正贤能之人，派八大臣，继派四十名审事官，不食酒肴，亦不贪金银。每五日集诸贝勒大臣入衙门一次会议，公断是非”②。原先的“五大臣”变为“八大臣”，在扎尔固齐之外，又增设了四十名审事官。努尔哈赤要求将“公正贤能”作为任职“八大臣”和“审事官”的重要条件，而要求诸审事官入衙门公断是非，皆体现了努尔哈赤在八王共治体制下“集议”的基本思想。

---

① 《清太祖实录》卷4，万历四十三年十一月癸酉，《清实录》第1册，中华书局1986年影印版，第62页。

② 中国第一历史档案馆整理译编：《内阁藏本满文老档·太祖朝》，汉文译文，辽宁民族出版社2009年版，第12页。

（二）天命年间的司法审判

建元天命后，努尔哈赤将司法审判制度提高到国家制度建设的层面，主要体现在以下三个方面：

第一，确立“众人听断”之制。

努尔哈赤重视“众人听断”之制，对议政五大臣谕曰：“凡事不可一人独断，如一人独断，必致生乱。国人有事，当诉于公所，毋得诉于诸臣之家。其有私诉者，曾付以鞭索俾执而责之”。并要求以额亦都为戒，“凡事俱五日一听，断于公所。其私诉于家者，即当执送。有不执送而私行听者，亦如额亦都治罪”①。这说明，在天命元年（1616）已有固定处理刑狱之事的场所，且已确立了众人听断、相互监督之制。

“众人听断”之制既是“秉公审案”的重要保障，同时也是努尔哈赤所构建的八王共治国政治体制的重要内容，因此他反复重申并不遗余力地推行实施。但是，应该看到，“众人听断”的审案模式不断遭遇挑战，私审案件时有发生。如天命六年乌讷格因擅自审案，被罚银三十两②；都堂汤古岱，因“擅行听断而治其罪，销五十两之功”③；天命八年备御纳钦将“布勒痕私自领出，带其家询问”，被拟死罪④；同年，库里等三人因“未告都堂，擅自用刑”，被“各罚银十两，以销其功”⑤，等等。

第二，实施“旗民分断”之制。

随着占领区汉族人口的逐渐增多，努尔哈赤在被占领区按照明制设官管理，同时也赋予这些地方官一定的审判权。天命六年，镇江地方汉人“拒不剃发”，且“杀我使臣”，努尔哈赤派乌尔古代、李永芳等人率兵前往征讨，并令“小事，即令地方官与尔属下小官，同堂公断”，若辖内有“大事，不可擅行审断，须送汗城理事大衙门，由众人审断”，并解释道：“我不准于各地擅行审理，若擅自审理，恐为不公者袒护，贪财者

---

① 《清太祖实录》卷5，天命元年七月己巳，《清实录》第1册，中华书局1986年影印版，第66页。

② 中国第一历史档案馆整理译编：《内阁藏本满文老档·太祖朝》，汉文译文，辽宁民族出版社2009年版，第91页。

③ 同上，汉文译文，第98页。

④ 同上，汉文译文，第156页。

⑤ 同上，汉文译文，第158页。

纳贿，颠倒是非，妄加剖断，其有仇之人，借仇杀人"[1]。天命七年(1622)，努尔哈赤又对汉人的审断程序作了规定，即"诸凡案件，先交守堡、备御。守堡、备御审讯后，交参将、游击。参将，游击审讯后，交都堂、总兵官。都堂、总兵官审讯后，告于八贝勒。小事由八贝勒共同审理结案，大事则奏闻于汗。八王以下、守堡以上各官，不可独断，皆集于衙门，共同审理，恐各于本衙门独自审理，贪财徇庇，妄加剖断，获罪于天也"[2]。

可见，努尔哈赤将原先八旗内的审断程序和"众人听断"之制移植于新统领的汉人地区，表明天命时期的司法审判开启了"旗人""民人"分理审断的新模式。

第三，区分主奴审断。

在后金社会中，有诸申和家下奴仆群体；在八旗制度中，有旗分佐领下人和包衣佐领下人两大群体。为便于司法审议，努尔哈赤在八旗内设都堂八员，"每旗设（满洲）审事官二员，蒙古审事官八员，汉审事官八员"[3]。

旗分佐领下人和包衣佐领下人皆为八旗属员，为正身旗人。从司法审判来看，天命年间，对这两类群体的犯罪处罚并未分开。如对于旗分佐领下人的审理，天命五年（1620），卡伦额真哲尔德被告发"私分所获衣物，杀所获马驴而食之"，令"交众执法者审理"[4]，所谓"众执法者"即指诸审事官、大臣、贝勒等。对于包衣佐领下人的审理，如天命六年，"汗之包衣福汉窃绸衣送其外孙多铎时，为守门者所执，交执法者审讯后，将福汉本人及其外孙皆杀之"[5]。同年，"汗之包衣鱼户韩楚哈……等四人因杀路旁汉人之驴、猪、山羊而食……遂交法司鞫之"[6]。所谓"交执法者审讯""交法司鞫之"等即是审理旗分佐领下人的"众执法者"。可见，旗分佐领下人和包衣佐领下人的审判机构尚未分开。

---

① 中国第一历史档案馆整理译编:《内阁藏本满文老档·太祖朝》,汉文译文,辽宁民族出版社 2009 年版,第 71 页。
② 同上,汉文译文,第 114 页。
③ 同上,汉文译文,第 152 页。
④ 同上,汉文译文,第 45 页。
⑤ 同上,汉文译文,第 70 页。
⑥ 同上,汉文译文,第 73 页。

对于户下奴仆而言，他们被视作主人的一类特殊“财产”，因此并不“享有”同等的司法“待遇”。如天命八年（1623），努尔哈赤指出“奴违主命，不敬谨效力，而为盗贼奸宄强暴之事，受其主责之，则刑戮相随也”，“刍荛之丁，运水之妇，如不违其主，敬谨尽心效力于所委柴薪运水之事，则其主又以何罪之？若不尽心效力而怠顽违抗，其主生怒，则必将罪之矣”[①]。从中可见，奴仆若违背家命，家主有权予以惩治。而只有当家下奴仆涉及这三类案件时，才需要国家审判机构的介入：其一，奴仆并无违命之处，但家主私自鞭打，甚至刑杀者。如天命年间（1616—1626）透登额因家中汉妇潜逃，却将与此无涉之汉人执之，并“擅以绳绞其头而刑之”，因此将“透登额鞭三十”[②]。其二，将他人家奴私自用刑或打杀者，一般以侵害他人财产罪断案。如天命八年，色勒阿哥在费阿拉时，以“牛录下之一妇为妖魔附体”而打死，被人首告后，革其备御之职，令其偿还被打死之妇，按例罚银十五两[③]。其三，因家主管束不严，致使家奴犯罪者。如天命八年，掌海州粮仓之西赖将粮仓钥匙置于家，被其家奴窃得后盗去仓粮，故将“该奴仆鞭七十三，刺耳鼻。其主子鞭七十三，罚银九两”[④]。

综上，经努尔哈赤的法制建设，至天命晚期，后金政权已初步建立一套适于满蒙汉三民族，旗分佐领、包衣佐领和家下奴仆三阶级的司法审判体制，不仅在断案程序上有着严格的规定，在“旗民分理”和“主奴分理”方面也作出了重要的司法实践，为皇太极时期进一步规范司法审判制度奠定了基础。

（三）天聪时期的司法审判机构

皇太极继位伊始，便对天命时期的司法审判机构进行了调整。天命十一年（1626），皇太极设立“八大臣”及两班“十六大臣”，八大臣“总理一切事务，凡议政处，与诸贝勒偕坐共议之。出猎行师，各领本旗兵行，凡事皆听稽察”；十六大臣中一班“佐理国政，审断狱讼，不令出

---

① 中国第一历史档案馆整理译编：《内阁藏本满文老档·太祖朝》，汉文译文，辽宁民族出版社2009年版，第150页。

② 同上，汉文译文，第150页。

③ 同上，汉文译文，第158页。

④ 同上，汉文译文，第173页。

兵驻防”，另一班“出兵驻防，以时调遣。所属词讼，仍令审理”[①]。此次改制，一是增加了审事大臣的人数，二是明确了各大臣的职责。天聪五年（1631）七月，又对牛录额真审理案件的具体范围作了规定，如“犬啮牲畜至死者，以肉归畜犬之家，令其赔偿。若二人斗殴，不直者，依例责惩。毁衣服者，令偿之。死畜之肉，私分与人索价者，依例坐罪”，等等，这些案件由“各该牛录额真，即行审结”，其余案件则须“送部审理”[②]。

所谓“送部审理”是指送刑部。天聪四年，时有“管地土、军器、刑名三衙门大臣”[③]，其中“uile beidere jurgan”[④] 即“刑名衙门”。次年七月，皇太极“集诸贝勒大臣议，爰定官制，设立六部”，以“贝勒济尔哈朗管刑部事，车尔格、索海为承政，多尔济为蒙古承政，高鸿中、孟乔芳为汉承政。其下设参政八员。以额尔格图卫启心郎”[⑤]，正式更定刑部满文名称为“beidere jurgan”[⑥]。

刑部设立之初，虽然“不能完全承当听讼谳狱的职责，而经常由皇太极指定内大臣或八旗议政大臣公同审理”[⑦]，但是，刑部作为最高司法审判机构，正在逐渐发挥其审理诉讼的职能，天聪七年（1633）以后“平民与奴隶案件通常由刑部管辖审理”[⑧]，“饬部审理”[⑨] 成为常态，与此同时，“八旗佐管大臣、总管大臣（固山额真）和八旗诸贝勒的司法审判权”正在逐渐缩减[⑩]，至崇德五年（1640），在“凡事皆以委之六部”[⑪] 的情况下，刑部已完全掌管狱讼之事。

---

① 《清太宗实录》卷1，天命十一年九月丁丑，《清实录》第2册，中华书局1985年影印版，第27页。

② 《清太宗实录》卷9，天聪五年七月癸巳，《清实录》第2册，第126页。

③ 《清太宗实录》卷7，天聪四年五月己丑，《清实录》第2册，第97页。

④ 赵志强：《清太祖时期设部事实考》，见刘凤云、董建中、刘文鹏编：《清代政治与国家认同》上册，社会科学文献出版社2012年版，第241页。

⑤ 《清太宗实录》卷9，天聪五年七月庚辰，《清实录》第2册，第124页。

⑥ 中国第一历史档案馆整理译编：《内阁藏本满文老档·太宗朝》，满文，辽宁民族出版社2009年版，第6429～6430页。

⑦ 张晋藩主编：《清朝法制史》，中华书局1998年版，第155页。

⑧ 那司陆：《清代中央司法审判制度》，北京大学出版社2004年版，第32页。

⑨ 中国第一历史档案馆译编：《清初内国史院满文档案译编》上册，光明日报出版社1989年版，第23页。

⑩ 那司陆：《清代中央司法审判制度》，第20页。

⑪ 《清太宗实录》卷51，崇德五年二月丁巳，《清实录》第2册，第672～673页。

二、崇德之后的内府司法审判机构

（一）崇德年间尚方司的设立

崇德初年，在两黄旗包衣牛录的基础上成立了专门负责皇家事务的内府机构，“以往昔之旧仆专司其事”①，并由包衣牛录章京宁塔海任首任“内务事务官”。

内府事务机构的成立，使“家”与“国”在管理上出现分化。笔者在第四章中曾指出，虽然这一时期皇属包衣组织并不完善，很多制度尚处草创阶段，但此时的内府事务机构已初步具备后世内务府的部分职能。据《八旗通志》载，“国初置内务府，掌内府财用出入，及祭祀、宴飨、膳馐、衣服、赐予、刑法、工作、教习诸事”②，可见掌内府人员“刑法”事已是其主要职能之一。那么，在当时“家国分治”的背景下，在刑部之外、内府之中主管刑狱之事者是何机构呢？

顺治十一年（1654），顺治帝谕礼部曰：“内府事务殷繁，须各司分理，乃止设十三衙门。其原设之尚方司未曾议及。此司系太宗时设立，职掌甚要，断不可少。着仍旧设立，共为十四衙门”③。顺治十八年，四辅臣以康熙帝的名义下诏曰：“十三衙门尽行革去，凡事皆遵太祖、太宗时定制行”④。据此可知，该刑名机构即是崇德初年所设立的“尚方司”（后改为“内刑部”）。

尚方司是后世内务府慎刑司之前身，掌“审谳内府所属人犯”⑤。关于慎刑司之沿革，不论官修之《大清会典》《八旗通志》《畿辅通志》等，还是私人撰修的《日下旧闻考》等，皆述为“慎刑司，初名尚方司，

---

① 昭梿：《啸亭杂录》卷8《内务府定制》，中华书局1980年版，第225页。

② 鄂尔泰等修，李洵等校：《八旗通志初集》卷41《职官志八・内务府》，东北师范大学出版社1985年版，第773页。

③ 《清世祖实录》卷86，顺治十一年十月己卯，《清实录》第3册，中华书局1985年影印版，第681页。

④ 《清圣祖实录》卷1，顺治十八年二月乙未，《清实录》第4册，中华书局1985年影印版，第49页。

⑤ 昭梿：《啸亭杂录》卷8《内务府定制》，第229页。

顺治十二年改为尚方院……康熙十六年，改为慎刑司”[①]；而光绪《顺天府志》则称，清代尚方司“尚沿明代旧名”[②]。

明代设有十二监、四司、八局衙门，以专事于皇室[③]。其中除“司礼监”兼涉刑名之事外，并未有专门管理宫内杂役人员犯罪的审判机构。因此光绪《顺天府志》所谓清代尚方司承袭明制，并不确切。那么，太宗始设之“尚方司”源自何处呢？

往前代追溯，据《通典》载，“中尚署，周官，为玉府；秦置尚方令；汉因之；后汉掌上手工作、御刀剑、玩好器物及宝玉作器”[④]。可见秦汉时期的“尚方”以掌管皇家手工制造为主。到刘宋时，尚方署成为犯人劳役的重要场所，时有犯人“送京师，下廷尉，削爵土，配左右尚方”服刑的记载[⑤]。这实际上是将罚没的犯人配入尚方署中，令其“婴金屦校”劳作，属于附加的“役”刑。南朝齐、梁亦有此刑，如到㧑被诬奏，“付廷尉将杀之，㧑入狱数宿，须鬓皆白，免死，系尚方，夺封与弟贲”[⑥]；萧诞因其弟萧谌之祸，“束身受戮，家口系尚方”[⑦]；梁时，何远逾垣而逃，其家属被执后“系尚方”[⑧]等，皆因“尚方”为皇家工作之处，而将犯者及其家人配入劳作。

此后，唐宋历朝皆有宫中造作之司，只是名称稍异，如唐时“中署掌宫内营造杂作，左署掌车辇、伞扇、胶漆、画镂等作，右署掌皮毛、

① 昆冈等修：光绪《钦定大清会典事例》卷1170《内务府·官制·慎刑司》，（台湾）新文丰出版公司1976年，第18770页；福隆安监修：《钦定八旗通志》卷45《职官四》，景印文渊阁四库全书本，台湾“商务印书馆”1983年版；《畿辅通志》第2册《帝制纪·京师一》，河北人民出版社1985年版，第420页；于敏中：《日下旧闻考》卷71《官署》，北京古籍出版社1981年版，第1185页。

② 张之洞：光绪《顺天府志》卷7《京师志七》，见《中国地方志集成·北京府县志辑》第1册，上海书店、巴蜀书社、江苏古籍出版社2002年版，第119页。

③ “十二监”即司礼监、内官监、御用监、司设监、御马监、神宫监、尚膳监、尚宝监、印绶监、直殿监、尚衣监、都知监；“四司”即惜薪司、钟鼓司、宝钞司、混堂司；“八局”即兵仗局、银作局、浣衣局、巾帽局、针工局、内织染局、酒醋面局、司苑局。张廷玉等撰：《明史》卷74《职官三·宦官》，中华书局1974年版，第1818～1820页。

④ 杜佑撰，王文锦等点校：《通典》卷27《职官九·诸卿下·少府监》，中华书局1988年版，第760页。

⑤ 沈约：《宋书》卷59《列传十九·张畅传》，中华书局1974年版，第1598页。

⑥ 萧子显：《南齐书》卷37《列传第十八·到㧑传》，中华书局1972年版，第647页。

⑦ 萧子显：《南齐书》卷42《列传第二十三·萧谌传》，第745页。

⑧ 姚思廉：《梁书》卷53《列传第四十七·何远传》，中华书局1973年版，第777页。

胶墨杂作、席荐等事”①。金设尚方署，“掌造金银器物、亭帐、车舆、床榻、帘席、鞍辔、伞扇及装钉之事”②。但是，历代之“尚方”“尚方署”皆为主管宫中造办的机构，始终不是审理罪犯的刑名衙司。

后金时期，曾有“令有罪之人，修盖城楼，准其赎罪”之例③。李典蓉亦指出，满洲先民女真部族有以劳役、劳作代替刑罚的传统④。由此看来，崇德初年，皇太极设立内府事务机构后，在历代“劳役刑”和本民族习惯法的影响下，设立了“尚方司”机构，以兼管宫内各项造办及内府包衣人犯罪审理之事。

（二）顺治时期：尚方司的发展

顺治元年（1644）十一月，内务府谕众人曰：“恶徒无法……拦路跪诉。内有内务府、六部、都察院……外有府、州、县、卫官员，各有分执。不向该管官员申诉何为乱诉?”⑤ 这是目前所见入关后最早的关于内务府的记载。从申诉衙门中“内有内务府”可知，当时内务府也确有审理诉讼之职权，而具体负责审断者正是尚方司。

顺治十年（1653）六月，顺治帝“酌古因时”，沿袭明制，设置了十三衙门以掌宫中诸事，“凡八监：曰司礼、御用、御马、内官、尚衣、尚膳、司设、尚宝；三司曰：尚衣、钟鼓、惜薪”⑥。顺治十一年裁撤内务府时，尚方司随之亦裁⑦。因明代未有专门审理皇宫属员的机构，所以十三衙门也缺失这样的机构。顺治十一年十月，顺治帝才意识到尚方司“职掌甚要，断不可少”⑧，得以复立。顺治十二年（1655），又“改尚方

---

① 杜佑撰，王文锦等点校：《通典》卷27《职官九·诸卿下·少府监》，中华书局1988年版，第760页。

② 脱脱等：《金史》卷56《志第三十七·百官二·少府监》，中华书局1975年版，第1273页。

③ 伊桑阿等修：康熙《大清会典》卷129《刑部十一·五刑赎罪》，《近代中国史料丛刊三编》第73辑，第727册，（台湾）文海出版社1993年版，第6406页。

④ 李典蓉：《清入关前“法”、“例”问题初探——以满文史料为中心》，见中国政法大学法律史学研究院：《中国优秀传统法文化与国家治理学术研讨会暨庆祝研究院（所/中心）成立三十周年论文集》，中国北京，2015年10月内部编印，第182页。

⑤ 罗丽达译：《顺治元年清字记事档（十一月）满文翻译》，《满族研究》1994年第4期。

⑥ 王庆云：《石渠余记》卷3《纪裁十三衙门》，北京古籍出版社1983年版，第96页。

⑦ 昆冈等修：光绪《钦定大清会典事例》卷1170《内务府·官制》，（台湾）新文丰出版公司1976年版，第18770页。

⑧ 《清世祖实录》卷86，顺治十一年十月己卯，《清实录》第3册，中华书局1985年影印版，第681页。

司为尚方院"[①]。

顺治帝鉴于"尚方司衙门乃太宗皇帝时所设"，不仅令为"各衙门之首"，且对司官的选任格外重视，要求"非清廉者不能就此任"。顺治十二年，各衙门推举尚方司司丞时，顺治帝批示："将不识字之人任为尚方司司丞，难道不看人之才能，或为谋私？"[②]

关于尚方（司）院的职权，我们知之甚少，但从零星的档案史料中仍可窥知一二。顺治十二年（1655），皇属包衣梁大之家人杜二，私自将女嫁给正红旗图禄牛录下回大家人宋五为妻。此案初由尚方院审理，因宋五之妻原属皇属包衣人，故追索仍入内官监，至于宋五因"系旗下人，应送刑部"，因此又移交刑部审理[③]。同年，正黄旗包衣非羊吾牛录下庄头刘北汉家逃人夏龙、董三被民人由思道隐匿在家雇工，后来夏龙被由思道打死，董三见状逃亡。这样一起皇属包衣人之家奴与民人涉案、且关乎逃人及人命的要案，也是由刑部审理的[④]。再如顺治十三年（1656），贰悦偷牛卖与镶红旗包衣都鲁牛录下刘大等人，尚方院因为刘大等人非两黄旗所属包衣人，因此将案件奏交刑部审理，后刑部经审，断贰悦鞭八十并作赔偿[⑤]。

据此可知，尚方（司）院作为皇属刑名机构，所审案件仅限于皇属包衣人所犯罪情较轻的案件。而皇属包衣人之家奴犯罪，或涉及与旗分佐领下人、王属包衣人及民人犯罪时，皆要移交刑部审理。

从内务府满文奏销档来看，十三衙门中各项要事均由索尼等具奏[⑥]，掌谳刑狱大权的尚方院更是由索尼为首的内大臣控制。顺治十七年（1660），据索尼奏曰："今内大臣审理尚方院罪人，并无照旧例治以应得

① 伊桑阿等修：康熙《大清会典》卷149《内务府一·内务府》，《近代中国史料丛刊三编》第73辑，第729册，（台湾）文海出版社1993年版，第7227页。

② 内务府满文奏销档，译文见江桥：《十三衙门初探》，见清代宫史研究会编：《清代宫史探微》，紫禁城出版社1991年版，第52页。

③ 《顺治年间的逃人问题》，见中国第一历史档案馆编：《清代档案史料丛编》第10辑，中华书局1984年，第91页。

④ 同上，第72～76页。

⑤ 《内阁汉文题本》（北大移交部分）第2－28－1921－10号。转引自胡祥雨：《清代刑部与京师细事案件的审理》，《清史研究》2010年第3期。

⑥ 内务府满文奏销档，译文见江桥：《十三衙门初探》，见清代宫史研究会编：《清代宫史探微》，第51页。

之罪及二十七鞭之刑。如此而谓情罪平允可乎？其罪轻可疑者，量其情由，更加详慎，则全活必多，亦足以广好生之德矣”[①]。索尼之言透露出尚方院审理的罪人还要由内大臣再审，在此前对于尚方院罪人的处置有“治以应得之罪，及二十七鞭之刑”。所谓“应得之罪”或称为“规定之罪”，满文为“tuhere weile”，音译为“土黑勒威勒”，即“照例的定罪”，所谓“例”是指按世职等级制定相应的罚银数量。对于无世职者则“无权纳银赎罪，必须接受鞭责”[②]。所谓“二十七鞭之刑”是指鞭责二十七下。可见，顺治年间（1644—1661），尚方司（院）对皇属包衣人的处罚不再以此定例惩治，致使不少包衣人罪轻罚重，因此索尼才请求“量其情由，更加详慎”。

此外，尚方院还负有监督十三衙门之权，如顺治帝曾令各司“对司礼监未明白具奏之处，由尚方院参奏”[③]；顺治十七年（1660），尚方院因尚衣监参造“年册不清”，要求公开一年支出细目，然而“尚衣监各项钱粮，系宫内机密之处，所用重大，实不便开明于册送尚方院、御用监”，因此尚衣监将一半支出明开，即造入清册，呈报尚方院核查；将另一半不行开写，即“开列机密项款具奏”皇帝知晓。后经与司吏院、尚方院会同议定，此后“尚衣监年终将总用钱粮数目，造册进呈御览”，而不再报送尚方院、御用监[④]。再如，配置御药时，“医官就内局（笔者：太医院制药局）修制，本院官诊视调服御药，参看校同，会近臣就内局合药，将药贴连名封记，具本开写本方药性、治症之法于日月之下，医官近臣书名以进置簿历，用尚方司印合缝进药”[⑤]。雍正三年（1725），律例馆因“今无尚方司衙门及

① 《清世祖实录》卷137，顺治十七年六月壬子，《清实录》第2册，中华书局1985年影印版，第1061页。

② 张晋藩主编：《清朝法制史》，中华书局1998年版，第96～98页。

③ 内务府满文奏销档，译文江桥：《十三衙门初探》，见清代宫史研究会编：《清代宫史探微》，紫禁城出版社1991年版，第52页。

④ 《顺治十七年尚衣监行文知会簿》，见中国第一历史档案馆编：《清代档案史料丛编》第7辑，中华书局1981年版，第210页。

⑤ 沈之奇：《大清律辑注》第1卷《大清律集解附例》卷12《乘舆服御物》，法律出版社2000年版，第395页；伊桑阿等修：康熙《大清会典》卷116《刑部·律例七·仪制》，见《近代中国史料丛刊三编》第73辑，第725册，（台湾）文海出版社1993年版，第5753页。

印，‘用尚方司印合缝句’删”[①]。实际上，该规定是照明洪武年间（1368—1398）的进御药之制修改而来，将明代的“中书省印记其缝”[②] 改为“用尚方司印合缝”，可见统治者有意授予“尚方司”以监督之权。因此，顺治帝称尚方司“所辖事务”已与太宗时期“有变”[③]。

（三）康、雍时期的慎刑司

康熙帝继位伊始，在孝庄太后和四辅政大臣的主导下，“裁十三衙门，仍置内务府”[④]。内务府复立之初，主管刑狱之事者称为“内刑部”，满文为“booi beidere jurgan”即“包衣刑部”。康熙十六年（1677）“改内刑部之名为司”，[⑤] 由此才改称为“慎刑司”。清代以降，慎刑司取代了尚方院和内刑部，“专理太监、苏拉等词讼”[⑥]，并“分掌审谳刑狱之事”[⑦]。

慎刑司之下，初设郎中三员，康熙三十八年裁一员，内有掌印郎中一员；员外郎六员，康熙三十八年裁一员，六十一年裁一员；主事一员；笔帖式十四员，康熙三十七年裁一员。雍正元年（1723），又添设署主事一员、笔帖式四员[⑧]。此外，还设有若干员役，如催总二员、领催六名、委署领催二名、鞭手十六名、看守监犯旗员一员、领催一名、披甲十五名[⑨]。

关于慎刑司的职权，据《啸亭杂录》载，“凡审谳，内府所属人犯，罪在杖一百以下者，本司（笔者注：慎刑司）依律议结，杖以上者，皆

---

① 允禄等修：雍正《大清会典》卷164《刑部十六·律例十五·礼律二·仪制》，见《近代中国史料丛刊三编》第79辑，第781册，（台湾）文海出版社1995年版，第10562页。

② 《明太祖实录》卷81，洪武六年四月戊戌，《明实录》第1册，上海书店1982年版，第1464页。

③ 内务府满文奏销档，译文见江桥：《十三衙门初探》，见清代宫史研究会编：《清代宫史探微》，紫禁城出版社1991年版，第52页。

④ 伊桑阿等修：康熙《大清会典》卷153《内务府·慎刑司》，见《近代中国史料丛刊三编》第73辑，第729册，（台湾）文海出版社1993年版，第7372页。

⑤ 辽宁社会科学院历史研究所、大连市图书馆文献研究室、辽宁省民族研究所历史研究室译编：《清代内阁大库散佚满文档案选编》，天津古籍出版社1991年版，第3页。

⑥ 昭梿：《啸亭杂录》卷8《内务府定制》，中华书局1980年版，第229页。

⑦ 伊桑阿等修：康熙《大清会典》卷153《内务府·慎刑司》，见《近代中国史料丛刊三编》第73辑，第729册，第7372页。

⑧ 允禄等修：雍正《大清会典》卷226《内务府·官制》，见《近代中国史料丛刊三编》第79辑，第788册，第14651～14652页。

⑨ 允禄等修：雍正《大清会典》卷231《内务府·慎刑司》，见《近代中国史料丛刊三编》第79辑，第788册，第14880页。

移送刑部定拟。如事干宫禁者，请旨鞫问。凡内监私逃，按其次数，分别自首、被获，治以枷杖之罪”[1]。具体来看，主要遵循以下原则：

第一，区分有无官品审案。内务府文武官员有品级者犯罪，“俱照吏部、兵部定例审理”；“无品级人等犯罪，俱照刑部例审理”。当案件与律例不合时，慎刑司有“量其轻重议罪”的权力[2]。

第二，启奏皇帝审案。因慎刑司所审案件皆为皇家之事，因此有些案件需要及时启奏，如“凡奉旨事件及具题移送之事”“凡控告出首事件内有干连官员及事关紧要者”“凡奉旨收禁事件外，有情罪重大者，系官，请旨收禁”“如事干宫禁者”，以上皆需“请旨鞫问”并“启奏完结”，将审讯的经过、两造供词、是否收禁及收禁人等，以题本的形式上奏，请旨定夺。这类题本在康雍时期的内务府奏销档中较为常见。除此之外，如“凡罪在鞭一百以下之事”“不必启奏”，可由慎刑司“即行议结”；在收禁事件中，若被收禁者无品级时，亦可由慎刑司即行收禁，而不必请旨[3]。

第三，细碎案件由各司审理，各司无例可循或案件稍重者交慎刑司审理。从内务府奏销档来看，涉及少数庄头欠粮、个别死伤牛只等事件由会计司依照定例直接审理，案件稍重时要咨慎刑司审理。如康熙六年（1667），牧场在剪完羊毛后，突遇“天气骤冷、大雨倾盘”，大量羊只被冻毙，审查镶黄旗牧场倒毙羊只二千四百三十九，正黄旗牧场倒毙羊只八千六百零四，四辅臣因“羊只倒毙甚多”，令交“内刑部议罪”[4]。

第四，部分案件需移交刑部审理。前述，顺治年间（1644—1661）尚方司在审理包衣人重罪、旗民交涉、下五旗包衣人等案件时，需要移交刑部审理。慎刑司也有这方面的要求：

（1）内务府属员中有“情罪重大、干连旗下民人者”，需要启奏交

---

① 昭梿：《啸亭杂录》卷 8《内务府定制》，中华书局 1980 年版，第 229 页。

② 允禄等修：雍正《大清会典》卷 231《内务府·慎刑司》，见《近代中国史料丛刊三编》第 79 辑，第 788 册，(台湾)文海出版社 1995 年版，第 14875 页。

③ 允禄等修：雍正《大清会典》卷 231《内务府·慎刑司》，见《近代中国史料丛刊三编》第 79 辑，第 788 册，第 14875～14876 页；昭梿：《啸亭杂录》卷 8《内务府定制》，第 229 页。

④ 辽宁社会科学院历史研究所、大连市图书馆文献研究室、辽宁省民族研究所历史研究室译编：《清代内阁大库散佚档案选编·皇庄(上)》，辽宁民族出版社 1988 年版，第 353 页。

刑部审理[①]。

（2）控告出首事件中，有“持刃向人及罪在鞭一百以上之事、与干连旗下民人者”，俱送刑部审理[②]。

值得注意的是，康雍时期的这一分审原则在乾隆时期有所改动，据乾隆朝《大清会典》载，“凡审谳内府所属人犯，罪在杖一百以下者，依刑部律例议结；杖一百以上及旗民交涉之案，概送刑部定拟”[③]。对比可知，康雍时期规定“鞭一百以上之事”送刑部审理，也即“鞭一百以下”者由慎刑司审理；而到乾隆时期改为“罪在杖一百以下者”由慎刑司审理，所谓“杖一百以下”既包括“鞭一百以下”还包括“杖六十”“杖八十”等刑，但是清制“旗下人有犯，俱用鞭责”，顺治以后皆“悉遵旧例，仍不许用杖”[④]。如此看来，在乾隆时期，对于内务府包衣人而言，因其具有“旗下人”的身份，所谓“罪在杖一百以下者”也即“罪在鞭一百以下者”。而慎刑司有权审理的“罪在杖一百以下”中各类杖刑处罚，则是针对非旗人身份的家下奴仆和民人施用的。可见，慎刑司的审判权在乾隆时期扩大了。因此，昭梿所言“凡审谳内府所属人犯，罪在杖一百以下者，本司依律议结，杖以上者，皆移送刑部定拟”[⑤]，是对乾隆时慎刑司审断权而言的。

（3）当内务府包衣人有逃跑者，亦由内务府行文刑部追逃[⑥]。

（4）当案件涉及内务府之外的衙门时，需要移交刑部审理。如康熙十九年（1680），太监郝国祥之家人萨二乱闯大内被擒，因“郝国祥属于礼部，萨二又系民人”，因此移交刑部审理[⑦]。若犯罪者为旗人或民人之

---

① 允禄等修：雍正《大清会典》卷231《内务府·慎刑司》，见《近代中国史料丛刊三编》第79辑，第788册，（台湾）文海出版社1995年版，第14875页。

② 同上，第14876页。

③ 允祹等修：乾隆《钦定大清会典》卷91《内务府·慎刑司》，景印文渊阁四库全书本，第619册，台湾“商务印书馆”1983年版，第619－882页。

④ 允禄等修：雍正《大清会典》卷193《刑部·旗人犯罪》，见《近代中国史料丛刊三编》第79辑，第786册，第13059页。

⑤ 昭梿：《啸亭杂录》卷8《内务府定制》，中华书局1980年版，第229页。

⑥ 辽宁社会科学院历史研究所、大连市图书馆文献研究室、辽宁省民族研究所历史研究室译编：《清代内阁大库散佚档案选编·皇庄（上）》，辽宁民族出版社1988年版，第228页。

⑦ 辽宁社会科学院历史研究所、大连市图书馆文献研究室、辽宁省民族研究所历史研究室译编：《清代内阁大库散佚满文档案选编》，天津古籍出版社1991年版，第36～37页。

家下奴仆，虽不属于内务府包衣人，慎刑司也有权审理。如明珠为正黄旗满洲佐领[①]，康熙五年（1666），明珠佐领下人萨必之包衣董二盗取皇城北门外湖中荷花，董二的身份即为旗分佐领下人之包衣，虽然不属于内务府包衣人，但该案也交由慎刑司审理[②]。

当然，在慎刑司与刑部之间并没有一个明确的、量化的标准，特别是对罪情是否重大的判断，受人为因素影响较大。这也致使类似的两个案件有的交给刑部审理，有的却由慎刑司审理。如康熙六年，有管领下妇人偷窃宫内银碟一个，慎刑司认定“事关重大”，经奏准将此案移交刑部审理[③]；而康熙二十一年（1682），四执事太监王封远盗取自鸣钟房内银两，并持刀威胁在房内值宿之太监窦同礼等人，慎刑司认为此案涉及“持刃向人”，认为“事关重大”，请求交刑部审理，康熙帝却批示“着尔等衙门即行议结具奏”[④]，仍交由慎刑司审理；康熙二十二年，倭索里管领下采蜜马色之妻盗取景仁宫银菜碟一个，慎刑司认为“将银碟偷盗之事重大，拟将此交付刑部再议”（menggun i fila hūlhaha ba amba be dahame，beidere jurgan de afabufi gisurebume gisurehebi），康熙帝亦朱批曰：“尔等衙门即可完结！”（suweni yamun uthai wacihiyame）[⑤] 案情基本相似，且王封远案明显更重，理应交刑部审理，却经皇帝授权由慎刑司审理。

不仅如此，当有民人涉案事，按《大清会典》要求理应交刑部审理，但有时皇帝也特令慎刑司审理，如康熙二十二年，在审理一起景山房屋失火事件中，涉及民人“黄义原”，据此，慎刑司请示交给刑部审理，康熙帝却朱批“免交刑部”[⑥]。

综上，崇德初年，皇太极设立了专门服务于皇室的内府事务机构，所属人员主要由两黄旗包衣人组成，所司大都为宫廷内事，这些包衣人

---

① 鄂尔泰等修，李洵等校：《八旗通志初集》卷4《旗分志四·八旗佐领·正黄旗满洲佐领》，东北师范大学出版社1985年版，第54页。

② 辽宁社会科学院历史研究所、大连市图书馆文献研究室、辽宁省民族研究所历史研究室译编：《清代内阁大库散佚满文档案选编》，天津古籍出版社1991年版，第16页。

③ 同上，第24页。

④ 同上，第42、46页。

⑤ 大连图书馆编：《大连图书馆藏清代内务府档案》第1册，国家图书馆出版社2010年版，第219～220页。

⑥ 辽宁社会科学院历史研究所、大连市图书馆文献研究室、辽宁省民族研究所历史研究室译编：《清代内阁大库散佚满文档案选编》，第55～56页。

的犯罪也多涉内廷之事，由刑部审理多有不便，因此皇太极专门设立了审断皇属包衣人的司法机构“尚方司”。顺治帝裁撤内务府后，依旧恢复了尚方司，并赋予尚方司监督诸衙门之权。虽然尚方司仅审理皇属包衣内轻微犯罪案件，重案及涉及王府包衣、旗人、民人的案件，仍要交由刑部审理，但是，随着宗人府的设立，清代中央司法审判体系已日渐完善——刑部审理旗民、宗人府审理皇族觉罗、尚方司审理皇属包衣，三者各司其职又相互配合，既提高了审案效率，也大大减轻了刑部的审案压力。康熙帝继位后，撤十三衙门，恢复了内务府，改尚方司为慎刑司，虽然慎刑司与刑部的审判范围，经常受到皇权的影响，但从此，慎刑司作为专属内务府包衣人的司法审判机构被确定下来。

第二节　皇属包衣人的经济类犯罪

按犯罪性质，清前期内务府包衣人的犯罪行为可分为“经济类犯罪”“刑事类犯罪”和“职务类犯罪”三类，其中经济类犯罪是最主要、也是最常见的罪行。从相关档案来看，可概述如下：

一、盗窃罪

（一）清前期盗窃罪处罚的演变

自私有制产生之日起，抢掠与盗窃便随之而兴。努尔哈赤时期，对盗窃者的处罚遵循以下特点：

其一，按所盗价值大小定罪。如天命四年（1619）攻陷开原城后，将盗窃财物者按“微贱者窃大物，黥其耳鼻；窃其次者，射骲箭十；窃小物者，掴脸十次”[①] 的原则治罪；其二，按所盗之物的性质定罪。如天命七年（1622），汤古岱阿哥旗下人盗鞍辔事发，被“乱刺耳、鼻、面、

① 中国第一历史档案馆整理译编：《内阁藏本满文老档·太祖朝》，汉文译文，辽宁民族出版社 2009 年版，第 33 页。

腰等处而杀之"[①]，显然，对于盗取武器者的处罚更重；其三，按被盗者的地位定罪。相较于盗取诸申财物，对于盗窃汗室财物者的处罚更为严厉。如天命六年（1621），汗之包衣福汉窃绸衣送其外孙多铎，为守门者擒获，执法者审讯后，将福汉本人及其外孙皆处死[②]。天命八年，纳钦"盗取汗之帐房毁之，给其家丁做衣"，努尔哈赤怒不可遏，斥其"岂非盗尽我之家产乎?"乃杀之[③]。

为威慑众窃者，天命八年制定了"男丁偷盗，则令其妇足蹈炽炭，头冠红锅，刑而杀之"的夫妇连坐之法[④]。但是，这种严刑酷法并不能阻止盗案频发，直到天聪年间（1627—1636），依然是"奸盗二事，我国最重"[⑤]，因此皇太极又制定了"窃盗律"[⑥]以广谕众民。崇德年间（1636—1643），盗案依然不减，皇太极认为，这是因为旗人"有纵家人混居别旗地方，与别旗人合伙贸易者，又有令其往来负贩者，俱按月勒索本息，以致此等贸易之人无计措办，遂纠合同伙之人为盗"，为此，他特谕此后"有为盗者，着令本主连坐。既为贸易之主，即有约束之责"[⑦]。

顺治时期，对于盗窃罪有了明确的律文规定：

第一，对盗者本身的处罚更为明确。对盗一般财物者，顺治四年（1647）定，"窃盗赃至一百二十两者，绞监候"；十三年又题准："窃盗照律刺字，三犯者绞监候，秋后处决"[⑧]。而对于盗取皇室财物者"皆斩"，"但盗即坐，不论多寡，不分首从。若财物未进库，止依盗官物论"[⑨]。即只要有盗取皇室财物的行为发生，不论成功与否，不论所盗多少，不论首从之人，都将处以极刑。可见，相比盗取一般之物，盗取皇

---

① 中国第一历史档案馆整理译编：《内阁藏本满文老档·太祖朝》，汉文译文，辽宁民族出版社2009年版，第120页。

② 同上，汉文译文，第70页。

③ 同上，汉文译文，第175页。

④ 同上，汉文译文，第205页。

⑤ 《天聪朝臣工奏议》上，辽宁大学历史系1980年编印，第12页。

⑥ 《清太宗实录》卷24，天聪九年七月壬戌，《清实录》第2册，中华书局1985年影印版，第313页。

⑦ 《清太宗实录》卷55，崇德六年三月辛丑，《清实录》第2册，第737~738页。

⑧ 允禄等修：雍正《大清会典》卷172《刑部·刑部二十三·律例二十三（刑律三）·贼盗三》，见《近代中国史料丛刊三编》第79辑，第782册，（台湾）文海出版社1995年版，第11283页。

⑨ 允禄等修：雍正《大清会典》卷170《刑部·刑部二十一·律例二十一（刑律一）·贼盗一》，见《近代中国史料丛刊三编》第79辑，第782册，第11104页。

家财物依然罪加一等。如果说努尔哈赤时期就已出现的“盗窃汗室财物者处死”的规定仍处于习惯法阶段，那么，此时“盗取皇室财物者皆斩”则被以法典的形式固定下来。

第二，对包衣牛录下人盗窃失于监管的佐领、管领等官员予以处罚。如顺治初年定“内务府及诸王贝勒贝子公府、内管领、屯领催、庄头并八旗屯领催等，有该管人役生事或为盗者，内务府、王府内管领照骁骑校议处，贝勒贝子公府内管领、屯领催照领催议处”[①]。可见，属下犯盗窃罪时，其直接的管理者将负有失察责任。

康雍时期，随着清代律令制的逐渐完善，对盗取内府财物的定罪也更为细致，主要有：

一是根据盗取财物的性质定罪。如所盗“系乘舆服御物者，仍作实犯死罪”，雍正三年（1725），又按明律增加“盗御宝”亦死罪[②]。

二是常人据所盗财物价值定罪。清律定，“常人盗银六十两、钱帛等物值银六十两以上，俱问发边卫，永远充军”[③]，档案中又有“若盗五十两，责杖六十，罚劳作一年”（susai yan oci ninju jang tantafi emu aniya weilebu）的规定[④]。当康熙二十二年（1683）尹达偷卖貂皮之褂时，并不以其所卖“十七两之银”定罪，而是将其所偷貂皮褂“交给商头谭永康、商人王玉峰估价，估银五十两”（inda i hūlgaha sekei kurume be hūdai da tan yung k’ang hūdai niyalma wang ioi fung de afabufi，hūda salibuci susai yan menggun salimbi），以“五十两”定罪[⑤]。

此外，监守自盗者还要从重议处。如规定“监守盗银三十两、钱帛等物值银三十两以上”，“俱问发边卫，永远充军”[⑥]。可见监守自盗较常人偷盗处罚稍重。

---

① 允禄等修：雍正《大清会典》卷112《兵部・兵部二・武选清吏司・八旗通例》，见《近代中国史料丛刊三编》第78辑，第775册，（台湾）文海出版社1994年版，第7403页。

② 允禄等修：雍正《大清会典》卷170《刑部・刑部二十一・律例二十一（刑律一）・贼盗一》，见《近代中国史料丛刊三编》第79辑，第782册，（台湾）文海出版社1995年版，第11105页。

③ 同上，第11107页。

④ 大连图书馆编：《大连图书馆藏清代内务府档案》第1册，国家图书馆出版社2010年版，第208页。

⑤ 同上，第207页。

⑥ 允禄等修：雍正《大清会典》卷170《刑部・刑部二十一・律例二十一（刑律一）・贼盗一》，第11107页。

除盗取御用之物外，无论常人盗窃，还是监守自盗，皆按所盗之物的价值定罪。但是，并非所有的盗窃案都能达到律令所定的“监守自盗者，折银三十两以上”“常人盗者，折银六十两”以上的量罪标准。因此，康熙二十六年（1687），又对此作了变更，谕令“此后拿获偷盗金银器皿者，照律计银数目拟罪”[①]，使得量刑定罪更合理可行。

三是根据偷盗次数定罪。康熙时期曾定，“凡是首次盗窃者，皆于右手手腕处刺字‘首盗’二字”（yaya butu hūlha yabufi sucungga mudan oci，gemu ici ergi galai mayan de butu hūlha sere juwe hergen i bithe sabsi.）[②]。而若“系杂犯及监守、常人盗、窃盗、掏摸、抢夺等项，但三次者，不分所犯各别、曾否刺字、革前革后，俱得并论，比照窃盗三犯律处绞，奏请定夺”[③]。

以上，笔者对清前期盗窃罪包括盗取内府财物罪的处罚演变作了梳理。在档案中，笔者发现了几件康熙时审理盗窃内府财物的案宗，对照上述律令可知，对盗窃者的实际处罚还各具特色。

（二）档案所见内府包衣人的盗窃案及其处罚

从顺康时期的内务府档案来看，由慎刑司（内刑部）所审理的偷盗案件中既有内务府包衣人涉案事，也有内务府包衣人之奴仆涉案事。依据所盗之物，可分为以下两类：

第一，盗窃荷花、莲蓬、柳枝等宫苑植物。

清代皇家宫苑众多，其中如海子、旧宫等处多有池塘。据清初时人谈迁所见，在“积水潭导关下入皇城西苑为太液池，伫览潭影，凫鹭飞沈，远荷田田，如闻香气”[④]，可知池内荷花映红，景致怡人。然这些地方水域广大，树木丛生，且监管不似宫内严格，这都给了众包衣人窃取荷花、莲蓬的机会。因盗窃荷花及莲藕“本身即关系钱粮”，同时还有将所盗荷花及莲藕“到外面交易或租赁收钱”之处[⑤]，因此可视作经济类

---

① 允禄等修：雍正《大清会典》卷170《刑部·刑部二十一·律例二十一（刑律一）·贼盗一》，见《近代中国史料丛刊三编》第79辑，第782册，（台湾）文海出版社1995年版，第11108页。

② 大连图书馆编：《大连图书馆藏清代内务府档案》第1册，国家图书馆出版社2010年版，第208页。

③ 允禄等修：雍正《大清会典》卷170《刑部·刑部二十一·律例二十一（刑律一）·贼盗一》，见《近代中国史料丛刊三编》第79辑，第782册，第11107页。

④ 谈迁：《北游录·纪邮上》，中华书局1960年版，第52页。

⑤ 辽宁社会科学院历史研究所、大连市图书馆文献研究室、辽宁省民族研究所历史研究室译编：《清代内阁大库散佚满文档案选编》，天津古籍出版社1991年版，第14~15页。

犯罪。顺康时期发生了多起偷窃荷、藕事件，如顺治十八年（1661）巴喀佐领下吉国举家之阿哈李五，盗取宣徽院所属北门外池塘里的二十四枝荷花、六十五个莲蓬，被抓获后送至内刑部，经审，盗窃事属实，“李五以盗窃罪鞭八十”[①]；康熙五年（1666），西罕管领下塔锦之包衣金彩、凯吉里管领下巴海之包衣狗儿，乘夜进入紫禁城西河中盗窃荷花七十八枝，经内刑部审讯确实，拟以盗窃罪各鞭八十，解送刑部刺字[②]；同年，明珠佐领下萨必之家人董二盗取皇城北门外湖中荷花二担，审实后拟以盗窃罪鞭八十，解送刑部刺字。这两起盗案者只因康熙帝的宽免才得以免受刺刑[③]。

此外，皇家的一枝一叶皆为皇产，若私自折取亦按盗窃治罪。如康熙十七年（1678），托勒毕管领下古里率其包衣人将瀛台北边池子的树枝折取，经慎刑司郎中布达里等议得，“古里违犯律令，与其包衣幼丁粗儿折取柳枝，古里又将巡逻的常宫、李程打伤，由此，凡是故意将树砍劈，则应定为窃盗财物之罪，议应免刺字，一两以下杖六十，盗窃官物罪加二等。比照刑律，将古里鞭责八十，粗儿虽未帮助古里殴打李程，但因违背禁令，与古里一起折得柳枝，因此依照‘盗窃财物为从减一等’之律条，将粗儿鞭责七十，将古里等所折得之柳枝交营造司，为此谨奏请旨。本日奉旨：与援引律文不核，再议奏。钦此。谨遵圣旨，臣等再议得：闲散披甲人古里与其包衣幼丁粗儿，违背禁令，将宫内河岸柳枝折断，古里又将巡兵常宫、李程打伤，甚属可恶！由此，比照‘凡派人捉捕治罪反抗者，在原罪之上罪加二等’，比照此条刑律，将古里鞭责一百，其余依前议。为此谨题请旨[④]。（g’uli fafulaha be jurceme，ini booi haha jui cyue be gaifi，fodoho mooi jergi jaka be sacire，oci ulin be bodome butu hūlha，de obufi gisure bithe sabsire be guwebu，emu yan ci fusihūn oci，ninju jang tanta，alban i jaka oci butu hūlha de obure，ulin i dere juwe jergi neme sehe fafun i bithei songkoi，g’uli be jakūnju šusiha tantame. cyue udu

---

① 辽宁社会科学院历史研究所、大连市图书馆文献研究室、辽宁省民族研究所历史研究室译编：《清代内阁大库散佚满文档案选编》，第 5 页。

② 同上，第 14～15 页。

③ 同上，第 16 页。

④ 大连图书馆编：《大连图书馆藏清代内务府档案》第 1 册，国家图书馆出版社 2010 年版，第 118～121 页。

g' uli de aisilame li ceng be tantaha ba akū, ocibe fafulaha be jurceme, g' uli i emgi fodoho mooi gargan be bilame gaihabi, uttu ofi, butu hūlha ulin bahaci, ilhi niyalma be emu jergi ekiyeniye sehe fafun i bithei songkoi, cyue be nadanju šusiha tantame, g' uli sei bilame gaiha fodoho mooi gargan be ing dzo cy de afabume. gisurehebi. erei jalin gingguleme wesimbuhe. hese be baimbi seme wesimbuhede. ineku inenggi, hese be gingguleme dahafi, amban meni dasame gisurehengge, sula uksin g' uli ini booi haha jui cyue be gaifi, fafulaha be jurceme, dorgi bai birai cikin de tebuhe fodoho mooi gargan be bilafi, g' uli geli giyarire cang gung li ceng be tantahangge, ambula ubiyade. uttu ofi, yaya weile arafi hafasa niyalma takūrafi jafara de, iselere oci, da weilei dele juwe jergi neme sehe fafun i bithede duibuleme, g' uli be tanggū šusiha tantame. gūwa be kemuni neneme gisurehe songkoi obume gisurehebi. erei jalin gingguleme wesimbuhe. hese be baimbi)。经康熙帝再次朱批，才得“依议”（gisurehe songkoi obu）而行。可见，将“宫内河岸柳枝折断”是以盗窃律治罪的。

第二，盗窃银两、银具等皇家财物。

顺治十八年（1661）曾定，“嗣后，盗窃（大内）器物之人，一旦拿获，定杀不赦”①。这一“定例”在康熙帝亲政后被改为：其一，“盗窃御用之物者，斩”。如康熙十九年（1680）进财、杨疙疸“盗取武英殿槅扇、镀金什物”，被立斩②。其二，盗取宫内非御用之器具、银两者，则一般不会处以极刑。如康熙二十一年，四执事太监王封远酒醉后，夜入自鸣钟房内盗取银两，并持刀威胁值宿之人，被“枷号三个月，鞭责一百，给口外庄充奴”③；康熙三十六年，启祥宫太监邢金钟盗取银碟一个，被“枷号三月，鞭一百”④。

除太监外，在宫内饭房、水房等处执事的诸管领下妇人也是盗窃皇

---

① 辽宁社会科学院历史研究所、大连市图书馆文献研究室、辽宁省民族研究所历史研究室译编：《清代内阁大库散佚满文档案选编》，天津古籍出版社1991年版，第24页。

② 中国第一历史档案馆编：《康熙起居注》第1册，康熙十九年二月初十日庚午，中华书局1984年版，第496页。

③ 辽宁社会科学院历史研究所、大连市图书馆文献研究室、辽宁省民族研究所历史研究室译编：《清代内阁大库散佚满文档案选编》，第42~46页。

④ 同上，第106~107页。

家财物的“主力”，如康熙六年（1667）尚膳总领所辖妇女果里之妻，从饭房盗取重四两八钱之银碟一个[①]；康熙二十二年，管领下人马色之妻窃银碟被拿获，其自称：“本月二十五日，因我等管领下博勒值班，我与常明之妻、郝山之妻子一起进去送冰，在将冰置于景仁宫茶房门外后，我独自进茶房内喝水时，因见大方盘内放置有银菜碟，故欲偷取使用”（ere biyai orin sunja de，meni hontohoi bele idu ofi，bi cangming ni sargan hoošan i sargan i emgi juhe beneme dosifi，ging žin gung ni cai booi ducai tule，juhe be sindafi，bi emhun cai booi dolo muke omime dosifi，fan de sindaha menggun i jiha fila be sabure jakade，hūlhafi baitalaki[②]）。可见，这些管领下妇人因时常接触银器，故有盗窃之机。据尚膳总领统计，从康熙六年二月至闰四月，三个多月间便已遗失“各二十两之银大碗两个、各十两之普通银碟两个，各五两之银小碟两个，各三两之银匙四个”[③]，盗案严重可见一斑。

总之，包衣人盗窃案中，以偷盗莲花、莲藕和银器物件为主，包衣人的工作环境和工作职责为其偷盗行为提供了便利条件。从偷盗者本身来看，主要以包衣人之家下奴仆、包衣妇人及宫内太监为主。捕获后，多依据赃物的性质量刑定罪，其中盗取莲花、莲藕者，一般以盗窃罪处以鞭责八十之刑；盗取宫内银器物件者，则多“枷号三月，鞭一百”，甚至发往关外为奴，刑罚明显更重。但是，对照前述清律关于盗窃案的处罚条例来看，多数已属减等处罚。

二、限内不能完纳

清代皇庄有纳粮庄、纳豆庄、纳银庄、棉庄、靛庄、豆秸庄和果园庄等，打牲事项有采参、采蜜、捕鱼、捕鹳、捕貂等，皇庄庄头、壮丁及各类打牲人通过辛勤劳作，为皇室的日常生活源源不断地供应各类必

---

① 辽宁社会科学院历史研究所、大连市图书馆文献研究室、辽宁省民族研究所历史研究室译编：《清代内阁大库散佚满文档案选编》，天津古籍出版社 1991 年版，第 21、23 页。

② 大连图书馆编：《大连图书馆藏清代内务府档案》第 1 册，国家图书馆出版社 2010 年版，第 219 页。

③ 辽宁社会科学院历史研究所、大连市图书馆文献研究室、辽宁省民族研究所历史研究室译编：《清代内阁大库散佚满文档案选编》，第 21、23 页。

需品，他们作为内务府包衣人，经年累月地为皇家奔走，并时刻承受繁重的赋役负担。而当无法按时完纳粮、蜜等物时便要受罚。从内务府审理的诸案件来看，审案最繁、处罚人数最多者即是此类。主要包括：

（一）粮庄欠粮

顺治五年（1648）定，每庄额交粮“一百二十斛”，“若每拖克索交纳一百二十斛，则正好；倘不足一百二十斛，则照例杖之”①。纳粮不足者处以杖刑，但并未规定欠粮多少与杖刑轻重之间的对应关系。到康熙四年（1665）时，定例：对于欠交者，按每一仓石鞭二的规定处罚，鞭数不令过百②；此前连续三年超额纳粮者免于责鞭；已故、新放及田地俱冲之庄头免于责打；所纳稷米良好可用祭祀之庄免鞭二十；先于众人送来新粮者免鞭十③。相较顺治年间（1644—1661），这时对于庄头报粮有了详细的奖惩措施，并鉴于“旗下人有犯，俱用鞭责”④ 之例，将之前的杖刑改为按欠粮多少罚以鞭刑。此后不久，在统计各庄头报粮时发现，交足额定一百二十仓石者仅有三庄，其余二十四庄皆不足额，便“照例以一仓石鞭二，不令过百”罚以鞭刑⑤。直到康熙三十九年（1700），才终于“停止缺一石责二鞭之例”⑥。

对于屡欠皇粮的庄头是否“将其辞退”，内务府十分谨慎。如康熙四年盛京庄头胜舍利连年欠粮，盛京掌关防佐领辛达里拟请将其辞退，但“此等欠粮庄头以何罪辞退”要请示总管内务府，内务府令其详查“胜舍利补放庄头几载？补放以来每年交粮多少仓石？有无纳贡之处及胜舍利有无应补放庄头之子、兄弟及兄弟之子？”经查，内务府认为“其他庄头

---

① 季永海、何溥滢译：《盛京内务府顺治年间档》，见中国社会科学院历史研究所清史研究室编：《清史资料》第2辑，中华书局1981年版，第210页。

② 关嘉录、王佩环译，佟永功校：《〈黑图档〉中有关庄园问题的满文档案文件汇编》，见中国社会科学院历史研究所清史研究室编：《清史资料》第5辑，中华书局1984年版，第4~5页。

③ 辽宁社会科学院历史研究所、大连市图书馆文献研究室、辽宁省民族研究所历史研究室译编：《清代内阁大库散佚档案选编·皇庄（上）》，辽宁民族出版社1988年版，第6页。

④ 允禄等修：雍正《大清会典》卷193《刑部·旗人犯罪》，见《近代中国史料丛刊三编》第79辑，第786册，（台湾）文海出版社1995年版，第13059页。

⑤ 关嘉录、王佩环译，佟永功校：《〈黑图档〉中有关庄园问题的满文档案文件汇编》，见中国社会科学院历史研究所清史研究室编：《清史资料》第5辑，第11页。

⑥ 允禄等修：雍正《大清会典》卷228《内务府·会计司》，见《近代中国史料丛刊三编》第79辑，第788册，（台湾）文海出版社1995年版，第14702页。

更有比此少纳者"，而"以其每年欠粮而予辞退，殊属不合"，因此不准以其"屡欠皇粮"为由将其辞退[①]。但是，对于"借故不报粮"的庄头，因其存在主观恶意欠粮的行为，故多被"鞭一百，革退庄头，拨给当地缺丁之庄充作额丁"[②]。

庄头欠粮的原因很多，从档案来看，最主要的原因是突遇水旱、冰雹、蝗虫等自然灾害[③]；其次为庄内赋役繁重、庄头能力有限、壮丁懒惰等人为原因。此外，还与盛京佐领对于欠粮庄头的姑息纵容有关，如康熙十年（1671），盛京佐领呈文给宣徽院称："俟彼处诸臣议定咨复后，我等再责打欠交之庄头"，对此宣徽院怒斥道："去年欠交之庄，原以为尔等业已责打完结"，"应赏之庄既已赏毕，而该打之庄岂可坐待未打耶?"[④] 可见，佐领对应赏庄头积极给赏，对应罚庄头却怠慢处罚，这种包庇纵容的态度也是造成庄头欠粮的一个原因。

（二）纳银庄欠银

康熙初年，在宣徽院下还设置了七十三座纳银庄，每庄一年定例征银二百两。康熙四年（1665）吉英球、李伟毕等庄头欠银，依照定例，每欠一两银责四鞭，诸庄头各鞭一百，额丁亦责鞭不等。鞭责后，免除所欠之银[⑤]。从内务府档案来看，对于纳银庄人的处罚相对较少，这与纳银庄交纳银两比较灵活、赋役相对稍轻以及纳银庄较少有关。

（三）豆秸庄欠草、豆

豆秸庄是皇庄的重要组成部分，清初纳豆庄的征收方式主要有两种：

其一，部分投充汉人在设庄后，以银买豆交纳。如顺治年间（1644—1661）的投充汉人程景安即属此类，他此前欠豆获免，但"自免罪之年以来，每年应完交一二百两银。唯虽经严催，只交银百两，尚有

---

① 关嘉录、王佩环译，佟永功校：《〈黑图档〉中有关庄园问题的满文档案文件汇编》，见中国社会科学院历史研究所清史研究室编：《清史资料》第5辑，中华书局1984年版，第5、9页。

② 《黑图档》第73册第37～38页，见辽宁省档案馆编译：《盛京内务府粮庄档案汇编（上）》，辽沈书社1993年版，第114页。

③ 《黑图档》第48册第135～140页，第49册第72～75页；见辽宁省档案馆编译：《盛京内务府粮庄档案汇编（上）》，第16～19页。

④ 关嘉录、王佩环译，佟永功校：《〈黑图档〉中有关庄园问题的满文档案文件汇编》，见中国社会科学院历史研究所清史研究室编：《清史资料》第5辑，第75页。

⑤ 辽宁社会科学院历史研究所、大连市图书馆文献研究室、辽宁省民族研究所历史研究室译编：《清代内阁大库散佚档案选编·皇庄（上）》，辽宁民族出版社1988年版，第2～3页。

六百八十两六钱多银未得”，因此将其“鞭责一百，其未交之银作罢”，籍没其家，将其家口一并充入粮庄为奴[①]。

其二，以田产直接交纳豆及豆秸等物。康熙二十三年（1684），定例“应送仓之杂粮、麦子、豆及应派送圈馆之豆草等项差赋，俱应于三月初一日以前送交完结。若有误派征之杂粮等项差赋，耽误一回鞭八十；耽误两回鞭一百，耽误三回鞭一百，革退庄头，充为穷庄额丁”。康熙二十六年有庄头不能按时缴纳时，即按此例予以鞭责。[②]

（四）果园园丁欠钱

早在天命年间（1616—1626）就曾置有汗属果园，如天命七年（1622），“遣善育果树之人及僧人等迁居广宁，以栽种汗食用之果树”，又令“汗食用之果木当妥为嘱咐园丁栽培看护，以防妄行焚毁”[③]。康熙时期，皇家果园一度按丁征银，康熙二年（1663），盛京果园每丁每年征银三两，对于亏欠钱粮之丁，则按其所欠银两数，“照例一两银鞭四”；对于园丁管理者领催，亦有相应的惩罚措施，“亏欠一百两以下、五十两以上之领催，鞭七十；亏欠五十两以下、十两以上之领催，免予鞭打”[④]。康熙四年，在议处盛京果园领催之罪时，便依据此例定罪[⑤]。

此后又有多次改易，康熙九年（1670）时改为“欠银九两以下，则承催领催免鞭，凡欠银五十两以下、十两以上，则将承催领催鞭二十七”[⑥]。康熙二十年（1681），又议定了更为详细的征收和处罚规定，如“若比限额少山楂一坛、郁李子一金斗、榛子三金斗，则将亏欠之园头每项鞭二十七，该管诸领催每人鞭三十，大领催鞭四十。若比限额少山楂

---

① 辽宁社会科学院历史研究所、大连市图书馆文献研究室、辽宁省民族研究所历史研究室译编：《清代内阁大库散佚满文档案选编》，天津古籍出版社1991年版，第13页。

② 辽宁社会科学院历史研究所、大连市图书馆文献研究室、辽宁省民族研究所历史研究室译编：《清代内阁大库散佚档案选编·皇庄（上）》，辽宁民族出版社1988年版，第141~142页。

③ 中国第一历史档案馆整理译编：《内阁藏本满文老档·太祖朝》，汉文译文，辽宁民族出版社2009年版，第117页。

④ 关嘉录、王佩环译，佟永功校：《〈黑图档〉中有关庄园问题的满文档案文件汇编》，见中国社会科学院历史研究所清史研究室编：《清史资料》第5辑，中华书局1984年版，第7页。

⑤ 辽宁社会科学院历史研究所、大连市图书馆文献研究室、辽宁省民族研究所历史研究室译编：《清代内阁大库散佚档案选编·皇庄（上）》，第290页。

⑥ 关嘉录、王佩环译，佟永功校：《〈黑图档〉中有关庄园问题的满文档案文件汇编》，见中国社会科学院历史研究所清史研究室编：《清史资料》第5辑，第27页。

一坛，郁李子一金斗、榛子三金斗以上，则将园头各鞭七十，诸园领催鞭八十，大领催鞭九十……”[①] 但不论如何更易，处罚原则始终未变，即以所欠果品数目，折鞭责惩。

（五）采捕衙门（都虞司）下人丁的处罚

除以上会计司所属的诸粮庄、果园庄外，内务府采捕衙门（后改为都虞司）还辖有打牲汉人。康熙初年，采捕衙门在京师地区共有地三万九千余亩，按“每垧以银二钱一分、草七捆计”征收，若催征不得，按“一捆草折银二分，连同亏欠之银，一两鞭四，责打完结”，不令过百；若亏欠两年钱粮，则发庄为奴[②]。对于盛京地区的捕鱼、采蜜等打牲人丁，康熙十年（1671）对于不能完纳者的处罚是：捕鹳人，额定每年每丁交十五只鹳，缺额者，每两鹳责三鞭；捕鱼人，每年每丁应交五十条白鱼，缺额者，每五条白鱼责一鞭；捕水獭丁，每年每丁应交四只水獭，缺额者，每只水獭责五鞭；采蜜丁，每年每丁应交蜜两瓶半，缺者每两瓶责五鞭，所管催蜜领催缺一瓶责两鞭，不过百鞭[③]；捕狐二十丁共计应交狐狸皮五十四张、狼皮八张，一张狼皮折狐狸皮二张，共狐狸皮七十张，分摊每丁四张，每欠二张狐狸皮责五鞭，对于这些额丁、领催的鞭责，由盛京佐领呈请总管内务府后鞭之[④]。

综上，内务府中人数众多的庄头人、打牲人，被严格束缚在庄园及打牲处，每日战战兢兢地从事农业生产和打牲捕猎，一旦不能按时按量完纳贡物便要遭受处分，因而是名副其实的皇家奴仆。

三、偷食、霉烂窖粮

诸皇粮庄内皆有粮窖。康熙四年（1665），盛京掌关防佐领辛达里将盛京各粮庄收获新粮、所藏陈粮、用过及所余粮草数目报呈后，经宣徽

① 辽宁社会科学院历史研究所、大连市图书馆文献研究室、辽宁省民族研究所历史研究室译编：《清代内阁大库散佚档案选编·皇庄（上）》，辽宁民族出版社1988年版，第257页。

② 同上，第287~288页。

③ 关嘉录、王佩环译，佟永功校：《〈黑图档〉中有关庄园问题的满文档案文件汇编》，第68~69页。

④ 辽宁社会科学院历史研究所、大连市图书馆文献研究室、辽宁省民族研究所历史研究室译编：《清代内阁大库散佚档案选编·皇庄（上）》，第295页。

院核准“出入之数俱相符合”，令其将所余之粮“着意埋藏使用”[①]；康熙七年，庄头亦称“我等一年所得新粮，皆于纳粮时按数全部交纳，藏入窖内”[②]。从中可知，当时盛京各庄皆有存粮之窖，窖内之粮除供给盛京两陵及城内辛者库人外，还供给内务府派来的捕鱼、采蜜、采参等往来人丁、马匹之粮草及作为庄内人丁的应急口粮。如康熙六年（1667）盛京粮庄遇雹灾，庄内粮食已“难以养活其家口及牲畜”，因此庄内人牛“俱以当地埋藏之陈粮补给”[③]；康熙五十九年盛京连年阴雨，部分粮庄口粮断绝，便议定动用“窖内藏粮作口粮”[④]。盛京领催每年统计各庄新收、支出、剩余粮石数目，汇总后由盛京掌关防佐领呈报会计司核对存案。

庄内设有粮窖，为庄头人窃取窖内之粮提供了方便。康熙二十八年（1689）六月，始见有庄头人偷食窖粮事。当时，庄头“报粮时所报若少，则必挨打”，故将自己的口粮一并上报，然数月后口粮断绝，“借粮借不着，买粮买不起”，因此“开窖偷食”[⑤]。经统计，十七名庄头共偷食粮食九百五十一仓石，为此盛京佐领请求从重治罪，并“作为成例，照遵施行”，以儆效尤[⑥]。内务府奏准，将偷食诸庄头各鞭一百，所偷之粮令来年秋收时照数赔补[⑦]。次年，又有四名庄头偷食窖粮，内务府除“照例”将偷食之庄头责打并令赔补外，还派领催监督各庄粮食之收打及存储入窖[⑧]。从此，领催的主要职责增加了“监督埋藏粮食”一项，而这使得盛京六名领催承应差事力不从心，这是康熙二十九年（1690）在盛

---

① 关嘉录、王佩环译，佟永功校：《〈黑图档〉中有关庄园问题的满文档案文件汇编》，见中国社会科学院历史研究所清史研究室编：《清史资料》第5辑，中华书局1984年版，第6页。

② 同上，第36页。

③ 同上，第32页。

④ 《黑图档》第102册第80页，见辽宁省档案馆编译：《盛京内务府粮庄档案汇编（上）》，辽沈书社1993年版，第330页。

⑤ 《黑图档》第71册第71页，见辽宁省档案馆编译：《盛京内务府粮庄档案汇编（上）》，第100页。

⑥ 《黑图档》第71册第48～49页，见辽宁省档案馆编译：《盛京内务府粮庄档案汇编（上）》，第96页。

⑦ 辽宁社会科学院历史研究所、大连市图书馆文献研究室、辽宁省民族研究所历史研究室译编：《清代内阁大库散佚档案选编·皇庄（上）》，辽宁民族出版社1988年版，第192～193页。

⑧ 《黑图档》第72册第109～110页，见辽宁省档案馆编译：《盛京内务府粮庄档案汇编（上）》，第106页。

京增至十名领催的原因之一①。

与此同时，会计司所属皇庄亦发生庄头人偷食粮食的行为。康熙二十八年十二月，会计司所属有六十四名庄头偷粮，内务府按所盗粮食多少，"偷食粮在二百四十一石以下、一百零二石以上"的庄头各鞭一百，"偷食粮在九十一石以下、二十五石以上"的庄头各鞭八十，"偷食粮在二十五石以下、六石以上"的庄头各鞭五十②。

但是，对偷粮之庄头"责鞭令补"的处罚，并不足以起到惩戒作用，康熙三十三年（1694）时，竟有多达七十九名庄头偷食窖粮，占全部存粮的三分之一，对此总管内务府申斥道："查庄头报粮，再将庄头所报之粮验收、窖贮并加以巡查，本系佐领三官保等人之职责"，然盛京佐领等人"竟称待开启陈粮窖后如有偷食及霉烂情事，另行呈报"，又称"彼处无赔补偷食及霉烂粮食治罪之例"。由此可知，盛京佐领、领催等执法不严、违法不究，是造成当时各庄头偷食窖粮的一大原因，因此内务府又令彻查"每年监督埋粮并加巡查之事，系由何人监督埋藏、何人巡查？去年众庄头所报之粮，系由何人监督埋藏？埋藏时偷食及霉烂粮食之事，何以未能查出？"③ 内务府希望通过明确各监管之人的职责、加重惩处措施，以制止偷粮行为的发生。但是，正如庄头所言"待诸领催走后，我即开窖取出"④，证明这种监管是徒劳的。雍正帝继位后，停止将粮存于皇庄窖内，将每庄所得之粮或出卖易银后交于户部，或悉数运送盛京等处，从而彻底斩断了庄头人接触存粮的机会，偷粮行为遂止⑤。

四、隐匿壮丁

所谓"壮丁"，即庄内的皇属包衣人，如庄头所言"拨给我等之丁

---

① 《黑图档》第72册第107页，见辽宁省档案馆编译：《盛京内务府粮庄档案汇编（上）》，辽沈书社1993年版，第104～105页。

② 辽宁社会科学院历史研究所、大连市图书馆文献研究室、辽宁省民族研究所历史研究室译编：《清代内阁大库散佚档案选编·皇庄（上）》，辽宁民族出版社1988年版，第199～200页。

③ 《黑图档》第77册第64～66页，见辽宁省档案馆编译：《盛京内务府粮庄档案汇编（上）》，第139页。

④ 《黑图档》第86册第29～31页，见辽宁省档案馆编译：《盛京内务府粮庄档案汇编（上）》，第225页。

⑤ 辽宁省档案馆编译：《盛京内务府粮庄档案汇编（上）》，第338～345页。

妇，皆系皇上之人”[1]，具有正身旗人的身份。所以，隐匿壮丁实际上是私家对皇家人口的掠夺，这便是内务府一再严禁隐匿并鼓励首告的主要原因。

（一）对隐匿壮丁之庄头的处罚

以盛京皇庄为例，定例每庄连同庄头在内共计十丁[2]，因人口滋生，每庄内人丁一般会多于此数，这些丁口被视作壮丁，不得隐匿。康熙中前期，庄头隐匿壮丁时，不以所隐壮丁的人数定罪，而是一律鞭责八十。如康熙十七年（1678）始定，各庄“若隐匿一二丁，或有额丁出首，或经部查出，则将庄头鞭八十，未记名之丁抽出后安置于别庄”[3]。经查，康熙二十年“庄头于成明隐匿十六丁未入册”，内务府援引此例“理应鞭八十”[4]；三十三年，庄头王朝卓隐匿壮丁数人，被庄内额丁首告，内务府亦援引此例，将王朝卓鞭八十，所隐壮丁“悉数照定例抽出，拨给缺丁之庄”[5]。

对于庄头买养之丁，据《大清会典》载，“置买人丁及新成幼丁，许令编入本佐领”[6]，这便明确了“置买人丁”的旗人身份。康熙二十六年，庄头马三名下额丁法达所买养之子刘达去世，马三将其妻赵氏聘给民人后，又将刘达三子及三儿媳隐匿为民人，而为赵氏所讼。经刑部审理，所隐诸人皆为壮丁，马三隐匿属实，按例应责鞭[7]。再如康熙五十七年（1718），盛京庄头苏大被告隐匿壮丁，其辩称“苏满昌之弟苏成图等均系我伯父养子所生，是正身额丁之子弟所生，并非滋生人口，我敢不

---

① 《黑图档》第78册第121～123页，见辽宁省档案馆编译：《盛京内务府粮庄档案汇编（上）》，辽沈书社1993年版，第149页。

② 关嘉录、王佩环译，佟永功校：《〈黑图档〉中有关庄园问题的满文档案文件汇编》，见中国社会科学院历史研究所清史研究室编：《清史资料》第5辑，中华书局1984年版，第29页。

③ 《黑图档》第77册第12～17页，见辽宁省档案馆编译：《盛京内务府粮庄档案汇编（上）》，第129～130页。

④ 《黑图档》第61册第101页，见辽宁省档案馆编译：《盛京内务府粮庄档案汇编》（上），第51～52页。

⑤ 《黑图档》第77册第12～17页，见辽宁省档案馆编译：《盛京内务府粮庄档案汇编（上）》，第129～130页。

⑥ 允禄等修：雍正《大清会典》卷30《户部・户部八・户口・编审八旗壮丁》，见《近代中国史料丛刊三编》第77辑，第765册，（台湾）文海出版社1994年版，第1546页。

⑦ 《黑图档》第69册第74～75页，见辽宁省档案馆编译：《盛京内务府粮庄档案汇编（上）》，第90～91页。

将其列入档册？”[①] 由此可见，因佐领下额丁为正身旗人，故其养子及养子之子亦皆为正身旗人[②]，在比丁之年需记录档册。若隐匿需要受罚。

（二）对编审不实之官员的处罚

为有效管控八旗属员，清代制定了严格的人丁编审制度，即“内府八旗壮丁，岁有增益，立法编审，最为详密”[③]。编审壮丁时，由“各该佐领稽查，已成丁者增入丁册”，“其老弱幼丁不应入册”者则需勘验虚实[④]。若有隐匿壮丁未经查出者，“伊主及该佐领、领催，各罚责有差”[⑤]。

内务府在京诸佐领、管领下人生活较为集中，入户比丁时难度较小，但盛京各皇庄因分散各处，对比丁的监管难度较大，从而给了比丁官员徇私舞弊的空间，这是盛京各皇庄普遍隐匿壮丁并屡禁不止的主要原因。如康熙三十四年（1695）比丁时，盛京佐领下领催曹达官、额森泰、张思辰向庄内额丁每人均摊银五两，共计“向众额丁派取银六百余两”，此后三领催为各庄所隐的三十六名人丁作了掩饰。事发后，他们竟向调查此事的正黄旗佐领西拉、骁骑校佛宝各行贿银五十两，请求网开一面。据律文载，“凡官吏受财者，计赃科断”，受贿八十两以上者皆绞；而“凡衙门蠹役，恐吓索诈十两以上者，并妻安插奉天地方居住。至一百二十两者，照枉法拟绞”[⑥]。据此看来，每位领催勒索二百两，已属罪大恶极，正如盛京佐领三官保所言，若不杜绝此事，则“难以查出隐匿额丁

---

① 《黑图档》第98册第34～38页，见辽宁省档案馆编译：《盛京内务府粮庄档案汇编》上册，辽沈书社1993年版，第285页。

② 赖惠敏据《户律·立嫡子违法》条“旗人义子必该佐领具保，实系自襁褓抚养成丁，以继其后者，准其另记档案，不许将民间成丁子弟改随本姓”，认为“旗人收养未成年的小孩列为另记档案人，应不算正身旗人”。实际上，“此例是乾隆三年钦定，乾隆五年律例馆纂修入律”的，而雍正六年始定“凡收养之异姓子孙，皆不准当差，分别令其与原父母团聚”，可知，在雍正六年之前“收养之异姓子孙”可视为正身旗人。赖惠敏：《从法律看清朝的旗籍政策》，中国社会科学院近代史研究所政治史研究室编：《清代满汉关系研究》，社会科学文献出版社2011年版，第154页；吕宽庆：《清代立嗣继承制度研究》，河南人民出版社2008年版，第25页；《黑图档》第228册第57～64页，见辽宁省档案馆编译：《盛京内务府粮庄档案汇编（上）》，第389页。

③ 允禄等修：雍正《大清会典》卷30《户部·户部八·户口·编审八旗壮丁》，见《近代中国史料丛刊三编》第77辑，第765册，（台湾）文海出版社1994年版，第1545页。

④ 同上。

⑤ 同上。

⑥ 允禄等修：雍正《大清会典》卷181《刑部·律例三十一（刑律十一）·受赃一》，见《近代中国史料丛刊三编》第79辑，第784册，（台湾）文海出版社1995年版，第11975～11980页。

之弊”[①]。此后，对于领催比丁不力、佐领编审失察者皆加重处罚，如康熙四十三年（1704）有领催“隐匿名下丁口不入档册”，被以“擅免官差罪，杖一百”；而该管佐领因“未查出匿丁”，被“罚俸一月”[②]。在“旗人免杖”的律例背景下，“杖一百”显系破例惩治。

综上，笔者据内务府档案，概述了康熙朝皇属包衣人的几类经济类犯罪行为。无论盗窃皇家财物、隐匿壮丁，还是拖欠、偷食粮食，其中所透露出的“罪”与“罚”皆反映了皇属包衣人与皇家管理者在经济利益上的博弈。

第三节　皇属包衣人刑事类犯罪

除经济类犯罪外，还有不少皇属包衣人的犯罪行为可归为“刑事类犯罪”。从内务府档案来看，主要有以下罪名：

一、斗殴劫杀

在内务府所审理的部分案件中，还包括内务府包衣人及户下奴仆打架斗殴的案例。汗属包衣人强取豪夺、杀人越货者，早在努尔哈赤时期便已有之。如天命六年（1621），“汗之包衣鱼户韩楚哈、顾纳钦、洛多里、阿哈岱等四人因杀路旁汉人之驴、猪、山羊而食，并杀汉人，剥其衣物，夺其马匹”，经法司鞫审，“杀其首恶者阿哈岱，其余三人各鞭五十，刺其耳鼻释之”[③]。努尔哈赤曾一度奉行“屠戮汉人，抚养满洲”的政策，在此影响下，汗属包衣人劫杀汉人仅“刑而释之”。天聪时，皇太极调整了满汉民族政策，对于满汉斗殴者的处罚也一视同仁，即如其谕：

---

① 《黑图档》第79册第56～58页，见辽宁省档案馆编译：《盛京内务府粮庄档案汇编（上）》，辽沈书社1993年版，第173页。

② 《黑图档》第131册第34～38页，见辽宁省档案馆编译：《盛京内务府粮庄档案汇编（上）》，第219、221页。

③ 中国第一历史档案馆整理译编：《内阁藏本满文老档·太祖朝》，汉文译文，辽宁民族出版社2009年版，第73页。

“朕于满洲、蒙古、汉人，不分新旧，视之如一。凡人有斗殴之事，既经控诉，宜听法司公断审结。闻汉人与满洲、蒙古斗殴，各相袒庇，是不遵国法而妄行也，犯者必重惩之”①。

甫入北京，为维护统治秩序的稳定，多尔衮曾严禁佐领、管领无故责打属人，若“该管官将本佐领下妇女责打者，罚俸一年。怀挟私忿，将该管人丁责打者，罚俸两个月。吓诈财物者，革职，交刑部”②。同时对包衣人相殴者亦予以严惩，如顺治元年（1644），正黄旗人“吴尔珠之包衣民妇扎鼐遂掐吴阿岱妻之衣领，达折、马达折二民妇揪拿其发，吴尔珠一手持棍，一手抓吴阿岱子吴海之肩，拉向街中”，因此，吴尔珠被罚以“应得之罪”；其家下包衣扎鼐、达折、马达折，则因“掐吴阿岱妻之衣领，并揪其发，各罚鞭五十”③；顺治二年（1645），刘克礼牛录下三位包衣人“擅入汉村抓拿汉人，用刑逼抢衣服财物，并杀鸡宰猪”，为汉人所讼，经审属实，故“为首者常树拟斩首；其余两奴仆各罚百鞭，贯耳鼻；并将该两奴仆主人，各罚鞭五十”，牛录章京刘克礼以“不能严管其仆人，故罚百鞭”④。

以上两案，或为旗分佐领下人与包衣人互殴，或为旗分佐领下包衣人殴打民人，虽涉及包衣人犯罪事，但都超出尚方司的审判职权，因此两案皆由刑部审理。量刑的原则是二人相殴，以首殴之人论罪；众人斗殴，以为首之人为重；户下包衣人斗殴，家主及其管领连坐。

康熙时，再次强调佐领不得无故责罚属员的禁令，若“不因公事，将佐领下男、妇无故责打者，罚俸一年。挟仇责打者，降一级、罚俸一年。需索财物不遂责打者，革职”⑤。除严禁佐领、管领怀私愤责打下人外，当发生包衣人互殴事件时，有管束之责的参领、佐领、管领、领催，甚至族长等人亦要受连带处罚。如康熙二十二年（1683）定，内务府庄

---

① 《清太宗实录》卷24，天聪九年七月癸酉，《清实录》第2册，中华书局1985年影印版，第314页。

② 允禄等修：雍正《大清会典》卷111《兵部·兵部一·武选清吏司·八旗甲兵》，见《近代中国史料丛刊三编》第78辑，第775册，（台湾）文海出版社1994年版，第7387页。

③ 中国第一历史档案馆译编：《清初内国史院满文档案译编》中册，光明日报出版社1989年版，第14页。

④ 中国第一历史档案馆译编：《清初内国史院满文档案译编》上册，第187页。

⑤ 允禄等修：雍正《大清会典》卷111《兵部·兵部一·武选清吏司·八旗甲兵》，见《近代中国史料丛刊三编》第78辑，第775册，第7387页。

头人“在外倚势害民、霸占子女、把持衙门，及拿人到家捆缚打死者”，“将该管官降级留任”[1]；五十一年（1712）定：“八旗内佐领及分管佐领下满洲与另户人等，互相殴死，该管佐领、骁骑校、内管领，俱各罚俸一年；参领罚俸六个月；领催、族长鞭八十。”[2]

对于因斗殴而伤及人命者，皆处以死刑。档案中便记载了这样一件案件：

hoošan i hontohoi bonji be ini hontohoi haiju tatame waha. sere babe, haiju de fonjici: boro booi hi e mini baru mini ejen i ecike bonji jui, mini jui emu bade eficembihe, bonji i jui songgoho manggi, bonji mini jui i meifen be jafafi, lasihire jakade uje de goifi, songgome tucike. bi mini jui be toorede, bonji mimbe ainu toombi? seme. ini meye dzoboo emgi tataha seme. hi e minde alaha manggi, bi genefi bonji baru si tatambidere ainu? sini meye be tatabumbi seme. henduhede bonji eigen sargan mini baru toome afara jakade, bi bonji be emgeri fesihelere jakade, uthai tuheke umai goidahakū bucehe, inu sembi.[3]

意为：“浩善管领下海珠将其管领下保恩济绞杀，事觉。经讯，海珠供称：保鲁、我之包衣喜儿、我主子叔叔保恩济之子、我之子在一处玩耍，保恩济之子哭了，保恩济抓住我孩子的脖子摔中在房门上，哭出声来。喜儿责骂我之子后，保恩济又来责骂喜儿，并与其妹夫曹保一起把喜儿打了。喜儿告诉我后，我去向保恩济问：你为何打人？为何令你妹夫打人？因此，保恩济夫妇与我打骂，我把保恩济打了一拳，踢了一脚，因此倒下，不久便死了，是实。”

此为命案，经请旨后由内刑部移交刑部审理。遗憾的是，因档案佚失，该案在移交刑部后是如何定罪的，已不可知。但如雍正帝所言“朕披览奏章，其中人命案件，如故杀、谋杀者尚少，而以斗殴伤人者甚多。

① 《清圣祖实录》卷112，康熙二十二年九月甲午，《清实录》第5册，中华书局1985年影印版，第153页。

② 允禄等修：雍正《大清会典》卷111《兵部・兵部一・武选清吏司・八旗甲兵》，见《近代中国史料丛刊三编》第78辑，第775册，（台湾）文海出版社1994年版，第7388页。

③ 大连图书馆编：《大连图书馆藏清代内务府档案》第1册，国家图书馆出版社2010年版，第41页。

或因口角相争，或因微物起衅，挥拳操戈，一时殒命”[①]。此案大体如之，应属“斗杀”。据清律“凡斗殴杀人者，不问手足、他物、金刃，并绞”[②]，海珠应被处绞刑，而领催、佐领等人也因失于管束而被罚俸。

相比于佐领、管领下人，对于太监殴杀人的判罚则更重。康熙五十三年（1714），“太监张国栋与二格口角，将二格打伤致死”，刑部照律“拟绞监候，秋后处决”，但康熙帝却指出“太监等打死人，有即行正法之例”，不应照“平常斗殴杀人律”[③]。可见，太监应立即处死。

二、诬告

清代统治者既鼓励“首告”，又严惩“诬告”。早在天聪六年（1632），皇太极便对“诬告”作出界定，他谕令：“家仆讦告伊主二事以上，重罪有实据，而轻罪虚者，不以诬告论，准出户。如开列款内，一款有实据者，亦不以诬告论。若各款俱实，原告准出户，各款俱虚及虚实相半者，原告俱不准出户……如子告父、妻告夫、同胞兄弟互相讦告者，系谋反、大逆等事，许其讦告，其余有讦告者，除被告犯罪照常审拟外，原告亦同罪之，不准出户”[④]。即根据所告事件的轻重与虚实，并参考儒家伦理观念，来实现统治者的利益最大化。

康熙时期，按律“凡诬告人以死罪而尚未处死者，杖一百、流三千里，在流遣地加刑三年；凡教唆诬告者，与罪犯同坐”[⑤]。从档案来看，康熙四十六年（1707），赵金钟与庄内额丁合谋诬告庄头齐元利打杀人，经慎刑司查明捏控属实，参考刑律，将原本负罪在身的赵金钟从重处以

---

① 允禄等修：雍正《大清会典》卷154《刑部·刑部六·律例五（吏律二）·公式》，见《近代中国史料丛刊三编》第78辑，第780册，（台湾）文海出版社1994年版，第9829页。

② 允禄等修：雍正《大清会典》卷174《刑部·律例二十五（刑律五）·人命一》，见《近代中国史料丛刊三编》第79辑，第783册，（台湾）文海出版社1995年版，第11526页。

③ 中国第一历史档案馆编：《康熙起居注》第3册，康熙五十三年八月十二日辛巳，中华书局1984年版，第2108页。

④ 允禄等修：雍正《大清会典》卷180《刑部·律例三十（刑律十）·诉讼二》，见《近代中国史料丛刊三编》第79辑，第784册，（台湾）文海出版社1995年版，第11927～11928页。

⑤ 《黑图档》第90册第16～28页，见辽宁省档案馆编译：《盛京内务府粮庄档案汇编（上）》，辽沈书社1993年版，第247页。

绞刑，其余诬告者各被枷号百日，鞭一百[①]。康熙五十九年，额丁五十六与普二、陈三合谋，令其作伪证，诬告庄头苏成英“霸占庄头之缺、打杀额丁苏三、逼死周狗儿”，亦参考刑律，将五十六“枷号二月，鞭一百”，其余参与诬告者被“枷号三十五日，各鞭九十”[②]。此两案皆为“诬告人以死罪而尚未处死者”，慎刑司参考律文规定，区分诬告者初犯与再犯，再依照旗人身份，综合考量以定罪责。

三、赌博

早在入关前，满洲统治者便严禁赌博。天聪六年（1632），皇太极特谕：“近闻游惰之民，多以赌博为事。夫赌博者，耗财之源，盗贼之薮也。嗣后，凡以钱及货物赌博者，概行禁止，违者照例治罪”[③]。天聪年间（1627—1636），宁完我因赌博被人首告，皇太极宥其罪，并“屡诫谕之”，但他恶习不改，天聪十年“复与大凌河归附甲喇章京刘士英博，为士英家人所首。论罪，革世职。凡钦赐诸物俱没入，解任，仍给与萨哈廉为奴；籍刘士英家，发尚阳堡为民”[④]。可见，满洲统治者早已意识到赌博之害，并以严刑禁赌。

入关后，赌博被视为“盗源”，故三令五申，“严赌博之禁，以绝盗源”[⑤]。因打手鼓、踢石球是赌博的重要形式，为此，康熙十年（1671）定，“凡无业之人，在街道打手鼓、踢石球者，拿送到部，系旗下人鞭五十，系民责二十板”[⑥]。同时康熙帝还多次严谕诸内管领，应“严加晓谕，并号令不准要钱”；总管太监顾太监亦曾“数次严谕，禁止赌钱，须遵守

① 《黑图档》第 90 册第 16 ~ 28 页，见辽宁省档案馆编译：《盛京内务府粮庄档案汇编（上）》，辽沈书社 1993 年版，第 247 页。

② 《黑图档》第 101 册第 72 ~ 76 页，见辽宁省档案馆编译：《盛京内务府粮庄档案汇编（上）》，第 325 页。

③ 《清太宗实录》卷 11，天聪六年二月乙卯，《清实录》第 2 册，中华书局 1985 年影印版，第 155 页；中国第一历史档案馆整理译编：《内阁藏本满文老档 · 太宗朝》，汉文译文，辽宁民族出版社 2009 年版，第 617 ~ 618 页。

④ 《清太宗实录》卷 27，天聪十年二月庚寅，《清实录》第 2 册，第 353 页。

⑤ 萧奭：《永宪录》卷 2（下），中华书局 1959 年版，第 156 页。

⑥ 允禄等修：雍正《大清会典》卷 155《刑部 · 刑部七 · 律例六（户律一）· 户役》，见《近代中国史料丛刊三编》第 78 辑，第 780 册，（台湾）文海出版社 1994 年版，第 9994 页。

律例，小心谨慎，不得滋事”[①]。但即便如此，康熙二十九年，太监刘启、李文英等四人仍在畅春园赌博，“一胡取一钱”，审实后，刘启等人被“各枷号二月、鞭一百”，其所属内管领、内副管领、领催等人亦遭相应鞭刑[②]。康熙三十年（1691），内右门太监蔡洁、蔡世忠在宗人府门前“踢石球”赌博，各被“枷号二月、鞭一百”，其众首领因失察，各重责十五板；并议定“嗣后，不论何管领，只要内管领及众领催查拿，则该内管领及众领催皆免治罪”，冀以此“各自尽力查拿”[③]。对照前述康熙十年所定踢石球者“旗下人鞭五十”的规定来看，显然蔡洁、蔡世忠等人被从重处罚，这与康熙一朝赌博屡禁而不绝有关。雍正帝亦对此深恶痛绝，继位伊始便令“凡犯赌博者，旗人鞭一百，民人责四十板，各枷号两月。其造牌骰之人，亦照赌博治罪”[④]。相比康熙禁令，赌博者将处以双倍之刑，显然更为严厉。

四、私逃

为严格控制皇属包衣人，内务府令诸佐领、管领随时掌握属下人的行踪，不时派领催核查，有些领催甚至“一日核查两次”，将核查时未到者禀告给包衣佐领、管领[⑤]。而管领下人请假外出，一般准假三日，三日假满仍未归者，领催则需差人查问[⑥]。太监外出时，“必告之首领而出，依限而还，时刻不爽，立法甚严”[⑦]。若佐领、领催等核查不严，致属下人逾日未归，则该管官将以失察治罪；未归者则以逃人论罪。

内务府中太监众多，若“太监获罪，有发打牲乌拉为奴者，有发黑龙江给官兵为奴者……又有交内务府总管用九条链锁之者，有发瓮山铡

① 辽宁社会科学院历史研究所、大连市图书馆文献研究室、辽宁省民族研究所历史研究室译编：《清代内阁大库散佚满文档案选编》，天津古籍出版社 1991 年版，第 78 页。

② 同上，第 73 ~ 75 页。

③ 同上，第 78 ~ 80 页。

④ 萧奭：《永宪录》卷 2（下），中华书局 1959 年版，第 156 页。

⑤ 辽宁社会科学院历史研究所、大连市图书馆文献研究室、辽宁省民族研究所历史研究室译编：《清代内阁大库散佚满文档案选编》，第 27 页。

⑥ 同上，第 105 页。

⑦ 中国第一历史档案馆编：《康熙起居注》第 3 册，康熙四十五年五月初四日辛酉，中华书局 1984 年版，第 1974 页。

草者、吴甸铡草者，有圈禁瓮山永不释放者”[①]。若从庄内或厩馆内逃走，则“按其次数，分别自首、被获，治以枷杖之罪”[②]。如康熙二十七年（1688），因罪被流放乌拉的龚宝昌私自逃回，拿获后被“枷号三月，鞭一百，系以铁索，送回乌拉”[③]；康熙三十三年，据内务府总管奏，“daci gulu šanggiyan i guwamboo hontohoi sula bihe，mei sy sio niyalma be hošošofi uncaha. turgunde，orin jakūnci aniya anagan i ilan biyade ula de buthai haha obume unggihe bihe. gūsin emucin aniya ninggun biyade，ula ci ukame jifi. duleke aniya uyun biyai orin duin de，fandz sede jafabufi，ineku aniya juwan biyai juwan de，beidere jurgan ci benjihebe kooli songkoi，ilan biya selhen etubufi tanggū šusiha tatanfi，sele futa tabuhai ula de unggihe”[④]。即“关保原为正白旗管领下苏拉，因将梅思修哄诱卖了，故于二十八年闰三月被派往乌拉充当地猎户。三十一年六月，从乌拉逃来后，于去年九月二十四日，为番役所拿。本年十月十日从刑部解送来，依律，戴枷三月，责百鞭，用铁索缚身，仍解送乌拉处”。可见，拿获之逃亡包衣人需交由刑部治罪，再送内务府发遣。康熙四十五年时，有包衣佐领下人花色被“发黑龙江后逃往苏州为僧”，解至刑部后“竟不治罪，送内务府仍发黑龙江”，这使得康熙帝极为不满[⑤]。此后逃人事件时有发生，为此，康熙四十七年（1708）定，逃回之人不犯罪者，“仍照原定例完结”；逃回后又复犯罪者，“立时正法”[⑥]；五十五年，又对私逃之太监“刺字，挑去脚筋充发”[⑦]。“割筋之刑”的实施最大化降低了罪人逃跑的可能性。

当属下人逃跑时，其负有监管责任的官员亦要承担失察之责，如对于厩馆中失察者，康熙三十二年，常在之馆内太监逃亡后，令将馆长鞭

---

① 吴振棫：《养吉斋丛录》卷25，中华书局2005年版，第324～325页。

② 昭梿：《啸亭杂录》卷8《内务府定制》，中华书局1980年版，第229页。

③ 辽宁社会科学院历史研究所、大连市图书馆文献研究室、辽宁省民族研究所历史研究室译编：《清代内阁大库散佚档案选编·皇庄（上）》，辽宁民族出版社1988年版，第318～319页。

④ 大连图书馆编：《大连图书馆藏清代内务府档案》第1册，国家图书馆出版社2010年版，第376～377页。

⑤ 中国第一历史档案馆编：《康熙起居注》第3册，康熙四十五年十一月初八日壬戌，中华书局1984年版，第2040页。

⑥ 《清圣祖实录》卷233，康熙四十七年七月丁丑，《清实录》第6册，中华书局1985年影印版，第330页。

⑦ 中国第一历史档案馆编：《康熙起居注》第3册，康熙五十五年九月初二日戊午，第2304页。

一百，准赎[①]；三十五年，其馆又有太监逃亡，则将值班的馆副、馆丁各枷号一月、鞭一百[②]。对于乌拉地方失察者，康熙二十七年，乌拉翼长额赫依“身为管辖之人，流犯逃跑，既未追获，亦未报内务府”，被罚俸一年[③]；康熙三十三年，因乌拉总管满达尔干，翼长昂尼奥、劳禅，“falabuha weilengge niyalma mei sy sio i ukaka babe udu jiyanggiyūn i yamun de bithe alibucibe, cohome niyalma tucibufi fargabuhakū, boolajihakūngge, acahakūbi. Uttu ofi, mandargan angnio locan be emte aniyai funlu faitame gisurehebi.”即“将流放有罪之人梅思修逃跑之事，虽呈文将军衙门，但并未派专人追赶，亦未前来报告，殊属不合。因此，拟将满达尔干、昂尼奥、劳禅各罚俸一年”[④]。康熙四十年、四十一年，流遣至乌拉处的多名佐领下人、管领下人逃跑，乌拉翼长穆哈纳、骁骑校温泰因“并未严查管束，亦未着意缉拿”，被罚俸一月[⑤]。

总之，私逃之皇属包衣人大都为负罪在身的劳役者，因不胜苦力、不堪驱使而选择逃亡。逃亡后，该管官既要上报，又要派人追捕。若追逃不力，则多被处以罚俸一月至一年不等的经济刑。

第四节　皇属包衣人职务类犯罪

笔者借用现代刑法中的“职务类犯罪”概念，来代指皇属包衣人在本职工作中因违背律例而造成一定后果的犯罪行为。结合档案资料来看，主要包括以下几类：

---

① 辽宁社会科学院历史研究所、大连市图书馆文献研究室、辽宁省民族研究所历史研究室译编：《清代内阁大库散佚满文档案选编》，天津古籍出版社1991年版，第82页。

② 同上，第98页。

③ 辽宁社会科学院历史研究所、大连市图书馆文献研究室、辽宁省民族研究所历史研究室译编：《清代内阁大库散佚档案选编·皇庄（上）》，辽宁民族出版社1988年版，第318～319页。

④ 大连图书馆编：《大连图书馆藏清代内务府档案》第1册，国家图书馆出版社2010年版，第376～377页。

⑤ 辽宁社会科学院历史研究所、大连市图书馆文献研究室、辽宁省民族研究所历史研究室译编：《清代内阁大库散佚档案选编·皇庄（上）》，第332～334页。

一、违背宫禁

宫禁之制是否完善直接关系到统治者的切身安全。自努尔哈赤始，“汗宫”的制度建设便格外受到重视。如天命七年（1622），负责守卫“汗院西小门之图尔格依牛录之德库莫尔根、丹坦牛录之布勒痕二老人未闭门，被汗家执酒妇人督见，即告于值守南大门之塔木拜、布岱，将门关闭。翌晨，塔木拜、布岱告于纳钦”，努尔哈赤令捕二人，其中“布勒痕因未闭门，每日割身一处凌迟处死。德库莫尔根因将闭门之事委托布勒痕，当时离班不在，故鞭责五十”。而“塔木拜、布岱虽屡次告于纳钦，但并未告于汗，故各责十鞭”，备御纳钦既知此事，却未及时告知汗，原拟死罪，蒙汗赦宥，被籍没家产。[①] 天命八年，德木图因旷误门班，被罚银十两，折销其父乌讷格巴克什所记功银十两[②]。这两起案件均发生于宫禁之制形成初期，各项制度尚不完善，违禁时的量刑定罪也不统一。皇太极继位后，特别是建元崇德、设立专门的内府事务机构后，宫内制度日臻完善，笔者前文有述，不再赘言。

顺治初年，清军甫入北京，面对大盛京皇宫数十倍的紫禁城，其原有宫禁制度已无法适应新皇宫的管理要求，而清代统治者又一时无法完全继承明代的宫廷之制，在这样的背景下，很难要求戎马一生的宫廷人员严以律己地遵守各项制度，宫禁松弛已属必然。如顺治四年（1647）“和洛会旗谭布牛录诺霍依见太和殿北门上有锁，而南门却未上锁，即告甲喇章京依尔都齐，依尔都齐告知内班上锁”[③]；顺治五年，尼哈齐、穆展等七侍卫前去锁紫禁城北门时，“竟任侍卫上锁、开锁”，本身“惟观之而已”；前去锁门之苏纽“身为守门值班者”，却“饮酒已醉”，因此各责鞭二十七[④]。掌管禁城大门的吏员竟如此荒诞，无疑使防守宫内安全的第一道防线形同虚设，随时在向危险敞开着大门。

---

① 中国第一历史档案馆整理译编:《内阁藏本满文老档·太祖朝》,汉文译文,辽宁民族出版社 2009 年版,第 156 页。

② 同上,汉文译文,第 154 页。

③ 中国第一历史档案馆译编:《清初内国史院满文档案译编》上册,光明日报出版社 1989 年版,第 434 页。

④ 同上,第 479 ~ 480 页。

但是，至康熙时期，宫禁之制已相当完善，有不少包衣人都因违背宫制而遭受处罚。从犯罪缘由上来看，主要有以下几种：

（一）夜宿宫内

康熙二年（1663），福哈达管领下雅尔泰率领一班众管领下人在宫内打扫庭院，其中有男孩常保“打扫庭院时乏极，傍晚在神厨西楼东廊下睡着，睡得过沉，亮钟时分才醒”，结果门已关闭，在宫内亭阶上留宿一夜。事后，即便常保年仅十二，亦鞭责一百；雅尔泰未能严管属下，因“年七十九岁，免予鞭责，准以银赎之，倘不得赎银，即鞭五十”①。可见，对无故夜宿宫内的处罚是很严厉的。

（二）旷班

所谓“内廷重坐更，御前更尤重”②，统治者重视值宿之制不难理解。康熙时定制“凡宫禁宿卫及紫禁城、皇城门守卫人，应值不值者，笞四十”③。康熙四年，守卫慈宁宫大门的护军关保与众护军同时外出吃饭，致使旷班，关保被鞭责一百，其余三人各鞭七十，该处罚较之律文中旷班者“笞四十”的规定明显更重；值宿章京噶克图因向参领鄂克吉哈谎报旷班护军患病，有意包庇属下，被“罚双重罪”④。而当康熙三十年（1691），六品散秩官瓦勒达在都虞司“两次传谕其入班，仍不入班，以致旷班”后，被革职、鞭一百⑤；四十五年，守卫旧宫的穆克登布擅自旷班，亦被革职、处罚⑥。与关保等人贻误值宿不同，瓦勒达、穆克登布被认定“有意旷班”，因此皆被革职。

除上述因故贻误、有意旷班要受处罚外，按《大清会典》规定，“紫

---

① 辽宁社会科学院历史研究所、大连市图书馆文献研究室、辽宁省民族研究所历史研究室译编：《清代内阁大库散佚满文档案选编》，天津古籍出版社 1991 年版，第 5 ~ 7 页。

② 吴振棫：《养吉斋丛录》卷 25，中华书局 2005 年版，第 324 页。

③ 允禄等修：雍正《大清会典》卷 165《刑部 · 刑部十七 · 律例十六（兵律一）· 宫卫》，见《近代中国史料丛刊三编》第 79 辑，第 781 册，（台湾）文海出版社 1995 年版，第 10646 页。

④ 辽宁社会科学院历史研究所、大连市图书馆文献研究室、辽宁省民族研究所历史研究室译编：《清代内阁大库散佚满文档案选编》，第 8 ~ 11 页。

⑤ 辽宁社会科学院历史研究所、大连市图书馆文献研究室、辽宁省民族研究所历史研究室译编：《清代内阁大库散佚满文档案选编》，第 77 页。

⑥ 中国第一历史档案馆编：《康熙起居注》第 3 册，康熙四十五年二月十二日辛丑，中华书局 1984 年版，第 1942 页。

禁城、皇城门守卫官以下值人代替者、替之人，皆要被杖七十”[①]，此为“无故替换”及未经获准“私自替换”的处罚规定。因此，当值班时突发疾病等无力值宿时，需向值班章京汇报，获准后另外派人值班；若不能及时汇报，致使无人替班或未经获准便派人替班者，皆要受罚。康熙三十二年，守卫慈宁宫之副管领尼雅哈齐患病，经审，他供称：“那夜，我忽然痰壅气闭，无法忍受病痛，因内心恍惚，为不玷污大内，便赶快回家去了”（“tere dobori，bi gaitai sukdun yaksibume nimeme hamirakū. dolo mujihun farhun，ofi dorgi ba nantuhūrarahū，seme ekšeme boode genehe”）。然而，慎刑司讯问：“你作为值夜班之副管领，若患病理应告知正门章京，等待换了人交班后再回家，而你并未告知章京，所更换之值班人亦未查明，致使旷班”（“si idu deduhe ilhi booi da，nimeci giyan i cin i duka i janggin de alafi，halara niyalma be aliyafi，idu be joolabuha manggi，boode geneci acambi. umai ci i duka janggin de alahakū，halame idu dosire niyalma be getukelehekū，idu funtuhulehe”）。因此将尼雅哈齐降一级，罚俸一年[②]。可见，在实际中对私自替换值班者的处罚并未完全按律治罪。

（三）行路不合

宫苑人员值宿时不得擅离自己的辖区，而当随侍皇帝时，亦要规划好驾行之路。康熙三十三年（1694），上谕：“cananggi sirga kūwaran ci jidere，denlu jafaha araha juwan i da juntai dasaha amba jugūn be yaburakū，balai hetu yabumbi. gebu be fonjici，geli jaburakū. ere gese niyalma be araha juwan i da sindarangge，niyalma wajihabio?” “erei turgunde juntai be tanggū šusiha tantafi，araha juwan i da ci nakabume.” 即“前天从南苑来时，打灯笼之委署护军校准泰，不走已修好之大路，而乱走小路，讯问姓名时，又无法回答。将此类人补放护军校，难道没人了吗？”“缘此，拟将准泰责百鞭，革委护军校职”[③]。

① 允禄等修：雍正《大清会典》卷165《刑部・刑部十七・律例十六（兵律一）・宫卫》，见《近代中国史料丛刊三编》第79辑，第781册，（台湾）文海出版社1995年版，第10654页。

② 大连图书馆编：《大连图书馆藏清代内务府档案》第1册，国家图书馆出版社2010年版，第348～355页。

③ 同上，第391～392页。

（四）泄露消息

努尔哈赤格外强调保密的重要性，他指出“为国之道，心贵忠，谋贵密，法令贵严。至于泄密谋、慢法令者，无益于至道，乃国之祟也”①。入关后，统治者亦严禁泄密，如对犯罪者，若“督抚密行访察漏泄消息，以致有自尽、脱逊者，俱罚俸一年”②。但又参照儒家伦理，制定了“亲属相为容隐”之律条，即“凡同居，若大功以上亲及外祖父母、外孙，妻之父母、女婿，若孙之妇、夫之兄弟及兄弟妻”有罪，“若漏泄其事及通报消息，致令罪人隐匿逃避者，不坐”，“其小功以下兼容隐及漏泄其事者，减凡人三等，无服之亲减一等”③。

康熙帝鉴于“在宫中耳目众，不免人知”④，因而亦格外重视宫内保密事。他在给王鸿绪的朱批中便告诫道，“京中有可闻之事，卿密书奏折，与请安封内奏闻，不可令人知道。倘有泄漏，甚有关系，小心，小心”⑤。康熙五十三年（1714），有太监干涉外事，往来大臣之家，被拟绞⑥。次年又查出“原任湖南巡抚潘宗洛为谋升迁，交通太监李玉立合同券”案，巡抚大员为图升迁，竟结交下贱之宫内太监，此案关系重大，因此康熙帝要求“彻底审明具奏”⑦。内务府奏销档中亦有一起因泄密而被治罪者，康熙二十七年（1688），毓庆宫四执事太监刘富帮经过日精门时，将听闻参劾敦拜之语转告给太监雷英阔，事发，被枷号一月、鞭责一百。雷英阔又转告给与敦拜有仇之“姑姑”吴氏。经审问，吴氏与雷英阔并非亲戚，因此不适于“亲属相为容隐”之律，而是按“将内廷之

① 《清太祖武皇帝实录》卷2，潘喆、孙方明、李鸿彬主编：《清入关前史料选辑》第1辑，中国人民大学出版社1984年版，第330页。

② 伊桑阿等修：康熙《大清会典》卷11《吏部·考功清吏司·揭报题参》，见《近代中国史料丛刊三编》第72辑，第712册，（台湾）文海出版社1992年版，第488页。

③ 伊桑阿等修：康熙《大清会典》卷111《刑部·律例二·名例下·亲属相为容隐》，见《近代中国史料丛刊三编》第73辑，第724册，（台湾）文海出版社1993年版，第5507页。

④ 中国第一历史档案馆编：《康熙朝汉文朱批奏折汇编》第1册《工部尚书王鸿绪奏请万安折》，档案出版社1984年版，第289页。

⑤ 中国第一历史档案馆编：《康熙朝汉文朱批奏折汇编》第1册《密谕王鸿绪密奏京中可闻之事》，第277页。

⑥ 《清圣祖实录》卷259，康熙五十三年六月丙子，《清实录》第6册，中华书局1985年影印版，第556页。

⑦ 中国第一历史档案馆编：《康熙起居注》第3册，康熙五十四年十月三十日壬辰，中华书局1984年版，第2209页。

语告诉与自己不相干之外人”，将雷英阔枷号三月、鞭一百、充口外庄奴[①]。

（五）失火

在入关前，统治者便有很强的防火意识，正如康熙帝所言“太祖皇帝、太宗皇帝时火禁最严”[②]。崇德六年（1641），皇太极又因盛京“比屋而居，万一贻误失火，必致延烧”，因此特定“连坐之法”，以监督彼此[③]。顺治年间，火禁稍弛，如顺治六年（1649），拜禅妻及广泰家女子赖氏于金水桥前放鹅时吃烟，结果“遗火焚绳三万三千八百余斤，延烧炮车二百余辆，仓房一百二十余间”，即便造成如此重大的财产损失，也仅将“拜禅妻免死，鞭一百；赖氏，免死，鞭三十”了事[④]。可见，康熙帝所言太祖、太宗时“火禁最严”，隐含有顺治时火禁不严之意。

康熙帝的防火意识极强，这与康熙十八年（1679）太和殿发生火灾有直接关系，时“火自西膳房起，延烧后右门、中右门、西斜廊……至正殿，复及东斜廊、中左门”[⑤]，事后，失火六人拟处绞[⑥]。康熙二十二年，住景山之太监边启玉家失火，即便未造成严重损失，但亦被“枷号两个月，鞭责一百”，隐瞒火灾者鞭责八十，值班催长罚俸六个月，值班领催、笔帖式各鞭五十[⑦]。康熙五十六年（1717），西华门外营造司所属放置器物之库门外三间房屋失火，经审讯，系匠人“李三等燃火炭不慎重，点火烘烤衣服时，致使失火烧着了房屋”（li san se tuwa yaha be olhošorakū，tuwa dabufi etuku be fiyakūha de tuwa turibufi boo dahangge），因

① 辽宁社会科学院历史研究所、大连市图书馆文献研究室、辽宁省民族研究所历史研究室译编：《清代内阁大库散佚满文档案选编》，天津古籍出版社1991年版，第64～70页。

② 《清圣祖实录》卷230，康熙四十六年九月戊午，《清实录》第6册，中华书局1985年影印版，第305页。

③ 《清太宗实录》卷55，崇德六年三月辛丑，《清实录》第2册，中华书局1985年影印版，第737～738页。

④ 《清世祖实录》卷44，顺治六年五月乙未，《清实录》第3册，中华书局1985年影印版，第354～355页。

⑤ 中国第一历史档案馆编：《康熙起居注》第一册，康熙十八年十二月初三日甲子，中华书局1984年版，第470页。

⑥ 中国第一历史档案馆编：《康熙起居注》第一册，康熙十八年十二月二十一日壬午，第476页。

⑦ 辽宁社会科学院历史研究所、大连市图书馆文献研究室、辽宁省民族研究所历史研究室译编：《清代内阁大库散佚满文档案选编》，第50～56页。

此拟将李三等人戴枷三月、鞭责一百[①]。

为预防火灾，康熙帝采取了多项措施：其一，令值守兵丁不时巡查，严厉处置失职者。康熙二十二年（1683）定议，按失火延烧房屋间数，“文武官员分别处分”[②]。如是年，于景山值班之领催郑库讷旷班进入内廷，致使未能严格管理景山炭火，被鞭五十[③]；康熙三十四年光明殿东柴厂内失火，康熙帝发现“守巡官员兵丁，尽皆旷误”，谕令此后“有旷误者，当参奏则参奏，当笞责则笞责之”，“倘有疏虞，守视官员兵丁必戮无赦”[④]。其二，严禁在宫苑等处吸烟。康熙时定例，“凡文武官员，倘有在紫禁城内吸烟者，则革职”[⑤]。康熙二十二年，蓝翎敦柱“曾发誓不吸烟，今又在紫禁城内吸烟”，被革职、鞭一百[⑥]。康熙三十三年，太监赵玉在畅春园内吸烟，被“枷号二月，鞭一百”，其首领太监因管束不严亦被鞭责一百[⑦]。

由上可知，康熙时期宫禁之制琐细而严格，顺治时期宫门未锁之类的严重失职行为在康熙时期再未发生。

二、冒名入宫

康熙时期宫禁之制渐趋完善，如规定“朝参文武官及内官”入宫者需“悬带牙牌、铁牌”，“厨子、校尉入内，各带铜木牌面”[⑧]；太监等宫内人员外出时，“各守门官须要收留本人在身关防牌面，于门簿上印记姓名及牌面字号，明白附写前去某处干办，是何事务，其门官与守卫官军

① 大连图书馆编:《大连图书馆藏清代内务府档案》第1册,国家图书馆出版社2010年版,第494页。

② 中国第一历史档案馆编:《康熙起居注》第2册,康熙二十二年五月初七日戊申,第1001~1002页;康熙二十二年六月十一日壬午,第1017页,中华书局1984年版。

③ 辽宁社会科学院历史研究所、大连市图书馆文献研究室、辽宁省民族研究所历史研究室译编:《清代内阁大库散佚满文档案选编》,天津古籍出版社1991年版,第56页。

④ 《清圣祖实录》卷166,康熙三十四年二月丙辰,《清实录》第5册,中华书局1985年影印版,第808页。

⑤ 辽宁社会科学院历史研究所、大连市图书馆文献研究室、辽宁省民族研究所历史研究室译编:《清代内阁大库散佚满文档案选编》,第61页。

⑥ 同上。

⑦ 同上,第88页。

⑧ 允禄等修:雍正《大清会典》卷165《刑部·刑部十七·律例十六(兵律一)·宫卫》,见《近代中国史料丛刊三编》第79辑,第781册,(台湾)文海出版社1995年版,第10698页。

搜检沿身，别无夹带官私器物，方许放出。回还一体搜检，给牌入内，以凭逐月稽考出外次数”[①]，以便及时掌握各内府人员的出入动向。若违禁，“擅入皇城午门、东华、西华、神武门及禁苑者，各杖一百；擅入宫殿门，杖六十、徒一年；擅入御膳所及御在所者，绞。未过门限者，各减一等。若无门籍，冒他人名籍而入者（兼已入、未过），罪亦如之”[②]。

即便宫禁制度如此严格，违禁处罚如此严厉，康熙时期依然发生多起冒名入宫甚至闯宫的事件。如康熙十九年（1680），看守大高殿的太监郝国祥之家人萨二为在宫内谋差，声称系太监之家人便由神武门进入大内，后于景运门前被捕，此案“关系重大”，被移交刑部审理[③]。同年，“民人三儿擅入神武门，趋景运门”，被守卫景运门的护军执送刑部，拟将“三儿徒三年，责四十板；守神武门护军等应鞭七十”，康熙帝谕令将三儿宽免，但“守门护军职司紧要，理应责惩”[④]。康熙二十九年，总管内务府也审理了这样一起案件，笔者将该档转译如下：

dorolon i jurgan ci benjihe bthei dorgide, cangming ni hontohoni taigiyan g' o guwa šui be ini ejen horonggu de amasi buhe seme, benjihebi. baicaci, elhe taifin i orin jakūci aniya ninggun biyai dorgide, dorolon jurgan ci elkifi benjihe taigiyan g' o guwašui be wesimbufi, baita be ginggulere boode buhebi. guwamboo hontohoi manju bithe tacire taigiyan cen jin coo, g' o guwa šui be ini deheme i jui, irgen yargiyan seme. akdulaha be dangse de ejehebi. taigiyan cen jin coo deg' o guwa šui niyalmai booi aha, bime si sini deheme i jui eigen（按：应为 irgen）yargiyan seme akdulaha. turgun adarame, seme fonjici. jaburengge, orin jakūnci aniya ninggun biyai dorgide g' o guwa šui wargi eldengge dukai jakade mimbe acafi, bi wan ping hiyan i irgen, dorolon i jurgan ci mimbe elkifi hūi gi sy de benjihebi de mimbe akdulara niyalma be gaji sembi. si taigiyan be dahame, mimbe akdularao. sere. jakade bi simbe takarakū,

---

① 允禄等修：雍正《大清会典》卷165《刑部·刑部十七·律例十六（兵律一）·宫卫》，见《近代中国史料丛刊三编》第79辑，第781册，（台湾）文海出版社1995年版，第10674页。

② 同上，第10636～10637页。

③ 辽宁社会科学院历史研究所、大连市图书馆文献研究室、辽宁省民族研究所历史研究室译编：《清代内阁大库散佚满文档案选编》，天津古籍出版社1991年版，第35～37页。

④ 中国第一历史档案馆编：《康熙起居注》第1册，康熙十九年六月二十日丁丑，中华书局1984年版，第562页。

bime adarame akdulaci ombi sehede. g' o guwa šui gisun mimbe sini deheme i jui seme akdula, muse niyaman hūncihin takafi yabuki seme baire jakade, bi ulhicun akū, ofi akdulahangge inu. sembi. cen jin coo de, sini jabunde, taigiyan g' o guwa šui be takarakū sehebi, takarakū niyalma be si akdulara mujanggo? erebe tuwaci, g' o guwa šui urunakū sinde ulin menggun bufi, si akdulahabi, yargiyan be ala seme. fonjici. jaburengge, g' o guwa šui mimbe akdularao seme baire jakade, niyalmai booi aha be sarkū. taigiyan ojoro jakade, bi ulhicun akū, akdulahangge inu, bi ulin menggun gaiha ba kū. seme. kemuni nenehe songkoi jabumbi.

amban meni gisurehengge: manju bithe tacire taigiyan cen jin coo i jabunde, taigiyang' o guwa šui mimbe acafi, bi wan ping hiyan i irgen, dorolon i jurgan ci mimbe elkifi benjihebi. te akdulara niyalma be gaji sembi. mimbe sini deheme i jui seme. akdularao muse niyaman hūncihin takafi yabuki, seme baire, jakade, bi niyalmai booi aha be sarkū, ulhicun akū, akdulahangge inu. ulin menggun gaiha ba akū. seme. ini beye alime gaimbi, cen jin coo niyalmai booi aha taigiyan be ini deheme i jui irgen yargiyan seme, holtome akdulahangge, ambula acahakūbi. utto ofi, cen jin coo be tanggū šusiha tantame gisurehebi. amban meni cisui gamara ba waka, ofi gingguleme wesimbuhe. hese be baimbi.

gisurehe songkoi obu. ①

译文：从礼部来文内称：已将常明管领下太监高国水退给他原主子霍荣国。来文后查得，在康熙二十八年（1689）六月，把从礼部召集来的太监高国水，经奏准给了敬事房。关保管领下学满文太监陈金超，把高国水称作他姨妈的儿子，并说是民人，此情是实。已把担保词记录在案，讯问太监陈金超："高国水是别人的包衣奴才，而你坚称是你姨妈的儿子，并说是民人，此情属实，是何缘故?"供称："二十八年六月内，高国水在西华门跟前遇到我，说'我是宛平县民人，从礼部把我召集送到了会计司，因说要把我的担保人带来，你既是太监，把我担保了罢'。我说，'我不认识你，怎么可以担保!'高国水请求说，'把我担保说是你

① 大连图书馆编:《大连图书馆藏清代内务府档案》第 1 册,国家图书馆出版社 2010 年版,第 306 ~ 307 页。

姨妈的儿子，咱们认作亲戚罢’，由于我无知，因此担保了是实。”讯问陈金超：“在你的口供里称，不认识太监高国水，你把不认识之人担保，有这样的事吗？由此看来，高国水必定给了你钱财，你才担保了，从实招来！”供称：“高国水请求让我担保，由于不知道他是别人的包衣阿哈，因系当太监，由于我无知，担保了是实，我并未得钱财。”其余仍如前供。

臣等议得：据学满文太监陈金超供称：“太监高国水遇到我说，我是宛平县的民人，从礼部把我招来，因说要将担保人带来，请你把我担保说是你姨妈的儿子，咱们认作亲戚罢。由于我不知他是别人的包衣阿哈，一时糊涂担保了是实，并未得取钱财。”他自己承认陈金超是别人之包衣阿哈，而将其说是他姨妈之子，并说是民人，骗取担保，殊属不合，因此，拟将陈金超鞭责一百。

臣等未敢擅便，因此谨奏，请旨。

批红：依议。

从该件档案可知，宫廷太监被纳入包衣管领下，其身份是“正身旗人”，按此身份，其地位高于一般民人，更高于民人之户下家奴。因此，入宫为太监者必须为“民人”身份，而民人之户下家奴作为主人的“特殊家产”是不能入宫为太监的。再如，康熙十九年（1680）宫内招募太监时，敬黄亮将户下家奴敬从志说成“是任丘县的民人，报送到礼部，送到了大内分配给了掌仪司”（mini ejen ging hūng liyang mimbe žin kio hiyan i irgen seme，dorolon i jurgan de boolafi，dolo benjifi jang i sy de gaiha），可见当时冒名入宫充任太监者，应该不在少数[①]。为防止冒名入宫，规定入宫者需找人作担保，而一旦发现有弊，则保人亦要“鞭责一百”。

三、工作失误

“工作失误”大多由“玩忽职守”所致。现代法学认为，“玩忽职守”是指工作人员“不履行或不认真履行自己的工作职责”致使出现重大损失的行为，主要表现在对工作存有“消极、漫不经心的心理态度”[②]。

① 大连图书馆编：《大连图书馆藏清代内务府档案》第1册，国家图书馆出版社2010年版，第693页。
② 张明：《新时期预防职务犯罪理论与实践》，新华出版社2007年版，第501～502页。

根据这一概念，从内务府包衣人的犯罪类型来看，因“工作失误”而受处罚者可分为以下几种情况：

（一）服务不谨慎，致有差错

如康熙六年（1667），饭上人胡图不慎将“众人所食之肉烤焦”，未经尚膳总领过目便捧给宫内劳役之人食用，经内刑部审讯，被鞭五十[①]；康熙五十一年，旧宫太监为皇上烧炕时，“多加了几块木柴，致使炕热得手不能摸了”，被枷号四十日、鞭一百；首领太监王国太因“不敬谨查看皇上寝炕”被鞭一百、革首领太监之职，旧宫总管巴木布占，副总管朱国山、图克善亦因此被各鞭一百[②]。

（二）工作不细致，致有差错

如康熙三十一年，广储司员外郎噶达浑在准备康熙帝出巡物品时，未问明武备院所需蒙古包的数量及样式，便请旨安排所需围屏等物，被罚俸一年[③]；康熙三十二年，内务府总管班第、海拉孙、费扬古等人在给皇子选奶母时，“仅选四妇”，且其中一妇原为包衣阿哈，未选“体面人之妻”，因此分别降级、鞭责[④]；康熙三十三年，内务府令各包衣佐领、管领将属下无子孀妇记名报送会计司，但领催瓦勒达未告知内管领，便将已改嫁的孀妇报名呈送，因此被枷号一月、鞭责一百[⑤]。康熙四十年（1701），“从武备院来文，令将皇上蒙古包内铺的凉席依照旧式样做给”（faksi jurgan ci dergi monggo booi dolo sektere jijiri be fe durun i songkoi weilefi bu seme），然而“硕里专为监做之人，理应按照旧式样制作凉席，然并未依旧式样做，胡乱拼凑，浪费做宽了，殊属不合”（šoli cohotoi tuwame weilere niyalma, jijiri be giyan i fe durun i songkoi weileci acambihe, umai durun i songkoi weilehekū, balai adame mamgiyame onco weilehengge, acahakūbi），因此将“领催长硕里降一等，罚俸一年”（bošokū i da šoli be

---

① 辽宁社会科学院历史研究所、大连市图书馆文献研究室、辽宁省民族研究所历史研究室译编：《清代内阁大库散佚满文档案选编》，天津古籍出版社 1991 年版，第 30 页。

② 同上，第 123 ~ 125 页。

③ 同上，第 81 页。

④ 同上，第 82 ~ 87 页。

⑤ 同上，第 96 页。

emu jergi wasimbufi emu aniyai funglu faitame)[①]。

（三）擅自改例，擅行其事

如康熙二十年（1681），在举行完祭祀仪式后，掌仪司郎中投德伊因违犯定例，不等“降旨，而把客人们的桌上之物清理完”（hese wasimbuhakū bime antahasa dere i jaka be icihiyame wajire），因此，投德伊被降一等、罚俸一年，掌仪司郎中多拉埃、员外郎卓玛拉、噶达浑各罚俸一年[②]。再如康熙时曾定“送菱角时，把盛放菱角的筐子装进葛布口袋里，把口袋的口子栓牢”送进宫中（neneme ninggiya benere de，ninggiya be tebuhe šoro be jodon i fulhū de tebufi，fulhū i angga be akdulame hūwaitafi），然康熙二十四年，在检送菱角时，员外郎费扬古、北池子大太监张明忠“一齐商议停用葛布口袋”（uhei gisurefi，jodon i fulhū be nakaha），而“在筐子底部用高粱叶子铺盖，在一旁用葡萄叶围遮，将菱角盛放里面，表面再用葡萄叶遮盖，用绳栓牢盖子，交给果上人常明送去”（šoro i fere de šušu i abdaha sektefi，dalbade mucui abdaha hašafi，ninggiya be tebufi，oilo mucui abdaha dasifi. okcin be futai akdulame hūwaitafi，tubihe niyalma cang-ming de afabufi unggihe），结果致使菱角撒于路上。慎刑司拟将监管之员外郎费扬古“降一等，罚俸一年”，将“将大太监张明忠、果上人常明鞭责八十”，奏入，奉批“将费扬古、张明忠宽免，余依议”（fiyanggū jang ming jung be oncodome guwebu. gūwa be gisurehe songkoi obu）[③]。

四、遗失官物

因看管不严，致有官物遗失者亦将受罚。据定例载，“凡受命看守之人将御用物品轻忽懈怠、不加看守以致遗失，则杖百；按徒罪三年”[④]。康熙十七年（1678），在康熙帝前往温泉途中，内管领英图里、关保作为“护送御用物品特派之内管领”，从米局仓接收御用各式酱、烧酒、饽饽

① 大连图书馆编：《大连图书馆藏清代内务府档案》第1册，国家图书馆出版社2010年版，第438～439页。

② 同上，第153～155页。

③ 同上，第248～250页。

④ 辽宁社会科学院历史研究所、大连市图书馆文献研究室、辽宁省民族研究所历史研究室译编：《清代内阁大库散佚满文档案选编》，天津古籍出版社1991年版，第35页。

及一金斗米后，与仓上人、仓上领催一起押送随行。结果在途中不慎丢失一车，在找到后，关保仅将“一金斗米用骆驼驮走”，其余“酱、烧酒、饽饽”等物留在一汉人家中，因此关保拟“鞭一百，准赎”；英图里拟“降三级，罚俸一年”；仓上人、仓上领催各枷号四十日、鞭一百①。康熙三十六年，齐塔木等所看守之物夜里被盗，依律“戴枷四十日，鞭百”②。

五、贻误要事

清宫事务杂多，则例更繁。如内务府包衣人在限期内不能完成工作，致使贻误要事者也要受罚。从档案来看，宫内人员“贻误要事”可分为两类：

其一，贻误工作要事。如康熙四十二年（1703），因“令于五月十二日交付牌匾，而又无雕刻之处，然至今尚未完工，可恶!”（“pai biyan be sunja biyai juwan juwe ci afabuha，bime umai folome colire ba geli akū，uttu bime ertele weileme šanggabuhakūngga，ubiyada!”）因此，将奉宸院员外郎关保、额弄格各罚俸一年，司库费扬古责百鞭。③ 康熙四十九年（1710），教习叶吉祥患病，传旨令大夫医治，然副总管太监李金朝忘记此事，因此被“枷号二月，鞭一百，革去副总管太监”④。

其二，贻误服务要事。康熙二十二年，太皇太后、皇太后出幸，定内管领鞥克依、玛尔干等人为前导，其妻等为左右随从，商定“于次日清晨集合”，但次日却因迟到而“未能赶上主子出幸”，因此，鞥克依等人及其妻皆处以鞭刑⑤。康熙二十九年，康熙帝出行时，据武备院奏称，“本次在原野，将上褥之事延误，因此缘故，拟将诸伞上人等交慎刑司严

① 辽宁社会科学院历史研究所、大连市图书馆文献研究室、辽宁省民族研究所历史研究室译编：《清代内阁大库散佚满文档案选编》，天津古籍出版社1991年版，第35页。

② 大连图书馆编：《大连图书馆藏清代内务府档案》第1册，国家图书馆出版社2010年版，第427～431页。

③ 同上，第442～446页。

④ 辽宁社会科学院历史研究所、大连市图书馆文献研究室、辽宁省民族研究所历史研究室译编：《清代内阁大库散佚满文档案选编》，第122页。

⑤ 同上，第56～60页。

查”（“ere mudan bigan de，dergi sishe be tookabuha，turgunde，sarai urse be šen hing sy de afahufi”），经审议，拟将伞上人张谷毕等人“戴枷四十日，责百鞭，既然遇热审，照例减至戴枷三十五日，鞭责九十”[①]（“dehite inenggi selhen etubufi，tanggūta šusiha tantaci acambihe. Halhūn de beidere de ucaraha be dahame，kooli songkoi jergi eberembufi gūsin sunjata inenggi，selhen etubufi uyunjute šusiha tantafi”）。康熙五十六年，清茶房大太监吕兴超传旨内务府：“各处莲子皆已送给朕食用，莲藕都吃了，而为何此刻才将此莲子送来朕处?”（“yaya bai šu ilga i use gemu minde angga isibuha，šu ilga i fulehe be gemu jeke，bime ere šu ilga i use ainu ere erinde teni benjifi minde angga?”）经审讯得知，“因瀛台三湖莲子、莲藕尚未收获，昌河之莲藕、静明园之莲子在六月初五日才收获送到清茶房，三湖水深三四尺，沿湖边水浅之处都生长了芦苇，因此莲子、莲藕尚未收获，送皇上食用之物未趁早收获送到，致使耽搁”（“ingtai ilan omoi šu ilga i use，šu ilga i fulehe bahara unde ofi，cang ho birai šu ilga i fulehe，jing ming yuwan i šu ilga i use ninggun biyai ice sunja de bahafi boo de benehe，ilan omoi muke ilan duin c ́y šumin，omoi cikirame muke micihiyan i bade gemu ulhū banjiha ofi，šu ilga i use，šu ilga i fulehe bahara unde. ejen i angga isibure jaka be erdeken i bahafi benehekū，gūidabuhangge”）。因此，将奉宸苑郎中倭巴库、员外郎吴什一、领催常明各罚俸一年，中海大太监张金福、北海大太监杨枝茂各鞭一百。[②]

六、行围不力

女真人向以渔猎为生，娴熟的骑射技艺是维持生计的必要技能。努尔哈赤及皇太极都曾制定过严格的围猎纪律，规定行围时“毋许喧扰，无论新旧人不得于诸贝勒前迎射，违者鞭一百。诸贝勒亦不得于众人群内驰射，凡从猎者各当严饬”，后又于每旗中设专管官员一员，如“有不

---

① 大连图书馆编:《大连图书馆藏清代内务府档案》第1册，国家图书馆出版社2010年版，第289页。
② 同上，第481～487页。

随甲喇、牛录行走，逗留失次者，皆执治之”①。当承平日久时，“骑射围猎”更成为八旗兵丁保持满洲传统和军事战斗力的一种行之有效的方法。如康熙二十年（1681）剿灭三藩后，次年康熙帝便谕宁古塔将军巴海曰：“围猎以讲武事，必不可废，亦不可无时。冬月行大围，腊底行年围，春夏则看马之肥瘠，酌量行围”，“围猎不整肃者，照例惩治”②。康熙二十二年，又谕出猎之诸王大臣曰：“围猎之制，贵乎整严，不可出入参差，令左翼官在左，右翼官在右，统辖而行。宗室公等，毋得越围场班次，在后逗留。如或逗留，则众人停待，围场必致错杂，尔等须严加管辖”③。可见，康熙帝以八旗行军作战时的战斗部署进行围猎，并强调严格的围猎纪律。

在《啸亭杂录》中详细记载了木兰行围制度，当“合围后，自乌图里处虞卒脱帽以鞭擎之，高声传呼玛尔噶口号。按玛尔噶者，蒙古语帽也。声传递至中军，凡三次”④。可见“脱帽”是围猎时递送统一行动的讯号，而若提前或延误“脱帽”，则可能造成围猎失败。如在康熙二十一年（1682）的一次行围时，将八旗分为左右两翼，并以甲喇为单位合围，为达到围猎队伍“整严”的目的，亦曾令“取下暖帽作标记”，但在行围时有多处甲喇断开，暖帽亦未按令取下，致使狼逸出。经法司审讯，从围断处逸出、未能即刻跟随者皆被鞭责一百；未取暖帽之人被鞭责八十；围断处应接上而未接之人被降二级、罚俸一年；未能严加督管的章京被罚俸一年、护军校鞭责八十⑤。这样的处罚规定便是康熙帝所说的“照例惩治”。

---

① 《清太宗实录》卷12，天聪六年十二月癸酉、辛巳，《清实录》第2册，中华书局1985年影印版，第177页。

② 《清圣祖实录》卷102，康熙二十一年五月丙寅，《清实录》第5册，中华书局1985年影印版，第32页。

③ 《清圣祖实录》卷108，康熙二十二年三月戊午，《清实录》第5册，第99页。

④ 昭梿：《啸亭杂录》卷7《木兰行围制度》，中华书局1980年版，第220页。

⑤ 辽宁社会科学院历史研究所、大连市图书馆文献研究室、辽宁省民族研究所历史研究室译编：《清代内阁大库散佚满文档案选编》，天津古籍出版社1991年版，第46～48页。

七、死伤牲畜

上驷院等处之马，皇庄等处诸牛，管领下人所养之鹰、狗、羊、驼等牲畜皆为皇室财产，若包衣人在饲养时因人为原因致使牲畜死伤时，则要受罚。

（一）死伤耕牛

早在崇德年间（1636—1643），便有皇家之牛无故死伤相关人员需赔补之例。因此，当崇德三年（1638）“皇上家牧群一牛死于牧场”时，管养者镶蓝旗托克托洛并未赔补，正黄旗包衣牛录章京宁塔海便派人去其家中索取[①]。从该案可见，这一时期仅有赔补之例，尚未用刑处罚。

顺康时期，各皇庄内皆配有供役使之牛，由内务府拨发，每庄四头。内务府对庄牛的使用也制定了一套严格的管理办法，首先，牛身烙印并颁给执照，执照中记录牛之毛色、年龄等信息，再将执照内容及所给之庄登记造册。当牛自然死亡或“驭用时倒毙”时，由“庄头亲自携带牛角、牛皮报告诸佐领，经核对档册属实，方准将有烙印之牛角销毁”。牛角上烙印之印模由会计司发给，以防诈伪。自然倒毙之牛，庄头免鞭，若能自置者令其买补，若穷困之庄则禀明佐领，由内务府重新拨给；倘若使用不当致使牛只倒毙者，则按倒毙牛只的数量，处以鞭责。[②] 因此，当盛京庄头张达、张奎等庄内牛只倒毙时，佐领特意禀明“因病倒毙，并非因役使掉膘而毙”[③]，以免除责任。人为原因致使牛只倒毙者，康熙初年要每牛罚以鞭刑二十[④]；至康熙二十二年（1683）时，已改为“免鞭赔补”。是年，在分给新设六十座粮庄之牛时，令盛京佐领“须亲自详

---

① 中国人民大学清史研究所、中国第一历史档案馆译编:《盛京刑部原档》,群众出版社 1985 年版,第 28 页。

② 关嘉录、王佩环译,佟永功校:《〈黑图档〉中有关庄园问题的满文档案文件汇编》,见中国社会科学院历史研究所清史研究室编:《清史资料》第 5 辑,中华书局 1984 年版,第 55、77 页;《黑图档》第 80 册第 67 ~ 68 页,见辽宁省档案馆编译:《盛京内务府粮庄档案汇编(上)》,辽沈书社 1993 年版,第 196 页。

③ 《黑图档》第 63 册第 91 ~ 92 页,见辽宁省档案馆编译:《盛京内务府粮庄档案汇编(上)》,第 61 页。

④ 辽宁社会科学院历史研究所、大连市图书馆文献研究室、辽宁省民族研究所历史研究室译编:《清代内阁大库散佚档案选编·皇庄(上)》,辽宁民族出版社 1988 年版,第 6 页。

细查看后再接收”，并记录“到达之牛中瘸、病及肥瘦膘情”，每庄分给四牛，令各庄头“好生喂养”，如“胡乱役使，致令牛条掉膘，倘若牛条掉膘倒毙，须令其赔偿”[①]。由此可知，对于庄内耕牛因人为原因掉膘或倒毙者，由原来的“处以鞭刑后由内务府补给”变为“免鞭令其赔补”，以经济刑取代了肉刑，同样可以起到惩戒的作用，又省却了内务府添补耕牛之费。

（二）死伤马驼

崇德年间（1636—1643）曾对因饲养不善致皇家马驼伤亡者作出刑罚规定。如崇德三年（1638）“扎萨克图郡王下人，擅乘皇家牧群之马匹，以致疲乏病疮”时，便交法司议罪[②]。同年，“圣上牧群中骆驼五头，交付镶黄旗管理移营蒙古之托诺饲养”，此后托诺转交给叟塞赫，叟塞赫复交博博洛，博博洛又交给托克托会，最终因托克托会“甚为怠惰，致使三驼死亡，二驼丢失”，皇太极命依看养责任之大小分别议罪，勒令“托诺偿三驼；叟塞赫免死，鞭八十，贯耳，令偿一驼；博博洛鞭三十，令偿一驼；托克托会先已鞭百，未令偿驼，今免之”[③]。

对于因“疏怠马务，致使马匹倒毙”者，康熙时曾令责鞭七十，赔偿马匹[④]。若非人为原因致使马匹受伤或倒毙者，则只赔补马匹，可免除鞭刑，如康熙十六年（1677），正白旗下包衣人魏国禄驾驭马匹行至杏山时翻车，马前腿骨折后倒毙，令其赔补免鞭；康熙十九年，都虞司下窝铺长宁二前往采蜜，行至八里庄时，因路边骑驴人跌倒，致使其马惊逸，前腿骨折，亦令赔马免鞭[⑤]。至康熙二十二年时，又制定了更为细致的规定：“凡解送牲物及前往采蜜、捕獭带去之马内，若有跌进窖窟倒毙、乏极困瘦而毙或被盗及丢失者则照旧令其赔偿；若因懈怠致使染病，一窝铺内有两匹马倒毙，则将领马之窝铺长、朱显达各鞭三十；若有三匹马倒毙，则各鞭五十；若有四匹马倒毙，则各鞭七十；若有五匹马倒毙，则各鞭八十；若有五匹以上马倒毙，则将窝铺长及朱显达各鞭一百、领

---

① 《黑图档》第63册第91～92页，见辽宁省档案馆编译：《盛京内务府粮庄档案汇编（上）》，辽沈书社1993年版，第61页。

② 季永海、刘景宪译编：《崇德三年满文档案译编》，辽沈书社1988年版，第94页。

③ 同上，第197页。

④ 辽宁社会科学院历史研究所、大连市图书馆文献研究室、辽宁省民族研究所历史研究室译编：《清代内阁大库散佚档案选编·皇庄（上）》，辽宁民族出版社1988年版，第293页。

⑤ 同上，第297～298页。

催各鞭七十、掌马带去之人各鞭五十”①。康熙四十一年，又按牧群及馆内倒毙马群的数量，对馆长、馆副分别议罪；康熙四十七年，又有牧群内“若有七匹以上至九匹马倒毙，则将牧长、牧丁各鞭八十；若有十匹马以上倒毙，则将牧长、牧丁各鞭一百”之定例②。

对于皇属包衣人丢失马驼者，则有两种处罚方式：

其一，定例，在京城之外，“若白天丢失马、驼，则令看守牧丁赔偿马、驼；如穷者不能赔偿，即鞭责一百。若夜晚丢失马、驼，则令巡夜牧丁赔偿马、驼，如穷者不能赔偿，即鞭责七十”③。如康熙二十五年外出围猎时，牧副二格、薛二，牧丁赵二、吉村、鄂木布等人各有马匹丢失，经审讯，薛二、赵二等人情愿赔补，因此“依照定例免鞭”；吉村不能赔补，“则将吉村鞭责七十，免予赔偿”④；同年，牧丁赫达色等人在通州苟子里之地遗失一马，因“愿意赔偿失马，则免鞭责”⑤。

其二，对于在京城及宫苑内丢失马匹者，则既要鞭刑，又要赔补。如康熙二十一年（1682），牧副辛泰、牧丁麦图从京城赶马群往养牧庄，在行至四牌楼时有两匹马跑出东直门失踪⑥；康熙二十四年，馆丁伯奇骑马去南苑时，马脱缰而去，遍寻未得⑦；康熙二十五年，馆丁宝柱骑马行至团城时，马惊，将宝柱摔落后脱缰而去，经上驷院奏请，分别将三人各鞭一百，并各令赔马一匹⑧。

至康熙三十九年，根据马匹丢失于京城内外、分别议处的定例有所更易。是年六月，村柱牧群之牧丁吉尼恩察所看管的一马在夜里丢失，并未依照“赔补免鞭”的原则处罚，而是按在京城内丢马之例，既鞭一百，又令赔补⑨。可见，这时对于丢失马匹的处罚更为严厉。

---

① 辽宁社会科学院历史研究所、大连市图书馆文献研究室、辽宁省民族研究所历史研究室译编：《清代内阁大库散佚档案选编·皇庄（上）》，辽宁民族出版社1988年版，第308页。

② 同上，第397页。

③ 同上，第363页。

④ 同上，第371页。

⑤ 同上，第373页。

⑥ 同上，第363页。

⑦ 同上，第364页。

⑧ 同上，第369页。

⑨ 同上，第391页。

（三）死伤鹰犬

鹰犬是女真人行围射猎和日常生活中的重要帮手。然而，在描述早期女真人社会生活的相关史料中，我们更多见到的是关于“犬”的记载，如《大明一统志》记载女真人“不识五谷六畜，惟狗至多，耕田供食皆用之”[①]；《元志》载，女真人“以射猎为业”，有“狗车形如船，以數十狗泄之，往来递运”，而“女始生先定以狗，十岁即娶”[②]；《建州考》则描述道“狗解耕田，解曳车，解系木马，行可及奔马”[③]，等等。从中可见，狗是女真人渔猎生活中不可或缺的“牲畜”，有围猎、拉车、犁地和食用等多种用途，在冰冻异常的艰苦环境下，充当着中原地区“牛”的角色。努尔哈赤起兵之初，狗成为看家护院的“侍卫”，如有“贼乘夜阴晦，拔太祖住宅栅木潜入，时有犬名汤古哈，四顾惊吠，太祖觉之”[④]。“汤古哈”，满文为 tang gū ha，“寒鸦”之意，被满洲人视为神鸟。将狗起名曰“汤古哈”，足见努尔哈赤对它的特殊感情。天聪年间（1627—1636），在“养狗以防贼”的思想下，后金已是“犬形吠声，彻夜喧天”[⑤]，甚至在举行宴会时，亦“有巨犬六七，在坐中行走吠吼”，“杯盘之间，猎犬相杂”[⑥]，而皇太极及诸王贝勒则“时时投肉馈之”[⑦]。

努尔哈赤起兵前夕，鹰开始出现于女真人的渔猎生活中。如哈达国主万下属人“但见鹰犬可意者，莫不索取，得之，即于万汗前誉之”[⑧]。崇德元年（1636），皇太极也曾回忆道：“昔太祖时，我等闻明日出猎，即豫为调鹰蹴毬”[⑨]。可见，当时鹰、犬犹如马、弓，是满洲人渔猎骑射的重要工具。入关后，虽然原始的渔猎经济已为农耕经济所取代，但围

---

① 李贤、彭时等纂修：《大明一统志》卷89《外夷·女直·风俗》，三秦出版社1990年版，第1369页。

② 严从简：《殊域周咨录》，潘喆、孙方明、李鸿彬主编：《清入关前史料选辑》第1辑，中国人民大学出版社1984年版，第117页。

③ 陈继儒：《建州考》，潘喆、孙方明、李鸿彬主编：《清入关前史料选辑》第1辑，第132页。

④ 《清太祖武皇帝实录》卷1，潘喆、孙方明、李鸿彬主编：《清入关前史料选辑》第1辑，第306页。

⑤ 《天聪朝臣工奏议》卷上，辽宁大学历史系1980年编印，第12页。

⑥ 赵庆南：《乱中杂录》，潘喆、孙方明、李鸿彬主编：《清入关前史料选辑》第3辑，中国人民大学出版社1985年版，第337页。

⑦ 林基中：《燕行录全集》卷95，韩国东国大学校出版部2001年版，第150页。

⑧ 《清太祖武皇帝实录》卷1，潘喆、孙方明、李鸿彬主编：《清入关前史料选辑》第1辑，第302页。

⑨ 《清太宗实录》卷30，崇德元年八月丁卯，《清实录》第2册，中华书局1985年影印版，第385页。

猎制度依然为清代统治者刻意继承下来。为配合围猎之制，内务府特设有养鹰处、养狗处等单位，其具体饲养者称为鹰上人、狗上人，专门负责照管皇家鹰狗。

对于养鹰之人，若所养之鹰死亡，则窝铺长及掌笼人需各鞭三十。康熙二十一年（1682），改为若所养之鹰不好，窝铺长鞭三十、掌笼人鞭五十；若所养之鹰死亡，则将窝铺长鞭五十，掌笼人各鞭八十。[①]

对于养狗之人，康熙六年，狗上人萨哈连去狗房坐班时，“未将狗一同带来，随意交给家人李二照看”，结果其狗与他人之狗厮打在一起，李二用砖砸他人之狗时，误将自家之狗腿打折。经内刑部审议，拟将萨哈连“鞭一百，免去狗差”，令在管领下作下贱事；李二鞭一百。[②] 康熙二十二年（1683），三等侍卫兼狗长尼孙“将狗集聚时，将所养两狗皆带去狗房，杜喇拉（音译）狗突然向猎狗撕咬，因昏庸无能，未能拉住，狗逃脱了后将猎狗颈部咬下一块皮，本月二十八的时候，死了”（indahūn isibure de, mini ujiha juwe indahūn be gemu indahūn i boode gamha bihe, dural indahūn gaita taiha indahūn i baru aburara de, bi budun eberi ofi, ušame mutehekū, turibufi. taiha indahūn i meifen be saifi sukū emu farsi tatabufi, eneku biyai orin jakūn de, bucehe），因此，将“三等侍卫尼孙革退狗长之职，罚俸一年”（ilaci jergi hiya nisun be indahūn i da ci nakabufi, emu aniyai funglu faitafi）；狗上人尼希哈“将所养之狗集聚后，牵着走时，尼沁（音译）狗挣脱后将巴勒都（音译）狗蹄子的关节处咬了”（bi mini ujiha indahūn be ulebufi kutulefi yabure de, nicin indahūn turibufi, bardu indahūn i fathai jalan babe saiha），因此，将尼希哈责鞭百下[③]。可见，狗伤亡后，一般会处以“鞭一百”之刑，而在旗人“免杖折鞭”的制度下，“鞭一百”已是鞭刑中的最高处罚。

此外，内务府还圈养了不少狼、象等动物，如康熙四十四年（1705），西洋人铎罗为治疗腹痛需用活狼配合治疗，然苦于无处觅寻。

---

① 辽宁社会科学院历史研究所、大连市图书馆文献研究室、辽宁省民族研究所历史研究室译编：《清代内阁大库散佚档案选编·皇庄（上）》，辽宁民族出版社1988年版，第306页。

② 辽宁社会科学院历史研究所、大连市图书馆文献研究室、辽宁省民族研究所历史研究室译编：《清代内阁大库散佚满文档案选编》，天津古籍出版社1991年版，第16~20页。

③ 大连图书馆编：《大连图书馆藏清代内务府档案》第1册，国家图书馆出版社2010年版，第242~246页。

康熙帝获悉后谕曰："我处狼甚多，圈养者亦有之，易于觅得。着取景山内所养狼一只，以彼之所求者而送之。"[①] 此类动物可能专为宫苑内射猎而养，若有伤亡如何处罚，尚待细考。

八、报灾及勘验不实

在古代农业生产中，抗拒自然灾害的能力十分有限，从档案来看，清代粮庄一旦遇到水旱、冰雹、蝗虫、地震等灾害，庄内粮食便损失惨重，甚至颗粒无收。按内务府定例，每遇灾情，庄头都要将受灾情况上报，但内务府恐有庄头"求取侥幸，欲免官赋，前来虚告"[②]，因此还需派人对所报灾情予以核实，根据受灾轻重决定本年纳粮的多少。具体内容包括：

其一，查勘的程序是，庄头报灾，获准后由会计司"派官员一人、内管领一人、笔帖式一人，俟将田禾确实查勘缮具清册带回之后，再将被灾地亩数目具奏"[③]。康熙二十二年（1683），有庄头诉称其田亩遇旱枯死，会计司郎中郑连、内管领索勒毕未经获准，擅自派员查看并"缮造档册带回"。经内务府总管审议，拟将郑连革职、罚俸一年；索勒毕革内管领之职、罚俸一年，只因康熙帝朱批，才免以革职。[④]

其二，若庄头谎报灾情，则从重议罪。定例"倘若田禾无灾，应将谎告之庄头从重议罪，以儆众人"[⑤]。康熙二十六年，庄头梁国臣告称其庄内有地二百五十垧被淹，但经查勘，被淹地亩有二百三十垧，浮报二十垧，依照定例"鞭一百示众"[⑥]。康熙四十八年，有庄头三百九十六人借"雨水、河水为害"虚报受灾田亩，"一律各鞭一百"[⑦]。

其三，会计司所属皇庄报灾后，需派"官员一人、内管领一人、笔

① 安双成译编：《清初西洋传教士满文档案译本》，大象出版社 2015 年版，第 294 页。

② 辽宁社会科学院历史研究所、大连市图书馆文献研究室、辽宁省民族研究所历史研究室译编：《清代内阁大库散佚档案选编·皇庄（上）》，辽宁民族出版社 1988 年版，第 204 页。

③ 同上，第 140 页。

④ 同上，第 68～69 页。

⑤ 同上，第 140 页。

⑥ 同上，第 141 页。

⑦ 同上，第 212～215 页。

帖式一人”前往核查，但康熙十七年，令“嗣后，若盛京庄头报称田禾被灾，则应由佐领等亲自详勘，诚若被灾，着具结呈报”[①]。要求盛京佐领亲临查勘，可能与盛京皇庄虚报受灾地亩比较严重有关。因此，当康熙二十六年盛京庄头遭霜冻及雹打时，盛京佐领仅派领催等前往查看，便违反了这一定例，盛京佐领三官保、尚尼图、博赫讷各被罚俸一年[②]。

九、公文有误

清制，“臣民具疏上闻者，为奏本；诸司公事，为题本”[③]。因此，内务府及各司所奏之公事皆为题本。

自顺治初年始，便对题本的写作风格和书写形式作出严格要求，即所谓“章奏有体”。其中对于题本的基本要求是“辞取达意，不贵繁文”，顺治二年（1645），又进一步规定，“凡内外官民题奏本章，不得过三百字。虽刑名、钱谷等本难拘字数，亦不许重复冗长。仍将本中大意撮为贴黄，以便览阅。其贴黄不许过一百字，如有字数溢额及多开条款，或贴黄与原本参差异同者，该衙门不得封进，仍以违式纠参”[④]。但是，从大连图书馆和中国第一历史档案所藏的内务府题本档案来看，康熙年间的题本内容大都超过三百字，说明这一规定在实际题奏时很难施行，因此雍正年间便撤销了这一形同虚设的规定，令嗣后“不得以字数、款项多寡违式，擅自驳回”[⑤]。

除写作风格外，还对题本的书写形式作出要求。清制，“题本、奏本各有格式，字画多少、长短宽窄原自不同”，顺治八年（1651）始定“每幅六行，一行二十字。格内抬头二字、平行十八字，出格抬头加一字。头行，衙门官员姓名、疏密各作一行写，不限字数，年月下同。若有连

① 辽宁社会科学院历史研究所、大连市图书馆文献研究室、辽宁省民族研究所历史研究室译编：《清代内阁大库散佚档案选编·皇庄（上）》，辽宁民族出版社1988年版，第128～130页。

② 同上。

③ 伊桑阿等修：康熙《大清会典》卷50《礼部·仪制清吏司·表笺式·题奏本式》，见《近代中国史料丛刊三编》第72辑，第717册，（台湾）文海出版社1992年版，第2454页。

④ 同上，第2454～2455页。

⑤ 允禄等修：雍正《大清会典》卷67《礼部·仪制清吏司·题奏本式》，见《近代中国史料丛刊三编》第77辑，第770册，（台湾）文海出版社1994年版，第21页。

名挨次，俱照六行书写”，格式制定后，令礼部“通行颁发申饬，如有违错，照例察参”[①]。可见，对于题本写作的格式要求是非常细致而严格的。

在题本中，除如实撰述所奏内容外，还要将拟处理意见写于纸上，附在题本后，称为“贴黄”，以供皇帝参考。皇帝同意该处理意见，则批示“依议”；不同意时或令“再议”，或直接给出旨意。对于题本之贴黄，也有格式要求，如“题本后贴黄，用单纸一幅，式与本齐行。字连出格二十一字，前列官衔，后列‘谨题请旨’同本式。中间照所题情由简明撮要，不得冗长，但行数不拘定限，期于幅满而止奏”[②]。此外，题本还必须遵循“抬格”之制，以便显示上天、皇帝及与此有关的人和事物的特殊地位。据《大清会典》载，“章内称宫殿者，抬一字。称皇帝、称上谕，称旨，称御者，抬二字。称天地、宗庙、山陵、庙号、列祖谕旨者，均出格一字写”[③]。从满文题本来看，“遇有 han（汗）、hawangdi（皇帝）、dergi（上）、hese（谕旨）、wasimbu rengge（降旨）、enduringge ejen（圣主）、dele（上）、hnwangtaiheo（皇太后）等词，都要抬格”[④]。

以上便是清代书写题本时的各项要求。因题本一般要上呈御览，故一旦违制便难逃干系。康熙时期内务府档案中有不少因书写、传谕违误而遭受处罚者，具体来看主要有：

（一）书写题本格式违例

康熙六年（1667）议准：“疏内错写官衔，或从旁添注字样，或舛错遗落者，启奏官及不加详对之主事，各罚俸一个月。有品级笔帖式错写者，罚俸两个月；无品级笔帖式错写者，交刑部议罪。”[⑤] 这是笔者所见清代较早的对写错题本的处罚规定。康熙十九年，会计司在呈报议罪庄头的题本中，因“文内前后未具职衔、年月”，康熙帝令内务府总管查议。经讯问会计司郎中、员外郎、主事及缮写题本的笔帖式，查明康熙

① 伊桑阿等修：康熙《大清会典》卷50《礼部·仪制清吏司·表笺式·题奏本式》，见《近代中国史料丛刊三编》第72辑，第717册，（台湾）文海出版社1992年版，第2455页。

② 同上，第2459页。

③ 昆冈等修：光绪《钦定大清会典事例》卷1042《通政使司·题本·格式》，（台湾）新文丰出版公司1976年版，第17490页。

④ 吴雪娟：《满文翻译研究》，民族出版社2006年版，第164页。

⑤ 允禄等修：雍正《大清会典》卷18《吏部十六·吏部考功司·处分杂例》，见《近代中国史料丛刊三编》第77辑，第763册，（台湾）文海出版社1994年版，第840页。

十七年内务府曾奏准“各司议罪等事项不钤印”，他们认为“题本未钤印”即与绿头牌一样，不必前后具职衔、年月，从而违背了上述定例，会计司郎中、员外郎、主事等各被“罚俸三个月”[①]。康熙二十年，内务府总管噶鲁为牛羊群牲口遇风雪倒毙、请旨抚恤的题本中，因有“每户按四斛米给之，所给实数，以后奏闻”之语，康熙帝朱批：“文内donjibume一字未抬写，着教训施行”[②]。“donjibume”乃“奏闻”之“闻”字，按满文“奏闻”二字“donjibume wesimbuki”应抬半格。康熙二十二年（1683），在内务府总管呈送的一份题本中，康熙帝朱批“书写官员品级之处，写跳行了，不合，着训斥”，亦予以申斥[③]。可见，康熙帝对于题本的格式是很重视的。

（二）撰写题本内容有误

康熙九年，盛京佐领辛达里给予新补放庄头的口粮、牛料、种子，本应于所得新粮中扣除，却“误将此记入耗用陈粮项下”，在呈报时，“忘记列入总计项下计算，未加开除”，被以“失查、遗漏、怠惰”罪议处[④]。康熙三十四年，会计司所属住卢沟桥二庄因“地亩积存雨水，遭受雹打”，住蓟州一庄因遭受虫害并受滦河之水泛滥成涝。郎中达鼐在向康熙帝奏报的题本中却含混写为“住卢沟桥二庄、住蓟州一庄之地亩被滦河水冲毁”，康熙帝朱批讽刺道：“朕理事以来，尚不知有此例，今日方知卢沟桥地亩为滦河水所冲！”并斥责其“向朕奏事，达鼐等不敬，无视朕躬，竟如此含混缮写，殊属不合！”经内务府审议，达鼐等被罚俸一年。[⑤]

（三）题本文法、书写有误

当所奏题本中有文法、书写错误时，康熙帝亦会指摘、训斥。如康熙十八年，在内务府总管吐巴所奏的题本中，康熙帝朱批曰：“文内应将

---

① 辽宁社会科学院历史研究所、大连市图书馆文献研究室、辽宁省民族研究所历史研究室译编：《清代内阁大库散佚档案选编·皇庄（上）》，辽宁民族出版社1988年版，第60～61页。

② 同上，第357页。

③ 辽宁社会科学院历史研究所、大连市图书馆文献研究室、辽宁省民族研究所历史研究室译编：《清代内阁大库散佚满文档案选编》，天津古籍出版社1991年版，第63页。

④ 关嘉录、王佩环译，佟永功校：《〈黑图档〉中有关庄园问题的满文档案文件汇编》，见中国社会科学院历史研究所清史研究室编：《清史资料》第5辑，中华书局1984年版，第58页。

⑤ 辽宁社会科学院历史研究所、大连市图书馆文献研究室、辽宁省民族研究所历史研究室译编：《清代内阁大库散佚档案选编·皇庄（上）》，第204～205页。

sehe bime 改为 sembime sehebi"[①]；二十一年，在批复内务府总管奏请区别笼鹰分别赏罚的题本上，朱批指出："文内 ka ioi de 未写 dasame 一字"，令其添写[②]。二十二年（1683），在御批武备院所题赏赐捕牲众壮丁时，令将文内"jiyanggijūn"改为"jiyangjiyūn"[③]；三十年，在批复内务府总管所报田亩受灾情况的题本中，指示："文内 usin 一字遗漏，应行令其添具"[④]，皆属于对文法、书写错误的批示。

（四）口传、缮写谕旨、口令等有误

除上奏皇帝的题本有违误之处要受责罚外，当口传或缮写上谕、转达口令时有误，更要受罚。

口传谕旨有误者，如康熙十九年，谕令"满洲、蒙古护军全体集合前去领饭"，但护军舒舒在传谕本旗护军时遗漏了护军马尔干，因此，比照"隐瞒公文杖责六十"之律条，鞭责六十[⑤]。二十一年，传令食"太子宫祭肉"[⑥] 时，司胙太监仅召唤参领等人，而忘记召唤众侍卫，被鞭责一百[⑦]。转达口令有误者，如康熙三十一年，康熙帝谕令"fusheku weilere sufan i weihe be yang sin diyan ci c' y ts' un sindafi yabubuha. bihe. faksi da yang ging sufan i weihe sonjoro de ulin i da fiyanggū bihe，yang ging ni gisun，ilan guwan keo be baitalambi sehe be ulin i da fiyanggū melebufi，aisilakū hafan bahina de alahakūbi"，即"将造扇象牙比照养心殿尺寸放量，令匠头杨京与原司库费扬古选象牙。费扬古将杨京所言'将三冠口使用'之语遗漏，未告知员外郎巴黑那"，因此，将费扬古降一等、罚俸一年[⑧]。

---

① 辽宁社会科学院历史研究所、大连市图书馆文献研究室、辽宁省民族研究所历史研究室译编：《清代内阁大库散佚档案选编·皇庄（上）》，辽宁民族出版社 1988 年版，第 17 页。

② 同上，第 306 页。

③ 同上，第 303 页。

④ 同上，第 325 页。

⑤ 辽宁社会科学院历史研究所、大连市图书馆文献研究室、辽宁省民族研究所历史研究室译编：《清代内阁大库散佚满文档案选编》，天津古籍出版社 1991 年版，第 37 页。

⑥ 清代有"食祭肉"之俗，定制，"大内于元旦次日及仲春、秋朔，行大祭神于坤宁宫，钦派内外藩王、贝勒、辅臣、六部正卿吃祭神肉"，这被称为"遵国俗"。小横香室主人撰：《清朝野史大观》第 3 册，中央编译出版社 2009 年版，第 112 页。

⑦ 辽宁社会科学院历史研究所、大连市图书馆文献研究室、辽宁省民族研究所历史研究室译编：《清代内阁大库散佚满文档案选编》，第 49～50 页。

⑧ 大连图书馆编：《大连图书馆藏清代内务府档案》第 1 册，国家图书馆出版社 2010 年版，第 324～327 页。

缮写谕旨有误者，如康熙四十六年（1707），康熙帝降谕“将户部侍郎赫硕色放为尚书”，而批本笔帖式却记作“放侍郎赫寿”，故照“凡误缮谕旨杖一百”之律处罚并革职①。

（五）转写往来文移有误

内务府下有七司三院等职能部门，各司其职，以保证皇室服务系统的正常运转。在沟通多个部门的协同合作时，便有了各部门间的往来文移。而若文书转写有误，亦需治罪。如康熙二十二年，掌仪司员外郎胡西塔将“不宜送往内廷之文送往内廷”，且遗漏太常寺咨文中的“晓谕各自属司”之语，故被罚俸六个月。② 康熙二十七年（1688），总管内务府审理了一件更为典型的案件，兹转写并译文如下：

据总管内务府大臣议得，“ejeku hafan hife i jabunde, budai booci dele dorgi ejete amba age dz gung be beneme generede inenggidari baitalara ulgiyan i jergi jaka be belhebu seme, meni sy de bithe benjihe manggi, bithesi cangšeo alime gaifi, minde tuwabuha de, bi ere bithe songkoi arafi, guwanglusy yamun de yabubu seme afabuha. cangšeo yabubure bithe arara de, dele dorgi ejete amba age i jakade baitalara sere gisun be araci acambime arahakū, dz gung be beneme generede inenggidari baitalara ulgiyan i jergi jaka be belhebu seme tašsrame arafi, minde tuwabuha manggi, bi ulhicun akū, guwanglusy yamun de yabubu seme yabubuha. bi budun eberi ofi, tuwame tucibuhekū. minde ai jabure babi. seme ini beye alime gaimbi. uttu ofi, hife be emu jergi wasimbufi, emu aniyai funlu faitame. bithesi cangšeo i jabunde, budai booci ulgiyan i jergi jaka be belhebu seme, meni sy de bithe benjihe manggi, bi alime gaifi. ejeku hife de tuwabuha, hife i gisun, ere benjihe bithe songkoi guwanglusy yamun de yabubu seme minde afabuha, mini bucere inenggi isinjifi, dele dorgi ejete amba age i jakade baitalara sere gisun be araci acarangge be arahakū. yabubure bithe be hife de tuwabufi yabubuha seme. ini biye alime gaimbi. uttu ofi, cangšeo be yaya hafan i tithe dorgi turgun meyen bithei hergen be nonggire ekiyeniyere oci, niju jang tanta sehe, fafun i bithe songkoi ninju šusiha tantame.

① 辽宁社会科学院历史研究所、大连市图书馆文献研究室、辽宁省民族研究所历史研究室译编：《清代内阁大库散佚满文档案选编》，天津古籍出版社 1991 年版，第 120～121 页。

② 同上，第 62～63 页。

guwanglusy yamun i aliha hafan yan hing bang ilhi hafan sentei jabunde, jang i sy ci meni yamun de yabubuha bithede, budai booci benjihe bithede, dz gung be beneme generede, inenggidari ulgiyan niongniyaha coko i jergi jaka be belhebu sehebi seme, yabubuha bihe. be budun eberi ofi, wesimburede jang i sy ci benjihe be tašarame, budai booci benjihe bithe seme arafi wesimbuhe. turgunde gūsai hafan be dahame, hafan i jurgan de afabume gisurehebi."[1] 汉译为：据主事喜佛供称，从饭房"皇上、大阿哥、大内主子们把梓宫送去时，每日所用猪等物预备"送文给我的司以后。笔帖式常寿接受了使我看阅后，我令依照此文写完后寄给光禄寺，交代了常寿，在其所寄之文中，"皇上、大内主子们、大阿哥跟前所用"把这句话应该写而没有写，"把梓宫送来，在送时，将每日所用猪等物预备"，错误地写了使我看过后，我因为无知，命寄给光禄寺，便寄去了。因为我昏庸无能，没能看出来，我还有何可供？他自己承认了，因此，拟将喜佛降一等，罚俸一年。据笔帖式常寿供称：因说"从饭房把猪等物预备"，寄文给我们掌仪司以后，我接收后交给主事喜佛看，喜佛说，依照来文寄给光禄寺。向我交代了，我的死期到了，把"皇上、大内主子们、大阿哥跟前所用"应该写的这句话没写，把所寄文书使喜佛看过后，寄去了，他们自己承认了。因此，依照"凡是在官文书内，笔帖式将字增加或减少者，杖六十"之律文，将常寿责鞭六十。据光禄寺卿阎兴邦、少卿森特宜供称：从掌仪司和饭房寄给臣等衙门的文中，有"把梓宫送来，去时，将每日的猪、鹅、鸡等物准备"等语，因为我们昏庸无能，在奏入时，把"从掌仪司送来"没有写出，在文中只写了"从饭房送来"便奏入了，我还有何所供？因阎兴邦等人将从掌仪司寄来的文错写成从饭房送来的文，写完后便奏入了，既为旗官，请交付吏部议。

可见，当转写文书有误时，需要细致地排查文书往来的全部过程，并具体落实到各缮写文书的实际负责人，以查明原委，分别治罪。

---

① 大连图书馆编:《大连图书馆藏清代内务府档案》第1册,国家图书馆出版社2010年版,第281~283页。

十、选用人不慎

所谓“选用人不慎”是指官员“举荐之人”或“所用之人”不能胜任差使，致使贻误要事或造成重大损失的行为。

（一）举荐不当

职官铨选是清代官制的重要内容。清代确立了满汉员分选的办法。对于满洲官员选法，主要有“开列”“会推”“选择才能”和“论俸次先后”四种方式，其中“开列”是指“于应升官内按衔门次序，列名题请简用”[①]。然而当“列名题请”之人“殊属不合”时，选荐之人则负有举荐不当之责任。如康熙五十七年（1718），武英殿监造员外郎、包衣佐领下人张常住等便因荐举“染病”“为人悖谬”之常保而遭受处罚，据满文载“baicaci fafun i bithede，mujakū niyalma be sonjoro tucibure oci，emu niyalma de jakūnju jang tanta sehebi”，即“查得，据律载‘若贡举非常之人，一人责杖八十’”。所谓“非常之人”包括“nimekulehe、eici beye tucikengge tob akū，yabun ehe，bulcakū urse”，即“患病、出身不正、品行恶劣、懒惰等人”。因此，张常住照此律被“杖八十、降三级”[②]。

（二）用人不慎

合理选人用人，是衡量官员为官能力的重要标准。当因选差不当而引发事故时，则该管官员负有不可推卸的责任。对于包衣牛录组织的官员更是如此，如崇德六年（1641），多罗郡王阿达礼府内人和托往张家口贸易时，盗取和硕礼亲王银三百两后逃脱，包衣牛录章京苏墨什便因“选差不慎”而被鞭责五十[③]。康熙时期亦有官员因选差不当而被处罚者，如康熙二十七年，在行“掷钱礼”时，理应选派“年轻能行走之人”，但内务府总管费扬古、班第却选派了“不能行走、气喘嘘嘘、年事

---

① 伊桑阿等修：康熙《大清会典》卷7《吏部五·满缺升补除授》，见《近代中国史料丛刊三编》第72辑，第711册，（台湾）文海出版社1992年版，第209～210页。

② 大连图书馆编：《大连图书馆藏清代内务府档案》第1册，国家图书馆出版社2010年版，第496～497页。

③ 《清太宗实录》卷58，崇德六年十二月丁卯，《清实录》第2册，中华书局1985年影印版，第794页。

已高之人”，因此，将费扬古、班第各降三级、罚俸一年[1]。

此外，曾犯罪之人未经请旨不得擅自录用，如康熙四十二年（1703），据奉宸苑来文称“taigiyan ma teng hūng yuwan giyan jei taigiyan žuwan ing ni etuku ba hūlgafi ukakabi”，即“太监马腾洪将太监袁鉴和阮英的衣服盗后逃逸”，经查“ma teng hūng ioi king gung de bihe fonde ukaka babi”，即“马腾洪在毓庆宫时曾逃跑过”，据此，因郎中陶珠、大太监周泰香将原来逃跑之人复招入畅春园内，各被降级、鞭责[2]。

十一、御前喧哗

天命八年（1623），总兵官阿布泰与布三在“汗前争吵，被治以罪”[3]，这是较早的有关“御”前喧哗治罪的史例。皇太极时期，亦曾多次严谕禁止喧哗，其目的多为严肃行军打猎时的军事纪律，如天聪六年（1632），谕令“凡遇出猎行兵，出城门后，勿忘法度，整肃而行，不许喧哗。若喧哗，固山额真、梅勒额真、甲喇额真、牛录额真，各有其主，若妥为管束各队，则何致喧哗耶？今若喧哗，坐该管队额真以应得之罪，其喧哗者杖”[4]；崇德三年（1638），又重申“自出城门，务遵军律，肃静行伍，勿得喧哗、喊叫”，“若有喧哗者，其该管之章京坐以应得之罪，喧哗者责惩”[5]。

顺治初年，“京师佣贩肩装者，各高呼待售”，“摄政王俄闻外城嚣声而疑之，遣骑驰捕，绝无有也。自是肩佣慑息，第摇铃为号”[6]。多尔衮对沿街叫卖者“禁嚣”，可能与当时初入京师，人员混杂，出于对间谍及不轨者的防范而作出的禁令。

---

① 辽宁社会科学院历史研究所、大连市图书馆文献研究室、辽宁省民族研究所历史研究室译编：《清代内阁大库散佚满文档案选编》，天津古籍出版社 1991 年版，第 70～72 页。

② 大连图书馆编：《大连图书馆藏清代内务府档案》第 1 册，国家图书馆出版社 2010 年版，第 448～454 页。

③ 中国第一历史档案馆整理译编：《内阁藏本满文老档 · 太祖朝》，汉文译文，辽宁民族出版社 2009 年版，第 163 页。

④ 中国第一历史档案馆整理译编：《内阁藏本满文老档 · 太宗朝》，汉文译文，第 628 页。

⑤ 季永海、刘景宪译编：《崇德三年满文档案译编》，辽沈书社 1988 年版，第 200 页。

⑥ 谈迁：《北游录 · 纪闻下》，中华书局 1960 年版，第 356 页。

康熙时期，随着皇权制度的完善，御前喧哗被视为对至尊者的不敬。如康熙二十二年（1683），康熙帝幸瀛台时，有上驷院备舆之馆长石保出声，被勒令革职[①]。二十五年，在举行祭祀天地之典礼毕，康熙帝“方下一、二阶级，便有人杂乱行走，高声喧嚷”，康熙帝对此怒斥曰：“祭祀天地，关系大典，宜极诚致敬，岂可高声喧哗”，相关官员皆被查议[②]。康熙帝的这一斥令被视作“定例”，雍正三年（1725），律例馆在修编律文时便将此增入，定“凡坛庙祭祀及圣驾出入，并升殿之日，派委司官及步军校严加巡察。有厮役肆行喊叫、冲突拥挤者，拿送该部杖一百，其主笞五十。寻常朝会日，犯者杖六十，其主笞三十。系官，俱交该部议处，若在内执事人并大臣侍卫跟役犯者，交与该管大臣衙门治罪”[③]。

不仅在皇帝面前喧哗将被治罪，据满文档案载，“yaya sargašame yabure gung ni dolo jilidame temšendure jilgan han i bisire bade dojinara oci, tanggū jang tanta sehe”，汉译为“凡是在游幸之宫内，动怒、争斗时发出声响，被皇上所在之地听见，需杖百”[④]。因此，当康熙二十二年，康熙帝从瀛台出来时，承差马穆披不知皇上驾到，径直来到内务府大臣跟前讲话，被侍卫们拿获后，便以此律文（fafun i bithe）治罪[⑤]；康熙二十六年，太监梁达志酒后发出高声，“闻于皇上所在之处”，被责杖一百[⑥]。此外，每当皇帝出行时，皆有“管理声响的护军共计十五人，各自在辖区站立管辖”（jilgan kadalara bayara uheri tofohon, meni meni teisu bade ilifi kadalambihe）[⑦]。康熙三十三年，康熙帝驻跸袁家口，夜里护军达赖“不小心执枪，撞上门框出声”，被鞭一百；护军校高声斥责达赖，被鞭五十；“专管声音章京”费扬古因未能禁止出声，被降一级、罚俸一年；出

① 辽宁社会科学院历史研究所、大连市图书馆文献研究室、辽宁省民族研究所历史研究室译编：《清代内阁大库散佚满文档案选编》，天津古籍出版社 1991 年版，第 60～61 页。

② 中国第一历史档案馆编：《康熙起居注》第 2 册，康熙二十五年十一月十四日甲午，中华书局 1984 年版，第 1561 页。

③ 允禄等修：雍正《大清会典》卷 164《刑部·刑部十六·律例十五（礼律二）·仪制》，见《近代中国史料丛刊三编》第 79 辑，第 781 册，（台湾）文海出版社 1995 年版，第 10572～10573 页。

④ 大连图书馆编：《大连图书馆藏清代内务府档案》第 1 册，国家图书馆出版社 2010 年版，第 223 页。

⑤ 同上，第 222～223 页。

⑥ 辽宁社会科学院历史研究所、大连市图书馆文献研究室、辽宁省民族研究所历史研究室译编：《清代内阁大库散佚满文档案选编》，第 64 页。

⑦ 大连图书馆编：《大连图书馆藏清代内务府档案》第 1 册，第 122 页。

高声之太监都金超鞭责一百[①]。

十二、祭祀违误

“国家大事，在祀与戎，礼既废也，其能久乎?”[②] 因此，历代统治者对于祭天、祭祖格外重视，清代亦是如此。档案中就有因祭祀不合宜而惩治相关人员的记载，如康熙二十七年（1688），据掌仪司奏称：“fung siyan diyan de acabufi weceme wajiha manggi，soorin be amasi taimiyoo de beneme amba duka be dosime gosingga hūwangheo i soorin i tingse be tukiyehe hiyoo ioi tuhefi tingse be tuhebuhebi. uttu ofi，tingse be dahalaha faidan i hafan，soorin tukiyehe yaruha hafansa be kemu harangga bade afabufi baicame gisurebuki”，即“当日于奉先殿祭祀毕后，将神位送于原来太庙处，小吏（音译，满文为：hiyoo ioi，从后文来看，疑似杂役人员）抬着仁皇后的位亭[③]从大门进去后跌倒，致使亭倾倒。缘此，请将亭随同典仪、抬扶之引导官皆交所属官司查议”。经讯，据小吏王瓜祥供称：“bi soorin i tingse be tukiyefi，taimiyoo i amba duka be dosime，mini gucere inenggi isinjifi，sektehe feise de bethe tafi tuhere jakada，mini tukiyehe farai ergi tuhefi tingse urhume tuheke，minde ai jabure babi. sembi.”即“我抬扶着位亭从太庙的大门进入，我的死期到了，由于我的脚绊倒铺的砖上跌倒了，我所抬扶的一侧轿杆偏斜倾倒，我还有何可供”。而据温朝虎供称：“bi wang guwe siyang de kamcifi emu fara de，aisilame yabumbihe. wang guwe siyang tuhere jakade，bi fara be alime jabduhakū，tingse urhume tuheke seme.”即“我与王瓜祥一起在一根轿杆上协助他行走，由于王瓜祥跌倒了，我来不及接住轿杆，亭偏斜倾倒了”。因此，“yaya ambarame wecere tan soorin be efulere kokirara oci，jortai tašaraha be ilgarakū，tanggū jang tantafi，juwe minggan bade falabu. sehe. fafun i bithede，duibuleme susaita inenggi selhen

---

① 辽宁社会科学院历史研究所、大连市图书馆文献研究室、辽宁省民族研究所历史研究室译编：《清代内阁大库散佚满文档案选编》，天津古籍出版社1991年版，第89～91页。

② 李延寿：《北史》卷28《列传第十六·源贺》，中华书局1974年版，第1033页。

③ 亭：满文tingse，音译。据姜舜源研究，“殿(太庙)内设金漆宝座，每代座数与寝殿每室神牌数一致。座上设有泥金方托座，托座上方有孔，为祭祀时安放神牌所用。”故，疑此处“位亭”应为“安放牌位之座”。见姜舜源：《清代的宗庙制度》，《故宫博物院院刊》1987年第3期。

etukufi，tanggūta šusiha tantame.”即“对比‘凡是将大祭丘坛仪式破坏者，区别是否故意犯错，责百丈、流两千里”之律文，拟将王瓜祥、温朝虎戴枷五十日，责百鞭”。而其余抬轿之人亦皆责百鞭；掌仪司员外郎费扬古、霍尔浑降三等，罚俸一年；治仪正马卫韩降二等，罚俸一年[①]。在祭祀中，虽不慎跌倒，但致皇后之“位亭”倾倒，实属不敬，故被照律治罪。

以上，笔者依据档案资料，对内务府包衣人的部分犯罪行为和处罚措施作了梳理。从中可知，皇属包衣人的特殊身份，决定了其犯罪形式的独特性和犯罪行为的多样性。对于他们的处罚，既体现了作为“旗人”身份所拥有的“减等处罚”的“特权”，又体现了作为皇家“奴仆”与生俱来的低贱地位。这种处于民人与旗人之间的尴尬身份，正是清代包衣制度的一大特色。

---

① 大连图书馆编:《大连图书馆藏清代内务府档案》第1册,国家图书馆出版社2010年版,第268～276页。

第七章　清前期包衣牛录下人的家庭与婚姻

家庭是社会的基本单元，而婚姻和继承是维系家庭传承和发展的必要手段。一般认为，家庭继承可分为身份性继承和财产继承两种[①]，其中财产继承更具普遍性，因此是家庭继承的主要内容，也是本文讨论的重点。家产继承与立嗣制度相辅相成，构成我国古代宗法制度的主要内容。自汉代起，便有明确的律令条文对家庭立嗣和财产继承作出规定[②]。此后经过两千多年的不断发展和完善，至清代总历代之大成，确立了中国古代社会最为完善的立嗣继承制度。

清代的婚姻和立嗣继承制度是清史研究的热点问题，相关研究佳作纷呈，如对于清代婚姻制度，定宜庄专门对满洲妇女的婚姻生活作了研究，分别论述了清代婚姻制度的演变、八旗制度下旗人妇女的婚姻、满蒙通婚与满汉通婚等问题[③]；郭松义对清代的择偶等级和标准、婚娶风俗、婚龄、童养媳与入赘、离婚与再婚、节妇与婚外行为等进行了细致的研究[④]；杜家骥则将终清一代满蒙联姻制度提高到国家基本国策的高度，并在此基础上分析了各个时期满蒙联姻的变化、特点及其原因[⑤]。对清代家产继承制度的研究是清史研究的另一个热点问题，如王跃生、张

① 张晋藩主编:《清朝法制史》,中华书局 1998 年版,第 299 页。

② 李均明:《张家山汉简所见规范继承关系的法律》,《中国历史文物》2002 年第 2 期。

③ 定宜庄:《满族的妇女生活与婚姻制度研究》,北京大学出版社 1999 年版。

④ 郭松义:《伦理与生活:清代的婚姻关系》,商务印书馆 2000 年版。

⑤ 杜家骥:《清朝满蒙联姻研究》,故宫出版社 2013 年版。

小也、吕宽庆、赖惠敏等人都曾对此作过研究①。

综述已有成果可知，学界对清代婚姻制度研究者较多，但对内务府包衣人婚姻刑罚研究者较少；对顺康时期旗人、特别是内务府包衣旗人的家产继承问题关注更少。在此，笔者拟借助康熙朝内务府档案资料，对这一时期旗人特别是内务府佐领下人的家产继承制度加以探析。

第一节　康熙四年三件内务府包衣人的家产诉讼案

顺康两朝内务府档案共计约三万余件，现主要分藏于中国第一历史档案馆、大连图书馆和辽宁省档案馆三地。其中，《大连图书馆藏清代内务府档案》中，有三件题本档案详细记载了内务府包衣人家产诉讼及审理的全部过程。巧合的是，这三件档案皆形成于康熙四年（1665），这对我们了解清前期包衣牛录下人的家产分配制度提供了极为难得的素材。

一、康熙四年为议盛京三官保佐领下桑额色讼告养子归属事并奉批题本

该档系满文朱批题本，由内务府总管衙门具奏，文末具衔官员为总管巴喀、图巴、明珠三人，形成时间为康熙四年（1665）十一月十一日。

① 相关研究成果有：赖惠敏、徐思泠：《清代旗人妇女财产权之浅析》，《近代中国妇女史研究》1996年第4期；王跃生：《清中期分爨分产与立嗣继产的方式与冲突》，中国社会科学院历史研究所明清史研究室编：《清史论丛》2000年号；张小也：《从分家继产之讼看清代的法律与社会》，《清史研究》2002年第3期；赖惠敏：《妇女无知？清代内府旗妇的法律地位》，《近代中国妇女史研究》2003年第11期；吕宽庆：《清代立嗣继承制度研究》，河南人民出版社2008年版；曹婷婷：《晚清江浙乡村寡妇财产纠纷问题试探》，《历史档案》2010年第3期；史志强：《伏惟尚飨：清代中期立嗣继承研究》，《中国社会历史评论》，天津古籍出版社2011年版，第383～404页。学位论文有：李小标：《身份与财产——谱系继替下的清代承继法律文化》，中国政法大学博士学位论文，2005年；吴昊：《清代立嗣继承若干问题研究》，郑州大学硕士学位论文，2012年。关于养子继承制度的相关研究，见刘瑷蓉：《近三十年来的清代异姓承嗣研究述评》，《四川文理学院学报》2015年第6期。

在盛京内务府设立之前，盛京地区宫廷事务主要由盛京上三旗包衣佐领管理。盛京皇陵铁匠米贴所隶包衣牛录的佐领昔为张嘉木，至康熙四年桑额色诉讼案之际，时任佐领已改为三官保。后金天聪三年（1629），米贴因无子领养鄂布亥包衣、新生儿米俊宗。康熙四年六月前，米贴亡故，其寡妻、幼子桑额色不堪养子、36 岁之米俊宗据有家产，诉告佐领三官保请求分割家产。此案由盛京诉告至京城，其间问讯米贴寡妻、亲生幼子、壮年养子及奴才，以及经办佐领、领催等数人，澄清了铁匠米贴无税买入养子米俊宗、纳税置买奴才米俊友、米贴寡妻与养子米俊宗殴斗、三官保未据养子记注原档分割米贴家产等诸项事实，确认了养子米俊宗、奴才米俊友等人的身份与地位，总管内务府最终给予米贴寡妻及幼子桑额色在家产继承上的主导地位。

笔者现将该满文题本译为汉文，罗马转写及汉译文如下：

（一）罗马文转写

dorgi baita be uheri kadalara yamun i booi amban baka sei gingguleme wesimburengge：habšaha be gisurehe jalin.

booi jeku jurgan i alibuhangge，ere aniya juwan biyai ice ninggun de，mukden de tehe nirui janggin sindari sei alibuha bithede arahangge，elhe taifin i duici aniya ninggun biyai orin de，dorgi baita be uheri kadalara yamun ci unggihe bithede，booi jeku jurgan i icihiyara hafan hošan sei alibuhangge，mukden de tehe san guwan boo nirui sanggese i habšahangge，mini ama de sanggese bi，banjiha jui. kubuhe suwayan i sabigan nirui ebuhei booi mi giyūn dzung be ajigen de mini ama udafi ujihe bihe，mini ama mi tiye akū oho manggi，mini eniye be anggasi，mimbe ajigen seme gidašame，minde saliburakū，mini amai boigon aha uyūn giyan i puseli be gemu gaifi，turigen i menggun be inu si gemu gaimbi，tokso ci jeku inu minde benjiburakū，booi niyalma be ergelehebi. uttu ofi，nirui janggin de habšaha，nirui janggin san guwan boo ilan bošokū mini boigon be mi giyūn dzung de hontoho dendefi buhe，nirui janggin san guwan boo de dahime habšaha，yabuburakū ojoro jakade，uttu ofi，mi giyūn io sanggese be gaifi ambasa de habšarangge sehebi.

sanggese de：sini habšaha bithede kubuhe suwayan i sabigan nirui ebuhei booi mi giyūn dzung be ajigen de mini ama udafi ujihe sehebi. udara fonde udu se bihe? te geli udu se oho? cifun arame udahoo? udafi adarame ujiha seme fonjici. jaburengge: bi tere fonde banjire unde ofi ere gese babe sarkū, mi giyūn io sambi sembi.

mi giyūn io de fonjici, jaburengge: mini ejen de tere fonde sanggese be banjire unde bihe, juse akū ofi, mi giyūn dzung be ilan se de gajifi, jui obume ujifi, juwan emu se ohomanggi, ini da ejen geli amasi gamara jakade, amala mini ejen mi giyūn dzung ni ejen de ulgiyan emke wafi, nure gamame genefi, orin yan menggun bufi, udame gajifi, kemuni jui obume ujiha, cifun araha ba akū. mi giyūn dzung te gūsin ninggun se ohobi sembi.

jai mi giyūn dzung be jui obume ujici tetendere, boigon be nirui janggin san guwan boo dendefi buhe, babe geli ai turgun de habšambi seme fonjici. jaburengge: mini ejen hehe ejen i jui be mi giyūn dzung etubume ulebume gosirakū ofi, nirui janggin san guwan boo de genefi turgun be tucibume habšara jakade, mi giyūn dzung be umai weile arahakū, nememe mini ejen i boigon be hontoholome dendefi buhebi. erei turgunde habšambi. unenggi jui obume ujiha be tuwame boigon be dendeme gaici, mimbe inu mini ejen jui obume ujiha bihekai, boigon be bi umai dendeme gairakū, bime mi giyūn dzung de ai turgun de boigon be dendefi bumbi sembi.

erebe mini jurgan baicafi, sanggese i habšaha bakcin mi giyūn dzung mukden de bisire be dahame, habšaha niyalma be suwaliyame nirui janggin sindari oboi de unggifi, mi giyūn dzung be ujiha udaha da turgun, jai nirui janggin san guwan boo boigon be hontoholome faksalaha sere jergi turgun be suwaliyame getukeleme baicafi unggikini sembi seme alibuhabi. erei jalin, baicafi unggire be sakini seme unggihe sehebi.

be nirui janggin san guwan boo de delhebuhe turgun be fonjici, jaburengge: sanggese i eme jui minde, ini amai udafi ujihe mi giyūn dzung be boigon be ejelefi saliburakū seme, tuktan habšanjiha de, bi mi giyūn dzung be, si ere ajige jui, anggasi hehe be saikan uji, jai ehe ohode, ja sindarakū seme hendufi unggihe. jai jergi de ineku nenehe songkoi habšanjiha de mini delhebuhengge, ini booi mi giyūn io、mi dzung in be gajifi, udafi ujihe turgun be fonjiha de, esei alahangge: mi giyūn dzung be sabigan nirui ebuhei booi niyalma, meni ejen mi tiye emu ulgiyan wafi, nure emu malu, gamame orin yan menggun bume udafi, ujihe jui sere jakade, bi cifun arame udahoo, cifun arahakū udahoo seme fonjire jakade, cifun arahakū sehe. tuttu ofi, bi nirui sunja bošoko i emgi gisurefi, sanggese be banjiha jui seme juwe ubu, mi giyūn dzung be ujihe jui seme emu ubu bume, delhebuhe inu, boigon be hontoholome dendehe ba akū. mi giyūn io be ujiha jui jergi de dabuhakūngge, cifun arame udahangge, sere jakade, aha seme ubu dabuhakū inu. dahime habšaci yabubuhakū serengge, delhebuhe. amala sanggese i eme mi giyūn dzung be boigon delhebuhe be elerakū, geli mimbe tataha, bi te delheburakū seme minde habšame jihe bihe. bi emgeri delhebuhe boigon be dasame gisurere ba akū, suwe becunuci tataha be saha siden i niyalma bio seme fonjiha de, gūwa siden i niyalma akū. mini booi haha sydz saha sehe manggi, bi sini booi niyalma be siden obuci ojorakū, tuttu bime etuku hūwajaha niruke layaha ba geli akū, seme habšaha be yabubuhakū, bošofi unggihe inu sembi. nirui bošoko tiyan hoošan, fangkala, du k'u ai, too gui, lio guwang siyan de fonjici, san guwan boo i emu songkoi jabumbi.

jai san guwan boo de: sini jabunde mi giyūn io be cifun arame udaha aha seme ubu dabuhakū sehebi. delhebuhe dangse de, mi giyūn io i uyūn anggala be sanggese i juwan duin anggala, mi giyūn dzung ni jakūn anggala ci encu arahangge, adarame seme fonjici. jaburengge: bi sanggese mi giyūn dzung be delhebure de, mi giyūn io be cifun arame udahangge seme aha suwaliyame dendere de, mi giyūn io i habšahangge: mimbe mini ejen inu jui seme ujifi, emu juru niyalma bufi, encu tebufi, ini funde faksi dosimbuha k'ai. adarame aha sembi. ubabe sanggese i eme, mi giyūn dzung, mi dzung in de fonji sehe, bi tesede fonjifi, inu sere jakade, ini ejen i daci encu tebuhe niyalma be dahame, mi giyūn io i beyebe dabume, uyūn anggala be ilan ubu, banjibume denderede dosimbuhakū. sanggese be hūwašabume uji sehe, encu delhebuhe ba akū sembi.

sanggese i eme mi giyūn dzung de, mi giyūn io be encu tebuhe babe nirui janggin suwende fonjiha mujanggo seme fonjici, jaburengge: mende fonjiha ba inu, ere songkoi alaha sembi. mi giyūn io de fonjici, jaburengge: nirui janggin i gisun i songkoi inu sembi. sunja bošoko de fonjici, san guwan boo i emu songkoi jabumbi.

jai mi giyūn dzung de, simbe sini ejen mi tiye ujihe udaha da turgun adarame seme fonjici, jaburengge: mimbe banjiha biyade gajifi ujihe sembi. bi ajigen ofi udaha sere babe sarkū. mimbe jui seme ujifi juwan dui se oho manggi, mini ama lio jy u nirui wang hoošan i sargan jui be sadulafi, minde sargan gaiha. minde banjiha amba haha jui de kubuhe suwayan i lu dzung yoo nirui siyoo e i sargan jui be sargan gaiha. jacin haha jui de weilere jurgan i u tiyan dzung nirui ju tiyan fu i sargan jui be sargan gaiha. mimbe jui seme ujihekū oci, encu boigon i niyalmai sargan juse be gaifi bumbio? bi te gūsin ninggun se oho, mimbe gajiha ujihe turgun be saci, meni booi fe bihe mi dzung in, mi giyūn io sambi sembi.

mi giyūn in de fonjici, jaburengge: mimbe mini ejen daitung ci gajiha aniya mi giyūn dzung ainci duise sunjase bihe, amala sunjaci aniya ningguci aniya oho manggi, ujihe juse be jurgan de dangse ejehe ba akū oci tatame gaimbi serede, mi giyūn dzung ni da ejen ebuhei amasi gamambi sehe, manggi, mini ejen orin yan menggun, ulgiyan emke wafi, nure emu malu be mi giyūn io meni juwe nofi be sibkelebufi, ebuhei boode benehe. ebuhei ini nirui janggin sabigan be henjifi gajiha de, nirui janggin mi giyūn dzung be gaju tuwaki sere jakade, mini ejen mi giyūn dzung be gamafi tuwabuha nure omime wajiha manggi, tere inenggi uthai amasi boode gajiha, cifun araha ba akū, kemuni jui seme ujihe sembi.

mi giyūn io de, sini habšaha bithede, mi giyūn dzung be neneme gamafi amala udafi gajiha sehebi. mi giyūn in i jabun de menggun benehe inenggi gamafi tere inenggi uthai amasi gajiha sembi. uba adarame seme fonjici, jaburengge: mi giyūn dzung be ini da ejen gamaha inenggi uthai dahaduhai menggun ulgiyan nure gamafi, amasi gajiha dabla, menggun ulgiyan nure be neneme gamafi, mi giyūn dzung be amala gamaha ba akū sembi.

jai mi giyūn io de, mi giyūn dzung ni sargan urun be sadulame gaiha sere babe fonjici, jaburengge: sadulame gaihangge inu sembi.

jai san guwan boo nirui haha celehe dangse be gajifi, mi giyūn dzung ni jui haha sere babe tuwaci, mi tiye, booi mi giyūn dzung, mi de io, mi dzung in, li io ts′ai, wakada, siyoo syse, uda, ice dosika li da, erei dorgi mi tiye bucehe, uheri jakūn haha seme, bi erebe nirui bošoko fangkala, du k′u ai alajihangge, mi tiye dade jang jiya mu nirui niyalma bihe, meni akūha nirui janggin antamu bošoko tiyan hoošan be gamame, ijishūn dasan i juwan jakūci aniya ging hecen de genehe de, nirui janggin jang jiya mu meni nirui janggin i baru gisurehengge: mini nirui mi tiye munggan de weilere sele faksi be dahame gajici ojorakū, erei funcehe haha de alban bošoko, haha celere de ba goro ofi mangga, tubai niru ubai niru serengge gemu ejen i niru, erebe uthai sini nirude bibu seme henduhe. gūlmahūn aniya haha celere de, be celefi nirui janggin de alaha, nirui janggin i henduhengge, ini nirui janggin muse de hūwaming be unggihekū be dahame, boolaci ojorakū. bi aniya araha manggi, beging de genembi, tere fonde hūwaming be gajiha manggi, jai forgon de boolaki sehe. aniya araha manggi, nirui janggin nimekulefi genehekū, uttu ofi, dangse de bai ejehe boolahakū. erebe meni fe ninggun bošoko gemu sambi sembi.

bošoko sede, suweni nenehe nirui janggin hūwaming unggire unde, erebe eje sehe, babe sanggese i juwe jergi habšafi delhebure de, suwe amala sindaha nirui janggin de ere niyalma be nenehe nirui janggin hūwaming akū ofi eje sehebi, toktoro onggolo, muse delhebuci ojorakū seme alaha babio seme fonjici. jaburengge: ejehe babe onggofi alahakū sembi. suweni sunja bošoko adarame gemu onggoho, emu niyalma geli ejehekū mujanggo seme fonjici, jaburengge: gemu onggoho, unenggi ejeci alarakū biheo sembi. tuttu ofi, suweni celehe dangse be tuwame niyalma be dendehekū, ai be tuwame dendehe seme fonjici, jaburengge: be dangse be tuwahakū. sanggese i eme, sanggese, mi giyūn dzung ni beye de fonjime, tesei alaha. be tuwame dendehe. mi giyūn io dalbade iliha bihe sembi.

nirui janggin san guwan boo de, mi tiye be janggiyamu nirui niyalma, hūwaming bahara unde ofi, nenehe nirui janggin i eje sehe, babe bošoko se sinde alaha babio seme fonjici, jaburengge: sanggese minde habšaha de, mini ama eje sehe babe minde alaha ba akū, bi mini nirui niyalma seme delhebuhe inu sembi. jai delhebure de dangse be tuwame delhebuheo, dangse be tuwahakū delhebuheo seme fonjici, jaburengge: dangse be tuwame delhebuhe ba akū, ceni beye de fonjime, alaha be tuwame delhebuhe sembi.

sanggese i eme, sanggese de fonjici, jaburengge: mende fonjime dendehe, dangse be be sahakū sembi.

mi giyūn io de fonjici, jaburengge: bi inu esei emgi iliha bihe, ese de fonjime dendehengge inu, dangse be bi inu sahakū sembi.

uttu ofi, nirui janggin san guwan boo i sanggese mi giyūn dzung ni boigon dendehe dangse be suwaliyame unggihe sehebi. meni jurgan ceng u nirui haha celehe dangse be gajifi tuwaci, ijishūn dasan i sunjaci aniyai celehe dangse de, mi tiye haha sunja, mi jiyūn dzung, mi de io, mi de in, mi de jin. ijishūn dasan i jakūci aniyai celehe dangse de, mi tiye haha jakūn, mi de io, mi jin dzung, mi de in, siyoo sydz, wang da, masy, li io dzai. ijishūn dasan i juwan emuci aniyai celehe dangse de, li tiye fejergi haha jakūn, mi de io, mi jin dzung, mi jiyūn in, wang da, siyoo sydz, masy, jin dzai. ijishūn dasan i juwan duici aniyai celehe dangse de, mi tiye haha jakūn, mi de io, mi jin dzung, mi jiyūn in, wang da, sydz, masy, jindzai seme bi. boigon delhebuhe sere niyalmai ton be haha celehe dangse de acabume tuwaci, celehe dangse ci hahai ton fulu ohobi, gebu acanahakūngge geli ambula bime, aniya aniyai celehe dangse de inu gebu adali akū, uttu ofi, ceng u nirui bošoko hū fu guwe de fonjici, jaburengge: haha celere aniya ubaci niyalma unggifi, mi tiye i alara be tuwame ejefi gajiha, be dangse de araha, uttu ofi, adali akū sembi.

sanggese de, si mi giyūn dzung be aha seme habšambio? eici mi giyūn dzung be ujihe jui boigon delhebure de buhe labdu seme habšambio seme fonjici, jaburengge: mi giyūn dzung be mini ama jui obume ujiha be dahame, bi mi giyūn dzung be ahūn sere dabla, aha obuki seme habšara ba akū. damu mini beye banjiha jui bime ajigen be dahame, mini amai boigon niyalma be buhe labdu turgunde habšambi sembi.

sanggese de, suweni boigon delhebure de, mi giyūn dzung de buhe niyalma be sini eme jusei gūnin i tucibufi delheheo, eici mi giyūn dzung ni gaji sere be tuwame nirui janggin faksalafi buheo seme fonjici, jaburengge: mi giyūn dzung be boigon delhebume bure de, meni booi niyalma be nirui janggin gebuleme tere tere be mi giyūn dzung de obu, tere tere be minde obu seme faksalaha. meni eme jusei gūnin i gebuleme tucibufi buhengge waka sembi.

tuttu ofi, suweni booi niyalma be nirui janggin adarame bahafi saha seme fonjici, jaburengge: boigon delhebure de, nirui janggin meni booi niyalma be udu bi seme fonjiha de, mini ahūn mi giyūn dzung uheri niyalmai gebu be tucibume nirui janggin de alaha, nirui janggin faksalafi buhe sembi.

sanggesemi giyūn io de, suweni habšaha bade, mi tiye sehebi. mi giyūn io, mi giyūn dzung ni hala be ememu bade li sehebi. mi li sere hergen ya emke inu seme fonjici, jaburengge: li sere hala tašarahabi, mi sere hergen yargiyan sembi seme alibuhabi.

amban meni gisurehengge: nirui janggin san guwan boo i jabun de, sanggese i eme jui udafi ujiha, mi giyūn dzung be boigon ejelefi saliburakū, seme tuktan habšanjiha de, mi giyūn dzung be anggasi hehe ajige jui be saikan saikan uji, jai ehe ohode, ja sindarakū seme hendufi, unggihe. jai jergide ineku nenehe songkoi habšanjiha de, ini booi mi giyūn io mi dzung in be gajifi, udafi ujihe turgun be fonjiha, tesei jabun de, mi giyūn dzung ni da ejen de ulgiyan wafi, nure gamame genefi, orin yan menggun bume udafi, cifun arahakū serede, boigon be ilan ubu banjibufi, sanggese de juwe ubu, mi giyūn dzung de emu ubu obume delhebuhe serengge. sanggese i eme juse umai delhebuki seme habšaha ba akū, bime boigon be ejelehe sere, babe duilerakū, uthai ahai gisun de delhebufi, jai booi aha mi giyūn io be cifun arame udaha sembime, mi giyūn io ini ejen imbe jui seme ujifi, emu juru niyalma bufi, encu tebufi, ini ejen i funde sele faksi de obuha, adarame aha sembi sere gisun de, sanggese i eme, mi dzung in, mi giyūn dzung de fonjiha de, inu sehe seme dendere aha i ton de dabuhakū, sembime geli delhebuhe ba akū sehebi. tuttu bime dendehe dangse de geli encu arahabi, sirame sanggese i eme, mi giyūn dzung be delhebuhe boigon be elerakū, imbe tataha, delheburakū seme habšaha babe geli kimcime beiderakū. neneme bi emgeri delhebuhe, dasame gisurere ba akū. tataha sere turgunde, booi niyalma be siden obuci ojorakū, etuku hūwajaha niruke layaha ba akū seme habšaha be yabubuhakūngge, ambula acahakūbi.

erei turgunde, nirui janggin san guwan boo de jursu tuhere weile gaime, harangga nirui bošokū tiyan hoošan, fangkala, du k′u ai, too gui, lio guwang siyan se beye nirui bošokū bime, sanggese i eme i habšaha boigon ejelehe, tataha sere baita be kimcime fonjirakū uthai nirui janggin i songkoi boigon delhebuhengge, acahakūbi. erei turgunde, bošokū tiyan hoošan sebe susaita šusiha tatame, jai mi giyūn io be cifun arame udaha be dahame, gisurerakūci tulgiyen, mi tiye encu nirui mi giyūn dzung be ajigan de gamafi jui arame ujiha, beye bisire de, encu nirui sargan jui be mi giyūn dzung, mi giyūn dzung ni juse de sargan isibuha bime, sanggese mi giyūn io i habšaha bade, geli mi giyūn dzung be ujiha jui yargiyan sehe bime, aha obuki sehe ba geli akū, damu ini amai boigon be delhebume buhengge labdu sehebi. mi giyūn dzung be jui obume ujihe yargiyan be dahame, beye teile be ini da niru de tucibubume. ede aha delhebume bure burakū be sanggese i eme jusei ciha obume gisurehebi.

amban meni cisui gamara ba waka ofi gingguleme wesimbuhe hese be baimbi.

elhe taifin i duici aniya omšon biyai juwan emu

gisurehe songkoi obu (fulgiyan f ii pilehe) ①

(二) 汉译文

内务府总管巴喀等谨题：为议讼告事。

据包衣粮食部②详称：今年十月初六日，盛京佐领辛达里等呈称：康熙四年六月二十日，据总管内务府咨开，包衣粮食部郎中郝山等告称，据盛京三官保佐领下桑额色讼告：家父生我，亲子。镶黄旗萨弼干佐领下鄂布亥之包衣米俊宗年少时，家父将其买回养育。家父米帖去世后，家母成为寡妇，因我年幼，对我欺凌，无法忍受。后将家父之家产、奴才、九间店铺以及租银全都索要，并未从庄屯给我送来粮食，且威逼包衣，因此向佐领讼告。又因佐领三官保、三领催把我家产分一半给了米俊宗，故而再次向佐领三官保讼告。因不受理，米俊友便带着桑额色讼告诸官。等语。

讯问桑额色：据尔讼称，在镶黄旗萨弼干佐领下鄂布亥之包衣米俊

① 大连图书馆编：《大连图书馆藏清代内务府档案》第1册，国家图书馆出版社2010年版，第671～681页。

② 此处满文为“booi jeku jurgan”，具体所指衙门不详，疑为“钱粮衙门”前身。

宗年幼时，家父将其买回养育，等语。买时几岁？如今又几岁了？买时交税了吗？买后如何养育的？供称：因我那时尚未出生，不知此类事情，米俊友知晓。

讯问米俊友，供称：那时我主子尚未生桑额色，因无子，所以在米俊宗三岁时将其带回当儿子养育，十一岁时，其原主子又将其领回，后来我主子给米俊宗主子杀了一头猪，带去了酒，给了二十两银子，又买了回来，还当儿子养育，未交税。米俊宗现已三十六岁了。

又讯问：既然将米俊宗当儿子养育，佐领三官保将家产分给伊，又因何讼告？供称：因米俊宗在衣食上未曾怜爱我之女主人及主人之子，故去佐领三官保处将此陈告出，而米俊宗并未治罪，反倒将我主子家产分了一半给伊，因此缘故讼告。诚然当儿子养，我等看到分了家产，而我主子也一直将我当儿子养育阿，我并未分得家产，何故将家产分给了米俊宗？

将此交臣部查议。既然原告桑额色、被告米俊宗皆在盛京，连同原告一起，派佐领辛达里、鄂博依将米俊宗买养始末，及佐领三官保将家产分给一半等缘由，查明后一并咨呈。为此，查后咨呈使知。

臣等讯问佐领三官保使其分家缘由，供称：桑额色母子对我说，其父将米俊宗买了养大，而伊霸占家产，我等无法忍受。在首次讼告时，我对米俊宗说，尔将这幼儿寡母好生养着，如再作恶，定不轻饶。说完便遣送出去。再次照先前来诉讼时，我使其分家，将其包衣米俊友、米俊音带来，讯问买养之缘由。告称：米俊宗原是萨弼干佐领下鄂布亥之包衣人，我主子米帖杀了一头猪，带去一瓮酒，给了二十两银，将其买回作为养子。讯问：是上税买的吗？还是没上税就买了？供称：未上税，等语。因此，我与佐领下五领催[①]共议（把家产分为三份），桑额色作为亲子得两份，米俊宗作为养子得一份，如此使分家是实，并未有将家产分给一半之事，未将米俊友算入养子之列，因交税买了，故当作奴才不算入份，是实。（警告伊等）若再次讼告，将不再受理。分家后，桑额色之母不满米俊宗分了家产，便将其[②]打伤。讯问：我不允分家，又向我讼

① 前文提到三领催参与了分家事，此处三官保自述与五领催主持了分家事，前后所言不一，原文如此。

② 此处满文为“mimbe tataha”，意为“将我打了”，结合前后文，此处应为“将米俊宗打了”。

告；我已使分家，家产改分无异议了。尔等打架有证人么？供称：并无其他证人，只有我之包衣男丁四子知道，等语。我说：尔之包衣不可为尔作证，而又无将衣服划碎、弄皱之事，因此未理会诉讼，催促呈送是实。讯问佐领下领催田郝山、房喀拉、杜阔埃、陶贵、刘广献，与三官保口供一致。

又讯问三官保：据尔供称，（因）交税买了米俊友，故而作为奴才没有算入（分家产）之列，等语。查看分家档册，将米俊友之九口人与桑额色之十四口人、米俊宗之八口人另处记注，是何缘故？供称：我使桑额色、米俊宗分家时，因米俊友是交了税买的，所以混同奴才分配时，米俊友诉说，我之主人也把我当作儿子养了，给了一对人，令居别处，替伊当匠人矣，如何说我是奴才呢？将此讯问桑额色的母亲、米俊宗、米俊音，所说是实。虑及米俊友与伊主子昔日异地而居，故未把米俊友计入之九口人编成三份分家，令桑额色养之。无另行分家。等语。

讯问桑额色之母、米俊宗：使米俊友异地而居之事，佐领果真问尔等了吗？供称：问我等是实。讯问米俊友，与佐领一样的口供。讯问五领催，与三官保回答一致。又问米俊宗：尔主子米帖将尔养育，买尔原委如何？供称：据说在我出生当月就带来抚养了，因为我幼小，所以买我之事我不知道，把我当儿子养到十四岁时，家父与刘志武佐领下王郝山的女儿结亲，给我娶了妻。我所生的大儿子娶了镶黄旗下卢宗耀佐领下肖儿的女儿；生的二儿子又娶了工部吴天宗佐领下朱天福的女儿。若没将我当儿子养，能把另户家的女儿娶了吗？我现在已经三十六岁了，若想知道把我带来养育的原因，我原来的包衣米宗音、米俊友知道。

讯问米宗音，供称：我主子把我从大同带来的那年，米俊宗想必是四五岁，过了五六年后，因尚未把养子们记注在部里的档册上，便把米俊宗扣留了，令米俊宗的原主子鄂布亥将其领回，后来，我主子令我和米俊友将二十两银子、杀的一头猪、一瓮酒抬到鄂布亥家里，鄂布亥将其佐领萨弼干请来，佐领欲看米俊宗，我主子把米俊宗带来看了，饮酒毕，那日就将其带回家，未曾缴税，仍旧当作儿子养着。

讯问米俊友：据尔讼称，先把米俊宗带去，后买了带来，等语。据米俊音供称，把银子送去的那日就带回来了。这是何缘故？供称：米俊宗的原主子将伊带去的那天，就接着带去了银、猪、酒，回来时带来了。

并未先送去银、猪、酒，后把米俊宗带回之事。

又讯问米俊友为米俊宗结亲娶妻事，供称：娶亲是实。

又把三官保佐领下比丁册带来后，把称为米俊宗的儿子、奴才之事验看，米帖包衣米俊宗、米德友、米俊音、李有才、瓦卡达、肖四色、乌达，新来的李达，其中米帖死了，总共有八名男子，据佐领下领催房喀拉、杜阔埃来告称，米帖原为张嘉木佐领下人，我等已去世之佐领安塔木把领催田郝山带来，顺治十八年（1661）去京城时，佐领张嘉木向我们佐领说，既然我佐领下人米帖为修造皇陵的铁匠，不能带来，这其余男丁当差，在比丁时因地方远而繁难，既然那里的牛录和这里的牛录都是皇上的牛录，把这些人就留在你的牛录罢。（癸）卯年（康熙二年，1663 年）比丁时，我们计丁后告诉给了佐领，佐领说，既然伊之（指米帖）佐领不把花名寄给咱们，不可上报，我过年后到北京去，那时把花名带来后再报给部里[①]。等语。过年后，佐领患病没去，因此在档册里仅记注了却未上报。这些事情，我们原来的六个领催都知道。

讯问领催等人：尔等前佐领称在尚未寄送的花名内记下。桑额色两次讼告分家时，尔等后来补放的佐领，因为前佐领的花名册内未记注此人，便说‘在确定之前，咱们不可使其分家’，有这事吗？供称：我等把记注这事忘了，没有告诉。讯问：尔等五个领催怎么都忘记了？难道一个人也没有记吗？供称：都忘记了，若果真记着能不告诉吗？讯问：既然如此，尔等未按照比丁册使其分家，还是按照什么使其分家了？供称：我等未按档册。

将此问桑额色的母亲、桑额色、米俊宗，答称：按照伊等所说分的，米俊友曾在旁边站着。

讯问佐领三官保：因为（记注）米帖的张嘉木佐领下人花名册尚未取到，前佐领说了记注，这些领催等告诉你了吗？供称：桑额色讼告我时，家父说记了，伊等未将此事告诉我，我使我牛录下人分家是实。又问：分时是按照档册分的，还是未按档册就分了？供称：未按档册分的。问伊等，称按口述分的。

讯问桑额色的母亲、桑额色，供称：问了我等分的，我等不知档册

---

① 满文为“forgon”，意为“季节”“时期”；此处应为“jurgan”之误。

之事。

讯问米俊友，供称：我曾与这些人一起站着，问了这些人后分的是实，档册之事我亦不知。

因此，佐领三官保与桑额色、米俊宗分了家产，把档册一并寄来。臣部将程武佐领下比丁册带来看了，据顺治五年（1648）比丁册所载，米帖家男子五人，米俊宗、米得友、米得银、米得金；顺治八年比丁册所载，米帖家男子八人，米得友、米金宗、米得银、肖四子、王达、马四、李有才；顺治十一年比丁册所载，米帖下男子有八人，米得友、米俊宗、米俊音、王达、肖四子、马四、金财；顺治十四年比丁册记载，米帖家男子八人，米得友、米俊宗、米俊音、王达、四子、马四、金财。因要分家产，将这些人数比照比丁册验看，从档册看得，男子的人数已有多余了，名字不相符的又很多，而在历年的丁册内，名字也不相同，因此，讯问程武佐领下领催胡富国，供称：在比丁年份，从此处派人按米帖所说验看记下后带来，我等记录在案，故不相同。

讯问桑额色：尔将米俊宗视作奴才讼告吗？还是因米俊宗以养子身份分家产给的太多了而讼告？供称：既然家父把米俊宗当儿子养，我把米俊宗称作哥哥罢，未曾将其视作奴才讼告。既然我是亲生子，而又年幼，把家父的家产、奴才给的多了，因此讼告。

讯问桑额色：尔等分家产时把奴才给了米俊宗，尔母说出以儿子们的意愿分了吗？还是称按米俊宗所带来后由佐领区分后给的？供称：分给米俊宗家产时，佐领将我等之包衣人点名，将某某作为米俊宗的，将某某作为我的，分开了。并未我等母亲说出按儿子们意愿点名分给。

讯问：既然如此，尔等之包衣人佐领怎能得知？供称：分家时，佐领来问我等之包衣有几人时，我兄米俊宗把所有人的名字都拿出来告诉给了佐领，佐领（将人）分开后给了。讯问桑额色、米俊友：据尔等讼称，按米帖所说，将米俊友、米俊宗之姓氏，在有些地方曾记作“李”，“米”“李”，何字为是？供称：称“李”姓有误，称“米”姓正确。

臣等议得：据佐领三官保供称：桑额色母子讼告曾买养之米俊宗，称伊将家产霸占不使其继承。在初次讼告时，我曾警告米俊宗，将此幼儿寡母好生养育，若再行恶事定不轻放。说完便遣送出去。第二次因前事讼告时，我将其包衣人米俊友、米俊音带来讯问（将米俊宗）买养缘由，伊等供称，给米俊宗原主子杀了猪、带去酒，去后又给了二十两银子，买了，未上税。这时，我把家产分作三份，桑额色两份、米俊宗一份，如此分了家。桑额色之母因儿子们并未分得家产来讼告，称把家产霸占了，将此并未审对便依照奴才之语分了家，又说把包衣阿哈米俊友交税买了，且米俊友说其主子也曾将伊当作儿子养育，给了一对人令其在别处居住，替其主子当铁匠，如何说是奴才？对这些话，我讯问桑额色之母、米宗音、米俊宗，曾供称是实。因此，分奴才数目时，没有算入内，且说又无分了之事。然而，在分家档册里又（将其）另行记注，继而桑额色之母不满使米俊宗分得家产，把伊打伤，因不分又讼告了。将此并未详细审问（便言），先前我已使分了家，毋庸再议。关于打架缘由，包衣人不可作证人，而又无划破、弄皱衣服之事，故未予受理讼告，殊属不合。因此，拟将佐领三官保处以双重应得之罪。所属佐领下领催田郝山、房喀拉、杜阔埃、陶贵、刘广献等身为佐领下领催，而未将桑额色之母讼告家产霸占、打架之事详细查问，便依佐领（指示）使分了家，甚属不当。因此，拟将领催田郝山等各鞭五十。又，既然将米俊友交税买回不议外，米贴将他人牛录下年幼之米俊宗带回当作儿子养育，又把他人牛录下女儿嫁给米俊宗及其儿子们为妻，且在桑额色、米俊友之讼告中，又把米俊宗确称为养子，而并未将其视作奴才，只因伊将父亲家产分得过多才来讼告。既然将米俊宗视作儿子养育是实，只将伊自身派给伊之原牛录，关于分奴才给与不给，依桑额色之母及儿子们意愿而为。

臣等未敢擅便，谨题请旨。

康熙四年十一月十一日

总管内务府大臣臣巴喀、图巴、明珠。

批红：依议。

二、康熙四年包衣佐领下阿奈借讼告其兄满都礼霸占家产案并奉批题本

该题本亦选自《大连图书馆藏清代内务府档案》，由内务府总管衙门具奏，具衔官员为总管巴喀、图巴、明珠三人，其形成时间为康熙四年

（1665）十二月十四日。

该档案详细记述了阿奈一家的历次分家过程：孟古与牛隆阿乃一母所生之亲兄弟，二人分别有子安塔海与阿奈。当哥哥孟古去世后，因子安塔海年幼，故其家产暂由弟弟牛隆阿代为管理。这是首次家产变动；当牛隆阿去世时安塔海仅十三岁，阿奈尚在襁褓中。此时，阿奈同族之兄满都礼谎称牛隆阿并无子嗣，家产甚薄，且叔父之妻是由他买得后才聘娶的，由此骗得两家财产，并将牛隆阿妻配给了牧场之辛者库人；第三，满都礼被告发后，按太宗旨意，因安塔海年龄大，分给两份家产；以阿奈年龄小，分给一份家产，同时令阿奈随母养育。家产再次变动；第四，当安塔海无子而逝后，按照血缘关系，其家产理应由阿奈继承，然而曾觊觎其家产的满都礼又再次安排其子萨比将其家产霸占；经阿奈再次讼告，顺治十年（1653），依圣谕，将家产由萨比处取回重新给了阿奈，才最终完成家产分配。在这数次家产变动中，反映了皇太极的家产继承思想，笔者后文再述。

（一）罗马文转写

dorgi baita be uheri kadalara yamun i booi amban baka sei gingguleme wesimburengge：habšaha be gisurehe jalin.

booi jeku jurgan i alibuhangge，booi da abunai hontohoi anai habšahangge，nirude bisire ecike ahūn de acabure be baire jalin.

anai mini ama niorungga dade niyaha nirude tokso bošome bihe，mini ama akū oho orin sunjaci inenggi，mimbe banjiha. mini emu mukūn i ahūn manduri taidzung de wesimbuhengge：mini ecike niorungga akū oho，erei gaiha sargan mini udafi buhengge bihe，ecike gaiha be dahame，bi gidafi takūraci ojorakū. dele benjifi boode bisire uniyen ihan emke，tetun agūra be bi bargiyaki sembi. seme wesimbuhede. hesei boigon be manduri de bufi，mini eniye be adun i karai de buhe. jai inenggi，mini eniye bithe arafi habšahangge：mini eigen akū ofi inenggi biya jalure unde，bime uyuci biyai enen anai，ge de banjiha juwan ilan sei jui antahai，boode bisire haha hehe ninggun juru，morin juwe，ihan duin，usin susai cimari bi，mini eigen de umai weile akū，bime nirui hehe be sin jekui karai de buhe，turgun be dele niyakūraha manggi，dergi hese：manduri juwe juse，haha hehe，morin ihan，usin be gemu gidafi，damu ecikei sargan emu uniyen ihan i teile bi sehe, manduri be beidere jurgan de afabufi, hehe de angga acabume beidefi wesimbu. sehe.

beidere jurgan i gisurefi wesimbuhengge, manduri udafi buhe, waka. sadulame gaihangge inu. jai juwe jui, booi haha hehe, morin ihan, usin bisirengge yargiyan. seme wesimbuhe manggi. dergi hese: manduri be weile arafi, hehe be karai de sargan bume jabduha be dahame bikini, huhuri jui be manduri de afabuci ojorakū. taka eme de afabufi hūwašakini, mutuha manggi, kemuni ini ecike ahūta de acakini. ahūngga jui antahai juwan ilan se oho be dahame, da niru de bikini. boigon be juwe ubu banjibufi juwe jui de bu. manduri, si ere boigon de ume dara, sehe.

mini ahūn antahai akū oho manggi, manduri geli boigon be saliha. anai bi taidzung ni hesei weile araha, boigon de ume dara sehe. turgun be tucibume, booi da karai, kantai be sambi. seme habšara jakade. booi nirui janggisa gisurefi, dele wesimbufi, boigon be minde bahabuha. ere da turgun be bursan inu sambi. te anai bi emhun beye, akdaha nikehe hanci niyaman akū. ambasa gosici ulame wesimbufi, da niru de bisire ecike onoi, ahūn sabi de acabureo sehebi.

uttu ofi, beidere jurgan de juwe jergi bithe yabubufi. anai eniye niorungga sargan i niohon ulgiyan aniya habšaha de, hese wasimbufi beidefi wajiha babe baicaci akū sehebi. jai anai ini akūha ahūn antahai boigon be temšeme habšaha, babe baicaci, sahahūn meihe aniya i dangse de, ambasa de anai habšarangge: mini amji monggo niorungga emu ama emu eniye de banjihangga, dalingho de genehe aniya, amji akūha, boigon be mini ama saliha bihe. amai beye akūfi nadaci biyade, mini amba amji jui manduri mini eniye be emhun beyei teile umai donjibuhakū, gidame jafafi boo de benjihe, mini eniye korsofi, nirui janggin nintaha de: minde banjiha haha jui emke, sargan jui juwe, ge de banjiha haha jui emke, haha hehe, morin ihan tutto bi seme. habšara jakade, nintaha dasame dele wesimbufi, manduri beye mini eniye be fafun de benefi duilebu. seme benefi. manduri de hūlhai weile jakūnju šusiha tuhebufi tantaha. ama ejen i hesei, monggo i jui be amba, juwe ubu bu nirude bikini. mimbe ajigen, emu ubu bu. ini eme be dahame genefi hūwašakini, yaya jui neneme akū oci, bisire jui salikini. manduri si ume dara sehe. te niru de bihe amji jui akūha, boigon be yooni manduri jui sabi salihabi. uksun i omolo adarame boigon salici ombi, banjiha jui adarame salici ojorakūni, mini dalibuha, babe ambasa de donjiburengge. jai šanggiyan dasha aniya sunja biyade, nirui janggin nintaha de anai bi habšara jakade, nirui boigon be ai turgunde sini sin jekui niyalma de bumbi? si jai ere gese gisureci, simbe ja sindarakū. seme yabubuhakū. ere habšaha be nirui janggin esen, onggocon be sambi. sehe bihe.

onggocon esen de fonjici, habšaha bihe mujangga sembi. tuttu ofi, erebe geli jai dasame anai habšaha manggi, nirui janggin ahašose, onggocon, doboi, dungsan, tendei, manduri, jeiku, šang sing, mase, wangsan, baka, k' oo guwe iowan, lio dz u gisurefi, dorgi amban sonin, hasitun, batai de alara jakade. erebe juwan uyun de, sonin, hasitun, batai nirui janggin doboi jeiku dele wesimbure jakade. dergi hesei, ere boigon be ini jui anai de salibu. seme buhe. erei jalin sahahūn meihe aniya juwe biyai ice juwe de, sabi ci gaifi anai de buhengge. haha juwe, uncaha monggo haha turgunde dehi yan menggun, hehe ilan, hehe jui duin, ihan emke, usin tofohon cimari, erebe anai de acabume buhe seme bi.

bayara anai de: sini habšaha bithede, sini eniye taidzung de niyakūrafi, beidere jurgan de afabufi lashalaha sehebi. meni jurgan sini turgun be beidere jurgan de juwe jergi bithe yabubufi baicabuha de, jurgan ci amasi unggihengge, sini eniye habšaha ba akū sehebi. te aisembi? seme fonjici.

jaburengge: mini eniye habšaha ba tašan oci, amala mini beye jeku jurgan i nirui janggisa de, mini eniye i da habšaha turgun be tucibume habšaha de, nirui janggisa getukeleme fonjifi dele wesimbufi, manduri saliha mini akūha ahūn antahai boigon be minde buhe ba yargiyan kai. dangse be baicaci endereo sembi.

jakada nirui bursan de: anai habšaha bithede, mini ama niorungga akū oho manggi, mini eniye be adun i karai de buhe. amala mini eniye imbe sin jekui niyalma de buhe, babe habšara jakade, taidzung ni hesei, manduri be weile arafi, anai mimbe mini eniye de ujibufi, mutuho manggi kemuni mini ecike ahūta de acanakini sere jergi. babe simbe sambi sehebi. sini sarangge adarame? seme fonjici.

jaburengge: anai eniye be karai de buhe manggi, hehei habšahangga, mini eigen de weile akū, bime mimbe ainu sin jekui niyalma de sargan buhe? tere dade mini eigen de banjiha huhuri haha jui emke, jai ge de banjiha haha jui emke, geli bi boigon de bisirengge haha hehe ninggun juru, morin ilan, ihan juwe bi seme habšaha de, hesei manduri be niorungga boigon de umai jaka akū seme holtoho turgunde, jakūnju šusiha tantaha. anai be manduri de kimungge niyalma be dahame, ujibuci ojorakū. taka ini eniye de ujibufi, hūwašaha manggi, jai ini ahūta deote de acanakini. seme weile wacihiyaha. tere fonde bi niorungga booi hanci tehe be dahame, donjiha bihe sembi.

bursan de: si tere fonde aide bihe? ere baita be fe beidehe beidefi, wacihiyaha babe si geli we de bahafi donjiha? seme fonjici.

jaburengge: tere fonde bi cai de bihe, beidehe babe bi sarkū. anai eniye ini habšaha babe minde alaha, be donjiha sembi.

tutto oci, anai eniye alara de, si emhun biheo? jai yaka niyalma biheo? seme fonjici.

jaburengge: aniya goidaha be dahame, jai geli gūwa niyalma bihe akū be ejehekūbi sembi.

amban meni gisurehengge: sahahūn meihe aniyai dangse de, anai habšafi nirude bisire akūha ahūn antahai boigon be booi ambasa wesimbufi, hesei buhe ba yargiyan, bicibe damu te i habšaha bithei songkoi taidzung ni hesei anai be mutuho manggi, kemuni ini ecike ahūta de acakini sehe ba akū, bime jai anai eniye i niohon ulgiyan aniya habšafi, taidzung ni hesei beidere jurgan de afabufi, wesimbufi hesei wajiha. babe beidere jurgan de juwe jergi bithe yabubufi, baicaci akū, sehebi. anai sambi sehe. bursan i jabun de, anai eniye habšaha de hese wasimbuha babe anai eniye i alaha be donjiha, sere gojime yargiyan temgetu akū. jai sahahūn meihe aniya, anai nirude bisire ini akūha ahūn i boigon be temšeme habšaha bithede, ejen i hesei, imbe ini eniye be dahame genefi hūwašakini, yaya jui neneme akū oci, bisire jui salikini sehe, be anai te imbe taidzung ni hese i mutuho manggi, kemuni ini ecike ahūta de acakini. seme gisun nonggifi habšaha turgunde, jakūnju šusiha tantafi, habšaha babe yabuburakū gisurehebi.

amban meni cisui gamara ba waka, ofi gingguleme wesimbuhe, hese be baimbi.

elhe taifin i duici aniya jorgon biyai juwan duin.

booi amban: amban baka, amban tuba, amban mingju; booi jeku jurgan i icihiyara hafan amban budari; aisilakū hafan amban ioi ci, amban nikari, amban jilahūn, amban šen de siyan.

gisurehe songkoi obu (fulgiyan fi i pilehe).①

（二）汉译文

内务府总管巴喀等谨题：为议讼告事。

据宣徽院详称：包衣大阿布奈管领下阿奈讼称，为请与牛录下叔兄相会事。

据阿奈讼称：阿奈我之父牛隆阿原在尼雅哈牛录下管理皇庄，父亲去世二十五日后我出生，与我一族之兄长满都礼上奏太宗说：‘我之叔父牛隆阿已故去，其所娶之妻乃我买后给的。既然叔父娶了，我便隐瞒，不便差使。皇上送来之家养乳牛一头、器皿，我欲收取’。等因奏入。依圣旨，将家产给了满都礼，并将我母配给了牧群之喀赖。次日，我母修书讼称：‘我丈夫去世尚未满日月，我育有九月大之子阿奈，大伯子有十三岁亲子安塔海，家中有男妇六对、马二、牛四、田五十垧，而我丈夫并未有罪，为何将佐领下女子配给辛者库下之喀赖？’将此原委跪奏皇上后，奉旨：满都礼将二子、男女、马、牛、田皆隐瞒，仅称有叔父之妻、乳牛一头，将满都礼交刑部，与妇人对质，查后具奏，钦此。

刑部议奏：称（其叔父之妻）为满都礼买后所给，殊属不合。（其叔父）娶亲是实。又，拥有二子、包衣男女、马牛、田是实。等因奏入。奉旨：既已将满都礼治罪、将妇人配给喀赖为妻，不可（再）将乳子交给满都礼，暂且交其母抚养，待长成后仍与其叔兄们相会。既然长子安塔海已然十三岁，令在原牛录，将家产编作两份分给二子。满都礼，尔勿干涉家产之事。钦此。

---

① 大连图书馆编:《大连图书馆藏清代内务府档案》第1册,国家图书馆出版社2010年版,第682～688页。

阿奈称：我之兄长安塔海去世后，满都礼又将家产霸占。阿奈我将‘依太宗之旨治罪，勿涉家产’等语说出，包衣大喀赖、坎泰曾知晓。众包衣佐领议后奏入，将家产给了我，此原委布尔山亦知。现今阿奈我独身，无信任可依靠之亲人。大人们若怜悯，请转奏（于上），恳请与原牛录之叔父敖诺依、兄长萨比相会等语。

故两次行文刑部，查阿奈之母、牛隆阿妻在乙亥年（天聪九年，1635 年）讼告时，所降旨审结之事，查曰无存。再查阿奈已故兄长安塔海争讼家产事，臣等查得，在癸巳年（顺治十年，1653 年）档册中，阿奈讼称，我之大伯孟古、牛隆阿乃同父同母兄弟，去大凌河那年，大伯故去，我父亲继承了家产。我父亲去世后第七个月，我大伯之子满都礼不顾我母孤身一人，暗中偷拿家产回家，我母伤心不已，故向佐领宁塔哈讼称：我生有一子、二女，大伯生有一子，有如此多之男女、马牛，等因讼告。宁塔哈再上奏后，将满都礼及我母移交给法司审讯，以满都礼偷盗之罪，鞭责八十。依父皇主子之旨，以孟古之子为大，给两份；以我为小，给一份。令随母养育。所有儿子，先殁者则由在世者继承。满都礼，尔勿干涉。如今牛录下大伯之子已故，满都礼之子萨比将家产全部继承。族孙怎可继承家产？亲生子如何不可继承？此乃我糊涂不解之处，将此说与大臣们听。又，庚寅年（顺治七年，1650 年）五月，阿奈我曾向佐领宁塔哈讼告称，何故将佐领下人家产给尔之辛者库人？（回称）：尔若再如此议，定不轻饶。未准行。此讼告佐领额森、瓮国春知晓。等语。

讯问翁国春、额森，告称，曾告属实。因此，阿奈又将此再次讼告后，佐领阿哈硕色、翁国春、多博依、董三、滕德义、满都礼、哲衣库、尚星、马色、王三、巴喀、高国元、刘自武议后，呈告内大臣索尼、哈世屯、巴泰，于十九日索尼、哈世屯、巴泰，并佐领多博依、哲衣库上奏皇上。奉上谕，将此家产由阿奈继承，钦此。为此，癸巳年（1653）二月初二日，从萨比处取回后分给了阿奈，计有男丁两人、卖了蒙古男子所得之四十两银子、女子三、男童四、牛一、地十五垧，将此分给了阿奈。

讯问护军阿奈：据尔告称，尔母跪奏太宗后，交由刑部判决。本衙门将尔情由两次行文刑部核查时，据刑部回文称，尔母并无讼告之事。

这是为何？

供称：若我母讼告之事为虚，则后来我亲向包衣粮食部佐领言明，我母亲原讼告之缘由，经佐领问明具奏皇上后，将满都礼继承我已故兄长安塔海之家产给我之事确实矣！查看档册，能瞒得过吗？

讯问札喀达佐领下布尔山：据阿奈讼告书中称，我父牛隆阿去世后，将我母配给了牧群之喀赖，后来我母讼告将她配给辛者库人时，（称）依太宗谕旨，将满都礼治罪，将我阿奈交由我母养育，长大后仍与叔、兄相会，将此情由令尔知晓，等语，尔知晓何事？

供称：将阿奈之母配给喀赖后，该妇人讼称，我丈夫无罪，为何将我配给辛者库人为妻？况且，我丈夫育有一亲生乳儿，大伯父有一亲生子，所有家产计有男女六对，马三，牛二等语。依旨，因满都礼谎称牛隆阿家产并无什物之故，鞭责八十。既然阿奈与满都礼乃有仇之人，不可令其养育，暂且交由其母养育，待长大后再与其兄弟们相会。如此审结完毕。彼时，我住在牛隆阿家附近，得以闻知。

讯问布尔山：尔彼时在何处？此旧案已审结，尔又由谁处得闻？

供称：彼时我在茶房，审讯之事并不知。阿奈之母将其讼告之事言与我，我才得闻。

又讯问：既然如此，阿奈母亲告知尔时，尔独身一人吗？另有他人否？

供称：因年久，有无他人不曾记得了。等语。

臣等议得：据癸巳年档所载，阿奈讼告称，将牛录下已故之兄安塔海家产奏报于内务府大臣后，依旨（还给了他）是实，虽仅有现在之讼文，惟并无照现在之讼文称‘依太宗之旨，阿奈长成后仍与其叔兄相会’之事。再，阿奈之母于乙亥年（1635）讼告后，太宗旨饬交刑部，具奏依旨结案，两次行文刑部后，均查无结果。布尔山供称阿奈知晓伊母讼告之事，系听闻伊母所告，但并未有确凿之据。又，癸巳年（1653），阿奈争讼其已故兄长家产时，讼文中称‘奉太宗之旨，令其随母养育，所有儿子中先殁者则由在世者继承，阿奈长成后，仍与其叔兄相会。’因擅增添内容讼告之故，鞭责八十，所讼之事议不准行。

臣等未敢擅便，谨奏请旨。

康熙四年十二月十四日。

内务府总管臣巴喀、臣图巴、臣明珠；宣徽院郎中臣布达理；员外郎臣玉祁、臣尼喀理、臣吉喇浑、臣沈德贤。

批红：依议。

三、康熙四年包衣佐领下人屯泰为其伯父巴里玛家产讼告案并奉批题本

该题本同样来自《大连图书馆藏清代内务府档案》，亦由内务府总管巴喀具题，时间为康熙四年（1665）十二月二十日。

此案显示：皇属包衣人巴里玛与朱木布禄为亲兄弟，弟弟朱木布禄卒后留有亲生子屯泰，而哥哥巴里玛生前无子，因此侄子屯泰可视作伯父巴里玛之继子。兄弟二人去世后，巴里玛之妻改嫁本佐领内无妻之人阿明阿，在此过程中，阿明阿欲一同带走巴里玛之七名家丁作为“嫁妆”，由此引起侄子屯泰的不满。当大臣奏请令屯泰继承其伯父家产时，顺治帝却将巴里玛大部分家产并其妻一并给了阿明阿，只将为巴里玛守坟的二人交由屯泰管理，其余人丁编入皇庄。康熙四年，经辅臣重新议定，在不改变顺治帝谕令分给阿明阿财产的前提下，只将编庄之丁还给了屯泰。其罗马文及汉译文如下：

（一）罗马文转写

dorgi baita be uheri kadalara yamun i booi amban baca sei, gingguleme wesimburengge, habšaha be gisurehe jalin.

booi jeku jurgan i alibuhangge: mukden i obooi nirui tuntai ini amji balima i boigon i jalin habšaha turgunde. boigon i jurgan be gisurekini seme yabubuha bihe. te boigon i jurgan ci wesimbufi benjihebi seme alibuhabi.

erebe amban meni gisurehengge, boigon i jurgan ci wesimbufi benjihe bithede, balima boigon i haha, yaya jaka be siowan hūi yuwan yamun wesimbufi, amingga sargan de bufi. funcehe niyalma be tokso araha ba gemu hesei icihiyaha be dahame, gisurere ba akūci tulgiyen, balima booi haha lio da i gebu mukden i haha toloho dangse de encu akū be dahame, balima bihe fonde nirude tucibuhe sere babe doburakū. jai balima i giran tuwakiyaha cen da, cen e be balima i bisire fonde lio da i sasa tucibuhe, sere ba tašan, cen da, cen e se balima i giran tuwakiyaha be dahame, cen da, cen e be kemuni balima i giran be tuwakiyabume, balima booi lio da i beyebe dabume sunja haha, giran tuwakiyaha cen da cen e ere uheri nadan haha, be neneme balima i sargan be amingga de bure fonde, siowan hūi yuwan yamun gisurefi wesimbufi icihiyaha, tokso araha ton de gisurehe ba akū. dorgi baita be uheri kadalara yamun de afabufi, eici tuntai de salibure, eici dolo acara be tuwame icihiyara babe gisurebureo sehebi. baicaci, ijisihūn dasan i juwan juweci aniya jorgon biyai ice duin de, nirui janggin antamu se balima i boigon be baicafi, benjihe bithede, balima i sargan de fonjici, jaburengge jumbulu be ini eigen deo seme julima gaiha, jumbulu de banjiha jui gebu tuntai balima ini bisire de delhebufi, juwe haha, juwe hehe buhebi.

sere be siowan hūi yuwan yamun gisurefi, wesimbuhengge, balima i sargan i gisun de, jumbulu be ini eigen i deo ombi seme joliha sehebi. deo oci jumbulu de banjiha jui tuntai uthai balima i jui kai. uttu ofi, balima i boigon be tuntai de salibume, balima i sargan eigen gaiki sehe be dahame, nirui dolo sargan akū niyalma de beyei teile tucibufi bume. amingga habšaha be yabuburakū, gisurefi wesimbuhede. hese, ere baita be kemuni encu gisurefi wesimbu. sehe. juwan ilaci aniya aniya biyade, geli wesimbuhengge, balima boode bisire haha ilan, hehe sunja, haha jui ilan, sargan jui juwe, morin juwe, dahan juwe, ihan juwe, erebe suwaliyame balima i sargan be amingga de bume, jai encu tehe yang da i jergi haha be meni yamun bargiyafi tokso arame, jai tuntai be balima bisire fonde delhebufi nirui ton de bihe be dahame, kemuni jang hiong nirude bibume gisurefi wesimbuhede. hese, gisurehe songkoi obu sehebi. balima i deo i jui tuntai be jang hiong nirude obufi, balima booi niyalma be amingga de bufi, funcehe niyalma be tokso arahangge.

šidzu hūwangdi hesei wanjiha baita be dahame, lio da beye be dabume sunja haha be inu neneme icihiyaha songkoi tokso de icihiyame. jai cen da cen e be boigon i jurgan ci wesimbufi, giran tuwakiyabuha be dahame, balima i deo i jui tuntai de kamcibufi kemuni giran tuwakiyakini sembi.

amban meni cisui gamara ba waka, ofi ginggulame wesimbuhe, hese be baimbi.

elhe taifin i duci aniya jorgon biyai orin.

booi amban amban baka, amban tuba, amban mingju, booi jeku jurgan i icihiyara hafan amban hošan, amban budari, amban garu, aisilakū hafan amban g' olo, amban sulhu.

lio da i beye be dabume, sunja haha be balima i deo i jui tuntai de bu. gūwa be gisurehe songkoi obu. (fulgiyan f ii pilehe)①

（二）汉译文

内务府总管巴喀等谨题，为议讼事。

据包衣粮食部详称：盛京鄂博佐领下屯泰为其伯父巴里玛之家产诉讼缘由。饬户部议行，今由户部具奏前来等因。

臣等议得：据户部具奏来文内称，将巴里玛户丁、诸物交宣徽院衙门具奏，已给阿明阿之妻。既然将其余人皆依圣旨充作壮丁，毋庸议外，巴里玛家丁刘大之名既与盛京计丁档册无异，则巴里玛昔日曾派往牛录之事皆虚。再，为巴里玛守灵之陈大、陈二在巴里玛生前与刘大一齐派出之说错矣。既然现在陈大、陈二为巴里玛守灵，仍应令其守灵。将巴里玛包衣刘大算入内，共计五人，再加守灵之陈大、陈二，总共七人。先前，将巴里玛之妻配给阿明阿时，已交宣徽院衙门议奏办理，未议编庄之数。交总管内务府，或折给屯泰，或大内酌情办理，请将此议复。查得，顺治十二年（1655）腊月初四日，佐领安塔木将巴里玛之家产核查后，来文称，讯问巴里玛之妻，供称：将名为朱木布禄者视为其丈夫的弟弟赎回，朱木布禄有亲生子屯泰，巴里玛在世时，既已分家，给了两男两女等语。

经宣徽院议得：据巴里玛之妻称，曾将朱木布禄作为其丈夫之弟赎回。作为弟弟，朱木布禄之子屯泰便是巴里玛之子。因此，应将巴里玛之家产折给屯泰。既然巴里玛之妻祈请嫁人，将其配给牛录内独身无妻者，阿明阿所讼之事不准行。等因议奏。奉旨：将此再另行议奏，钦此。十三年正月再行具奏：将巴里玛家所有之男丁三、女五、男童三、女童二、马二、马驹二、牛二，将此连同巴里玛之妻给阿明阿。将另居之杨大等丁，由臣衙门收取充为庄丁。再，屯泰于巴里玛在世时既已分家，

① 大连图书馆编：《大连图书馆藏清代内务府档案》第2册，国家图书馆出版社2010年版，第20～22页。

并已入牛录之内，仍留在张雄牛录。等因奏入。奉旨：依议，钦此。将巴里玛弟之子屯泰仍编入张雄牛录下，将巴里玛之包衣人给阿明阿，将其余人编入庄丁。

既然依世祖皇帝圣谕审结完毕，将刘大算入内，共计五丁亦依前办理，编入庄屯。又，陈大、陈二由户部具奏守灵，仍给巴里玛弟弟之子屯泰，令其守灵。

臣等未敢擅便，为此谨奏请旨。

康熙四年十二月二十日。

内务府大臣臣巴喀，臣土巴，臣明珠；包衣粮食部郎中臣浩善，臣布达理，臣噶鲁；员外郎臣郭劳，臣苏尔呼。

批红：将刘大算入内，将此五男丁给巴里玛弟之子屯泰，余依议。

以上三件档案同为康熙四年具奏之档，同为内务府审理皇属包衣人家产诉讼的案宗，这为我们了解清前期内务府包衣人的家产继承思想提供了重要信息。

第二节　清初包衣牛录下人的家产继承思想

一、入关前旗人家产继承思想的转变

家内继承是最原始的继承方式，当户主去世后，家产由其子嗣继承是早已约定俗成的习惯法则。而当户主去世无嗣时，其家产处置方式最早见于天聪五年（1631），是年因“阿巴图巴图鲁、巴布祜奇唐古尔绝嗣，众分其家产”，皇太极认为此法“大非所宜”，并规定“嗣后已故功臣无后者，家产不得分散，留给其妻，使自赡焉”[①]。据此可知：其一，在天聪五年（1631）之前，不论是否有功，若卒后无子，其家产要由本牛录人所分；其二，在天聪五年以后，“功臣”卒后无子，其家产可由寡妻继承，而一般旗人卒后无子，其家产仍可由本牛录人所分。“众分家

① 《清太宗实录》卷8，天聪五年正月庚辰，《清实录》第2册，中华书局1985年影印版，第109页。

产”的方式，体现出在后金社会走向封建化的初期，满洲人的家产继承方式仍具有浓郁的民族特色和朴素的平等主义价值观；同时，还说明这一时期汉族的宗法制观念尚未在旗人家庭中普及。

崇德年间（1636—1643），随着封建化的加深和皇权的建立，在众汉人的辅佐下，清政权参照明制并引进儒家思想，开始了国家层面的制度建设。在此背景下，汉族的宗法制观念逐渐融入满洲人的家庭生活中，并对旗人的家产继承法则产生影响。这从崇德三年（1638）审理的两件家产诉讼案中，便可得见：

其一，据《内国史院档》记载：“镶红旗下额布特依欲以本牛录下巴希拜之妻妻其弟库里，以问贝子硕托。贝子硕托问曰：‘巴希拜有子孙亲戚否?’额布特依答称，无子孙亲戚，止有幼子二名等语。贝子硕托曰：‘巴希拜所有家产，皆行造册，送我一份，尔存一份，交尔牛录分得博硕库一份，俟其子长大，再行分之。’遂将该妇与库里为妻。其后，巴希拜弟科特依告贝子硕托曰：‘吾兄之家产，何故折给库里?’贝子硕托曰：‘额布特依言巴希拜无子孙亲戚，故与之是也吗，乃伊之欺我也。’遂交法司，审实，额布特依鞭一百，罢管牛录，离其妇女，交与科特，以养其子”①。

其二，据《崇德三年档》记载：“镶蓝旗莽库牛录下拉赛殁于阵。因拉赛无兄弟，故罗洛、孙塔将其妻连同家产皆给于莽库兄之子萨呼，此事曾禀告于和硕乌真亲王。告于王时，诺木浑牛录下锡罕在场。王疑其中有差，恐拉赛有兄弟，故曾三次派人访察。罗洛、孙塔告曰：经访察，拉赛确无兄弟。因此将拉赛之妻连同家产给于萨呼。拉赛之叔父告于法司。经审，拉赛有兄弟是实。为此，莽库应鞭一百，罢管牛录任；罗洛应鞭一百，贯耳鼻；孙塔应革职，鞭一百”②。

这两份档案反映出：第一，当户主亡故后，有无“子孙亲戚”及“兄弟”是考虑家产继承的首要因素，寡妻仍未获得继承权；第二，当子嗣年幼暂不能继承家产时，须依血缘关系的亲疏在本家族内确定代管人选；第三，当户主确无子嗣，而同族内又无合适继承人选时，才考虑在

---

① 中国第一历史档案馆译编:《清初内国史院满文档案译编》上册，光明日报出版社 1989 年版，第 263 页。

② 季永海、刘景宪译编:《崇德三年满文档案译编》，辽沈书社 1988 年版，第 165 页。

本牛录内择人继承。由此可见，在崇德年间（1636—1643）已确立了“家庭→家族→牛录”的家产继承顺序，其中“家庭→家族”包含了汉族的宗法制思想，而“家族→牛录”则颇具满洲民族色彩。

另外，前译康熙四年（1665）包衣佐领下阿奈讼告其兄满都礼霸占家产一案中，牛隆阿之家产历经数次分配，从中反映了太宗的家产继承思想。首先，“在所有儿子中，先殁者家产由在世者继承”，说明家产应在家族内同辈之间承继；其次，在同族同辈中，按照血缘关系的亲疏以确定家产继承顺序。这一思想与后来律例中“旗人无子者，许令同宗昭穆相当之侄承继。先尽同父周亲，次及大功小功缌麻。如俱无，方准择立远房及同姓为嗣”；子亡故后，“当先尽故子同辈中，按照服制次序为其父立嗣”[①]等规定有一定的继承关系；第三，在血缘关系相等的继承人中，再依年龄大小决定家产继承的多少。

总之，至崇德年间，无论是太宗的家产继承思想，还是旗人的家产继承顺序，都体现了满汉融合的特色——既部分保留了满洲的传统习惯法则；又受到汉族宗法制的影响。

二、顺康时期包衣旗人家产争讼案

按家产诉讼双方的不同身份，顺康时期包衣旗人的家产争讼案可分为以下三种类型：

（一）家内兄弟之争

康熙年间，在家产分配时“但中人之家，一器一皿，必呼集诸子，邀同亲族，品搭分拨，以示无私”[②]。这种在同族人的监督下平均分配财产的方式是大部分家庭的分家模式，这也最大化地降低了日后兄弟间出现家产纠纷的可能。当然，也有虑及诸子对家庭发展和财产积累的不同贡献，差别分配者。如康熙三十六年（1697）内务府正黄旗佛保佐领下徐世英、徐世齐在分家时，由“其母与其叔徐寿直一同商议”后，将祖房卖得二百九十两，以弟弟徐世齐在外充任牧丁劳苦，分给二百六十两，

---

① 故宫博物院编:《钦定户部则例》卷2《户口·继嗣》,海南出版社2000年版,第53~54页。

② 吴宏:《纸上经纶》卷2《兄弟争产》,见郭成伟、田涛点校:《明清公牍秘本五种》,中国政法大学出版社2013年版,第163页。

将剩余三十两分给哥哥徐世英。然而弟弟仍未满足，又霸占其兄地亩，从而引发了双方争讼。①

（二）族内兄弟之争

前译阿奈讼告一案中，围绕阿奈之伯父孟古的家产，阿奈与其族兄满都礼展开争夺。几经审理，最终依血缘关系的亲疏，由阿奈取得继承权。值得注意的是，阿奈将自己视作伯父的亲生子，对于伯父家产，质问法司“亲生子如何不可继承?”而在前译第三件档案中，屯泰本为巴里玛之侄，但因巴里玛卒时无嗣，因而屯泰亦被视为其伯父之子。可见，当兄弟中有人无子亡故时，其侄便格外强调自己与亡叔故伯的血缘关系，以此强化自己继承家产的合理性。

（三）亲子与养子之争

“不孝有三，无后为大”，子嗣对于家庭的重要性毋庸多言。而当户主迟迟未能生育时，通过收买或过继等方式获得养子便成为维系香火的重要途径。然而，当有养子后又得亲子时，便出现了养子与亲子共处一室的情况，在户主殁后也更易产生家产纠纷。如前译桑额色之案中，因户主米帖久未生育，便将年仅三岁的鄂布亥之包衣幼丁买回，起名米俊宗作为养子养育。因种种原因，未将其名记注于档册。后来，米帖得子桑额色，因此家中有亲子、养子各一。米帖死后，经佐领三官保与众领催商议，将其家产分为三份，以桑额色为亲子得两份，米俊宗为养子得一份，完成家产分配。然而，桑额色及其母对米俊宗以养子身份分得三分之一家产甚为不满，在再次讼告未果后，将米俊宗连同佐领三官保及众领催一并讼于法司，最后议定其家产分配令桑额色之母及两位儿子共商而为。

笔者在上一章中曾指出，包衣牛录下人之养子具有正身旗人的身份，在比丁时需要记录档册，隐匿将被治罪。因此，养子具有与正身旗人同等的“身份性继承”和“财产性继承”的权利，如康熙五年（1666），盛京庄头崔利必年老，但其并无亲生儿子，只有一女，近亲兄弟亦不在身边，便将“额丁高丽人英旭所生男孩马尼里于六岁时抱为养子”，并补

① 辽宁社会科学院历史研究所、大连市图书馆文献研究室、辽宁省民族研究所历史研究室译编:《清代内阁大库散佚满文档案选编》,天津古籍出版社 1991 年版,第 102～104 页。

放为庄头[①]。

由包衣奴仆变为养子，实际上是脱离了包衣奴籍而成为包衣佐领下人，其地位和身份皆有了巨大提升。在桑额色诉讼案中，米帖另一位包衣人米俊友声称自己也是米帖的养子，想以此觊觎部分家产。因此，如何辨别米俊宗与米俊友的养子身份便成为首要问题。

清朝定鼎燕京后才开始推行旗下奴仆买卖的契税制度[②]，档案显示，康熙四年时米俊宗三十六岁，分别在其三岁、十一岁时买入，可知交易分别发生于天聪七年（1633）和崇德六年（1641），当时并无契约制度，更无文书存留。因此，在审讯时，除讯问桑额色母子及其家内包衣人的口供、查看历年比丁册的记注方式外，还重点讯问在购买二人时是否交过税。经审得知，在买米俊宗时未上税，而买米俊友时交了税，因而最终确认了米俊宗的养子身份和米俊友的家奴身份。由此可知，买时是否交税是判断其身份属性的重要因素——交税买入者犹如牛马般的商品，仍为奴仆，未交税买入者可视为过继人，成为家庭成员——而这将直接关系到其相应的家产继承权，因而也成为法司审理的关键。

据律例载，“若立嗣之后生子，其家产与原立子均分”[③]，即养子将取得与亲子同等的财产继承权。但本案却显示，养子米俊宗仅获得三分之一的财产，而亲子桑额色获得三分之二的财产。这表明亲子依靠天然的身份优势在家产分配中拥有绝对的财产分配权和话语权，养子与亲子“均分”家产只能停留在制度层面。正如赖惠敏通过乾隆朝的两件案例所指出的，“旗人过继异姓子弟，但是户部似乎不认为养子可以名正言顺地继承财产”[④]。

亲子与养子在家庭中不对等的地位，决定了他们之间的“斗争”将始终存在，甚至延至后代。如康熙年间便多次发生亲子子孙诈称养子子孙为其祖父家奴的案件。为此，康熙五十二年（1713），康熙帝试图调和双方的矛盾，令“嗣后，有子孙控告祖父时为养子分产年久者，永行禁

---

① 关嘉录、王佩环译，佟永功校：《〈黑图档〉中有关庄园问题的满文档案文件汇编》，见中国社会科学院历史研究所清史研究室编：《清史资料》第5辑，中华书局1984年版，第43页。

② 刘小萌：《清代北京旗人社会》，中国社会科学出版社2008年版，第104页。

③ 允禄等修：雍正《大清会典》卷180《刑部·律例三十（刑律十）·诉讼二》，见《近代中国史料丛刊三编》第79辑，第784册，（台湾）文海出版社1995年版，第9955页。

④ 赖惠敏、徐思泠：《清代旗人妇女财产权之浅析》，《近代中国妇女史研究》1996年第4期，第25页。

止”，同时亦令“养子于分居开户之后，其原主子孙或极庸懦、或至绝嗣，养子之子孙或冒称近族兄弟，反肆欺凌及争告家产者，亦著严行禁止”[①]。这一谕令在雍正三年（1725）编修律例时增入其中，可见亲子、养子及其后代之争已成为严重的社会问题[②]。

三、包衣旗人寡妇在家庭中的权力

（一）包衣旗人寡妇的财产继承权

以上，笔者根据档案资料，分析了包衣牛录下人家产纷争的三种类型。此外，还有一例“侄与伯母继夫之争”者，即前译康熙四年（1665）包衣佐领下人屯泰讼告之案，便反映了侄儿屯泰与伯母继夫阿明阿争讼家产的过程。在顺治帝的干预下，阿明阿继承了巴里玛的大部分家产，而屯泰仅获得了为巴里玛守坟之二丁。笔者认为，该案所反映出来的史实应为个例。

前述，清前期寡妻并无继承夫家财产的权力，但清承明制，“妇人夫亡无子守志者，合承夫分”[③]，即为迎合宋明以来的儒家伦理观念，给夫亡守志的寡妇以一定的家产继承权。如顺治八年（1651）鉴于开户旗人较多，令将“本家奴仆开户另造者”重新收编为奴，而对于其中“无嗣寡妇守节不嫁”者，允许其“另注册籍”，并以“承产人姓名立户”[④]。可见，鼓励寡妇为亡夫守志体现了顺治帝“崇儒重道”的治国方针，而若“改嫁者，夫家财产及原有装奁并听前夫之家为主”[⑤]。然而在这样的背景下，出乎众臣之所料，顺治帝竟允许巴里玛之妻携带大部分财产改嫁，这显然违背了谕令和律例中鼓励“寡妇守志”的思想。或许在顺治帝看来，朱木布禄本为犯罪被籍没之人，因此，其家产不能再于其家族内传承。

---

① 《清圣祖实录》卷256，康熙五十二年十月庚辰，《清实录》第6册，中华书局1985年影印版，第535页。

② 允禄等修：雍正《大清会典》卷180《刑部·律例三十（刑律十）·诉讼二》，见《近代中国史料丛刊三编》第79辑，第784册，（台湾）文海出版社1995年版，第11926页。

③ 同上，第9956页。

④ 《清世祖实录》卷60，顺治八年九月甲申，《清实录》第3册，中华书局1985年影印版，第475页。

⑤ 允禄等修：雍正《大清会典》卷180《刑部·律例三十（刑律十）·诉讼二》，第9956页。

总之，对于“守节不嫁”的寡妇将获得一定的财产继承权，而改嫁的寡妇一般无权继承夫家财产。

（二）包衣旗人寡妇的家产管理与分配权

从档案史料来看，康熙朝包衣旗人寡妇的家产管理和分配权经历了一个由弱到强的演变过程。在康熙四年（1665）阿奈及屯泰的讼告案中，阿奈之母及巴里玛之妻并未有索要财产的权力，甚至还无故将阿奈之母配给了地位低下的辛者库人为妻。而在桑额色讼告案中，其家产由佐领三官保与众领催商议而分，桑额色之母俨如身外之人，并未参与家产的分配。

随着社会的发展，旗人寡妇在家产分配中的弱势地位日渐改观。如前述康熙三十六年徐世英、徐世齐在家产分配时，便是由“其母与其叔徐寿直一同商议”后分家的。即便如此悬殊的分配方案，法司亦认为“既然家产由其母与叔父商议而行，毋庸再议”[①]。当然，律例亦要求分家者务秉公分配，“若同居尊长应分家财不均平者”则要按分配不均的财产折银处罚，“十两笞二十，每十两加一等，罪止杖一百”[②]。

另外，我们还见到康熙三十一年旗人“母梁氏、叔应龙”共同立契卖房文书；康熙四十五年旗人“丁门李氏、男丁生昌、侄孙丁裕科、丁裕祯”立契卖地文书；甚至在康熙十四年旗妇阮氏独自在契书中署名卖地[③]。旗分佐领下寡妇所拥有的财产管理权和分配权，也映射了同时期包衣旗人寡妇的相应权利。

（三）包衣旗人寡妇的择嗣权

除以上权力外，包衣旗人寡妇还有择嗣权。清制，“若继子不得于所后之亲，听其告官别立。其或择立贤能及所亲爱者，若于昭穆伦序不失，不许宗族指以次序告争，并官司受理”[④]，“立继一事，专为承祧奉养，故

---

① 辽宁社会科学院历史研究所、大连市图书馆文献研究室、辽宁省民族研究所历史研究室译编：《清代内阁大库散佚满文档案选编》，天津古籍出版社1991年版，第102～104页。

② 允禄等修：雍正《大清会典》卷155《刑部·刑部七·律例六（户律一）·户役》，见《近代中国史料丛刊三编》第78辑，第780册，（台湾）文海出版社1994年版，第10010页。

③ 相关契约文书见赖惠敏、徐思泠：《清代旗人妇女财产权之浅析》，《近代中国妇女史研究》1996年第4期，第16页。

④ 允禄等修：雍正《大清会典》卷155《刑部·刑部七·律例六（户律一）·户役》，第9957页。

当按昭穆之序，亦宜顺孀妇之心”“应听孀妇择其属意之人”①。可见，清代以律例的形式赋予寡妇择嗣和换嗣的权力。对于包衣旗人寡妇而言，同样享有这一权力，如康熙年间（1662—1722），包衣人张文正身故后无子，其妾吴氏收养本族张廷军为养子。但张廷军不孝，将房屋卖银一千余两给了二等侍卫敦拜，欲借其势将吴氏赶出家门后独享家资。为此，吴氏欲令本族同辈之人张廷兰代替张廷军为养子，并为此讼至法司，最终维护了自己的择嗣权。②

四、包衣牛录下人的分家与财产转移

从档案来看，包衣牛录下人的分家与财产转移以庄头人最为积极，这与其工作性质及时刻面临的财产风险有关。前述，当庄头欠粮不能完纳时，一般会按照欠粮数目折罚鞭刑。但若欠粮较多或屡有欠粮时，则会被抄没家产，如康熙四年（1665）程景安因不能如数交还未买豆之银两，在数次“严厉责打催交”无果后，便派员清查其家产③；庄头郭林亏空粮食三千仓石，身故后，其孀妻推托不赔，盛京佐领奏请“以其家产代作赔偿”④。

因此，对庄头而言，其家产时刻面临着被籍没的危险，对此他们采取了两项措施：其一，及时分家。分家之子将有独立的法律地位，而未分家之子从其父⑤，即“父若得罪籍家，其分家子不算”⑥。如康熙二十年（1681）盛京正白旗佛尔纳佐领下协领孟干被籍没家产，入罪奴籍的人口包括其妻、房婢、未分户之子及未出嫁之女，并不包括早已分家之子及已出嫁之女的家产⑦。可见，及时分家成为保护家产的有效措施。正

---

① 故宫博物院编:《钦定户部则例》卷2《户口·继嗣》,海南出版社2000年版,第54页。

② 辽宁社会科学院历史研究所、大连市图书馆文献研究室、辽宁省民族研究所历史研究室译编:《清代内阁大库散佚满文档案选编》,天津古籍出版社1991年版,第64~70页。

③ 同上,第11~13页。

④《黑图档》第219册第20~21页,见辽宁省档案馆编译:《盛京内务府粮庄档案汇编》上册,辽沈书社1993年版,第346~347页。

⑤《清世祖实录》卷37,顺治五年三月乙亥,《清实录》第3册,中华书局1985年影印版,第297页。

⑥《清太宗实录稿本》卷14,崇德元年四月十二日,辽宁大学历史系1978年编印,第7页。

⑦《黑图档》第61册第60~64页,见辽宁省档案馆编译:《盛京内务府粮庄档案汇编》上册,第49~51页。

因如此，为防止佐领下人过早分家，崇德初年便规定“至十八岁，方许分”，若“未及十八岁，虽分不算”[①]，顺治八年（1651）又规定“如将未成丁之子分户造送者论罪”[②]。

其二，转移财产。将家产从庄内转移至庄外也是避免家产籍没的预防措施，只是相较于分家，往庄外转移家产是违法行为。康熙三十三年(1694)，内务府纳银庄庄头崔友功及其父崔世顺欠银、草数目巨大，经审发现，崔世顺有长子崔可九、次子崔友功，他谎称长子崔可九乃同族民人崔若华之子，并将其伪称民籍写入民人档册。在长子出旗为民后，他将家产悉数交由长子管理，置办房产并收取地租，仅留次子崔友功继任纳银庄庄头。其目的正如其自称“唯恐（家产）入官”，而规避被籍没的风险[③]。庄头借民人身份转移家产势必会引起内务府的警觉，而乾隆时规定“旗人抱养民人为子，养子出旗为民就不能继承财产”[④]，正是对此行为的防范措施。

第三节　清前期内务府包衣人的婚姻法则

财产分配、继承原则和婚姻制度，是清代包衣牛录下人家庭法则的三大要素。在上一节中，笔者对财产分配和继承制度作了探讨，本节将通过对犯奸者和私自婚娶者的刑罚处置，来探讨包衣牛录下人的婚姻制度。

一、犯奸

清律将犯奸罪分为“和奸”（即双方自愿犯奸）、“刁奸”（即引诱犯

---

① 《清太宗实录稿本》卷14，崇德元年四月十二日，辽宁大学历史系1978年编印，第7页。

② 《清世祖实录》卷60，顺治八年九月甲申，《清实录》第3册，中华书局1985年影印版，第475页。

③ 辽宁社会科学院历史研究所、大连市图书馆文献研究室、辽宁省民族研究所历史研究室译编：《清代内阁大库散佚满文档案选编》，天津古籍出版社1991年版，第201～202页。

④ 赖惠敏、徐思泠：《清代旗人妇女财产权之浅析》，《近代中国妇女史研究》1996年第4期，第25页。

奸）和“强奸”（即强迫犯奸）三类。对这三类犯奸罪的处罚各不相同，如“凡和奸，杖八十，有夫者，杖九十；刁奸者，杖一百；强奸者绞，未成者杖一百，流三千里”①。从内务府档案来看，上三旗包衣牛录下人有犯“和奸罪”者，亦有犯“强奸罪”者。

（一）和奸罪

“和奸罪”即“通奸罪”。刘小萌指出，“通奸”在氏族社会并不构成犯罪，进入到私有制社会时，为保证亲生子女的家产继承权，“通奸”才逐渐构成犯罪②。天命年间（1616—1626），努尔哈赤为防止汗宫及诸贝勒院内之男女通奸，令“包衣小子幼时阉割，之后送入贝勒院内”，若不阉割致有私通之事者，杀无赦③。天命十年（1625），作为努尔哈赤汉文导师的图沙“夜宿于汗家，因与汗子乳母私通，故诛之”④。可见，努尔哈赤对犯通奸罪的处罚是极为严厉的。

太宗时，对“通奸”者的处罚较太祖稍轻，如崇德元年（1636），镶黄旗下薛大湖与镶白旗孙得功管下金英之子媳通奸，又携至镶白旗下臧调元家通奸，经审属实，法司拟薛大湖、臧调元及奸妇俱死，皇太极令免死，薛大湖、臧调元革职为民，鞭一百，准赎；奸妇鞭一百，贯耳鼻，仍还其夫⑤。崇德三年（1638），正白旗雅卜喀牛录下半个牛录章京多索里与其跟役之妻通奸，法司审实，男女论死，皇太极亦命免死，男女各鞭一百，贯耳鼻，多索里革职⑥。相较于太祖朝对通奸者杀无赦的处罚，太宗的处罚明显轻一些。康熙时期亦曾有通奸案发生，康熙六年（1667），阿布乃管领下皮毛领催乐黑与管领下人果里之妻通奸⑦，按和奸“有夫者，杖九十”之律惩处。

---

① 允禄等修：雍正《大清会典》卷183《刑部·律例三十四（刑律十四）·犯奸》，见《近代中国史料丛刊三编》第79辑，第785册，（台湾）文海出版社1995年版，第12189～12190页。

② 刘小萌：《满族从部落到国家的发展》，中国社会科学出版社2013年版，第220页。

③ 中国第一历史档案馆整理译编：《内阁藏本满文老档·太祖朝》，汉文译文，辽宁民族出版社2009年版，第78页。

④ 同上，汉文译文，第235页。

⑤ 同上，汉文译文，第746页。

⑥ 中国第一历史档案馆译编：《清初内国史院满文档案译编》上册，光明日报出版社1989年版，第337页；季永海、刘景宪译编：《崇德三年满文档案译编》，辽沈书社1988年版，第149页。

⑦ 辽宁社会科学院历史研究所、大连市图书馆文献研究室、辽宁省民族研究所历史研究室译编：《清代内阁大库散佚满文档案选编》，天津古籍出版社1991年版，第20～24页。

（二）强奸罪

清代统治者对于“强奸”罪者的处罚历来极为严厉。天命七年(1622)，牛录下人茂海强奸户下汉人之妇，以“违犯汗定之法”，处死后将尸体分为八段，分别悬于八门示众[①]，这种刀锯鼎镬式的酷刑足以对犯奸者起到巨大的威慑作用。太宗继位后，将“强奸罪”与“外国通谋背叛、谋杀弟兄”罪并列，亦视为无可姑息之罪[②]。崇德三年（1638），正黄旗杨章京之包衣杨柱将从皮岛带来之女强奸，被示于八市场各一日后处死[③]；而当顺托惠强奸额克亲所获妇人，阿济格仅鞭五十即释之时，皇太极斥责其“章京哈哈纳之子以奸淫俘获妇女处死”，为何“此罪偏轻？尔非瞻徇情面，故为私庇乎？”[④] 康熙朝档案亦有包衣牛录下人犯强奸之罪者，如康熙四十三年（1704），庄头黄黑子强奸庄内额丁之妻阿丁未遂，“当按强奸未遂，杖一百，流三千里”，因黄黑子为庄头旗人，故改为“枷号二月，鞭一百”[⑤]。

二、私自婚娶

为维护等级森严的社会制度，清代统治者对各社会阶层间的婚娶有着严格的限定，其基本思想是禁止“良贱为婚”，如《大清会典》载，“凡家长与奴娶良人女为妻者，杖八十；女家减一等。不知者不坐。其奴自娶者，罪亦如之，家长知情者减二等。因而入籍为婢者，杖一百。若妄以奴婢为良人，而与良人为夫妻者，杖九十，各离异改正”[⑥]。

在八旗内部，也有高低良贱之分，笔者在探讨包衣牛录组织及辛者库身份问题时曾有论述。总体来看，在八旗中，上三旗旗分佐领下人的

① 中国第一历史档案馆整理译编:《内阁藏本满文老档·太祖朝》,汉文译文,辽宁民族出版社 2009 年版,第 114 页。

② 《清太宗实录》卷 8,天聪五年三月乙亥,《清实录》第 3 册,中华书局 1985 年影印版,第 116 页。

③ 季永海、刘景宪译编:《崇德三年满文档案译编》,辽沈书社 1988 年版,第 118 页。

④ 中国人民大学清史研究所、中国第一历史档案馆译编:《盛京刑部原档》,群众出版社 1985 年版,第 12 页。

⑤ 《黑图档》第 131 册第 34～38 页,见辽宁省档案馆编译:《盛京内务府粮庄档案汇编(上)》,辽沈书社 1993 年版,第 219 页。

⑥ 允禄等修:雍正《大清会典》卷 157《刑部·刑部九·律例八(户律三)·婚姻》,见《近代中国史料丛刊三编》第 78 辑,第 780 册,(台湾)文海出版社 1994 年版,第 10137 页。

地位最高，其次是下五旗旗分佐领下人，第三等为上三旗包衣牛录人，下五旗包衣牛录人地位最低。在包衣牛录组织内部，包衣佐领下人的地位又高于管领下人。这种等级差异反映在“严禁良贱为婚”的基本思想上，便是严格管控包衣牛录下人的婚娶行为，禁止管领下女子嫁于包衣佐领下人。当有包衣佐领下人或管领下人婚娶时，需报明本佐领或管领及领催，确认无违例之处后才能婚娶，“倘违禁不报之佐领、内管领、领催等私将其嫁给旗民，则将女子父母及娶者一并治罪，并将已嫁之女子、寡妇抽回充为内奴”[①]。

这一规定至少在顺治初年便已实施，如顺治五年（1648），总管内务府书致盛京二佐领安塔穆、布塔西曰：“着将尔等二牛录之女及棉、靛托克索之女，与其父母相商，嫁于尔等之二牛录及棉、靛托克索内之人。倘盛京无相称者，则嫁于北京汉人八牛录中之人。若嫁给旗外之人，则罪之。再，十个粮庄之女，斟酌嫁于拖克索内适当之人。若窃嫁与另外之人，则罪之”[②]。这一史料反映出以下两点信息：

第一，盛京二牛录下人之女只能嫁给二牛录下人或盛京地区棉、靛庄内、北京汉人八牛录[③]中之人，而不能嫁给粮庄及旗外之人。笔者前述，盛京地区庄头分为包衣佐领下庄头和管领下庄头两类，其中盛京二佐领及盛京棉、靛庄头人皆为两黄旗包衣佐领下人，而盛京十个粮庄下人则为两黄旗管领下人，在佐领下人不得与管领下人通婚的禁令下，盛京地区两个系统的包衣人是不能通婚的，因此，康熙七年（1668），盛京佐领奏称所属“棉、靛、盐庄皆系佐领之人”，“唯仅将诸女于同佐领内嫁娶”[④]。

第二，总管内务府要求在婚配时，要“与其父母相商”。康熙三十三年，管领下人托波克请求将管领下孀妇配给他为妻时，内管领胡哩要求

---

① 关嘉录、王佩环译，佟永功校：《〈黑图档〉中有关庄园问题的满文档案文件汇编》，见中国社会科学院历史研究所清史研究室编：《清史资料》第5辑，中华书局1984年版，第23页。

② 季永海、何溥滢译编：《盛京内务府顺治年间档》，见中国社会科学院历史研究所清史研究室编：《清史资料》第2辑，中华书局1981年版，第205页。

③ 所谓“北京汉人八牛录”应该是指当时两黄旗内的旗鼓佐领下人，但经查《八旗通志初集》可知，在顺治五年时两黄旗下只有七个旗鼓佐领，其原因待考。

④ 关嘉录、王佩环译，佟永功校：《〈黑图档〉中有关庄园问题的满文档案文件汇编》，见中国社会科学院历史研究所清史研究室编：《清史资料》第5辑，中华书局1984年版，第35页。

“应问问孀妇自己和她娘家，若她自己和娘家情愿，即配给托波克”[①]。在婚娶中，强调子女要遵从“父母之命”，既是千百年来封建婚姻制度下的基本信条，也是满洲习惯法在入关后的法律遗存。如天命六年（1621），努尔哈赤在审理其包衣宁善之女的婚嫁纠纷案时，便令“可问女之父母。按律男女情愿，可娶。不愿即作罢”，而这是“已定三十年之法规”[②]，此处“按律”是指“按习惯法”[③]。可见，父母在子女婚姻方面的主导权是满洲习之已久的习惯法则，而这一法则也在入关后被继承下来。

统治者严禁上三旗包衣人私自婚娶，与清代选秀女制度直接相关。清制，“凡选宫女，于内府三旗佐领、内管领下女子年十三以上者造册送府，奏交宫殿监督、领侍等引见。入选者留宫，余令其父母择配。其留宫之女至二十五岁遣还择配”[④]。康熙初年，为令诸包衣牛录下人“玩恶之徒知服法”，杜绝“私行婚嫁”之弊，特谕一旦发现私自婚娶者，“将许配之人鞭八十，罢其原差充为下人，聘娶之人亦鞭八十”，有“下属额丁知而不举者”被查出后，亦要每人鞭五十[⑤]。同时，还制定了严格的比丁之法，每当比丁之年，诸领催需亲往查核包衣佐领、管领下女子。康熙三十二年（1693）始定，“凡有匿女之事，原查验之官员、佐领、骁骑校、族长皆有罪。如不向此等人取具口供，即不予议”[⑥]。但是，盛京地区各庄“散居各处”，佐领等“深陷公务”，且此前“每年选验住在屯、庄之女，向无佐领、骁骑校”亲自赴庄“选验诸女之例”。因此，他们先“派骁骑校、小领催等前往严查，俟领催等查毕带至城里后”，“再亲自选验”[⑦]。中间环节的增加，削弱了应有的监管力，当康熙三十三年、三十

① 辽宁社会科学院历史研究所、大连市图书馆文献研究室、辽宁省民族研究所历史研究室译编：《清代内阁大库散佚满文档案选编》，天津古籍出版社1991年版，第94页。

② 中国第一历史档案馆整理译编：《内阁藏本满文老档·太祖朝》，汉文译文，辽宁民族出版社2009年版，第61页。

③ 张佳生主编：《中国满族通论》，辽宁民族出版社2005年版，第408页。

④ 允祹等修：乾隆《钦定大清会典》卷87《内务府·会计司》，文渊阁《四库全书》第619册，上海古籍出版社1987年版，第841页。

⑤ 关嘉录、王佩环译，佟永功校：《〈黑图档〉中有关庄园问题的满文档案文件汇编》，见中国社会科学院历史研究所清史研究室编：《清史资料》第5辑，中华书局1984年版，第38页。

⑥ 《黑图档》第78册第103页，见辽宁省档案馆编译：《盛京内务府粮庄档案汇编（上）》，辽沈书社1993年版，第165页。

⑦ 《黑图档》第79册第62~63页，见辽宁省档案馆编译：《盛京内务府粮庄档案汇编（上）》，第174~175页。

五年，盛京皇庄内接连发生私嫁、隐匿女子事时，主管选秀女之事的会计司便责问前往核查之领催“何故未予严查?”该领催供称，已“遵照札饬，连打带骂，竭力严查，岂敢瞻徇情面”[①]。

对于已私嫁的女子，要对照比丁册查看该女子是“验看前嫁人，抑或验看后嫁人”[②]，若未经验看即嫁人，则按定例令其与丈夫分开，在盛京居住者，“配给粮庄、果园内末等庸懦额丁”[③]；在京师居住者，则发往乌拉配给无妻之丁。康熙三十六年，住京师附近沙河地方的管领下人刘保柱之母，将尚未验看的女儿五姐私自嫁给本管领下二格，因此将“二格鞭一百，将五姐与二格分开并发往乌拉，给无妻之牲丁为妻，将刘保柱之母鞭一百，不准赎”[④]。可见，对私自嫁娶者除“照例分开”外，还加重了对其本人及其家主的处罚，由康熙初年的“鞭八十”增为“鞭一百”。

综上，清代统治者一方面对违反禁律的双方家长、说媒之人及失于监管的佐领、管领、领催等人员予以惩治；一方面对违禁的已婚男妇强制分开，令适他人。然而这样的惩处并未消除包衣牛录下人的私自婚娶，反而还有悖于儒家思想关于家庭伦理观的构建。因此，康熙二十四年(1685)，康熙帝便试图加以改制，对包衣佐领下人之女已婚配者，若“令其拆散，致夫妇别离，朕心甚为不忍，仍着给还本夫”[⑤]，但该谕令尚未成为“定例”。直到康熙四十七年，才最终改定为：若隐匿之女已嫁给庄头或庄内额丁者，停止将其分开；若已嫁不应嫁之旗民人等，照例将其分开，配给庄内愚懦额丁；若隐匿女子尚未出嫁，则查明计入档册[⑥]。既增加了刑罚的威慑力以预防私自婚娶行为的发生，又对已成事实的“法定内私自婚娶”者添注了一丝人情关怀。

需要指出的是，档案有载，顺治八年（1651）十一月，顺治帝“将

---

① 《黑图档》第77册第128页、第79册第62～63页，见辽宁省档案馆编译：《盛京内务府粮庄档案汇编(上)》，辽沈书社1993年版，第150、174～175页。

② 《黑图档》第78册第34～36页，见辽宁省档案馆编译：《盛京内务府粮庄档案汇编(上)》，第153页。

③ 《黑图档》第86册第45～47页，见辽宁省档案馆编译：《盛京内务府粮庄档案汇编(上)》，第227页。

④ 辽宁社会科学院历史研究所、大连市图书馆文献研究室、辽宁省民族研究所历史研究室译编：《清代内阁大库散佚满文档案选编》，天津古籍出版社1991年版，第105页。

⑤ 中国第一历史档案馆编：《康熙起居注》第2册，康熙二十四年三月二十七日丁亥，中华书局1984年版，第1310页。

⑥ 《黑图档》第89册第47～48页、第90册第16～28页，见辽宁省档案馆编译：《盛京内务府粮庄档案汇编(上)》，第237、247、249页。

苏拜之小女儿嫁于贡干之子为妻”[①]。贡干，又作“公安”或“恭安”，为镶黄旗包衣人，曾任内管领[②]。而大臣苏拜之女之所以能嫁给管领之子为妻，这与顺治八年二月苏拜因“知睿王棺内置黄袍、黑狐褂、东珠素珠，徇隐不首”，并在“睿王欲另驻永平时，同与密谋”[③]而被治罪有关。苏拜被治罪后，其原本不可逾越的阶级壁垒便随之打破，将其女配给管领下人为妻，可视为对主犯家人刑罚之余的附加处罚。

三、小结

以上笔者通过释读康熙朝内务府题本档案和《黑图档》中的相关史料，对清前期包衣旗人的家产继承方式和家庭婚姻法则作了梳理。纵横比较，我们可以得出以下几个方面的认识：

第一，与前朝历代相较，清代早期包衣旗人的家产继承方式既与中国古代的承嗣制度一脉相承，又体现出了一定的满洲民族特色。如依血缘关系确定家产继承顺序、鼓励寡妇为亡夫守志、赋予寡妇一定的择嗣权等方面，与汉族的宗法制思想有相承之处；但是对于无嗣旗人的家产，由天聪年间的“众人均分”到崇德时期“家庭成员→家族成员→牛录属员”继承顺序的确立；以及包衣人身份的确定，佐领、管领和领催等官员的监管，庄头人对财产的保护，等等，又颇具满洲民族特色。

第二，与清代中后期相较，从顺治帝令寡妇携产另嫁的左右考量，到康熙时期在户主殁后分家的主导权由佐领、领催等官员向寡妇、尊长等族员的转移，再到雍乾时期清代承嗣制度的成熟完备，清代包衣旗人家产继承制度的发展脉络体现了满洲逐渐汉化的历程。在此期间，满洲原有的习惯法则正在悄然消失，而汉人的宗法制思想已逐渐浸染到旗人社会的方方面面。

第三，为保证上佳、足额的宫女人选，清代统治者严格禁止上三旗

---

① 季永海、何溥滢译编：《盛京内务府顺治年间档》，见中国社会科学院历史研究所清史研究室编：《清史资料》第2辑，中华书局1981年版，第236页。

② 弘昼等修：《八旗满洲氏族通谱》卷4《瓜尔佳氏四》，辽海出版社2002年版，第90页；鄂尔泰等修，李洵等校：《八旗通志初集》卷3《旗分志三：八旗佐领（镶黄旗满洲佐领）》，东北师范大学出版社1985年版，第41页。

③ 《清世祖实录》卷53，顺治八年二月辛卯，《清实录》第3册，中华书局1985年影印版，第422页。

包衣旗人私自婚娶，确定每三年阅看一次，阅看不堪者才允许出嫁。从此后雍正、乾隆、嘉庆等朝仍反复宣谕、三令五申来看，这项规定很不得人心[①]。但是，从此前历朝普选秀女来看，东汉时“常因八月算人遣中大夫与掖庭丞及相工，于洛阳乡中阅视良家童女，年十三以上，二十已下，姿色端丽，合法相者，载还后宫”[②]，即常借每年八月征税之机，在洛阳乡间征良家童女。明代因选秀女给民间带来的恐慌更甚，如隆庆二年（1568），“讹言採女命下，千里鼎沸，男女失配，长幼良贱不以其偶，官府不能禁。此声江西闽广，极海而止”[③]。“民间讹言朝廷点秀女，自湖州而来，人家女子七八岁以上，二十岁以下，无不婚嫁，不及择配，东送西迎，街市接踵，势如抄夺，官府禁之不能止，真人间之大变也。”[④]相比较下，清代则“从不拣择天下女子，惟八旗秀女，三年一选”，且“于二十五岁放出，从无久居禁内者”，因此，这种限定择选范围、饱含几丝人文关怀的选秀女方式，被时人称为“盛德事”[⑤]。这在宫女犹如太监般不可或缺的封建帝王时代，与前朝相比，从某种程度上来看，也算是一种进步。

---

① 定宜庄:《满族的妇女生活与婚姻制度研究》,北京大学出版社 1999 年版,第 247 页。

② 范晔:《后汉书》卷 10 上《皇后纪第十上》,中华书局 1965 年版,第 400 页。

③ 查继佐:《罪惟录》卷 3《五行志》,《笔记小说大观 · 四十五编 · 第一册至第四册》,(台湾)新兴书局 1987 年版,第 493 页。

④ 陆心源:《归安县志》卷 50 引徐复祚《三家村老委谈》,转引自金性尧:《不殇录》,汉语大词典出版社 1997 年版,第 162 页。

⑤ 昭梿:《啸亭杂录》卷 10《宫女四万》,中华书局 1980 年版,第 324 页。

第八章　清前期包衣牛录下人的诉讼制度及其特点

经前分析可知，第一，内务府包衣人的司法审判有内刑部（后改慎刑司）和刑部两个机构，两者的职权各不相同，审断范围各有分工；第二，清前期内务府包衣人的犯罪可分为经济类犯罪（如盗窃、欠粮等）、刑事类犯罪（如打架斗殴等）、职务类犯罪（如违背宫禁、贻误工作等），犯罪缘由包罗万象、犯罪情节轻重不一，因此量刑定罪也皆有不同；第三，婚姻和家产是家庭生活的主要内容，涉及包衣牛录下人的家产纠纷及私自婚娶案件反映出满汉文化兼容的时代特色。但是，对包衣人的犯罪和处罚反映出怎样的诉讼制度？在量刑定罪时有哪些依据？批红传达了怎样的皇权思维？体现出怎样的律例制特点？这些都是本章所要讨论的问题。

第一节　内务府包衣人的诉讼与鞫审

在清前期，除会计司“所属包衣人，凡有争讼地亩案，均送户部议断”① 外，其余内务府包衣人的犯罪案件一般由内务府慎刑司和刑部审理。其中，在京师犯重罪者需移交京师刑部审理，在盛京犯重罪者需移交盛京刑部审理。

① 《黑图档》第96册第61页，见辽宁省档案馆编译：《盛京内务府粮庄档案汇编（上）》，辽沈书社1993年版，第278页。

一、内务府包衣人的诉讼

（一）京师内务府包衣人的诉讼

京师内务府包衣人犯罪时的审断流程较为简单直接，主要有以下几种：

第一，直接移交内刑部。顺治十八年（1661）“裁十三衙门，仍置内务府”[①]，同年闰七月，有包衣佐领下人偷盗荷花被解送至宣徽院，经审认定，此案“关系钱粮”，且又有“到外面交易或租赁收钱”之处，因此将人赃一并移送内刑部审理[②]。可见，该案直接由宣徽院转至内刑部，中间并未经内务府转呈，可能与内务府复立之初所属各司院间办事程序尚不完善有关。

第二，经内务府总管转交内刑部（慎刑司）。康熙二年（1663），内务府及其各司院已恢复职能，是年，有管领下人违例夜宿宫内，该管领首先“上报内务府总管”，内务府总管“当即札交内刑部”审理[③]；康熙五年，西罕管领下包衣偷盗荷花时被采捕衙门[④]人员拿获，之后的程序是“经（采捕衙门）员外郎查喇、浑岱禀告内务府总管”，再由内务府“饬令交内刑部”[⑤] 审理。可见，内务府各司院之间的往来文移，需要先汇报给内务府总管，再由内务府总管转交内刑部审理。

第三，奉旨移交内刑部（慎刑司）。对内务府之外的衙司及内务府兼管衙司拿获罪犯时，可直接请示皇帝再交慎刑司审理。如康熙六年，头等侍卫依都里等人拿获打折狗腿之狗上人时，便没有请示内务府总管，

---

① 伊桑阿等修：康熙《大清会典》卷149《内务府一・内务府》，见《近代中国史料丛刊三编》第73辑，第729册，（台湾）文海出版社1993年版，第7227页。

② 辽宁社会科学院历史研究所、大连市图书馆文献研究室、辽宁省民族研究所历史研究室译编：《清代内阁大库散佚满文档案选编》，天津古籍出版社1991年版，第5页。

③ 同上，第5～6页。

④ 尚膳监，顺治十八年改为采捕衙门，康熙十六年改为都虞司。掌上三旗武职官员铨选任用、官兵俸饷考核及打牲（打猎）、捕鱼等事。昆冈等修：光绪《钦定大清会典事例》卷1170《内务府・官职・都虞司》，（台湾）新文丰出版公司1976年版，第18767页。

⑤ 辽宁社会科学院历史研究所、大连市图书馆文献研究室、辽宁省民族研究所历史研究室译编：《清代内阁大库散佚满文档案选编》，第14页。

而直接口奏皇帝，后又奉旨“著交内刑部”审理[①]。康熙二十二年(1683)，厩馆馆长石保出声，康熙帝谕令“将其交上驷院卿”，而上驷院在初步审问后奏请交慎刑司再议，故又奉旨“著交之”[②]，中间亦未通过内务府总管转交。

第四，奉旨交内务府总管。内务府包衣人犯罪后，有时皇帝会谕令“著交内务府总管”。案件敕交后，内务府总管大臣将视情节轻重，或亲自审讯，或移交内刑部审理。如康熙六年有饭上人烧焦饭时，奉旨“著交内务府总管”，总管大臣米思罕接旨后，又将此案移交给内刑部审理[③]；而康熙三十六年，太监邢金钟偷盗银碟事发，先由启祥宫首领太监肖金宪等报总管太监顾太监，顾太监奏闻皇帝后，奉旨“著交内务府总管”，鉴于案情重大，内务府总管大臣海拉孙并未移交慎刑司，而是亲自审讯的[④]。

对于京师皇属包衣人，在犯罪审结完毕后，一般由内务府总管具题请旨，但有时慎刑司郎中也可直接向皇帝题本具奏。如康熙十七年，有内管领遗失满载官物的车辆时，奉旨“著在内府查议，交慎刑司议之”，此案审结完后便是由慎刑司郎中布达里直接题奏皇帝请旨的[⑤]。

（二）盛京三佐领包衣人的诉讼

清军入关后，在盛京地区遗留了两座皇陵、盛京城内诸宫殿和周边多处皇庄。为管理这些单位所属的包衣人，顺治年间（1644—1661）曾向盛京派驻了正黄旗、镶黄旗下包衣佐领各一员具体负责管理。多尔衮死后，顺治帝兼并正白旗，又向盛京派驻了正白旗下包衣佐领一员。从此，盛京地区的内务府事务便由盛京三佐领具体管理，其中令一人掌关防，为盛京地区总管[⑥]。

对于一般案件，由盛京三佐领咨文内务府堂，清制“内务府堂”设堂郎中一人，掌“查照一应事件及查复七司等处题本、堂稿并黄蓝册，

---

① 辽宁社会科学院历史研究所、大连市图书馆文献研究室、辽宁省民族研究所历史研究室译编:《清代内阁大库散佚满文档案选编》,天津古籍出版社 1991 年版,第 17 页。

② 同上,第 60 页。

③ 同上,第 29 页。

④ 同上,第 106 ~ 107 页。

⑤ 同上,第 31 页。

⑥ 佟永功、关嘉录:《盛京上三旗包衣佐领述略》,《历史档案》1992 年第 3 期,第 93 页。

兼管督催及文职铨选等事”；“堂主事”分掌“承接交发一应题奏文移案件，协同堂郎中兼理督催及文职铨选等事”①。内务府堂在呈报内务府总管后，或转给会计司，或转给慎刑司审理。

对于案情重大或涉及内务府之外的人，则需由盛京五部协助审理。如康熙五年（1666），盛京原勇王（笔者：应为英王阿济格）庄下人石川道五岁时曾入庙为僧，但至二十二岁仍未领得度牒，因此呈报盛京佐领，咨请总管内务府后，令咨“送盛京礼部”②；再如康熙六年，盛京正黄旗包衣鄂博佐领下郭四首告领催朱有才家隐匿壮丁，该案被交给盛京刑部审理，审明后将其中有罪者由盛京刑部处决，所隐壮丁交总管内务府，再由总管内务府行文盛京佐领酌情安置③。康熙五十九年，盛京粮庄发生庄头将壮丁打死案件，因“案内关系人命”，被转至“盛京刑部查议”④。

总之，因上三旗包衣牛录下人分属盛京和京师两地，其审判机构亦有差别。通过这样一套层层相扣的诉讼程序，将皇属包衣人的司法审判权最终集中到了皇帝手中，皇帝始终行使着“一家之主”的权力。

二、包衣牛录下人的越诉

天命年间，因“当时统治地区比较狭小，人口不多，而且居住相对集中”，再加之当时“审级管辖并不明确”，因此允许直接控诉于汗⑤。到崇德初年，始见禁止越诉的规定，令“凡有告理者，或被断屈者，许先在刑部告诉，若刑部不为断理，将审事大人的名字明写，赴都察院告诉，都察院审明转奏。若竟投驾前告诉者，照例打鞭子”⑥。入关之初，越诉频仍，正如多尔衮所斥：“自明季祸乱以来，刁风日竞，闾阎细故轻

① 《钦定总管内务府堂现行则例》卷1《堂、司、三院职掌一》，同治年间刻本，哈佛学院图书馆，1930年印本，第1～2页。

② 关嘉录、王佩环译，佟永功校：《〈黑图档〉中有关庄园问题的满文档案文件汇编》，见中国社会科学院历史研究所清史研究室编：《清史资料》第5辑，中华书局1984年版，第13～15、16～17页。

③ 同上，第21、24页。

④ 《黑图档》第101册第72～76页，见辽宁省档案馆编译：《盛京内务府粮庄档案汇编（上）》，辽沈书社1993年版，第324页。

⑤ 张晋藩主编：《清朝法制史》，中华书局1998年版，第142页。

⑥ 《清太宗实录稿本》卷14，崇德元年四月十二日，辽宁大学历史系1978年编印，第9页。

渎，间以越讼为等闲，以诬告为常事，教唆健讼，败俗伤财，予甚痛之”[①]。虽经再三禁止，然“有司奉行不力，刁风未止”，故又申令“自今大赦以后，凡户婚小事俱就有司归结，傥奸棍讼师、诱陷愚民入京越诉者，定加等反坐”[②]。

康熙时，原则上依然禁止越诉，但若果有冤屈、无处申诉时，也允许叩阍[③]。康熙八年（1669）又谕：“凡在行幸之处跪告发部者，若不审明虚实即照律治罪，恐有冤枉，以后着将所告之事审明，虚者责四十板，免充军。”[④] 即根据越诉之事的虚实，以决定是否给予惩处。对于妄称冤抑越诉者，将予以严惩，如菜园头高甘惠等人希望多得地亩而“越份跪奏皇上”，被“枷号二月、鞭一百”[⑤]，这一刑罚对于皇属包衣人而言已属重刑。而对于确有冤曲越诉者，则免受刑罚[⑥]。额丁高有志为控告庄头刘扬明强奸其妻，将“跪呈皇上汉文状纸”交给御前二等侍卫扬书讼至御前。在问讯时他解释了越讼的缘由：此前，庄头刘扬明以私债为由将庄内额丁杨北恭占为阿哈，杨北恭为此讼至“台前魏象枢”处，时魏象枢以刑部尚书留御史台[⑦]，他随后将此案交昌平道审理，但却不了了之。因此，当高有志亦欲往刑部控告刘扬明时，杨北恭便告诉他“刘扬明势力大，你去告不成”，因听说“皇上驾往蒙古地方”，便追去“前来跪拜皇上”。高有志虽经越诉，然所述确实，康熙帝不但未予责罚，还令内务府查议[⑧]。

越诉大多皆如高有志，逢皇帝出幸之际于路旁越诉。因此，每当皇帝外出时，都有专门管理拦路越诉的护军跟随。康熙十七年（1678）出

---

① 《清世祖实录》卷6，顺治元年七月壬寅，《清实录》第3册，中华书局1985年影印版，第68页。

② 《清世祖实录》卷9，顺治元年十月癸亥，《清实录》第3册，第97页。

③ 《清圣祖实录》卷11，康熙三年三月庚午，《清实录》第4册，中华书局1985年影印版，第174页。

④ 伊桑阿等修：康熙《大清会典》卷117《刑部·律例八·宫卫》，见《近代中国史料丛刊三编》第73辑，第725册，（台湾）文海出版社1993年版，第5801～5802页。

⑤ 辽宁社会科学院历史研究所、大连市图书馆文献研究室、辽宁省民族研究所历史研究室译编：《清代内阁大库散佚满文档案选编》，天津古籍出版社1991年版，第122～123页。

⑥ 中国第一历史档案馆编：《康熙起居注》第3册，康熙五十四年九月二十五日丁巳，中华书局1984年版，第2200页；《清圣祖实录》卷210，康熙四十一年十二月癸巳，《清实录》第6册，中华书局1985年影印版，第135页。

⑦ 蔡冠洛编：《清代七百名人传》第一篇《政治·政事·魏象枢》，中国书店1984年版，第77页。

⑧ 辽宁社会科学院历史研究所、大连市图书馆文献研究室、辽宁省民族研究所历史研究室译编：《清代内阁大库散佚档案选编·皇庄（上）》，辽宁民族出版社1988年版，第62页。

幸时，因“护军朱子虎并未管束向皇帝跪奏之人”（bayara ju dz hū dele niyakūraha niyalma be umai herserakū dulembuhe）而遭审讯，其供称“我在京城住，此人与我不是亲戚，我亦不认识他，此跪奏之人从我辖区出来而我并未发现，这便是我之死罪”（bi jing hecen de tehe niyalma，ere niyalma minde niyaman hūncihin waca，bi inu takarakū，niyakūraha niyalma mini teisu baci tucike be sabuhakūngge，ere mini cohome bucere weile），可见皇帝出幸时，由护军分区护驾，若有越诉之人，不得直接跪奏于御前，而是先由护军讯问清楚是否果有冤情，再决定应否通报御前。若“管理懈怠不严，不管束下跪之人使之过去”（kiceme ciralame niyalma be kadalaci acambihe，umai ciralame kadalahakū heoledefi，niyalma niyakūraha be herserakū dulembuhengge），则需鞭责①。该案不禁让我们联想到法国传教士白晋的亲身经历：“每当康熙皇帝出猎或者由北京行幸其他地区时，都会有老百姓在路旁候驾告御状，这些百姓多是因为地方官员的不法行为而枉受冤屈，因此拦舆告发赃官们的罪行，恳求皇帝明断。这个时候，告御状的人只要事先跪在离皇帝经过的路旁不远处，一手高举状纸，一边恭候皇帝驾临即可。碰到这样的情况，康熙皇帝总是委派几名忠实可靠的人去了解情况，如果告发的问题值得调查，则必须调查清楚。如果确证被告的官员有罪，就要对其进行严处。”②

康熙帝允许确有冤抑者越诉呈状，是为了给含冤之人以申雪的机会。但是，叩阍之人需遵循一定的礼节，如“他们以百姓应有的礼节接近皇帝，也就是一手拿着状纸跪在路旁恭候御驾，皇帝就会亲切地听他申诉。反之，如果告状的人事先在路旁隐藏起来，在御驾经过时突然跳出来，皇帝就不予受理”。而“对于那些不顾侍卫阻拦而硬要靠近皇帝、高声喊叫请求皇帝评理的人，皇帝更是不屑一顾”，但“告状的人如果不是十分没有礼貌，康熙皇帝就不会让侍卫对他们采取粗暴行为”③。而对于被告之人，则多对“拦舆告状”有“恐惧心理”④，因而往往对越诉者加以阻

---

① 大连图书馆编：《大连图书馆藏清代内务府档案》第 1 册，国家图书馆出版社 2010 年版，第 122 ~ 123 页。

② ［法］白晋著：《康熙大帝》，人民日报出版社 2008 年版，第 8 页。

③ 同上。

④ 同上。

拦，这显然违背了康熙帝允许越诉的初衷。为保障合法的越诉权，康熙帝对阻拦越诉者予以惩治，如康熙四十六年（1707），因“盛京庄头齐元利欲到京城控告佐领都博库冤枉他”，而“佐领都博库寄信领催劳潘贵，令将齐元利追回之事，不合，故将都博库降三级，罚俸一年”①。

三、内务府包衣人的鞫审

鞫审是司法审判的重要环节。在早期满洲社会中，并不存在相关成文法。建立后金政权、特别是进入辽沈地区后，才以汗谕的形式对诉讼和审判作了规定②。

努尔哈赤曾令“来诉者须带被告，不得一人来此呈诉也。既无被告，审事焉能偏听一人之词?”③ 要求在审案时必须“两造俱备”，强调证据确凿和公平。这一思想也为皇太极所继承，天聪五年（1631）他谕令，“凡讦告之事，于两造未陈，当即去取见证，同众面鞫，庶有实据。若不速问见证，两造闻之，潜相嘱托，支饰避罪，则审断安得公平？嗣后，不逮问见证，枉断其罪，视其冤抑之大小，则俱反坐以审事官”④。不仅指出双方口供对于断案的重要意义，还对口供的及时性和真实性作出要求。

入关后，从康熙朝内务府慎刑司档案来看，犯人口供亦为量刑定罪的重要依据。审讯时，如犯者本身、家人及作证之人等，凡与案件相关的所有当事人皆为讯问对象。审问官紧紧围绕案件讯问，所问内容具有很强的逻辑性。以下，笔者以康熙二十二年（1683）的一件满文档案试做说明：

是年，据笔帖式苏尔泰告称，其家内包衣尹达将一件貂皮小褂窃走后拿到前员外郎撒必干的家里卖了。为此，慎刑司对相关人员进行了审

---

① 《黑图档》第90册第16～28页，见辽宁省档案馆编译:《盛京内务府粮庄档案汇编(上)》，辽沈书社1993年版，第247页。

② 张晋藩主编:《清朝法制史》，中华书局1998年版，第134页。

③ 中国第一历史档案馆整理译编:《内阁藏本满文老档·太祖朝》，汉文译文，辽宁民族出版社2009年版，第71页。

④ 《清太宗实录》卷9，天聪五年四月至九月，《清实录》第2册，中华书局1985年影印版，第125页；关孝廉译编:《天聪五年八旗值月档(二)》，《历史档案》2001年第1期。

讯，首先讯问苏尔泰包衣祁征：尔等之包衣尹达将貂皮褂窃走后，于撒必干家中卖了，此事缘由你知道吗？（surtai booi ci jeng de：suweni booi inda seki kurume behūlgafi，sabigan i boode uncaha be sini saha turgun adarame seme fonjici）据他供称，将貂皮褂卖给了撒必干的包衣黑子。因此，又讯问黑子：你知道尹达偷了褂，你还买了，这是何缘故？给了几两银子？何时买的？（heidz de：inda hūlgaha kurume be si same udaha turgun adarame? udu yan menggun bume? atanggi udaha? seme fonjici）据他供称，尹达与名叫袁桂者一同来卖得褂子。因此，又讯问袁桂：你为何人？将尹达偷的褂，你骗说是你自己的褂卖掉了，是何缘故？供称：我是正蓝旗佟侯佐领下阿思哈尼哈番佟桥宛的包衣人，尹达之妻是我姑姑，这月十四日，尹达去了我家，向我说，跟我在一条路上住的人得了一件貂皮褂，咱们合伙去卖了罢，因为我像孩子一样无知，与尹达一起去了，卖给了黑子。我并没有把貂皮褂说是我自己的褂，若知道是偷来的貂皮褂怎敢一起去卖呢！（yuan gui de：si ainaha niyalma? inda i hūlgaha kurume be si sini beyei kurume seme holtome alafi uncabuha turgun adarame seme fonjici. jaburengge：bi gulu lamun i tung heo nirui asiha i hafan tung ciowan i booi niyalma，inda i sargan minde gu ombi，ere biyai juwan duin de，inda mini boode genefi，mini baru，bi jugūn de niyalmai tuheke，emu sekei kurume be bahabi，muse acan uncanaki. sere jakade，bi juse niyama ulhicun akū，inda i emgi genefi，heidz de uncaha. bi sekei kurume be saci，ai gelhun akū emgi uncanambi. sembi）故又讯问尹达之妻焦海子：你必定知道你丈夫所在之处，把偷来的貂皮褂卖了，必定将银子交给你了，从实招来！供称：因我女主人患病，我便服侍于女主人，我的丈夫逃亡何处，并不知晓。我的丈夫并未将卖貂皮褂的银子交于我。（inda i sargan jiyoo haidz de：sini eigen i bisire babe，si urunakū sambi. hūlgaha sekei kurume be uncaha，menggun be urunakū sinde afabumbi. yargiyan be ala seme fonjici. jaburengge：mini ejen hehe nimeme ofi，bi ejen hehe be eršeme bihe. mini eigen ukafi abide bisire be bi sarkū. mini eigen sekei kurume uncaha，menggun be minde afabuha ba akū. sembi）最后，拿获尹达后，讯问：你逃亡在何处？你把瑟尔古德的褂怎么偷的？在此之前还偷了几次？卖了的银子现在存在何处？从实招来！掌嘴讯问。（inda de：si onggolo udu hūlgaha? uncaha menggun ne aibide bi? tondo be jabu. seme šansihašame fonjici)

由上可知，审问官所问讯的内容相当精细，并且依照这些“呈堂供词”，厘清了犯案的全部经过。但是，在审断之前法官需确保这些口供的真实性，当口供有误但会审官员并未查明时，将要承担责任。如康熙五十三年（1714），内务府郎中陶柱“将苏通阿改换口供之处并未看出”被降四级，内务府总管赫奕等“此事未经觉察，应各降一级”[①]。为保证口供的真实、准确，还采取了以下措施：

其一，推审。即由慎刑司和内务府总管对审讯时的两造口供详加复核，结合相关人员的口供综合分析，作出推断。如据狗上人尼希哈供称：“我进到狗处已经八年了，我已尽力做事，唯今年因患有伤寒，肚子得痢疾，故两次耽搁外出，没有行走……我身为狗上人而怎敢对交付之事偷懒。”（bi indahūn de dosifi jakūn aniya，mini mutere teile yabuha. damu ere aniya mini beye hargasi nimeme nilhi hefeliyeme ofi，juwe mudan tookafi bigarame yabuhakū…… bi indahūn niyalma，bime ai gelhun akū afaha baita de banuhūšame bulcambi）但是，内务府总管却认为“其口供称，今年曾两次耽搁外出，未曾行走，等语”（ini jabunde，inu ere aniya juwe mudan tookafi bigarame yabuhakū sehebi）有漏洞，据此断定“交付给尼希哈之事偷懒”（nisiha afaha baita de banuhūn）属实[②]，并未轻信其口供之词。

其二，证审。即寻找新证据（人证、物证），对其口供的真实性作出判断。如康熙二十七年（1688），伞上人萍瑟耽误给皇上铺设被褥，审讯时辩称：“上月二十五日，我从马上跌落下来后，没有跟随去往”（duleke biyai orin sunja de，bi morin ci tuhefi amala bihe，dahalaha ba akū）；另一伞上人巴德则供称：“从我出去的次日起，因肚子生痢疾，后来未曾跟随”（bi tucike jai inenggi ci，ilhi hefeliyeneme ofi amala bihe，dahalaha ba akū），欲以此推卸责任。但慎刑司查问得知，无人可证他们曾有跌落、生病之事，因此认定“萍瑟并无从马上跌落加重之事，巴德亦无患病不可行事之事”（pingse umai morin ci tuhefi ujelehe ba akū，bada nimeme yabuci ojorakū ba

① 中国第一历史档案馆编：《康熙起居注》第3册，康熙五十三年六月十九日己丑，中华书局1984年版，第2096～2097页。

② 大连图书馆编：《大连图书馆藏清代内务府档案》第1册，国家图书馆出版社2010年版，第242～244页。

akū），二人因“故意偷懒，致使后来遗漏上褥”（cohome bulcame amala tutahabi），而被“各戴枷一月，责百鞭”（emun biya selhen etubufi，tanggūta šusiha tantaci）[①]。

其三，重讯。清制“凡两造口供不全录，即为作弊”[②]，因此一旦发现口供有误、不清晰或遗漏口供时，需发回重审。如康熙三十一年（1692），盛京佐领三官保审理了一起庄头卖人事件，在审讯后将问讯内容呈文给了内务府总管，但因呈文内“缺口供且未详议”，要求发回再审[③]；康熙四十五年，在审阅一起殴杀案件时，康熙帝发现“此案未取总管太监及包衣大口供”，因此令“本发还”，“取伊等口供，另议具奏”[④]；五十七年，在审理一件私相婚娶案件时，盛京佐领理应对涉案四人“一一讯明并取具口供”，但“竟将四人合取一个口供”，因此，慎刑司认为“不可按此呈文审断”，令其重新审明[⑤]。

其四，刑讯。在犯人拒不吐实时，可施以刑罚讯问。刑讯可分为“掌嘴讯问”（šansihašame fonjici）和“夹责讯问”（giyablame fonjici）两种。

掌嘴之刑一般以“执鞋底子掌嘴”[⑥]，相对于“夹讯”要轻，主要适用于犯罪较轻但“再三追问，并不承认”者，如康熙二十九年太监刘启被告发赌钱，但审问时拒不承认，“经再三掌嘴追问才说”[⑦]；而夹讯则稍重，一般用于犯罪较重，且巧言诡辩、拒不认罪者。

“夹棍，乃惨痛之刑，必不得已而后用”，康熙帝要求用此刑时要“慎之毋忽”[⑧]。康熙十一年（1672），对“夹讯”的使用范围作出详细规

① 大连图书馆编：《大连图书馆藏清代内务府档案》第1册，国家图书馆出版社2010年版，第289～292页。

② 《清圣祖实录》卷6，康熙元年三月庚寅，《清实录》第4册，中华书局1985年影印版，第110页。

③ 《黑图档》第74册第118～121页，见辽宁省档案馆编译：《盛京内务府粮庄档案汇编（上）》，辽沈书社1993年版，第122页。

④ 中国第一历史档案馆编：《康熙起居注》第3册，康熙四十五年九月十二日丁卯，中华书局1984年版，第2014页。

⑤ 《黑图档》第98册第86～90页，见辽宁省档案馆编译：《盛京内务府粮庄档案汇编（上）》，第292页。

⑥ 辽宁社会科学院历史研究所、大连市图书馆文献研究室、辽宁省民族研究所历史研究室译编：《清代内阁大库散佚满文档案选编》，天津古籍出版社1991年版，第65页。

⑦ 同上，第73页。

⑧ 《清圣祖实录》卷32，康熙九年二月壬申，《清实录》第4册，中华书局1985年影印版，第431页。

定："除谋叛等十恶，并真正死罪及抢夺、窃盗、蠹役、人命、光棍、贪污、赌博等情罪重大正犯，并干连犯证、奸恶不吐真情、难以定案者，仍应夹讯，外别项小事俱不得夹讯"[①]。若将犯人"夹讯致死"，或"不应夹讯之人擅行夹讯者"都将降级罚俸[②]。

从档案来看，康熙五十九年，太监杨文贵参与盗窃后拒不认罪，便再次讯问："你与周锦朝一起为送饭人，周锦朝将银碗碟偷出典当之事，若说你不知，怎可？你如何与周锦朝一起偷出后典当的？分得了几个钱？将诸事从实供来！"抛掷夹板要挟讯问（yang wen gui de：si jeo jin coo i emgi sasa buda benehe niyalma，jeo jin coo menggun i moro fila be hūlgame tucibufi damtulaha，be si sarkū seci ombio? si adarame jeo jin coo i emgi hūlgame tucibuhe damtulaha，jiha udu dendehe? yaya babe tondo be jabu. seme. giyaban maktafi garime fonjici）。而周锦朝被夹讯："你是在饭房行走太监，领有钱米，不谨慎勤勉做事，而将银碗碟偷出典卖，我等看得，必定有饮白酒、黄酒、赌钱等事，作下了很多债务才冒死偷盗官物，你与谁一起饮白酒、黄酒了？赌输了多少钱？此前又有几次偷卖之事？又如何赎出的？你所欠之债借于何人？"（si buda yabure taigiyan，ciyanliyang bele bimbime kiceme faššame yaburakū，elemangga menggun i moro fila be hūlgame tucibufi，damtulara de isinaha. be tuwaci urunakū arki nure omire，jiha efire jergi baita bifi，labdu bekdun arafi，teni bucere be gūnirakū alban i jaka be hūlgahabi. si wei emgi argi nure omiha? jiha efihe udu gaibuha? erei onggolo geli udu mudan hūlgame tucibufi damtulaha? adarame joolime tucibuhe? sini araha bekdun ai niyalma ci juwen gaihangge? yaya babe yargiyan be jabu seme. giyablame fonjici）他供称："我并无与人饮白酒、黄酒、赌钱之事，在此之前，也无将官物偷出典卖之事"（bi umai niyalmai baru arki nure omiha，jiha efihe ba akū，erei onggolo alban i jaka be hūlgame tucibufi damtulaha ba inu akū），并声称："若果有他罪而不说出受此重刑，能有如此之事吗？"（unenggi encu turgun bici，bi te tuciburakū，ere ujen erun be alime

① 伊桑阿等修：康熙《大清会典》卷124《刑部·律例十五（刑律六）·断狱》，见《近代中国史料丛刊三编》第73辑，第726册，（台湾）文海出版社1993年版，第6231页。

② 《清圣祖实录》卷39，康熙十一年闰七月丁亥，《清实录》第4册，第526页。

gaire mujanggo?)[①] 康熙五十六年（1717），太监崔子路潜逃，法司夹讯后令其招出在外恶行，他供称："我并无恶乱之行，亦无引诱外出居住之人。若有，我如今能不供出而受如此重刑吗?"（bi umai ehe facuhūn yabuha ba akū，mimbe yarufi tucibuhe tomofi bibuhe niyalma inu akū. unenggi bici，bi te tuciburakū ere ujen erun be alime gaire mujanggo?）[②] 由此可见，"夹讯"的对象多为"奸恶不吐真情、难以定案"者，而"夹讯"被视为"重刑"。需要注意的是，在"夹讯"之下有"恶棍情真，忍刑不认者"，亦有"良善无辜，不能忍刑屈认者"，因此，康熙帝还要求法司应"细鞫真情，不宜全凭夹讯"[③]，亦"勿得轻听问官，不分轻重，动辄夹讯，希图草率结案"[④]。

其五，质讯。即当被讯人口供不一致时，需将双方"拘唤至部院衙门，对簿鞫问"[⑤]。如康熙六年（1667），包衣佐领僧保下人明阿图派家丁潘求贵前往佐领、领催处请假外出，审讯明阿图时供称，潘求贵告诉他，已告知领催，领催等说"让他去吧，我等亦将禀告佐领"；而审讯潘求贵时称，仅告知了领催，并无领催将转告佐领之语。因此双方对质，潘求贵承认此前曾说过领催将转告佐领之语，[⑥] 案件得以澄清。

其六，验伤。即通过勘验当事人的伤痕，对口供的真实性作出判断。清律载，"凡审理命案，一人独殴人致死，无论致命不致命，皆拟抵偿。若两人共殴人致死，则以顶心门、太阳穴、耳窍、咽喉、胸堂、两乳、心坎、肚腹、脐肚、两肋、肾囊、脑后、耳根、脊背、脊膂、两后肋、

---

① 大连图书馆编:《大连图书馆藏清代内务府档案》第1册,国家图书馆出版社2010年版,第504页。

② 辽宁社会科学院历史研究所、大连市图书馆文献研究室、辽宁省民族研究所历史研究室译编:《清代内阁大库散佚满文档案选编》,天津古籍出版社1991年版,第127页。

③ 中国第一历史档案馆编:《康熙起居注》第1册,康熙十一年六月二十四日,中华书局1984年版,第40页。

④ 《清圣祖实录》卷39,康熙十一年闰七月丁亥,《清实录》第4册,中华书局1985年影印版,第526页。

⑤ 《清圣祖实录》卷191,康熙三十七年十二月庚戌,《清实录》第5册,中华书局1985年影印版,第1026页。

⑥ 辽宁社会科学院历史研究所、大连市图书馆文献研究室、辽宁省民族研究所历史研究室译编:《清代内阁大库散佚满文档案选编》,第26页。

腰眼，并顶心之偏左、偏右、额颅、额角为致命论抵。"[①] 当案件涉及打架斗殴等事时，需验明双方伤情，再对证各方口供，以判断案件性质为斗杀伤、故杀伤，还是同谋共殴等。如康熙元年（1662），有管领下人殴死人命，在审讯的同时又派遣管领劳萨验看死者创伤，发现"命根下有一处烂了，再有，两腋窝发红了"（losan be takūrafi，bucehe niyalmai feye be tuwaci，ergen i fejile emu ba nirukebi. jia juwe oho inu fularkabi. sembi.），据此内务府总管确认"海珠把保恩济踢死是实"[②]。

有时验伤的结果将直接影响到案件的性质。康熙三十三年，阿哥之牵马人希卜土喊御前人博尔赫图值班，但他借口祖母病重不去，于是，希卜土便与博尔赫图起了争执。据希卜土称"博尔赫图之伯父、父亲、兄、弟、包衣人十余人将我打晕了"（belhetu i amji ama ahūn deo booi juwan funcere niyalma be gaifi，mimbe farambume tandafi）。于是，慎刑司"将博尔赫图之父、伯父、兄、弟、包衣人召集来，经希卜土逐一指认，称博尔赫图之父伊牟保、包衣人郝山、博尔赫图之伯父喜佛、喜佛之子桑格将其打伤。因此，将博尔赫图、伊牟保、郝山、喜佛、桑格拿捕送来"（belhetu i ama amji ahūn deo booi niyalma be isibufi，sibtu de emke emken i takabuci，belhetu i ama imboo booi niyalma hoošan belhetu i amji hife hife i jui sangge simbe tantaha. sembi. uttu ofi，belhetu imboo hoošan hife sangge be jafafi benehe.）；但是博尔赫图却只承认"率领我的包衣人郝山将希卜土打了"（mini booi niyalma hoošan be gaifi，sibtu be tantaha），而坚称"我与我的父亲、伯父、兄、弟一起将希卜土打了之事是没有影的事"（bi mini ama amji ahūn deo i emgi sibtu be tantaha sere ba oron akū），双方各执一词。经慎刑司验伤后，又讯问喜佛、伊牟保、桑格："在尔等口供中，帮博尔赫图打希卜土之事没影，看视希卜土被打之伤口，脑后发髻一处已血肿，辫子从中间拉开，两侧眼睑肿胀，眼珠充血，两侧面部亦肿胀，腰部右侧一处像鸡蛋似的划痕，右手指间一处像掌心一样发红，两侧肩膀有宽四寸、长七寸之划痕肿了，将所有被打伤口验看，尔等帮博尔赫图打是实，将所有之事从实招来！"（suweni jabunde，belhetu de

① 允禄等修：雍正《大清会典》卷 174《刑部・律例二十五（刑律五）・人命一》，见《近代中国史料丛刊三编》第 79 辑，第 783 册，（台湾）文海出版社 1995 年版，，第 11528 页。

② 大连图书馆编：《大连图书馆藏清代内务府档案》第 1 册，国家图书馆出版社 2010 年版，第 47 页。

dafi sibtu be tantaha ba oron akū, sehebi. sibtu i tantabuha feye be tuwaci, hū i da emu ba fertun i gese abifi senggi urakabi, soncoho dulin tantabuhabi, juwe ergi yasai humšun abifi, yasai faha senggi urakabi, juwe ergi dere abihabi, du i ici ergi emu ba umgan i gese nirukebi, ici ergi galai faju i emu ba falangkū gese fularakabi, juwe ergi halba onco duin ts' un, golmin nadan ts' un abihabi. utala tantabuha feye bisire be tuwaci, suwe belhetu de dafi tantaha be yargiyan. yaya babe yargiyan be ala. seme.)；经此讯问，又结合“据希卜土供称，喜佛等帮博尔赫图将我打了是实，坚供不移”（sibtu i jabunde, hife se belhetu de dafi mimbe tantahangge yargiyan seme, acinggiyarakū jabumbi）的口供，法司认定“喜佛等帮博尔赫图打希卜土是实”（erebe tuwaci hife se belhetu de dafi sibtu be tantaha ba yargiyan），从而作出了将“伊牟保、桑格、郝山各戴枷二月，鞭责百下；喜佛不准赎戴枷两月，鞭责百下”的处罚（imboo sangge hoošan be juwete biya selhen etubufi, tanggūta šusiha tantame; hife be jooliburakū juwe biya selhen etubufi, tanggū šusiha tantame）。[①]

第二节　内务府包衣人的定罪

总管内务府、慎刑司依据各方口供、物证、人证及所勘验的伤痕审实罪名后，将依据一定的原则和律例对犯罪人员作出处罚。

一、定罪的基本原则

本书在分析皇属包衣人犯盗窃之罪时，曾对盗窃案量刑定罪的几个原则作了阐述。除此之外，从内务府档案来看，在定罪时还考虑了以下四项原则：

① 大连图书馆编：《大连图书馆藏清代内务府档案》第1册，国家图书馆出版社2010年版，第357～367页。

第一，区分首从、主次定罪。

在中国古代立法思想中，有“区分首从，分别治罪”和“不分首从，一同治罪”之分。清律也继承了这一思想，如对于迎神进香、鸣锣击鼓肆行无忌者，“为首之人，照邪教惑众律拟绞监候，秋后处决；为从之人，枷号三个月”[①]；而对于隐匿上驷院等处孳生官畜者，则“计所隐匿之价为赃，准窃盗论”，若“盗卖或将不堪孳生抵换者，并以监守自盗论罪”，皆“不分首从”，一体治罪[②]。从档案来看，确定首从各犯是审讯的重要目的，如康熙五年（1666）金彩等人盗窃宫苑荷花，法司便讯问“尔等主人有无让尔等到外面交易或租赁收钱之处?”“尔盗窃荷花，尔主人知道吗?”[③] 以此来确定盗案的首从。

对于失职者的处罚，亦要明确主要责任人和次要责任人，分别定罪。如康熙三十六年，据武备院来文称，“因牧区路远，恐骆驼劳累，曾交代额耶图、额勒锥令其歇程一夜，次日到来。然他们昨晚即送达。送达后，未将骆驼所驮之库物交库，而是置于院中所做蒙古包内，交给驼长齐塔木等七人看守。夜里如何将三个皮箱的锁皆扭开，并从中将所付五袋珍珠、花翎偷走，甚为可恶！并请连同额耶图、额勒锥一并交付慎刑司查议。奏入。奉旨：著交付慎刑司查奏。亦一并交内务府总管查拿。钦此”（nukte be on goro temen jobombi，emu dobori indefi，jai inenggi isinjime jio！seme. eyetu eljui de afabuha bihe ce sikse yamji uthai isijifi，temen i booi hūwa de araha monggo booi dolo sindafi dedure temen i da kidamu i jergi nadan niyalma de afabufi，tuwakiyambi bihe. dobori adarame ilan pijan i yoose be yooni muribufi，dorgici afabuha nicuhe orhon sunja be hūlhabuhabi. ese umesi ubiyade. jai eyetu eljui be suwaliyame šen hing sy de afabufi baicame gisurebuki sembi. seme wesimbuhede. hese：šen hing sy de afabufi baicame gisurekini. uheri da de inu afabufi baicame afakini. sehe，seme）。经审讯，对直接责任人的处罚是：“齐塔木等专为看护之人，

---

① 允禄等修：雍正《大清会典》卷163《刑部·刑部十五·律例十四（礼律一）·祭祀》，见《近代中国史料丛刊三编》第79辑，第781册，（台湾）文海出版社1995年版，第10553页。

② 允禄等修：雍正《大清会典》卷168《刑部·刑部二十·律例十九（兵律四）·厩牧》，见《近代中国史料丛刊三编》第79辑，第782册，（台湾）文海出版社1995年版，第10962～10963页。

③ 辽宁社会科学院历史研究所、大连市图书馆文献研究室、辽宁省民族研究所历史研究室译编：《清代内阁大库散佚满文档案选编》，天津古籍出版社1991年版，第14、16页。

而皮箱内所放之五袋珍珠、花翎被盗，甚为可恶，因此，拟将齐塔木、卓特巴、额勒吉图、休温、巴囊、翟金晨、陆什一，依照‘凡是担任看护之人，将皇上所用之物疏忽，未看护致使丢失毁坏，杖一百，徒三年’之法，依律戴枷四十日，责鞭一百，革退齐塔木驼长之职”（kidamu se cohotoi tuwakiyaha niyalma，bime pijan i dolo tebuhe sunja nicuhe orhon hūlhabutala sahakūngge，ubiyada. erei turgunde，kidamu，yotba，eljitu，sioi un，barang，jai jin cen，liošii be yaya aliha tuwakiyaha niyalma han i baitalara jaka be oihorilame tuwakiyarakū，waliyara edulere oci，tanggū jang tantafi，ilan aniya weilebu sehe. fafun i bithe songkoi dehite inenggi，selhen etubufi，tanggūta šusiha tantafi. kidamu be da ci nakabume”）。对次要责任人的处罚是：额耶图等人“违背所交付之事，使骆驼劳累催促运送，于晚上到达，且未将皮箱交库，而亦未亲自护看，致使交付齐塔木等人之珍珠、花翎被盗，殊属不合！因此，拟将额耶图、额勒锥革职，将被盗之珍珠、花翎交武备院，令额耶图、齐塔木、卓特巴等赔补。其余之事，俟贼捕获时另行审议”（afabuha be jurceme，temen be jobobume hacihiyame gajime，yamji isinjifi，pijan be ku de afabuhakū，bime ceni beye tuwakiyarakū，kitamu sede afabufi，nicuhe orhon hūlhabuhangge，ambula acahakūbi. erei turgunde，eyetu eljui be hafan efuleme，hūlhabuha nicuhe orhon be faksi jurgan de afabufi，eyetu kidamu yotba seci toodame gaibume hūlha be baha erinde encu beideme gisurehebi）[①]。

第二，区分自首与否定罪。

自首者从轻发落，也是中国古代行之已久的律法思想，在“入关前的审判实践中，已注意自首与不自首的区别，前者减免其应得之罪”[②]。入关后，清律又有“准首”和“不准首”之分，如对于追赃、追收欠粮银、追没侵挪官银两者，若“本犯自首，则本犯及承追督催各官俱免议”[③]；而对于“偷采人参，率领头目及财主闻拿投部者，不准首，仍照

① 大连图书馆编：《大连图书馆藏清代内务府档案》第 1 册，国家图书馆出版社 2010 年版，第 427 ~ 431 页。

② 张晋藩主编：《清朝法制史》，中华书局 1998 年版，第 140 页。

③ 允禄等修：雍正《大清会典》卷 151《刑部・刑部三・律例二・名例中》，见《近代中国史料丛刊三编》第 78 辑，第 780 册，（台湾）文海出版社 1994 年版，第 9584 ~ 9586 页。

例拟绞监候”[①]。一般而言，凡准许自首者皆为犯罪较轻、不易察觉者。因自首或首告者，将获得“从轻发落”的机会，因此当太监敬黄亮首告其原家内包衣黑子“从前为非作恶，曾遭惩治”，“在招募大内太监时，将名字更换为敬从志，进入了大内。理应痛改前非，反倒不改先前恶行，九月二十四日，妄行讹诈”（dolo taigiyan elbire de, gebu be ging ts'un jy seme halafi, dolo dosika, giyan i nenehe waka be umesi halafi yabuci acambihe, elemangga nenehe yabun be halarakū, uyun biyai orin duin de, balai šerime yabuha），因此，他担心敬从志“如果又滋生事端，实行讹诈，反倒使我牵连不轻。鉴于此时尚未致罪与我，为此恳请官员详查，以除后患”（aikabade geli baita dekdebume šerime yabure, ohode elemangga ušaburengge weihuken akū. wele kemuni minde isinjimbi, erei jalin hengkišeme bairengge, ambasa kimcime baicafi, amen jobolon ci guwebureo. sehe）。慎刑司审实后，“查得，在律文中有‘凡于犯罪发生前，自己陈告出者，则将罪宽免’，既然如此，敬黄亮毋庸议”（baicaci fafun i bithede, yaya weile arafi tušare onggolo, beye tucibufi, weile be guwebu. sehe. be dahame, ging hūng liyang be gisurere ba akū），从而免除其罪[②]。再如，康熙二十年（1681）“庄头于成明隐匿十六丁未入册”，内务府引例“应鞭八十”，但“唯系于成明自首，免鞭”[③]。

第三，区分旗民身份处罚。

元代统治者曾按民族地位的高低将国人划分为蒙古人、色目人、汉人和南人四类，其中汉人、南人犯盗案者要刺字于臂，而蒙古人及色目人却可获得“免刺”的特权[④]。清代统治者继承了这一“换刑”思想，根据旗民的不同身份分别量刑处罚。“旗”与“民”是构成清代社会“最基本的两大法律主体”，在清前期，居于统治地位的旗人群体便拥有

---

① 允禄等修：雍正《大清会典》卷151《刑部・刑部三・律例二・名例中》，见《近代中国史料丛刊三编》第78辑，第780册，（台湾）文海出版社1994年版，第9617页。

② 大连图书馆编：《大连图书馆藏清代内务府档案》第1册，国家图书馆出版社2010年版，第689～694页。

③ 《黑图档》第61册，第101页，见辽宁省档案馆编译：《盛京内务府粮庄档案汇编》（上），辽沈书社1993年版，第51～52页。

④ 南炳文、汤纲著：《明史》（上），上海人民出版社2003年版，第5页。

诸如“犯罪免发遣”等司法特权[①]。如据《大清会典》载，“国初，旗下人有犯，俱用鞭责。顺治元年定，悉遵旧例，仍不许用杖”；[②]《大清律》亦有“凡旗人犯罪，笞杖照数鞭责，军流徒免发遣，分别枷号”[③]的规定。旗人所拥有的“折刑”或“换刑”特权，在一定程度上保全了他们遭受酷刑的颜面。此外，康熙十六年（1677）还规定，“凡旗下人犯入官之罪者，俱入各旗辛者库。其辛者库人犯入官之罪者，枷责完结”[④]。据笔者前述，入“辛者库者”可按月食口粮、按季发衣布，相比于民人入官为家奴者，显然亦属优待。

包衣牛录下人作为旗人的重要组成部分，同样享有相应的司法特权。康熙十七年，张德宝、八十遗失官物，按定例“凡承看守之责者，将皇上之物轻懈怠慢、不谨慎看守，致使遗失，则杖百、徒三年”（yaya aliha tuwakiyaha niyalma, han i baitalara jaka be heoledeme oihorilame tuwakiyarakū, waliyara oci, tanggū jang tantafi, ilan aniya welebu），但“张德宝、八十既为旗人，为徒三年解送刑部，各枷号四十日，鞭责一百”（jang de boo baši gūsai niyalma be dahame, ilan aniya weilebure weilei jalin, beidere jurgan de benefi, dehite ineggi selhen etubufi, tanggūta šusiha tantafi）[⑤]。康熙五十九年（1720），额丁五十六诬告庄头苏成英打死额丁，按律应“杖一百，流三千里”，但因其旗人身份，故改为“枷号二月，鞭一百”；作伪证之普二、陈三应照律“凡充当证人瞻徇情面、故意诬陷作证者，照罪犯之罪减二等”，将此二人“杖九十，徒二年半”，亦因旗人身份，改为“枷号三十五日，各鞭九十”[⑥]。可知，旗人“杖一百，流三千里”可折罚“枷号二月，鞭一百”；“徒三年”可折罚为“枷号四十日，鞭责一百”；“杖九

---

① 关于清代旗、民间的法律关系及旗人司法特权的演变，可参见林乾：《清代旗、民法律关系的调整——以“犯罪免发遣”律为核心》，《清史研究》2004年第1期。

② 允禄等修：雍正《大清会典》卷193《刑部·旗人犯罪》，见《近代中国史料丛刊三编》第79辑，第786册，（台湾）文海出版社1995年版，第13059页。

③ 苏钦：《清律中旗人“犯罪免发遣”考释》，《清史论丛1992年》，辽宁人民出版社1993年版，第75页。

④ 允禄等修：雍正《大清会典》卷193《刑部·旗人犯罪》，见《近代中国史料丛刊三编》第79辑，第786册，第13061页。

⑤ 大连图书馆编：《大连图书馆藏清代内务府档案》第1册，国家图书馆出版社2010年版，第134页。

⑥ 《黑图档》第101册第72~76页，见辽宁省档案馆编译：《盛京内务府粮庄档案汇编（上）》，辽沈书社1993年版，第325页。

十，徒二年半”可折罚“枷号三十五日，各鞭九十”。

内务府包衣人具有正身旗人的身份，因此可获得优恤处罚的特权并不难理解。而令人诧异的是，顺治年间（1644—1661）有些旗人之家奴也有等同于旗人的司法特权。如顺治三年（1646）镶黄旗哈勒哈齐佐领下子爵博第家人太监徐谦涉汤若望案，经审，“太监徐谦，亦应照从犯例治罪，但徐谦又诬陷杨光先以死罪，故将徐谦援照诬陷人死罪未斩例，又因其为满洲家人，审拟枷号三月、鞭笞一百”[①]。所谓“援照诬陷人死罪未斩例”，是指清律中“凡诬告人以死罪而尚未处死者，杖一百、流三千里，在流遣地加刑三年”[②]。而徐谦因“满洲家人”的身份便得以从轻折罚为“枷号三月、鞭笞一百”，可见，旗人之家奴竟获得与旗人同等的法律地位。究其原因，顺治二年多尔衮下令修律官“参酌满汉条例，分别轻重差等，汇成一编”[③]，至顺治三年编定了一部“临时紧急治罪法”[④]的法规，即《大清律集解附例》。该案正值此时，可能与该“救急之法”尚不健全、法司断案尚不熟练有关。

二、定罪的基本依据

（一）档案所见清代“律例”制体系的构建

清朝作为中国历史上最后一个封建王朝，其法制思想和律例制度具有总历代之所成的特色。

唐代的法律形式有律、令、格、式四种，《新唐书·刑法志》云：“令者，尊卑贵贱之等数，国家之制度也；格者，百官有司之所常行之事也；式者，其所常守之法也。凡邦国之政，必从事于此三者，其有所违及人之为恶而人于罪戾者，一断以律”[⑤]。其作用分别是“律以正刑定罪，

① 《满文密本档》卷137，见安双成译编：《清初西洋传教士满文档案译本》，大象出版社2015年版，第40、45页。

② 《黑图档》第90册第16～28页，见辽宁省档案馆编译：《盛京内务府粮庄档案汇编（上）》，辽沈书社1993年版，第247页。

③ 《清世祖实录》卷14，顺治二年二月己未，《清实录》第3册，中华书局1985年影印版，第126页。

④ 郑秦：《清代法律制度研究》，中国政法大学出版社2000年版，第18页。

⑤ 欧阳修：《新唐书》卷56《刑法志》，中华书局1975年版，第1407页。

令以设范立制，格以禁违正邪，式以轨物程事”[①]。即“令”是关于国家制度的规定；“格”是皇帝的诏敕汇编，在“格”以后又有敕令颁布者称为“格后敕”；“式”是各衙署的办事章程，如《水部式》等；“律”是违反“令、格、式”时的处罚规定。而元代以后，“令”的地位逐渐降低[②]；至清代，“律、令、格、式”的立法体系逐渐演变为“律例”制体系，因此清代的国家法典称为《大清律例》，编纂单位称为“律例馆”。

从内务府档案来看，慎刑司量刑的主要依据便是“律”与“例”。《大清律》大致依明律增删而定，而“例”则是唐代“令、格、式”演进的综合体，这从“例”的形成便可窥见。

“例”又称为“条例”或“则例”，清代各部院皆有则例，以内务府为例，不仅有《总管内务府则例》，还有内务府属下的《总管内务府堂则例》《总管内务府会计司则例》等。这些“例”具有与“律”同等的法律效用，这是因为“例”的形成以“钦定”为主，如康熙十六年（1677），会计司奏称：“由庄摊派鹅鸡供内管领使用，至剩余数目，并未查明。今诸内管领既将各自管领下给过、用过及已死数目缮造清册，死鹅死鸡送至养鸟房，着尚膳总领酌量给应养之项喂养之。尚膳总领亦须将用过鹅鸡数目缮造清册，年末将两处清册送宣徽院，由宣徽院核算两处用过、已死数目，若出不符之物，或许内管领用过、喂养之数少而死亡数目多之故，则将内管领指名参奏议罪，等因具奏。奉旨：依议。钦此”[③]。这是会计司奏请的关于各皇庄摊派鹅鸡数目及销算程序的规定，经“钦定”后便具有法律效力，成为会计司的“定例”。因此，我们从档案中看到，此后的康熙十八年、二十五年、二十六年《销算众内管领一年用过鹅鸡数目题本》中，内务府总管在销算内管领所用诸物时，皆在题本中先将此例抄录在前，然后再列用过及剩余鹅鸡等数目，以示完

① 李林甫等修：《唐六典》卷6《刑部》，中华书局1992年版，第185页。

② 黄正建：《佚失千年 重见天日——北宋〈天圣令〉的发现整理及其重要价值》，《文史知识》2007年第3期。

③ 辽宁社会科学院历史研究所、大连市图书馆文献研究室、辽宁省民族研究所历史研究室译编：《清代内阁大库散佚档案选编·皇庄（上）》，辽宁民族出版社1988年版，第58页。

全按照“业已记录在案”的“例”来办理的[①]。

“例”在形成后，便成为规范和指导各部、各司的办事章程，如遇“不知所措”之事，则应回查之前是否有类似的定例。如康熙二十五年(1686)，内管领下杂粮不足，会计司查得，康熙九年曾议得“‘若派给各内管领之粮不敷使用，则俟内管领将不足之情由查明奏准移送前来后，再自户部领取各项用粮拨之。’等语具奏，奉旨‘依议’”，因此，会计司请照此“例”由户部领取后拨给各管领，得到皇帝的批准[②]；康熙二十五年、二十六年，牧群、馆处草豆不足时，会计司查得康熙八年曾奏准定例“向内府人等征收之草豆如不足分拨，则自户部领取”，因此，会计司建议“今年所缺之仓米、草束，拟自户部领取送至圈馆等处”，康熙帝亦朱批依议[③]。

“例”的指导作用和法律效力，还大量表现在会计司所属皇庄事务中。康熙四十三年，盛京各粮庄为雨水所淹，诸庄头请求给予糊口之粮，声称“三十三年被灾之庄，剩余好地在四十五日以下者，按月计口供给养家糊口之粮。既有此例，身等口粮不足之庄，请照例供给口粮以糊额丁之口”，盛京佐领亦称“既有供给口粮之例，俟议定咨复后遵照施行”[④]。经查，因灾尚余百日好地之庄仅按“半额报粮”，会计司回称“京城庄头田禾被灾后，剩余好地在六十六日以上，除令照成例按数满额报粮外，仍照常征差”，以此要求盛京被灾稍轻者“必须按数满额报粮”，盛京佐领表示“不知已有成例”，既如此，“职等岂敢违例，相应强向王志才等十一名庄头照数满额征粮”[⑤]；同年，盛京部分庄内“积水不能耕种”，请求停止该年征赋[⑥]，会计司则以“并无因庄头之地不好且少即停

① 辽宁社会科学院历史研究所、大连市图书馆文献研究室、辽宁省民族研究所历史研究室译编:《清代内阁大库散佚档案选编·皇庄(上)》,辽宁民族出版社 1988 年版,第 58～60、94、158 页。

② 同上,第 75～76 页。

③ 同上,第 86、143～144 页。

④ 《黑图档》第 85 册第 49～50 页,见辽宁省档案馆编译:《盛京内务府粮庄档案汇编(上)》,辽沈书社 1993 年版,第 211～212 页。

⑤ 《黑图档》第 85 册第 51～54 页,见辽宁省档案馆编译:《盛京内务府粮庄档案汇编(上)》,第 213～214 页。

⑥ 《黑图档》第 85 册第 56～60 页,见辽宁省档案馆编译:《盛京内务府粮庄档案汇编(上)》,第 214～216 页。

止征赋之例"，令"照常征赋"[①]；康熙三十二年（1693）盛京粮庄田禾被灾时，"剩余好地在一百二十八日以下，十日以上之庄，经奏准以六十仓石为准报粮"，此后，康熙三十三年、三十四、三十五、四十五年被灾时，皆依照此例按六十仓石报粮。但是即便按此例报粮，亦有不少粮庄难以按时完纳，经查，康熙四十一年又有"欠报之粮，展限三年补报"之例，因此予以展限[②]。康熙四十四年，盛京三十二庄头声称庄内原有庄牛老死数条，欲添置耕牛，苦无银两，"既有补给我等牛条之例"，请照例补给。盛京佐领呈报内务府时亦称"该三十二庄甚穷，不能置买是实。既有康熙三十七年奏准补给牛条之例"，请求遵照施行[③]。由上可见，既可"依例治罪"，又可"依例抚恤"，"例"成为指导皇庄具体事务的主要准则。

需要注意的是，并非所有的"奏议"经过"钦定"后，都能成为"定例"。康熙元年，采捕衙门奏称三旗果园所产果品不足，询问自何处领银购买，御批"既称果园树木老朽，庄子衰败，此不足之果品着以征收牲物银两购买。再不足，则由内库领银购买。此事勿为永久之例"[④]。所谓"御批"是四辅臣所拟，特别强调"勿为永久之例"，说明此事虽经"钦定"，但仅为权宜之计，以后再遇类似之事不可照此办理。而康熙二十四年，上驷院在奏请将御马圈等处驽马草束一律减少半捆时，康熙帝朱批"永以为例，遵照施行"[⑤]；康熙二十九年，庆丰司疏称："所喂牛羊若比其他馆疲瘦，则将致瘦馆长鞭八十、馆副鞭五十；若一连两年皆瘦，则将馆长鞭一百、馆副鞭八十；若连三年皆瘦，则馆长、馆副俱各鞭一百，并革退其职充为馆丁。若所喂养牛羊一连三年较他馆肥壮，则奖励众人，施以恩赏。俟奉旨后，永以为例，记录在案"。随后奉旨

---

① 《黑图档》第85册第80～84页，见辽宁省档案馆编译：《盛京内务府粮庄档案汇编（上）》，辽沈书社1993年版，第216页。

② 《黑图档》第87册第53～57页，见辽宁省档案馆编译：《盛京内务府粮庄档案汇编（上）》，第231～233页。

③ 《黑图档》第86册第181～183页，见辽宁省档案馆编译：《盛京内务府粮庄档案汇编（上）》，第229～230页。

④ 辽宁社会科学院历史研究所、大连市图书馆文献研究室、辽宁省民族研究所历史研究室译编：《清代内阁大库散佚档案选编·皇庄（上）》，辽宁民族出版社1988年版，第255页。

⑤ 同上，第365页。

“依议”[①]。这些明确“永以为例”者便成为“定例”，具有永久的法律效力。

由上可知，“例”以皇帝的名义“钦定”，具有与唐代“敕令”类似的法律效力，也即起到唐代“格”的作用；同时又规范细致、成为各部院司属的办事章程和行为准则，发挥唐代“令、式”的效力。因此清代之“例”是中国古代“律令制”向“律例制”演变的产物，是“令、格、式”的综合体。但是，所不同的是：其一，唐代“令、格、式”只是制度规定，而非处罚规定，违反“令、格、式”需要以“律”来治罪；而清代的“例”不仅是制度规定，而且还是“处罚条例”。其二，满洲社会中长期流行着“习惯法则”，“这些习惯法范围很广，内容也很丰富，包括实体法与程序法，有些习惯法的内容甚至可以追溯到金代女真族的习惯法，极具民族特色”[②]。在入关后，虽然汉族的律令制度和宗法思想部分取代了行之已久的“习惯法”，但是由于其强大的历史惯性，“习惯法”还是以“例”的形式融入旗人社会中，时刻影响着满洲人的社会生活。

（二）档案所见皇属包衣人的定罪准则

从档案来看，在清代律例制法律体系下，对皇属包衣人的定罪主要有“依例治罪”“酌例治罪”“依律治罪”“酌律治罪”“酌情治罪”和“综合治罪”六种准则。

第一，依例治罪。

依照定例治罪，在内务府所审理的案件中较为常见。如康熙五十七年（1718）有庄内额丁私自婚娶，盛京佐领拟“将私嫁之女与其夫分开，配给佐领内最差之额丁”，但经查往“例”，慎刑司在康熙四十六年处理类似案件中，遵旨议定“若隐匿之女已配给庄内额丁，则可停止将其分开”，“若系嫁给不应嫁之旗民人等，则照例将其分开，配给庄内最差之额丁”，因此决定依此“例”处置[③]。

---

① 辽宁社会科学院历史研究所、大连市图书馆文献研究室、辽宁省民族研究所历史研究室译编：《清代内阁大库散佚档案选编·皇庄（上）》，辽宁民族出版社1988年版，第390页。

② 那司陆：《清代中央司法审判制度》，北京大学出版社2004年版，第9~10页。

③ 《黑图档》第98册第1~3、86~90页，见辽宁省档案馆编译：《盛京内务府粮庄档案汇编（上）》，辽沈书社1993年版，第284、292页。

当内务府属各司院“无例可循”时，需请示内务府，或由内务府查找“旧例”，或奏请皇帝议定“新例”。如康熙三十三年（1694），盛京有五十一名庄头偷食窖粮，部分粮窖内粮食霉烂，盛京佐领呈称“此等庄头赔补偷食、霉烂之粮并治其罪，本处无例可循”，请求内务府咨复后，遵照执行①。康熙五十九年，盛京庄头呈称“庄头偷食粮食如何限期赔补，专管之催长、领催、庄头如何治罪，本处既无成例，无法议定，请诸大臣札饬该管之处议定咨复施行”②。雍正十二年（1734），盛京庄头自首其庄内隐匿额丁之女私自嫁娶，盛京佐领因“本司并无先例，拟请札饬慎刑司照例分析定议，呈准咨来，转行盛京佐领纳山等遵照施行”。经查，定例有“凡私自将女嫁人者，倘已过五年，则停止将其夫妻分开，将嫁女之人鞭一百”，因此会计司将此定例转复盛京佐领，并要求照此办理。③

第二，酌例治罪。

除了完全按“例”治罪外，有时“例”的内容不完全与所犯之罪相同，因此只能将“例”作为参考。这种处罚方式在康熙年间的档案中亦多有反映，如康熙十九年，会计司在呈报议罪庄头的题本中，因“文内前后未具职衔、年月”而被审议，经查，吏部定例中有“若题本中错写职衔，或于两旁添写文字，或文字有误，则未详核之主事及具奏之员各罚俸一个月”的规定，内务府总管认为该题本由会计司郎中、员外郎、主事等亲自具奏，“竟不详查题本”格式，因此不可完全比照吏部“错写题本之例”，而应从重“各罚俸三个月”④。再如，定例载，“都虞司下养鹰之人，若所养之鹰死亡，则窝铺长及掌笼人需各鞭三十”，然康熙二十一年有鹰死亡时，都虞司请照例治罪，康熙帝却以“这几年笼养甚坏”

① 《黑图档》第77册第1~2页，见辽宁省档案馆编译：《盛京内务府粮庄档案汇编（上）》，辽沈书社1993年版，第127页。

② 《黑图档》第102册第81~83页，见辽宁省档案馆编译：《盛京内务府粮庄档案汇编（上）》，第332页。

③ 《黑图档》第228册第89~93页，见辽宁省档案馆编译：《盛京内务府粮庄档案汇编（上）》，第398页。

④ 辽宁社会科学院历史研究所、大连市图书馆文献研究室、辽宁省民族研究所历史研究室译编：《清代内阁大库散佚档案选编·皇庄（上）》，辽宁民族出版社1988年版，第60~61页。

为由，令参酌此例将窝铺长各鞭三十，掌笼人各鞭五十[①]。康熙十七年，曾谕令“凡内务府所管地亩，及诸王、大臣田，尤宜详加丈量，勿致遗漏”[②]，然二十六年（1687），会计司员外郎董殿邦丈量新设皇庄地亩时，多奏报九千零九十垧。内务府在查议时，参考了先前谕令及“各省开垦地亩，若以多报少或以少报多，则俱降一级调用”之定例，同时考虑到董殿邦多报地亩甚多，因此将董殿邦降三级调用[③]。可见，诸如此类的处罚并未完全照“例”治罪，“例”只起到参考的作用。

第三，按律治罪。

一般涉案较重者，需按律文定罪。如康熙三十六年，包衣佐领下人徐世齐欺压、殴打胞兄徐世英，经内务府总管审议，将徐世齐照“弟弟殴打、伤害胞兄杖一百、徒三年”之律，“枷号四十天、鞭一百”[④]；雍正十年（1732），壮丁高沈阳诬告其胞叔高登阶为家人杨留之子[⑤]，会计司在初审时称“编造谎言诬告骨肉之人如何坐罪之处，本司无例可循”，因此请求“札饬慎刑司，按律定拟”。经慎刑司查律，“凡讼告服孝九月之人，杖九十”；“凡属诬告重罪，则在诬告之罪上再加三等”；“凡被举发为挑唆讼告，则与罪者同”；“若诬指好人为奴，杖一百，徒三年；杖一百徒三年之罪上若加等，则杖一百，流三千里”。并要求会计司依此律定罪[⑥]。

第四，酌律治罪。

“酌律治罪”类似于“酌例治罪”，即将“律”作为量刑定罪的参考。清制“引律不确合者，即为欺公”，将“治以不职之罪”[⑦]。但从具

---

① 辽宁社会科学院历史研究所、大连市图书馆文献研究室、辽宁省民族研究所历史研究室译编：《清代内阁大库散佚档案选编·皇庄（上）》，辽宁民族出版社1988年版，第306页。

② 中国第一历史档案馆编：《康熙起居注》第1册，康熙十七年四月二十七日丙申，中华书局1984年版，第363页。

③ 辽宁社会科学院历史研究所、大连市图书馆文献研究室、辽宁省民族研究所历史研究室译编：《清代内阁大库散佚档案选编·皇庄（上）》，第136～137页。

④ 辽宁社会科学院历史研究所、大连市图书馆文献研究室、辽宁省民族研究所历史研究室译编：《清代内阁大库散佚满文档案选编》，天津古籍出版社1991年版，第104页。

⑤ 《黑图档》第228册第57～64页，见辽宁省档案馆编译：《盛京内务府粮庄档案汇编（上）》，辽沈书社1993年版，第389～394页。

⑥ 《黑图档》第228册第93～94页，见辽宁省档案馆编译：《盛京内务府粮庄档案汇编（上）》，第399页。

⑦ 《清圣祖实录》卷6，康熙元年三月庚寅，《清实录》第4册，中华书局1985年影印版，第110页。

体案例来看，“酌律治罪”显然不属于“引律不确合者”。如据清律，“凡诬告人以死罪而尚未处死者，杖一百、流三千里，在流遣地加刑三年；凡教唆诬告者，与罪犯同坐”[①]。康熙四十六年（1707），赵金钟与庄内额丁奇冠军、奇留合谋诬告庄头齐元利打杀人，经查，捏控属实，慎刑司认为太监赵金钟“原系恶劣不堪”且是“已被治罪发遣盛京之人”，因此拟“不照此律治罪，将赵金钟处以绞刑”[②]。即参考律文并结合实际案情作出处罚。

第五，依“情”治罪。

除依照或参考“律”“例”治罪外，有时还在量刑时融入浓浓的“人情”，体现了“法中有仁”的思想。如康熙五十七年查出庄头苏大偷卖三窖官粮，将孀妇嫁给额丁时多索银两，且隐匿壮丁，理应革退庄头并严惩，但考虑到“苏大系头等庄头，如将其革退，必定毁其头等庄头之产业”，因此盛京佐领呈请将苏大枷号两月，鞭一百，赔补偷卖之粮，退回多索之粮，内务府回复照准[③]。当然，这种自下而上请求施予宽仁者的史例较为少见，在档案中，更多的是统治者由上而下给予的怜悯甚至宽免，特别是以仁慈著称的康熙帝，朱谕从轻处罚的案例较为常见，笔者后文再述。

第六，综合治罪。

在同一案件中，有时会综合例、律，对不同的人员分别治罪。如康熙三十六年，管领下人刘保柱之母将女儿五格私自嫁给同管领下二格，内务府总管在议罪时便参考了往年类似之例及律的规定，据康熙三十年“萨其库佐领下段洪儒于验看前将已报名之女桑额私嫁给镶红旗徐远定佐领下崔三之家人王明德。缘此，将桑额发往乌拉配给无妻之牲丁为妻，业已记录在案”。据此例，“将五姐与二格分开，并发往乌拉给无妻之牲丁为妻”；对于刘保柱，则按清律“凡嫁女娶媳违律，唯承办嫁娶之人坐

---

① 《黑图档》第 90 册第 16 ~ 28 页，见辽宁省档案馆编译：《盛京内务府粮庄档案汇编（上）》，辽沈书社 1993 年版，第 247 页。

② 同上。

③ 《黑图档》第 98 册第 34 ~ 38 页、第 98 册第 80 ~ 81 页，见辽宁省档案馆编译：《盛京内务府粮庄档案汇编（上）》，第 286、291 页。

罪”，免予处罚。[①]

第三节　内务府包衣人的“赏”“罚”“恤”

矛盾规律，即“对立统一规律”，是唯物辩证法的实质与核心，它揭示了不同事物之间或事物内部诸要素之间的既相互对立又相互统一的关系。历史唯物主义认为，“矛盾无处不在，无时不有”。清代刑法制度中体现出来的“赏”“罚”“恤”思想，也无不遵循着这一规律，其中“赏”与“罚”是矛盾的直接对立面，而“恤”则是“赏”和“罚”的重要补充。三者相辅相成，共同统一于维护封建皇权政治的统治秩序中，实现皇权利益的最大化。以下，笔者结合内务府档案，对上述问题作一概述。

一、对内务府包衣人的“赏”

前述，对于盗窃皇家财物和欠粮的皇属包衣人会予以严惩，但若捉获盗贼、超额报粮者，则会奖赏。在康熙时期，这类奖赏主要是经济性赏赐。

第一，拿获盗贼者赏。

为维护京师治安，清代于内务府慎刑司和步军统领衙门皆设有番子（fandz）若干，以管“捕奸缉盗之役”，其中“慎刑司番子，俗称内大班；步军署番子，称外大班”[②]。步军统领衙门番役由顺治年间所设“巡捕营番役”和康熙年间所设“步军统领番役”整合而来，而内务府慎刑司番役设于雍正四年（1726），因此，康熙年间内务府包衣人的犯罪行为，多由步军统领番役查拿，如前举包衣人盗窃宫苑荷花、莲子，折断柳枝，以及康熙三十年（1691），因罪发遣至乌拉的正白旗管领下苏拉逃

① 辽宁社会科学院历史研究所、大连市图书馆文献研究室、辽宁省民族研究所历史研究室译编：《清代内阁大库散佚满文档案选编》，天津古籍出版社1991年版，第105～106页。

② 福格：《听雨丛谈》卷5《番役》，中华书局1984年版，第124页。

回，皆是由步军统领“番役所捉拿”（fandz sede jafabufi）的[①]。

此外，内务府三旗还设有护军，他们除专职掌守门禁、扈从警卫等事务外，也负有打击偷盗、维持治安的责任。如康熙二十年，内务府护军沃赫讷等人于紫禁城北门拿获盗贼数人[②]。康熙帝对拿获歹人的番役、护军予以赏赐，康熙十六年题准：“步军统领下番役与步军校等，拿获盗贼，俟次年一并计算，准将统领议叙，其番役一年内拿强盗或光棍十五名者，强盗每名赏银五两，光棍每名赏银三两，向户部取给”[③]。

康熙二十九年，定“擒获强盗之人及拒捕被伤之人，俱分别一二三四等，给赏银两”，并令晓谕“内府佐领遵行”[④]；康熙三十二年，又对“看守仓库并公所仓库之官员、兵丁，拿获窃盗者”给赏，因“看守此等处官员、兵丁非系专责拿贼之人，不照贼数只照拿获次数，纪录充赏”[⑤]。内务府各仓库的看管兵丁当然亦照此规定给赏。

第二，多纳钱粮者赏。

皇庄庄头欠粮者罚，但多纳钱粮时是否给赏，前后有所变化。旧例，各庄“于定额外多纳一石者，赏银四钱”，其中“至溢额最多之庄头，除赏银外，酌量赏以马匹、皮端罩、袍、帽、靴等件，以示奖励”[⑥]。顺治年间曾定，若每年纳粮超过额定的一百二十斛“不收，亦不奖赏”[⑦]；康熙四年，始见“多交之庄头则赏”的规定，多交者“每一仓石，赏银五钱”[⑧]，相比“旧例”赏赐稍多。康熙六年（1667），山海关内外有八十

---

① 大连图书馆编：《大连图书馆藏清代内务府档案》第1册，国家图书馆出版社2010年版，第377页。

② 辽宁社会科学院历史研究所、大连市图书馆文献研究室、辽宁省民族研究所历史研究室译编：《清代内阁大库散佚满文档案选编》，天津古籍出版社1991年版，第38页。

③ 允禄等修：雍正《大清会典》卷112《兵部·兵部二·武选清吏司·八旗通例》，见《近代中国史料丛刊三编》第78辑，第775册，（台湾）文海出版社1994年版，第7407页。

④ 《清圣祖实录》卷145，康熙二十九年三月戊午，《清实录》第5册，中华书局1985年影印版，第598页。

⑤ 允禄等修：雍正《大清会典》卷170《刑部·刑部二十一·律例二十一（刑律一）·贼盗一》，见《近代中国史料丛刊三编》第79辑，第782册，（台湾）文海出版社1995年版，第11108页。

⑥ 允禄等修：雍正《大清会典》卷228《内务府·会计司》，见《近代中国史料丛刊三编》第79辑，第788册，（台湾）文海出版社1995年版，第14702页。

⑦ 季永海、何溥滢译编：《盛京内务府顺治年间档》，中国社会科学院历史研究所清史研究室编《清史资料》第2辑，中华书局1981年版，第210页。

⑧ 关嘉录、王佩环译，佟永功校：《〈黑图档〉中有关庄园问题的满文档案文件汇编》，见中国社会科学院历史研究所清史研究室编：《清史资料》第5辑，中华书局1984年版，第4~5页。

一庄超额纳粮，按先前定例，应“一石赏银五钱，少于限额交纳，则一石鞭二”。但是，当时清律对于折赎银的比例已变更为“一鞭可取赎银三钱五分”，因此旧的庄头赏罚规定便与新的折赎规定不能对应，宣徽院建议在“赏罚相等”的原则下，“一石应赏银七钱”，上谕依议[①]。康熙十八年，又在赏罚相当的原则下，多纳一石赏银四钱，欠粮一石仍鞭二[②]，这实际上是减少了多报粮的赏赐，同时降低了每鞭所交纳的赎银，但欠粮无钱赎银时每少一石所处的鞭刑并未改变，对于穷困之庄头显然是不利的。康熙二十四年，又令“庄头报粮，不准溢额，溢额亦不准给赏”[③]，从而又恢复到顺治初年的规定。

对于“此前连续三年超额纳粮者”，将获得欠粮时“免于责鞭”[④] 的权力，但不再给予“多纳一石赏银五钱或四钱”之外的经济性赏赐。如康熙八年，盛京粮庄庄头田四英欲借康熙三年至七年间多纳粮五十五仓石之功，请求在每石赏银五钱之外，再“照例给赏”，经宣徽院查得“自顺治十八年（1661）以来，庄头内连续三年进贡者，并无褒奖恩赏之处。唯本地庄头内有某年比限额多交五六十仓石者，因土田流失而又能超额多纳，经准奏予以奖赏”，因此“田四英四年仅多纳五十五仓石”便“乞请（额外）恩赏”不准[⑤]。

二、对内务府包衣人的“罚”

清制，使用刑具各有定例。康熙七年定，“凡擅用非刑者，俱照律治罪”[⑥]。对内务府包衣人的“罚”主要有以下几种：

---

① 辽宁社会科学院历史研究所、大连市图书馆文献研究室、辽宁省民族研究所历史研究室译编：《清代内阁大库散佚档案选编·皇庄（上）》，辽宁民族出版社 1988 年版，第 11 页。

② 同上，第 52 页。

③ 允禄等修：雍正《大清会典》卷 228《内务府·会计司》，见《近代中国史料丛刊三编》第 79 辑，第 788 册，（台湾）文海出版社 1995 年版，第 14702 页。

④ 辽宁社会科学院历史研究所、大连市图书馆文献研究室、辽宁省民族研究所历史研究室译编：《清代内阁大库散佚档案选编·皇庄（上）》，第 6 页。

⑤ 关嘉录、王佩环译，佟永功校：《〈黑图档〉中有关庄园问题的满文档案文件汇编》，见中国社会科学院历史研究所清史研究室编：《清史资料》第 5 辑，第 41 页。

⑥ 伊桑阿等修：康熙《大清会典》卷 124《刑部·律例十五（刑律六）·断狱》，见《近代中国史料丛刊三编》第 73 辑，第 726 册，（台湾）文海出版社 1993 年版，第 6229 页。

（一）鞭刑

鞭刑是清代最基本、最常用的刑罚，在天命年间（1616—1626）便已广泛使用。鞭刑自二十七鞭始，有责鞭三十、四十、五十、六十、七十、八十、八十二、九十、一百，共计十等[①]，皆不令过百[②]。在“优恤满洲”的思想下，入关前既定“旗下人有犯，俱用鞭责”，顺治元年（1644）又重申“悉遵旧例，仍不许用杖”[③]。此后，不论内务府包衣人犯盗窃、欠粮，还是贻误要事、违背宫制等非重大之罪，皆可责鞭或折鞭处罚。相关事例，笔者在分析清代皇属包衣人的各类犯罪行为时已有列举，不再赘述。

（二）枷刑

枷刑是清代的主要刑罚之一[④]，也是处罚内务府包衣人的常用刑罚。据笔者所见，有枷号二十日、一月、三十五日、四十日、五十日、二月、三月不等。有时被处枷刑者还附有其他刑责，如“枷号四十日，责四十板”、“枷号两个月，鞭一百”等。相比于鞭刑，枷刑处罚更重，因此康熙八年（1669）清政府对于“枷”的规制和轻重作了规定，其中“部内监禁人犯，止用细链，不用长枷。其应枷号人犯，重者七十斤，轻者六十斤。长三尺、阔二尺九寸”[⑤]。内务府包衣人枷号者，需送刑部枷号[⑥]。康熙二十年，查出刑部违背“枷”制，“枷孔大小不一、板有厚薄。贿嘱者，板薄而孔大，否则板厚而孔小。所带项锁，亦有轻重”，相关官员被严察[⑦]。

被处枷刑者，一般为罪情严重或屡犯不改之人。除辛者库人“犯入官

① 张晋藩主编:《清律研究》,法律出版社 1992 年版,第 65 页。

② 关嘉录、王佩环译,佟永功校:《〈黑图档〉中有关庄园问题的满文档案文件汇编》,见中国社会科学院历史研究所清史研究室编:《清史资料》第 5 辑,中华书局 1984 年版,第 55 页。

③ 允禄等修:雍正《大清会典》卷 193《刑部·旗人犯罪》,见《近代中国史料丛刊三编》第 79 辑,第 786 册,(台湾)文海出版社 1995 年版,第 13059 页。

④ 关于清代枷号刑的研究,可参见罗莉娅:《清代枷号研究》,中国政法大学硕士学位论文,2010 年;陈兆肆:《清代永远枷号刑考论》,《清史研究》2012 年第 4 期。

⑤ 伊桑阿等修:康熙《大清会典》卷 124《刑部·律例十五(刑律六)·断狱》,见《近代中国史料丛刊三编》第 73 辑,第 726 册,第 6181 页。

⑥ 伊桑阿等修:康熙《大清会典》卷 153《内务府·慎刑司》,见《近代中国史料丛刊三编》第 73 辑,第 729 册,(台湾)文海出版社 1993 年版,第 7373 页。

⑦ 《清圣祖实录》卷 97,康熙二十年八月丁酉,《清实录》第 4 册,中华书局 1985 年影印版,第 1224 页。

之罪者，枷责完结”[1] 外，还有康熙四十六年（1707）赵金钟等人、康熙五十九年额丁五十六等人，分别诬告各自庄头打杀人，审明后各被“枷号”[2]；李三等人燃火不慎使营造司所属库房失火，被枷号三月、鞭责一百[3]；刘启等人赌博，被“各枷号二月、鞭一百”[4]；御前人博尔赫图殴打长官，被戴枷三月，鞭责一百[5]，等等，这些罪名对内务府包衣人而言皆属“重罪”。

（三）刺刑

刺刑是较为原始的刑罚，最初多用于对盗窃犯和逃人的处罚。康熙时曾定，“凡是首次盗窃者，皆于右手手腕处刺字‘首盗’二字”[6]，又定“初犯，并于右小臂膊上刺‘窃盗’二字，再犯刺左小臂膊，三犯者绞”[7]。仅刺于手腕、胳膊等处，尚留有些许隐私。雍正三年（1725），修订律文时改为“凡窃盗，停其臂膊刺字，应明刺面上；另户人仍于臂膊上刺字。凡另户兵丁奴仆披甲人、另户当差人为窃盗，或抢夺及奴仆盗家长者，亦俱刺字”[8]。同时，还扩大了刺刑的使用范围，“凡免死强盗、三次窃盗、诱卖人口、私铸制钱、偷采人参并行凶等犯，应发往黑龙江等处者，除旗下另户人外，其民人及旗下奴仆，即将所犯罪由于左右面上分刺满、汉字样发遣，仍照例分别枷责。若从发遣处逃回者，亦照此例刺发”[9]。将这类罪犯明刺面上，既是对其所犯罪行的应有处罚，也是以此将其置于众人的监督之下，避免重蹈前罪。

---

① 允禄等修：雍正《大清会典》卷193《刑部·旗人犯罪》，见《近代中国史料丛刊三编》第79辑，第786册，（台湾）文海出版社1995年版，第13061页。

② 《黑图档》第90册第16～28页，见辽宁省档案馆编译：《盛京内务府粮庄档案汇编（上）》，辽沈书社1993年版，第247页；《黑图档》第101册第72～76页，见辽宁省档案馆编译：《盛京内务府粮庄档案汇编（上）》，第325页。

③ 大连图书馆编：《大连图书馆藏清代内务府档案》第1册，国家图书馆出版社2010年版，第494页。

④ 辽宁社会科学院历史研究所、大连市图书馆文献研究室、辽宁省民族研究所历史研究室译编：《清代内阁大库散佚满文档案选编》，天津古籍出版社1991年版，第73～75页。

⑤ 大连图书馆编：《大连图书馆藏清代内务府档案》第1册，第367页。

⑥ 同上，第208页。

⑦ 允禄等修：雍正《大清会典》卷172《刑部·刑部二十三·律例二十三（刑律三）·贼盗三》，见《近代中国史料丛刊三编》第79辑，第782册，（台湾）文海出版社1995年版，第11275页。

⑧ 同上，第11278页。

⑨ 允禄等修：雍正《大清会典》卷152《刑部·刑部四·律例三·名例下》，见《近代中国史料丛刊三编》第78辑，第780册，（台湾）文海出版社1994年版，第9669页。

将所犯罪名刺于面上，无疑将这种耻辱随时展示于众人，并携带终生，其所产生的精神伤害要远甚于肉体伤害。因此，统治者一方面强调慎用刺刑，规定只有刑部才有“刺字”之权，即“凡审过应枷号、刺字人犯，俱送刑部枷号、刺字”[①]，盛京内务府包衣人应刺字者交盛京刑部[②]。而若“擅将家人刺字者”，则将“照违制律杖一百”[③]，如康熙十年（1671），内务府庄头人杨寿福因“擅自将逃丁金彩面上刺字”，按律应杖百，因系旗人改折鞭一百[④]。另一方面，要充分发挥“刺字”对犯者的永戒作用和对众人的警戒效用，不允许将所刺之字抹除，康熙时“若有起除原刺字样者，杖六十，补刺”，雍正时“有自行用药销毁面、膊上所刺之字者，枷号三个月，杖一百，补刺。代毁之人枷号两个月，杖一百”[⑤]。

（四）割筋刑

割筋是较为残忍的肉刑。在入关前即有“盗马绊者，割其足筋”[⑥]、逃者家奴“割其足筋，给还原主”[⑦]之例，这一刑罚“仍带有野蛮、落后的特点”[⑧]。直至顺治二年（1645），多尔衮才从刑科都给事中李士焜之请，正式废止了“割脚筋之刑”[⑨]。

然而，自康熙五十二年始，割筋之刑死灰复燃。是年，康熙帝谕令“凡拿获皇城内、畅春园周围偷窃之盗、抢夺盗犯，并出名凶狠可恶之贼，提督衙门将两腿懒筋割断；拿获皇城内外爬房、逾墙、挖孔偷窃、撬开门板进内偷窃马赢牛驴等贼，割断一边懒筋。年未及岁并年迈在道

---

① 伊桑阿等修：康熙《大清会典》卷153《内务府・慎刑司》，见《近代中国史料丛刊三编》第73辑，第729册，（台湾）文海出版社1993年版，第7373页。

② 《黑图档》第222册第71页，见辽宁省档案馆编译：《盛京内务府粮庄档案汇编（上）》，辽沈书社1993年版，第362页。

③ 允禄等修：雍正《大清会典》卷173《刑部・律例二十四（刑律四）・贼盗四》，见《近代中国史料丛刊三编》第79辑，第783册，（台湾）文海出版社1995年版，第11463页。

④ 关嘉录、王佩环译，佟永功校：《〈黑图档〉中有关庄园问题的满文档案文件汇编》，见中国社会科学院历史研究所清史研究室编：《清史资料》第5辑，中华书局1984年版，第62页。

⑤ 允禄等修：雍正《大清会典》卷173《刑部・律例二十四（刑律四）・贼盗四》，见《近代中国史料丛刊三编》第79辑，第783册，第11461页。

⑥ 中国第一历史档案馆整理译编：《内阁藏本满文老档・太宗朝》，汉文译文，辽宁民族出版社1988年版，第629页。

⑦ 中国第一历史档案馆整理译编：《内阁藏本满文老档・太宗朝》，汉文译文，第603页。

⑧ 刘小萌：《满族从部落到国家的发展》，中国社会科学出版社2013年版，第298页。

⑨ 《清世祖实录》卷18，顺治二年闰六月乙未，《清实录》第3册，中华书局1985年影印版，第163页。

路街衢抽取零星物件细贼，责惩夹刺存案，仍不悛改，三次被获者亦割断一边懒筋……热河及跟随围场抽取零星物者，俱割断一边懒筋；偷牛赢驴等物，并白昼抢夺之贼，割断两边懒筋”[①]。此后，“割筋”之刑被频繁使用，如康熙五十三年（1714），令“仓库人役偷盗仓库钱粮、米豆，俱割断两边脚筋”[②]；五十五年，令将发遣太监私逃者“挑断脚筋充发”[③]；五十六年，令将逃跑太监“其一侧懒筋割断”[④]；同年，查出太监梁九功之家仆王六钻营为“钱粮庄头”，令“将王六挑去脚筋充发”[⑤]；五十九年，膳房太监周锦朝因盗窃银碗碟被拿获时，对其处罚为：“jeo jin coo be beidere jurgan i ice toktobuha：yaya alban i jaka be hūlgafi bucere weile de isinarakūngge be gemu juwe ergi bethei borbo be faitafi，giyamulame da bade unggime”，即“拟将周锦朝依照刑部新规：凡偷盗官物罪不至死者，皆将其两侧足筋割断。照例将两侧足筋割断，派往驿长处”[⑥]。直到雍正二年（1724）才“停止割筋例”[⑦]，令“嗣后满洲有罪至割懒筋者，仍另行具奏”；[⑧] 三年又“停止窃贼逃人等割脚筋例”[⑨]。此后“割筋刑”终被废止。

一向以仁慈著称的康熙帝，竟于康熙五十二年又恢复了早已废止的、落后的、野蛮的割筋刑，这或许与当时皇家失窃案件时有发生、此前“宽仁免刺”的政策已不足以威慑众贼有关；而更有可能与康熙帝晚年倍受皇太子废立事件的打击有关。

---

① 允禄等修：雍正《大清会典》卷172《刑部・刑部二十三・律例二十三（刑律三）・贼盗三》，见《近代中国史料丛刊三编》第79辑，第782册，（台湾）文海出版社1995年版，第11278页。

② 允禄等修：雍正《大清会典》卷159《刑部・刑部十一・律例十（户律五）・仓库二》，见《近代中国史料丛刊三编》第78辑，第780册，（台湾）文海出版社1994年版，第10305页。

③ 中国第一历史档案馆编：《康熙起居注》第3册，康熙五十五年九月初二日戊午，中华书局1984年版，第2304页。

④ 辽宁社会科学院历史研究所、大连市图书馆文献研究室、辽宁省民族研究所历史研究室译编：《清代内阁大库散佚满文档案选编》，天津古籍出版社1991年版，第127页。

⑤ 中国第一历史档案馆编：《康熙起居注》第3册，康熙五十六年九月二十日辛未，第2431页。

⑥ 大连图书馆编：《大连图书馆藏清代内务府档案》第1册，国家图书馆出版社2010年版，第509页。

⑦ 允禄等修：雍正《大清会典》卷172《刑部・刑部二十三・律例二十三（刑律三）・贼盗三》，见《近代中国史料丛刊三编》第79辑，第782册，第11288页。

⑧ 允禄等修：雍正《大清会典》卷193《刑部・刑部四十五・旗人犯罪》，见《近代中国史料丛刊三编》第79辑，第786册，（台湾）文海出版社1995年版，第13073页。

⑨《清世宗实录》卷29，雍正三年二月辛未，《清实录》第7册，中华书局1985年影印版，第430页。

从前文来看，康熙五十年前，康熙帝对内务府包衣人的犯罪行为多以宽容为主。康熙四十三年（1704），他还亲谕：“臣下如有欺蒙，朕断不姑宥。此外若为朕躬服食诸事，从未笞责一人。昨往钓鱼处，膳房所备止有肉肴，竟忘携带饭食。诸皇子及近御侍从俱欲笞之，朕止之曰：彼无心，偶忘携带耳，此乃小事，可宽宥之”①。然而，康熙五十一年九月皇太子胤礽第二次被废黜，这次事件“给玄烨的身心以极大打击，他一度陷入痛苦、迷惘之中，不能自拔”②，从此后对内务府包衣人的相关处罚来看，他明显改变了之前宽和的刑罚观。如康熙五十三年，“膳房人黑哥等，誓为兄弟，终日会饮私议”，被“秋后处决”③；五十四年，包衣另户人孙炳将常保住推至河内淹死，康熙帝借此指出：“包衣佐领、浑拖和人习俗甚恶，此类不可不重处”④；同年，有内务府包衣人偷盗内库金叶鞍辔，康熙帝怒斥“包衣下人流弊不堪，似此等不可不惩”，命将偷盗之人秋后处决，“案内所有官员”“不可援赦”⑤；五十六年，正黄旗包衣佐领下人将同族人之家奴戳死，刑部拟“照律枷号三个月，鞭一百，追取一人与死者之主”，然康熙帝特令从重惩治⑥；同年，正黄旗包衣管领下人因口角引发斗殴，用小刀将人刺伤，刑部拟“照例枷号三十日，鞭八十一”，但康熙帝令“如所议治罪”后再“发往布他海乌喇当差”⑦；同年，有太监烧炕太热，将烧火者“枷号四十日，鞭一百”，其首领太监、旧宫总管、副总管、郎中、员外郎皆被惩治⑧。

对比可知，自二废太子后，康熙帝一改往日宽和之气，不仅改变了“为朕躬服食诸事，从未笞责一人”的“传统”，而且对内务府、刑部拟

① 《清圣祖实录》卷217，康熙四十三年八月庚午，《清实录》第6册，中华书局1985年影印版，第193页。

② 杨珍：《康熙皇帝一家》，学苑出版社2009年版，第66页。

③ 中国第一历史档案馆编：《康熙起居注》第3册，康熙五十三年二月二十四日丙申，中华书局1984年版，第2074页。

④ 中国第一历史档案馆编：《康熙起居注》第3册，康熙五十四年五月十六日辛亥，第2171页。

⑤ 中国第一历史档案馆编：《康熙起居注》第3册，康熙五十四年九月二十五日丁巳，第2200页；康熙五十四年十二月初九日辛未，第2232页。

⑥ 中国第一历史档案馆编：《康熙起居注》第3册，康熙五十六年六月初五日戊子，第2399～2400页。

⑦ 中国第一历史档案馆编：《康熙起居注》第3册，康熙五十六年十月初五日乙酉，第2438页。

⑧ 辽宁社会科学院历史研究所、大连市图书馆文献研究室、辽宁省民族研究所历史研究室译编：《清代内阁大库散佚满文档案选编》，天津古籍出版社1991年版，第125页。

定的刑罚又皆加重处罚，而割筋刑也正是在此期间恢复的。可见，割筋之刑的恢复与康熙帝刑罚观的转变有关，更与当时的政治环境相关。

（五）降级罚俸与赎刑

1. 降级罚俸

清制，“世职大者照世职支俸，所管职任大者照职任支俸”[①]。有职者降级后，其所发俸禄也会相应减少，如康熙三十一年内务府总管海拉孙的官级为“降三等又降六等又降三等”（ilan jergi wasimbuha geli ninggun jergi wasimbuha geli ilan jergi wasimbuha）[②]，则其所得俸禄按降级后的标准发放。降级可抵消此前所加之级，康熙元年始定“以后考满一等称职者，著纪录一次。后有缘事降级，准其抵销”[③]。康熙十七年，内管领英图里看管御用之物失查被降三级，查得“英图里曾加二级，销去此所加之二级以抵应降之二级，仍降一级”[④]。

内务府有众多妇人供役，故旗妇犯罪较为常见，对其罚俸则罚其夫之俸。如康熙二十二年，内管领下数位妇人因迟误随侍太皇太后出幸，被“各鞭一百，各罚其夫之俸一年”[⑤]。除降级后俸禄相应减少外，有时在降级后还另有罚俸，所罚之俸“照所降之级罚俸”[⑥]，“自一月递增至一年”[⑦]，共计十二等。如康熙三十四年，达鼐等“各降三级，罚俸一年”[⑧]，即不仅俸禄随之降了三级，而且还要停发一年。

2. 赎刑

对于无世职者犯罪，有时会允许折赎。康熙二十五年（1686），诸内管领妄奏杂粮不足，海章、托麦、鞥克依三位管领“既无品级，准以各

---

① 《清圣祖实录》卷2，顺治十八年四月壬辰，《清实录》第4册，中华书局1985年影印版，第60页。

② 大连图书馆编：《大连图书馆藏清代内务府档案》第3册，国家图书馆出版社2010年版，第127页。

③ 《清圣祖实录》卷7，康熙元年九月戊子，《清实录》第4册，第121页。

④ 辽宁社会科学院历史研究所、大连市图书馆文献研究室、辽宁省民族研究所历史研究室译编：《清代内阁大库散佚满文档案选编》，第34页。

⑤ 同上，第56～60页。

⑥ 《清圣祖实录》卷32，康熙九年三月壬申，《清实录》第4册，第438页。

⑦ 《清圣祖实录》卷36，康熙十年六月丁亥，《清实录》第4册，第484页。

⑧ 辽宁社会科学院历史研究所、大连市图书馆文献研究室、辽宁省民族研究所历史研究室译编：《清代内阁大库散佚档案选编·皇庄（上）》，辽宁民族出版社1988年版，第204～205页。

鞭责五十，取其赎罪银”[①]；二十九年，内副管领松喜“既无品级，拟鞭二十五，准取赎锾”[②]。赎罪银的标准是“笞杖每一十，折赎银一钱”[③]。此外，“老幼、废疾及妇人、天文生”犯罪也会收赎，如康熙二十九年，管领下人李文英因年十四岁，“未到岁数，拟取赎锾”[④]；三十三年，纳银庄崔世顺隐匿其子崔可九，应将崔世顺鞭责一百。因崔世顺年已七十五，故免鞭收赎[⑤]，且收赎的标准有所宽免，“每笞杖一十，各赎银七厘五毫”[⑥]。

三、对内务府包衣人的“恤”

“法外有仁”是封建法制的基本思想。从清代内务府包衣人的犯罪处罚来看，也蕴含着这一思想，且大部分是以“批红”“热审”和“大赦”的形式体现的。

（一）批红中的“恤刑”

“批红”是皇权的象征，集中体现了“生死予夺之权，一刻不许旁分”[⑦]、“权亦只一人主之，安可旁落?”[⑧] 的皇权思维。据内务府刑罚档案所见，康熙帝除朱批“依议”（gisurehe songkoi obu）以示对拟处罚意见的肯定外，有时还包含着浓浓的“恤刑”思想，主要表现在：

其一，对重刑者轻罚。

如康熙二十七年（1688），首领太监薛同春等知情不吐，拟各鞭四

① 辽宁社会科学院历史研究所、大连市图书馆文献研究室、辽宁省民族研究所历史研究室译编：《清代内阁大库散佚档案选编·皇庄（上）》，辽宁民族出版社1988年版，第102页。

② 辽宁社会科学院历史研究所、大连市图书馆文献研究室、辽宁省民族研究所历史研究室译编：《清代内阁大库散佚满文档案选编》，天津古籍出版社1991年版，第74～75页。

③ 允禄等修：雍正《大清会典》卷150《刑部·刑部二·律例一·名例上》，见《近代中国史料丛刊三编》第78辑，第779册，（台湾）文海出版社1994年版，第9467页。

④ 辽宁社会科学院历史研究所、大连市图书馆文献研究室、辽宁省民族研究所历史研究室译编：《清代内阁大库散佚满文档案选编》，第74～75页。

⑤ 辽宁社会科学院历史研究所、大连市图书馆文献研究室、辽宁省民族研究所历史研究室译编：《清代内阁大库散佚档案选编·皇庄（上）》，第202页。

⑥ 允禄等修：雍正《大清会典》卷150《刑部·刑部二·律例一·名例上》，见《近代中国史料丛刊三编》第78辑，第779册，第9467页。

⑦ 《天聪朝臣工奏议》上，辽宁大学历史系1980年编印，第9页。

⑧ 中国第一历史档案馆编：《康熙起居注》第3册，康熙五十三年六月初六日，中华书局1984年版，第2093页。

十，康熙帝批示“免鞭，准赎”[①]；三十二年，常在管束不严，致使犯罪太监逃亡，拟“鞭一百，不准赎”，康熙帝朱批“免鞭，取赎银”[②]；三十五年，庄头姜朝选等人“先前偷食粮食，曾两次限期，尚未赔补完结，又偷食余贮之粮”，并诡辩：“恐窖内之粮进水霉烂，故开窖将粮借给民人”。内务府拟对此等屡禁不止、巧言谎供之人“各鞭一百，革退庄头，连其妻孥一并发往乌拉充为牲丁”，康熙帝却朱批：“既然近年粮食大半未获属实，姜朝选等人之罪应予宽免”[③]。此类因“批红”而免予重罚者还有很多，不一一枚举。

其二，对死刑者慎罚。

康熙帝多次强调“人命关系重大，每于无可宽贷之中，示以法外得生之路”[④]，即便对“强盗犹必再四察审，苟有一线可宽，则必宥之”[⑤]。在这一思想下，他对于“应犯死罪”者多“免死发落”。如他自称“朕平时不许太监生事，法禁甚严”[⑥]，并多次谕示“凡太监犯罪，断不可宥，尤宜加等治罪”[⑦]。然而当太监于腾云等假传圣旨敲诈勒索时，内务府审拟“依律处斩，监候秋决”，康熙帝却一再批示“宽宥免死，枷号三月，鞭一百”[⑧]。再如，有旗人“家奴四儿直进右翼门，又欲进内右门”，被执后“议立绞”，康熙帝却通融道：“四儿并不知晓，懵懂走进，若即处死，似属可怜”[⑨]；正黄旗包衣人兴旺将诱奸其妹之人打死，拟“绞监候，

---

① 辽宁社会科学院历史研究所、大连市图书馆文献研究室、辽宁省民族研究所历史研究室译编：《清代内阁大库散佚满文档案选编》，天津古籍出版社1991年版，第70页。

② 同上，第82页。

③ 辽宁社会科学院历史研究所、大连市图书馆文献研究室、辽宁省民族研究所历史研究室译编：《清代内阁大库散佚档案选编·皇庄（上）》，辽宁民族出版社1988年版，第210页。

④ 《清圣祖实录》卷98，康熙二十年十月丙午，《清实录》第4册，中华书局1985年影印版，第1237页；卷105，康熙二十一年十月己丑，《清实录》第5册，中华书局1985年影印版，第68页。

⑤ 中国第一历史档案馆编：《康熙起居注》第3册，康熙四十五年六月二十二日戊申，中华书局1984年版，第1991页。

⑥ 中国第一历史档案馆编：《康熙起居注》第3册，康熙四十五年七月二十九日甲申，第2005页。

⑦ 《清圣祖实录》卷163，康熙三十三年闰五月庚辰，《清实录》第5册，第787页。

⑧ 辽宁社会科学院历史研究所、大连市图书馆文献研究室、辽宁省民族研究所历史研究室译编：《清代内阁大库散佚满文档案选编》，第107～120页。

⑨ 中国第一历史档案馆编：《康熙起居注》第2册，康熙二十一年十一月三十日癸酉，中华书局1984年版，第926页。

秋后处决”，亦因上谕“从宽免死，照例减等完结”[①]。此类“从宽免死，减等发落”[②] 的谕令，无不透露着浓浓的人文关怀，体现了康熙帝在刑罚中的“仁政”思想。

（二）“热审”中的“恤刑”

“热审”又称“秋审”，本意是“虑暑天狱囚易致疫毙，故减等速结”[③]。多数学者通过对地方秋审制度和秋审程序的研究，认为“秋审制度是死刑案件的一种特别复核程序，是死刑审判程序的延伸”[④]。但是，从内务府刑罚档案来看，适逢热审而减刑者并不仅局限于死刑犯者，还适用于鞭刑、枷号等刑：

1. 对于鞭六十及六十以上者，遇热审减一等，如康熙十八年(1679)，庄头朱费扬古被革退庄头、鞭一百，因逢热审，改为鞭责九十；其余额丁因“并未合力耕作”，俱应鞭责八十，因热审，改为鞭责七十[⑤]；康熙二十六年，有豆秸庄头拖延三次不能完纳，理应各鞭一百，适逢热审，减等各鞭九十[⑥]。

2. 对于鞭五十以下者，遇热审多会减免，如康熙二十九年，领催常保等人因监管不严，致使属下赌钱，拟各鞭五十，因遇热审，免鞭[⑦]。

3. 对于鞭刑外又有枷号之刑者，则减戴枷一等，如康熙二十九年，刘启等人因赌钱被“枷号二月、鞭一百”，因逢热审，改为“枷号四十日，鞭一百”。可见，热审减等是将枷号六十日缩减至四十日，而鞭刑未变。[⑧]

当然，并非所有的皇属包衣人犯罪后皆可遇热审减等，对于部分越

---

① 中国第一历史档案馆编:《康熙起居注》第 3 册,康熙四十五年六月初五日辛卯,中华书局 1984 年版,第 1985 页。

② 中国第一历史档案馆编:《康熙起居注》第 2 册,康熙二十二年闰六月十五日乙卯,第 1024 页;康熙二十五年九月初八日己丑,第 1534 页。

③ 《清圣祖实录》卷 26,康熙七年五月乙卯,《清实录》第 4 册,中华书局 1985 年影印版,第 360 页。

④ 张晋藩主编:《清朝法制史》,中华书局 1998 年版,第 636 页;李燕华:《清代秋审制度研究》,山东大学硕士学位论文,2008 年,第 2 页。

⑤ 辽宁社会科学院历史研究所、大连市图书馆文献研究室、辽宁省民族研究所历史研究室译编:《清代内阁大库散佚档案选编・皇庄(上)》,辽宁民族出版社 1988 年版,第 17 页。

⑥ 同上,第 142 页。

⑦ 辽宁社会科学院历史研究所、大连市图书馆文献研究室、辽宁省民族研究所历史研究室译编:《清代内阁大库散佚满文档案选编》,天津古籍出版社 1991 年版,第 75 页。

⑧ 同上,第 74 页。

权、违例、切实侵害到皇权利益的犯罪行为，有时还特意规定既遇热审亦不减等。如康熙三十三年（1694），领催瓦勒达未告知管领便越权将已婚配之孀妇报送会计司，在量刑处罚时特令“热审时”亦不减等①。

需要注意的是，康熙四十三年废止了热审之制，康熙帝对此解释曰：“热审谓之慎刑，夫刑在平时，亦宜加慎，何必因热而始慎也”，因以“停之”②。可见，康熙帝只是废止了热审的形式，而并未废止恤刑的思想。

（三）“大赦”中的“恤刑”

相较于每年一次的热审制度，大赦并不常见，但是其赦免罪刑和赦免人数却远超热审。从档案来看，有部分内务府包衣人犯罪后因遇大赦而减免了处罚，经统计，康熙朝遇赦的内务府包衣人主要有以下几例：

大赦时间	出处	大赦缘由
康熙四年（1665）三月五日	《〈黑图档〉中有关庄园问题的满文档案文件汇编》，第7页；《清代内阁大库散佚档案选编·皇庄（上）》，第2页	京师两次地震，统治者认为此乃“所行政事，未尽合宜。吏治不清，民生弗遂，以及刑狱繁多，人有冤抑，致上干天和，异征屡告”，因此“是用肆赦”，颁恩赦十一条③
康熙六年（1667）十一月二十六日	《清代内阁大库散佚档案选编·皇庄（上）》，第33页	康熙帝亲理大政，恭加太皇太后、皇太后徽号④
康熙二十年十二月二十日	《清代内阁大库散佚档案选编·皇庄（上）》，第301页	三藩之乱初定，“念自变乱以来，军民荼苦，如在水火”，“悯恤民艰”，故大赦天下⑤

① 辽宁社会科学院历史研究所、大连市图书馆文献研究室、辽宁省民族研究所历史研究室译编：《清代内阁大库散佚满文档案选编》，天津古籍出版社1991年版，第96页。

② 《清圣祖实录》卷215，康熙四十三年三月己酉，《清实录》第6册，中华书局1985年影印版，第183页。

③ 《清圣祖实录》卷14，康熙四年二月辛卯，《清实录》第4册，中华书局1985年影印版，第215页。

④ 《清圣祖实录》卷24，康熙六年十一月辰，《清实录》第4册，中华书局1985年影印版，第336页。

⑤ 《清圣祖实录》卷99，康熙二十年十二月己亥，《清实录》第4册，第1250页。

续表

大赦时间	出处	大赦缘由
康熙三十六年七月十九日	《清代内阁大库散佚档案选编·皇庄(上)》,第258页	以平定朔漠并太和殿告成,而颁诏天下①
康熙四十二年三月十八日	《盛京内务府粮庄档案汇编(上)》,第219、227页	因"淮、黄告成",康熙帝"不辞劳瘁,亲往阅视","见畿辅、山左、江浙等省,耆老人民俱衷心爱戴,虽童稚亦咸欢欣瞻仰,是知民心皆一,用是益深轸念",康熙帝感慨万千,秉持"御众以宽,聿溥好生之德",而布告天下,大赦刑狱②

遇赦宽免者，要求所犯罪行发生于赦前，如康熙六年查出，康熙三年时盛京仓长萨哈连等人漏报三庄所纳之粮，"理应严加议罪"，但因"系赦前之事"，故免议罪③。其犯罪行为发生于康熙四年三月五日大赦之前，仍在此大赦限内，因此被"免议罪"。

四、内务府包衣人的刑罚特点

综上，清代统治者对包衣牛录下人的"赏""罚""恤"各具特色，从中体现了以下刑罚特点：

第一，注重刑罚的警示作用。

如康熙三十年（1691），内右门太监蔡洁、蔡世忠在宗人府门前以"踢石球"赌博，被谕令"齐集于内右门外，交给茶、饭上人及哈哈珠

① 《清圣祖实录》卷184,康熙三十六年七月丁酉,《清实录》第5册,中华书局1985年影印版,第971页。

② 《清圣祖实录》卷211,康熙四十二年三月癸亥,《清实录》第6册,中华书局1985年影印版,第146页。

③ 关嘉录、王佩环译,佟永功校:《〈黑图档〉中有关庄园问题的满文档案文件汇编》,见中国社会科学院历史研究所清史研究室编:《清史资料》第5辑,中华书局1984年版,第11页。

子，将众首领每人重责十五板子”，以示惩戒[①]；四十六年，康熙帝出巡时有膳房人吃烟引起营东失火，被“耳鼻穿箭，游营示众”[②]。令犯罪者当众受刑，以达到警众之目的。

第二，体现了强烈的阶级性。

皇家奴仆的身份特性，决定了内务府包衣人的犯罪较一般旗人和民人更能体现出强烈的阶级性。如内务府包衣人妇生子后要报名至会计司，当有皇子需要喂奶时，要将这些刚生育的妇女送交兆祥所，由“众祖母”挑选奶好无味之人引见。同时，奶妇的身份须为佐领、管领下正身旗人，另户人、包衣阿哈不得选用。康熙三十二年，当内务府三位总管、会计司诸大臣所选奶妇不合意时，便遭到康熙帝的训斥，甚至怒骂总管海拉孙“为人如同猪狗”，“尽革其余之级”；总管班第、费扬古直降五级；会计司员外郎等官员“各枷号三月、鞭一百，不准赎”[③]。从这一严厉的处罚中，足见帝王之家与旗民人家的天悬地隔。

第三，康熙五十年前后的不同刑罚观。

前述，康熙五十年前，“仁以治刑”是康熙帝的主要思想，此间他对慎刑司和刑部按律例拟定的处罚意见多“依议”或从宽减等，特别是对死刑犯者，“每遇勾决，若有一线可原者，未有不从宽宥，直至万无可疑，始予勾决”[④]；但是，康熙五十年后，其刑罚观转变为“严以治刑”，不仅对所拟判罚意见多“从重处罚”，更恢复了早已停废的“割筋”之刑。

第四，重视内务府包衣人的家庭团聚。

早在顺治元年（1644）便有“正白旗包衣穆成额牛录下索伦折木克依夫妇等，因伊等父亲于镶黄旗包衣胡米塞牛录下，为使团聚，俱给还之”[⑤] 的案例。康熙年间（1662—1722），郑德银一家数口被分置于各庄，

---

① 辽宁社会科学院历史研究所、大连市图书馆文献研究室、辽宁省民族研究所历史研究室译编：《清代内阁大库散佚满文档案选编》，天津古籍出版社 1991 年版，第 78～80 页。

② 《康熙四十六年九月记注档册》，中国第一历史档案馆编：《清代档案史料丛编》第 14 辑，中华书局 1990 年版，第 142 页。

③ 辽宁社会科学院历史研究所、大连市图书馆文献研究室、辽宁省民族研究所历史研究室译编：《清代内阁大库散佚满文档案选编》，第 82～87 页。

④ 中国第一历史档案馆编：《康熙起居注》第 3 册，康熙四十五年十一月十三日丁卯，中华书局 1984 年版，第 2043 页。

⑤ 中国第一历史档案馆译编：《清初内国史院满文档案译编》中册，光明日报出版社 1989 年版，第 23 页。

他自称家内有“老父、寡嫂及兄之幼子”，祈求“父子团聚于一处”，终获恩准[①]；康熙二十三年（1684）包衣黄崇、康莱色等人讼称“因高攀贵兄弟争讼家产，将身等父母兄弟离散，分居二三处，甚为艰难”，请求“使身等合居一处”，经查属实，内务府大臣令“将此等人之父子兄弟调至一处团聚”[②]。次年康熙帝又亲谕：“闻桑额色管领下小太监潘志奇言，其弟赵二及奶母赵氏全部安置给粮庄，甚是可怜。着将其弟及奶母悉自庄中抽出，使之与潘志奇之父潘城团聚。”[③] 康熙二十八年，庄头陈二下额丁张佐之妹嫁给锦州庄头尹岱为妻，尹岱向会计司呈称，请求将张佐一家四口拨在自己庄下，使一家团聚，会计司亦准其请[④]。统治者对于家庭的重视，既与女真人传统的家庭制生产方式有关，也与包衣牛录下人多以家庭为单位服务于皇室与诸王贝勒有关。

第五，允许移庄或移乡避仇。

为避免仇家相杀，唐代便有“移乡之制”，而清亦如之，特别是满洲统治者赋予包衣人首告其主的权力，一旦首告审实便可“开户成丁”；即便首告未能开户，也会将该奴仆拨与他人，以避日后相互仇视[⑤]。

内务府档案中也有这方面的反映，如康熙二十五年（1686）盛京庄头叶思阁被四名额丁打死，囚禁在牢。叶思阁之子花色继任庄头后诉称：庄内“额丁王三、郎图二人与打死我父之人系合伙同谋，不可留在我家，请安置于别庄”，故将此二丁拨隶其他粮庄。[⑥] 康熙三十三年，额丁五十二首告其庄头王朝卓隐匿壮丁，经审属实，拟将首告之五十二拨给王朝福之庄，然“王朝福系王朝卓之弟”，倘若拨隶则“则伊等相仇视亦未可

① 《黑图档》第74册第86～88页，见辽宁省档案馆编译：《盛京内务府粮庄档案汇编（上）》，辽沈书社1993年版，第119页。

② 《黑图档》第65册第71～75页，见辽宁省档案馆编译：《盛京内务府粮庄档案汇编（上）》，第71～72页。

③ 《黑图档》第66册第109页，见辽宁省档案馆编译：《盛京内务府粮庄档案汇编（上）》，第78页。

④ 《黑图档》第89册第68～69页，见辽宁省档案馆编译：《盛京内务府粮庄档案汇编（上）》，第240页。

⑤ 《黑图档》第79册第110～111页，见辽宁省档案馆编译：《盛京内务府粮庄档案汇编（上）》，第180页。

⑥ 《黑图档》第69册第130～132页，见辽宁省档案馆编译：《盛京内务府粮庄档案汇编（上）》，第92页；辽宁社会科学院历史研究所、大连市图书馆文献研究室、辽宁省民族研究所历史研究室译编：《清代内阁大库散佚档案选编·皇庄（上）》，辽宁民族出版社1988年版，第156页。

知”，因此又将五十二拨给其他庄内①；康熙四十一年，庄头齐元利盗卖官粮为壮丁赵金钟所告，事后齐元利威胁道：“今观控告我之事，全系你挑唆所致，事情过后我绝不轻易放过你”，为此将赵金钟拨入其他庄内②。“移庄避仇”解除了壮丁首告其头领的后顾之忧，是对包衣人“首告权”的重要补充，也是“恤刑”思想的法外延伸。

虽然内务府包衣人在服务于皇家时，稍有不慎便获罪受刑。但是，也应该看到，皇属包衣人作为皇帝之“家人”，而康熙帝作为“一家之主”，这种特殊的隶属关系，使得皇属包衣人获得远高于旗下家奴、民人甚至一般旗人的司法特权，如皇属包衣人既有与旗人同等的折鞭处罚权，又因内务府属员所犯案件事无巨细皆由康熙帝亲自督理，在一定程度上保证了案件审理的公平与公正；当确有冤屈“越诉”于“家主”时，还将获得更多的“上达圣听”的机会。如康熙四十五年，获悉笔帖式汤盘家有二姐往内务府都图浑托和家催债时病死，康熙帝认为此案“二姐身死不明”，又被“压至数日不报”，要求法司严查问明，并随时奏报③。正是由于康熙帝的亲自干预，才使得冤情得以昭雪。而同类案情，一般民人甚至旗人很难获得这种“御审”的机会。

① 《黑图档》第77册第139～140页、第79册第51～52页，见辽宁省档案馆编译：《盛京内务府粮庄档案汇编（上）》，辽沈书社1993年版，第151、172页。

② 《黑图档》第90册第16～28页，见辽宁省档案馆编译：《盛京内务府粮庄档案汇编（上）》，第246页。

③ 中国第一历史档案馆编：《康熙起居注》第3册，康熙四十五年四月十二日己亥，中华书局1984年版，第1966页。

结　　语

本书共计八章，其中第一章至第五章围绕清前期[①]包衣牛录下人及其相关制度作了论述，可形象地比喻为对“家人”的研究[②]；第六章至第八章则依据清宫内务府满文题本档案，对包衣牛录下人的犯罪行为及其处罚作了讨论，可比拟为对“家法”的研究[③]。

纵观清前期包衣牛录内的“家人”与“家法”，笔者将分以下两部分，作如下总结：

一、对包衣牛录制度的新认识

（一）重新阐述了“booi aha”的含义及其演变历程

本文认为 booi、aha 本是地位有别的两类群体：其中“booi”即

---

① 关于清代历史分期问题，一般以鸦片战争为界分为清前期和清后期两个阶段。此外，也有学者基于不同的视角提出新的观点，如许曾重将清代历史分为入关前、建立、巩固、发展、中衰到衰亡六个时期；冯尔康则提醒道：“清代历史的分期，也需要充分考虑到民族关系，尤其要考虑北方、西北、西南少数民族与清朝中央政府的关系，忽视这一点，将很难说清清朝历史”。在此，笔者将努尔哈赤至雍正时期称为“清前期”，乾嘉道三朝称为“清中期”，鸦片战争之后称为“清晚期”。许曾重：《论清史分期问题》，《中国社会科学院研究生院学报》1985 年第 2 期；冯尔康：《从学琐记》，见封越健、孙卫国编：《郑天挺先生学行录》，中华书局 2009 年版，第 333 页。

② “包衣人”满文为“booi niyalama”，直译为“家的人”，故史籍中常以“家人”代指“包衣人”。汗及诸王贝勒的八旗包衣人即“包衣牛录下人”，满文为“booi nirui niyalma”，因此可视为皇属或王属的“家人”。

③ 嘉庆二十三年，发生蓝翎侍卫庆善擅离职守的事件，事后嘉庆帝将相关人员责以杖刑，并明谕：“此次系用内廷发出之板扑责，尚属从轻以家法处治，嗣后侍卫内如再有似此违禁私行者，朕必亲临看视，用刑部官杖重责，决不宽恕”。当时京城旗人犯罪及审断分属“内务府慎刑司”和“刑部”两个机构，所谓“内廷发出之板”与“刑部官杖”即分别指慎刑司和刑部的刑具，可见“内务府慎刑司”被视作“家法”机构。《清仁宗实录》卷 347，嘉庆二十三年九月丙辰，《清实录》第 32 册，中华书局 1986 年影印版，第 587 页。

“booi niyalma”的简称，以满洲人为主，地位较高，主要职责是贴身警卫，保护家主安全；“aha”即“booi aha”的简称，以汉人、朝鲜人为主，地位低贱，主要从事农田耕役。因此“booi”与“aha”在家庭中的地位、民族构成和主要职责等方面都有所不同。但是，由于天命、天聪两朝满洲人的社会等级发生剧烈变革，再加之侍卫群体的崛起，“booi niyalma”地位日贱；与此同时，后金社会的经济基础发生变化，由原始的渔猎经济逐步向农业经济过渡，在此过程中，作为“耕田之奴”的“aha”开始受到重视。在这样的背景下，两类群体日益趋同，最终形成新的“booi aha”群体。此后，“booi”与“aha”的含义已有所改变，如在区分诸申的特定语境下，“aha”可概称“booi、aha”奴仆阶层；而“booi”则多用于奴仆首告其主，以强调其作为“人”而非一般牲畜所拥有的控告权。

（二）对“booi、aha”奴仆阶层的分化作了探讨

在八旗制度下，“booi、aha”奴仆阶层逐渐分化出两类不同所属的群体，即旗属性质的包衣牛录下人和私属性质的户下奴仆。其中，包衣牛录在建元天命前即已存在，无论其组织形式、管理方式，还是所负担的军事任务都时刻体现其旗属的性质；而户下奴仆作为家主私属，则具有强烈的私有性质。虽然天聪六年（1632）以后，部分家下奴仆具有与包衣牛录相似的军事职能，但是在这种表象背后隐含着借此约束家下奴仆的深层次原因。就诸王贝勒而言，在其之下，有负有管理责任的旗分牛录，有类似“食封”性质的包衣牛录，有私产之家下奴仆；就人口数量而言，家下奴仆人数最多，旗分牛录下人次之，包衣牛录下人最少。

（三）对清前期包衣牛录下人的姓氏特点、旗籍分布和社会地位作了考察

就包衣牛录内的满洲人而言，包衣满洲姓氏分布较广，且以纳喇氏、伊尔根觉罗氏、瓜尔佳氏等满洲大姓人数最多。此外，还有很多诸如“马佳氏”“李佳氏”等带有汉姓特点的满洲姓氏，其祖先多为很早便加入满洲共同体的汉人，因此其生活习惯、语言文化和民族意识已基本满洲化；从地区分布来看，八旗内满洲姓氏的包衣人主要来自于长白山等原建州女真和海西女真聚居区，努尔哈赤通过战争降服的叶赫、辉发、哈达、乌喇、讷殷等地区的包衣人数较多。与此形成对比的是，主动归附的地区很少有被拨入包衣牛录者。

就包衣牛录内的蒙古人而言，天命年间（1616—1626），对于零散来归的蒙古人，多以家族为单位，在“即来即编”的原则下编入八旗内。其中绝大多数被编入八旗满洲旗分牛录内，只有少部分人被编入包衣牛录中。从包衣牛录内蒙古姓氏较为分散，包衣蒙古人在科尔沁、察哈尔两部的分布，以及同一姓氏从同一居地来归者所隶的旗籍基本相同、所属身份基本一致来看，部分蒙古人之所以被编入包衣牛录中，应属偶然现象，与战争及战俘无关。

就包衣牛录内的朝鲜人而言，因“高丽”一词在时人看来带有贬低意味，因此统治者以“朝鲜佐领”和“高丽佐领”来区分主动归降被编入旗分佐领下的朝鲜人和战后被俘编入包衣佐领下的朝鲜人。高丽佐领下人主要来自于天聪时期，这与天聪初年征伐朝鲜有直接关系；而绝大多数隶属于正黄旗下，这与皇太极继位后不遗余力地发展自己所亲掌的正黄旗实力、改善正黄旗在八旗中弱势地位有关。

就包衣牛录内尼堪姓氏而言，满洲旗分内的包衣汉姓人主要有尼堪、台尼堪和抚顺尼堪三类。其中尼堪人数最多，占包衣汉姓总数的86%，从世居地域来看，87%的尼堪来自于天命年间所征服的沈阳、辽阳、抚顺、铁岭四处；抚顺尼堪占包衣汉姓人总数的11%，以天命年间攻取抚顺城后，居于抚顺城周边地区的汉人为主；台尼堪人数最少，但凭借一定的专业技能，绝大多数隶属于旗分佐领下，只有极少数人被拨入包衣佐领内。三类尼堪地位悬殊，“台尼堪”地位最高，其次为“抚顺尼堪”，“尼堪”地位最低。

总体来看，在八旗中，上三旗包衣人数优势明显，显示了作为皇属“家人”的强大实力；在四个民族中，满洲包衣人的地位最高，其次为蒙古、高丽包衣人，汉人包衣的地位最低；另外，不同时期包衣牛录人数的多寡，在一定程度上反映了其所服务的领主在特定时期的势力大小。

（四）对包衣牛录下人的世职制度作了论述

其一，包衣牛录下人中也有部分获得世职者，但在八旗中仅占少数，所获世职普遍较低，且多以满洲姓氏的包衣人为主，这与满洲包衣人在包衣牛录中较高的政治地位遥相呼应，也体现了清前期满洲人尚武的民族特色；其二，从包衣牛录下人获得世职的途径来看，主要有军功叙爵、归降封赠、考绩升授和殊功得职四种，其中以军功叙爵为主。这些军功主要集中于顺治年间（1644—1661）“定鼎燕京”、康熙早期平定三藩及布尔尼叛乱、康熙中期平定噶尔丹叛乱这三次战争；其三，包衣牛录下人的世职传袭制度在入关前到雍乾时期有所演变，反映了儒家伦理观念对于择袭人的影响以及宗法制观念在满洲人承袭制度上的变迁；其四，对于包衣牛录下人而言，世职更像是一种世袭性的经济恩赐，并不能据此改变隶属于包衣牛录的身份。对于统治者而言，世职制度的实质是对内激励八旗官兵奋勇争战、勤勉效力，对外吸引、瓦解敌对势力的重要工具。正是在这种物质和精神感召下，当三藩逆乱时，“八旗士卒，多争先用命，效死疆场”①，用生命为统治者铸就通往盛世的坦途。

（五）对包衣牛录组织提出了新的观点

本书对包衣牛录组织作了解析，认为：第一，在入关前，“包衣牛录章京”和“半个包衣牛录章京”既是官职单位，也是世职单位，因此，在引用和分析史料时需格外注意区分两者的含义；第二，在入关前，“包衣大”与“管领”的角色和身份并不相同，“包衣大”是家下奴仆的首领，不仅存在于后金汗宫及诸王贝勒府内，也存在于普通旗人之家。后来，随着国家制度的完善，服务于汗及诸王贝勒的包衣大被赋予官阶，有了特定的品级，逐渐与普通旗人之家的“包衣大”区分开来。而“管领”是包衣牛录的管理者。在崇德初年内府机构设立后，一方面，皇属“包衣大”管下的家下奴仆和“包衣佐领”“管领”管下的皇属包衣牛录下人共同组成“皇属包衣人”，成为内务府成员的基础；另一方面，在“包衣大”也按照“半个牛录章京”给予一定品级后，“包衣大”便与“管领”取得相同的品级。这都促使两类皇属包衣人的趋同，也使得管理首领“包衣大”和“管领”逐渐合一；第三，包衣牛录的基本组织是包衣佐领和管领，此外还有分管、管辖组织。天命初年即有“分管”之设，当有皇子分府或赏赐爵位时，或由包衣佐领、管领转化为“分管”，或由包衣佐领一分为二设立“分管”，或新增立“分管”，皆“分拨令其管辖”，故称为“分管”。按民族可分为“旗鼓分管”和“满洲分管”，按统领方式可分为“公中分管”和“永管分管”。因上三旗无人分府或分

① 昭梿：《啸亭杂录》卷1《爱惜满洲士卒》，中华书局1980年版，第6页。

封爵位，故无“分管”和“管辖”组织，所谓上三旗“分管佐领”即指“内管领”；而下五旗“分管佐领”则指“管领”“管辖”和“分管”三类组织。“分管”“管辖”与“管领”在属性和所属人员的地位方面相差无几，后来逐渐以“管领”统称。

（六）对“辛者库”的含义提出新的解释

在顺康时期，将管领下人中完全依赖发给的衣粮为生者称为辛者库人，而并非所有的管领下人皆为辛者库人。辛者库人按领属关系可分为上三旗辛者库人和下五旗辛者库人。其中在上三旗辛者库人中，按工作地域可分为京师辛者库人和盛京辛者库人；按工作性质可分为管领下住陵寝及城内辛者库人和住皇庄内辛者库人；按具体身份可分为管领下非披甲人中有田或奴仆但无力耕种者，毫无家产、鳏寡孤独无以为生者，陵寝及城内管领下诸匠人、执事人等，旗人之籍没家产入官者四类。因“辛者库”仅存在于管领中，所以在区分包衣佐领下人时，可以“辛者库”指代“管领下人”；同时在八旗生计维艰的大背景下，辛者库人在管领下人中的占比越来越高，至嘉庆年间（1796—1820），辛者库人已与管领下人完全重合，从此，“辛者库”也随之正式成为管领下人的代名词。

（七）对崇德初年内府机构成立的背景及其主要职能作了阐述

天聪时期是由天命汗权走向崇德皇权的过渡时期，随着满洲社会经济的发展和汗权的不断增强，在区分“汗库”与“国库”、管理汗室财产和包衣、内廷职能的国家化三个方面，都突显了内府机构设立的必要性；而天聪末年两黄旗包衣牛录的编立则为内府机构的设立提供了可能性。当崇德初年始建内府机构后，在首任“内府事务官”宁塔海的管领下，内府机构在掌管宫廷祭祀、管理皇室财物等方面发挥应有的作用，为顺康时期内务府机构的发展完善奠定了基础。

（八）从包衣牛录的视角探讨了八旗制度形成及发展的历程

在长期的征战过程中，以图鲁什、劳萨、英俄尔岱等人为代表的包衣牛录下满洲群体，以乌讷格为代表的包衣牛录下蒙古群体，以刘之源、张良弼等人为代表的包衣牛录下汉人群体，分别对八旗满洲、八旗蒙古和八旗汉军的成立及日臻完善做出重要贡献。其中，本书对包衣牛录下人乌讷格与八旗蒙古的编立、包衣牛录下人刘之源等人与八旗汉军的形成着墨较多。

对于八旗蒙古的编立，本书认为，后金政权内的蒙古人可分为两类，一类是早已融入满洲共同体中、在八旗满洲编立前即已来附者；一类是建元天命后各地来归、被俘者。其中天命后来归者，按来归时的不同规模又分为编入满洲旗下者和乌鲁特、喀尔喀两旗下者。后金统治者树立了具有蒙古血统、又曾充任汗室家臣的乌讷格为旗帜人物，希望通过他对蒙古全军的统领增强来归蒙古人对于后金政权的向心力。在其领导下，满洲旗内的蒙古人经历了由蒙古一营兵，到天聪五年（1631）前的蒙古二营兵，在此基础上又形成“蒙古二旗兵”，并在兼并乌鲁特、喀尔喀二旗后，为八旗蒙古的最终建立奠定基础，在此过程中，“蒙古二旗”的含义也随之多次改易。在八旗蒙古正式编立时，乌讷格及其“蒙古二旗”的使命已然完成，随后便悄然消失于历史中。

对于八旗汉军的形成，本书认为，在八旗满洲编建之初便存在着部分包衣汉人，此后八旗满洲内包衣汉人数量渐增。在汉军编立的过程中，满洲旗下部分汉人或在不改变原有旗籍的前提下兼管汉军事务，或拨出满洲旗籍入“汉军”旗籍并任各级官职，其中既有满洲旗分佐领下汉人，又有满洲包衣佐领下汉人，而刘之源、张良弼、李士新等人便是原隶包衣、后于汉军中任职者。从中可窥见满洲统治者的深谋与远虑，即为八旗汉军与八旗主旗贝勒间隶属关系的确立早已做好准备。

（九）利用满文档案，对清前期皇属包衣人的犯罪行为及其刑罚作了探讨

其一，对包衣牛录下人司法审判机构的演变作了梳理。努尔哈赤强调“众人听讼”之制，并在“旗民分理”和“主奴分理”方面做出重要的司法实践；天聪时正式设立刑部，到后期成为统一的司法审判机构，其时“宫中府中，俱为一体”；崇德年间，在“家国分治”的背景下，皇太极于刑部外、内府中设置了专门主管刑狱之事的机构“尚方司”；顺治年间，改尚方司为尚方院，并赋予一定的监督之权；康熙初年，改尚方院为内刑部，康熙十六年（1677）又改称“慎刑司”，从此慎刑司正式成为主管内府刑狱之事的机构，慎刑司与刑部按照一定的原则分理审断，保证了清代司法体系有序、高效的运转。其二，从内务府满文题本档案来看，清前期皇属包衣人的犯罪行为可分为经济类犯罪，如盗窃、拖欠皇赋、偷食及霉烂窖粮等；刑事类犯罪，如斗殴、杀伤等；职务类犯罪，如违背宫禁、遗失官物、御前喧哗等。体现了作为皇属包衣人的特殊身份及其独具特色的犯罪行为。其三，慎刑司和内务府的审断依据反映了清代“律例制”法律体系下独特的审判制度，而“赏、罚、恤”的结合映射了封建帝王的皇权思想和驭驾之术。

以上是本书的主要观点。我们应该看到，虽然包衣牛录下人的社会地位较之旗分牛录下人低下，所服务的对象也仅局限于皇家及诸王贝勒等家，但是，他们在推动历史进步方面所起到的积极作用不应被忽视，更不能被遗忘。

二、包衣牛录下人的历史贡献及历史启示

（一）包衣牛录下人的历史贡献

包衣牛录下人的历史贡献主要体现在以下几个方面：

其一，在军事方面，包衣牛录下人组织起来，或如牛录章京胡敏、杜伦等率部参战、攻城拔寨；或如图鲁什、劳萨等人，领兵捉生，哨探军情；或如乌讷格、刘之源等人对于八旗蒙古和八旗汉军的编建、统帅做出重要贡献；或如包衣旗鼓人，造备了大量的盔甲、弓箭、鞍辔和火药，成为后金军队摧城拔寨的一大利器。

其二，在经济方面，包衣牛录下人对于皇室财产的经营，使日需浩繁的皇室财政在清前期得以丰盈，甚至用于捐资赈灾、周济户部。如顺治帝时遇“四方水旱灾荒，频发内帑多金赈济”；[①] 康熙十五年（1676），“发内帑银十万两与提督赵良栋，赏给军民”[②]；十八年地震，旗民房屋倒塌严重，又“发内帑银十万两”以资修葺[③]；二十五年，江南水患，诸田被淹，特令发“内帑二十万两，前往督修”[④]。此外，每当出巡时，“凡需用之物，皆自内府储备，秋毫不取之民间”[⑤]，这也在很大程度上减轻了沿途地民的接驾负担，避免了劳民伤财。

---

① 《清圣祖实录》卷25，康熙七年正月庚戌，《清实录》第4册，中华书局1985年影印版，第346页。

② 《清圣祖实录》卷59，康熙十五年二月癸酉，《清实录》第4册，第773页

③ 《清圣祖实录》卷82，康熙十八年七月辛酉，《清实录》第4册，第1052页。

④ 《清圣祖实录》卷126，康熙二十五年六月戊午，《清实录》第5册，中华书局1985年影印版，第347页。

⑤ 《清圣祖实录》卷117，康熙二十三年十月庚申，《清实录》第5册，第225页。

其三，在政治方面，作为皇帝之“家人”，皇属包衣人被委以诸多重任，如曹寅等人蛰居江南，将当地的雨水灾情及士绅舆论及时传达，使康熙帝动态地掌握了各地的丰歉状况和官员的为官能力，在治国理政方面有所凭依；再如康熙帝以常保、魏珠、赵昌等人担任“近侍”之人，令承传递旨奏之差，并为康熙帝作了大量的机密之事[①]。

其四，在外交方面，高丽佐领内有不少人都曾担任过通事官一职[②]，如镶黄旗包衣人都赍、镶蓝旗包衣人德倍、镶红旗包衣人明色尼、镶蓝旗包衣人金德裴等人皆曾任职通事[③]，而辛达里亦曾作为通事“侦知十一日之义州，明船退住獐子岛；再以船十一只，载孔元帅部下离散人等妻孥，送入内地”，并进一步获悉明与朝鲜预谋合并进攻后金的军事企图[④]，从而为后金政权及时调整与朝鲜、明朝的关系提供重要情报。

其五，在文化方面，入关后在“八旗人民崇尚文学”[⑤] 的大背景下，有不少包衣人也满腹经纶，甚至担任了侍读学士，如包衣佐领下人傅逢礼，以翻译出身，累升翰林院侍读学士[⑥]；包衣佐领下人索柱自雍正四年（1726）起，便担任雍正帝的侍读大臣，陪伴左右，品诗赋词[⑦]，等等。此外，还有很多包衣牛录下人留有著述，如内务府镶黄旗人阿什坦为顺治壬辰（1652）进士，曾被选为实录纂修官，译有《清文大学中庸》[⑧]；内务府镶黄旗人完颜伟著有《天人一贯图说》[⑨]；正红旗包衣吴兴祚著有《史迁句

---

① 常建华：《雍正帝打击太监魏珠原因新探——魏珠其人其事考》，《清史研究》2013 年第 3 期。

② 任桂淳、俞海燕：《清初满洲八旗朝鲜通事官述略》，《纪念王钟翰先生百年诞辰学术文集》，中央民族大学出版社 2013 年版，第 366 ~ 380 页；杨海英：《朝鲜通事古尔马浑（郑命寿）考》，《民族史研究》2002 年刊。

③ 弘昼等修：《八旗满洲氏族通谱》卷 72《附载满洲旗分内之高丽姓氏》，辽海出版社 2002 年版，第 791 页。

④ 中国第一历史档案馆编：《清初内国史院满文档案译编》上册，光明日报出版社 1989 年版，第 22 页。

⑤ 《清世祖实录》卷 106，顺治十四年十月甲子，《清实录》第 3 册，中华书局 1985 年影印版，第 831 ~ 832 页。

⑥ 中国第一历史档案馆编：《康熙起居注》第 1 册，康熙十年十二月十八日乙未，中华书局 1984 年版，第 12 页。

⑦ 《清世宗实录》卷 48，雍正四年九月戊午，《清实录》第 7 册，中华书局 1985 年影印版，第 723 页。

⑧ 恩华纂辑：《八旗艺文编目》，辽宁民族出版社 2006 年版，第 6 页。

⑨ 同上，第 2 页。

解》[①]；曹寅则著有《居常饮馔录》《楝亭书目》等[②]；镶黄旗包衣人和素"御试清文第一，赐巴克什号，充皇子师傅，翻书房总裁"，译有《清文左传》[③]，等等。

总之，清代包衣牛录下人在军事上，加速了清王朝统一全国的步伐；在经济上，减轻了皇室财政对户部财政的依赖和对民间财富的掠夺；在政治上，促进了皇权的集中与稳固；在外交上，为清王朝的发展赢得良好的外部环境；在文化上，创造了丰富多彩、兼容满汉的文史论著，这些历史贡献是不应被后人所遗忘的。

（二）包衣牛录下人的历史启示

唯物史观是解读历史的一把钥匙，指引着历史学成为真正的科学。纵观全文，从唯物史观的角度来看，清前期包衣牛录制度给我们的历史启示是：

1. 生产力的发展决定着社会关系的变迁

恩格斯指出，"社会的物质生产力发展到一定阶段，便同它们一直在其中运动的现存生产关系或财产关系（这只是生产关系的法律用语）发生矛盾。于是这些关系便由生产力的发展形式变成生产力的桎梏。那时社会革命的时代就到来了"[④]。从女真时代"booi niyalma"与"booi aha"群体的分立，到"booi、aha"群体的融合，再到新的"booi aha"奴仆阶层的形成，正是由于满洲步入封建社会后，农耕制生产方式逐步取代渔猎制生产方式，由此引发生产力的巨大变革，进而促进了"社会革命"的到来，女真原有的社会阶层被打破，而新的社会秩序建立起来；此外，"辛者库"的含义由顺康时期专指管领下不能自食其力者，演变到乾嘉时期所有之"管领下人"，也深受八旗生计日益维艰的社会背景影响，无疑同样验证了"社会生产关系，是随着物质生产资料、生产力的变化和发展而变化和改变的"[⑤] 这一永恒的真理。

---

① 恩华纂辑：《八旗艺文编目》，辽宁民族出版社2006年版，第16页。

② 同上，第63、65页。

③ 同上，第6页。

④ ［德］卡·马克思：《〈政治经济学批判〉序言》，见中共中央马克思恩格斯列宁斯大林著作编译局编译：《马克思恩格斯文集》第2卷，人民出版社2009年版，第591～592页。

⑤ ［德］卡·马克思：《雇佣劳动和资本》，见中共中央马克思恩格斯列宁斯大林著作编译局编译：《马克思恩格斯文集》第1卷，人民出版社2009年版，第724页。

2. 民族是历史地形成的

“在所有的情况下，生产方式，不论是征服民族的，被征服民族的，还是两者混合形成的，总是决定新出现的分配”[①]。因此，我们看到被满洲人所征服的蒙古人、朝鲜人、汉人群体被混合、统一于八旗制度内，并按照四类民族政治地位的高低来确定新的分配方式，其中满洲人和蒙古人获得世职及披甲权者最多，而朝鲜人和汉人群体则相对较少。但是，“野蛮的征服者，按照一条永恒的历史规律，本身被他们所征服的臣民的较高文明所征服”[②]，随着封建化的加深，满洲人传统的收继婚、殉葬制等落后习俗逐渐蜕去，而代表较高文明的儒家思想和文化制度日益浸染到满洲人的社会生活中，从这一点来说，实际上满洲最终为汉文化所“征服”了。

3. 盛世之下的隐忧

在封建时代，“家”与“国”始终体现着矛盾的对立与统一。天聪时期，上至诸王贝勒、下至八旗甲兵，皆“只知为身为家，而不尽心为国”[③]，甚至公然将家庭利益凌驾于国家利益之上，这说明“家”与“国”的对立成为矛盾主体，这便需要统治者以“法”的权威实现“一种内部和谐一致”[④] 的局面。在内府机构成立后，皇帝之“家”与皇帝之“国”又成为新的矛盾体，当“皇家”与“国家”相统一时，则相辅相生，与盛世局面遥相辉映；当“皇家”与“国家”对立时，则相互掣肘，暗示着危机即将来临。康熙后期，皇庄庄头人偷粮严重、旗人生计问题日益突出；皇室财政入不敷出，“皇家”开始侵蚀“国家”利益，甚至“恐内帑不足，故将外省钱粮尽收入户部”[⑤]。此外以曹寅为代表的皇属包衣人又造成巨额的财政亏空，等等，这些都为盛世的局面埋下了

---

① ［德］卡·马克思:《1857～1858 年经济学手稿摘选》,见中共中央马克思恩格斯列宁斯大林著作编译局编译:《马克思恩格斯文集》第 8 卷,人民出版社 2009 年版,第 21 页。

② ［德］卡·马克思:《不列颠在印度统治的未来结果》,见中共中央马克思恩格斯列宁斯大林著作编译局编译:《马克思恩格斯文集》第 2 卷,人民出版社 2009 年版,第 686 页。

③ 《天聪朝臣工奏议》中,辽宁大学历史系 1980 年编印,第 75 页。

④ ［德］恩格斯:《恩格斯致康拉德·施米特》,见中共中央马克思恩格斯列宁斯大林著作编译局编译:《马克思恩格斯文集》第 10 卷,人民出版社 2009 年版,第 598 页。

⑤ 《清圣祖实录》卷 240,康熙四十八年十一月丙子,《清实录》第 6 册,中华书局 1985 年影印版,第 389 页。

危机的种子。

4. 普通人的合力是推动历史发展的动力

唯物史观认为，每一个平凡的人物都有他的历史，而正是由每一个个体集合起来，共同创造了历史①。包衣牛录下人以卑微的社会地位在低贱的工作岗位上同样创造了历史，他们的每一个事件都蕴含着特定历史时期的信息。然而，大多数包衣牛录下人在严格的封建法则下默默无闻、日复一日地工作着，他们的人生经历无人知晓，他们的历史遗存更是了无痕迹。万幸的是，档案中记载了部分包衣牛录下人的事迹，虽然多因罪入载，但无疑为我们了解该群体的社会生活和日常工作打开一扇窗户。研究历史问题，除关注制度和历史事件本身外，还需要“以人为本”，从每一个历史人物的人生经历出发，探究历史本原。

① 李景源:《人民群众是历史的创造者新论》,《理论学刊》2015 年第 4 期。

参考文献

1. 古籍类

1.《清实录》，中华书局 1985—1987 年影印版。

2.《清太宗实录稿本》，《清初史料丛刊第三种》，辽宁大学历史系 1978 年编印。

3. 中国第一历史档案馆编：《康熙起居注》，中华书局 1984 年版。

4.《清太祖武皇帝实录》，见潘喆、孙方明、李鸿彬主编：《清入关前史料选辑》第 1 辑，中国人民大学出版社 1984 年版。

5.《满洲实录》，中华书局 1985 年影印版。

6. 赵尔巽等：《清史稿》，中华书局 1977 年版。

7. 伊桑阿等修：康熙《大清会典》，《近代中国史料丛刊三编》第 72、73 辑，（台湾）文海出版社 1992、1993 年版。

8. 允祹等修：雍正《大清会典》，《近代中国史料丛刊三编》第 77、78、79 辑，（台湾）文海出版社 1994、1995 年版。

9. 乾隆《钦定大清会典》，文渊阁《四库全书》，上海古籍出版社 1987 年版。

10. 允祹等修：乾隆《钦定大清会典则例》，文渊阁《四库全书》，上海古籍出版社 1987 年版。

11. 嘉庆《钦定大清会典事例》，（台湾）新文丰出版公司 1976 年版。

12. 嘉庆《大清会典》，《近代中国史料丛刊三编》第 64 辑，（台湾）文海出版社 1992 年版。

13. 光绪《钦定大清会典事例》，（台湾）新文丰出版公司 1976

年版。

14. 鄂尔泰等修，李洵等校：《八旗通志初集》，东北师范大学出版社1985年版。

15. 福隆安等监修：《钦定八旗通志》，景印文渊阁四库全书本，台湾"商务印书馆"1983年版。

16. 故宫博物院编：《钦定总管内务府现行则例二种》，海南出版社2000年版。

17. 《钦定八旗则例》，见《四库未收书辑刊》第1辑第25册，北京出版社1997年版。

18. 昆冈等修：光绪《清会典》，中华书局1991年影印本。

19. 蒋良骥：《东华录》，中华书局1980年版。

20. 徐珂编撰：《清稗类钞》，中华书局1984年版。

21. 王庆云：《石渠余记》，北京古籍出版社1985年版。

22. 刘锦藻等辑：《清朝续文献通考》，浙江古籍出版社1988年影印本。

23. 张廷玉等辑：《清朝文献通考》，浙江古籍出版社1988年影印本。

24. 弘昼等修：《八旗满洲氏族通谱》，辽海出版社2002年版。

25. 《朝鲜李朝实录》，学习院东洋文化研究所刊，昭和二十九年版（1954年版）。

26. 《天聪朝臣工奏议》，辽宁大学历史系1980年编印。

27. 李民寏：《建州闻见录》，《清初史料丛刊第九种》，辽宁大学历史系1978年编印。

28. 《奉天通志》，辽宁民族出版社2013年影印版。

29. 昭梿：《啸亭杂录》，中华书局1980年版。

30. 李肯翊：《燃藜室记述》，见潘喆、孙方明、李鸿彬主编：《清入关前史料选辑》第1辑，中国人民大学出版社1984年版。

31. 福格：《听雨丛谈》，中华书局1984年版。

32. 佚名：《沈馆录》，见金毓绂主编：《辽海丛书》第4册，辽沈书社1985年版。

33. 王钟翰点校：《清史列传》，中华书局2005年版。

34. 奕赓：《佳梦轩丛著·寄楮备谈》，北京古籍出版社1994年版。

35. 盛昱辑：《雪屐寻碑录》，见金毓绂主编：《辽海丛书》第5册，辽沈书社1985年版。

36. 蔡冠洛编：《清代七百名人传》，（台湾）明文书局1985年版。

37. 吴忠匡总校订：《满汉名臣传》，黑龙江人民出版社1991年版。

38. 李恒辑：《国朝耆献类征初编》，（台湾）明文书局1985年版。

39. 李元度：《国朝先正事略》，岳麓书社2008年版。

40. 仁和琴川居士编：《皇清奏议》，《近代中国史料丛刊三编》第99辑，（台湾）文海出版社2006年版。

2. 档案类

1. 中国第一历史档案馆整理译编：《内阁藏本满文老档》，辽宁民族出版社2009年版。

2. 中国人民大学清史研究所、中国第一历史档案馆译编：《盛京刑部原档》，群众出版社1985年版。

3. 季永海、刘景宪译编：《崇德三年满文档案译编》，辽沈书社1988年版。

4.《盛京满文逃人档》，见中国第一历史档案馆编：《清代档案史料丛编》第14辑，中华书局1990年版。

5. 中国第一历史档案馆译编：《清初内国史院满文档案译编》，光明日报出版社1989年版。

6. 关嘉录、佟永功、关照宏：《天聪九年档》，天津古籍出版社1987年版。

7. 安双成选译：《顺治朝八旗男丁满文档案选译》，见《满学研究》第1辑，吉林文史出版社1992年版。

8. 关孝廉：《〈旧满洲档〉谕删秘要全译》，见阎崇年主编：《满学研究》第1辑，吉林文史出版社1992年版。

9. 中国第一历史档案馆藏：《历朝八旗杂档》。

10.《崇德七年奏事档》，见中国第一历史档案馆编：《清代档案史料丛编》第11辑，中华书局1984年版。

11. 关孝廉译：《天聪五年八旗值月档（一）》，《历史档案》2000 年第 4 期。

12. 关孝廉译：《天聪五年八旗值月档（二）》，《历史档案》2001 年第 1 期。

13. 关孝廉译：《天聪五年八旗值月档（三）》，《历史档案》2001 年第 2 期。

14. 中国科学院民族研究所辽宁少数民族历史调查组：《满族历史档案资料选辑》，中国科学院，1963 年。

15. 中国社会科学院历史研究所清史研究室编：《清史资料》第 2 辑，中华书局 1981 年版。

16. 辽宁社会科学院历史研究所、大连市图书馆文献研究室、辽宁省民族研究所历史研究室译编：《清代内阁大库散佚档案选编（皇庄）上》，辽宁民族出版社 1988 年版。

17. 辽宁省档案馆编译：《盛京内务府粮庄档案汇编（上）》，辽沈书社 1993 年版。

18. 关嘉录、王佩环译，佟永功校：《〈黑图档〉中有关庄园问题的满文档案文件汇编》，见中国社会科学院历史研究所清史研究室编：《清史资料》第 5 辑，中华书局 1984 年版。

19. 何荣伟、张虹、冯璐译：《清代盛京内务府满文档案选译（一）·皇庄》，《满族研究》2016 年第 1 期。

20. 赵焕林主编：《盛京参务档案史料》，辽海出版社 2003 年版。

21. 中国第一历史档案馆：《关于江宁织造曹家档案史料》，中华书局 1975 年版。

22. 季永海、何溥滢译编：《盛京内务府顺治年间档》，见中国社会科学院历史研究所清史研究室编：《清史资料》第 2 辑，中华书局 1981 年版。

23.《崇德七年奏事档》，见中国第一历史档案馆编：《清代档案史料丛编》第 11 辑，中华书局 1984 年版。

24.《盛京满文清军战报》，见中国第一历史档案馆编：《清代档案史料丛编》第 14 辑，中华书局 1990 年版。

25.《盛京吏户礼兵四部文书》，见中国第一历史档案馆编：《清代档案史料丛编》第14辑，中华书局1990年版。

3. 著作类（按出版年份排序）

1. 王利器：《李士桢李煦父子年谱》，北京出版社1983年版。

2. 韦庆远：《档房论史文编》，福建人民出版社1984年版。

3. 张晋藩、郭成康：《清入关前国家法律制度史》，辽宁人民出版社1988年版。

4. 李鹏年等编著：《清代中央国家机关概述》，黑龙江人民出版社1989年版。

5. 韦庆远、刘守诒等编：《清代的旗地》，中华书局1989年版。

6. 韦庆远：《明清史辨析》，中国社会科学出版社1989年版。

7. 常江、李理：《清宫侍卫》，辽宁大学出版社1993年版。

8. 唐益年：《清宫太监》，辽宁大学出版社1993年版。

9. 冯其庸：《曹雪芹家世新考》，文化艺术出版社1997年版。

10. 张晋藩主编：《清朝法制史》，中华书局1998年版。

11. 定宜庄：《满族的妇女生活与婚姻制度研究》，北京大学出版社1999年版。

12. 郑秦：《清代法律研究》，中国政法大学出版社2000年版。

13. 李治亭：《清史》，上海人民出版社2002年版。

14. 定宜庄、郭松义、李中清、康文林：《辽东移民中的旗人社会》，上海社会科学院出版社2004年版。

15. 那思陆：《清代中央司法审判制度》，北京大学出版社2004年版。

16. 白新良：《清史考辨》，人民出版社2005年版。

17. 戴逸主编：《简明清史》，中国人民大学出版社2006年版。

18. 雷炳炎：《清代八旗世爵世职研究》，中南大学出版社2006年版。

19. 李林：《满族宗谱研究》，辽宁民族出版社2006年版。

20. 王佩环：《一个登上龙廷的民族：满族社会与宫廷》，辽宁民族出版社2006年版。

21. 杜家骥：《八旗与清朝政治论稿》，人民出版社 2008 年版。

22. 刘小萌：《清代北京旗人社会》，中国社会科学出版社 2008 年版。

23. ［美］罗友枝著，周卫平译：《清代宫廷社会史》，中国人民大学出版社 2009 年版。

24. 祁美琴：《清代内务府》，辽宁民族出版社 2009 年版。

25. 杨珍：《康熙皇帝一家》，学苑出版社 2009 年版。

26. 章乃炜：《清宫述闻》，故宫出版社 2009 年版。

27. 赖惠敏：《清代的皇权与世家》，北京大学出版社 2010 年版。

28. 张德泽：《清代国家机关考略》，故宫出版社 2012 年版。

29. 杨珍：《历程　制度　人——清朝皇权略探》，学苑出版社 2013 年版。

30. 赖惠敏：《乾隆皇帝的荷包》，台湾“中央研究院”近代史研究所，2014 年版。

31. 孟森：《清史讲义》，中华书局 2014 年版。

32. 杜家骥：《清代八旗官制与行政》，中国社会科学出版社 2015 年版。

33. 徐凯：《满洲认同“法典”与部族双重构建》，中国社会科学出版社 2015 年版。

4. 论文类（按发表年份排序）

1. 单士元：《关于清宫的秀女和宫女》，《故宫博物院院刊》1960 年第 2 期。

2. 彭泽益：《清代前期江南织造的研究》，《历史研究》1963 年第 4 期。

3. 周远廉、杨学琛：《关于清代皇庄的几个问题》，《历史研究》1965 年第 3 期。

4. 张德昌：《清朝内务府的经济作用》，美国《亚洲研究杂志》1972 年第 31 卷第 2 期。

5. 王树卿：《敬事房》，《故宫博物院院刊》1979 年第 2 期。

6. 孟昭信：《论清初顺治年间八旗奴仆的逃亡斗争》，见《吉林大学社会科学论丛2：历史专集》，吉林大学社会科学委员会1980年编印，第134页。

7. 左云鹏：《清代旗下奴仆的地位及其变化》，《陕西师范大学学报》1980年第1期。

8. 赵宗溥：《曹雪芹的旗籍问题考释》，《红楼梦学刊》1981年第4辑。

9. 陈国栋：《清代内务府包衣三旗人员的分类及其旗下组织——兼论一些有关包衣的问题》，台北《食货》1982年12卷9期。

10. 刘守诒：《清代前期内务府纳银庄的几个问题》，《清史研究集》第2辑，中国人民大学出版社1982年版。

11. 韦庆远：《清代的抄家档案和抄家案件》，《学术研究》1982年第5期。

12. 张书才：《曹雪芹旗籍考辨》，《红楼梦学刊》1982年第3辑。

13. 刘守诒：《清初关内官庄建立情况和性质的探讨》，《清史研究集》第3辑，四川人民出版社1983年版，第41~73页。

14. 唐益年：《清代内务府沿革初探》，中国第一历史档案馆编：《清代档案史料丛编》第9辑，中华书局1983年版。

15. 王道瑞：《清代辛者库》，《历史档案》1983年第4期。

16. 谢林：《崇文门税关概述》，《北京史苑》1983年第1卷，第80~94页。

17. 叶志如：《康、雍、乾时期辛者库人的成分及人身关系》，《民族研究》1984年第1期。

18. 关嘉录、魏鉴勋：《从〈黑图档〉看康熙朝盛京皇庄的赋役制度》，《中国史研究》1984年第2期。

19. 魏鉴勋、关嘉录：《康熙朝盛京内务府皇庄的管理》，《故宫博物院院刊》1984年第2期。

20. 王树卿：《清朝太监制度》，《故宫博物院院刊》1984年第2期。

21. 王树卿：《清朝太监制度（续）》，《故宫博物院院刊》1984年第3期。

22. 曹宗儒：《总管内务府考略》，原《文献论丛》，民国25年，85~116页。该文后收录中国第一历史档案馆编：《明清档案论文选编》，档案出版社 1985 年版。

23. 何本方：《清代的榷关与内务府》，《故宫博物院院刊》1985 年第 2 期。

24. 吴伯娅：《美国出版〈康雍乾内务府考〉等书简介》，《清史研究通讯》1985 年第 3 期。

25. 郭成康：《清初牛录的类别》，《史学集刊》1985 年第 4 期。

26. 林永匡、王熹：《清代长芦盐商与内务府》，《故宫博物院院刊》1986 年第 2 期。

27. 单士元：《管理宫廷生活的清代内务府组织机构及其档案》，《故宫博物院院刊》1986 年第 3 期。

28. 傅克东：《从内佐领和管领谈到清代辛者库人》，《清史研究通讯》1986 年第 3 期。

29. 沈微：《盛京内务府粮庄概述》，《社会科学辑刊》1986 年第 4 期。

30. 杨乃济：《清帝的乳母和保姆》，《燕都》1987 年第 6 期。

31. 陈玉峰：《东北皇庄生产关系的演变》，《史学集刊》1988 年第 2 期。

32. 关克笑：《清代盛京内务府盐庄》，《满族研究》1988 年第 2 期。

33. 定宜庄、刘小萌：《台尼堪考》，《清史研究通讯》1988 年第 3 期。

34. 林永匡、王熹：《清代盐商与皇室》，《史学月刊》1988 年第 3 期。

35. 商鸿逵：《清代皇商介休范家》，见《明清史论著合集》，北京大学出版社 1988 年版，第 261 ~ 270 页。

36. 赵凯：《清代旗鼓佐领考辨——兼论有关清代包衣的若干问题》，《故宫博物院院刊》1988 年第 1 期。

37. 范金民：《清代前期江南织造的几个问题》，《中国经济史研究》1989 年第 1 期。

38. 乌廷玉：《清朝盛京内务府官庄的几个问题》，《北方文物》1989 年第 3 期。

39. 关克笑：《盛京内务府棉庄》，《社会科学辑刊》1989 年第 4 期。

40. 李鸿彬：《简论清初十三衙门》，《史学集刊》1990 年第 2 期。

41. 杜家骥：《清代八旗制度中的“抬旗”》，《史学集刊》1991 年第 4 期。

42. 江桥：《十三衙门初探》，见《清代宫史探微》，紫禁城出版社 1991 年版，第 49～56 页。

43. 赖惠敏：《清代内务府档案资料简介》，《近代中国史研究通讯》1991 年第 12 期。

44. 王佩环：《清代盛京内务府盐庄浅析》，《盐业史研究》1991 年第 3 期。

45. 张莉：《清代上驷院综谈》，见《清代宫史探微》，紫禁城出版社 1991 年版，第 5～66 页。

46. 赵冈：《清朝的汉军与包衣》，见赵冈、陈钟毅：《红楼梦新探》，文化艺术出版社 1991 年版。

47. 杜家骥：《清代“辛者库”问题考释》，《南开史学》1992 年第 1 期。

48. 佟永功、关嘉禄：《盛京上三旗包衣佐领述略》，《历史档案》1992 年第 3 期。

49. 韦庆远：《江南三织造与清代前期政治》，《史学集刊》1992 年第 3 期。

50. 吴奇衍：《简论清前期内务府皇商的兴起》，见叶显恩主编《清代区域社会经济研究》下册，中华书局 1992 年版，第 633～645 页。

51. 钟安西：《清朝内务府考略》，《文史》1992 年第 34 辑。

52. 关嘉禄、佟永功：《盛京皇庄探析》，见《庆祝王钟翰先生八十寿辰学术论文集》，辽宁大学出版社 1993 年版，第 183～190 页。

53. 佟永功、关嘉禄：《乾隆朝盛京总管内务府的设立》，《故宫博物院院刊》1994 年第 2 期。

54. 曹连明：《清代大内侍卫谈略》，《紫禁城》1994 年第 4 期。

55. 李帆：《关于清代畿辅地区内务府纳粮庄的若干问题》，《满族研究》1994 年第 4 期。

56. 罗丽达：《顺治元年清字记事档（十一月）满文翻译》，《满族研究》1994 年第 4 期。

57. 李国荣：《雍正帝对太监的有效管理》，见《清代皇宫陵寝》，紫禁城出版社 1995 年版，第 246 ~ 255 页。

58. 罗丽达：《清初国家财政利益上的宫府之争及赵申乔的遭遇》，《新史学》6 卷 3 期，1995 年，第 29 ~ 61 页。

59. 张建辉：《关于清代生息银两制的兴起问题》，《中国社会经济史研究》1995 年第 1 期。

60. 佟永功：《盛京内务府户口册解析》，《清史研究》1995 年第 2 期。

61. 祁美琴：《关于盛京内务府设立的时间问题》，《清史研究》1995 年第 3 期。

62. 秦国经：《清代内务府及其档案》，见《清代宫史丛谈》，紫禁城出版社 1996 年版，第 379 ~ 398 页。

63. 祁美琴：《清初内务府及其与十三衙门的关系》，《清史研究》1997 年第 1 期。

64. 李全伟：《顺治帝与十三衙门》，《玉林师专学报》1997 年第 2 期。

65. 祁美琴：《清代内务府包衣对清代文化的贡献》，《内蒙古社会科学》1997 年第 3 期。

66. 赖惠敏：《清代内务府官庄的户口》，台湾“中央研究院”历史语言研究所：《中国近世家族与社会学术研讨会论文集》，1998 年，第 329 ~ 370 页。

67. 吴兆清：《论清代内务府当铺之兴衰》，台北“故宫博物院”：《故宫学术季刊》第 16 卷 2 期，1998 年。

68. 王钟翰：《清代内务府略考》，《社会科学辑刊》1999 年第 3 期。

69. 定宜庄：《清代东北“三庄”名称辨析》，《欧亚学刊》第 2 期，中华书局 2000 年版。

70. 佟永功：《清代盛京参务活动述略》，《清史研究》2000 年第 1 期。

71. 祁美琴：《内务府高氏家族考》，《清史研究》2000 年第 2 期。

72. 韦庆远：《清代的内务府及其匠役》，见南开大学历史系、北京大学历史系编：《郑天挺先生百年诞辰纪念文集》，中华书局 2000 年版，第 228 ~ 236 页。

73. 定宜庄：《家族组织与八旗制度之间：清代盛京内务府户口册与

旗人家谱的对比研究》，《清史论丛》2001 年号，中国广播电视出版社。

74. 韦庆远：《〈庄头家谱〉与清代对旗地的管理》，《中国社会经济史研究》2001 年第 2 期。

75. 杜家骥：《清代八旗管领与“辛者库”问题》，见支运亭主编《八旗制度与满族文化》，辽宁民族出版社 2002 年版。

76. 佟永功：《清代盛京总管内务府设置沿革考》，《满族研究》2002 年第 1 期。

77. 杨永占：《清宫中的姥姥、嬷嬷、妈妈里》，《中国档案报》2002 年 6 月 14 日，第 001 版。

78. 朱庆薇：《内务府广储司六库月折档》，《近代中国史研究通讯》2002 年第 34 期。

79. 任玉雪：《盛京内务府建立时间再探》，《历史档案》2003 年第 1 期。

80. 任玉雪：《试析盛京内务府户口》，《清史研究》2003 年第 2 期。

81. 祁美琴：《关于清代榷关“差官”问题的考察》，《清史研究》2003 年第 4 期。

82. 张玉兴：《包衣汉姓与汉军简论》，《辽宁大学学报》2003 年第 4 期。

83. 赖惠敏：《妇女无知？清代内府旗妇的法律地位》，《近代中国妇女史研究》2003 年第 11 期。

84. 刘小萌：《关于清代内务府世家》，见《孙文良先生百年华诞纪念——明清史论文集》，辽宁大学出版社 2004 年版，第 138 ~ 158 页。

85. 徐凯：《尼堪姓氏与八旗满洲旗分佐领》，《中国史研究》2004 年第 1 期。

86. 潘茂桐：《清朝的庆丰司》，《档案与社会》2004 年第 2 期。

87. 刘小萌：《清朝皇帝与保母》，《北京社会科学》2004 年第 3 期。

88. 定宜庄、胡鸿保：《清代内务府高佳世家的婚姻圈》，《清史研究》2005 年第 3 期。

89. 韦庆远：《清代内务府的多方面功能》，见《明清史续析》，广东人民出版社 2006 年版，第 339 ~ 358 页。

90. 韦庆远：《清代内务府的匠役和御用手工业》，见《明清史续析》，广东人民出版社 2006 年版，第 359 ~ 378 页。

91. 余林：《清代太监惩罚制度述论》，《黔南民族师范学院学报》2006 年第 5 期。

92. 定宜庄：《满族士大夫群体的产生与发展：以清代内务府完颜世家为例》，《清史论丛》，中国广播电视出版社 2007 年版，第 292 ~ 335 页。

93. 胡祥雨：《清前期京师初级审判制度之变更》，《历史档案》2007 年第 2 期。

94. 杜家骥：《从内务府掌仪司等档案看清代皇子的分封制度》，见中国第一历史档案馆编《明清档案与历史研究论文集》，新华出版社 2008 年版，第 527 ~ 542 页。

95. 关嘉禄：《庄亲王允禄内务府理政刍议》，见中国第一历史档案馆编《明清档案与历史研究论文集》，新华出版社 2008 年版，第 543 ~ 554 页。

96. 徐法言：《内务府汉姓包衣的社会地位及其族属认定》，《社会科学研究》2008 年第 3 期。

97. 杜家骥、张振国：《清代内务府官制的复杂性及其特点》，《南开学报》2008 年第 4 期。

98. 王艳春：《清入关前的宫女与太监》，《沈阳故宫博物院院刊》2008 年第 6 辑。

99. 赵令志：《论清代之选秀女制度》，见中国第一历史档案馆编《明清档案与历史研究论文集》，新华出版社 2008 年版，第 584 ~ 597 页。

100. 定宜庄、邱源媛：《清初“浑托和”考释》，《燕京学报》新二十八期。

101. 赖惠敏：《铁杆庄稼？清末内务府辛者库人的家户与生计》，见《清代的皇权与世家》，北京大学出版社 2010 年版，第 256 ~ 313 页。

102. 齐如山：《前清的内务府衙门》，见梁燕主编、齐如山著《齐如山文集》第 10 卷，河北教育出版社 2010 年版，第 173 ~ 192 页。

103. 孙晓莹：《康熙朝内务府商人与日本铜》，见［日］松浦章编《明清以来东亚海域交流史》，（台湾）博扬文化事业有限公司 2010 年版，第 245 ~ 268 页。

104. 王萌：《康熙朝后期的铜政改革与内务府官商》，《清史研究》2010 年第 1 期。

105. 定宜庄、邱源媛：《旗民与满汉之间：清代“随旗人”初探》，《清史研究》2011 年第 1 期。

106. 杜家骥：《清初内务府设立的时间问题》，《古今论衡》2011 年第 23 期，第 173 ~ 177 页。

107. 赖惠敏：《从法律看清朝的旗籍政策》，《清史研究》2011 年第 1 期。

108. 杜家骥：《清代内务府旗人复杂的旗籍及其多种身份——兼谈曹雪芹家族的旗籍及其身份》，《民族研究》2011 年第 3 期。

109. 郑天挺：《清代包衣制度与宦官》，见《清史探微》，北京大学出版社 2011 年版。

110. 黄一农：《曹雪芹高祖曹振彦旗籍新考》，《文史哲》2012 年第 1 期。

111. 李学成：《清朝太监典制述论》，《满族研究》2012 年第 4 期。

112. 毛宪民：《清代上驷院管理与马匹来源和驯养》，见中国紫禁城协会编《中国紫禁城学会论文集》第 7 辑，故宫出版社 2012 年版。

113. 杨珍：《关于满文档案与清史研究的几点认识》，《故宫学刊》2012 年第 1 期。

114. 刘文华：《清宫内务府来文概述》，见《清宫史研究》第 11 辑，文化艺术出版社 2013 年版，第 281 ~ 289 页。

115. 祁美琴、崔灿：《包衣身份再辨》，《清史研究》2013 年第 1 期。

116. 强光美：《试论清代总管内务府大臣对太监的管理》，《满族研究》2013 年第 1 期。

117. 常虚怀：《皇太极时期的世职制度》，《湖南人文科技学院学报》2013 年第 5 期。

118. 薛明：《康熙朝中后期内务府商人赴日办铜的利润问题》，《清史研究》2014 年第 2 期。

119. 樊志斌：《满洲、包衣、旗人、满族：曹雪芹“身份表述”中的几个概念》，《红楼梦学刊》2014 年第 5 辑。

120. 滕德永：《关于清宫太监净身》，《沈阳故宫博物院院刊》第 14 辑，2014 年。

121. 滕德永：《清代户部与内务府财政关系探析》，《史学月刊》2014 年第 9 期。

122. 徐莉：《专为皇帝饲养牛羊的机构——清朝内务府庆丰司》，《中国档案》2014 年第 11 期。

5. 学位论文类（按答辩年份排序）

1. 钟安西：《清代内务府初探》，北京大学硕士学位论文，1982 年。

2. 王景丽：《清前期内务府皇商范氏的商业活动探析》，中央民族大学硕士学位论文，2007 年。

3. 邢新欣：《清代官方文献所见之北京寺观管理——以内务府档案与则例为中心》，北京师范大学硕士学位论文，2008 年。

4. 许妍：《清代“选秀女”制度研究》，中央民族大学硕士学位论文，2009 年。

5. 曹强新：《清代监狱研究》，武汉大学博士学位论文，2011 年。

6. 王雪梅：《清代打牲乌拉总管衙门研究》，中央民族大学博士学位论文，2012 年。

7. 王晓媛：《清代介休范氏家族贸易研究》，西北师范大学硕士学位论文，2013 年。

8. 张瑜：《论明清中央司法机构的嬗变》，华东政法大学硕士学位论文，2014 年。

附　录

《八旗满洲氏族通谱·包衣·满洲姓氏》

表 1

姓名	姓氏	世居地方	来归时间	旗籍	出处
达古善	瓜尔佳氏	苏完	国初	镶黄旗包衣	卷一,37 页
桑固尼	瓜尔佳氏	苏完	国初	镶黄旗包衣	卷一,42 页
隋逊	瓜尔佳氏	苏完	国初	正红旗包衣	卷一,45 页
陈特穆	瓜尔佳氏	苏完	国初	镶黄旗包衣	卷一,47 页
科尔谟	瓜尔佳氏	苏完	国初	镶黄旗包衣	卷一,47 页
吴尔占	瓜尔佳氏	苏完	国初	正白旗包衣	卷一,48 页
倭赫	瓜尔佳氏	苏完	国初	镶红旗包衣	卷一,49 页
那木占	瓜尔佳氏	苏完	国初	镶蓝旗包衣	卷一,49 页
博罗费扬古	瓜尔佳氏	苏完	国初	镶蓝旗包衣	卷一,49 页
孟爱	瓜尔佳氏	苏完	国初	镶蓝旗包衣	卷一,49 页
额满	瓜尔佳氏	苏完	国初	镶蓝旗包衣	卷一,49 页
阿尔萨兰	瓜尔佳氏	苏完	无考	镶红旗包衣	卷一,50 页
达格	瓜尔佳氏	苏完	无考	镶红旗包衣	卷一,50 页
魏班	瓜尔佳氏	安褚拉库	无考	正白旗包衣	卷二,55 页
阿济纳	瓜尔佳氏	安褚拉库	无考	正白旗包衣	卷二,56 页
殷达浑	瓜尔佳氏	尼马察	国初	镶白旗包衣	卷二,57 页
柏尔格图	瓜尔佳氏	长白山	国初	镶黄旗包衣	卷二,64 页
赫蓝泰	瓜尔佳氏	长白山	天聪	镶黄旗包衣	卷二,64 页

续表 1

姓名	姓氏	世居地方	来归时间	旗籍	出处
海塞	瓜尔佳氏	长白山	天聪	正黄旗包衣	卷二,64 页
珠山	瓜尔佳氏	长白山	无考	镶黄旗包衣	卷二,64 页
雄图	瓜尔佳氏	长白山	无考	镶黄旗包衣	卷二,64 页
胡尔萨	瓜尔佳氏	长白山	无考	镶黄旗包衣	卷二,64 页
达士希	瓜尔佳氏	蜚悠城	国初	正白旗包衣	卷二,65 页
喀图理	瓜尔佳氏	蜚悠城	无考	镶黄旗包衣	卷二,65 页
阿那太	瓜尔佳氏	辉发	国初	镶白旗包衣	卷二,66 页
硕颜多	瓜尔佳氏	辉发	国初	正蓝旗包衣	卷二,66 页
布尔哈	瓜尔佳氏	辉发	国初	镶蓝旗包衣	卷二,66 页
锡罕	瓜尔佳氏	辉发	天聪	正黄旗包衣	卷二,67 页
吴海	瓜尔佳氏	辉发	无考	镶黄旗包衣	卷二,67 页
倭赫	瓜尔佳氏	辉发	无考	正白旗包衣	卷二,67 页
翁勤	瓜尔佳氏	辉发	无考	正蓝旗包衣	卷二,67 页
杭奇	瓜尔佳氏	辉发	无考	正蓝旗包衣	卷二,67 页
察哈	瓜尔佳氏	哈达	国初	镶蓝旗包衣	卷三,73 页
布塞赫	瓜尔佳氏	哈达	国初	镶蓝旗包衣	卷三,73 页
塔本	瓜尔佳氏	哈达	无考	镶黄旗包衣	卷三,73 页
达都	瓜尔佳氏	哈达	无考	正白旗包衣	卷三,73 页
伊勒图	瓜尔佳氏	叶赫	国初	镶黄旗包衣	卷三,75 页
萨哈连	瓜尔佳氏	叶赫	国初	镶白旗包衣	卷三,76 页
费扬古	瓜尔佳氏	叶赫	国初	镶蓝旗包衣	卷三,76 页
岱珠瑚	瓜尔佳氏	叶赫	无考	正白旗包衣	卷三,76 页
福尔僧额	瓜尔佳氏	乌喇	国初	正蓝旗包衣	卷三,80 页
瓦尔喀	瓜尔佳氏	乌喇	无考	镶黄旗包衣	卷三,81 页
安图	瓜尔佳氏	乌喇	无考	正蓝旗包衣	卷三,81 页
硕色	瓜尔佳氏	乌喇	无考	正蓝旗包衣	卷三,81 页

续表1

姓名	姓氏	世居地方	来归时间	旗籍	出处
古勒讷	瓜尔佳氏	乌喇	无考	正蓝旗包衣	卷三,81 页
阿尔芬	瓜尔佳氏	乌喇	无考	镶蓝旗包衣	卷三,81 页
透登额	瓜尔佳氏	讷殷	无考	镶黄旗包衣	卷三,82 页
沙晋	瓜尔佳氏	讷殷	无考	镶黄旗包衣	卷三,82 页
囊锦	瓜尔佳氏	讷殷	无考	镶黄旗包衣	卷三,82 页
卓当阿	瓜尔佳氏	松花江	国初	镶黄旗包衣	卷四,90 页
颜岱	瓜尔佳氏	费雅郎阿	国初	正红旗包衣	卷四,94 页
夸资	瓜尔佳氏	原籍无考	国初	正红旗包衣	卷四,94 页
尹登	瓜尔佳氏	新屯	国初	镶白旗包衣	卷四,95 页
硕色	瓜尔佳氏	辽河	国初	镶蓝旗包衣	卷四,96 页
济克济理	瓜尔佳氏	拉发	天聪	正黄旗包衣	卷四,96 页
朔色	瓜尔佳氏	拉发	天聪	正黄旗包衣	卷四,96 页
李成功	瓜尔佳氏	拉发	天聪	正黄旗包衣	卷四,96 页
罗起	瓜尔佳氏	安图	天聪	镶蓝旗包衣	卷四,96 页
德昌	瓜尔佳氏	沈阳	无考	镶黄旗包衣	卷四,96 页
佟氏	瓜尔佳氏	五姓庄	无考	镶黄旗包衣	卷四,96 页
布延图	瓜尔佳氏	安图	无考	正黄旗包衣	卷四,97 页
阿克东阿	瓜尔佳氏	沈阳	无考	正白旗包衣	卷四,97 页
伊尔唐阿	瓜尔佳氏	法沙喇	无考	镶白旗包衣	卷四,97 页
石达理	瓜尔佳氏	五间房	无考	镶红旗包衣	卷四,97 页
阿鼐	瓜尔佳氏	凤凰城	无考	镶红旗包衣	卷四,97 页
爱碧隆	瓜尔佳氏	吉阳	无考	正蓝旗包衣	卷四,97 页
董安	瓜尔佳氏	呼讷赫河	无考	正蓝旗包衣	卷四,97 页
巴颜	瓜尔佳氏	吉阳	无考	正蓝旗包衣	卷四,97 页
国安	瓜尔佳氏	山答铺	无考	正蓝旗包衣	卷四,97 页
常明	瓜尔佳氏	无考	无考	镶蓝旗包衣	卷四,97 页

续表 1

姓名	姓氏	世居地方	来归时间	旗籍	出处
苏济	钮钴禄氏	长白山	国初	正红旗包衣	卷五,105 页
舍锡柏哈斯瑚	钮钴禄氏	长白山	国初	正蓝旗包衣	卷五,105 页
宁滚占岳波	钮钴禄氏	长白山	天聪	正白旗包衣	卷五,105 页
乌云珠	钮钴禄氏	长白山	无考	正白旗包衣	卷五,106 页
富尔萨	钮钴禄氏	长白山	无考	镶蓝旗包衣	卷五,106 页
罗岱	钮钴禄氏	安图瓜尔佳	国初	镶黄旗包衣	卷五,110 页
蒙古尔岱	钮钴禄氏	辉发	国初	正蓝旗包衣	卷五,112 页
留三	钮钴禄氏	哈达	国初	镶蓝旗包衣	卷五,112 页
莽喀纳	钮钴禄氏	佛阿拉马尔敦	天聪	正黄旗包衣	卷五,112 页
吴班	钮钴禄氏	陵和罗	无考	正白旗包衣	卷五,112 页
吴达善	钮钴禄氏	巴尔达	无考	正蓝旗包衣	卷五,112 页
阿星阿	舒穆禄氏	库尔喀	无考	正白旗包衣	卷六,119 页
雅隆	舒穆禄氏	浑春	无考	镶黄旗包衣	卷六,120 页
喇瑚达	舒穆禄氏	朱舍里	天聪	正黄旗包衣	卷六,121 页
冯安	舒穆禄氏	朱舍里	国初	正白旗包衣	卷六,121 页
和罗奇都朱琥	舒穆禄氏	浑春杜麻湖村	国初	正蓝旗包衣	卷六,127 页
瑚伦	舒穆禄氏	叶赫	天聪	正黄旗包衣	卷六,127 页
赛碧汉	舒穆禄氏	叶赫	天聪	正黄旗包衣	卷六,127 页
三达理	舒穆禄氏	叶赫	天聪	正黄旗包衣	卷六,127 页
哈坦	舒穆禄氏	绥分	无考	正白旗包衣	卷六,127 页
绰布海	舒穆禄氏	长白山	无考	正白旗包衣	卷六,127 页
达进	马佳氏	绥分	无考	正白旗包衣	卷七,132 页
胡什巴	马佳氏	马佳	国初	镶蓝旗包衣	卷七,133 页
对齐巴	马佳氏	马佳	国初	镶白旗包衣	卷七,133 页
赫尔素	马佳氏	马佳	国初	正蓝旗包衣	卷七,134 页
倭赫德	马佳氏	马佳	国初	镶蓝旗包衣	卷七,134 页

续表1

姓名	姓氏	世居地方	来归时间	旗籍	出处
席本	马佳氏	虎尔哈	国初	正黄旗包衣	卷七,136 页
库库	马佳氏	辉发	国初	正红旗包衣	卷七,136 页
瑚什巴	马佳氏	哈达	国初	镶蓝旗包衣	卷七,137 页
班第	马佳氏	穆丹	天聪	正黄旗包衣	卷七,137 页
萨穆哈	马佳氏	长白山	无考	镶黄旗包衣	卷七,137 页
库尼堪	马佳氏	辉发	无考	镶红旗包衣	卷七,137 页
图克善	马佳氏	哈达	无考	镶蓝旗包衣	卷七,137 页
马达	马佳氏	黄古屯	无考	镶蓝旗包衣	卷七,137 页
温岱哈斯瑚	董鄂氏	董鄂地方	国初	正红旗包衣	卷八,144 页
尼音塔哈	赫舍里氏	哈达	国初	正黄旗包衣	卷九,153 页
达蓝	赫舍里氏	哈达	无考	镶黄旗包衣	卷九,156 页
屯齐理	赫舍里氏	哈达	无考	镶红旗包衣	卷九,156 页
王吉那	赫舍里氏	哈达	无考	正蓝旗包衣	卷九,156 页
阿普代	赫舍里氏	叶赫	国初	镶黄旗包衣	卷十,160 页
希佛讷	赫舍里氏	叶赫	国初	镶蓝旗包衣	卷十,160 页
达兰	赫舍里氏	叶赫	无考	正白旗包衣	卷十,160 页
纳亲	赫舍里氏	叶赫	无考	正红旗包衣	卷十,160 页
伯格	赫舍里氏	辉发	国初	镶蓝旗包衣	卷十,161 页
图巴海	赫舍里氏	辉发	无考	正白旗包衣	卷十,161 页
皋官	赫舍里氏	辉发	无考	正白旗包衣	卷十,161 页
固赛	赫舍里氏	辉发	无考	正蓝旗包衣	卷十,161 页
成尼理	赫舍里氏	雅尔瑚	国初	正蓝旗包衣	卷十,163 页
何书勒	赫舍里氏	德得合村	天聪	镶黄旗包衣	卷十,164 页
巴尔布哈	赫舍里氏	尔敏街地方	无考	正白旗包衣	卷十,164 页
赫隆	赫舍里氏	象山地方	无考	镶白旗包衣	卷十,164 页
达瑚巴颜	他塔喇氏	扎库木	国初	镶黄旗包衣	卷 11,168 页

续表1

姓名	姓氏	世居地方	来归时间	旗籍	出处
准布禄	他塔喇氏	扎库木	国初	镶红旗包衣	卷11,173页
班布理	他塔喇氏	扎库木	国初	正蓝旗包衣	卷11,174页
迈图	他塔喇氏	纳殷江地方	国初	正红旗包衣	卷11,178页
孝新	他塔喇氏	乌喇地方	国初	正红旗包衣	卷11,178页
拖托理	他塔喇氏	伊兰木地方	国初	镶白旗包衣	卷11,178页
图楞额	他塔喇氏	伊兰木地方	国初	镶白旗包衣	卷11,178页
索克锡	他塔喇氏	乌喇	国初	镶白旗包衣	卷11,178页
勒黑	他塔喇氏	海州	国初	镶白旗包衣	卷11,178页
礼当阿	他塔喇氏	伊兰木	天聪	正黄旗包衣	卷11,178页
那海	他塔喇氏	伊兰木	天聪	正黄旗包衣	卷11,178页
满都瑚	他塔喇氏	吉林乌拉	无考	镶白旗包衣	卷11,178页
扎昆朱	他塔喇氏	吉林乌拉	无考	镶白旗包衣	卷11,179页
三覃	伊尔根觉罗氏	穆溪	国初	镶蓝旗包衣	卷12,182页
鄂星阿	伊尔根觉罗氏	叶赫	国初	镶白旗包衣	卷12,185页
扬桑阿	伊尔根觉罗氏	叶赫	国初	正蓝旗包衣	卷12,185页
舒玛	伊尔根觉罗氏	叶赫	无考	正黄旗包衣	卷12,186页
嘉塔海	伊尔根觉罗氏	叶赫	无考	正白旗包衣	卷12,186页
陈岱	伊尔根觉罗氏	叶赫	无考	镶白旗包衣	卷12,186页
墨尔根	伊尔根觉罗氏	撒尔湖	国初	镶白旗包衣	卷13,193页
乌什	伊尔根觉罗氏	雅尔湖	无考	镶蓝旗包衣	卷13,197页
达春	伊尔根觉罗氏	乌喇	国初	镶蓝旗包衣	卷13,198页
察哈理	伊尔根觉罗氏	乌喇	天聪	镶蓝旗包衣	卷13,198页
噶达浑硕色	伊尔根觉罗氏	乌喇	无考	正蓝旗包衣	卷13,199页
凯起	伊尔根觉罗氏	佛阿拉	国初	镶黄旗包衣	卷14,204页
发库达	伊尔根觉罗氏	佛阿拉	天聪	镶黄旗包衣	卷14,205页
尹达浑	伊尔根觉罗氏	佛阿拉	无考	正白旗包衣	卷14,205页

续表1

姓名	姓氏	世居地方	来归时间	旗籍	出处
常在	伊尔根觉罗氏	佛阿拉	无考	正白旗包衣	卷14,205页
尼喀理	伊尔根觉罗氏	佛阿拉	无考	正白旗包衣	卷14,205页
玛色	伊尔根觉罗氏	哈达	国初	镶蓝旗包衣	卷14,206页
叶蒙额	伊尔根觉罗氏	哈达	天聪	镶蓝旗包衣	卷14,206页
绰伦	伊尔根觉罗氏	哈达	无考	镶红旗包衣	卷14,206页
当塞	伊尔根觉罗氏	哈达	无考	镶红旗包衣	卷14,206页
丹达	伊尔根觉罗氏	额尔景	无考	正蓝旗包衣	卷15,213页
章武理	伊尔根觉罗氏	阳谷屯	国初	正红旗包衣	卷15,216页
奇鲁	伊尔根觉罗氏	俄漠和苏鲁	国初	镶白旗包衣	卷15,217页
布拉岱	伊尔根觉罗氏	瓦湖木	国初	镶红旗包衣	卷15,217页
西汉	伊尔根觉罗氏	讷殷	国初	镶红旗包衣	卷15,217页
额齐布	伊尔根觉罗氏	滹尔苏	国初	正蓝旗包衣	卷15,217页
穆珠瑚	伊尔根觉罗氏	福齐希美佛赫	国初	正蓝旗包衣	卷15,217页
晋桂	伊尔根觉罗氏	瓦湖木	国初	正蓝旗包衣	卷15,217页
马兴阿	伊尔根觉罗氏	宁古塔	国初	镶蓝旗包衣	卷15,218页
颜珠瑚	伊尔根觉罗氏	长白山	国初	镶蓝旗包衣	卷15,218页
阿库扎	伊尔根觉罗氏	瓦里湖地方	天聪	镶黄旗包衣	卷15,218页
顾宁阿	伊尔根觉罗氏	辉发	天聪	镶黄旗包衣	卷15,218页
乌登额	伊尔根觉罗氏	小西门	天聪	正黄旗包衣	卷15,218页
拉拉理	伊尔根觉罗氏	长白山	天聪	正黄旗包衣	卷15,218页
罗什	伊尔根觉罗氏	小西门	天聪	正黄旗包衣	卷15,218页
塞勒布	伊尔根觉罗氏	瓦色	天聪	镶蓝旗包衣	卷15,218页
安吉图	伊尔根觉罗氏	辉发	天聪	镶蓝旗包衣	卷15,218页
洪布禄	伊尔根觉罗氏	辉发	天聪	镶蓝旗包衣	卷15,218页
阿尔泰	伊尔根觉罗氏	和宁	天聪	镶蓝旗包衣	卷15,218页
席图库	伊尔根觉罗氏	长白山	天聪	镶蓝旗包衣	卷15,218页

续表 1

姓名	姓氏	世居地方	来归时间	旗籍	出处
乌达哈	伊尔根觉罗氏	库伦	无考	镶黄旗包衣	卷 15,218 页
特实	伊尔根觉罗氏	沈阳	无考	镶黄旗包衣	卷 15,218 页
罗多理	伊尔根觉罗氏	冈子	无考	镶黄旗包衣	卷 15,218 页
干珠琥	伊尔根觉罗氏	蜚悠城	无考	镶黄旗包衣	卷 15,218 页
金岱	伊尔根觉罗氏	沈阳	无考	镶黄旗包衣	卷 15,218 页
尼雅哈	伊尔根觉罗氏	长白山	无考	镶黄旗包衣	卷 15,219 页
古那哈	伊尔根觉罗氏	长白山	无考	正黄旗包衣	卷 15,219 页
扎克三	伊尔根觉罗氏	绥分	无考	正白旗包衣	卷 15,219 页
顾扬阿	伊尔根觉罗氏	辉发	无考	正白旗包衣	卷 15,219 页
胡什巴	伊尔根觉罗氏	辉发	无考	正白旗包衣	卷 15,219 页
科罗昆	伊尔根觉罗氏	辉发	无考	正白旗包衣	卷 15,219 页
富赉	伊尔根觉罗氏	长白山	无考	正白旗包衣	卷 15,219 页
硕岱	伊尔根觉罗氏	长白山	无考	正白旗包衣	卷 15,219 页
浩善	伊尔根觉罗氏	板城	无考	正白旗包衣	卷 15,219 页
萨尔纳	伊尔根觉罗氏	辉发	无考	正白旗包衣	卷 15,219 页
布楞泰	伊尔根觉罗氏	辉发	无考	正白旗包衣	卷 15,219 页
希特海	伊尔根觉罗氏	哈尔敏	无考	镶白旗包衣	卷 15,219 页
萨尔图	伊尔根觉罗氏	马察	无考	镶白旗包衣	卷 15,220 页
安保	伊尔根觉罗氏	长白山	无考	镶白旗包衣	卷 15,220 页
栢林	伊尔根觉罗氏	讷殷	无考	镶红旗包衣	卷 15,220 页
兆广德	伊尔根觉罗氏	雷佳堡	无考	镶红旗包衣	卷 15,220 页
席特库	伊尔根觉罗氏	宁古塔	无考	镶红旗包衣	卷 15,220 页
颜布禄	伊尔根觉罗氏	萨克苏	无考	正蓝旗包衣	卷 15,220 页
松锦	伊尔根觉罗氏	额尔敏	无考	正蓝旗包衣	卷 15,220 页
莽祚	伊尔根觉罗氏	讷殷	无考	正蓝旗包衣	卷 15,220 页
胡什霸	伊尔根觉罗氏	福齐希和罗	无考	正蓝旗包衣	卷 15,220 页

续表1

姓名	姓氏	世居地方	来归时间	旗籍	出处
岱苏	伊尔根觉罗氏	杭佳	无考	镶蓝旗包衣	卷15,220页
罗察	伊尔根觉罗氏	完颜	无考	镶蓝旗包衣	卷15,220页
高万吟	伊尔根觉罗氏	长白山	无考	镶蓝旗包衣	卷15,220页
章齐	伊尔根觉罗氏	沙济	无考	镶蓝旗包衣	卷15,220页
章泰	伊尔根觉罗氏	杭佳	无考	镶蓝旗包衣	卷15,220页
赫佛	伊尔根觉罗氏	杭佳	无考	镶蓝旗包衣	卷15,220页
多宁阿	伊尔根觉罗氏	老寨子	无考	镶蓝旗包衣	卷15,220页
福拉浑	伊尔根觉罗氏	长白山	无考	镶蓝旗包衣	卷15,221页
伟山	伊尔根觉罗氏	杭佳	无考	镶蓝旗包衣	卷15,221页
满都理	伊尔根觉罗氏	长白山	无考	镶蓝旗包衣	卷15,221页
安达理	伊尔根觉罗氏	沙济	无考	镶蓝旗包衣	卷15,221页
多弼纳	伊尔根觉罗氏	长白山	无考	镶蓝旗包衣	卷15,221页
塔金	伊尔根觉罗氏	杭佳	无考	镶蓝旗包衣	卷15,221页
坦扎哈	舒舒觉罗氏	哈达	天聪	正黄旗包衣	卷16,225页
胡什巴	舒舒觉罗氏	长白山	国初	正红旗包衣	卷16,229页
德得尼	舒舒觉罗氏	三姓	国初	镶红旗包衣	卷16,229页
塞色	舒舒觉罗氏	达尔滹	国初	镶红旗包衣	卷16,229页
巴宁阿	舒舒觉罗氏	辉发	天聪	镶黄旗包衣	卷16,230页
颜珠浑	舒舒觉罗氏	长白山	天聪	镶蓝旗包衣	卷16,230页
西萨纳	舒舒觉罗氏	长白山	无考	正白旗包衣	卷16,230页
迈图	舒舒觉罗氏	喇发	无考	正白旗包衣	卷16,230页
兑布禄	舒舒觉罗氏	安图	无考	正红旗包衣	卷16,230页
安达尔汉	舒舒觉罗氏	长白山	无考	镶红旗包衣	卷16,231页
布海	舒舒觉罗氏	萨哈尔察	无考	镶红旗包衣	卷16,231页
穆理玛	舒舒觉罗氏	完颜	无考	镶蓝旗包衣	卷16,231页
华色	舒舒觉罗氏	完颜	无考	镶蓝旗包衣	卷16,231页

续表 1

姓名	姓氏	世居地方	来归时间	旗籍	出处
方喀拉	西林觉罗氏	哈达	天聪	镶蓝旗包衣	卷 17,235 页
台补	西林觉罗氏	哈达	国初	正红旗包衣	卷 17,237 页
噶喀善	西林觉罗氏	辉发	天聪	镶蓝旗包衣	卷 17,237 页
倭赫	西林觉罗氏	库伦达巴汉	无考	镶蓝旗包衣	卷 17,237 页
阿普察	通颜觉罗氏	额尔敏	无考	正白旗包衣	卷 18,241 页
诺尔巴哈	通颜觉罗氏	叶赫	无考	正白旗包衣	卷 18,242 页
阿精阿	通颜觉罗氏	大郎村	无考	正白旗包衣	卷 18,242 页
噶塔布	通颜觉罗氏	福尔哈	国初	正黄旗包衣	卷 18,243 页
丰盛额	通颜觉罗氏	俄漠和	国初	正黄旗包衣	卷 18,243 页
阿哈尼堪	通颜觉罗氏	叶赫	无考	正黄旗包衣	卷 18,243 页
阿林	通颜觉罗氏	辉发	无考	正白旗包衣	卷 18,243 页
科涸	通颜觉罗氏	长白山	天聪	镶黄旗包衣	卷 18,244 页
穆进泰	通颜觉罗氏	哈达	天聪	镶黄旗包衣	卷 18,244 页
满丕	通颜觉罗氏	长白山	天聪	镶黄旗包衣	卷 18,244 页
克丑	通颜觉罗氏	长白山	天聪	镶黄旗包衣	卷 18,244 页
阿库纳	通颜觉罗氏	辉发	天聪	正黄旗包衣	卷 18,244 页
鄂通果	通颜觉罗氏	叶赫	天聪	正黄旗包衣	卷 18,244 页
扎秦	通颜觉罗氏	长白山	无考	镶黄旗包衣	卷 18,244 页
松吉纳	通颜觉罗氏	长白山	无考	镶黄旗包衣	卷 18,244 页
胡谟色	通颜觉罗氏	长白山	无考	镶黄旗包衣	卷 18,244 页
库图讷	通颜觉罗氏	俄漠和鄂多里	无考	镶黄旗包衣	卷 18,244 页
夸察	通颜觉罗氏	长白山	无考	镶黄旗包衣	卷 18,244 页
拖海	通颜觉罗氏	瓦尔喀	无考	镶黄旗包衣	卷 18,244 页
哈喇	通颜觉罗氏	叶赫	无考	镶黄旗包衣	卷 18,244 页
胡巴理	通颜觉罗氏	佛阿拉	无考	镶黄旗包衣	卷 18,244 页
诺尔布尔	通颜觉罗氏	瓦尔喀	无考	镶黄旗包衣	卷 18,244 页

续表1

姓名	姓氏	世居地方	来归时间	旗籍	出处
胡实屯	通颜觉罗氏	瓦尔喀	无考	镶黄旗包衣	卷18,244页
塞尔弼	通颜觉罗氏	瓦尔喀	无考	镶黄旗包衣	卷18,244页
哈克占	通颜觉罗氏	长白山	无考	镶黄旗包衣	卷18,244页
瑚达理	通颜觉罗氏	叶赫	无考	镶黄旗包衣	卷18,244页
费扬古	通颜觉罗氏	长白山	无考	镶黄旗包衣	卷18,244页
汪珠瑚	通颜觉罗氏	浑托和河	无考	镶黄旗包衣	卷18,244页
萨哈廉	通颜觉罗氏	瓦尔喀	无考	镶黄旗包衣	卷18,244页
郭精义	通颜觉罗氏	萨哈尔察	无考	正白旗包衣	卷18,244页
博奇纳	通颜觉罗氏	辉发	无考	正白旗包衣	卷18,244页
玛沙	通颜觉罗氏	连刀湾	无考	正白旗包衣	卷18,245页
岱福哈	通颜觉罗氏	长白山	无考	正白旗包衣	卷18,245页
额思特	通颜觉罗氏	叶赫	无考	正白旗包衣	卷18,245页
费扬古	通颜觉罗氏	佛阿拉	无考	正白旗包衣	卷18,245页
汪颜	通颜觉罗氏	叶赫勒	无考	正白旗包衣	卷18,245页
玛福塔	通颜觉罗氏	长白山	无考	正白旗包衣	卷18,245页
额尔金	通颜觉罗氏	长白山	无考	正白旗包衣	卷18,245页
瑚什霸	通颜觉罗氏	叶赫	无考	正白旗包衣	卷18,245页
达汉法克什	通颜觉罗氏	绥分	无考	正白旗包衣	卷18,245页
哈什	通颜觉罗氏	佛阿拉	无考	正白旗包衣	卷18,245页
喀齐喀	通颜觉罗氏	俄多里	无考	镶红旗包衣	卷18,245页
玛尔吉	通颜觉罗氏	香山	无考	镶红旗包衣	卷18,245页
赖库	通颜觉罗氏	倭济	无考	镶红旗包衣	卷18,245页
钮赫	通颜觉罗氏	沾地方	无考	镶蓝旗包衣	卷18,245页
托钮	通颜觉罗氏	长白山	无考	正白旗包衣	卷18,245页
岱斌	通颜觉罗氏	长白山	无考	正白旗包衣	卷18,245页
佟启	佟佳氏	雅尔湖	国初	正白旗包衣	卷19,254页

续表1

姓名	姓氏	世居地方	来归时间	旗籍	出处
丰阿	佟佳氏	佟佳地方	天聪	镶蓝旗包衣	卷20,264页
海伦	佟佳氏	佟佳地方	国初	正蓝旗包衣	卷20,266页
安珠	佟佳氏	佟佳地方	国初	镶蓝旗包衣	卷20,266页
舒山	佟佳氏	佟佳地方	天聪	镶蓝旗包衣	卷20,266页
博惠	佟佳氏	佟佳地方	天聪	镶蓝旗包衣	卷20,266页
迈图	佟佳氏	俄漠和苏鲁	国初	正黄旗包衣	卷20,269页
佟琥	佟佳氏	鄂尔顺	国初	正红旗包衣	卷20,269页
颜达理	佟佳氏	俄漠和苏鲁	国初	镶白旗包衣	卷20,269页
硕尔岱	佟佳氏	哈达	国初	镶白旗包衣	卷20,269页
舒延柱	佟佳氏	哈达	国初	镶白旗包衣	卷20,269页
额尔赫	佟佳氏	东安	国初	正蓝旗包衣	卷20,269页
郭巴尔图	佟佳氏	萨哈尔察	国初	正蓝旗包衣	卷20,269页
倭实浑	佟佳氏	把尔达	国初	镶蓝旗包衣	卷20,269页
托哈齐	佟佳氏	伊尔哈和罗	天聪	镶红旗包衣	卷20,269页
武忒海	佟佳氏	哈达	天聪	镶蓝旗包衣	卷20,269页
松果络	佟佳氏	叶赫	无考	镶红旗包衣	卷20,270页
绥哈	佟佳氏	辉发	无考	镶红旗包衣	卷20,270页
伍什巴	那木都鲁氏	瓦尔喀	国初	正黄旗包衣	卷21,277页
武泰	纳喇氏	叶赫	国初	镶黄旗包衣	卷22,289页
楞僧吉	纳喇氏	叶赫	天聪	正黄旗包衣	卷22,290页
堪锡	纳喇氏	叶赫	国初	镶黄旗包衣	卷22,290页
阿哈硕色	纳喇氏	叶赫	国初	镶黄旗包衣	卷22,290页
台楚	纳喇氏	叶赫	国初	镶黄旗包衣	卷22,290页
苏布禄	纳喇氏	叶赫	国初	镶黄旗包衣	卷22,290页
吴达哈	纳喇氏	叶赫	国初	镶黄旗包衣	卷22,290页
昂阿喇	纳喇氏	叶赫	国初	镶黄旗包衣	卷22,290页

续表1

姓名	姓氏	世居地方	来归时间	旗籍	出处
萨克达理	纳喇氏	叶赫	国初	镶黄旗包衣	卷22,290页
佛罗	纳喇氏	叶赫	国初	镶黄旗包衣	卷22,290页
舒蕃	纳喇氏	叶赫	国初	正黄旗包衣	卷22,290页
雅尔布	纳喇氏	叶赫	国初	正白旗包衣	卷22,290页
额尔济	纳喇氏	叶赫	国初	正红旗包衣	卷22,291页
布拉克图	纳喇氏	叶赫	国初	正红旗包衣	卷22,291页
星额理	纳喇氏	叶赫	国初	正红旗包衣	卷22,291页
和济海	纳喇氏	叶赫	国初	镶蓝旗包衣	卷22,291页
浑岱	纳喇氏	叶赫	国初	镶蓝旗包衣	卷22,291页
葛肯	纳喇氏	叶赫	国初	镶蓝旗包衣	卷22,291页
叶赫齐	纳喇氏	叶赫	天聪	镶黄旗包衣	卷22,291页
纳兰泰	纳喇氏	叶赫	天聪	正黄旗包衣	卷22,291页
佛尔赫	纳喇氏	叶赫	天聪	正黄旗包衣	卷22,291页
夏瑚达	纳喇氏	叶赫	天聪	正黄旗包衣	卷22,292页
成泰	纳喇氏	叶赫	天聪	正黄旗包衣	卷22,292页
翁果图	纳喇氏	叶赫	天聪	正黄旗包衣	卷22,292页
纳绶	纳喇氏	叶赫	天聪	正黄旗包衣	卷22,292页
陶泰	纳喇氏	叶赫	无考	镶黄旗包衣	卷22,292页
费扬古	纳喇氏	叶赫	无考	镶黄旗包衣	卷22,292页
章嘉	纳喇氏	叶赫	无考	镶黄旗包衣	卷22,292页
迈图浑	纳喇氏	叶赫	无考	镶黄旗包衣	卷22,292页
格勒布	纳喇氏	叶赫	无考	正白旗包衣	卷22,292页
约和理	纳喇氏	叶赫	无考	正白旗包衣	卷22,292页
索凌阿	纳喇氏	叶赫	无考	正白旗包衣	卷22,292页
阿本岱	纳喇氏	叶赫	无考	正白旗包衣	卷22,292页
本布理	纳喇氏	叶赫	无考	正白旗包衣	卷22,292页

续表 1

姓名	姓氏	世居地方	来归时间	旗籍	出处
纳进	纳喇氏	叶赫	无考	正红旗包衣	卷 22,292 页
恒格	纳喇氏	叶赫	无考	正红旗包衣	卷 22,292 页
诺锡	纳喇氏	乌喇	国初	正蓝旗包衣	卷 23,300 页
扬福	纳喇氏	乌喇	国初	镶黄旗包衣	卷 23,300 页
萨穆哈	纳喇氏	乌喇	国初	正白旗包衣	卷 23,300 页
代敏	纳喇氏	乌喇	天聪	镶黄旗包衣	卷 23,301 页
喀尔喀玛	纳喇氏	乌喇	天聪	正黄旗包衣	卷 23,301 页
博济达	纳喇氏	乌喇	天聪	正黄旗包衣	卷 23,301 页
纳穆	纳喇氏	乌喇	无考	镶黄旗包衣	卷 23,301 页
明安	纳喇氏	哈达	国初	镶蓝旗包衣	卷 23,306 页
音泰	纳喇氏	哈达	国初	镶黄旗包衣	卷 23,307 页
准拜	纳喇氏	哈达	国初	正红旗包衣	卷 23,308 页
拜音布	纳喇氏	哈达	国初	镶白旗包衣	卷 23,308 页
瓦浑	纳喇氏	哈达	国初	镶蓝旗包衣	卷 23,309 页
台音察	纳喇氏	哈达	天聪	镶红旗包衣	卷 23,309 页
武巴海	纳喇氏	哈达	无考	镶黄旗包衣	卷 23,309 页
巴实	纳喇氏	哈达	无考	镶黄旗包衣	卷 23,309 页
岱珠琥	纳喇氏	哈达	无考	正白旗包衣	卷 23,309 页
额克楚尼	纳喇氏	哈达	无考	正白旗包衣	卷 23,309 页
伦拜	纳喇氏	哈达	无考	镶红旗包衣	卷 23,309 页
肇国光	纳喇氏	哈达	无考	镶红旗包衣	卷 23,309 页
格都尔备	纳喇氏	哈达	无考	正蓝旗包衣	卷 23,309 页
迈图	纳喇氏	哈达	无考	正蓝旗包衣	卷 23,309 页
义常	纳喇氏	哈达	无考	正蓝旗包衣	卷 23,309 页
额德	纳喇氏	辉发	国初	镶黄旗包衣	卷 24,315 页
叶普肯	纳喇氏	辉发	国初	镶黄旗包衣	卷 24,315 页

续表 1

姓名	姓氏	世居地方	来归时间	旗籍	出处
苏巴泰	纳喇氏	辉发	国初	正白旗包衣	卷 24,315 页
尼喀达	纳喇氏	辉发	国初	正蓝旗包衣	卷 24,315 页
罗察	纳喇氏	辉发	天聪	正黄旗包衣	卷 24,315 页
喀尔喀玛	纳喇氏	辉发	天聪	正白旗包衣	卷 24,315 页
库布辉	纳喇氏	辉发	无考	正白旗包衣	卷 24,316 页
璧桑阿	纳喇氏	辉发	无考	正白旗包衣	卷 24,316 页
鄂克逊	纳喇氏	辉发	无考	正白旗包衣	卷 24,316 页
托络	纳喇氏	辉发	无考	正白旗包衣	卷 24,316 页
翁蔼	纳喇氏	辉发	无考	正蓝旗包衣	卷 24,316 页
曹桂	纳喇氏	辉发	无考	正蓝旗包衣	卷 24,316 页
鄂托巴彦	纳喇氏	辉发	无考	镶蓝旗包衣	卷 24,316 页
勒殷	纳喇氏	老寨子地方	天聪	正黄旗包衣	卷 24,319 页
佟那密	纳喇氏	辽阳	无考	正白旗包衣	卷 24,320 页
鼐庸伊	纳喇氏	易州	国初	正黄旗包衣管领下人	卷 24,320 页
西喇浑	纳喇氏	清河	国初	正红旗包衣	卷 24,321 页
外图	纳喇氏	舍里	国初	镶蓝旗包衣	卷 24,321 页
浑塔	纳喇氏	佛阿拉	天聪	正黄旗包衣	卷 24,321 页
海鼐	纳喇氏	老寨子	天聪	正黄旗包衣	卷 24,321 页
金特	纳喇氏	老寨子	天聪	正黄旗包衣	卷 24,321 页
尼玛善	纳喇氏	苏完	天聪	正黄旗包衣	卷 24,321 页
硕色	纳喇氏	长白山	无考	镶黄旗包衣	卷 24,321 页
阿克瞻	纳喇氏	长白山	无考	镶黄旗包衣	卷 24,322 页
衮善	纳喇氏	老寨子	无考	镶黄旗包衣	卷 24,322 页
二格	纳喇氏	长白山	无考	镶黄旗包衣	卷 24,322 页
泰布	纳喇氏	德库	无考	镶黄旗包衣	卷 24,322 页
察海	纳喇氏	沈阳	无考	镶黄旗包衣	卷 24,322 页

续表 1

姓名	姓氏	世居地方	来归时间	旗籍	出处
对喀那	纳喇氏	长白山	无考	镶黄旗包衣	卷 24,322 页
额尔格图	纳喇氏	长白山	无考	镶黄旗包衣	卷 24,322 页
福德理	纳喇氏	镰刀把	无考	正白旗包衣	卷 24,322 页
台礼	纳喇氏	黑山	无考	镶黄旗包衣	卷 24,322 页
汉仪布吉	纳喇氏	长白山	无考	镶黄旗包衣	卷 24,322 页
采柱	纳喇氏	长白山	无考	镶黄旗包衣	卷 24,322 页
赖色	纳喇氏	额尔敏	无考	镶黄旗包衣	卷 24,322 页
和敏	纳喇氏	吉林乌喇	无考	正蓝旗包衣	卷 24,322 页
杭什库	纳喇氏	浑都和色	无考	正蓝旗包衣	卷 24,322 页
德保	纳喇氏	老寨子	无考	正蓝旗包衣	卷 24,322 页
浑岱	纳喇氏	辉发	无考	镶黄旗包衣	卷 24,322 页
达拉哈	富察氏	沙济	国初	镶黄旗包衣	卷 25,328 页
多赖	富察氏	叶赫	天聪	镶黄旗包衣	卷 25,330 页
鄂善	富察氏	叶赫	国初	正黄旗包衣	卷 25,330 页
阿克敦	富察氏	叶赫	国初	镶白旗包衣	卷 25,331 页
恩格布	富察氏	叶赫	天聪	镶黄旗包衣	卷 25,331 页
塞赫讷	富察氏	蜚悠城	无考	镶红旗包衣	卷 25,336 页
迈涂	富察氏	蜚悠城	无考	正蓝旗包衣	卷 25,336 页
赫锡亨	富察氏	讷殷	国初	镶黄旗包衣	卷 26,343 页
色克锡	富察氏	讷殷	天聪	镶黄旗包衣	卷 26,344 页
叟文	富察氏	讷殷	天聪	镶黄旗包衣	卷 26,344 页
阿希达	富察氏	讷殷	国初	镶黄旗包衣	卷 26,344 页
班济哈	富察氏	讷殷	国初	正黄旗包衣	卷 26,345 页
都岱	富察氏	讷殷	国初	正黄旗包衣	卷 26,345 页
苏札齐费扬古	富察氏	讷殷	国初	镶白旗包衣	卷 26,345 页
胡什屯	富察氏	讷殷	国初	镶红旗包衣	卷 26,345 页

续表1

姓名	姓氏	世居地方	来归时间	旗籍	出处
图尔哈	富察氏	讷殷	无考	镶白旗包衣	卷26,346页
金保住	富察氏	讷殷	无考	镶白旗包衣	卷26,346页
富喀	富察氏	讷殷	无考	正蓝旗包衣	卷26,346页
坦布	富察氏	长白山	无考	镶黄旗包衣	卷26,350页
多起	富察氏	长白山	无考	镶白旗包衣	卷26,350页
艾达	富察氏	苏完	国初	正白旗包衣	卷27,356页
胡什塔	富察氏	哈达	国初	正蓝旗包衣	卷27,357页
尼雅哈	富察氏	辉发	国初	镶蓝旗包衣	卷27,357页
布尔赛	富察氏	沈阳	天聪	正黄旗包衣	卷27,358页
吴达哈	富察氏	黑山	无考	正白旗包衣	卷27,358页
囊果礼	富察氏	苏完	无考	正白旗包衣	卷27,358页
劳翰	富察氏	凤凰城	无考	正白旗包衣	卷27,358页
敦都巴	富察氏	绥分	无考	正白旗包衣	卷27,358页
都尔琥	富察氏	巴济	无考	镶白旗包衣	卷27,359页
班布	富察氏	扎克丹	无考	镶白旗包衣	卷27,359页
他尔布	富察氏	哈达	无考	镶红旗包衣	卷27,359页
乌隆古	富察氏	囊武	无考	正蓝旗包衣	卷27,359页
松果图	富察氏	吉阳	无考	正蓝旗包衣	卷27,359页
吴札楼	富察氏	德里倭赫	无考	正蓝旗包衣	卷27,359页
拖赖	富察氏	德里倭赫	无考	正蓝旗包衣	卷27,359页
噶尔图	富察氏	哈达	无考	镶蓝旗包衣	卷27,359页
诺木图	完颜氏	完颜	无考	正蓝旗包衣	卷28,368页
吉斯泰	完颜氏	哈达	国初	镶红旗包衣	卷28,372页
达什泰	完颜氏	黑山	天聪	正黄旗包衣	卷28,372页
莽吉图	完颜氏	汉尔敦	天聪	正黄旗包衣	卷28,372页
关齐	完颜氏	安图	天聪	正黄旗包衣	卷28,372页

续表 1

姓名	姓氏	世居地方	来归时间	旗籍	出处
章泰	完颜氏	长白山	天聪	镶蓝旗包衣	卷 28,372 页
吴济海	完颜氏	长白山	无考	正白旗包衣	卷 28,373 页
喀尔堪	完颜氏	章当	无考	正白旗包衣	卷 28,373 页
殷德布	完颜氏	沈阳	无考	正白旗包衣	卷 28,373 页
衮岱	完颜氏	长白山	无考	正白旗包衣	卷 28,373 页
富善	完颜氏	瑚普察	无考	正白旗包衣	卷 28,373 页
桑格	完颜氏	辉发	无考	镶白旗包衣	卷 28,373 页
旺武	完颜氏	札库木	无考	正蓝旗包衣	卷 28,373 页
王安	完颜氏	蔡亭	无考	正蓝旗包衣	卷 28,373 页
国安	完颜氏	山塔堡	无考	正蓝旗包衣	卷 28,373 页
王邹吉	完颜氏	锦州	无考	正蓝旗包衣	卷 28,373 页
癸兹	完颜氏	山塔堡	无考	正蓝旗包衣	卷 28,373 页
卓罗	扣德氏	叶赫	国初	正黄旗包衣	卷 29,376 页
郭尔端	吴雅氏	哈达	无考	正蓝旗包衣	卷 29,378 页
艾图	吴雅氏	长白山	国初	正红旗包衣	卷 29,379 页
羌什库	吴雅氏	讷殷	无考	镶红旗包衣	卷 29,379 页
阿宁阿	戴佳氏	杭佳	无考	正蓝旗包衣	卷 29,380 页
喜佛	戴佳氏	叶赫	无考	正黄旗包衣	卷 29,382 页
塔郎阿	兆佳氏	额尔敏	国初	正白旗包衣	卷 31,398 页
西喇巴	兆佳氏	额尔敏	国初	镶白旗包衣	卷 31,398 页
满平阿	兆佳氏	额尔敏	国初	正黄旗包衣	卷 31,399 页
鄂通果	兆佳氏	额尔敏	国初	镶白旗包衣	卷 31,399 页
马达哈	兆佳氏	额尔敏	国初	镶白旗包衣	卷 31,399 页
宝贝墨尔根	兆佳氏	额尔敏	国初	镶白旗包衣	卷 31,399 页
松鄂托	兆佳氏	额尔敏	无考	镶白旗包衣	卷 31,399 页
章固理	兆佳氏	杨古屯	国初	正红旗包衣	卷 31,401 页

续表 1

姓名	姓氏	世居地方	来归时间	旗籍	出处
章克	兆佳氏	长白山沾河	国初	镶白旗包衣	卷 31,401 页
喀泰	兆佳氏	辉发	无考	正黄旗包衣	卷 31,402 页
伊萨禄	兆佳氏	长白山	无考	正白旗包衣	卷 31,402 页
科尔琨	兆佳氏	辉发	无考	正白旗包衣	卷 31,402 页
萨穆哈	兆佳氏	辉发	无考	正白旗包衣	卷 31,402 页
吴巴海	兆佳氏	十里河	无考	正白旗包衣	卷 31,402 页
岱春	兆佳氏	小北门	无考	正白旗包衣	卷 31,402 页
锡尔岱	兆佳氏	八间房	无考	正白旗包衣	卷 31,402 页
占珠和	兆佳氏	长白山沾河	无考	镶白旗包衣	卷 31,402 页
富喀	兆佳氏	东安	无考	镶白旗包衣	卷 31,402 页
兰碧	兆佳氏	道堪	无考	镶白旗包衣	卷 31,402 页
桑秀	兆佳氏	李佳和罗	无考	镶白旗包衣	卷 31,402 页
罗科	郭络罗氏	长白山沾河	国初	正白旗包衣	卷 32,407 页
绰奇纳	郭络罗氏	长白山沾河	国初	正白旗包衣	卷 32,407 页
穆楚鲁	郭络罗氏	布勒德	国初	镶白旗包衣	卷 32,408 页
武色	郭络罗氏	郭络罗	天聪	正黄旗包衣	卷 32,408 页
色赫理	郭络罗氏	马察	无考	镶黄旗包衣	卷 32,408 页
高达	郭络罗氏	讷殷	无考	正蓝旗包衣	卷 32,408 页
安达理	颜扎氏	叶赫	国初	正黄旗包衣	卷 32,410 页
阿都都哈	李佳氏	李佳和罗	国初	镶白旗包衣	卷 33,418 页
宁古齐	李佳氏	李佳和罗	国初	正白旗包衣	卷 33,418 页
谟和托	李佳氏	长白山	国初	正红旗包衣	卷 33,420 页
斋松	李佳氏	世居瓦尔喀	国初	正红旗包衣	卷 33,421 页
托灵阿	李佳氏	长白山	国初	正红旗包衣	卷 33,421 页
宝兹	李佳氏	长白山	国初	正红旗包衣	卷 33,421 页
栢延	李佳氏	赫图阿拉	天聪	镶蓝旗包衣	卷 33,421 页

续表 1

姓名	姓氏	世居地方	来归时间	旗籍	出处
宁古齐	黄佳氏	贝浑山秦	国初	正黄旗包衣	卷 33,422 页
黄玛舒	黄佳氏	佛阿拉	无考	正白旗包衣	卷 33,423 页
阿晋泰	库雅拉氏	沈阳	国初	正红旗包衣	卷 34,430 页
依喇齐	萨克达氏	萨克达	国初	镶蓝旗包衣	卷 35,435 页
拉库	萨克达氏	萨克达	天聪	镶蓝旗包衣	卷 35,435 页
约绰和	萨克达氏	德里倭赫	国初	正蓝旗包衣	卷 35,438 页
觉哈	萨克达氏	叶赫	国初	正红旗包衣	卷 35,438 页
伊拉达	萨克达氏	辉发	天聪	正黄旗包衣	卷 35,439 页
萨穆哈	萨克达氏	长白山	天聪	正黄旗包衣	卷 35,440 页
纳亲	萨克达氏	乌喇	天聪	正黄旗包衣	卷 35,440 页
尤禄	萨克达氏	萨哈尔察	天聪	正黄旗包衣	卷 35,440 页
阿扬阿	萨克达氏	哈达	无考	镶红旗包衣	卷 35,441 页
绰色	萨克达氏	哈达	无考	镶红旗包衣	卷 35,441 页
满兰	乌苏氏	长白山	国初	正红旗包衣	卷 37,456 页
色思岱	乌苏氏	乌苏	国初	镶蓝旗包衣	卷 37,457 页
卓克西	乌苏氏	德尔吉色钦	国初	镶蓝旗包衣	卷 37,457 页
乌凯	乌苏氏	海兰瓦尔喀什	无考	正蓝旗包衣	卷 37,457 页
外库	巴雅拉氏	法尔图	国初	正蓝旗包衣	卷 38,466 页
尼马察	辉和氏	辉发	无考	正蓝旗包衣	卷 39,470 页
玛济理	鲁布理氏	长白山	天聪	镶蓝旗包衣	卷 39,472 页
武达哈	尼马察氏	绥分库雅拉	无考	正黄旗包衣	卷 39,473 页
罗铎	尼马察氏	讷殷	无考	镶白旗包衣	卷 39,473 页
布山	章佳氏	马儿墩章佳	天聪	正黄旗包衣	卷 40,479 页
费扬古	章佳氏	马儿墩章佳	无考	镶黄旗包衣	卷 40,479 页
鄂海	章佳氏	马儿墩章佳	无考	镶黄旗包衣	卷 40,479 页
杜梁	章佳氏	艾家堡	天聪	镶蓝旗包衣	卷 40,481 页

续表 1

姓名	姓氏	世居地方	来归时间	旗籍	出处
喀兰	章佳氏	吉林乌喇	无考	正白旗包衣	卷40,482页
阿哈尼堪	章佳氏	苏完	无考	正红旗包衣	卷40,482页
白赫讷	章佳氏	辽河	无考	正蓝旗包衣	卷40,482页
浩善	章佳氏	俄漠和苏鲁	无考	正蓝旗包衣	卷40,482页
扎库达	章佳氏	铁岭	无考	正蓝旗包衣	卷40,482页
苏巴海	章佳氏	莲花村	无考	镶蓝旗包衣	卷40,482页
章云龙	章佳氏	和森木	无考	镶蓝旗包衣	卷40,482页
关住	章佳氏	牡丹村	无考	镶蓝旗包衣	卷40,482页
那苏	宁古塔氏	宁古塔	国初	镶白旗包衣	卷41,485页
都柳	宁古塔氏	萨鲁城新村	无考	正白旗包衣	卷41,487页
胡什塔	嵩佳氏	松江堡	天聪	镶蓝旗包衣	卷42,493页
赫达色	嵩佳氏	松江堡	无考	镶蓝旗包衣	卷42,493页
苏勒	嵩佳氏	松江堡	无考	镶蓝旗包衣	卷42,493页
谟清阿	嵩佳氏	哈达	无考	镶红旗包衣	卷42,493页
阿塔	喜塔腊氏	长白山	国初	正白旗包衣	卷43,500页
雅尔拜	喜塔腊氏	盖吉	国初	正白旗包衣	卷43,501页
喀柱	喜塔腊氏	夸喇	国初	镶白旗包衣	卷43,501页
锡特库	喜塔腊氏	盖吉	国初	正蓝旗包衣	卷43,501页
逊塔	喜塔腊氏	叶赫	天聪	正黄旗包衣	卷43,501页
布舒库	喜塔腊氏	尼雅满山	无考	正白旗包衣	卷43,501页
鼐琥	性佳氏	马察	天聪	镶黄旗包衣	卷43,503页
爱兴阿	费莫氏	绥分	国初	正白旗包衣	卷44,510页
诺穆齐	费莫氏	木城	无考	镶红旗包衣	卷44,510页
那密达	费莫氏	布尔哈图	无考	镶红旗包衣	卷44,510页
穆哈连	费莫氏	辉发	无考	正蓝旗包衣	卷44,510页
葛拔库	索佳氏	马儿墩	天聪	正黄旗包衣	卷44,512页

续表 1

姓名	姓氏	世居地方	来归时间	旗籍	出处
雅古纳	索佳氏	大淩河	无考	镶黄旗包衣	卷 44,512 页
僧额	索佳氏	辉发	无考	正白旗包衣	卷 44,512 页
勒克	索佳氏	托米屯	无考	正白旗包衣	卷 44,512 页
福森泰	索佳氏	托米屯	无考	正白旗包衣	卷 44,512 页
标哈奇	葛济勒氏	黑龙江	国初	正白旗包衣	卷 45,517 页
吴泰	索绰络氏	老寨子	国初	镶白旗包衣	卷 45,521 页
布舒库	索绰络氏	索绰络	无考	正白旗包衣	卷 45,522 页
纳尔布	鄂卓氏	乌喇	天聪	镶蓝旗包衣	卷 46,526 页
噶达浑	鄂卓氏	乌喇	天聪	镶蓝旗包衣	卷 46,526 页
屯泰	鄂卓氏	乌喇	无考	正蓝旗包衣	卷 46,527 页
蒙古尔岱	钮赫勒氏	辉发	国初	正蓝旗包衣	卷 46,528 页
布瑚秦	裕瑚鲁氏	黑龙江	无考	镶蓝旗包衣	卷 46,531 页
莽检	伊拉理氏	乌喇	无考	正白旗包衣	卷 47,535 页
纳齐布	伊拉理氏	叶赫	无考	正白旗包衣	卷 47,536 页
郭博理	伊拉理氏	长白山	无考	正白旗包衣	卷 47,540 页
凯丕	伊拉理氏	苏苏乌喇	无考	正白旗包衣	卷 47,540 页
苏栢和	苏佳氏	讷殷	无考	镶白旗包衣	卷 48,546 页
浑岱	哲尔德氏	长白山	无考	镶黄旗包衣	卷 48,548 页
费扬古	哲尔德氏	板城寨子村	无考	正白旗包衣	卷 48,548 页
法尔萨	吴鲁氏	阿库里	国初	镶白旗包衣	卷 49,553 页
瑚柱	觉禅氏	佛阿拉	天聪	正黄旗包衣	卷 49,554 页
通柱	觉禅氏	贝浑山秦	天聪	正黄旗包衣	卷 49,555 页
硕通鄂	觉禅氏	长白山	天聪	正黄旗包衣	卷 49,555 页
温彻恒	觉禅氏	长白山	天聪	正黄旗包衣	卷 49,555 页
费扬古	觉禅氏	长白山	天聪	正黄旗包衣	卷 49,555 页
卓克锡库	觉禅氏	扎库塔	天聪	正黄旗包衣	卷 49,555 页

续表 1

姓名	姓氏	世居地方	来归时间	旗籍	出处
塔进	觉禅氏	佛阿拉	天聪	正黄旗包衣	卷 49,555 页
玛希纳	觉禅氏	山秦阿林	天聪	正黄旗包衣	卷 49,555 页
杨古理	觉禅氏	长白山	天聪	正黄旗包衣	卷 49,555 页
潘喜	觉禅氏	长白山	天聪	正黄旗包衣	卷 49,555 页
吉纳海	觉禅氏	长白山	天聪	正黄旗包衣	卷 49,555 页
贝楞额	觉禅氏	贝浑山秦	天聪	正黄旗包衣	卷 49,555 页
喀讷	托活洛氏	苏完	国初	正黄旗包衣	卷 49,560 页
喀赉	托活洛氏	胡鲁色	天聪	正黄旗包衣	卷 49,560 页
博托波	索尔多氏	乌喇博尔济城	国初	镶白旗包衣	卷 50,563 页
三泰	乌色氏	瓦尔喀锡	无考	正白旗包衣	卷 50,565 页
购色	乌色氏	佛阿喇	无考	镶白旗包衣	卷 50,565 页
都伦	佑祜鲁氏	哈达	国初	镶蓝旗包衣	卷 50,566 页
锡本额	梅勒氏	叶赫	国初	镶黄旗包衣	卷 50,569 页
吴锡布	梅勒氏	叶赫	国初	镶黄旗包衣	卷 50,569 页
彰凤仪	扎拉理氏	扎库木	无考	正蓝旗包衣	卷 51,575 页
托活玛	温都氏	吉阳	国初	镶蓝旗包衣	卷 51,577 页
布尔萨	阿礼哈氏	瓦尔喀	国初	镶蓝旗包衣	卷 51,578 页
索尔和	索齐勒氏	叶赫	天聪	正黄旗包衣	卷 52,586 页
札尔湖尼	布赛氏	萨哈尔察	国初	正红旗包衣	卷 53,596 页
拜音察理	图克坦氏	布尔哈图	无考	正白旗包衣	卷 54,606 页
赛音三布禄	洪鄂春氏	辉发	无考	正蓝旗包衣	卷 54,607 页
外朗	洪鄂春氏	辉发	无考	正蓝旗包衣	卷 54,607 页
喇哈	彰锦氏	长白山	国初	正红旗包衣	卷 54,609 页
额滕格	彰锦氏	那木都鲁	无考	正蓝旗包衣	卷 54,609 页
大达色	扬佳氏	蜚悠城	无考	镶黄旗包衣	卷 54,611 页
沙泰	扬佳氏	哈达	无考	镶红旗包衣	卷 54,611 页

续表 1

姓名	姓氏	世居地方	来归时间	旗籍	出处
额尔格	洪佳氏	长白山	天聪	镶蓝旗包衣	卷 55,621 页
富泰	萨哈尔济氏	叶赫	无考	正黄旗包衣	卷 55,624 页
哈齐纳	韩扎氏	巴颜和罗	无考	镶蓝旗包衣	卷 56,631 页
倭赫	蒙鄂索氏	长白山	国初	正白旗包衣	卷 57,639 页
刘尚彩	刘佳氏	李佳和罗	国初	镶白旗包衣	卷 57,640 页
刘志桓	刘佳氏	新屯	无考	正蓝旗包衣	卷 57,640 页
布希	刘佳氏	新屯	无考	正蓝旗包衣	卷 57,640 页
常格	郭佳氏	哈什	天聪	镶蓝旗包衣	卷 57,641 页
瑚什屯	蒙古楚氏	乌喇	无考	正蓝旗包衣	卷 57,643 页
塞特	朱佳氏	叶赫	天聪	镶黄旗包衣	卷 57,644 页
阿进泰	瑚雅拉氏	沈阳	国初	正红旗包衣	卷 57,644 页
当色	罗佳氏	哈达	无考	镶红旗包衣	卷 57,645 页
拉山	孙佳氏	长白山	天聪	镶蓝旗包衣	卷 57,647 页
安泰	乌苏理氏	辉发	国初	镶蓝旗包衣	卷 57,647 页
玉资	尼佳氏	杏山	无考	镶红旗包衣	卷 57,648 页
赫勒	舒玛理氏	万边屯	无考	镶红旗包衣	卷 57,648 页
巴哈达	培佳氏	东古村	无考	镶蓝旗包衣	卷 58,654 页
达成	徐吉氏	徐吉和罗	无考	镶红旗包衣	卷 58,654 页
岱音布禄	鄂索络氏	启尔撒	无考	正蓝旗包衣	卷 58,655 页
塞克	鄂索络氏	吉林	无考	正蓝旗包衣	卷 58,655 页
赫硕色	赫叶勒氏	沈阳	无考	正白旗包衣	卷 58,656 页
乌喀	穆克图氏	叶赫	无考	正白旗包衣	卷 58,656 页
托罗	扎拉氏	辉发	无考	正白旗包衣	卷 58,657 页
尼雅哈	傅佳氏	辉发	国初	镶蓝旗包衣	卷 58,657 页
方喀纳	尼锡理氏	巴颜和罗	无考	镶蓝旗包衣	卷 58,657 页
强效	强恰理氏	耀州	天聪	镶黄旗包衣	卷 58,657 页

续表1

姓名	姓氏	世居地方	来归时间	旗籍	出处
齐布	钟吉氏	叶赫	国初	正红旗包衣	卷58,658页
三保	梅楞氏	叶赫	天聪	正黄旗包衣	卷58,658页
墨尔根	都佳氏	辉发	国初	正白旗包衣	卷58,659页
福干	钮赫氏	佛阿拉马尔敦	国初	正黄旗包衣	卷58,660页
嘉乔资	郭罗氏	长白山 长白山沾河	国初	镶白旗包衣	卷58,662页
安布禄	郭罗氏	哈达	国初	镶蓝旗包衣	卷58,662页
瑚什理	鄂罗氏	长白山	天聪	镶黄旗包衣	卷59,667页
瑚什巴	嘉普塔喇氏	辉发	天聪征服	镶黄旗包衣	卷59,667页
法沙善	富森氏	开原	天聪征服	镶黄旗包衣	卷59,667页
札林	瑚逊氏	五姓庄	无考	镶黄旗包衣	卷59,668页
康泰	温屯氏	乌喇	天聪	正黄旗包衣	卷59,669页
璧耀和齐	格晋氏	佛阿拉	无考	正白旗包衣	卷60,675页
高琯	希萨尔氏	辉发	无考	正白旗包衣	卷60,675页
色克	鄂通氏	鄂通	无考	正白旗包衣	卷60,675页
吴巴泰	猷格理氏	叶赫	国初	镶白旗包衣	卷61,681页
哈克散	哈尔吉氏	哈达	国初	镶白旗包衣	卷61,681页
象德	穆齐氏	鄂漠和索罗	国初	镶白旗包衣	卷61,681页
济哈	恰喇氏	宁古塔	国初	镶白旗包衣	卷61,682页
姜图	姜佳氏	宁古塔	国初	镶白旗包衣	卷61,682页
陈国柱	陈佳氏	张当	无考	镶白旗包衣	卷61,682页
浩罗	秋佳氏	杏山	无考	镶红旗包衣	卷61,684页
屈子明	屈佳氏	辉发	无考	镶红旗包衣	卷61,685页
本柱	普佳氏	杏山	无考	镶红旗包衣	卷61,685页
蒋山	蒋佳氏	盖州	无考	镶红旗包衣	卷61,685页
吴巴礼雅库	庞佳氏	清城子	无考	镶红旗包衣	卷61,685页

续表 1

姓名	姓氏	世居地方	来归时间	旗籍	出处
倭赫	福锡氏	福山	国初	正蓝旗包衣	卷 62,690 页
唐柱	莽果氏	乌喇	国初	正蓝旗包衣	卷 62,690 页
巴什	索济雅喇氏	大凌河	无考	正蓝旗包衣	卷 62,691 页
旺福	瓦尔喀氏	乌喇	无考	正蓝旗包衣	卷 62,691 页
伊拉齐	鄂卓络氏	瓦尔喀	无考	正蓝旗包衣	卷 62,691 页
赫色	额哲氏	兰河山	国初	镶蓝旗包衣	卷 62,693 页
和隆阿	苏尔佳氏	松花堡	国初	镶蓝旗包衣	卷 62,693 页
鄂尔积图	申佳氏	乌喇	国初	镶蓝旗包衣	卷 62,693 页
云布	谟岳络氏	舒穆禄村	天聪	镶蓝旗包衣	卷 62,693 页
萨弼	玉图墨氏	哈达	天聪	镶蓝旗包衣	卷 62,693 页
阿珠瑚	洪衮氏	萨哈尔察	无考	镶蓝旗包衣	卷 62,694 页
拜图	拜嘉喇氏	虎尔哈	无考	镶蓝旗包衣	卷 62,694 页
彻克	纳哈塔氏	郭络罗沟	无考	镶蓝旗包衣	卷 62,694 页
法穆达	浑达奇氏	讷殷	无考	镶黄旗包衣	卷 63,697 页
穆成额	葛佳喇氏	长白山	无考	镶黄旗包衣	卷 63,698 页
鄂罗山	苏绰尔氏	长白山	无考	正白旗包衣	卷 63,700 页
石图	伊苏氏	苏瓦颜沟	无考	正红旗包衣	卷 64,706 页
佟国鼐	那克塔氏	郭络罗地方	国初	镶白旗包衣	卷 64,707 页
武诚	吴鲁理氏	沾地方	国初	镶白旗包衣	卷 64,707 页
瑚什巴	穆佳氏	鄂漠和索罗	国初	镶白旗包衣	卷 64,707 页
拜布理	乌锡氏	赫彻木	无考	镶白旗包衣	卷 64,707 页
德禄	边佳氏	辉发	无考	镶红旗包衣	卷 64,709 页
洪善	恭佳氏	哈达	无考	镶红旗包衣	卷 64,709 页
札林	萨穆希尔氏	索伦	无考	正蓝旗包衣	卷 65,712 页
扬古理	通果苏氏	老寨子地方	无考	正蓝旗包衣	卷 65,712 页
对秦	卓显氏	雅尔浑费颜	无考	正蓝旗包衣	卷 65,712 页

续表1

姓名	姓氏	世居地方	来归时间	旗籍	出处
多尔济	那木图氏	浑都和色	无考	正蓝旗包衣	卷65,712页
阿尔泰	尼珠氏	哈达	天聪	镶蓝旗包衣	卷65,713页

《八旗满洲氏族通谱·包衣·蒙古姓氏》

表2

姓名	姓氏	世居地方	来归时间	旗籍	出处
阿尔萨	博尔济吉特氏	把岳忒	天聪	正白旗包衣	卷66,726页
布鲁海	博尔济吉特氏	把岳忒	天聪	正白旗包衣	卷66,726页
班第	博尔济吉特氏	把岳忒	无考	正白旗包衣	卷66,726页
绰布海	博尔济吉特氏	把岳忒	无考	正白旗包衣	卷66,726页
巴金	博尔济吉特氏	把岳忒	无考	正白旗包衣	卷66,726页
巴兰	博尔济吉特氏	阿坝垓	国初	镶白旗包衣	卷66,729页
白瑚克什图	博尔济吉特氏	科尔沁	无考	正白旗包衣	卷66,729页
特墨	博尔济吉特氏	察哈尔	无考	正白旗包衣	卷66,729页
白颜图	博尔济吉特氏	科尔沁	无考	正白旗包衣	卷66,729页
托达	博尔济吉特氏	科尔沁	无考	正白旗包衣	卷66,729页
巴哈达	把岳忒氏	中卫地方	天聪	镶蓝旗包衣	卷68,745页
图尔噶图	佟尼果特氏	喀拉沁	天聪	镶蓝旗包衣	卷68,746页
刘柱	刘佳氏	察哈尔	无考	镶黄旗包衣管领下人	卷68,748页
鄂鼐	宝济氏	科尔沁	无考	正白旗包衣管领下人	卷69,760页
顾禄古	宝济氏	科尔沁	无考	正白旗包衣管领下人	卷69,760页
诺木齐	宝济氏	察哈尔	无考	正白旗包衣管领下人	卷69,760页
白第	宝济氏	科尔沁	国初	正白旗包衣管领下人	卷69,760页
察尔岱	宝济氏	察哈尔	无考	正白旗包衣管领下人	卷69,760页
傅尔建	宝济氏	科尔沁	国初	正白旗包衣管领下人	卷69,760页
阿尔詹	宝济氏	察哈尔	无考	正白旗包衣管领下人	卷69,760页
蒙格图	博尔济斯氏	察哈尔	无考	镶黄旗包衣	卷69,760页

续表 2

姓名	姓氏	世居地方	来归时间	旗籍	出处
华颜班第	博尔济斯氏	察哈尔	无考	镶黄旗包衣	卷 69,760 页
德尔格斯	博尔济斯氏	察哈尔	无考	镶黄旗包衣	卷 69,760 页
僧格	博尔济斯氏	克西克腾	国初	镶白旗包衣	卷 69,760 页
梅楞	博尔济斯氏	克西克腾	天聪	镶白旗包衣管领下人	卷 69,760 页
博罗特	巴雅喇氏	科尔沁	无考	正白旗包衣管领下人	卷 69,760 页
端尔	博硕氏	喀拉沁	无考	镶黄旗包衣管领下人	卷 69,761 页
塞楞	博硕氏	鄂尔多斯	无考	镶黄旗包衣管领下人	卷 69,761 页
善积	博硕氏	科尔沁	无考	镶黄旗包衣	卷 69,761 页
巴拜	博硕氏	土默特	无考	镶黄旗包衣	卷 69,761 页
乌拉岱	博硕氏	鄂尔多斯	无考	镶黄旗包衣管领下人	卷 69,761 页
晋保	塞克图氏	土默特	无考	镶黄旗包衣管领下人	卷 69,761 页
和托齐	塞克图氏	土默特	无考	正白旗包衣管领下人	卷 69,761 页
赛济图	塞克图氏	科尔沁	无考	正白旗包衣管领下人	卷 69,761 页
常噶岱	塞克图氏	土默特	无考	正白旗包衣管领下人	卷 69,761 页
达都瑚	纳赖氏	吴喇忒	无考	镶黄旗包衣管领下人	卷 69,761 页
库苏尔岱	纳赖氏	吴喇忒	无考	镶黄旗包衣管领下人	卷 69,761 页
桑格	纳赖氏	吴喇忒	无考	镶黄旗包衣管领下人	卷 69,761 页
班第	叶何氏	察哈尔	无考	正白旗包衣管领下人	卷 69,762 页
纳穆岱	叶何氏	察哈尔	无考	正白旗包衣管领下人	卷 69,762 页
赖塞	叶何氏	察哈尔	无考	正白旗包衣管领下人	卷 69,762 页
特黑	耨勒特氏	札鲁特	无考	镶红旗包衣	卷 69,762 页
黄腊	李佳氏	土默特	无考	镶黄旗包衣管领下人	卷 69,762 页
布岱	玛佳氏	科尔沁	无考	镶黄旗包衣管领	卷 69,762 页
杜噶尔岱	鄂尔济斯氏	科尔沁	无考	镶黄旗包衣管领下人	卷 69,762 页
绰启理	鄂尔济斯氏	察哈尔	无考	镶黄旗包衣管领下人	卷 69,762 页
瓦騆	张佳氏	土默特	天聪	正黄旗包衣	卷 69,762 页
孟福	博尔济克氏	科尔沁	无考	正白旗包衣管领下人	卷 69,763 页

续表 2

姓名	姓氏	世居地方	来归时间	旗籍	出处
谟谭	黄古台氏	土默特	天聪	正黄旗包衣	卷 69,763 页
巴赖	黄古台氏	喀拉沁	天聪	镶白旗包衣	卷 69,763 页
唐武	唐古尔氏	科尔沁	无考	正白旗包衣管领下人	卷 69,764 页
玉泰	唐古尔氏	毛家屯	无考	正白旗包衣管领下人	卷 69,764 页
锡喇普囊苏	乌理津氏	察哈尔	国初	镶白旗包衣	卷 69,764 页
鄂屯	乌理津氏	察哈尔	国初	镶白旗包衣	卷 69,764 页
卓铎巴	察哈尔氏	布尔噶苏台	无考	镶红旗包衣	卷 69,764 页
黄茂	墨尔吉济特氏	克西克腾	国初	镶蓝旗包衣	卷 69,766 页
班第	墨尔吉济特氏	克西克腾	天聪	镶蓝旗包衣	卷 69,766 页
鄂尔霍达	萨尔珠特氏	敖汉	无考	镶黄旗包衣管领下人	卷 70,772 页
碧布赛	珠佳氏	土默特	无考	镶黄旗包衣管领下人	卷 70,772 页
彻穆冬	王札普氏	科尔沁	无考	镶黄旗包衣管领下人	卷 70,772 页
瑚璧泰	瑚佳氏	吴喇忒	无考	镶黄旗包衣管领下人	卷 70,772 页
马顺	马朗阿氏	科尔沁	无考	镶黄旗包衣管领下人	卷 70,772 页
阿都齐	札哈拉氏	阿霸垓	无考	镶黄旗包衣	卷 70,772 页
萨满达	克理特氏	阿礼玛图	无考	镶黄旗包衣	卷 70,772 页
白颜	章图理氏	土默特	无考	镶黄旗包衣管领下人	卷 70,772 页
乌赫齐	禹尔氏	科尔沁	国初	正黄旗包衣管领下人	卷 70,774 页
塔玛海	索诺图氏	喀拉沁	天聪	正黄旗包衣	卷 70,774 页
巴党	伍尧氏	察哈尔	天聪	正黄旗包衣	卷 70,774 页
多尔济	乌齐熙理氏	白玉图	无考	正黄旗包衣	卷 70,774 页
恩格德	艾耀施氏	科尔沁	无考	正白旗包衣管领下人	卷 70,775 页
星鼐	黄佳氏	大凌河	无考	正白旗包衣	卷 70,775 页
都兰泰	冬果尔氏	科尔沁	无考	正白旗包衣管领下人	卷 70,775 页
翁果托	玛喇拉氏	察哈尔	无考	正白旗包衣	卷 70,775 页
苏穆图	苏穆察氏	鄂尔多斯	无考	正白旗包衣管领下人	卷 70,775 页

续表2

姓名	姓氏	世居地方	来归时间	旗籍	出处
王查普	王吉氏	察哈尔	无考	正白旗包衣管领下人	卷70,775页
萨锡图	哈尔图特氏	察哈尔	无考	正白旗包衣管领下人	卷70,775页
济尔图	赫尔氏	察哈尔	无考	正白旗包衣	卷70,775页
额勒克图	卓启斯氏	哈达	国初	正红旗包衣	卷70,777页
黑色	札穆雅氏	察哈尔	无考	镶白旗包衣	卷70,777页
武拉海	常佳氏	巴林	无考	镶白旗包衣	卷70,777页
阿都齐	瑚尔汉氏	大凌河	国初	镶红旗包衣	卷70,777页
伊勒扣	巴济理氏	鸭绿江	国初	镶红旗包衣	卷70,777页
谟岱	马吉特氏	土默特	天聪	镶红旗包衣	卷70,777页
班布施	陶佳氏	察哈尔	无考	镶红旗包衣	卷70,777页
巴尔	科尔亲氏	塔滨格尔	无考	镶红旗包衣	卷70,778页
沙济图	曹佳氏	大凌河	无考	镶红旗包衣	卷70,778页
来满	来默氏	察哈尔	无考	镶红旗包衣	卷70,778页
珠恳	墨尔启氏	察哈尔	天聪	正蓝旗包衣	卷71,784页
古鲁	鸿果络氏	科尔沁	无考	正蓝旗包衣	卷71,784页
硕色	瑚鲁克氏	巴林	无考	正蓝旗包衣	卷71,786页
讷尔泰	汪札尔氏	察哈尔	无考	正蓝旗包衣	卷71,786页
白博什	白达尔氏	苏尼斗	无考	正蓝旗包衣	卷71,786页
哈施	赫勒氏	巴林	国初	镶蓝旗包衣	卷71,786页
谟檀	谟锡勒氏	克西克腾	国初	镶蓝旗包衣	卷71,786页
尧珠岱	岳罗亲氏	克西克腾	天聪	镶蓝旗包衣	卷71,786页
克什图	博罗特氏	察哈尔	天聪	镶蓝旗包衣	卷71,786页
佛塞	孙尼耀特氏	察哈尔	天聪	镶蓝旗包衣	卷71,786页
耀塞	曹丹氏	察哈尔	天聪	镶蓝旗包衣	卷71,786页
陈德永	彻穆衮氏	喀拉沁	天聪	镶蓝旗包衣	卷71,786页
阿拜	崔珠克氏	察哈尔	天聪	镶蓝旗包衣	卷71,786页

续表 2

姓名	姓氏	世居地方	来归时间	旗籍	出处
鄂善	李塔理氏	察哈尔	天聪	镶蓝旗包衣	卷 71,786 页
克什贝	侯佳氏	察哈尔	天聪	镶蓝旗包衣	卷 71,786 页
索鼎	索罗噶尔氏	察哈尔	天聪	镶蓝旗包衣	卷 71,787 页
叶三	叶古禄特氏	察哈尔	天聪	镶蓝旗包衣	卷 71,787 页
郑常贵	郑讷鲁特氏	察哈尔	天聪	镶蓝旗包衣	卷 71,787 页
博络	土默特氏	中卫	天聪	镶蓝旗包衣	卷 71,787 页
唐古锡	白禅氏	察哈尔	天聪	镶蓝旗包衣	卷 71,787 页
吉克图	旺舒特氏	中卫	天聪	镶蓝旗包衣	卷 71,787 页
苏蒙额	王古尔亲氏	中卫	天聪	镶蓝旗包衣	卷 71,787 页
谟尔浑	兆达尔干氏	察哈尔	天聪	镶蓝旗包衣	卷 71,787 页
哈尔秦	扬噶氏	喀拉沁	天聪	镶蓝旗包衣	卷 71,787 页
哈尔瑚	步古鲁特氏	察哈尔	天聪	镶蓝旗包衣	卷 71,787 页
图禄苏	孙津氏	察哈尔	天聪	镶蓝旗包衣	卷 71,787 页
博尔济	高达玛氏	鄂尔多斯	无考	镶蓝旗包衣	卷 71,788 页
班第	佟尼耀特氏	察哈尔	无考	镶蓝旗包衣	卷 71,788 页

《八旗满洲氏族通谱·包衣·高丽姓氏》

表 3

姓名	姓氏	世居地方	来归时间	旗籍	出处
新达理	金氏	易州	天聪	正黄旗包衣	卷 72,791 页
都赉	金氏	无考	无考	镶黄旗包衣	卷 72,791 页
德倍	金氏	无考	国初	镶蓝旗包衣	卷 72,791 页
嘉理哈	金氏	无考	国初	正黄旗包衣	卷 72,791 页
金登	金氏	海州	国初	镶白旗包衣	卷 72,791 页
明色尼	金氏	开城府	国初	镶红旗包衣	卷 72,791 页
金德裴	金氏	无考	国初	镶蓝旗包衣	卷 72,791 页
海古尼	金氏	无考	国初	镶蓝旗包衣	卷 72,791 页
济古尼	金氏	易州	国初	镶蓝旗包衣	卷 72,791 页

续表 3

姓名	姓氏	世居地方	来归时间	旗籍	出处
山龙伊	金氏	无考	国初	镶蓝旗包衣	卷 72,791 页
永特基	金氏	无考	国初	镶蓝旗包衣	卷 72,791 页
定海吉	金氏	金家堡	国初	镶蓝旗包衣	卷 72,791 页
硕色	金氏	无考	国初	镶蓝旗包衣	卷 72,791 页
石孔仪	金氏	开城府	天聪	正黄旗包衣	卷 72,791 页
那穆遂	金氏	易州	天聪	正黄旗包衣	卷 72,791 页
颜荪尼	金氏	易州	天聪	正黄旗包衣	卷 72,791 页
倭赫	金氏	易州	天聪	正黄旗包衣	卷 72,791 页
校金楠	金氏	易州	天聪	正黄旗包衣	卷 72,791 页
金山	金氏	易州	天聪	正黄旗包衣	卷 72,791 页
聂礼弼	金氏	得州	天聪	正黄旗包衣	卷 72,791 页
天布基	金氏	望京	天聪	正黄旗包衣	卷 72,791 页
仲什尼	金氏	易州	天聪	正黄旗包衣	卷 72,791 页
巴颜岱	金氏	得州	天聪	正黄旗包衣	卷 72,791 页
金声	金氏	得州	天聪	正黄旗包衣	卷 72,791 页
春社	金氏	得州	天聪	正黄旗包衣	卷 72,791 页
金那密	金氏	得州	天聪	正黄旗包衣	卷 72,791 页
金布吉	金氏	易州	天聪	正黄旗包衣	卷 72,792 页
金春	金氏	易州	天聪	正黄旗包衣	卷 72,792 页
顾东遂	金氏	得州	天聪	正黄旗包衣	卷 72,792 页
额色理	金氏	无考	天聪	正黄旗包衣	卷 72,792 页
林清	金氏	无考	天聪	正黄旗包衣	卷 72,792 页
德纯	金氏	开城府	天聪	正红旗包衣	卷 72,792 页
戴哈尼	金氏	易州	天聪	镶白旗包衣	卷 72,792 页
爱锡	金氏	盖州	天聪	镶白旗包衣	卷 72,792 页
满住	金氏	盖州	天聪	镶白旗包衣	卷 72,792 页

续表 3

姓名	姓氏	世居地方	来归时间	旗籍	出处
赫基	金氏	无考	天聪	镶蓝旗包衣	卷 72,792 页
金诚	金氏	无考	天聪	镶蓝旗包衣	卷 72,792 页
齐都随	金氏	无考	天聪	镶蓝旗包衣	卷 72,792 页
书义	金氏	无考	天聪	镶蓝旗包衣	卷 72,792 页
胡锡义	金氏	易州	无考	镶黄旗包衣	卷 72,792 页
楚鼐	金氏	易州	无考	镶黄旗包衣	卷 72,792 页
特克秦	金氏	望京	无考	正白旗包衣	卷 72,792 页
金德隆	金氏	红溪堡	无考	镶红旗包衣	卷 72,792 页
荡色	金氏	无考	无考	正蓝旗包衣	卷 72,792 页
精额理	金氏	无考	无考	镶蓝旗包衣	卷 72,792 页
聂尼	韩氏	易州	天聪	正黄旗包衣	卷 72,793 页
席图库	韩氏	安法	天聪	正黄旗包衣	卷 72,793 页
邓仪弼	韩氏	易州	天聪	正黄旗包衣	卷 72,793 页
博龙义	韩氏	开城府	天聪	正黄旗包衣	卷 72,793 页
帖礼弼	韩氏	易州	天聪	正黄旗包衣	卷 72,793 页
额尔社	韩氏	无考	天聪	正黄旗包衣	卷 72,793 页
傅朗阿	韩氏	无考	天聪	镶蓝旗包衣	卷 72,793 页
腾那弼	李氏	无考	天聪	镶蓝旗包衣	卷 72,793 页
李仁杰	李氏	黄河套	天聪	正黄旗包衣	卷 72,793 页
僧辉	李氏	开城府	天聪	正黄旗包衣	卷 72,793 页
李党鼎	李氏	黄河套	天聪	正黄旗包衣	卷 72,793 页
喀尔萨	李氏	平安道	天聪	正黄旗包衣	卷 72,793 页
三拜	李氏	易州	天聪	正黄旗包衣	卷 72,793 页
老格	李氏	盖州	天聪	镶白旗包衣	卷 72,793 页
李四格	李氏	李佳堡	天聪	镶蓝旗包衣	卷 72,793 页
都拉米	李氏	易州	无考	镶黄旗包衣	卷 72,793 页

续表 3

姓名	姓氏	世居地方	来归时间	旗籍	出处
东安	朴氏	易州	天聪	镶白旗包衣	卷 72,794 页
伊克济理	朴氏	平壤	国初	镶白旗包衣	卷 72,794 页
舒吉理	朴氏	开城府	天聪	正黄旗包衣	卷 72,794 页
巴普济	朴氏	平安道	天聪	正黄旗包衣	卷 72,794 页
满社吉	朴氏	开城府	天聪	正黄旗包衣	卷 72,794 页
阿良义	朴氏	易州	天聪	正黄旗包衣	卷 72,794 页
杰临弼	朴氏	蜀川	天聪	正黄旗包衣	卷 72,794 页
硕礼	张氏	望京	国初	正白旗包衣	卷 72,794 页
郭弼	张氏	易州	天聪	正黄旗包衣	卷 72,794 页
僧讷米	张氏	开州	天聪	镶白旗包衣	卷 72,794 页
畓德柱	张氏	碧汉	无考	正红旗包衣	卷 72,794 页
张鹏翼	张氏	无考	无考	镶蓝旗包衣	卷 72,794 页
谟齐尼	傅氏	无考	天聪	正黄旗包衣	卷 72,795 页
柏云	柏氏	易州	天聪	正黄旗包衣	卷 72,795 页
洪德克孙	洪氏	南大门	国初	正红旗包衣	卷 73,798 页
敬文	洪氏	得州	天聪	正黄旗包衣	卷 73,798 页
洪义仁	洪氏	易州	天聪	正黄旗包衣	卷 73,798 页
洪邓南	洪氏	开城府	天聪	正黄旗包衣	卷 73,798 页
洪颜林	洪氏	开城府	天聪	正黄旗包衣	卷 73,798 页
崔泰	崔氏	瓜克山	天聪	正蓝旗包衣	卷 73,798 页
崔礼弼	崔氏	开城府	天聪	正黄旗包衣	卷 73,798 页
钟格尼	崔氏	得州	天聪	正黄旗包衣	卷 73,798 页
梅楞	崔氏	瓜克山	无考	正蓝旗包衣	卷 73,799 页
福羲	崔氏	易州	无考	镶黄旗包衣	卷 73,799 页
萨穆吉	刘氏	安法	无考	正黄旗包衣	卷 73,799 页
刘平	刘氏	博川郡	无考	正蓝旗包衣	卷 73,799 页

续表 3

姓名	姓氏	世居地方	来归时间	旗籍	出处
三鼐	刘氏	无考	无考	镶白旗包衣	卷 73,799 页
刘文宣	刘氏	无考	无考	镶白旗包衣	卷 73,799 页
黄琉	黄氏	易州	无考	镶黄旗包衣	卷 73,799 页
伊勒穆苏	黄氏	开州	无考	正白旗包衣	卷 73,799 页
法保	黄氏	易州	无考	正黄旗包衣	卷 73,799 页
崔莽牛	黄氏	盖州	无考	正白旗包衣	卷 73,799 页
杰尼	黄氏	盖州	无考	正白旗包衣	卷 73,799 页
茂思	冈氏	易州	国初	镶蓝旗包衣	卷 73,799 页
费查库	冈氏	无考	国初	镶蓝旗包衣	卷 73,799 页
济尔密喜	冈氏	易州	天聪	正黄旗包衣	卷 73,799 页
德叶米	冈氏	望京	天聪	正黄旗包衣	卷 73,799 页
杰汉尼	杨氏	辉宁	天聪	正黄旗包衣	卷 73,799 页
吴那海	吴氏	海州	天聪	镶白旗包衣	卷 73,799 页
陈都	陈氏	平壤	天聪	镶白旗包衣	卷 73,799 页
霸颜	陈氏	无考	天聪	镶蓝旗包衣	卷 73,799 页
文瑞	文氏	嘉山堡	国初	镶白旗包衣	卷 73,800 页
玉兰	孙氏	望京	国初	镶蓝旗包衣	卷 73,800 页
古尔马浑	丁氏	恩山县	国初	正红旗包衣	卷 73,800 页
外朗	任氏	易州	国初	镶白旗包衣	卷 73,800 页
徐大勇	徐氏	嶍山	国初	镶白旗包衣	卷 73,800 页
调亥	车氏	平阳	天聪	正黄旗包衣	卷 73,800 页
满春尼	万氏	平阳	天聪	正黄旗包衣	卷 73,800 页
桂羲	江氏	得州	天聪	正黄旗包衣	卷 73,800 页
边南	边氏	易州	天聪	正黄旗包衣	卷 73,801 页
何龙普	何氏	平安道	天聪	正黄旗包衣	卷 73,801 页
铁令义	闵氏	易州	天聪	镶白旗包衣	卷 73,801 页

续表 3

姓名	姓氏	世居地方	来归时间	旗籍	出处
林尚礼	林氏	无考	天聪	镶蓝旗包衣	卷 73,801 页
佟佐	佟氏	开州	无考	正白旗包衣	卷 73,801 页
济礼	瓦氏	易州	无考	正白旗包衣	卷 73,801 页
耿世尼	耿氏	博川郡	无考	正蓝旗包衣	卷 73,801 页
爱楠	宋氏	得州	天聪	正黄旗包衣	卷 73,801 页
宋琉	宋氏	东牛卫	天聪	正黄旗包衣	卷 73,801 页
杰硕	宋氏	辉宁	天聪	正黄旗包衣	卷 73,801 页
高理	马氏	无考	天聪	镶蓝旗包衣	卷 73,801 页
马色	马氏	瓜克山	无考	正蓝旗包衣	卷 73,801 页
谢基	郑氏	无考	国初	镶蓝旗包衣	卷 73,801 页
郑义南	郑氏	得州	天聪	正黄旗包衣	卷 73,801 页
曹基	曹氏	建常	国初	正红旗包衣	卷 73,802 页
邓那米	郭氏	易州	天聪	正黄旗包衣	卷 73,802 页
杰林璧	沈氏	得州	天聪	正黄旗包衣	卷 73,802 页
德克什	方氏	得州	天聪	正黄旗包衣	卷 73,802 页
囊弼紫	秦氏	得州	天聪	正黄旗包衣	卷 73,802 页
罗岱	孟氏	易州	天聪	镶白旗包衣	卷 73,802 页
兴尼璧	田氏	平壤	天聪	镶白旗包衣	卷 73,802 页
星嘉那密	辛氏	无考	无考	正白旗包衣	卷 73,802 页

《八旗满洲氏族通谱·包衣·尼堪姓氏》

表 4

姓名	世居地方	来归时间	旗籍	出处
张良弼	沈阳	国初	正白旗包衣旗鼓人	卷 74,804 页
张泰	沈阳	无考	正黄旗包衣旗鼓人	卷 74,804 页
张滋德	辽阳	无考	正白旗包衣管领下人	卷 74,804 页
张厚德	沈阳	无考	正白旗包衣管领下人	卷 74,805 页
(李氏)望明忠	沈阳	无考	正白旗包衣旗鼓人	卷 74,805 页

续表4

姓名	世居地方	来归时间	旗籍	出处
李世昌	沈阳	无考	正白旗包衣旗鼓人	卷74,805页
李成贤	沈阳	无考	正白旗包衣人	卷74,805页
李栢	沈阳	无考	正白旗包衣人	卷74,805页
李拔	沈阳	国初	镶蓝旗包衣人	卷74,805页
高云龙	沈阳	天聪	镶蓝旗包衣人	卷74,805页
高德猷	沈阳	无考	正白旗包衣管领下人	卷74,805页
雷宏华	辽阳	无考	镶白旗包衣人	卷74,805页
雷政	辽阳	无考	正白旗包衣人	卷74,806页
陈籓	辽阳	无考	正黄旗包衣人	卷74,806页
周勋业	辽阳	无考	镶黄旗包衣旗鼓人	卷74,806页
周国彬	辽阳	无考	镶黄旗包衣旗鼓人	卷74,806页
胡海	辽阳	国初	镶黄旗包衣旗鼓人	卷74,806页
董文选	抚顺	无考	正黄旗包衣人	卷74,806页
黄世仁	沈阳	天聪	正白旗包衣人	卷74,807页
钮良勋	辽阳	无考	镶白旗包衣管领下人	卷74,807页
吴伦	铁岭	国初	正红旗包衣人	卷74,807页
尚大德	沈阳	国初	正白旗包衣人	卷74,807页
韩成	中后所	无考	镶黄旗包衣旗鼓人	卷74,808页
马偏额	沈阳	无考	正白旗包衣人	卷74,808页
曹锡远	辽阳	无考	正白旗包衣人	卷74,808页
丁崇德	辽阳	无考	正黄旗包衣人	卷74,808页
(魏氏)绶恩	沈阳	无考	正黄旗包衣管领下人	卷74,808页
吕成科	铁岭	无考	正红旗包衣管领下人	卷74,808页
郑彬	沈阳	无考	正黄旗包衣人	卷74,808页
罗永升	沈阳	无考	正黄旗包衣管领下人	卷74,809页
(白氏)夔学圣	抚顺	无考	镶黄旗包衣管领下人	卷74,809页

续表 4

姓名	世居地方	来归时间	旗籍	出处
王宏德	沈阳	无考	镶黄旗包衣管领下人	卷 75,812 页
王东海	沈阳	无考	镶黄旗包衣管领下人	卷 75,812 页
(王姓)佛保	沈阳	无考	镶黄旗包衣管领下人	卷 75,812 页
王承德	王纲台	无考	镶黄旗包衣人	卷 75,812 页
王三	抚顺	无考	镶黄旗包衣管领下人	卷 75,812 页
王成勋	沈阳	无考	镶黄旗包衣管领下人	卷 75,812 页
王忠孝	沈阳	无考	镶黄旗包衣管领下人	卷 75,812 页
王福	沈阳	无考	镶黄旗包衣旗鼓人	卷 75,812 页
王文	沈阳	无考	镶黄旗包衣管领下人	卷 75,812 页
王文	沈阳	无考	镶黄旗包衣管领下人	卷 75,812 页
王明	沈阳	无考	镶黄旗包衣管领下人	卷 75,812 页
王景禄	沈阳	无考	镶黄旗包衣人	卷 75,812 页
王受德	沈阳	无考	镶黄旗包衣旗鼓人	卷 75,812 页
王世龙	沈阳	无考	镶黄旗包衣管领下人	卷 75,812 页
王石柱	沈阳	无考	镶黄旗包衣人	卷 75,812 页
(王氏)瓦克善	沈阳	无考	镶黄旗包衣管领下人	卷 75,812 页
王定邦	沈阳	无考	镶黄旗包衣旗鼓人	卷 75,812 页
王义品	沈阳	无考	镶黄旗包衣旗鼓人	卷 75,812 页
王裕功	沈阳	无考	镶黄旗包衣旗鼓人	卷 75,812 页
王守坤	沈阳	无考	镶黄旗包衣人	卷 75,812 页
(王氏)松塔	长白山	无考	正黄旗包衣管领下人	卷 75,812 页
王立铸	沈阳	无考	正黄旗包衣旗鼓人	卷 75,813 页
王德容	沈阳	无考	正黄旗包衣旗鼓人	卷 75,813 页
王拜同	沈阳	无考	正黄旗包衣人	卷 75,813 页
王有在	沈阳	无考	正黄旗包衣管领下人	卷 75,813 页
王留	沈阳	无考	正黄旗包衣管领下人	卷 75,813 页

续表 4

姓名	世居地方	来归时间	旗籍	出处
王盘	沈阳	天聪	正黄旗包衣管领下人	卷 75,813 页
王茂兰	沈阳	无考	正黄旗包衣管领下人	卷 75,813 页
王栋科	沈阳	无考	正黄旗包衣管领下人	卷 75,813 页
王德锦	沈阳	无考	正黄旗包衣旗鼓人	卷 75,813 页
王国椿	沈阳	无考	正黄旗包衣人	卷 75,813 页
王来勇	沈阳	无考	正黄旗包衣旗鼓人	卷 75,813 页
王登清	辽阳	无考	正黄旗包衣管领下人	卷 75,813 页
王崇彩	沈阳	无考	正黄旗包衣管领下人	卷 75,813 页
王士选	沈阳	无考	正黄旗包衣人	卷 75,813 页
王老诚	沈阳	无考	正黄旗包衣旗鼓人	卷 75,813 页
贰格	沈阳	无考	正黄旗包衣管领下人	卷 75,813 页
王来聘	沈阳	无考	正白旗包衣人	卷 75,813 页
王继清	沈阳	无考	正白旗包衣旗鼓人	卷 75,813 页
王强	沈阳	无考	正白旗包衣旗鼓人	卷 75,813 页
王道金	沈阳	无考	正白旗包衣人	卷 75,813 页
王永盛	辽阳	无考	正白旗包衣旗鼓人	卷 75,813 页
王焕	沈阳	无考	正白旗包衣人	卷 75,813 页
王杰	辽阳	无考	正白旗包衣管领下人	卷 75,813 页
(王氏)萧兹	沈阳	无考	正白旗包衣管领下人	卷 75,814 页
(王氏)德柱	沈阳	无考	正白旗包衣管领下人	卷 75,814 页
王永德	沈阳	无考	正白旗包衣管领下人	卷 75,814 页
王二格	沈阳	无考	正白旗包衣管领下人	卷 75,814 页
(王氏)桑格	中后所	无考	正白旗包衣管领下人	卷 75,814 页
王思高	沈阳	无考	正白旗包衣旗鼓人	卷 75,814 页
(王氏)呼登筵	辽阳	国初	正白旗包衣管领下人	卷 75,814 页
(王氏)金泰	辽阳	无考	正白旗包衣管领下人	卷 75,814 页

续表 4

姓名	世居地方	来归时间	旗籍	出处
王天才	沈阳	无考	正白旗包衣旗鼓人	卷 75,814 页
王士宗	沈阳	无考	正白旗包衣人	卷 75,814 页
王勇	沈阳	无考	正白旗包衣管领下人	卷 75,814 页
王一臣	辽阳	无考	正白旗包衣旗鼓人	卷 75,814 页
王泰	沈阳	国初	正白旗包衣人	卷 75,814 页
王琮	辽阳	无考	镶白旗包衣管领下人	卷 75,814 页
(王氏)隆格	沈阳	无考	镶白旗包衣管领下人	卷 75,814 页
(王氏)英受	沈阳	无考	镶白旗包衣管领下人	卷 75,814 页
大硕色	沈阳	无考	镶白旗包衣人	卷 75,814 页
王钦祖	沈阳	无考	镶白旗包衣管领下人	卷 75,814 页
王熊	沈阳	无考	正蓝旗包衣人	卷 75,814 页
王国用	义州	国初	正蓝旗包衣人	卷 75,814 页
王艾	沈阳	天聪	镶蓝旗包衣管领下人	卷 75,814 页
王世泉	沈阳	天聪	镶蓝旗包衣人	卷 75,814 页
王洋	沈阳	无考	镶蓝旗包衣人	卷 75,814 页
(王氏)噗琨	盖州	无考	镶蓝旗包衣人	卷 75,815 页
王制鉴	沈阳	天聪	镶蓝旗包衣人	卷 75,815 页
王文同	沈阳	无考	镶蓝旗包衣人	卷 75,815 页
王杰	沈阳	无考	镶蓝旗包衣人	卷 75,815 页
王应坤	沈阳	天聪	镶蓝旗包衣人	卷 75,815 页
(李氏)瓢色	沈阳	无考	镶黄旗包衣管领下人	卷 75,815 页
(李氏)达哈纳	长白山	无考	镶黄旗包衣管领下人	卷 75,815 页
李锦	沈阳	无考	镶黄旗包衣旗鼓人	卷 75,815 页
李栋	王多罗树	无考	镶黄旗包衣管领下人	卷 75,815 页
李进辉	沈阳	无考	镶黄旗包衣管领下人	卷 75,815 页
(李氏)存住	王多罗树	无考	镶黄旗包衣管领下人	卷 75,815 页

续表 4

姓名	世居地方	来归时间	旗籍	出处
李有诗	沈阳	无考	镶黄旗包衣旗鼓人	卷 75,815 页
李世清	沈阳	无考	镶黄旗包衣管领下人	卷 75,815 页
李朝元	辽阳	国初	镶黄旗包衣旗鼓人	卷 75,815 页
李思	沈阳	无考	镶黄旗包衣管领下人	卷 75,815 页
李蓝春	沈阳	无考	镶黄旗包衣旗鼓人	卷 75,815 页
李存滋	沈阳	无考	镶黄旗包衣管领下人	卷 75,815 页
李朝奉	沈阳	无考	正黄旗包衣旗鼓人	卷 75,815 页
(李氏)萧兹	沈阳	无考	正黄旗包衣管领下人	卷 75,815 页
李广书	鱼后屯	无考	正黄旗包衣管领下人	卷 75,815 页
李永清	沈阳	无考	正黄旗包衣管领下人	卷 75,815 页
李尚义	辽阳	无考	正黄旗包衣旗鼓人	卷 75,815 页
李崇贤	沈阳	无考	正黄旗包衣人	卷 75,815 页
李鉴顺	沈阳	无考	正黄旗包衣管领下人	卷 75,815 页
(李氏)四格	沈阳	无考	正黄旗包衣管领下人	卷 75,816 页
李寅	沈阳	无考	正黄旗包衣旗鼓人	卷 75,816 页
李时茂	沈阳	无考	正黄旗包衣人	卷 75,816 页
(李氏)武色	沈阳	无考	正黄旗包衣管领下人	卷 75,816 页
李栢	沈阳	无考	正黄旗包衣管领下人	卷 75,816 页
李国栋	沈阳	无考	正黄旗包衣人	卷 75,816 页
白奇	沈阳	无考	正黄旗包衣管领下人	卷 75,816 页
国泰	沈阳	无考	正黄旗包衣管领下人	卷 75,816 页
李山	沈阳	无考	正黄旗包衣人	卷 75,816 页
李惟桓	沈阳	无考	正白旗包衣人	卷 75,816 页
李有节	锦州	无考	正白旗包衣管领下人	卷 75,816 页
李成功	灵生堡	无考	正白旗包衣管领下人	卷 75,816 页
李天培	长白山	无考	正白旗包衣管领下人	卷 75,816 页

续表4

姓名	世居地方	来归时间	旗籍	出处
李景桂	家邦	无考	正白旗包衣管领下人	卷75,816页
李成栋	沈阳	无考	正白旗包衣旗鼓人	卷75,816页
李奉银	沈阳	无考	正白旗包衣人	卷75,816页
李文奎	沈阳	无考	正白旗包衣旗鼓人	卷75,816页
李先明	沈阳	无考	正白旗包衣管领下人	卷75,816页
李成龙	沈阳	无考	正白旗包衣旗鼓人	卷75,816页
李本	沈阳	无考	正白旗包衣管领下人	卷75,816页
李追	和罗	无考	正白旗包衣管领下人	卷75,816页
李明扬	松山	无考	正白旗包衣旗鼓人	卷75,816页
李茂春	沈阳	无考	正白旗包衣旗鼓人	卷75,817页
李景成	家邦	无考	正白旗包衣管领下人	卷75,817页
李时茂	沈阳	无考	正白旗包衣旗鼓人	卷75,817页
李玉恩	铁岭	无考	正白旗包衣旗鼓人	卷75,817页
李天成	沈阳	无考	正红旗包衣管领下人	卷75,817页
李守明	抚顺	无考	正红旗包衣管领下人	卷75,817页
李正	铁岭	无考	正红旗包衣管领下人	卷75,817页
李国任	沈阳	无考	镶白旗包衣管领下人	卷75,817页
李有功	辽阳	无考	镶白旗包衣管领下人	卷75,817页
李世福	穆家堡	无考	镶白旗包衣管领下人	卷75,817页
李天禄	沈阳	无考	正蓝旗包衣人	卷75,817页
李著美	沈阳	无考	正蓝旗包衣旗鼓人	卷75,817页
李霸	辽阳	国初	镶蓝旗包衣人	卷75,817页
方远	沈阳	天聪	镶蓝旗包衣人	卷75,817页
李文灿	沈阳	天聪	镶蓝旗包衣人	卷75,817页
(李氏)二格色	耀州	天聪	镶蓝旗包衣人	卷75,817页
李思忠	铁岭	无考	镶蓝旗包衣管领下人	卷75,817页

续表 4

姓名	世居地方	来归时间	旗籍	出处
张启祥	沈阳	无考	镶黄旗包衣旗鼓人	卷 75,817 页
张长云	凤凰城	无考	镶黄旗包衣旗鼓人	卷 75,817 页
张嘉谋	沈阳	无考	镶黄旗包衣旗鼓人	卷 75,817 页
(张氏)通泗	锦州	无考	镶黄旗包衣管领下人	卷 75,817 页
张德耀	沈阳	无考	镶黄旗包衣人	卷 75,818 页
张中升	沈阳	无考	镶黄旗包衣管领下人	卷 75,818 页
张三	沈阳	无考	镶黄旗包衣管领下人	卷 75,818 页
张茂	沈阳	无考	镶黄旗包衣管领下人	卷 75,818 页
张广宁	沈阳	无考	镶黄旗包衣旗鼓人	卷 75,818 页
张厚权	沈阳	无考	镶黄旗包衣人	卷 75,818 页
张禄臣	辽东	无考	镶黄旗包衣人	卷 75,818 页
张义德	沈阳	无考	镶黄旗包衣管领下人	卷 75,818 页
张起凤	沈阳	无考	镶黄旗包衣旗鼓人	卷 75,818 页
张永福	沈阳	无考	镶黄旗包衣旗鼓人	卷 75,818 页
张继业	辽阳	无考	镶黄旗包衣管领下人	卷 75,818 页
张天蛟	沈阳	无考	正黄旗包衣人	卷 75,818 页
张优才	沈阳	无考	正黄旗包衣人	卷 75,818 页
张景百	沈阳	无考	正黄旗包衣旗鼓人	卷 75,818 页
张恭举	辽阳	无考	正黄旗包衣旗鼓人	卷 75,818 页
张国史	沈阳	无考	正黄旗包衣旗鼓人	卷 75,818 页
(张氏)乌色	沈阳	无考	正黄旗包衣管领下人	卷 75,818 页
张国忠	沈阳	无考	正黄旗包衣旗鼓人	卷 75,818 页
张义奎	沈阳	无考	正黄旗包衣人	卷 75,818 页
张起龙	沈阳	无考	正黄旗包衣旗鼓人	卷 75,818 页
张邦祺	沈阳	无考	正黄旗包衣人	卷 75,818 页
(张氏)郯二	春家堡	无考	正黄旗包衣管领下人	卷 75,818 页

续表 4

姓名	世居地方	来归时间	旗籍	出处
张文元	沈阳	无考	正黄旗包衣旗鼓人	卷 75,818 页
张钟异	沈阳	无考	正黄旗包衣旗鼓人	卷 75,818 页
张三兴	沈阳	无考	正黄旗包衣旗鼓人	卷 75,819 页
张世孝	沈阳	无考	正白旗包衣旗鼓人	卷 75,819 页
张遇龙	沈阳	无考	正白旗包衣管领下人	卷 75,819 页
张明理	沈阳	无考	正白旗包衣旗鼓人	卷 75,819 页
张奎	沈阳	无考	正白旗包衣管领下人	卷 75,819 页
张奉武	沈阳	无考	正白旗包衣管领下人	卷 75,819 页
张大用	沈阳	无考	正白旗包衣旗鼓人	卷 75,819 页
张德	沈阳	无考	正白旗包衣管领下人	卷 75,819 页
张应理	沈阳	无考	正白旗包衣管领下人	卷 75,819 页
张自强	沈阳	无考	正白旗包衣旗鼓人	卷 75,819 页
张雅图	沈阳	无考	正白旗包衣旗鼓人	卷 75,819 页
张成良	沈阳	无考	正白旗包衣旗鼓人	卷 75,819 页
张宏传	盖州	无考	镶白旗包衣管领下人	卷 75,819 页
张继儒	沈阳	无考	镶白旗包衣人	卷 75,819 页
张鉴	沈阳	无考	正蓝旗包衣人	卷 75,819 页
张云龙	沈阳	无考	正蓝旗包衣人	卷 75,819 页
张自祥	辽阳	无考	正蓝旗包衣人	卷 75,819 页
张士杰	铁岭	无考	正蓝旗包衣人	卷 75,819 页
张国治	沈阳	无考	镶蓝旗包衣人	卷 75,819 页
张齐正	沈阳	天聪	镶蓝旗包衣管领下人	卷 75,819 页
张善得	沈阳	天聪	镶蓝旗包衣人	卷 75,819 页
张尚仁	沈阳	无考	镶蓝旗包衣人	卷 75,819 页
张德贵	沈阳	无考	镶蓝旗包衣人	卷 75,819 页
张云蛟	锦州	天聪	镶蓝旗包衣管领下人	卷 75,820 页

续表 4

姓名	世居地方	来归时间	旗籍	出处
张德升	沈阳	无考	镶蓝旗包衣人	卷 75,820 页
张德功	沈阳	无考	镶蓝旗包衣人	卷 75,820 页
刘祺勇	三韩	无考	镶黄旗包衣旗鼓人	卷 76,823 页
刘文孝	沈阳	无考	镶黄旗包衣旗鼓人	卷 76,823 页
刘大宾	沈阳	无考	镶黄旗包衣管领下人	卷 76,823 页
刘自明	沈阳	无考	镶黄旗包衣旗鼓人	卷 76,823 页
刘举	沈阳	无考	镶黄旗包衣旗鼓人	卷 76,823 页
刘如镇	沈阳	无考	镶黄旗包衣管领下人	卷 76,823 页
(刘氏)福昌	抚顺	无考	镶黄旗包衣管领下人	卷 76,823 页
刘朝奉	沈阳	无考	镶黄旗包衣旗鼓人	卷 76,823 页
刘克防	沈阳	国初	镶黄旗包衣旗鼓人	卷 76,823 页
(刘氏)乌色	沈阳	无考	镶黄旗包衣管领下人	卷 76,823 页
刘德	沈阳	无考	镶黄旗包衣管领下人	卷 76,823 页
刘三德	沈阳	无考	正黄旗包衣人	卷 76,824 页
刘武	沈阳	无考	正黄旗包衣人	卷 76,824 页
刘达	三韩	无考	正黄旗包衣管领下人	卷 76,824 页
刘钟声	沈阳	无考	正黄旗包衣旗鼓人	卷 76,824 页
刘子贵	沈阳	无考	正黄旗包衣人	卷 76,824 页
刘中生	沈阳	无考	正黄旗包衣人	卷 76,824 页
刘琨	沈阳	无考	正黄旗包衣管领下人	卷 76,824 页
刘梦龙	沈阳	无考	正黄旗包衣旗鼓人	卷 76,824 页
刘安国	辽阳	无考	正白旗包衣旗鼓人	卷 76,824 页
刘国勋	辽阳	无考	正白旗包衣管领下人	卷 76,824 页
刘思舜	沈阳	无考	正白旗包衣旗鼓人	卷 76,824 页
刘登	辽阳	无考	正白旗包衣旗鼓人	卷 76,824 页
刘纯佑	沈阳	无考	正白旗包衣旗鼓人	卷 76,824 页

续表 4

姓名	世居地方	来归时间	旗籍	出处
刘成贵	辽阳	无考	正白旗包衣管领下人	卷 76,824 页
刘承选	沈阳	无考	正白旗包衣人	卷 76,824 页
刘忠	沈阳	无考	正白旗包衣管领下人	卷 76,824 页
刘思成	铁岭	天聪	正红旗包衣管领下人	卷 76,824 页
刘邦遵	沈阳	国初	正红旗包衣管领下人	卷 76,824 页
刘文惠	铁岭	国初	正红旗包衣人	卷 76,824 页
刘拱	铁岭	无考	正红旗包衣管领下人	卷 76,824 页
刘应声	刘家峪	国初	镶红旗(包衣)人	卷 76,824 页
刘登科	沈阳	无考	正蓝旗包衣人	卷 76,824 页
刘景松	沈阳	天聪	镶蓝旗包衣人	卷 76,824 页
陈桂	沈阳	无考	镶黄旗包衣旗鼓人	卷 76,825 页
陈文祥	沈阳	无考	镶黄旗包衣旗鼓人	卷 76,825 页
陈如福	沈阳	无考	镶黄旗包衣旗鼓人	卷 76,825 页
陈中道	巨流河	无考	镶黄旗包衣管领下人	卷 76,825 页
陈有泗	沈阳	无考	镶黄旗包衣旗鼓人	卷 76,825 页
陈天良	沈阳	无考	镶黄旗包衣人	卷 76,825 页
(陈氏)倭和	大凌河	无考	镶黄旗包衣管领下人	卷 76,825 页
陈锐	沈阳	无考	镶黄旗包衣旗鼓人	卷 76,825 页
陈安边	大凌河	无考	正黄旗包衣管领下人	卷 76,825 页
陈勇	沈阳	无考	正黄旗包衣管领下人	卷 76,825 页
陈达色	辽阳	无考	正黄旗包衣人	卷 76,825 页
(陈氏)巴哈达	沈阳	无考	正白旗包衣管领下人	卷 76,825 页
陈恭	松山	无考	正白旗包衣管领下人	卷 76,825 页
陈子新	沈阳	无考	正白旗包衣管领下人	卷 76,825 页
陈达	沈阳	无考	正白旗包衣管领下人	卷 76,825 页
陈达兴	辽阳	无考	正白旗包衣管领下人	卷 76,825 页

续表 4

姓名	世居地方	来归时间	旗籍	出处
陈有彩	松山	无考	正白旗包衣管领下人	卷 76,825 页
陈嘉祐	大凌河	无考	正白旗包衣管领下人	卷 76,825 页
陈刚	沈阳	无考	正白旗包衣旗鼓人	卷 76,825 页
陈世会	沈阳	无考	正白旗包衣管领下人	卷 76,825 页
陈均	铁岭	无考	镶白旗包衣管领下人	卷 76,825 页
陈门增	辽阳	无考	镶白旗包衣管领下人	卷 76,825 页
陈量德	沈阳	天聪	镶蓝旗包衣管领下人	卷 76,825 页
陈善	沈阳	国初	镶蓝旗包衣管领下人	卷 76,825 页
陈宜亮	沈阳	国初	镶蓝旗包衣管领下人	卷 76,825 页
周义强	集屯	无考	镶黄旗包衣管领下人	卷 76,826 页
(周氏)全柱	沈阳	无考	镶黄旗包衣管领下人	卷 76,826 页
(周氏)德明	坡子	无考	镶黄旗包衣管领下人	卷 76,826 页
周永明	沈阳	国初	镶黄旗包衣旗鼓人	卷 76,826 页
(周氏)三岱	沈阳	无考	镶黄旗包衣管领下人	卷 76,826 页
周文奎	沈阳	无考	镶黄旗包衣管领下人	卷 76,826 页
(周氏)桑格	沈阳	无考	镶黄旗包衣管领下人	卷 76,826 页
周大道	开原	无考	镶黄旗包衣人	卷 76,826 页
周宏	沈阳	无考	正黄旗包衣管领下人	卷 76,826 页
周成德	中后所	无考	正黄旗包衣人	卷 76,826 页
周易明	辽阳	无考	正白旗包衣管领下人	卷 76,826 页
周良正	沈阳	无考	正白旗包衣管领下人	卷 76,826 页
周应福	辽阳	无考	镶白旗包衣管领下人	卷 76,826 页
周福	沈阳	无考	镶白旗包衣管领下人	卷 76,826 页
周志德	穆家堡	无考	镶白旗包衣人	卷 76,826 页
周成功	沈阳	无考	正蓝旗包衣人	卷 76,826 页
周国安	沈阳	天聪	镶蓝旗包衣人	卷 76,826 页

续表 4

姓名	世居地方	来归时间	旗籍	出处
周新明	沈阳	无考	镶蓝旗包衣人	卷 76,826 页
周优	沈阳	无考	镶蓝旗包衣人	卷 76,826 页
周起龙	沈阳	天聪	镶蓝旗包衣人	卷 76,826 页
徐世虎	沈阳	无考	镶黄旗包衣旗鼓人	卷 76,826 页
徐凯	沈阳	无考	镶黄旗包衣旗鼓人	卷 76,827 页
徐文高	沈阳	无考	镶黄旗包衣旗鼓人	卷 76,827 页
(徐氏)董江	沈阳	无考	镶黄旗包衣管领下人	卷 76,827 页
徐克成	大凌河	无考	镶黄旗包衣管领下人	卷 76,827 页
徐纪制	沈阳	无考	镶黄旗包衣旗鼓人	卷 76,827 页
徐正	沈阳	无考	正黄旗包衣管领下人	卷 76,827 页
徐达	大凌河	天聪	正黄旗包衣管领下人	卷 76,827 页
徐尚文	沈阳	无考	正黄旗包衣管领下人	卷 76,827 页
徐滋德	沈阳	无考	正黄旗包衣人	卷 76,827 页
徐尤才	沈阳	无考	正黄旗包衣旗鼓人	卷 76,827 页
徐清	沈阳	无考	正白旗包衣旗鼓人	卷 76,827 页
徐宗道	沈阳	无考	正白旗包衣人	卷 76,827 页
徐治诚	辽东	无考	正白旗包衣管领下人	卷 76,827 页
徐联璧	沈阳	国初	正白旗包衣管领下人	卷 76,827 页
徐其翰	沈阳	无考	正白旗包衣管领下人	卷 76,827 页
徐海	沈阳	无考	正白旗包衣管领下人	卷 76,827 页
徐先进	巨流河	无考	正白旗包衣管领下人	卷 76,827 页
徐金钟	抚顺	无考	镶红旗包衣人	卷 76,827 页
高凤爵	辽阳	无考	镶黄旗包衣管领下人	卷 76,827 页
(高氏)留色	沈阳	无考	镶黄旗包衣管领下人	卷 76,827 页
高奇遇	沈阳	无考	镶黄旗包衣人	卷 76,828 页
高永象	沈阳	无考	正黄旗包衣人	卷 76,828 页

续表 4

姓名	世居地方	来归时间	旗籍	出处
高奇功	沈阳	无考	正白旗包衣旗鼓人	卷 76,828 页
高文举	沈阳	无考	正白旗包衣人	卷 76,828 页
高应登	沈阳	无考	正白旗包衣管领下人	卷 76,828 页
高闻举	沈阳	无考	正白旗包衣旗鼓人	卷 76,828 页
高有成	中后所	无考	正白旗包衣管领下人	卷 76,828 页
高登第	辽阳	无考	正红旗包衣管领下人	卷 76,828 页
高辉久	辽阳	无考	镶白旗包衣管领下人	卷 76,828 页
高尚意	盖州	无考	镶白旗包衣管领下人	卷 76,828 页
高上义	沈阳	无考	正蓝旗包衣人	卷 76,828 页
高商彝	海州	无考	正蓝旗包衣人	卷 76,828 页
高国祥	锦州	天聪	镶蓝旗包衣管领下人	卷 76,828 页
高扬敏	锦州	天聪	镶蓝旗包衣管领下人	卷 76,828 页
崔铎	辽阳	无考	镶黄旗包衣旗鼓人	卷 76,828 页
崔善岱	沈阳	无考	镶黄旗包衣管领下人	卷 76,828 页
崔明	沈阳	无考	镶黄旗包衣旗鼓人	卷 76,828 页
崔天佑	沈阳	无考	镶黄旗包衣人	卷 76,828 页
崔升	沈阳	无考	镶黄旗包衣旗鼓人	卷 76,828 页
崔文生	沈阳	无考	镶黄旗包衣旗鼓人	卷 76,828 页
崔国宝	辽阳	无考	镶黄旗包衣管领下人	卷 76,828 页
崔国福	沈阳	无考	镶黄旗包衣旗鼓人	卷 76,828 页
崔景元	沈阳	无考	镶黄旗包衣旗鼓人	卷 76,828 页
崔潮	沈阳	无考	正黄旗包衣人	卷 76,829 页
崔国臣	铁岭	无考	正白旗包衣旗鼓人	卷 76,829 页
崔天禧	沈阳	无考	正白旗包衣管领下人	卷 76,829 页
崔善	沈阳	无考	正蓝旗包衣人	卷 76,829 页
杨景升	沈阳	无考	镶黄旗包衣人	卷 76,829 页

续表 4

姓名	世居地方	来归时间	旗籍	出处
杨有先	沈阳	无考	镶黄旗包衣旗鼓人	卷 76,829 页
(杨氏)根滋	锦州	无考	镶黄旗包衣管领下人	卷 76,829 页
杨元华	辽阳	无考	正黄旗包衣管领下人	卷 76,829 页
(杨氏)陶色	辽阳	天聪	正黄旗包衣管领下人	卷 76,829 页
杨世勋	沈阳	无考	正黄旗包衣人	卷 76,829 页
杨应元	沈阳	无考	正黄旗包衣人	卷 76,829 页
杨承宗	沈阳	无考	正黄旗包衣旗鼓人	卷 76,829 页
杨和祥	沈阳	无考	正黄旗包衣人	卷 76,829 页
杨世捃	沈阳	无考	正白旗包衣人	卷 76,829 页
杨景贵	沈阳	无考	正白旗包衣旗鼓人	卷 76,829 页
杨贰	沈阳	无考	正白旗包衣管领下人	卷 76,829 页
杨致祥	沈阳	无考	正蓝旗包衣人	卷 76,829 页
孙守祖	抚顺	无考	镶黄旗包衣旗鼓人	卷 76,829 页
孙永文	沈阳	无考	镶黄旂包衣管领下人	卷 76,829 页
(孙)达思布焕	沈阳	无考	镶黄旗包衣旗鼓人	卷 76,829 页
孙荣德	铁岭	无考	镶黄旗包衣管领下人	卷 76,829 页
孙艾	沈阳	无考	镶黄旗包衣管领下人	卷 76,830 页
孙达	沈阳	无考	镶黄旗包衣管领下人	卷 76,830 页
孙材	三虎石	无考	正黄旗包衣管领下人	卷 76,830 页
孙全	沈阳	无考	正黄旗包衣人	卷 76,830 页
孙世清	铁岭	国初	正红旗包衣管领下人	卷 76,830 页
孙名扬	抚顺	国初	正红旗包衣管领下人	卷 76,830 页
孙世龙	抚顺	无考	正红旗包衣管领下人	卷 76,830 页
孙林	沈阳	国初	镶蓝旗包衣管领下人	卷 76,830 页
赵为仁	沈阳	无考	镶黄旗包衣旗鼓人	卷 76,830 页
赵宏祺	长白山	无考	镶黄旗包衣管领下人	卷 76,830 页

续表 4

姓名	世居地方	来归时间	旗籍	出处
赵忠德	沈阳	无考	镶黄旗包衣管领下人	卷 76,830 页
赵景顺	沈阳	无考	镶黄旗包衣旗鼓人	卷 76,830 页
赵达	沈阳	无考	镶黄旗包衣旗鼓人	卷 76,830 页
赵资学	沈阳	无考	镶黄旗包衣旗鼓人	卷 76,830 页
赵国泰	沈阳	无考	镶黄旗包衣旗鼓人	卷 76,830 页
赵通	沈阳	无考	正白旗包衣管领下人	卷 76,830 页
赵启新	铁岭	国初	正红旗包衣人	卷 76,830 页
赵镇国	沈阳	无考	镶白旗包衣管领下人	卷 76,830 页
赵伊福	锦州	天聪	镶蓝旗包衣人	卷 76,830 页
赵千仓	沈阳	无考	正黄旗包衣人	卷 76,830 页
胡来象	三韩	无考	镶黄旗包衣旗鼓人	卷 76,830 页
胡朝宾	沈阳	无考	镶黄旗包衣旗鼓人	卷 76,830 页
胡悦	沈阳	无考	镶黄旗包衣旗鼓人	卷 76,830 页
胡福国	沈阳	无考	镶黄旗包衣旗鼓人	卷 76,831 页
胡有声	沈阳	无考	镶黄旗包衣旗鼓人	卷 76,831 页
胡存华	沈阳	无考	正黄旗包衣人	卷 76,831 页
胡有德	沈阳	无考	正白旗包衣管领下人	卷 76,831 页
胡国相	沈阳	无考	正白旗包衣旗鼓人	卷 76,831 页
胡起龙	沈阳	无考	正蓝旗包衣人	卷 76,831 页
胡文升	锦州	天聪	镶蓝旗包衣管领下人	卷 76,831 页
胡有章	沈阳	无考	镶蓝旗包衣人	卷 76,831 页
马有禄	沈阳	无考	镶黄旗包衣旗鼓人	卷 76,831 页
马凤鹏	沈阳	无考	镶黄旗包衣人	卷 76,831 页
马资福	谢河	无考	镶黄旗包衣管领下人	卷 76,831 页
马自高	沈阳	无考	镶黄旗包衣管领下人	卷 76,831 页
马伯元	海州	无考	镶黄旗包衣管领下人	卷 76,831 页

续表 4

姓名	世居地方	来归时间	旗籍	出处
马承德	辽阳	无考	正黄旗包衣管领下人	卷 76,831 页
马承功	沈阳	无考	正白旗包衣旗鼓人	卷 76,831 页
马廉焕	沈阳	无考	正白旗包衣管领下人	卷 76,831 页
马德科	沈阳	无考	正白旗包衣旗鼓人	卷 76,831 页
马变龙	沈阳	无考	正白旗包衣人	卷 76,831 页
马有仓	沈阳	国初	镶蓝旗包衣管领下人	卷 76,831 页
董芝翰	沈阳	无考	镶黄旗包衣旗鼓人	卷 77,836 页
董登文	义州	无考	镶黄旗包衣管领下人	卷 77,836 页
董制彩	沈阳	无考	镶黄旗包衣管领下人	卷 77,836 页
董艾济	辽阳	无考	镶黄旗包衣管领下人	卷 77,836 页
董受仓	抚顺	无考	正黄旗包衣人	卷 77,836 页
董翰杰	沈阳	无考	正黄旗包衣管领下人	卷 77,836 页
董国新	沈阳	无考	正黄旗包衣人	卷 77,836 页
董国柱	沈阳	无考	正白旗包衣旗鼓人	卷 77,836 页
董应陆	沈阳	无考	正白旗包衣旗鼓人	卷 77,836 页
董留纪	沈阳	天聪	镶蓝旗包衣人	卷 77,836 页
(吴氏)浩善	中后所	无考	镶黄旗包衣管领下人	卷 77,837 页
吴珍亨	沈阳	无考	镶黄旗包衣旗鼓人	卷 77,837 页
吴衍俊	沈阳	无考	镶黄旗包衣管领下人	卷 77,837 页
吴尚礼	沈阳	无考	正黄旗包衣人	卷 77,837 页
吴良璧	沈阳	无考	正黄旗包衣人	卷 77,837 页
吴受益	沈阳	无考	正黄旗包衣旗鼓人	卷 77,837 页
(吴)班第	沈阳	国初	正白旗包衣管领下人	卷 77,837 页
吴瞻仪	沈阳	无考	正白旗包衣管领下人	卷 77,837 页
(吴)尧泰	沈阳	无考	正蓝旗包衣人	卷 77,837 页
吴受仓	沈阳	无考	正蓝旗包衣人	卷 77,837 页

续表 4

姓名	世居地方	来归时间	旗籍	出处
金浩善	沈阳	无考	正黄旗包衣人	卷 77,837 页
金文具	沈阳	无考	正黄旗包衣人	卷 77,837 页
金继祖	沈阳	无考	正白旗包衣人	卷 77,837 页
金雯聚	沈阳	无考	正白旗包衣人	卷 77,837 页
金汝相	辽阳	无考	正白旗包衣旗鼓人	卷 77,837 页
金文成	金德城	无考	正白旗包衣管领下人	卷 77,837 页
金刚	沈阳	无考	正白旗包衣人	卷 77,837 页
塞克理	沈阳	无考	正蓝旗包衣人	卷 77,837 页
金棠	沈阳	无考	正蓝旗包衣人	卷 77,837 页
金国泰	沈阳	天聪	镶蓝旗包衣人	卷 77,837 页
许杰	抚顺	无考	镶黄旗包衣人	卷 77,837 页
许升	沈阳	无考	镶黄旗包衣人	卷 77,837 页
许德成	沈阳	无考	正黄旗包衣旗鼓人	卷 77,837 页
许登魁	沈阳	无考	正黄旗包衣旗鼓人	卷 77,838 页
许茂官	辽阳	无考	正白旗包衣管领下人	卷 77,838 页
许国聘	沈阳	无考	正白旗包衣旗鼓人	卷 77,838 页
许制孝	沈阳	无考	正白旗包衣管领下人	卷 77,838 页
许官	沈阳	无考	镶白旗包衣管领下人	卷 77,838 页
许升	沈阳	无考	正蓝旗包衣人	卷 77,838 页
黄泰	沈阳	无考	镶黄旗包衣管领下人	卷 77,838 页
黄受理	郎家堡	无考	镶黄旗包衣人	卷 77,838 页
黄国泰	塔山	无考	镶黄旗包衣管领下人	卷 77,838 页
黄彦法	沈阳	无考	正白旗包衣人	卷 77,838 页
(黄)阿哈立	辽河	无考	正白旗包衣管领下人	卷 77,838 页
黄易春	辽河	国初	正红旗包衣人	卷 77,838 页
黄世彦	抚顺	无考	正红旗包衣管领下人	卷 77,838 页

续表 4

姓名	世居地方	来归时间	旗籍	出处
黄宗圣	铁岭	国初	正红旗包衣人	卷 77,838 页
黄天得	沈阳	无考	正蓝旗包衣人	卷 77,838 页
韩德	苏家堡	无考	镶黄旗包衣管领下人	卷 77,838 页
(韩)浩善	长白山	无考	镶黄旗包衣管领下人	卷 77,838 页
(韩)肇格	沈阳	无考	镶黄旗包衣管领下人	卷 77,838 页
韩定国	辽阳	无考	正黄旗包衣人	卷 77,838 页
韩有明	沈阳	无考	正黄旗包衣旗鼓人	卷 77,838 页
韩颜赏	沈阳	无考	正白旗包衣人	卷 77,838 页
韩正国	辽阳	无考	正白旗包衣管领下人	卷 77,838 页
(韩)尹达理	二寨子	国初	正白旗包衣管领下人	卷 77,839 页
韩和尚	沈阳	无考	正白旗包衣旗鼓人	卷 77,839 页
郑都	铁岭	无考	镶黄旗包衣管领下人	卷 77,839 页
郑明	沈阳	无考	镶黄旗包衣旗鼓人	卷 77,839 页
郑二格	辽阳	无考	镶黄旗包衣管领下人	卷 77,839 页
郑朝辅	沈阳	无考	正白旗包衣人	卷 77,839 页
郑华龙	沈阳	无考	正白旗包衣管领下人	卷 77,839 页
(郑)桑格	沈阳	无考	正白旗包衣管领下人	卷 77,839 页
(郑)满泰	铁岭	无考	正蓝旗包衣人	卷 77,839 页
郑义德	沈阳	无考	镶蓝旗包衣人	卷 77,839 页
郑达	沈阳	天聪	镶蓝旗包衣人	卷 77,839 页
郭提道	沈阳	无考	镶黄旗包衣旗鼓人	卷 77,839 页
郭思	沈阳	无考	正黄旗包衣人	卷 77,839 页
郭有时	沈阳	无考	正黄旗包衣旗鼓人	卷 77,839 页
塔拉浑	辽阳	无考	正白旗包衣管领下人	卷 77,839 页
郭尚忠	沈阳	国初	正红旗包衣管领下人	卷 77,839 页
郭文祥	沈阳	无考	正蓝旗包衣人	卷 77,839 页

续表 4

姓名	世居地方	来归时间	旗籍	出处
丹保	沈阳	天聪	镶蓝旗包衣管领下人	卷 77,839 页
佟云登	沈阳	无考	镶黄旗包衣旗鼓人	卷 77,839 页
尹泰	中后所	无考	镶黄旗包衣人	卷 77,839 页
佟如金	沈阳	无考	镶黄旗包衣旗鼓人	卷 77,839 页
佟守礼	沈阳	无考	正白旗包衣人	卷 77,840 页
佟茂登	沈阳	无考	正白旗包衣旗鼓人	卷 77,840 页
佟田猷	松山	无考	正白旗包衣管领下人	卷 77,840 页
佟墨图	沈阳	无考	正白旗包衣旗鼓人	卷 77,840 页
(何氏)进忠	沈阳	无考	正黄旗包衣管领下人	卷 77,840 页
何齐蓝	沈阳	无考	正黄旗包衣管领下人	卷 77,840 页
何盘	沈阳	无考	正白旗包衣旗鼓人	卷 77,840 页
何诚正	沈阳	国初	正白旗包衣管领下人	卷 77,840 页
何得运	沈阳	无考	正白旗包衣旗鼓人	卷 77,840 页
何天强	抚顺	无考	正白旗包衣人	卷 77,840 页
何锡儒	沈阳	无考	正蓝旗包衣人	卷 77,840 页
邓安明	沈阳	无考	镶黄旗包衣旗鼓人	卷 77,840 页
邓元魁	铁岭	无考	镶黄旗包衣管领下人	卷 77,840 页
邓士滋	铁岭	无考	镶黄旗包衣管领下人	卷 77,840 页
邓国升	沈阳	无考	镶黄旗包衣旗鼓人	卷 77,840 页
邓承印	沈阳	无考	正白旗包衣旗鼓人	卷 77,840 页
邓景福	沈阳	国初	正红旗包衣人	卷 77,840 页
姚世宏	沈阳	无考	镶黄旗包衣管领下人	卷 77,840 页
姚达	沈阳	无考	正白旗包衣旗鼓人	卷 77,840 页
姚自得	沈阳	无考	正白旗包衣旗鼓人	卷 77,840 页
姚纪明	襄平	无考	正白旗包衣管领下人	卷 77,840 页
姚自优	沈阳	无考	正白旗包衣管领下人	卷 77,840 页

续表 4

姓名	世居地方	来归时间	旗籍	出处
赏琪	沈阳	无考	正白旗包衣旗鼓人	卷 77,841 页
萧科	沈阳	无考	镶黄旗包衣旗鼓人	卷 77,841 页
萧友璘	沈阳	无考	镶黄旗包衣管领下人	卷 77,841 页
萧宗保	沈阳	无考	正黄旗包衣人	卷 77,841 页
六格	沈阳	无考	镶白旗包衣管领下人	卷 77,841 页
塞柱	辽阳	天聪	镶蓝旗包衣管领下人	卷 77,841 页
萧宗	沈阳	无考	镶蓝旗包衣人	卷 77,841 页
曹良辅	沈阳	无考	镶黄旗包衣旗鼓人	卷 77,841 页
曹隆	铁岭	无考	镶黄旗包衣管领下人	卷 77,841 页
曹大格色	辽阳	无考	镶黄旗包衣管领下人	卷 77,841 页
曹祖保	沈阳	无考	正黄旗包衣管领下人	卷 77,841 页
曹尤士	沈阳	无考	正白旗包衣管领下人	卷 77,841 页
曹瑞	沈阳	无考	镶蓝旗包衣人	卷 77,841 页
谢国龙	沈阳	无考	镶黄旗包衣旗鼓人	卷 77,841 页
谢承宗	沈阳	无考	正黄旗包衣人	卷 77,841 页
谢九凤	沈阳	无考	正黄旗包衣旗鼓人	卷 77,841 页
谢承恩	沈阳	无考	正白旗包衣管领下人	卷 77,841 页
谢益	沈阳	无考	正白旗包衣管领下人	卷 77,841 页
谢进言	沈阳	无考	正白旗包衣人	卷 77,841 页
俞耀龙	沈阳	无考	镶黄旗包衣旗鼓人	卷 77,841 页
噶哈纳	宁古塔	无考	镶黄旗包衣管领下人	卷 77,841 页
俞世臣	辽阳	无考	正黄旗包衣旗鼓人	卷 77,841 页
俞进	辽阳	无考	正白旗包衣管领下人	卷 77,841 页
瓦米达	辽东	无考	正白旗包衣管领下人	卷 77,842 页
田应龙	抚顺	无考	镶黄旗包衣管领下人	卷 77,842 页
田进忠	抚顺	无考	镶黄旗包衣管领下人	卷 77,842 页

续表 4

姓名	世居地方	来归时间	旗籍	出处
田登	大凌河	无考	正黄旗包衣人	卷 77,842 页
外朗	沈阳	无考	正白旗包衣管领下人	卷 77,842 页
田坡	沈阳	国初	镶蓝旗包衣人	卷 77,842 页
丁国泰	沈阳	无考	镶黄旗包衣旗鼓人	卷 77,842 页
丁纪功	沈阳	无考	正黄旗包衣人	卷 77,842 页
丁大勇	沈阳	无考	正黄旗包衣人	卷 77,842 页
丁进忠	沈阳	无考	正蓝旗包衣人	卷 77,842 页
六格	沈阳	天聪	镶蓝旗包衣管领下人	卷 77,842 页
白尔苏	辽河	无考	镶黄旗包衣旗鼓人	卷 77,842 页
黄旎	沈阳	无考	正黄旗包衣管领下人	卷 77,842 页
白超宽	沈阳	无考	镶蓝旗包衣人	卷 77,842 页
白齐义	沈阳	无考	镶蓝旗包衣人	卷 77,842 页
绶敏	沈阳	无考	镶黄旗包衣管领下人	卷 77,842 页
罗敏	沈阳	无考	正黄旗包衣管领下人	卷 77,842 页
吴什泰	沈阳	无考	正白旗包衣管领下人	卷 77,842 页
费扬古	沈阳	无考	正白旗包衣管领下人	卷 77,842 页
胡什泰	沈阳	无考	正白旗包衣管领下人	卷 77,842 页
凤祥	宁远	无考	正黄旗包衣管领下人	卷 77,842 页
汪整	沈阳	无考	正白旗包衣旗鼓人	卷 77,842 页
汪世臣	沈阳	无考	正白旗包衣人	卷 77,843 页
汪登魁	辽阳	无考	正白旗包衣旗鼓人	卷 77,843 页
汪承诏	铁岭	无考	镶白旗包衣管领下人	卷 77,843 页
阎成儒	沈阳	无考	镶黄旗包衣管领下人	卷 77,843 页
阎巴格	沈阳	无考	镶黄旗包衣管领下人	卷 77,843 页
阎齐伟	沈阳	无考	镶黄旗包衣管领下人	卷 77,843 页
阎义	辽阳	无考	镶白旗包衣管领下人	卷 77,843 页

续表 4

姓名	世居地方	来归时间	旗籍	出处
罗世泰	沈阳	无考	镶黄旗包衣管领下人	卷 77,843 页
罗经诗	沈阳	无考	镶黄旗包衣旗鼓人	卷 77,843 页
罗济全	沈阳	无考	镶黄旗包衣管领下人	卷 77,843 页
五十九	沈阳	无考	正白旗包衣管领下人	卷 77,843 页
姜有禄	沈阳	无考	镶黄旗包衣旗鼓人	卷 77,843 页
姜远	沈阳	国初	镶黄旗包衣人	卷 77,843 页
费色	辽阳	无考	正黄旗包衣管领下人	卷 77,843 页
姜茂勋	沈阳	无考	正白旗包衣管领下人	卷 77,843 页
载云龙	沈阳	无考	镶黄旗包衣旗鼓人	卷 77,843 页
和尚	抚顺	无考	正黄旗包衣管领下人	卷 77,843 页
戴忠	长白山	无考	正白旗包衣管领下人	卷 77,844 页
戴永祥	烂泥河	无考	正白旗包衣管领下人	卷 77,844 页
毓色	沈阳	无考	镶黄旗包衣管领下人	卷 77,844 页
梁自德	辽阳	无考	正白旗包衣管领下人	卷 77,844 页
梁国栋	沈阳	无考	正黄旗包衣管领下人	卷 77,844 页
梁世节	铁岭	天聪	正红旗包衣管领下人	卷 77,844 页
孟高	沈阳	无考	镶黄旗包衣旗鼓人	卷 77,844 页
孟克	沈阳	无考	正白旗包衣旗鼓人	卷 77,844 页
孟三元	沈阳	无考	正白旗包衣管领下人	卷 77,844 页
孟彬	沈阳	无考	镶蓝旗包衣人	卷 77,844 页
顾永防	沈阳	无考	正黄旗包衣人	卷 77,844 页
顾兴	辽阳	无考	正黄旗包衣管领下人	卷 77,844 页
桑格	沈阳	无考	正黄旗包衣管领下人	卷 77,844 页
柴世保	沈阳	无考	正白旗包衣管领下人	卷 77,844 页
朱景怀	沈阳	无考	正黄旗包衣人	卷 77,844 页
满色	长白山	无考	正白旗包衣管领下人	卷 77,844 页

续表 4

姓名	世居地方	来归时间	旗籍	出处
朱有福	义州	无考	正白旗包衣管领下人	卷 77,844 页
朱玉	辽阳	无考	镶白旗包衣管领下人	卷 77,844 页
杜天成	沈阳	无考	正白旗包衣旗鼓人	卷 77,844 页
杜交	沈阳	无考	正白旗包衣旗鼓人	卷 77,844 页
杜克让	沈阳	无考	镶白旗包衣人	卷 77,845 页
杜延	沈阳	天聪	镶蓝旗包衣管领下人	卷 77,845 页
苏有德	辽阳	无考	镶黄旗包衣管领下人	卷 77,845 页
苏成德	沈阳	无考	正白旗包衣管领下人	卷 77,845 页
苏宗	沈阳	天聪	镶蓝旗包衣人	卷 77,845 页
程达仁	沈阳	无考	镶黄旗包衣旗鼓人	卷 77,845 页
程九公	沈阳	无考	镶黄旗包衣旗鼓人	卷 77,845 页
程伦	沈阳	国初	镶蓝旗包衣人	卷 77,845 页
尤裕	辽阳	无考	正黄旗包衣人	卷 77,845 页
尤明	沈阳	无考	镶黄旗包衣旗鼓人	卷 77,845 页
尤成汉	沈阳	天聪	镶蓝旗包衣管领下人	卷 77,845 页
任五十	长白山	无考	镶黄旗包衣管领下人	卷 77,845 页
德宁	辽阳	无考	镶黄旗包衣管领下人	卷 77,845 页
任六	沈阳	无考	镶黄旗包衣管领下人	卷 77,845 页
(石氏)钟升	沈阳	无考	镶黄旗包衣管领下人	卷 77,845 页
石尚礼	辽阳	无考	正黄旗包衣人	卷 77,845 页
石有成	沈阳	无考	正白旗包衣旗鼓人	卷 77,845 页
宋成功	铁岭	无考	镶黄旗包衣管领下人	卷 77,845 页
纪功	沈阳	无考	镶黄旗包衣管领下人	卷 77,845 页
毛色	沈阳	无考	正白旗包衣管领下人	卷 77,845 页
潘天福	铁岭	无考	镶黄旗包衣管领下人	卷 77,846 页
福德	沈阳	无考	镶黄旗包衣管领下人	卷 77,846 页

续表 4

姓名	世居地方	来归时间	旗籍	出处
潘天户	林深堡	无考	正白旗包衣旗鼓人	卷 77,846 页
祁子量	沈阳	无考	正黄旗包衣人	卷 77,846 页
祁天福	沈阳	无考	正黄旗包衣旗鼓人	卷 77,846 页
祁文奎	锦州	无考	正蓝旗包衣人	卷 77,846 页
闻尚元	沈阳	无考	正黄旗包衣旗鼓人	卷 77,846 页
闻德猷	沈阳	无考	正白旗包衣管领下人	卷 77,846 页
闻世同	沈阳	天聪	镶蓝旗包衣人	卷 77,846 页
纪星	辽阳	无考	正白旗包衣管领下人	卷 77,846 页
纪凤	长白山	无考	正白旗包衣管领下人	卷 77,846 页
纪永升	辽阳	国初	正红旗包衣人	卷 77,846 页
袁九玉	沈阳	无考	正白旗包衣旗鼓人	卷 77,846 页
袁朗	沈阳	无考	正白旗包衣管领下人	卷 77,846 页
袁九德	沈阳	无考	正蓝旗包衣人	卷 77,846 页
于大世	沈阳	无考	正白旗包衣旗鼓人	卷 77,846 页
于应举	沈阳	无考	正白旗包衣人	卷 77,846 页
于志祥	沈阳	无考	镶蓝旗包衣人	卷 77,846 页
(魏氏)元保	沈阳	无考	正白旗包衣管领下人	卷 77,846 页
魏善人	沈阳	无考	正白旗包衣管领下人	卷 77,846 页
魏忠彬	沈阳	天聪	镶白旗包衣人	卷 77,846 页
优才	沈阳	无考	镶黄旗包衣管领下人	卷 78,851 页
拜思胡朗	沈阳	国初	正白旗包衣管领下人	卷 78,851 页
裴登举	沈阳	无考	镶黄旗包衣旗鼓人	卷 78,851 页
裴防柯	巨流河	无考	镶黄旗包衣管领下人	卷 78,851 页
方义文	沈阳	无考	镶黄旗包衣管领下人	卷 78,851 页
方敏东	沈阳	无考	正黄旗包衣人	卷 78,851 页
冯士勇	沈阳	无考	镶黄旗包衣旗鼓人	卷 78,851 页

续表 4

姓名	世居地方	来归时间	旗籍	出处
冯允伦	沈阳	无考	正白旗包衣旗鼓人	卷 78,851 页
谭景仓	沈阳	无考	镶黄旗包衣旗鼓人	卷 78,851 页
谭俞	沈阳	无考	正黄旗包衣旗鼓人	卷 78,851 页
孔世图	沈阳	无考	镶黄旗包衣旗鼓人	卷 78,851 页
孔文遵	沈阳	国初	镶红旗包衣人	卷 78,851 页
夏德强	沈阳	无考	镶黄旗包衣管领下人	卷 78,851 页
夏官	子街	无考	正黄旗包衣管领下人	卷 78,851 页
秦世杰	沈阳	无考	镶黄旗包衣旗鼓人	卷 78,851 页
秦世德	长白山	无考	正白旗包衣管领下人	卷 78,851 页
伊图善	宁古塔	无考	镶黄旗包衣管领下人	卷 78,852 页
倪三格	辽阳	无考	正白旗包衣人	卷 78,852 页
沈夺	沈阳	无考	正黄旗包衣人	卷 78,852 页
沈文焕	沈阳	天聪	镶蓝旗包衣人	卷 78,852 页
宗起胜	沈阳	无考	正黄旗包衣人	卷 78,852 页
宗德	湖普秦	无考	正白旗包衣管领下人	卷 78,852 页
龙永升	沈阳	无考	正黄旗包衣旗鼓人	卷 78,852 页
龙得云	沈阳	无考	镶蓝旗包衣人	卷 78,852 页
林尚宗	抚顺	无考	正黄旗包衣管领下人	卷 78,852 页
林大福	沈阳	国初	正红旗包衣管领下人	卷 78,852 页
边周	沈阳	无考	正黄旗包衣旗鼓人	卷 78,852 页
边禄	沈阳	无考	正蓝旗包衣人	卷 78,852 页
傅天贵	沈阳	无考	正黄旗包衣旗鼓人	卷 78,852 页
傅仁	沈阳	无考	正黄旗包衣管领下人	卷 78,852 页
薛洪亮	沈阳	无考	正黄旗包衣管领下人	卷 78,852 页
永清	沈阳	无考	正白旗包衣管领下人	卷 78,852 页
叶永泉	沈阳	无考	正黄旗包衣管领下人	卷 78,852 页

续表 4

姓名	世居地方	来归时间	旗籍	出处
叶永祥	沈阳	无考	正白旗包衣旗鼓人	卷 78,853 页
闵国瑞	沈阳	无考	正黄旗包衣人	卷 78,853 页
闵世文	沈阳	国初	镶红旗包衣人	卷 78,853 页
衡久荣	沈阳	无考	正白旗包衣管领下人	卷 78,853 页
衡有德	沈阳	无考	正白旗包衣管领下人	卷 78,853 页
钱景春	烂泥河	无考	正白旗包衣管领下人	卷 78,853 页
钱识道	沈阳	无考	正蓝旗包衣人	卷 78,853 页
达色	辽阳	无考	正白旗包衣管领下人	卷 78,853 页
刚世贵	沈阳	无考	正白旗包衣旗鼓人	卷 78,853 页
柴凤鸣	沈阳	无考	正白旗包衣旗鼓人	卷 78,853 页
柴定桂	沈阳	天聪	镶蓝旗包衣管领下人	卷 78,853 页
史倚相	沈阳	国初	镶红旗包衣人	卷 78,853 页
史纪由	沈阳	无考	镶蓝旗包衣人	卷 78,853 页
雷明德	沈阳	无考	镶黄旗包衣旗鼓人	卷 78,853 页
强于义	辽阳	无考	镶黄旗包衣旗鼓人	卷 78,853 页
蒋国祚	沈阳	无考	镶黄旗包衣管领下人	卷 78,853 页
彭选	沈阳	无考	镶黄旗包衣旗鼓人	卷 78,853 页
耿世龙	沈阳	无考	镶黄旗包衣旗鼓人	卷 78,854 页
商桂庭	沈阳	无考	镶黄旗包衣旗鼓人	卷 78,854 页
学圣	辽阳	无考	镶黄旗包衣管领下人	卷 78,854 页
邹永明	沈阳	无考	镶黄旗包衣旗鼓人	卷 78,854 页
司天普	抚顺	无考	镶黄旗包衣管领下人	卷 78,854 页
贾禄	沈阳	无考	镶黄旗包衣管领下人	卷 78,854 页
商阿哈	辽阳	无考	镶黄旗包衣管领下人	卷 78,854 页
喜普苏	沈阳	无考	镶黄旗包衣管领下人	卷 78,854 页
靳可增	杨树沟	无考	镶黄旗包衣管领下人	卷 78,854 页

续表 4

姓名	世居地方	来归时间	旗籍	出处
朴文孝	沈阳	无考	镶黄旗包衣旗鼓人	卷 78,854 页
陆受万	锦州	无考	镶黄旗包衣管领下人	卷 78,854 页
牛国敏	沈阳	无考	镶黄旗包衣管领下人	卷 78,854 页
辛鉴	锦州	无考	镶黄旗包衣管领下人	卷 78,854 页
穆森	沈阳	无考	镶黄旗包衣管领下人	卷 78,854 页
屈英明	沈阳	无考	镶黄旗包衣旗鼓人	卷 78,854 页
卢汤敬	辽阳	无考	正黄旗包衣管领下人	卷 78,854 页
陶登云	沈阳	无考	正黄旗包衣人	卷 78,855 页
钟成管	辽阳	无考	正黄旗包衣人	卷 78,855 页
松选	辽阳	无考	正黄旗包衣人	卷 78,855 页
宣有福	辽阳	无考	正黄旗包衣人	卷 78,855 页
宁德友	牛庄	无考	正黄旗包衣人	卷 78,855 页
邢华源	三块石	无考	正黄旗包衣管领下人	卷 78,855 页
颜广仙	王内署	无考	正黄旗包衣人	卷 78,855 页
岳兹全	沈阳	无考	正黄旗包衣管领下人	卷 78,855 页
曲三梅	辽阳	无考	正黄旗包衣人	卷 78,855 页
屠必元	铁岭	无考	正白旗包衣管领下人	卷 78,855 页
宜大明	辽阳	无考	正白旗包衣管领下人	卷 78,855 页
唐应祖	沈阳	无考	正白旗包衣旗鼓人	卷 78,855 页
梅良	沈阳	无考	正白旗包衣管领下人	卷 78,855 页
吕耀敏	尚阳堡	无考	正黄旗包衣管领下人	卷 78,855 页
鄢绍勋	沈阳	无考	正白旗包衣旗鼓人	卷 78,856 页
段成良	沈阳	无考	正白旗包衣旗鼓人	卷 78,856 页
查美伦	沈阳	无考	正白旗包衣旗鼓人	卷 78,856 页
(费氏)永廉	沈阳	无考	正白旗包衣管领下人	卷 78,856 页
铁邦有	沈阳	无考	正白旗包衣旗鼓人	卷 78,856 页

续表 4

姓名	世居地方	来归时间	旗籍	出处
章茂	大凌河	无考	正白旗包衣管领下人	卷 78,856 页
井计珠	巨流河	无考	正白旗包衣管领下人	卷 78,856 页
巩天成	沈阳	无考	正白旗包衣旗鼓人	卷 78,856 页
(焦氏)满塞	抚顺	无考	正白旗包衣管领下人	卷 78,856 页
(万氏)达节	沈阳	无考	正蓝旗包衣人	卷 78,856 页
苗成仓	沈阳	无考	正蓝旗包衣人	卷 78,856 页
郝应选	沈阳	无考	正蓝旗包衣人	卷 78,856 页
戚达	沈阳	无考	正蓝旗包衣人	卷 78,856 页
时文绅	沈阳	无考	正蓝旗包衣人	卷 78,856 页
尹得安	沈阳	无考	镶蓝旗包衣人	卷 78,856 页
秋必成	沈阳	无考	镶蓝旗包衣人	卷 78,856 页
蔡国明	沈阳	天聪	镶蓝旗包衣人	卷 78,856 页
受得贵	沈阳	天聪	镶蓝旗包衣人	卷 78,857 页
洪化民	沈阳	无考	镶蓝旗包衣人	卷 78,857 页
鲁耀权	沈阳	天聪	镶蓝旗包衣人	卷 78,857 页
王文华	台地方	天聪	镶黄旗包衣人	卷 79,860 页
张恭生	抚顺	无考	正蓝旗包衣人	卷 79,860 页
(杨氏)舒昌	长白山	天聪	正黄旗包衣人	卷 79,861 页
(周氏)乌穆通	辽东	无考	镶白旗包衣人	卷 79,863 页
刘通	抚顺	国初	镶红旗包衣人	卷 80,867 页
刘世威	抚顺	无考	正蓝旗包衣人	卷 80,867 页
刘克正	抚顺	无考	正蓝旗包衣旗鼓人	卷 80,867 页
刘应正	抚顺	无考	正蓝旗包衣人	卷 80,867 页
刘启云	抚顺	无考	正蓝旗包衣人	卷 80,867 页
刘有才	抚顺	无考	正蓝旗包衣旗鼓人	卷 80,867 页
刘士美	抚顺	无考	正蓝旗包衣旗鼓人	卷 80,867 页

续表 4

姓名	世居地方	来归时间	旗籍	出处
李三科	抚顺	无考	正蓝旗包衣旗鼓人	卷 80,867 页
李应试	抚顺	无考	正蓝旗包衣旗鼓人	卷 80,867 页
李万良	抚顺	无考	正蓝旗包衣旗鼓人	卷 80,867 页
李元德	三达堡	无考	镶蓝旗包衣管领下人	卷 80,867 页
李登科	抚顺	无考	镶蓝旗包衣人	卷 80,867 页
李凯	沈阳	无考	镶蓝旗包衣人	卷 80,867 页
李三锦	抚顺	天聪	镶蓝旗包衣管领下人	卷 80,867 页
王应奎	抚顺	无考	正红旗包衣管领下人	卷 80,868 页
王德明	沈阳	无考	正红旗包衣旗鼓人	卷 80,868 页
托托穆	抚顺	国初	镶红旗包衣人	卷 80,868 页
王绍安	抚顺	国初	镶红旗包衣人	卷 80,868 页
王怀德	抚顺	无考	正蓝旗包衣旗鼓人	卷 80,868 页
王世昌	抚顺	无考	镶蓝旗包衣人	卷 80,868 页
张承业	抚顺	无考	镶白旗包衣管领下人	卷 80,868 页
张久辉	开原	国初	镶红旗包衣人	卷 80,868 页
张邦祺	抚顺	无考	正蓝旗包衣人	卷 80,868 页
达尔查	抚顺	无考	正蓝旗包衣人	卷 80,868 页
桑格	抚顺	无考	正蓝旗包衣人	卷 80,868 页
张义礼	抚顺	无考	正蓝旗包衣人	卷 80,868 页
钟有阳	硕托	无考	正白旗包衣人	卷 80,868 页
钟元华	抚顺	无考	正蓝旗包衣人	卷 80,868 页
钟有德	抚顺	无考	正蓝旗包衣人	卷 80,868 页
钟有量	抚顺	无考	正蓝旗包衣人	卷 80,868 页
周继荣	抚顺	无考	正红旗包衣人	卷 80,868 页
周簇	抚顺	无考	正蓝旗包衣旗鼓人	卷 80,868 页
周倍	铁岭	无考	正蓝旗包衣人	卷 80,868 页

续表 4

姓名	世居地方	来归时间	旗籍	出处
周彦成	沈阳	天聪	镶蓝旗包衣人	卷 80,868 页
曹邦	抚顺	无考	正蓝旗包衣旗鼓人	卷 80,868 页
曹志高	沈阳	无考	正蓝旗包衣旗鼓人	卷 80,868 页
曹志德	沈阳	无考	正蓝旗包衣旗鼓人	卷 80,869 页
曹志祥	沈阳	无考	正蓝旗包衣旗鼓人	卷 80,869 页
马云龙	沈阳	无考	正蓝旗包衣旗鼓人	卷 80,869 页
马七	抚顺	无考	正蓝旗包衣旗鼓人	卷 80,869 页
马世强	沈阳	天聪	镶蓝旗包衣人	卷 80,869 页
范思明	辽阳	无考	正红旗包衣旗鼓人	卷 80,869 页
范思伟	辽阳	无考	正红旗包衣旗鼓	卷 80,869 页
卢士克	沈阳	无考	正红旗包衣旗鼓人	卷 80,869 页
卢萧筵	沈阳	无考	正蓝旗包衣旗鼓人	卷 80,869 页
赵王抚	榆树堡	无考	正红旗包衣旗鼓人	卷 80,869 页
赵文奎	抚顺	无考	正蓝旗包衣人	卷 80,869 页
袁良士	抚顺	无考	正红旗包衣管领下人	卷 80,869 页
袁抚安	沈阳	无考	正蓝旗包衣旗鼓人	卷 80,869 页
杜案	辽阳	无考	正红旗包衣旗鼓人	卷 80,869 页
杜望元	抚顺	无考	正蓝旗包衣人	卷 80,869 页
高继儒	辽阳	无考	正蓝旗包衣管领下人	卷 80,869 页
国礼	沈阳	天聪	镶蓝旗包衣人	卷 80,869 页
金文学	抚顺	无考	正蓝旗包衣人	卷 80,869 页
兑色	抚顺	天聪	镶蓝旗包衣人	卷 80,869 页
吴知藁	沈阳	无考	正蓝旗包衣旗鼓人	卷 80,870 页
吴克新	抚顺	无考	镶蓝旗包衣人	卷 80,870 页
孔文选	抚顺	国初	镶黄旗包衣人	卷 80,870 页
陈国忠	抚顺	无考	正红旗包衣人	卷 80,870 页

续表 4

姓名	世居地方	来归时间	旗籍	出处
苏敏善	抚顺	无考	正红旗包衣人	卷 80,870 页
康永桂	抚顺	无考	正红旗包衣旗鼓人	卷 80,870 页
明瞻	抚顺	国初	镶红旗包衣人	卷 80,870 页
徐天扬	抚顺	国初	镶红旗包衣人	卷 80,870 页
魏其隆	抚顺	国初	镶红旗包衣人	卷 80,870 页
四达色	抚顺	国初	镶红旗包衣人	卷 80,870 页
郎文彦	三堡	国初	镶红旗包衣人	卷 80,870 页
任经	沈阳	无考	正蓝旗包衣旗鼓人	卷 80,870 页
蔡永年	塔山堡	无考	正蓝旗包衣旗鼓人	卷 80,870 页
冯世勇	沈阳	无考	正蓝旗包衣旗鼓人	卷 80,870 页
林来凤	抚顺	无考	正蓝旗(包衣旗鼓)人	卷 80,871 页
于世杰	抚顺	无考	正蓝旗包衣人	卷 80,871 页
房廷	辽阳	无考	正蓝旗包衣管领下人	卷 80,871 页
姚显功	抚顺	无考	正蓝旗包衣人	卷 80,871 页
(汤氏)外三	沈阳	无考	正蓝旗包衣旗鼓人	卷 80,871 页
谢登	沈阳	无考	正蓝旗包衣旗鼓人	卷 80,871 页
邱巴	沈阳	无考	正蓝旗包衣旗鼓人	卷 80,871 页
(施氏)道强	沈阳	无考	正蓝旗包衣旗鼓人	卷 80,871 页
洪有治	抚顺	无考	正蓝旗包衣旗鼓人	卷 80,871 页
沈景福	沈阳	无考	正蓝旗包衣旗鼓人	卷 80,871 页
严得福	沈阳	无考	正蓝旗包衣旗鼓人	卷 80,871 页
梁智宽	铁岭	无考	正蓝旗包衣旗鼓人	卷 80,871 页
(韩氏)秉德	沈阳	天聪	镶蓝旗包衣管领下人	卷 80,871 页
田扬林	沈阳	天聪	镶蓝旗包衣人	卷 80,871 页
(佟氏)德明	沈阳	无考	镶蓝旗包衣人	卷 80,872 页
多和伦	沈阳	天聪	镶蓝旗包衣管领下人	卷 80,872 页

续表 4

姓名	世居地方	来归时间	旗籍	出处
宋时午	沈阳	天聪	镶蓝旗包衣人	卷 80,872 页
谈元德	沈阳	天聪	镶蓝旗包衣人	卷 80,872 页
晋天受	沈阳	天聪	镶蓝旗包衣管领下人	卷 80,872 页
许秉文	沈阳	无考	镶蓝旗包衣人	卷 80,872 页

索　引

后　记

严格的等级身份制度是中国古代社会的核心内容，统治者为维护自身利益所建立的各项国家机器和上层建筑，成为稳固社会等级制度的重要法宝。在清代社会中，除满洲统治阶层外，其社会成员大致可分为旗、民、奴三个阶层，他们之间有着不可逾越的身份鸿沟、等级制度和法律身份。其中，包衣牛录下人隶属于旗人阶层，却是旗人阶层中地位最低者，在其内部，又因隶属关系、民族成分的不同而有复杂的等级之分。长期以来，学界对八旗制度下旗分牛录关注较多，而对包衣牛录研究者甚少，因此，对该问题进行系统研究，具有重要的学术意义。

包衣牛录下人民族成分复杂、管理组织多样，且需要翻译大量的满文档案，进行系统研究有一定的难度，这或许是学界关注较少的缘故吧！遗憾的是，我虽有志于此，但无奈天性愚钝，且之前的求学经历较为复杂——硕士学习隋唐史，之后学习了两年的博物馆学和瓷器鉴定知识，而后才考取了清史方向的博士。初入清史，便以此作为博士选题，实不知深浅！事实证明，本书也确实在很多地方未能如意，如包衣牛录下人的官制论述不多，日益严峻的旗人生计问题对包衣牛录下人的影响也未能论及，诸如此类的重要问题尚待进一步研究。拙作实为抛砖引玉，仅希望能借此引起学界对该群体的关注罢了。

拙作付梓在即，反而愈发不安，深恐有负师友厚爱！我的硕士生导师牛来颖先生，教导我从点校《唐六典·刑部》入手熟悉唐代的律令制度，使我经历了严格的学术锻炼；我的博士生导师杨珍先生，不嫌弃我清史知识浅薄，将我领入师门，教授我清史研究的基本方法；我的满文导师屈六生先生，虽身体有恙，但仍以满文题本为教材，逐句诲示句读语法，使我在短时间内迅速掌握了满文档案翻译的基本要领。没有三位先生的悉心教导，我是无论如何也不会顺利转入清史研究，并完成博士论文写作的。在此，谨对三位先生表示衷心的感谢！

我还要感谢博士后合作导师朱诚如先生。先生德高望重，学问精深，他注重清史研究中对新史料的挖掘和新方法的运用，每当我申报课题时，从选题到内容，先生都会帮我仔细推敲，获得先生的首肯后，我才敢放心申报。中国博士后科学基金一等资助获批、国家社科基金重大专项课题顺利立项，博士论文成功入选本次出版项目，皆与先生的指点密不可分。

此外，在国家清史编纂委员会兼职期间，我有幸认识了很多清史大家，他们治学严谨、著作宏富，在本书的修改过程中，给予了很多帮助。其中，李治亭先生曾传授我两点治学要道：其一，“成功始于勤奋，勤奋未必成功”，就是告诉我们，勤奋刻苦是成功的必要前提，而恰当的治学方法同样重要；其二，要重视文学、哲学对史学研究的重要意义，“如将史学比作一辆车，则其一轮为文学，一轮为哲学。较高的文学素养能使文字通畅练达，对史料的理解准确、深刻；较高的哲学素养能令论述逻辑严密，透过表象洞悉历史本质。两轮不偏不倚，同向发力，史学之车才能滚滚向前”。此两点我想也是所有史学领域研究的治学之道吧，愿与诸学友共享！

本书的责任编辑徐宏先生对拙作进行了大量而细致的校审工作，更正了很多错谬之处，提出了很多宝贵意见，在此也一并致谢！

最后，我还要感谢我的家人，谢谢你们在我求学之路上对我的理解、鼓励和支持！

第七批《中国社会科学博士后文库》专家推荐表1

推荐专家姓名	杨珍	电话	13522010973
专业技术职务	研究员	研究专长	清代政治史
工作单位	中国社科院古代史研究所	行政职务	无
推荐成果名称	《清前期包衣牛录组织研究》		
成果作者姓名	李文益		

《清前期包衣牛录组织研究》，是一部以马克思主义唯物史观为指导，具有较大学术创新和较高理论价值的高水平学术专著。

包衣牛录组织研究是清史学界公认的难点问题，这不仅在于包衣牛录下佐领、管领等组织极其复杂，还在于梳理这一问题需要解读大量的满文档案。因此，数十年来，学界围绕八旗制度作了大量研究，而对于其重要组成部分——包衣牛录组织却研究甚少。选择这一题目，无疑表明该生具有勇于开拓的精神和敏锐的学术眼光。

本书稿第一次系统、翔实地阐释了包衣牛录的基本内容与特点，为学界继续深入研究八旗制度提供了诸多线索，创新之处颇多，主要表现在：

其一，对包衣牛录组织的形成、类别及包衣牛录中不同族群的分布、规模、身份特点等进行了细致梳理，进一步分析了包衣牛录内满、蒙、朝、汉四个民族社会地位的高低。

其二，对包衣牛录内佐领、管领等组织单位进行了辨析，对学界争议较大的“辛者库”群体作了新的诠释，认为“辛者库”的指称经历了从管领下部分人到管领下所有人的演变，颇有创见。

其三，本书稿首次对包衣牛录下人的世职制度作了专门研究，并分析了包衣群体世职获取及传袭特点。作者指出，对包衣牛录下人而言，世职实际上是一种世袭性的经济赏赐，并未改变其政治地位和包衣身份，增进了学界对于世职制度的新认识。

其四，本书稿对清前期内务府包衣人的犯罪行为和量刑处罚作了阐述，揭示了皇属包衣人凭借与皇权的特殊关系，获得远高于旗下家奴、民人甚至一般旗人的司法特权，这也丰富了我们对于清代司法制度的认识。

需要强调的是，顺康两朝内务府档案几乎全部为满文书写，而满文的学习、研读和翻译需要耗费大量精力。本书稿在撰写过程中，翻译了长达十余万字的满文档案作为第一手史料，挖掘了很多康熙时期包衣牛录组织的历史信息，还原了包衣牛录下人的部分生活细节，为深入阐释包衣牛录的相关制度提供了翔实、可靠的史料依据。

总之，无论从选题意义、学术价值，还是从满文档案的翻译和利用方面，该书稿都是一部创新性强、思维缜密、学风严谨的高水平著作，具有较高的出版价值。

签字：楊玲

2018 年 1 月 1 日

说明：该推荐表须由具有正高级专业技术职务的同行专家填写，并由推荐人亲自签字，一旦推荐，须承担个人信誉责任。如推荐书稿入选《文库》，推荐专家姓名及推荐意见将印入著作。

第七批《中国社会科学博士后文库》专家推荐表2

推荐专家姓名	朱诚如	电话	13601289096
专业技术职务	教授	研究专长	清代政治史
工作单位	故宫博物院	行政职务	无
推荐成果名称	《清前期包衣牛录组织研究》		
成果作者姓名	李文益		

《清前期包衣牛录组织研究》是学界第一部系统阐释八旗制度内包衣牛录组织的研究成果，对于窥探八旗制度的全貌、厘清内务府由初创走向完善的全部历程、重新审视八旗内部各民族的关系、深入探讨旗民分治下的法律制度，等等，皆具有重要意义。

本书稿围绕包衣牛录组织，对以下诸问题进行了开创性研究：

其一，包衣牛录是八旗制度的重要组成部分，其属员由满洲、蒙古、朝鲜和汉人组成，其中，满洲包衣人地位最高，其次为蒙古、朝鲜包衣人，包衣汉人地位最低，这是清代统治者“首崇满洲”和“满蒙联姻”两大治国方针下的必然结果；在八旗中，上三旗包衣人数优势明显，显示了作为皇属“家人”的强大实力；不同时期各旗包衣牛录人数的多寡，在一定程度上反映了其所服务的领主在相应时期的权势大小。

其二，包衣牛录下人获得世职者在八旗中仅占少数，且所获世职普遍较低，这反映了包衣牛录下人地位低于旗分牛录下人的事实；在包衣牛录下人中，上三旗满洲包衣人获得世职者最多，这是该群体在包衣牛录中较高政治地位的具体体现；对包衣牛录下人而言，世职更像是一种世袭性的经济恩赐，并不能改变其隶属于包衣牛录的政治身份。

其三，在入关前，“包衣牛录章京”和“半个包衣牛录章京”既是官职单位，也是世职单位，因此，在引用和分析史料时需格外注意区分两者的含义。作为官职，“包衣大”与“管领”的角色和身份并不相同，“管领”是包衣牛录的管理者，而“包衣大”是家下奴仆的首领。“包衣大”不仅存在于后金汗宫及诸王贝勒府内，也存在于普通旗人之家。内务府成立后，“包衣大”治下侧重于皇庄耕作的家下奴仆和“管领”治下侧重于皇宫服务的包衣牛录下人共同组成了皇属包衣人，特别是在“包衣大”也按照“半个牛录章京”给予一定品级后，“包衣大”便取得了与“管领”相同的品级，这致使两类皇属包衣人日渐趋同，也使得其管理之首领“包衣大”和“管领”的界限日益模糊。

其四，包衣牛录的基本组织是包衣佐领和管领，此外还有分管、管辖组织。当有皇子分府及赏赐爵位时，或由包衣佐领、管领转为分管，或由包衣佐领分为分管，或新增立分管，“分拨令其管辖”，故称“分管”，因此该组织只存在于下五旗中。分管、管辖与管领在属性和所属人员的地位方面相差无几，故逐渐以“管领”统称之。

其五，在长期的征战过程中，以图鲁什、劳萨、英俄尔岱等人为代表的包衣牛录下满洲群体，以乌讷格为代表的包衣牛录下蒙古群体，以刘之源、张良弼等人为代表的包衣牛录下汉人群体，分别对八旗满洲、八旗蒙古和八旗汉军的编建、发展完善及与主旗贝勒领属关系的确立做出了重要贡献。此外，由于内务府三旗牛录下人服务于皇室的特殊性，使其罪名和处罚体现出了独具特色的一面。

本书稿的不足之处在于，所译满文档案多以大连图书馆藏清代内务府档案为主，对中国第一历史档案馆藏康熙朝内务府奏销档则没有涉及。希望作者以后将这部分档案整理和翻译出来。此外，关于包衣牛录组织仍有很多问题亟待研究，如《八旗满洲氏族通谱》中记载了大量包衣牛录下人任官的情况，包衣牛录下人都任有哪些官职？任官有哪些特点？所任官职与其家族、归附时间和民族有何关联？等等，还需做进一步研究。

总之，本书稿选题意义重大，在撰写过程中，作者运用马克思主义史学理论方法，将档案学、语言学、民族学与历史学相结合，对清前期包衣牛录制度作了深入、系统研究，必将推动八旗制度研究迈上了新的学术高度。希望本书稿早日列入出版计划！

签字：朱诚如

2018 年 1 月 1 日

说明：该推荐表须由具有正高级专业技术职务的同行专家填写，并由推荐人亲自签字，一旦推荐，须承担个人信誉责任。如推荐书稿入选《文库》，推荐专家姓名及推荐意见将印入著作。